Georg Friedrich Kolb

Statistik der Neuzeit

Suppl. zum Handbuch der vergleichenden Statistik der Völkerzustands und

Staatenkunde

Georg Friedrich Kolb

Statistik der Neuzeit

Suppl. zum Handbuch der vergleichenden Statistik der Völkerzustands und Staatenkunde

ISBN/EAN: 9783743605497

Hergestellt in Europa, USA, Kanada, Australien, Japan

Cover: Foto ©Suzi / pixelio.de

Weitere Bücher finden Sie auf **www.hansebooks.com**

Statistik der Neuzeit.

Statistik der Neuzeit.

Auf Grundlage

der neuesten Volkszählungen, Arealberechnungen, Budgetaufstellungen, Staatsschulden- und Armeestärkeberechnungen etc.

zugleich als

Supplement

zum Handbuch der vergleichenden Statistik

— der Völkerzustands- und Staatenkunde. —

Achte Auflage 1879.

Für den allgemeinen praktischen Gebrauch bearbeitet

von

G. Fr. Kolb,

Ausserordentl. Mitglied der statist. Central-Commission des Königreichs Bayern, Ehrenmitglied des Universitätsraths zu Charkow.

Leipzig,

Verlag von Arthur Felix.

1883.

Vorrede.

Am Ende der 1870er, und noch mehr am Anfang der 1880er Jahre haben so zahlreiche neue statistische Erhebungen stattgefunden, dass die früheren Aufstellungen in vielen Beziehungen antiquirt, nicht selten für die Benützung in der Jetztzeit geradezu unbrauchbar geworden sind. Allgemeiner als je sind neue Volkszählungen vorgenommen, und mit einer grösseren Genauigkeit als zuvor vollzogen und verarbeitet worden. Auch die Areale der Länder wurden vielfach mit einer bisher noch nicht gekannten (zum Theil für den p r a k t i s c h e n Gebrauch über das gewöhnliche Bedürfniss hinausgehenden) Genauigkeit berechnet.

Noch weit grössere Aenderungen ergaben sich in den Finanzen, den nicht selten enormen Steigerungen der Ausgaben der Staaten, der darnach unvermeidlichen Vermehrung der Abgaben, und, da man meistens auch damit trotz alles Emporschraubens der Einkünfte, nicht reichte, einer sich daran reihenden gewaltigen Vermehrung der Staatsschulden.

In meinem hohen Alter, dem 75. Jahre, hielt ich es nun für mich zu mühsam und lästig, eine neue Bearbeitung meines Handbuchs der Statistik nochmals zu versuchen. Und doch musste ich einräumen, dass eine gewisse moralische Verpflichtung sowohl für den Herrn Verleger, als für mich bestehe, das vom Publikum so wohlwollend aufgenommene Werk, durch Anfügen und Ergänzen der wichtigsten neu festgestellten Daten, den früheren Käufern wieder nutzbar zu machen, woran sich von selbst der Wunsch knüpfte, bei dieser sich gleichsam von selbst darbietenden Gelegenheit auch dem übrigen Publikum wieder ein practisch verwendbares Buch zu liefern, ohne gerade den Inhalt der früheren Auflage zu wiederholen.

Verleger wie Verfasser dachten zunächst an Bearbeitung eines blossen S u p p l e m e n t e s. Indess konnten wir keinen Augenblick darüber in Zweifel sein, dass ein solches Supplement in einer Art bearbeitet werden müsse, um ein vollständiges, abgerundetes Ganzes zu bilden. Handelte es sich z. B. um Mittheilung der neuen, von der vorigen meist weit abweichenden Volkszahl, so erwies es sich als unvermeidlich, auch die Grösse des Areals sofort zur Anschauung zu bringen, auf welchem diese oder jene Menschenmenge lebt,

und zwar ohne dass der Leser zu einem Nachschlagen genöthigt
sei, — auch wenn in der eben bezeichneten Beziehung der Landes-
ausdehnung eine wesentliche Veränderung nicht hervortrat, —
während hinwieder bezüglich anderer Dinge, selbst bei grösseren
Aenderungen, eine Neuangabe entbehrlich schien.

So entschloss ich mich denn schliesslich zur neuen Arbeit,
wesentlich auf die freundschaftliche Zusage meines Herrn Verlegers
hin, die Last des Nachrechnens allenthalben seinerseits zu übernehmen, und indem ich mit dem lebhaftesten Danke beifüge, dass
dies mit dem unermüdlichsten Eifer geschehen ist, kann ich nicht
umhin, ausdrücklich hervorzuheben, dass ich ohne diese Unterstützung von der Last der Arbeit erdrückt worden wäre.

Aber noch andere Veränderungen als die in den Zahlen der
Bevölkerung, der Finanzen und so fort, waren zu beachten; so namentlich eine solche bez. der Maassstäbe bei Angabe der Arealgrösse der Länder. Die Quadratmeilen sind gleichsam vollständig verschwunden. Die Berechnung nach dem metrischen
Maasse ist an deren Stelle getreten. Und man kann diese Aenderung
nur mit Freude begrüssen, sieht man selbst ab davon, dass die
Meile, ebenso wie der Fuss, in den einzelnen Ländern ein ganz verschiedener Begriff war. Die deutsche Meile war bedeutend kleiner
als die österreichische, diese wieder kleiner als die schwedische und
noch mehr als die norwegische. Ja in Deutschland selbst hatte die
Meile eine verschiedene Länge, in Preussen, Bayern, Württemberg etc. Nun bedingte schon die einfache Consequenz der Annahme des metrischen Systems im Allgemeinen dessen Ausdehnung
auch auf die Berechnung der Areale. (Dabei war es denn auch erfreulich, dass der, eine wahre Anomalie bildende Versuch der Einführung einer eigenen deutschen Quadratmeile zu 7,500 Meter im
Quadrat, kurz nach der Decretirung, förmlich wieder aufgegeben
werden musste.) Heute gilt der Quadratkilometer als einzig
beachteter Maassstab.

So sehr wir nun aber auch an sich damit einverstanden sind,
müssen wir doch beifügen, dass man hierin für den praktischen
Gebrauch des Guten mitunter zuviel thut und möchten die Aufmerksamkeit Aller, welche sich mit dem Gegenstande zu befassen
haben, auf folgendes Moment hinlenken:

Der Quadratkilometer ist ganz passend als Ländermaassstab in
kleinen Gebieten, aber kaum noch für solche vom Umfange Sachsens
(14,992 Q.-Kilom.), Badens (15,081), Württembergs (19,503): die
Ziffernzahl ist schon zu gross, wenn man von den 75,863 Q.-Kilom.
Bayerns, und noch weit mehr, wenn man von den 348,257 Preussens,
oder gar von den 540,521 Gesammtdeutschlands spricht. Hier ist
eine Vereinfachung nothwendig. Sie wird unentbehrlich bei den
9'331,360 Q.-Kil. der nordamerikan. Freistaaten, und gar bei dem
zu 21'690,000 Q.-Kil. berechneten Umfang des russischen Reiches.
Das sind keine Zahlen mehr, um im Gedächtniss behalten zu werden: keine, von denen die Masse des Publikums sich irgend einen
fassbaren und im Gedächtniss festzuhaltenden Begriff machen kann;

es sind keine Zahlen. die man in den Schulen einführen soll. Und doch ist es so naheliegend, diesem praktischen Bedenken zu begegnen, ohne dass es eines Aufgebens des so werthvollen metrischen Systems bedürfte. Schon in der Zeit des Entstehens dieses Systems im vorigen Jahrhundert hat man vielfach die Zweckmässigkeit erkannt, schon als einfaches Entfernungsmaass nicht blos den Kilo-, sondern den an sich mit diesem theoretisch vollkommen gleichberechtigten M y r i a m e t e r einzuführen; selbst in der französischen Gesetzgebung ist dies mitunter geschehen. Der Quadratmyriameter ist nur die sich von selbst ergebende Consequenz. Da derselbe in Wirklichkeit nicht einmal das Doppelte der deutschen Quadratmeile ausmacht, kann man diesen Maassstab auch nicht als zu gross bezeichnen.

Wir haben gleichwol nicht unterlassen die Arealgrösse der Länder zunächst nach Q.-Kilom. anzugeben, selbst da, wo wir den kürzeren Ausdruck an sich vorgezogen hätten. Aber wir wollten nicht den S c h e i n der Ungenauigkeit auf uns laden. Indem wir aus diesem Grunde im Allgemeinen stets die Kilometerzahl angaben, haben wir nicht unterlassen, Quadratmyriameterzahlen beizufügen.

Damit verbanden wir ein weiteres Streben: das der Beschränkung der D e c i m a l e n von Quadratkilometern. Aus dem vorhin erwähnten Grunde einer Beschuldigung der Ungenauigkeit glaubten wir zwar, diese Decimalen nicht ganz vermeiden zu sollen, allein wir beschränkten deren Ziffern in der Regel auf höchstens e i n e Stelle, und dies jedenfalls nur in genauer vermessenen Gebieten. In allen anderen schien uns bei einem für den p r a k t i s c h e n Gebrauch bestimmten Buche die Angabe von Quadratkilometern das äusserste zulässige Maass zu sein. Um diese unsere Behauptung richtig zu beurtheilen, vergegenwärtige man sich den wirklichen Werth, nicht nur jener Decimalen, sondern vielfach sogar der Quadratkilometer selbst. Unsere Vermessungen sind noch lange nicht zu der Vollkommenheit gebracht, welche die Masse des Publikums gläubig voraussetzt. Ein Beispiel möge dies zeigen. Fragen wir nach dem Areale P r e u s s e n s. Behm und Wagner, welche stets die neuesten ermittelten Ziffern in dieser Beziehung mittheilen, haben in den verschiedenen Jahren auf die erwähnte Frage geantwortet: 1876 beträgt der Umfang 348,339,$_{29}$ Q.-Kilom.: 1878 dagegen beträgt derselbe 347,509,$_{02}$, also **830,**$_{27}$ Q.-Kilom. w e n i g e r; dagegen 1882: er ist 348,257,$_{59}$, also wieder **748,**$_{57}$ Q.-Kilom. m e h r. Wenn man selbst über so grosse Differenzen, das eine Mal über 830 Q.-Kilom. w e n i g e r, das andere Mal über 748 m e h r, noch nicht in's Reine gekommen ist, da sollte man — handelt es sich anders nicht um die Mittheilung theoretisch gefundener Zahlen und deren akademischen Nachweis — das Publikum wenigstens nicht auch noch mit Decimalen von Kilometern plagen, während die Zahl der ganzen Kilometer selbst noch lange nicht feststeht. Also Genauigkeit — gewiss! Aber keine Düftelei, von der man zum Voraus wissen kann, dass sie einer mathematischen Verlässigkeit doch ermangelt.

Bei Bearbeitung des vorliegenden Buches hatte der Verfasser wieder vielfach, auch ausser den Fällen, in denen es im Werke selbst namentlich geschehen ist, für freundliche Unterstützungen und Mittheilungen bestens zu danken. Es war dieses für ihn nur eine Erneuerung der alten Erfahrung, dass man auf keinem Gebiete mittheilsamer und gefälliger ist, als auf dem der Statistik. Auch verdient es specieller Erwähnung, dass man sich in keinem Zweige wissenschaftlicher Thätigkeit über bureaukratische Abschliessung und Geheimnissthuerei oder Aehnliches weniger beklagen kann als auf diesem; hier pflegt man in der Regel nur freundlichem Entgegenkommen zu begegnen. Es ist dies eine allgemeine Wahrnehmung, welche gewiss die vollste allgemeine Anerkennung verdient.

Gleichwol war die Bearbeitung unseres Buches gerade diesmal mit besondern Schwierigkeiten verknüpft, — hervorgegangen aus Umständen eigener Art. Viele wichtige Nachweise konnten erst bedeutend später als zur gewöhnlichen Zeit festgestellt werden. Es gilt dies namentlich von nicht wenigen Staatsbudgets, die erst lange nach Beginn der normalen Etatszeit zum Abschlusse gelangten, sicherlich nicht zum Vortheile weder der Verwaltungen noch der Verwalteten. Für uns erwuchs dadurch der Nachtheil, die betreffenden Mittheilungen nicht unmittelbar am passendsten Orte, sondern erst in Nachträgen aufnehmen zu können, weswegen diese leider ungewöhnlich zahlreich geworden sind.

Noch haben wir hier zu erwähnen, dass unser Buch eine sehr splendid ausgestattete englische Uebersetzung erfahren hat unter dem Titel: *The Condition of Nations, social and political. With complete comparative tables of Universal Statistics, by G. Fr. Kolb. Translated, edited and collated to 1880, by Mrs. Brewer* (Gattin des Parlamentsmitglieds dieses Namens). *London, George Bell and Sons.* Diese Uebersetzung rief sodann verschiedene Essays in's Leben, von tiefer Gründlichkeit und von wahrhaft philosophischem Geiste durchweht. Wir nennen die Abhandlungen in *The Standard, Lond., Aug. 5, 1880;* — *The Daily Telegraph, Lond., Sept. 13, 1880,* und *Brighton Gazette, Nov. 26, 1880.* Wenn der Verfasser auch gebührend absieht von der dem Buche gespendeten Anerkennung, so sei ihm doch gestattet den Wunsch auszudrücken, dass die dortselbst geäusserten allgemeinen Anschauungen auch auf unserm Continente volle Beachtung finden möchten.

Ehe der Verfasser bezüglich des vorliegenden Buches die Feder definitiv niederlegt, glaubt er einen Act der Schuldigkeit dem Setzerpersonale gegenüber erfüllen zu müssen, indem er demselben seinen Dank für die sorgsame Arbeit um so mehr ausspricht, als dieselbe diesmal besonders beschwerlich und mühsam geworden ist, indem die niemals schöne Handschrift des Verf. nunmehr auch durch Zitterndwerden der Hand zudem noch undeutlich geworden ist.

München, Königinstrasse 65, Juli 1883.

G. Fr. Kolb.

Inhaltsübersicht.

III. Abtheilung: Die übrigen europäischen Staaten.

IV. Abtheilung: Amerika und die übrigen Erdtheile.

Erste Abtheilung.

Deutsches Reich (Kaiserthum).

Land und Leute.[*]

Staaten	Areal Q.-Kil.	Bevölkerung 1. Dec. 1875	Bevölkerung 1. Dec. 1880	Auf d. Q.-Kil. 1880
Königreiche:				
1. Preussen	348,257,8	25'742,404	27'279,111	78,3
2. Bayern	75,863,5	5'022,390	5'284,778	69,7
3. Sachsen	14,992,9	2'760,586	2'972,805	198,3
4. Württemberg	19,503,7	1'881,505	1'971,118	101,1
Grossherzogthümer:				
5. Baden	15,081,1	1'507,179	1'570,254	104,1
6. Hessen	7,680,3	884,218	936,340	121,9
7. Mecklenburg-Schwerin . .	13,303,8	553,785	577,055	43,4
8. Sachsen-Weimar . . .	3,592,6	292,933	309,577	86,2
9. Mecklenburg-Strelitz . . .	2,929,5	95,673	100,269	34,2
10. Oldenburg	6,420,2	319,314	337,478	52,6
Herzogthümer:				
11. Braunschweig	3,690,4	327,493	349,367	94,7
12. Sachsen-Meiningen . . .	2,468,4	194,494	207,075	83,9
13. Sachsen-Altenburg . . .	1,323,8	145,844	155,036	117,1
14. Sachsen-Coburg-Gotha . .	1,968,1	182,599	194,713	98,9
15. Anhalt	2,347,4	213,565	232,592	99,1
Fürstenthümer:				
16. Schwarzburg-Rudolstadt . .	940,4	76,676	80,296	85,4
17. Schwarzburg-Sondershausen .	862,1	67,480	71,107	82,5
18. Waldeck	1,121,0	54,743	56,522	50,4
19. Reuss ältere Linie . . .	316,4	46,985	50,782	160,5
20. Reuss jüngere Linie . . .	825,7	92,375	101,330	122,7
21. Schaumburg-Lippe	339,7	33,133	33,374	104,1
22. Lippe	1,222,0	112,452	120,246	98,4
Freie Städte:				
23. Lübeck	297,7	56,912	63,571	213,5
24. Bremen	255,1	142,200	156,723	613,3
25. Hamburg	409,8	388,618	453,869	1,107,3
Reichsland:				
26. Elsass-Lothringen . . .	14,509,8	1'531,804	1'566,670	108,0
Zus.	540,521,14	42'727,360	45'234,061	83,7

Das Areal nach den officiellen Angaben im Statistischen Jahrbuche für das deutsche Reich, 1882, obwol vom Detail ein wenig abweichend. Behm u. Wagner,

---

[*] Hauptquellen: »Reichsgesetzblatt«, »Statistik des deutschen Reichs«, »Vierteljahrshefte zur Statistik des Deutschen Reichs«, — die Acten des Reichstags, die Zeitschriften und sonstigen Veröffentlichungen der statistischen Büreaus der Einzelstaaten, namentlich von Preussen, Bayern, Sachsen, der freien Städte.

»Die Bevölkerung der Erde« berechnen 540,496,₇₈ Q.-Klm.; kürzer und leichter fassbarer sagen wir: 5,405 Quadr.-Myriameter (s. Vorrede).

Von der Gesammtsumme kommen beiläufig

	Q.-Kil.	Einw.
auf die 21 Staaten von Norddeutschland	407,736	33'904,901
- - 5 - - Süddeutschland	132,780	11'329,160

Unter den europäischen Staaten nimmt das jetzige Deutschland dem Areale nach den 3. (wenn Schweden und Norwegen zusammengefasst werden den 4.), der Bevölkerung nach den 2. Rang ein.

Vermehrung der Bevölkerung. Auf Grundlage der allerdings wenig genauen Aufnahmen oder Schätzungen der Bevölkerung liess sich dieselbe im jetzigen Reichsgebiete für 1816 zu 24'831,396 Menschen annehmen. Dies ergibt gegen 1880, also auf 64 Jahre, eine Vermehrung von 20'402,665 oder 82,₁₇ % der Gesammtzahl, oder jährlich 318,791 = 0,₉₉ % der durchschnittl. Volkszahl von 1816—80. Davon kamen aber auf die letzten 5 Jahre allein 2'506,701, also jährlich 501,340 = 1,₁₄ % der Durchschnittszahl von 1875—80. Was die einzelnen Staaten betrifft, so betrug die Vermehrung während der 5 Jahre 1875—80 am meisten in den Hansestädten (Hamburg sogar 16,₇₉ %), dann, abgesehen von einigen kleinen monarchischen Staaten (Reuss etc.) in Sachsen 7,₆₉, Preussen 5,₉₇, Bayern 5,₂₂, Württemberg 4,₇₆, Baden 4,₁₉: sie war am geringsten in Elsass-Lothringen, 2,₂₈ %, ohne Zweifel wesentlich Folge der politischen Erschütterungen.

Verhältniss der Geschlechter. Unter der Bevölkerung befanden sich 1880 23'048,629 weibliche und nur 22'185,433 männliche Einw. Das ergibt eine Differenz von nicht weniger als 863,196, während der Unterschied 1875 doch nicht mehr als 753,958 betragen hatte. (Wenigstens grossentheils ein Zeichen der vorwiegenden Auswanderung männlicher Einw., mitunter des Militärdienstes wegen.) Die Geschlechtsverschiedenheit betrug 1880 in den einzelnen deutschen Staaten:

	männlich	weiblich		männlich	weiblich
Preussen . .	13'414,866	13'864,245	S.-Coburg-Gotha .	94,299	100,417
Bayern . . .	2'576,910	2'705,868	Anhalt	115,079	117,513
Sachsen . .	1'445,330	1'527,475	S.-Rudolstadt .	39,144	41,152
Württemberg .	951,600	1'019,518	S.-Sondershausen .	34,675	36,432
Baden . . .	765,310	804,944	Waldeck	26,938	29,584
Hessen . .	464,917	471,423	Reuss ältere Linie	24,984	25,798
M.-Schwerin .	284,479	292,576	Reuss jüngere -	49,566	51,764
S.-Weimar .	151,063	158,514	Schaumburg . .	17,732	17,642
M.-Strelitz .	49,161	51,108	Lippe	59,910	60,336
Oldenburg . .	167,838	169,640	Lübeck	30,981	32,590
Braunschweig.	174,226	175,141	Bremen	75,593	81,130
S.-Meiningen .	101,418	105,657	Hamburg . . .	221,522	232,347
S.-Altenburg .	75,784	79,253	Elsass-Lothringen	770,108	796,562

Bewohnte Gebäude, 1. Dec. 1880: 5'631,803. **Haushaltungen:** 9'652,036.

Nationalitäten. Als vergleichsweise bestes Kennzeichen ist die Muttersprache anzusehen (obwol dies streng genommen nicht ausreicht). Danach besteht die gesammte Bevölkerung der Mittel- und Kleinstaaten aus Deutschen, im Wesentlichen nur mit Ausnahme von etwa 50,000 Wenden in Sachsen (die Wenden in Altenburg sprechen deutsch). Ferner leben in Elsass-Lothringen gegen 240,000 Franzosen, in Preussen aber etwa 3½ Mill. Nichtdeutsche, meist Slaven.

Was die politische Staatsangehörigkeit betrifft, so fanden sich bei der Zählung vom Dec. 1880 im Reichsgebiete 275,856 Reichs-Ausländer; davon 98,958 in Preussen, 56,265 in Bayern, 37,038 in Sachsen, 13,415 in Baden, 11,276 in Württemberg, 33,848 in Elsass-Lothringen, 10,844 in Hamburg, 2,062 in Bremen etc. — Angehörige anderer deutscher Bundesstaaten zählte man 1'155,480, davon 163,390 in Preussen, 83,975 in Bayern, 175,413 Sachsen, 43,168 Württemberg, 53,732 Baden, 51,775 Hessen, 114,797 Elsass-Lothringen, 153,079 Hamburg, 36,852 Bremen, 39,343 Braunschweig, 32,732 Anhalt, 18,433 S.-Coburg-Gotha.

Confessionen. Es liegen uns Ausweise über die confessionellen Verhältnisse der Bevölkerung der meisten und wichtigsten Staaten des deutschen Reiches vor, eine officielle Berechnung der Ergebnisse aus der Gesammtheit des Reiches ist uns jedoch aus der Zeit der letzten Zählung (1880) noch nicht zu Gesicht gekommen. Unsere eigene, möglichst auf die Resultate von 1875 basirte Berechnung ergab bekanntlich: 26'559,142 Protestanten, 15'368,698 Katholiken, 88,122 sonstige Christen, 529,211 Juden, 5,548 »Sonstige« (wahrscheinlich der Mehrzahl nach Confessionslose) und 16,020 ohne nähere Angabe. Nach dieser Aufstellung lebten damals

	Protestanten	Katholiken
in den Nordstaaten Deutschlands	70,77 %	27,78 %
- - Südstaaten - · . . .	37,82	60,54
in Gesammtdeutschland	62,39	36,15

ein Verhältniss, das sich im Grossen und Ganzen nicht wesentlich geändert haben wird. — Ist uns im Uebrigen auch eine officielle Berechnung nicht zu Gesicht gekommen, so wollen wir doch nicht ermangeln, nachstehende Berliner Zeitungsnotiz hier anzufügen. Die Resultate der Volkszählungen ergeben für das ganze deutsche Reich ein schnelles Wachsthum der evangelischen Kirche und eine langsame Zunahme der Katholiken. Im Königreich Preussen und einigen kleineren Staaten findet allerdings das Gegentheil statt. 1867 wurden im Gebiete des deutschen Reiches (bei Elsass-Lothringen griffen wir auf die französische Zählung von 1866 zurück) 24'921,000, 1871: 25'583,900 und 1880: 28'333,652 Protestanten gezählt. Der Antheil der Protestanten an der Gesammtbevölkerung betrug 1867: 62,14 %, 1871: 62,31, 1880 aber 62,64 %. Als Katholiken bekannten sich 1867: 14'564,000, 1871: 14'867,000 und 1880: 16'234,475 Bewohner. Der Antheil der Katholiken an der Gesammtbevölkerung betrug 1867: 36,31, 1871: 36,21 und 1880: 35,88 %. Die Zahl der Juden wuchs von 490,000 im J. 1867 auf 512,300 1871 und 562,675 im J. 1880. Ihr Antheil an der Gesammtbevölkerung betrug 1867: 1,24, 1871: 1,25 und 1880: 1,24 %. 1880 wurden ausserdem noch gezählt 73,965 Sectirer und 29,294 Bewohner ohne Angabe der Religion. In Preussen gab es am 1. Decbr. 1880: 17'645,848 Protestanten (dort officiell bezeichnet als Evangelische), 9'206,283 Katholiken und 363,790 Juden; 1871: 15'991,350 Evangelische, 8'268,438 Katholiken und 325,544 Juden.

Bewegung der Bevölkerung. Nachweise vom ganzen Reiche werden seit 1872 geliefert. Neue Ergebnisse:

1 *

Heirathen	Geburten	Todesfälle
1878 340,016	1'785,050	1'228,607
1879 335,113	1'806,741	1'214,643
1880 337,342	1'764,096	1'241,126

Unter den Geborenen waren 1879: 930,195 männl., 876,546 weibl.; unehelich 159,821 = 8,8 %. — 1880: 908,579 männl., 855,511 weibl., 159,709 unehel., 67,921 todtgeborne.

Die Verhältnisse haben sich im Allgemeinen ungünstiger gestaltet ; auf je 1000 Einwohner kamen :

	Heirathen	Geburten	davon unehel.	Todesfälle
1872	10,3 $^0/_{00}$	41,1 $^0/_{00}$	89,0 $^0/_{00}$	30,6 $^0/_{00}$
1873	10,0	41,3	92,3	29,9
1874	9,5	41,8	86,7	28,4
1875	9,1	42,3	86,3	29,3
1876	8,5	42,5	86,5	28,0
1877	8,0	41,7	86,5	28,1
1878	7,7	40,5	86,6	27,9
1879	7,3	40,5	88,5	27,2
1880	7,5	39,1	90,0	27,5

Die Zahl der Ausgewanderten blos über Bremen, Hamburg und Antwerpen betrug :

1872	1873	1874	1875	1876	1877	1878	1879	1880	1881
125,650	103,638	45,112	30,773	28,368	21,964	24,218	33,327	106,190	?

Eine andere Berechnung in der »Statistik des Hamburgischen Staats, 1882« ergibt folgende, davon stark abweichende Zahlen, wobei das Ein-schliessen von Stettin, keine genügende Erklärung gibt:

1872	1873	1874	1875	1876	1877	1878	1879	1880	1881
154,824	132,417	75,612	56,581	50,600	41,824	46,371	51,763	149,769	247,332

Dabei sind jedoch auch nichtdeutsche Auswanderer einbegriffen. Fasst man jedoch nur die deutschen Auswanderer ins Auge, welche über Bremen, Hamburg und Stettin fortzogen, so ergaben sich : 1880 94,966, 1881 184,369. Ueber Antwerpen wanderten in beiden Jahren aus : 11,294 und 26,178. Von allen andern Häfen fehlen nähere Angaben. Unter den pro 1881 erwähnten 210,547 Emigranten befanden sich 123,235 männliche und 87,312 weibliche. Verlässige Angaben über Ein- und Auswanderungen fehlen. Nach einer späteren, wol vervollständigten Liste wanderten 1881 über Bremen und Hamburg 245,898 Personen aus, worunter 182,935 Deutsche ; ausserdem zogen 26,178 Deutsche über Antwerpen. Von der Gesammtsumme der deutschen Emigranten kamen 25,027 aus Pommern, 23,045 a. Westpreussen, 21,315 Posen, 13,909 Hannover, 12,161 Schleswig-Holstein, 3731 Mecklenburg-Schwerin, 1889 Oldenburg, 12,992 Bayern, 8938 Sachsen, 8716 Württemberg, 2823 Baden, 3369 Hessen. Es zogen 179,507 Deutsche nach Nord-amerika, 1211 nach Brasilien, 745 nach Australien. Nach einer amerik. Liste sind im Hafen von New York allein 1882 229,996 deutsche Ein-wanderer gelandet.

Städte. 1880 besass Deutschland:

116 Städte von mehr als 20,000 Einw.,	zus. mit 7'300,229 Menschen	
641 zwischen 5000 und 19,999	-	- 5'671,325	-
1950 - 2000 - 4,999	-	- 5'748,976	-
2707 Plätze von mehr als 2000	-	- 18'720,530	- = 41,4 %
in kleineren Orten lebten		26'513,531	- = 58,6

Bei der Aufnahme von 1875 hatten sich die Verhältnisszahlen auf 39 und 61 % gestellt. Die einzelnen Städte von mehr als 10,000 Menschen sind unten bei den Einzelstaaten sämmtlich aufgeführt. Es befinden sich darunter 14 von mehr als 100,000 und ausserdem 289 mit mehr als 10,000 Menschen. Auch die Bevölkerung kleinerer Orte, in der Regel bis 6000 Einw., ausnahmsweise selbst noch weiter herab, ist angegeben, soferne dieselben irgendwie, z. B. historisch, eine besondere Bedeutung besitzen.

Finanzen.

Es liegt im »Statist. Jahrbuch für d. deutsche Reich 1882« eine ausführliche »Uebersicht der Ausgaben und Einnahmen des Reiches für die Etatsjahre 1872 bis 1881/82« vor, und zwar bis 1877/78 »nach der allgemeinen Rechnung über den Haushalt des Reiches«, von da bis 1880/81 »nach der Uebersicht der Ausgaben und Einnahmen« und für 1881/82 »nach dem Reichshaushaltsetat und dem Nachtragsetat«. Wir geben auf dieser Grundlage nachfolgende gedrängte Zusammenstellung:

Ausgaben (Mark):

Jahr	fortdauernde	einmalige	zusammen
1872	338'414,861	1,068'947,729	1,407'362,590
1873	324'454,303	1,045'345,622	1,369'799,925
1874	344'297,134	328'515,372	672'812,506
1875	395'791,032	238'657,113	634'448,145
1876/77	505'025,968	174'055,207	679'081,175
1877/78	407'059,504	163'128,926	570'188,430
1878/79	409'989,976	375'019,745	785'009,721
1879/80	417'702,673	133'362,078	551'064,751
1880/81	464'059,391	86'806,305	550'865,696
1881/82	511'682,907	81'669,493	593'352,400

Notirt sind noch 1,263'802,618 Ausgaben in Folge des Krieges gegen Frankreich 1870 und 71, und zwar davon: 874'686,163 bei der Landarmee, 21'766,203 bei der Marine, 8'157,387 bei der Post- u. Telegr.-Verwaltung, 263'125,562 für die Elsassischen Eisenbahnen, 46'685,627 Entschädigungen und Ersatzleistungen der deutschen Rhederei, an Familien von Landwehren, für Kriegsleistungen etc., 35'388,343 Verzinsung der Kriegsschuld, und 13'793,333 sonstige Ausgaben, worunter 12 Mill. für Dotationen.

Unter den oben verrechneten Ausgaben erschienen:

	Reichsheer [*]		Marine	
	fortdauernd	einmalig	fortdauernd	einmalig
1872	266'784,722	68'222,110	14'852,832	16'229,279
1873	259'133,003	48'548,869	8'341,239	17'627,761
1874	270'839,208	39'534,966	16'660,846	22'050,893
1875	318'932,966	45'954,163	17'716,393	31'493,172
1876/77	405'045,420	50'993,330	24'385,249	16'624,314
1877/78	321'176,210	54'874,312	21'282,648	39'051,913
1878/79	319'477,094	61'864,751	22'686,014	39'027,484
1879/80	316'032,956	46'152,564	23'460,190	20'204,545
1880/81	327'865,942	42'931,116	24'736,784	14'990,939
1881/82	342'211,631	51'435,733	27'518,326	11'373,558

[*] Bei Vergleichung der Ausgabe für das Militär vor und nach dem J. 1875 ist namentlich zu berücksichtigen, dass unter der Summe von 21'760,069 M., welche im J. 1875 unter der Bezeichnung »allgem. Pensionsfond« verrechnet sind, 20'211,020 M. Pensionen und Unterstützungen für Angehörige des Landheeres und 211,911 Pens. etc. für solche der Marine sich befinden, welche bis dahin unter den Ausgaben für das Landheer resp. Marine verausgabt worden waren. Zu erwähnen ist noch, dass man, was in keinem andern constitutionellen Staate, selbst dem militäreifrigen Frankreich nicht vorkommt, in Deutschland das Militärbudget nicht blos auf 1 Jahr, sondern im Wesentlichen gleich auf 7 Jahre bewilligen zu sollen geglaubt hat.

Einnahmen.

1872	1,418'962,036	1877/78	535'920,287
1873	1,432'939,046	1878,79	773'436,660
1874	675'270,997	1879,80	584'883,249
1875	571'525,960	1880/81	531'187,458
1876/77	638'956,953	1881/82	586'822,670

Von den einzelnen Hauptpositionen nennen wir die folgenden :

	Zölle und Verbrauchssteuern	Ausserordentl. Zuschüsse[*])	Matrikular- beiträge
1872	164'042,487	1,134'712,165	94'123,275
1873	257'771,181	1,055'679,001	73'943,601
1874	246'648,815	305'107,102	67'144,251
1875	246'612,590	185'782,566	68'969,549
1876/77	302'914,987	127'939,075	89'220,269
1877/78	237'399,801	107'701,412	81'108,516
1878/79	235'534,611	370'022,025	87'345,516
1879,80	274'931,788	134'368,078	89'445,950
1880/81	286'480,035	76'858,225	81'670,950
1881/82	335'490,150	· 67'108,306	103'684,369

Das Reichsbudget für 1882/83 schloss in Einnahme (einschliesslich 103'684,369 M. Matrikularbeiträge) mit 610'632,707 M., im Bedarf mit 531'829,228 fortdauernden und 78'908,479 ausserordentlichen Ausgaben ab, zusammen also 610'737,707 M.

Eine Uebersicht des Reichsbudgets für 1883/84 hoffen wir am Schlusse dieses Buches noch nachtragen zu können.[**])

Reichsschulden und Reichsactiva. Nach Abtrag der Kriegsschuld wurde die Aufnahme folgender Anlehen gesetzlich bewilligt :

durch Gesetz vom	14. Juni 1877	77'731,321 M.	
-	-	- 14. - 1878	97'484,865 -
-	-	- 13. - 1879	68'021,071 -
-	-	- 13. Oct. 1880	37'627,203 -
-	-	- 25. Apr. u. 12. Dec. 1881	64'912,855 -
			345'777,345 -
-	-	- 15. Febr. 1882	29'674,405 - Credit-Ermächtigung
		zus.	375'451,750 M.

Am 1. April 1882 coursirten für 152'164,210 Reichscassenscheine.

Activfonds. Ende Nov. 1881 besassen :

     der Reichsinvalidenfond für 534'428,028 M. und 459,400 südd. Gulden Obligationen, und 2'609,350 M. baar,

- Festungsbaufonds 51'103,700 M. und 404,950 Pfd. Sterl. in Obligationen und 547,851 M. baar,

- Fonds für das Reichstagsgebäude 29'603,305 M. Oblig., 143 M. baar,

- Kriegsschatz 288 Mill. M.

---

[*]) Aus der franz. Kriegscontribution.

[**]) Es sei hier eine Bemerkung gestattet. Die Verlegung des Beginnes des Etatsjahres vom 1. Jan. auf den 1. Apr. musste entschiedene Inconvenienzen zur Folge haben. Nicht nur entfernte man sich damit von einem Termine, der im bürgerlichen Leben als gewöhnlicher Zeitabschnitt meistens angenommen ist, sondern man erschwerte sich auch die Vergleichung mit den eigenen bisherigen Aufstellungen und mit denen der wichtigsten Continentalstaaten. Ferner machte man gerade dadurch das Nebeneinandertagen der speciellen Landesvertretungen und des Reichstags gleichsam zur Nothwendigkeit. Endlich erschwerte man die rechtzeitigen Abschlüsse der Budgets der Einzelstaaten, welche grossentheils von jenen des Reiches abhängen, während diese ihrerseits im geeigneten Zeitpunkte noch nicht fixirt sind. Wollte man überhaupt eine Aenderung treffen, so musste man den Termin nicht v o r a n -, sondern z u r ü c k verlegen, etwa auf den 1. Oct. ; dann konnten die Einzelstaaten ihre Voranschläge bis 1. Jan. passend erledigen.

Finanzverhältnisse der Einzelstaaten. Auch jetzt noch fehlen uns die Materialien zur Aufstellung einer annähernd genauen Gesammtübersicht. Wir dürfen nur an die beiden Mecklenburg erinnern, in denen ein die Landesbedürfnisse klar darlegendes Budget überhaupt nicht aufgestellt wird, während in vielen andern der Kleinstaaten wenigstens die Domänenverwaltung sich dem Lichte der Oeffentlichkeit mehr oder minder entzieht; dazu kommt die durchaus ungleichmässige Art der Berechnung von Einnahmen und Ausgaben. Unter diesen Verhältnissen können wir die nachstehenden Daten blos als Resultate einer vielfach auf schwankenden Schätzungen beruhenden Berechnung nur unter allem Vorbehalte geben. Die Brutto-Summe aller S t a a t s e i n n a h m e n dürfte sich auf 1500— 1600 Mill. M. belaufen; die Betriebskosten der Eisenbahnen und ähnl. Ausgaben abgerechnet, dürfte eine Netto-Einnahme von 11—1200 Mill. verbleiben, wozu die Domänen (dabei Eisenbahnen, Forsten, Bergwerke etc.) gegen 250' (brutto wol 600'), die directen Steuern etwa 280', die indirecten ungef. 450' liefern mögen, während der Rest der Einnahmen in keine dieser Kategorien gehört. Unter den A u s g a b e n erscheinen die Civillisten, Apanagen, überhaupt die Höfe (einschliessl. Fideicommissrenten etc.) mindestens mit 37' (die Bezüge aus Domänen eingerechnet), Verzinsung und Tilgung der Staats- (und Domänen-) Schulden erfordern gegen 190', bei einer C a p i t a l - S c h u l d s u m m e von circa 3,800' M. Rechnet man dazu den Bedarf des Reiches, jedoch unter Abzug der bei den Einzelstaaten bereits berücksichtigten Matricularumlagen, so erhält man im Ganzen, für Reich und Einzelstaaten, einen Jahresbedarf von mehr als 1600 Mill. M. Davon erfordern: Landheer und Marine etwa 430', Schuldverzinsung und Tilgung 190', die Civillisten etc. 37'.

Militärwesen.

Die Organisation ist in den frühern Auflagen angegeben. Fortwährend entziehen sich viele Dienstpflichtige den Anforderungen, meistens durch Auswanderung. So liegt uns eine dem Bundesrath vorgelegte Notiz über die Aushebung von 1879 vor, wonach dieselbe in den unter preussischer Verwaltung stehenden 15 Armeecorps 114,529 Mann wirklich vollzogen, dagegen unter 1'135,292 Aufgerufenen 12,780 wegen unerlaubten Auswanderns bereits verurtheilt waren, während gegen 11,860 noch die Untersuchung schwebte. Für die beiden bayerischen Armeecorps waren 17,059 ausgehoben, 190 verurtheilt und 442 noch in Untersuchung. — Eine Notiz pro 1880 ergab: 33,062 unermittelt gebliebene Wehrpflichtige, 95,260 ohne Entschuldigung Ausgebliebene, worunter 40,479 allein auf die nächstvorangegangene Altersclasse trafen.

Landmacht.

Die **Friedensstärke** ist für 1882/83 folgendermassen normirt:

	Officiere	Mannschaften	Aerzte, Beamte	Dienstpferde
1. Infanterie	10,301	294,707	2,045	—
2. Cavallerie	2,355	64,699	991	62,581
3. Artillerie {Feld-	1,801	34,817	364	16,591
{Fuss-	728	16,349	96	—
4. Pionniere	406	10,840	86	—
5. Train	200	4,905	63	2,457
6. Besond. Formationen, nicht regimentirte Officiere. . .	2,340	957	202	—
	18,134	427,274	3,847	81,629

Kriegsstärke.

a. Feldarmee: Infanterie, 161 Reg., zus. mit 20 Jägerbat. 503 Batail. 519,137 M.

Cavallerie, 93 Reg., 372 Escadr. 59,814 -

Artillerie, 37 Reg., 340 Batterien, 2040 Gesch. 69,260 -

Pioniere, 21 Bataill., 85 Compagn. 24,820 -

Train, 18 Bataill., 41 Compagn. 43,004 -

Verwaltung 2,826 -

Zus. mit Zugehör 19,391 Offic., 242,415 Pferde und 744,031 M.

b. Ersatztruppen: 4796 Offic., 31,373 Pferde und 296,614 -

c. Besatzungstruppen: 11,240 Offic., 38,943 Pferde und 416,032 -

Zus. 35,427 Offic., 312,731 Pferde und 1'456,677 M.

ungerechnet 27,000 Non-Combattanden (Aerzte, Veterinäre, Handwerker etc.).

Zur Friedensstärke stellen:

Preussen etc. 14,004 Off. 330,629 M. | Sachsen . . 1,137 Off. 27,606 M.

Bayern . . 2,214 - 50,224 - | Württemberg . 773 - 18,815 -

Zus. 18,128 Off. 427,274 M.

Nach den Generalrapporten der preuss. Armee, incl. des 12., 13. u. 14. Armeecorps, sind im J. 1881 nicht weniger als 273 Selbstmorde vollbracht worden. In der Bayerischen Armee kamen vom 1. Apr. 1874 bis 31. März 1879 121 Selbstmorde vor.

Nachdem Ende 1882 auch im 2. Bayer. Armeecorps die Werder- durch Mausergewehre ersetzt, ist die Neubewaffnung des ganzen deutschen Heeres vollendet. Dieselbe soll 44 Mill. Thaler = 132 Mill. Mrk. gekostet haben.

Festungen. Man hat sich nicht damit begnügt, die Aggressivmacht zu verstärken, sondern hat auch das Festungswesen gewaltig weiter entwickelt. Deutschland besitzt im Ganzen 31 mehr oder minder bedeutende Festungen, wovon 20 in Preussen, 1 in Sachsen, 5 in Süddeutschland und 5 in Elsass-Lothringen. Die preuss. Festungen sind: Saarlouis, Koblenz mit Ehrenbreitstein, Köln mit Deutz, Magdeburg, Torgau, Spandau, Küstrin, Düppel, Glogau, Glatz, Schweidnitz, Neisse, Posen, Thorn, Swinemünde, Marienburg, Danzig, Pillau, Königsberg und Lötzen (Boyen). Sächsisch: Königstein; Hessisch: Mainz; Badisch: Rastatt; Württembergisch und Bayerisch: Ulm; Bayerisch: Germersheim und Ingolstadt. In Elsass-Lothringen: die beiden Hauptfestungen Metz und Strassburg, dann Diedenhofen (Thionville), Bitsch und Neu-Breisach. (Marsal, Schlettstadt, Lichtenberg, Lützelstein und Pfalzburg verloren die Festungseigenschaft.) In Preussen selbst wurden Minden, Erfurt, Wittenberg, Stettin, Kosel, Graudenz, Kolberg und Stralsund als Festungen aufgehoben (beide letztgenannten mit Ausnahme der Küstenforts); in Bayern ebenso Landau.

Kriegsgeschichtliche Notiz. Nach dem Generalstabswerke hat das deutsche Heer im Kriege von 1870/71 6,247 Officiere und Aerzte und 123,453 Soldaten etc. verloren. Hievon sind 40,081 vor dem Feinde geblieben oder an Wunden und Krankheiten gestorben. Die Verluste der Franzosen sind nicht genau bekannt. Nach Deutschland wurden gefangen abgeführt 11,860 Officiere und 371,981 Gemeine, nach der Schweiz traten über 2,992 Officiere und Soldaten, in Paris streckten die Waffen 7,456 resp. 241,686 M. In die deutschen Feldspitäler wurden während 7 Monaten 290,000 Kranke und Verwundete aufgenommen, ausserdem 812,021 in die Reservespitäler.

Seemacht.

Etatsstärke 1882/83: 495 Officiere, 41 Ingenieure, 42 Zahlmeister, 10,700 Deckofficiere und Mannschaften.

Schiffsbestand: 86 Fahrzeuge, worunter 7 Panzerfregatten (die grösste mit 23 Geschützen, 9,757 Tonnengehalt, 8000 Pferdekraft und 723 M. Besatzung), 5 Panzercorvetten, 11 gedeckte Corvetten, 8 Glattdeckcorvetten, 8 Kanonenboote, 11 Panzerkanonenboote, 14 Torpedoboote, 6 Avisos etc.

Sociale, Gewerbs- und Handelsverhältnisse.

a. Geistige Bildung.

Schulbildung. Die Prüfung der Recruten lieferte folgende Ergebnisse:

Jahr	Zahl der geprüften Recruten	Davon ohne Schulbildung	d. i. Proc. der Gesammtzahl.
1876	140,197	2,975	2,12
1877	142,957	2,476	1,73
1878	143,119	2,574	1,80
1879	140,881	2,217	1,57
1880	151,180	2,406	1,59
1881	151,331	2,332	1,54

Als ohne Schulbildung sind Diejenigen gezählt, welche weder lesen noch ihren Namen schreiben konnten (allerdings eine weit geringere Anforderung, als früher bei den Prüfungen in verschiedenen deutschen Einzelstaaten gestellt worden war). Im J. 1880/81 war die Procentzahl der Recruten »ohne Schulbildung« in den einzelnen Staaten: Preussen 2,33, Bayern 0,29, Sachsen 0,17, Württemberg 0,02, Baden 0,09, Hessen 0,29, Schwerin 0,56, S.-Weimar 0,18, Oldenburg 0,37, S.-Altenburg 0,37, Anhalt 0,43, Sondershausen 0,39, Waldeck 0,59, Reuss j. L. 0,30, Lippe 0,24, Bremen 0,43, Hamburg 0,49, Elsass-Lothringen 2,24. — Dabei ist indess das Verhältniss in den einzelnen Landestheilen der grösseren Staaten ein sehr ungleiches, namentlich in Preussen folgendes: Ostpreussen 7,02, Westpreussen 8,75, Brandenburg 0,31, Pommern 0,43, Posen 9,91, Schlesien 2,28, Sachsen 0,26, Schleswig-Holstein 0,24, Hannover 0,40, Westfalen 0,59, Hessen-Nassau 0,22, Rheinland 0,23. 1881 fand man ohne Schulbildung: in Ost- und Westpreussen 7,35 %, Posen 10,05, Oppeln 4,17, Elsass-Lothringen 1,26 %. Bayern: Altbayern und Schwaben 0,44, Franken 0,09, Pfalz 0,25 %.

Universitäten: 20; nämlich 9 in Preussen, 3 in Bayern, 2 in Baden, je 1 in Sachsen, Württemberg, Thüringen, Hessen, Mecklenburg und Elsass, ausserdem 1 theol. Facultät in Preussen. Studentenzahl im Sommersemester 1882, einschliesslich der blossen »Hörer«: Berlin 3900, Leipzig 3111, München 2017, Breslau 1532, Tübingen 1400, Halle 1377, Würzburg 1091, Göttingen 1083, Bonn 1061, Heidelberg 922, Königsberg 863, Strassburg 823, Marburg 766, Freiburg 721, Greifswald 659, Erlangen 575, Jena 770, Giessen 435, Kiel 381, Rostock 217; sodann Münster 326.

Technische Hochschulen. Während sich der Besuch der Universitäten im jüngsten Decennium bedeutend vermehrte, ist jener der eben genannten Anstalten ansehnlich herabgegangen. Ihre Anzahl ist 10, 1878 noch mit 6434 Studenten: München, 1875 mit 1374, 1880 nur noch mit 872 Studenten, dann: Berlin, Hannover, Gewerbeakademie zu Berlin, Dresden, Aachen, Karlsruhe, Stuttgart, Darmstadt, Braunschweig.

Gymnasien gegen 390, wovon (1880) 249 in Preussen.

Literatur. In Deutschland, einschliessl. Deutsch-Oesterreich und deutsche Schweiz, erschienen

1878	1879	1880	1881	1882
13,912	14,179	14,941	15,191	14,794

Druckschriften, ungerechnet Zeitungen und Anzeigeblätter.

In O. A. S c h u l z's »Allgemeines Adressbuch für den deutschen Buchhandel« waren 1861 2569 Firmen verzeichnet, 1871 3838, 1881 5652; darunter 1270 Verleger statt 596; Sortiments-, Antiquariats-, Kunst- und Musikhandlungen 3543 statt 1535. — Das gesammte K o m m i s s i o n s w e s e n des Buchhandels vertheilt sich zur Zeit auf 7 Hauptkommissionsplätze (im J. 1861: 8, im J. 1871: 10); diese waren resp. sind: Augsburg, Berlin, Budapest, Frankfurt a. M., Leipzig, München, Nürnberg, Prag, Stuttgart, Wien, Zürich. In erster Reihe steht Leipzig, wo zur Zeit 131 Handlungen die Geschäfte von 5184 Firmen besorgen.

Zeitungsstatistik. Die vom Reichspostamt aufgestellte Preisliste für 1881 nennt 5169 Blätter in deutscher Sprache, von denen 4398 im deutschen Reiche, 771 aber in fremden Ländern, und zwar 359 in der österreichisch-ungarischen Monarchie (212 in Wien, 11 in Pest), 268 in der Schweiz, 89 in Amerika (29 in New York), 27 in Russland, 14 in Luxemburg, 5 in Frankreich, 3 in Italien, je 2 in England und in Belgien, je 1 in den Niederlanden und in Rumänien erscheinen. Von den 4398 im deutschen Reich erscheinenden Blättern kamen auf den preussischen Staat 2462 (auf Berlin 260, Frankfurt a. M. 52, Köln 21), auf das übrige deutsche Reich 1936, und zwar auf Bayern 518 (München 75), Königreich Sachsen 499 (Dresden 73, Leipzig 280), Württemberg 169 (Stuttgart 62), Elsass-Lothringen 56 (Strassburg 29, Metz 5), Hamburg 49, Bremen 25, auf die übrigen deutschen Staaten (Hessen, Baden, Oldenburg, Mecklenburg, Braunschweig, die thüringischen Fürstenthümer) 604. Ausser den 5169 in deutscher Sprache erscheinenden Blättern (Zeitungen, Zeitschriften etc.) gelangten 2605 Blätter in fremden Sprachen zum Vertrieb, und zwar in französischer Sprache 944 (hiervon erschienen in Paris 567, in Strassburg 7, in Metz 6, in Berlin 5); in englischer Sprache 766 (davon 479 in London), in italienischer 157 (davon 34 in Rom, 7 in Neapel, 16 in Florenz), in dänischer 153, in schwedischer 122, in holländischer 88, in norwegischer 68, in polnischer 67, in russischer 55 (davon 36 in St. Petersburg, 9 in Moskau), in spanischer 42 (29 in Madrid), in rumänischer 31 (17 in Bukarest), in ungarischer 26 (21 in Pest), in czechischer 17 (13 in Prag), in vlämischer 8, in griechischer ebenfalls 8 (davon 4 in Athen, 2 in Konstantinopel), in portugiesischer 7 (6 in Lissabon), in wendischer 6 (4 davon in Bautzen), in hebräischer gleichfalls 6, in serbischer 5, in slovenischer 5, in litthauischer 4, in bulgarischer 3, in kroatischer 3, in finnischer 3, in romanischer 2, armenischer 2, persischer 2 (in Konstantinopel und Teheran), in türkischer ebenfalls 2 (zu Konstantinopel), in ruthenischer 1 (in Lemberg), in slovakischer 1, in lateinischer 1.

b. Materielle Verhältnisse.

Verbrauchsberechnungen. Officiell sind über den Verbrauch vieler Consumtionsartikel neue, von den früheren zum Theil wesentlich abweichende Berechnungen aufgestellt worden, denen wir nachstehende Daten entnehmen, die übrigens im Detail wieder nicht absolut stimmen:

I. Tabak, tonnen.

	Production	Einfuhr	Ausfuhr	Verbrauch	pr. Kopf
1879/80	22,727	12,005	772	33,960	0,7 kg.
1880/81	41,558	15,266	218	56,606	1,2
10jähr. Durchschn.	30,961	50,281*)	4,655	76,587	1,7

II. Zucker, tonn.

1879/80	409,415	7,671	137,062	280,024	6,3
9jähr. Durchschn.	317,499	21,636	62,677	276,458	6,5

III. Branntwein, hectol.**)

1880/81	2,186	37	683	1,540	4,3 lit.
11jähr. Durchschn.	1,963	41	509	1,495	4,5

IV. Bier, 1000 hectol.

1880/81	38,497	120	1,092	37,525	84,2 lit.
9jähr. Durchschn.	38,025	100	552	37,573	88,0

V. Salz, tonn., 1880/81. Absatz im Zollgeb. 577,645, nach dem Auslande 222,652, Einfuhr 37,602. Verbrauch zu Speisezwecken 343,389, pr. Kopf 7,7 kg., steuerfrei 276,118, zus. 619,507, pr. Kopf 13,9 kg.

VI. Roheisen, tonn., 1880. Masseln: Production 2'675,717, Einfuhr 237,916, Ausfuhr 287,529, Verbrauch 2'626.104. — Gusswaaren aus Erzen 36,874. — Verbrauch an Roheisen 2'662,978, — pr. Kopf 59,8 kg.

VII. Steinkohlen, tonn., 1880: Production 46'973,566, Einfuhr 2'058,768, Ausfuhr 7'236,466, Verbrauch 41'795,868, pr. Kopf 938 kg.

VIII. Braunkohlen, tonn., 1880: Production 12'144,469, Einfuhr 3'081,269, Ausfuhr 19,215, Verbrauch 15'206,523, pr. Kopf 341 kg.

Ferner wird als Durchschnitt der letzten 5 Jahre (1876—80) folgender Verbrauch pr. Kopf berechnet: Zink 1,19 kg., Blei 0,97, Kaffee 2,33, Thee 0,03, Reis 1,06, Häringe, gesalzene 2,38, Mandeln, Korinthen und Rosinen 0,42, ausländ. Gewürze 0,12, Petroleum 5,40 (1866—70 erst 1,97), rohe Baumwolle 2,96 (1861—65 erst 1,83), Jute 0,32, Garn 2,49, wovon 2,45 inländ.

Bodenbenutzung. Nach der Aufnahme von 1878 betrug die

bebaute Ackerfläche .	21'949,323 ha.	= 40,7 % der Gesammtfläche	
Ackerweide und Brache	3'817,197 -	= 7,1 -	-
mithin: Ackerland . .	25'766,520 -	= 47,8 -	-

ferner nahmen ein:

Gartenland	232,469 -	= 0,4 -	-
Wiesen	5'906,804 -	= 11,0 -	-
Weiden und Hutungen	4'392,833 -	= 8,2 -	-
Weinberge	133,845 -	= 0,2 -	-

Dies ergibt zusammen ein landwirthschaftliches Areal von 36'432,471 ha = 67,6 % der Gesammtfläche des Reichs. Vom Rest sind 13'839,856 ha. = 25,7 % durch Forstland und 6,7 % durch Haus- und Hofräume, Wegeland, Oed- und Unland und Gewässer. Vom Waldland sind 33 % Staats-, 48 % Privateigenthum, von den übrigen 19 % befinden sich 18 % im Besitz von Gemeinden, der Rest in dem von Stiftungen.

Im J. 1880 waren nachbemerkte Ackerflächen (Hektaren) bebaut und lieferten in Tonnen (à 10 metr. Centner) folgende Erträgnissquantitäten (ohne Lippe, aus welchem Bericht fehlte):

5'920,668 ha.	Roggen,	Ertrag 4'952,525 Tonnen	= 0,84 pr. ha.
1'815,230	Weizen	2'345,278	1,29
386,417	Spelz	489,340	1,27
1'623,999	Gerste	2'145,617	1,32
2'762,934	Kartoffeln	19'466,242	7,05
3'743,252	Hafer	4'228,128	1,15
5'910,040	Wiesenheu	19'563,388	3,31
115,640	Weinberge	523,360 Hektol.	4,5 hl.

Nach der Reichstatistik lieferte die Ernte von 1881/82 (Tonnen à 1000 Kgr.) und blieben zum eigenen Verbrauch, incl. Einfuhr:

---

*) 1878/79 (drohende Zollerhöhung) 100,030.
**) Blos im Reichssteuergebiete.

	Ernte	Verbrauch davon	Einfuhr	
Roggen	5'448,404	5'245,448	642,696	= 12,2 %
Weizen	2'059,139	2'100,377	462,182	22,0
Gerste	2'076,160	2'015,064	320,279	15,9
Hafer	3'759,789	3'481,860	339,523	9,7
Kartoffeln	25'491,022	19'778,538	32,474	0,16

Montanindustrie, 1880. (Producirte Mengen je in 1000 Tonnen. Werthe je in 1000 Mark, sofern nicht speciell anders bemerkt ist.)

I. Bergwerke:

	Quantität	Geldwerth		Quantität	Geldwerth
Steinkohlen	46'973,6	245'665	Bleierze	159,7	19'122
Braunkohlen	12'144,5	36'710	Kupfererze	480,9	11'995
Steinsalz	272,3	1'805	Edelmetallerze	20,6	3'812
Kalisalze	665,9	6'783	Schwefelkies etc.	134,0	1'208
Eisenerze	7'238,7	34'454	And. Bergproducte	68,3	2'028
Zinkerze	632,9	11'930	Zus. Bergwerksprod.	68'791,4	375'512

Zu der Steinkohlenproduction lieferten:

Preussen	42'172,9	210'617	Baden	10,8	106
Bayern	556,3	4'780	Schaumburg-Lippe	100,2	919
Sachsen	3'622,3	25'407	Elsass-Lothringen	508,1	3'809

II. Gewinnung von Salzen aus wässeriger Lösung:
644,2, werth 28'575, davon Kochsalz 450,8, w. 11'867; davon aus Preussen 348,0, w. 15'050, Bayern 48,7 u. 2'432, Baden 30,0 u. 1,022, Anhalt 78,3 u. 6'142, Elsass-Lothringen 46,5 u. 1'047.

III. Hüttenproducte:

Roheisen	2'729,0	163'390	Gold . . . Kil.	463	1'292
Zink	99,7	33'577	Schwefelsäure	156,1	8'487
Blei	89,9	26'513	Vitriole	11,0	2'307
Kupfer	14,8	18'741	Andre Hüttenprod.	4,0	4'187
Silber, Tonnen	186,0	28'608	Zus. Hüttenproducte	3'104,7	257'402

Dazu lieferten:

Preussen	2'353,7	235'416	Thüringen	30,4	1'987
Bayern	32,3	2'078	Braunschweig	39,9	4'979
Sachsen	34,5	13'942	Anhalt	0,6	319
Württemberg	8,7	1'297	Hamburg	14,2	1'139
Baden	9,5	350	Elsass-Lothringen	293,8	12'430
Hessen	26,4	1'619			

Darunter befand sich Roheisen: aus Preussen 2'052,7 im Werthe v. 130'162, Bayern 30,2 u. 1'862, Württemberg 8,6 u. 1'292, Hessen 30,1 u. 1'610, Thüringen 30,4 u. 1'987, Braunschweig 23,4 u. 1'844, Elsass-Lothringen 292,7 u. 12'368.

Im J. 1878 wurden auf den unter Aufsicht der preuss. Bergbehörde stehenden Bergwerken 232,064 Arbeiter beschäftigt. Von diesen verunglückten tödtlich 562. Wenn man die einzelnen Zweige des Bergbaues in Betracht zieht, so kommt man zu dem Ergebniss, dass bei dem Steinkohlenbergbau je Einer von 365 Mann ums Leben kam, beim Braunkohlenbergbau 1 von 482, Erzbergbau 1 von 651 und bei der Gewinnung von anderen Metallen je 1 von 690.

Die Einfuhr von Steinkohlen wurde zu 1,953,1, von Cokes zu 170,3, von Braunkohlen 3,064,0 Mill., dagegen die Ausfuhr 7,458,2 Steink., 430,3 Cokes und 23,6 Mill. Braunk. berechnet, wonach im Lande verblieben: 43,192,7 Steink., 260,0 Cokes und 15,883,3 Braunk.

Nach einer vorläufigen amtlichen Zusammenstellung hat sich die Production der Montanindustrie im J. 1881 erheblich vergrössert, wogegen die Preise gesunken sind. Die Förderung wird so angegeben: Steinkohlen 48,698 Kilotonnen, Braunkohlen 12,843, Steinsalz 311,907, Eisenerze 7554, Roheisen 2784.

Tabakbau:

	Zahl der Pflanzer	Areal	Ertrag, Tonnen[*])	Geld-Ertrag, Mk.	Mittelpreis pr. Tonne
1876/77	174.591	21,735 ha.	31,702 = 1,46 pr. ha.	13'066,000 = 599 pr. ha.	412
1877/78	165.273	17,915	29,863	1,67	14'414,000	483
1878/79	157,175	18,016	29,889	1,06	14'737,000	493
1879/80	159,061	17,273	28,409	1,64	21'406,000	754
1880/81	221,010	24,259	51,947	2,14	36'527,000	709

Dabei participirten 1880/81 die einzelnen Staaten:

	Areal	Ertrag[**])		Areal	Ertrag
Preussen	5,967 ha.	9'647,000 M.	Mecklenburg	160 ha.	304,000 M.
Bayern	5,669	7'315,000	Thüringen	157	247,000
Sachsen	1	2,000	Braunschweig	54	91,000
Württemberg	250	325,000	Anhalt	132	208,000
Baden	7,532	11'595,000	Elsass-Lothr.	3,178	5'744,000
Hessen	1,159	1'349,000			

Im J. 1878 wurden im Deutschen Reich 642 Handlungen gezählt, welche sich ausschliesslich mit dem An- und Verkauf von Rohtabak befassten, 162, welche neben dem Vertrieb von Rohtabak noch Tabakfabrikation betrieben, 87 Rohtabakhandlungen, welche mit Handel mit Tabakfabrikaten, und 107, welche mit Tabakfabrikation und Handel mit Tabakfabrikaten verbunden waren. Von diesen Rohtabakhandlungen kamen auf Bremen allein 213, auf Baden 143, auf Hamburg 97, Königreich Sachsen 71, Rheinpfalz 67, Elsass-Lothringen 15, Hessen-Nassau 13, Württemberg 10. Die Tabakfabrikation wurde in demselben Jahre von 15,038 Geschäften betrieben; es beschäftigten sich damit 139,415 Personen; Handlungen mit Tabaksfabrikaten bestanden 7915 in grösserem Umfange; ausserdem wurden 366,928 Geschäfte ermittelt, in welchen Tabakfabrikate nur nebensächlich umgesetzt wurden. Was die Zahl der durch den Handel mit Rohtabak, die Tabakfabrikation und den Handel mit Tabaksfabrikaten zusammen beschäftigten Personen betrifft, so stellt sich dieselbe auf 535,708 Personen, also auf etwa 2½ pro Tausend der gesammten Bevölkerung des Reiches. Der jährliche Verbrauch von Tabakfabrikaten bezifferte sich nach den officiellen Annahmen ungefähr auf 751,307 Ctr. Cigarren, 3752 Ctr. Cigaretten, 731,921 Ctr. Rauchtabak, 121,440 Ctr. Schnupftabak und 49,098 Ctr. Kautabak, zusammen 1,657,518 Ctr. Tabakfabrikate, was auf den Kopf der Bevölkerung 3,83 Pfd. ausmacht. Der seitens der Bevölkerung so gemachte Geldaufwand beliefe sich darnach ungefähr auf 249'269,000 M. für Cigarren, ferner 3'304,000 für Cigarretten, 42'429,000 für Rauchtabak, 10'156,000 für Schnupftabak und 7'808,000 für Kautabak, zus. auf 312'966,000 M. Die Schätzung bezieht sich speciell auf das Jahr 1877/78, ist jedoch wohl zu hoch; die Gesammtsumme belief sich nach anderer Schätzung im J. 1871/72 auf 209'490,000 M.. 1872/73 auf 297'270,000 M., 1873/74 auf 196'320,000, 1874/75 192'060,000, 1875/76 193'890,000, 1876/77 196'820,000 und 1877/78 auf 282'560,000 M. Darnach betrüge der Durchschnittsaufwand in den 7 Jahren 5,39 M. jährlich.

Im J. 1879/80 war der Eingang von ausländischem Tabak in das Zollgebiet in Folge der Zollerhöhungen und der unmittelbar vorangegan-

---

[*]) Geldwerth der getrockneten Blätter.

[**]) In Preussen war der Geldertrag am bedeutendsten in den Provinzen: Brandenburg 3,05, Pommern 1,46 und Rheinland 1,23 Mill. Mark.

genen sehr umfangreichen Tabakeinfuhr ein äusserst geringer, auch die
Ausfuhr von Tabak und Tabakfabrikaten in das Ausland sehr unbedeutend. Der Gesammtwerth der Einfuhr berechnete sich auf 21,7 und der
der Ausfuhr auf 7,1 Mill. Mark, gegenüber von 88,3, beziehungsweise
23,6 Mill. durchschnittlich in den Jahren 1871—1879. Für denselben
9jährigen Durchschnitt betrug der Verbrauch von Tabak und Tabakfabrikaten innerhalb des Zollgebiets 1,9 kg. Rohtabak auf den Kopf der Bevölkerung. Die Einnahme an Tabaksteuer betrug im Jahre 1879/80 nach
Abzug der Erlasse 1'157,789 M.; der Nettoertrag sämmtlicher Tabakabgaben berechnet sich (einschliesslich des Eingangszolls und abzüglich
der Ausfuhrvergütungen) auf 9'154,967 M. = 0,21 M. pr. Kopf.

In den beiden letzten Etatsjahren zählte man:

	1880/81	1881/82
Tabakpflanzer	221,010	246,620
bepflanzte Grundstücke . . .	314,383	351,473
Fläche derselben, Aren . . .	2'425,720	2'724,400
geerntete Quantität, trocken, kg.	52'097,026	61'353,305

Im J. 1882 kam die Erhöhung der Steuer vom inländischen Tabak
à 45 M. pr. 100 kg. zum erstenmal in volle Anwendung. Die Ergebnisse
im Ganzen sind noch nicht berechnet, obwol sich bereits ein starker
Rückgang dieses Zweiges der Bodencultur erkennen lässt. So liegt uns
aus Bayern nachstehende Notiz vor: Es wurden in diesem Staate heuer
um 115,375 Aren (also mehr als der 6. Theil) w e n i g e r mit Tabak bepflanzt als im Vorjahr. Die heuer mit Tabak bepflanzten 530,226 Aren
treffen hauptsächlich auf nachstehende Hauptzollamtsbezirke: Landau
222,755 ar (— 49,705 gegen das Vorjahr), Ludwigshafen 212,311 ar
(— 37,934), Nürnberg 64,609 (— 12,939), Fürth 27,217 (— 11,492) etc.

N a c h s c h r i f t. Mittlerweile sind die Ergebnisse aus Gesammtdeutschland veröffentlicht worden. Danach wurden 1882 von 215,048
Pflanzern 294,469 Grundstücke mit einem Gesammtflächeninhalt von
22,257 ha. mit Tabak bepflanzt, wogegen im J. 1881 eine Fläche von
27,244 ha., also 4987 mehr mit Tabak bebaut worden waren. Von dem
Gesammtflächeninhalt der 1882 mit Tabak bepflanzten Grundstücke fallen
5364 ha. (6997 im Vorjahr) auf das Königreich P r e u s s e n, darunter
2130 auf die Provinz Brandenburg und 1014 auf Pommern, ferner 5302
(6456 im Vorjahr) auf B a y e r n, 205 (302 im Vorjahr) auf W ü r t t e m-
b e r g, 7006 (8459 im Vorjahr) auf B a d e n, 978 (1161 im Vorjahr) auf
das Grossherzogthum H e s s e n und 2928 ha. (3262 im Vorjahr) auf
E l s a s s - L o t h r i n g e n. Ein Kennzeichen, in welchem Maasse die Erhöhung der Tabaksteuer auch den Ackerbau schädigte.

Gewerbestatistik. Die Erhebung von 1875 hat nur wenig genaue
Ergebnisse geliefert. Es steht zu wünschen (obwol es schon jetzt nicht
an Bedenken fehlt), dass die nunmehr zu verarbeitenden Resultate der
Aufnahme von 1880 ein verlässigeres Bild geben werden. Vorläufig noch
auf die Zahlen von 1875 hingewiesen, sei bemerkt, dass von den gezählten 2'927,955 Gewerbebetrieben 2'136,086 oder 72,95 % ohne Gehülfen,
722,319 oder 24,67 % mit 1—5 Gehülfen und nur 69,550, also nur
2,34 %, mehr als 5 Gehülfen beschäftigten, und dass unter letzteren 27,414
oder 0,94 % der Gesammtzahl weniger als 10, 33,657 oder 1,15 % — 11
bis 50 und 8479 oder 0,29 % mehr als 50 Personen verwendeten. Im

Ganzen waren im Handwerk, Industrie und Handel (Landwirthschaft ausgeschlossen) im deutschen Reiche auf je 10,000 Einwohner 1514,₄ Personen in 756 Betrieben erwerbmässig thätig.

Eine Aufnahme aller Dampfkessel und Dampfmaschinen mit Ausnahme der Locomotiven und der in der Verwaltung der Armee und der Kriegsmarine benutzten Kessel im J. 1879 ergab für ganz Deutschland: 49,511 feststehende Dampfkessel, 9164 bewegliche, 44,447 feststehende Dampfmaschinen zu 1'247,000 Pferdekräften, 9085 bewegliche zu 73,647 Pferdekräften und 1073 Privat-Dampfschiffe mit 1462 Kesseln und 1099 Maschinen zu 179,280 Pferdekräften. Setzt man diesen Zahlen noch die vorhandenen 10,398 Locomotiven und die Maschinen der 92 Kriegsdampfer der deutschen Marine hinzu, so ergibt sich, dass ohne die bei der Militärverwaltung und auf den Werften der Marine etwa sonst vorhandenen Dampfmaschinen am Beginn des J. 1879 im deutschen Reiche 1165 Dampfschiffe, 70,185 Dampfkessel und 65,170 Dampfmaschinen zu 4'510,637 allerdings nicht überall sicher ermittelten Pferdekräften von 75 Kilogramm-Meter Leistung in der Secunde, vorhanden waren.

Runkelrübenzuckerfabriken. Die Zahl war 1879/80 328, 1880/81 333. Die Rohzuckerproduction ward in Doppelcentnern (100 Kilo) so berechnet: 1877/78 3'780,091, 1878/79 4'261,551, 1879/80 4'094,152, 1880/81 5'559,151; Durchschnitt der letzten 10 Jahre 3'413,412. Im J. 1880/81 ertrug die Steuer 101'163,696 M. brutto. Nach Abrechnung von 56'547,988 M. Ausfuhrvergütung und unter Zurechnung von 1'460,967 Eingangszoll von Zucker blieb als Nettoertrag vom Zucker 46'096,948 M. Das Quantum der verarbeiteten Rüben, 1871/72 nur 45 Mill. Zollctnr., 1873/74 70,₆ Mill., hob sich nach einigen Schwankungen 1879/80 auf 96,₇ und 1880/81 auf 126'284,432 Cntr. (Behauptet wird, die Ausfuhrvergütung sei bedeutend zu hoch, man bedürfe längst nicht mehr 11³/₄ Cntr. Rüben zur Herstellung von 1 Cntr. Rohzucker, sondern, mit Einrechnung der Melasse, nur 9¹/₂ Cntr. So erkläre es sich, dass von den Fabricanten pr. Kopf der Bevölkerung 1880/81 nur noch 12,₆₃ Pfd. versteuert worden sei, während die versteuerte Consumtion im Vorjahre noch 13,₄₂ Pfd. betragen habe.) Nach officieller Annahme sollen 1878/79 10,₈₆, 1879/80 aber 11,₇₄ Kgr. roher Rüben zur Herstellung von 1 Kgr. Rohzucker erforderlich gewesen sein. Es lieferten im letzten Jahre 251 Fabriken in Preussen 319,887 Tonnen Rohzucker, 5 in Bayern, Württemberg und Baden 9,677 T., 30 in Braunschweig 41,038. 32 in Anhalt 29,445, 7 in den übrigen Bezirken 9,368 Tonnen.

Bierbrauereien. Im Reichssteuergebiete standen 1881/82 11,266 Brauereien im Betriebe, welche 21'315,982 Hektol. Bier lieferten. Ausserdem producirten: Bayern 12'341,754, Württemberg 3'247,711. Baden 1'185,843, Elsass-Lothringen 941,363 hl. Nach der officiellen Berechnung treffen im Durchschnitt der letzten 10 Jahre auf den Kopf der Bevölkerung: im Reichssteuergebiete 62 Liter, in Bayern 233, Württemberg 189, Baden 71, Elsass-Lothringen 55.

Branntweinbrennereien, Etatsjahr 1881/82[*]). In Elsass-Lothringen allein standen 21,045 Brennereien (im Vorjahr 18,470) und im übrigen

---

Reichssteuergebiet 8864 (8331 im Vorjahre), zusammen also 29,909 Brennereien im Betriebe, von denen 7256 (gegen 7133) mehlige Stoffe, 24 (25) Melasse, und die übrigen nicht mehlige Stoffe, wie Weinhefe, Weintreber, Obst, Rüben etc. verarbeiteten. Von der angegebenen Gesammtzahl waren 1294 (1328 Vorj.) in Verbindung mit Hefenfabrikation: über 12,000 M. jährlicher Steuer haben entrichtet neben den Melassebrennereien 1712 Kartoffelbrennereien (gegen 1420) und 129 Getreidebrennereien (144). Der Bruttoertrag der Branntweinsteuer war im Reichssteuergebiet 1881/82 64'002,689 M. gegen 57'271,757 M. 1880/81. Die Ausfuhr von Branntwein aus dem Reichssteuergebiet war eine sehr bedeutende; an Steuerrückvergütung für ausgeführten Branntwein wurden bezahlt 16'031,186 M. gegen M. 10'916,734. Der Nettoertrag der Branntweinabgaben belief sich auf 48'510,107 M. oder $1_{,34}$ M. auf den Kopf der Bevölkerung gegen $1_{,32}$ M. im Vorjahre. Im bayerischen Steuergebiet wurden im Kalenderjahr 1881 von 4550 im Betriebe gewesenen Brennereien zusammen 222,034 Hektol. Branntwein zu 50 % Alkoholgehalt producirt, die Einfuhr von Branntwein betrug daselbst 56,359 und die Ausfuhr 16,118 Hektol. In Württemberg belief sich im Etatsjahre 1881/82 der Nettoertrag der Branntweinabgaben auf 244,617 M. und der Ertrag der Abgabe vom Branntweinkleinverkauf auf 292,565 M., in Baden die Gesammtnettoeinnahme im Steuerjahre vom 1. December 1880 bis 30. November 1881 auf 735,897 M.

Eisenbahnen. Am 31. Juli 1882 umfasste der »Verein Deutscher Eisenbahnverwaltungen« 51 Verwaltungen mit 34,569 Kilom. im deutschen Reichsgebiete, ausserdem 35 Verw. mit 18,965 km. in Oesterr.-Ungarn, 1 Luxemburgische mit 146 km., 11 Belgische, Holländische. Rumänische etc. mit 4376, zus. 98 Verw. und 58,057 km. Ungeachtet einer Anzahl Verstaatlichungen war die Zahl der Deutschen Verwaltungen am 1. Nov. 1882 auf 52 gestiegen, die der Oesterr.-Ungarischen auf 36, die 1 Luxemburgische blieb unverändert, dazu kamen: 3 Belgische, 6 Niederländische, 1 Rumänische, 1 Polnisch-Oesterr. und Polnisch-Preuss., zus. 100 Verwaltungen.

Was die Bahnen in den einzelnen deutschen Staatsgebieten betrifft, so zählte man am 1. Jan. 1883 in:

Preussen	21,048 km.,	wovon	17,268 km. unter Staatsverwaltung
Bayern	5,557 -	-	4,290 - - -
Sachsen	2,598 -	-	2,172 - - -
Württemberg . .	1,558 -	-	1,497 - - -
Baden	1,328 -	-	1,222 - - -
Elsass-Lothringen .	1,249 -	-	1,240 - - -
Hessen	902 -	-	225 - - -
Mecklenburg . .	375 -	-	— - - -
Braunschweig . .	370 -	-	— - - -
Oldenburg . . .	319 -	-	279 - - -
Sachsen-Weimar .	194 -	-	44 - - -
Sachsen-Meiningen	191 -	-	20 - - -
Bremen	105 -	-	105 - - -
Coburg-Gotha . .	26 -	-	9 - - -
Schaumburg . . .	24 -	-	24 - - -
Hamburg	18 -	-	18 - - -
Sachsen-Altenburg .	8 -		-
Schwarzb.-Sondersh.	8 -	-	8 - - -
	35,878		28,421

Von den Privatbahnen stehen ebenfalls 2,620 km. unter Staatsverwaltung.

Nach den Berechnungen des kais. Reichseisenbahnamtes hatte das gesammte Anlage- und Einrichtungscapital aller Eisenbahnen in Deutschland zu Ende des J. 1879 8,621'209,351 M. betragen = 261,364 pr. km. Die Betriebseinnahmen beliefen sich im genannten Jahre auf 866'513,714, wovon 216'485,008 aus dem Personen- und 561'896,310 aus dem Güterverkehre. Die Einnahmen lieferten somit 362'239,500 M. Ueberschuss über die Betriebsausgaben. Somit pr. km. 26,658 Einn., 15,514 Betriebsausg. und 11,144 Reinertrag = 4,$_{26}$ % des Anlagecapitals; in früheren Jahren:

1868	1869	1870	1871	1872	1873	1874	1875	1876	1877	1878
6,$_{50}$	6,$_{54}$	6,$_{16}$	6,$_{94}$	5,$_{98}$	5,$_{21}$	4,$_{71}$	4,$_{68}$	4,$_{45}$	4,$_{26}$	4,$_{25}$ %

Nach einer andern Berechnung in der Statistik des Vereins deutscher Eisenbahnverwaltungen ergab sich folgende Verzinsung des Anlagecapitals: 1878 4,$_{42}$%, 1879 4,$_{41}$, 1880 4,$_{45}$%. Nach derselben Quelle wurden 1880 auf den deutschen Bahnen befördert: Personen 6,490'155,000 km., Güter 13,020'326,000 Tonnenkm. Die Gesammteinnahmen beliefen sich auf 847'745,000, die Gesammtausgaben auf 448'235,967 M. Zur Gesammteinnahme trugen bei: Personenverkehr 26,$_8$, Güterverkehr 70,$_7$, sonstige Quellen 2,$_5$%. Die Ausgaben erforderten von den Einnahmen 52,$_9$% (1879 53,$_6$, 1878 55,$_2$%).

Unfälle:

	1879	1880
Entgleisungen	1,030	593
Zusammenstösse	405	480
sonstige Unfälle	954	2,473
Zus.	2,389	3,546

Personen wurden dabei beschädigt:

	1879		1880	
	getödtet	verletzt	getödtet	verletzt
unverschuldet	46	370	33	358
selbstverschuldet	453	2,024	412	1,335
	499	2,394	445	1,693
Selbstmörder	127	15	158	21

NB. Zahl der Angestellten (1880) 128,300.

Hier ist ein zur Würdigung des Ertragsverhältnisses der Eisenbahnen nothwendiges Moment, das in der Regel gar nicht gewürdigt wird, zu erwähnen. Wir entnehmen die nachstehende kurze Ausführung der Zeitschrift »Aus dem deutschen Reich«: Die Eisenbahnen im Dienste der Post. In dem Etat der Postverwaltung von 1883/84 betragen die Vergütungen, welche den Eisenbahnen für ihre Leistungen in den Postbeförderungen zukommen, 2'250,000 M. Der Eisenbahntransport wird zum bei weitem grössten Theile unentgeltlich geleistet, da die Eisenbahnen in jedem Zuge einen Postwagen frei mitnehmen müssen; in der Hauptsache wird nur für Päckereistücke im Einzelgewicht bis 10 kg. incl. und für Beiwagen den Eisenbahnen eine gering bemessene Entschädigung gewährt. Wie gross die Leistungen der Eisenbahn sind, ergibt sich aus der Eisenbahnstatistik für 1880. Nach derselben sind die Postwagen 151 Mill. Achskilometer auf deutschen Eisenbahnen gelaufen. Nach derselben Statistik hat das Achskilometer auf deutschen Eisenbahnen durchschnittlich 6,$_{14}$ Pf. Betriebskosten verursacht, die 151 Mill. Post-

Achskilometer also rund 9'270,000 M. Dieser Betrag stellt aber noch keineswegs die ganzen Selbstkosten der Eisenbahnen dar; dazu muss noch hinzutreten mindestens eine 4 % Verzinsung des verwendeten Anlage-capitals, welches für 1880 bei allen deutschen Eisenbahnen 8917 Mill. ausmachte, also 356 Mill. Die Betriebsausgaben der deutschen Eisenbahnen haben 1880: 480 Mill. betragen; erhöht man entsprechend dem Verhältniss dieser zu dem Zinsposten die 9'270,000 M., so wachsen dieselben auf 16'270,000 M. an. Zieht man davon ab die im Postetat enthaltene Ausgabe an die Eisenbahnen, so beträgt der Werth der unentgeltlichen Leistung rund 14 Mill.

Reichspost, Ergebnisse von 1880. Postanstalten 7,540, Briefkasten 47,602, angekommene Briefe: 443'952,000 frankirt, 15'847,000 unfrankirt, Postkarten 128'957,000. Drucksachen 106'620,000, Waarenproben 7'155,000, portofreie Briefe 29'224,000, zus. Brief- etc. Sendungen 731'755,000. Angekommene Postauftragsbriefe zur Geldeinziehung 3'281,000, einzuziehender Betrag 328'669,000 M., Postnachnahmesendungen 3'187,000 Briefe, 3'618,000 Packete, Nachnahme 51'632,000 M., angekommene Packete ohne Werthangabe 56'032,000 im Gewichte von 236'437,000 kg. Briefe mit Werthangabe 6'454,000 à 7,173'796,000 M., Packete mit Werthangabe 2'130,000, 7'404,000 kg. à 3,193'738,000 M., Portoeinnahme der Reichspost 106'391,000 M., durch die Post beförderte Reisende 2'544,016.

Ende 1881 zählte man im deutschen Reiche: 11,088 Postanstalten, 59,791 Briefkasten, 78,502 Bedienstete für Post und Telegraphie. Insgesammt wurden 1,650'570,029 Sendungen befördert, darunter 681'976,350 Briefe, 168'929,480 Postkarten, 154'496,960 Drucksachen, 14'013,710 Waarenproben, — Packete ohne Werthangabe 74'237,480, mit solcher 9'270,540, Briefe m. Werthang. 9'871,220, Postanweisungen 49,790,545, Postauftragsbriefe 4'013,929, Postnachnahmebriefe 3'674,000. — Gesammtwerthbetrag der Geldsendungen 16,146'990,778 M. im Gewichte von 324'842,760 kg. — (Vergl. Bayern und Württemberg, welche beide Staaten vertragsmässig eigene Post- und Telegraphenverwaltungen sich bewahrt haben, welche jedoch vorstehend pro 1881 mit einbegriffen sind.)

Telegraphenbetrieb im Reichspostgebiete 1881 (mit Bayern und Württemberg). Länge der Linien 72,577, der Leitungen 260,700 km.; Aemterzahl 10,308. Telegraphenverkehr 17'507,099 Telegramme.

Internationaler Handel. Erst seit 1880 finden genauere Erhebungen statt. Des Vergleichs wegen fügen wir jedoch auch die amtlichen Berechnungen von 1872—79 bei (Werth in Mill. Mark):

Jahr	Einfuhr	Ausfuhr
1872	3,468'480	2,404'020
1873	4,257'333	2,488'998
1874	3,673'059	2,459'880
1875	3,576'870	2,561'800
1876	3,913'300	2,605'800
1877	3,877'080	2,828'580
1878	3,722'870	2,916'540
1879	3,893'040	2,821'450
1880	2,876'400	3,099'500

Im J. 1880, das allerdings durch die Aenderung in den Zolltarifen beeinflusst war, ergab sich folgende Gruppirung:

	Einfuhr	Ausfuhr
Nahrungs- und Genussmittel unverarbeitet	861,7	402,9
- - - verarbeitet	71,5	247,0
Rohstoffe	1309,2	781,4
Halbfabricate	407,2	420,1
Fabricate	226,8	1248,1
Zus.	2876,4	3099,5

Es darf indess nicht unerwähnt bleiben, dass gegen die obige Berechnung von 1880 ebenfalls sehr bedeutende Einwürfe erhoben worden sind, namentlich bezügl. Bilanzirung, die als zu optimistisch bezeichnet und wenigstens in einzelnen Beziehungen auch als solche nachgewiesen wurde.

Vorbehaltlich dessfalsiger Berichtigungen würde sich, nach Massgabe der Hauptgruppirung des Zolltarifs, der Verkehr folgendermassen classificiren (Einfuhr in den freien Verkehr, resp. Ausfuhr aus demselben) in Tausenden von Mark:

	Einfuhr	Ausfuhr
1. Vieh	166'537	136'946
2. Nahrungs- und Genussmittel	766'617	512'964
3. Sämereien und Gewächse, nicht zur Nahrung	72'220	31'404
4. Dünger und Abfälle	65'026	21'977
5. Brennstoffe	30'539	57'139
6. Rohstoffe und Fabricate der chemischen Industrie	344'295	402'370
7. do. der Stein- und Thon-Industrie	40'063	113'842
8. do. der Metall-Industrie	147'845	350'299
9. do. der Holz-, Schnits- und Flecht-Industrie	111'271	91'895
10. do. der Papier-Industrie	14'892	57'201
11. do. der Leder- und Rauchwaaren-Industrie	161'382	183'539
12. do. der Textil- und Filz-Industrie	876'432	933'965
13. do. der Kautschuk- und Wachstuch-Industrie	21'153	17'115
14. Eisenbahnfahrzeuge, gepolsterte Wagen etc.	727	5'445
15. Maschinen, Instrumente, Apparate	32'288	88'707
16. Kurzwaaren, Schmuck	9'302	56'796
17. Gegenstände der Literatur und bildenden Kunst	15'824	37'624
18. Andere Waaren	—	—
Zus.	2,876'413	3,099'428

Verkehr mit den einzelnen Ländern:

	Einfuhr aus	Ausfuhr nach
Deutsche Zollausschlüsse	501'644	773'938
Dänemark	27'061	51'881
Schweden und Norwegen	23'057	61'718
Russland	336'206	228'452
Oesterreich-Ungarn	414'254	299'755
Schweiz	143'639	176'740
Frankreich mit Algier	262'708	291'811
Belgien	195'149	167'130
Niederlande	193'901	229'744
Grossbritannien	354'757	447'710
Spanien und Portugal	13'107	23'490
Italien	63'994	55'044
Uebriges Europa und asiatische Türkei	9'246	20'159
Afrika ohne Algier	17'115	5'162
Asien ohne Russland und Türkei	66'481	27'148
Nordamerika	184'499	212'854
Central- und Südamerika	51'791	24'806

Einer neuen Veröffentlichung des Statistischen Amtes entnehmen wir nachstehende Uebersicht des Handelsverkehrs im J. 1881 (Einfuhr in den freien Verkehr und Ausfuhr aus demselben) à 1000 Mark:

2 *

		Einfuhr	Ausfuhr
1.	Vieh und andere lebende Thiere	189'047	134'159
2.	Nahrungs- und Genussmittel	803'863	464'626
3.	Sämereien und Gewächse	70'417	27'735
4.	Düngemittel und Abfälle	71'121	23'695
5.	Brennstoffe	33'026	62'477
6.	Rohstoffe und Fabricate der chem. Industrie, Droguen	363'950	255'309
7.	do. der Stein-, Thon- und Glas-Industrie . . .	44'698	124'551
8.	do. der Metall-Industrie	128'770	401'287
9.	do. der Holz-, Schnitz- und Flecht-Industrie . .	125'282	39'705
10.	do. der Papier-Industrie	17'183	69'040
11.	do. der Leder- und Rauchwaaren-Industrie . .	164'457	210'596
12.	do. der Textil- und Filz-Industrie, Kleider . .	895'901	961'714
13.	do. der Kautschuck- und Wachstuch-Industrie .	20'752	17'627
14.	Eisenbahnfahrzeuge, gepolsterte Wagen und Möbel .	725	6'895
15.	Maschinen, Instrumente, Apparate	33'935	95'753
16.	Kurzwaaren und Schmuck	11'784	56'271
17.	Gegenstände der Literatur und bildenden Kunst . .	15'340	38'258
18.	Verschied. Waaren, nicht der Gattung nach declarirt	—	498
	Zus.	2,990'251	3,040'196

Dies ergibt somit einen Ueberschuss der Ausfuhr über die Einfuhr von 49'945,000 M. Zieht man aber den Werth der declarirten Mengen von Gold und Silber in Barren, Bruch und Münzen ab, so ermässigt sich der Ueberschuss der Ausfuhr auf 14'080,000 M. Neben einer Steigerung der Einfuhr, die sich zu einem nicht geringen Theil daraus erklärt, dass die Einfuhr des Vorjahres wegen der zu Anfang 1880 eingetretenen Zollerhöhungen verhältnissmässig gering war, ergeben die Nachweisungen eine erfreuliche Steigerung der Ausfuhr, insbesondere bei fast allen Industrieproducten, und diese Steigerung ist es in erster Linie gewesen, welche abermals einen Ueberschuss der Ausfuhr über die Einfuhr zur Folge gehabt hat. Für das Jahr 1881 ist dieser Ueberschuss auf Grund berichtigter Zahlen auf 86'252,000 M., nach Abzug des Werthes der declarirten Mengen von Gold und Silber in Barren, Bruch und Münzen auf 74'681,000 M. berechnet.

Die bedeutendste Gruppe ist nach der obigen Zusammenstellung die der Textilindustrie (12), dann erst folgt die der Nahrungsmittel (2). Zu dieser letzteren gehört aber sachlich ein grosser Theil der Gruppe 1, nämlich soweit in dieser das Schlachtvieh begriffen ist; und dieses schätzungsweise eingerechnet, dürften sich die Beträge der Gruppe 2 auf 934'863,000 M. in der Einfuhr, auf 574'626,000 M. in der Ausfuhr erhöhen, und die der Gruppe 1 entsprechend erniedrigen.

Für die Gruppen 7 bis 8 lässt sich eine Trennung in Rohstoffe und Fabricate durchführen, während dies bei den sechs ersten Gruppen nicht wohl thunlich ist, und es sich bei den Gruppen 14 bis 17, auch wohl der Sammelgruppe 18, nur um Fabricate handelt.

Für die in Rede stehende Unterscheidung werden vom statistischen Amte folgende Zahlen gegeben. Es betrug im Jahre 1881 in 1000 M. die

der Gruppe	Einfuhr	Ausfuhr
7. Stein-, Thon-, Glas-Industrie		
Rohstoffe	30'598	49'737
Fabricate	14'100	75'814
8. Metall-Industrie (ohne Edelmetall in Barren u. Münzen)		
Rohstoffe	77'517	96'295
Fabricate	23'970	241'841

	der Gruppe	Einfuhr	Ausfuhr
9. Holz-. Schnitz-, Flecht-Industrie			
Rohstoffe	. . . .	109'601	41'393
Fabricate	. . . .	15'681	48'312
10. Papier-Industrie			
Rohstoffe	. . . .	10'986	16'194
Fabricate	. . . .	6'197	52'846
11. Leder- und Rauchwaaren-Industrie			
Rohstoffe	. . . .	131'093	79'882
Fabricate	. . . .	33'364	130'714
12. Textil- und Filz-Industrie, Kleider			
Rohstoffe	. . . .	519'576	154'312
Fabricate	. . . .	376'325	807'402
13. Kautschuck- und Wachs-Industrie			
Rohstoffe	. . . .	14'670	1'348
Fabricate	. . . .	6'082	16'279
14. bis 17. (s. oben)			
Fabricate	. . . .	61'784	197'177

Andere Aufstellung auf Grundlage officieller Quellen:

	Generalhandel	Specialhandel
Einfuhr	4,604 Mill.	2,990 Mill.
Ausfuhr	4,623 -	3,040 -
Zus.	9,227 Mill.	6,030 Mill.

Seeschifffahrt, 1881, Januar. 4660 Schiffe mit 1'181,525 Netto-Registertonnen Raumgehalt und 39,660 Mann Besatzung; davon 414 Dampfer von 215,758 Reg.-Tons mit 8,657 Besatzung; 2,749 Schiffe von 738,260 Tons und 23,289 Mann im Nordsee- und 1,911 Schiffe von 443,265 Tons und 16,371 Mann im Ostseegebiet (Dampfer: 213 in der Nordsee mit 160,556 Tons und 6,309 Mann und 201 in der Ostsee mit 55,202 Tons und 2,348 Mann). Nach Staaten:

	Seeschiffe	Tons	Besatzung	Dampfer	Tons	Besatzung
Preussen . . .	3,079	474,923	18,910 davon	179	46,183	2,002
Schwerin . . .	381	112,328	3,887	11	4,489	146
Oldenburg . . .	345	69,720	2,115	—	—	—
Lübeck	42	9,729	453	28	7,089	350
Bremen . . .	325	270,260	6,665	69	58,685	2,645
Hamburg . . .	488	244,565	7,630	127	99,312	3,514

Die relative Präponderanz von Hamburg und Bremen, besonders nach der Tonnenzahl·der Dampfer, ist augenscheinlich.

Grösse der Schiffe:

unter 50 Tons 1,394, dav. 93 Dampfer.	unter 600 Tons 146, dav. 33 Dampfer.
- 100 690 45	- 800 160 31
- 200 635 38	- 1,000 119 21
- 300 594 31	- 1,400 148 32
- 400 437 19	- 2,000 45 34
- 500 279 26	darüber 13 11

Die deutsche Dampferflotte ist in den Jahren 1879—82 von 351 Schiffen mit 179,662 Tons Ladfähigkeit auf 458 und 251,648 Tons gestiegen, am meisten die grossen Dampfer.

Flagge 1880:

	Angekommen				Abgegangen			
	mit Ladung		in Ballast		mit Ladung		in Ballast	
	Schiffe	Tons	Schiffe	Tons	Schiffe	Tons	Schiffe	Tons
a. deutsche	32,680	3'283,529	7,365	374,109	29,380	2'878,288	10,189	755,340
b. fremde	13,450	3'811,993	1,787	305,928	9,717	2'597,433	5,735	1'531,976

Unter den fremden Schiffen mit Ladung waren:

	Angekommen		Abgegangen	
	Schiffe	Tons	Schiffe	Tons
englische	4,692	2'362,141	3,210	1'535,258
dänische	4,134	373,388	3,544	331,822
schwedische . . .	1,821	316,933	920	187,814
norwegische . . .	1,087	325,422	682	216,734
niederländische . .	943	150,374	911	145,882
russische	488	107,945	223	52,017
nordamerikanische .	43	52,193	26	30,996
spanische	47	25,255	51	27,429
italienische . . .	48	29,664	28	16,468
österr.-ungarische .	17	8,668	9	4,234

Die wichtigsten Häfen hatten — abgesehen von den leeren oder Ballastschiffen — 1880 folgenden Verkehr:

	Angekommen		Abgegangen	
	Schiffe	Tons	Schiffe	Tons
Königsberg . . .	1,327	224,414	1,286	234,440
Swinemünde . . .	486	176,998	166	24,568
Stettin	3,325	750,900	2,673	559,813
Lübeck	2,136	304,891	1,504	219,882
Kiel	3,171	334,800	2,079	214,133
Flensburg. . . .	1,598	109,653	768	31,111
Altona	448	52,437	430	18,662
Hamburg	5,099	2'564,017	4,454	2'064,129
Harburg	435	37,331	242	16,117
Bremerhaven . . .	1,099	830,897	1,261	652,462
Bremen	917	57,563	765	54,404

Schiffsunfälle. An der deutschen Küste zählte man im J. 1881 236 Unfälle, wobei (einschliesslich 26 Zusammenstösse) 262 Schiffe betheiligt waren, worunter 174 deutsche. Vollständig wurden 101 Schiffe verloren, und es kamen 89 Personen um's Leben. — Nach einer andern officiellen Aufstellung gelangte 1881 das Verunglücken von 246 registrirten deutschen Seeschiffen mit 51,918 Registertons zur amtlichen Kenntniss, oder, nach Abzug von 21 Schiffen aus früheren Jahrgängen, 225 Schiffen mit 48,602 Tons.

Flussschifffahrt. Weitaus am bedeutendsten ist die auf dem Rheinstrome, der durch die Schneeschmelze in den Alpen in der Regel auch das relativ günstigste Fahrwasser darbietet. Der Güterverkehr auf diesem Strome wird pro Jahr durchschnittlich auf 125 Mill. Zollcentner berechnet, jener auf der Elbe nach den Hamburger Hafenberichten nur auf 23, der auf der Oder auf 7, auf der Weser auf 2 Mill. Ctr., welche Ziffern übrigens je auf die Hälfte zu reduciren sind, da das Gewicht sowol beim Ein- als beim Ausladehafen gezählt ist, sonach doppelt. Betrieben wurde die Rheinschifffahrt 1880 von 2,820 Schiffen, wovon 294 Dampfer. Von den Fahrzeugen fuhren allerdings 1,425 unter niederl., 74 unter belgischer, 10 unter englischer und nur 1,305 unter deutscher Flagge. Die Dampfer hatten 21,516 Pferdekraft und 346,861 Ctr. Tragfähigkeit, die Segler 10'642,555 Ctr. Tragfähigkeit. Gesammtbemannung 10,372 Köpfe, wovon 2,365 auf den Dampfern. — Bis 1831 hatten die meisten Lastschiffe nur eine Ladfähigkeit bis 3,000, wenige bis 5,000 Ctr.; 1848 stiegen 5 auf 7,000, während 1881 21 Schiffe mit 15— 20,000 Ctr. vorhanden waren. — Die deutsche Grenze bei Emmerich passirten:

Jahr	zu Berg		zu Thal	
	Schiffe	Güter	Schiffe	Güter
1870	4,193	10'070,008 Cntr.	9,762	25'433,748 Cntr.
1879	8,800	25'727,393 -	15,435	41'750,978 -

Der Jahresbericht der Rheinschiff.-Centralcommission für 1880 ergibt: Der Kohlenverkehr von Ruhrort, 1871 20,$_8$ Mill. Cntr., hob sich 1880 auf 32,$_2$, der Duisburgs von 8,$_4$ auf 12,$_3$', wogegen der sonstige Verkehr Ruhrorts 5,$_9$ und 9,$_6$ betrug, jener Duisburgs dagegen von 14 auf 1' sank. Die Häfen von Düsseldorf, Neuss, Köln, Koblenz, Oberlahnstein und Mainz sind sämmtlich mehr oder minder zurückgegangen; dagegen hob sich Gustavsburg von 1,$_{27}$ auf 2,$_{51}$' und Worms von 0,$_{75}$ auf 1,$_{57}$, ebenso Ludwigshafen von 3,$_{12}$ auf 4,$_{79}$. Den höchsten Aufschwung erlangte Mannheim, 1871—74 zwischen 7—9', 1880˙21,$_{46}$ Mill. Cntr.

Lebensversicherungen. Ende 1880 bestanden 38 Gesellschaften in Deutschland, einschliesslich der europäischen Abtheilungen der New Yorker Germania, davon 19 auf Gegenseitigkeit und 19 als Actiengesellschaften. Der wichtigste Zweig ihrer Thätigkeit, die Versicherung auf den Todesfall, ergab für 1880 folgende Resultate. Es wurden von sämmtlichen 38 Anstalten

	neu abgeschlossen	Erloschen sind		Reiner Zuwachs
		durch Tod	durch Auflassung	
1875	M. 241'313,621	24'439,514	74'314,856 = 4,$_6$ %	142'499,251
1876	243'817,644	25'633,682	86'571,702 = 5,$_0$	131'121,529
1877	236'788,928	27'247,522	99'451,389 = 5,$_3$	110'089,988
1878	218'888,169	29'037,221	102'680,196 = 5,$_3$	86'233,691
1879	218'122,728	30'539,631	93'600,632 = 4,$_6$	93'323,209
1880	228'830,112	31'367,828	89'407,202 = 4,$_2$	106'824,579

Zum ersten Male hat hiernach die seit 1876 andauernde Verminderung im Zugange neuer Versicherungen einer Steigerung Platz gemacht. Der Versicherungsbestand sämmtlicher deutschen Gesellschaften war:

auf	Todesfall	Sterbekassen	Lebensfall	Rente
Ende 1875	M. 1,629'000,000	27'383,249	57'704,335	1'949,801
1876	1,740'000,000	24'910.311	69'394,596	2'013,980
1877	1,876'000,000	23'187,888	82'170,788	2'124,568
1878	1,942'847,475	22'991,711	92'741,252	1'721,019
1879	2,037'333,031	22'954,592	101'473,868	1'854,501
1880	2,144'847,633	23'105,472	116'513,897	2'073,823

Nach neueren Notizen waren bei sämmtlichen Lebensversicherungen im deutschen Reiche versichert: 1880 2,254'078,006, 1881 aber 2,366'175,853 M.

Knappschaftsvereine. In Preussen bestanden davon Ende 1878 64, mit 256,904 Mitgliedern, 12'112,167 M. Gesammteinnahme und 20'630,420 M. Vermögen. — In Bayern Ende 1881 40 Vereine, mit 5,388 Mitgliedern, 448,784 M. Einnahme, 414,986 Ausgabe und 1'671,846 M. Vermögen. — In einer der Reichsregierung vorgelegten Denkschrift (Oct. 1882) sind 107 Knappschaftsvereine mit 299,540 Mitgliedern repräsentirt.

Genossenschaften. Die von dem Vereinsanwalt ermittelten Genossenschaften betrugen Ende 1881 3,250 (1879 3,200), und gehörten 1,695 (gegen 1,866 Ende 1879) zu den Creditgenossenschaften, Vorschuss- und Creditvereinen, Volks- und Gewerbebanken, 674 (gegen 649) zu den Genossenschaften in einzelnen Gewerbszweigen, Rohstoff-Magazin- und Productivgenossenschaften, 645 (gegen 642) zu ████████████vereinen,

36 (gegen 46) zu den Baugenossenschaften, welch letztere bei allmäh-
licher Beseitigung des Wohnungsmangels in Abnahme begriffen. Die
Zahl der überhaupt bestehenden Genossenschaften ist auf 3,300 anzu-
schlagen, auf Grund der Rechnungsabschlüsse wird für sämmtliche Ver-
einigungen die Mitgliedschaft auf 1 Mill. bis 1'100,000 Köpfe veranschlagt. Die gemachten Geschäfte sind noch mehr als 2000 Mill. Mark,
die angesammelten eigenen Capitalien in Geschäftsantheilen und Reserven
auf 180—190 Mill., die anvertrauten fremden Capitalien auf ca. 400 Mill.
geschätzt, wobei die sogen. Reiffeisen'schen Darlehenscassen nicht mitgerechnet sind. Die 1,895 Vorschuss- und Creditvereine (Volks- oder
Gewerbebanken etc.) hatten im J. 1880 460,658 Mitglieder, die gewährten Credite von 906 Vorschussvereinen betrugen 1,447'526,317 M.
Consumvereine mit dem Zwecke, ihren Mitgliedern nothwendige Lebensbedürfnisse ohne Zwischenhändler zu verschaffen, bestehen 195 mit einer
Mitgliederzahl von 94,366 und einem Verkäuferlöse von 30'359,000 M.
Die Guthaben der Mitglieder betrugen Ende 1880 3'177,329 M., im
Durchschnitt auf das Mitglied 33,6 M., die Reserven 1'036,153 M., die
aufgenommenen Capitalien 2'884,583 M., die Schulden für auf Kredit
entnommene Waaren 668,590 M. Interessant ist hier die Statistik der
Mitglieder, wonach bei 168 Vereinen mit 93,290 Mitgliedern die unselb-
ständigen Arbeiter 50,5 %, die selbständigen Handwerker 17,2 %, Aerzte,
Lehrer, Beamte 11,5 % (gegen 11,0 % in 1879 und 12,7 % in 1878) ausmachen.

Notenbanken. Statt der Ende 1874 in Deutschland bestehenden 33,
welche für 1,325'600,000 Noten im Umlauf hatten, waren Ende 1880 nur
noch 18 Zettelbanken vorhanden, mit einem Umlaufe von 1,033'569,000 M.
Das Grundcapital betrug (1880) 268'332,000, wobei die Reichsbank
allein mit 120 Mill. erschien, und 831'100,000 Notenumlauf, während
derselbe bei den 17 übrigen Zettelbanken zusammen nur 202'469,000 M.
betrug.

Hypothekenbank-Obligationen. Im Jahre 1882 waren
deren im Ganzen für nicht weniger als 1,982,8 Mill. ausgegeben, gegen
nur 1,806,32 im Vorjahre und nur 1,101,5 im J. 1880.

Freiwillige Feuerwehren. Mitte 1880 zählte man deren 7,630, relativ
am wenigsten in Preussen, 731, am meisten in Bayern, 4,238, in Württemberg 693, Sachsen 425, Baden 297, dem kleinen Braunschweig 449.

Konkurse wurden, laut Ausschreiben im Reichsanzeiger, während
1881 4,828 angemeldet. (Es ist zu bedauern, dass die Konkurse von
Fabricanten und eigentlichen Handelsleuten nicht ausgeschieden und
über deren Beträge keine Auskünfte gegeben sind, im Gegensatz zu den
gewöhnlichen Ganten.)

Münze, Papiergeld. Bis Ende des Jahres 1880 wurden an Reichsmünzen
neu geprägt 2,224'091,300 M., davon jedoch wieder eingezogen 5'593,500, so dass
verblieben 2,218'497,600, nemlich 1,746'654,400 M. in Gold, 396'370,000 in
groben und 30'717,400 in kleinen Silbermünzen, 44'756,000 in Nickel und Kupfer.
Dagegen wurden an früheren Landesmünzen eingezogen 1,174'946,800 M., so
dass 1,043'551,000 M. mehr ausgeprägt blieben, als eingezogen wurden. Bei der
Operation ergab sich an Münzgewinn etc. eine Einnahme von 81'728,100 gegenüber einem Kostenaufwand von 125'797,600, sonach eine Mehrausgabe von
44'069,500 M., womit jedoch die ganze Umwandlung noch nicht vollzogen ist.

Münzprägung im J. 1881: 15'521,220 M. in Gold, 12'314,416 in Silber. Münzstätten 7: Berlin, München, Dresden, Stuttgart, Karlsruhe, Darmstadt und Hamburg.)

Was das **Landespapiergeld** und dessen Ersetzung durch **Reichskassenscheine** betrifft, so waren des Ersteren am 30. Apr. 1874 184'298,500 M. vorhanden, davon bis Ende März 1881 183'137,060 eingezogen oder präcludirt. Die Einzelstaaten erhielten 120 Mill. Reichskassenscheine als Antheil, ausserdem konnten ihnen 54'115,600 M. an Vorschüssen zugewiesen werden. Von letzterer Summe waren jedoch Ende März 1881 18'296,600 M. zurückerstattet. Die vorhandenen Abschnitte bestanden in 39'520,000 M. in Stücken zu 5 M., 40'774,700 in solchen zu 20, und 75'490,800 zu 50, zus. 155'785,500 M.

Die Rechnung nach Hectaren und Quadr.-Kilom. ist dermalen in Deutschland im Allgemeinen durchgehends zur Anerkennung gelangt. Für grössere Länder scheint uns die nach Quadrat-Myriameter am zweckmässigsten (vergl. Vorrede).

(Zur Vergleichung: Die frühere deutsche Quadr.-Meile umfasste 55,06281255 Quadr.-Kilom.)

Die einzelnen Staaten Deutschlands.

(A. Norddeutschland.)

Preussen (Königreich).*)

Land und Leute.**)

Regierungsbezirke und Provinzen	Areal Q.-Kil.	Bevölkerung 1875	Bevölkerung 1880
1. Königsberg	21,107,27	1'101,647	1'155,545
2. Gumbinnen	15,870,39	754,774	778,391
I. Prov. Ostpreussen	36,977,66	1'856,421	1'933,936
3. Danzig	7,955,85	542,316	569,181
4. Marienwerder	17,547,02	800,434	836,717
II. Westpreussen	25,502,87	1'342,750	1'405,898
5. Stadt Berlin	60,61	966,858	1'122,330
6. Potsdam	20,642,57	1'100,161	1'161,332
7. Frankfurt	19,195,44	1'059,392	1'105,493
III. Brandenburg	39,898,62	3'126,411	3'389,155
8. Stettin	12,073,10	695,734	737,789
9. Köslin	14,024,49	557,831	586,115
10. Stralsund	4,009,50	208,725	216,130
IV Pommern	30,107,09	1'462,290	1'540,034
11. Posen	17,506,44	1'033,747	1'095,873
12. Bromberg	11,447,92	572,337	607,524
V. Posen	28,954,36	1'606,084	1'703,397
13. Breslau	13,476,73	1'472,254	1'544,292
14. Liegnitz	13,602,15	995,083	1'022,337
15. Oppeln	13,212,53	1'376,362	1'441,296
VI. Schlesien	40,291,41	3'843,699	4'007,925
16. Magdeburg	11,507,39	879,558	937,305
17. Merseburg	10,206,71	903,931	971,098
18. Erfurt	3,530,41	385,499	403,604
VII. Sachsen	25,244,51	2'168,988	2'312,007
19. u. VIII. Schleswig	18,841,49	1'073,926	1'127,149
20. Hannover	5,782,86	430,059	462,099
21. Hildesheim	5,118,85	413,597	432,694
22. Lüneburg	11,514,45	386,714	401,339
23. Stade	6,694,37	308,209	322,249
24. Osnabrück	6,205,45	277,761	290,135
25. Aurich	3,108,79	201,053	211,652
IX. Hannover	38,424,77	2'017,393	2'120,168
26. Münster	7,249,11	443,344	470,644
27. Minden	5,253,13	480,612	504,657
28. Arnsberg	7,697,41	981,741	1'068,141
X. Westfalen	20,199,65	1'905,697	2'043,442

*) Hauptquellen: Die Veröffentlichungen des preuss. statist. Bureaus, namentlich die von demselben herausgegebene Zeitschrift. Der frühere Vorstand dieses Bureaus, Dr. Ernst Engel, hat sich bekanntlich nicht blos um die preussische, sondern um die Statistik überhaupt hohe Verdienste erworben.

**) Die Namen und Gesammtsumme der Provinzen sind durch fette Schrift bezeichnet. In Hannover heissen die Reg.-Bezirke Landdrosteien. Die Arealangaben nach den neuesten Berechnungen im Katasterbureau; die Bevölkerungsnotirungen nach den definitiven Festellungen der Zählungsergebnisse vom 1. Dec. 1875 und 1. Dec. 1880.

Regierungsbezirke und Provinzen	Areal Q.-Kil.	Bevölkerung 1875	Bevölkerung 1880
29. Kassel	10,125,93	788,886	822,951
30. Wiesbaden	5,565,87	679,012	731,425
XI. Hessen-Nassau	15,691,80	1'467,898	1'554,376
31. Koblenz	6,202,00	571,559	604,052
32. Düsseldorf	5,466,09	1'460,376	1'591,369
33. Köln	3,975,20	654,791	702,934
34. Trier	7,182,38	615,111	651,549
35. Aachen	4,153,06	502,544	524,097
XII. Rheinland	26,960,53	3'804,381	4'074,000
36. Hohenzollern	1,142,43	66,466	67,624
Gesammtsumme	348,257,30	25'742,404	27'279,111

Bewegung der Bevölkerung.

	Geburten	Heirathen	Sterbefälle
1876	1'102,008	221,727	705,936
1877	1'092,878	210,357	716,894
1878	1'076,141	207,716	730,560
1879	1'096,221	206,752	711,230
1880	1'071,389	208,456	735,422

Die Zahl der Heirathen, sowie die der Geburten hat sonach abgenommen, während die der Sterbefälle ansehnlich gestiegen ist.

Geschlechter. Nach einer, jedoch noch um 716 Individuen zu ergänzenden Zahl, ergab die Aufnahme von 1880 13'414,469 männliche und 13'863,926 weibliche Einwohner, sonach der Letzteren mehr 449.457. (1875 betrug der Unterschied doch nur 357,664, was, mitten im Frieden, binnen 5 Jahren eine Steigerung der Differenz um 91,793 Individuen ergibt, wol wesentlich Folge der steigenden Auswanderung von Männern.)

Besondere Krankheiten. Die Menge der Geisteskranken, 1871 55,043 (28,002 männl. und 27,041 weibl.) war 1881 auf 66,345 gestiegen (34,309 männl., 32,036 weibl.).

Confessionen, 1880.

Provinzen	Evangelische	Katholiken	Dissidenten	Juden	ohne Angabe
Ostpreussen . . .	1'655,493	250,462	6,668	18,218	3,075
Westpreussen . .	682,735	693,719	2,111	26,547	786
Berlin	982,780	80,818	3,961	53,949	996
Brandenburg . . .	2'199,749	50,963	2,468	12,296	1,175
Pommern . . .	1'498,864	23,877	2,080	13,886	1,327
Posen	532,517	1'112,020	442	56,509	1,809
Schlesien	1'867,489	2'082,054	3,382	52,682	2,288
Sachsen	2'154,663	145,518	3,417	6,700	1,709
Schleswig-Holstein .	1'111,383	8,903	1,622	3,522	1,719
Hannover	1'842,045	258,624	2,951	14,790	1,558
Westfalen . . .	949,633	1'070,212	2,643	18,810	2,144
Hessen-Nassau . .	1'087,903	420,206	2,520	41,316	1,431
Rheinland . . .	1'078,393	2'944,186	5,873	43,694	1,854
Hohenzollern . .	2,221	64,491	6	771	135
Zusammen	17'645,868	9'206,283	40,164 *)	363,690	22,006

Dies ergibt im Ganzen 64,69 % Evangelische (der Name »Protestanten« wird in Preussen vermieden). 33,74 % Katholiken. 0,15 Dissidenten. 1,33 Juden. während 0,09 ohne nähere Angabe blieben. Man hat zu bedauern, dass gerade diejenigen Bezeichnungen fehlen, welche besonders geeignet

---

*) Andere Angabe 41,164.

sind, die bei nicht Wenigen eingetretene Anschauungsweise erkennen zu lassen (z.B. Materialisten, Atheisten, Confessionslose etc.), obwol ein grosser Theil derselben es vorzieht, eine rückhaltlose Erklärung zu unterlassen, und sich officiell als Evangelische oder Katholiken zu bezeichnen, auch wenn sie in Wirklichkeit kaum mehr formell diesen Confessionen angehören.

Städte von mindestens 6000 Einwohnern:

Berlin . . 1'122,230	Finsterwalde . 7,300	Fraustadt . . 6,755
	Wriezen . . . 7,208	Schrimm . . . 6,411
Prov. Ostpreussen:	Nauen. . . . 7,124	Pleschen . . . 6,336
Königsberg . 140,909	Havelberg . . 7,054	Kempen i. P. . 6,168
Tilsit . . . 21,400	Jüterbock . . 6,955	Nakel . . . 6,035
Memel . . . 19,660	Angermünde . 6,833	Meseritz . . . 5,169
Insterburg . . 18,745	Krossen . . . 6,746	
Braunsberg . 11,542	Bernau . . . 6,744	**Schlesien:**
Gumbinnen . . 9,530	Strausberg . . 6,646	
Allenstein . . 7,610	Königsberg i. N. 6,568	Breslau . . . 272,912
Bartenstein . 7,132	Freienwalde a.O. 6,463	Görlitz . . . 50,307
Lyck . . . 6,846	Friedberg . . 6,381	Liegnitz . . . 37,157
Lötzen . . . 4,514	Sonnenburg . . 6,298	Königshütte . . 27,522
	Soldin . . . 6,167	Beuthen i. O. S. 22,811
Westpreussen:	Pritzwalk . . 6,041	Schweidnitz . . 22,202
Danzig . . 108,551		Neisse . . . 20,507
Elbing . . . 35,842	**Pommern:**	Gross-Glogau . 18,630
Thorn . . . 20,617	Stettin . . . 91,756	Ratibor . . . 18,373
Graudenz . . 17,321	Stralsund . . 29,481	Brieg . . . 17,508
Dirschau . . . 10,909	Stargard . . . 21,816	Gleiwitz . . . 15,077
Kulm . . . 9,937	Stolp . . . 21,591	Oppeln . . . 14,447
Marienburg i.W. 9,559	Greifswald . . 19,924	Hirschberg . . 14,388
Konitz . . . 9,096	Köslin . . . 16,834	Neustadt i. O. 14,292
Marienwerder . 8,238	Kolberg . . . 16,027	Glatz . . . 13,307
	Grabow . . . 13,672	Grünberg . . . 13,039
Brandenburg:	Anklam . . . 12,361	Kattowitz . . . 12,623
Frankfurt a. O. 51,147	Bredow . . . 11,255	Waldenburg i.O.S. 12,063
Potsdam . . . 48,447	Demmin . . . 10,507	Leobschütz . . 12,018
Charlottenburg . 30,483	Pasewalk . . 9,469	Striegau . . . 11,470
Spandau . . . 29,311	Gollnow . . . 8,708	Sagan . . . 11,373
Brandenburg a.H. 29,066	Neustettin . . 8,604	Bunzlau . . . 10,790
Landsberg a. W. 26,612	Swinemünde . . 8,478	Lauban . . . 10,775
Guben . . . 25,840	Pyritz . . . 8,123	Jauer . . . 10,603
Kottbus . . . 25,584	Belgard . . . 7,868	Zaborze . . . 10,366
Rixdorf . . . 18,729	Wolgast . . . 7,832	Oels . . . 10,157
Prenzlau . . 16,933	Lauenburg i. P. 7,545	Ohlau . . . 8,395
Forst . . . 16,124	Treptow a. d. R. 7,052	Freiburg i. S. 8,348
Luckenwalde . 14,706	Greifenhagen . 6,986	Tarnowitz . . 7,956
Küstrin . . . 14,069	Schivelbein . . 6,069	Frankenstein . 7,861
Neu-Ruppin . . 13,985	Falkenburg . . 6,049	Myslowitz . . 7,382
Sorau i. N. L. 13,918	Greifenberg i.P. 5,860	Strehlen . . . 7,261
Lichtenberg . . 12,626	Wollin . . . 5,506	Reichenbach i. S. 7,255
Eberswalde . . 11,524	Bergen a. Rügen 3,662	Sprottan . . . 7,231
Rathenow . . 11,394		Neurode . . . 6,916
Spremberg . . 11,338	**Posen:**	Neusalz a. O. . 6,756
Sommerfeld . . 11,073	Posen . . . 65,713	Landeshut i. S. 6,697
Fürstenwalde . 10,781	Bromberg . . 34,044	Gollberg . . . 6,460
Schwedt a. O. . 9,899	Gnesen . . . 13,826	Gottesberg . . 6,345
Wittenberge . 9,711	Rawitsch . . . 12,260	Kreuzburg O.-S. 6,135
Köpenick . . 8,924	Lissa . . . 11,758	
Schwiebus . . 8,296	Schneidemühl . 11,610	**Sachsen.**
Perleberg . . 7,825	Inowrazlaw . . 11,558	Magdeburg . . 97,539
Züllichau . . 7,538	Ostrowo . . . 9,104	(mit Neustadt u.
Arnswalde . . 7,358	Schwerin a. W. 6,838	Buckau . . 137,135)

Halle	71,484	Wilhelmshaven .	12,592
Erfurt . . .	53,254	Hameln . . .	10,924
Halberstadt . .	31,260	Goslar	10,791
Neust.-Magdeburg	27,090	Leer	10,074
Nordhausen . .	26,198	Stade	9,700
Mühlhausen i. Th.	23,478	Verden	8,553
Weissenfels . .	19,654	Uelzen	6,973
Aschersleben .	19,501	Einbeck . . .	6,809
Quedlinburg . .	18,437	Northeim . . .	6,628
Zeitz	18,265	Norden	6,617
Eisleben . . .	18,187	Münden (Hann.)	6,354
Naumburg a. S.	17,869	Lingen . . .	5,825
Burg a. Ihle . .	15,877	Aurich	5,390
Merseburg . .	15,205		

Rheinland:

Köln 144,772
(mit Deutz) . 160,730)
Barmen . . . 95,941
Düsseldorf . . 95,458
Elberfeld . . . 93,538
(mit Barmen . . 189,479)
Aachen . . . 85,551
Krefeld . . . 73,872
Essen 56,944
Duisburg . . . 41,242
Münch.-Gladbach 37,387
Bonn 31,514
Koblenz . . . 30,548
Remscheid . . 30,029
Trier 24,200
Altendorf (mit
Bauerschaft) . 22,229
Mülheim a. Ruhr 22,146
Borbeck (mit
Bauerschaft) . 21,592
Viersen . . . 20,997
Wesel 20,593
Mülheim a. Rh. 20,420
Rheydt . . . 19,087
Neuss 17,495
Düren 17,368
Solingen . . . 16,940
Oberhausen . . 16,680
Deutz 15,958
Eschweiler . . 15,623
Kreuznach . . 15,321
Eupen 15,033
Ehrenfeld . . . 14,886
Ob.-Neunkirchen 14,647
Meiderich (Dorf) 13,323
Malstadt-Burbach 13,158
Altenessen (Dorf) 13,050
St. Johann . . 12,346
Dorp 11,999
Hardenberg (D.) 11,689
Merscheid . . 11,345
Höhscheid . . 11,020
Burtscheid . . 10,989
Stolberg b. A. . 10,911
Dudweiler (D.) . 10,691
Sulzbach (D.) . 10,386
Bensberg . . . 10,350
Rondorf (D.) . 10,067
Kleve 10,059
Lüttringhausen . 9,659
Neuwied . . . 9,656
Saarbrücken . . 9,514
(mit St. Johann . 21,860)
Wermelskirchen . 9,463
Süchteln . . . 9,286
Ruhrort . . . 9,130
Radevormwald . 9,036
Emmerich . . . 8,900
Velbert 8,824
Odenkirchen . . 8,778

Stendal . . . 14,393
Wittenberg . . 13,594
Buckau . . . 12,506
Schönebeck . . 12,333
Stassfurt . . . 12,194
Torgau 11,091
Eilenburg . . 10,629
Langensalza . . 10,538
Suhl 9,937
Sangerhausen . 9,136
Oschersleben . 8,873
Salzwedel . . . 8,780
Calbe 8,521
Wernigerode . . 8,274
Delitzsch . . . 8,225
Hettstedt . . . 7,650
Gardelegen . . 6,896
Bitterfeld . . . 6,531
Barby 5,540

Schlesw.-Holstein:
Altona 91,047
Kiel 43,594
Flensburg . . 30,956
Wandsbeck . . 16,198
Schleswig . . 15,446
Ottensen . . . 15,375
Rendsburg . . 12,776
Neumünster . . 11,623
Itzehoe . . . 9,850
Elmshorn . . . 7,956
Husum 6,267
Apenrade . . . 6,215
Sonderburg . . 5,863
Glückstadt . . 5,567
Eckernförde . . 5,321

Hannover:
Hannover . . . 122,843
Osnabrück . . 32,812
Hildesheim . . 25,887
Linden . . . 22,384
Göttingen . . 19,963
Harburg . . . 19,071
Lüneburg . . . 19,034
Celle 18,800
Emden 13,667

Westfalen:
Dortmund . . 66,544
Münster i. W. . 40,434
Bochum . . . 33,440
Bielefeld . . . 30,679
Hagen i. W. . . 26,295
Witten 21,554
Hamm 20,753
Iserlohn . . . 18,611
Minden . . . 17,867
Siegen 15,024
Paderborn . . 14,689
Gelsenkirchen . 14,615
Soest 13,985
Herford . . . 13,596
Hörde 12,458
Schwelm . . . 12,127
Lüdenscheid . . 11,024
Lippstadt . . . 9,349
Wattenscheid . 8,802
Altena 8,787
Bocholt . . . 8,534
Unna 7,690
Haspe 7,318
Recklinghausen . 7,296
Hattingen . . 6,458
Arnsberg . . . 6,131
Schwerte . . . 6,057

Hessen-Nassau:
Frankfurt . . . 136,819
Kassel 58,290
Wiesbaden . . 50,238
Hanau 23,086
Bockenheim . . 15,396
Fulda 11,507
Marburg . . . 11,225
Eschwege . . . 9,001
Biebrich-Mosbach 8,499
Homburg v. d. H. 8,336
Hersfeld . . . 7,065
Ems 6,943
Schmalkalden . 6,452
Limburg a. L. . 5,898
Höchst a. M. . . 4,978
Hofgeismar . . 4,244
Rüdesheim . . 3,609

Kronenberg . .	8,211	Saarlouis . . .	6,789	Wüpperfürth .	5,406
Lennep . . .	8,077	Gummersbach .	6,593	Ratingen . . .	5,305
Gladbach(Bergisch)	8,046	Wülfrath . . .	6,543	Ottweiler . . .	5,006
Mayen . . .	7,814	Rheindahlen . .	6,072	St. Wendel . .	4,030
Werden a. Ruhr	7,590	Malmedy . . .	5,978	Xanten . . .	3,675
Hilden	7,354	Gräfrath . . .	5,881		
Steele	7,214	Kempen a. Rh. .	5,783	Hohenzollern:	
Mettmann . .	7,160	Andernach . .	5,668	Sigmaringen . .	4,054
Euskirchen . .	6,958	Geldern . . .	5,619	Hechingen . .	3,687
Siegburg . . .	6,610	Boppard . . .	5,524		

Finanzen.

Zur Zeit der Drucklegung des gegenwärtigen Bogens ist der Staatshaushalts-Etat für das Jahr 1883/84 noch nicht zur definitiven Erledigung gelangt. Da wir jedoch hoffen, dessen Inhalt im Nachtrage zum vorliegenden Buche mittheilen zu können, beschränken wir uns an dieser Stelle auf wenige Notizen aus dem Etat für 1882/83. Die Brutto-Einnahmen waren veranschlagt zu 934'589,917 M., wovon die Betriebsausgaben 419'755,032 M. erfordern, so dass die Reineinnahme zu 514'834,885 geschätzt ward, darunter: Domänen, Forsten etc. brutto 73'128.214, directe Steuern 144'453,700, indirecte Steuern 98,562,000 (Betriebsausgabe 27'234,305), Lotterie 4 Mill., Seehandlung netto 3 Mill., Finanzverwaltung 126'201,165, Berg- und Hüttenwesen 92'402,677 (Betrieb 78'227,981), Eisenbahnen 369'150,547 (Betriebsausg. 266'687,286). — Ausgaben: ordentliche, dauernde 901'691,888, einmalige und ausserordentliche 32'898,029, zusammen 934'589,917. Unter den ersteren Ausgaben die für Betrieb der Staatsanstalten mit 419'755,032 (s. oben). Zuschuss zu der à 7'719,500 normirten Rente des Kronfideicommisses 4½ Mill. (zus. also 13'219,500), Staatsschuld 109'489,348, allgemeine Finanzverwaltung 127'074,410 (worunter 52'249,733 Matricularbeiträge und 37'559,111 Provinzialfonds), 239'501,218 Staatsverwaltung (dabei 36'738,613 Finanzminist., 16'569,612 Minist. der öffentlichen Arbeiten, 1'515,075 Minist. für Handel und Gewerbe, 78'762,100 Justizminist., 40'402,367 Minist. des Innern, 11'314,550 Minist. für Landwirthschaft, Domänen und Forsten, 50'623,067).

Im J. 1878 zählte man im Staatsdienst: 9,539 höhere Beamte, 25,436 Subaltern-, 39,217 Unterbeamte und 313 sonstige Beamte; sie bezogen zusammen 180'507,521 M., wovon 131'437,781 an eigentlichen Besoldungen, ungerechnet die Miethzuschüsse. Die Durchschnittsbesoldung (ohne Wohnungsgelder) betrugen bei den höheren Beamten durchschnittlich 4,082, bei den subalternen 1,884, den unteren 1,020, den sonstigen Beamten 1,286 M. — Was die Volksschullehrer betrifft, so war ihre gesammte Stelleneinkommen der vollbeschäftigten Lehrer, neben freier Wohnung und Feuerung 63'046,533 M., wovon aber 12'975,527 durch Schulgeld aufgebracht werden, 7'577,788 durch Schul-, Kirchen- und Stiftungsvermögen, 34'840,217 durch Gemeinden, Gutsherren und Patronate, endlich (nur 7'653,001 durch den Staat. Die sämmtlichen Ruhegehalte der Lehrer waren nicht mehr als 1'913,880 M.

Zur Einkommensteuer. In öffentlichen Blättern von 1882 finden wir folgende Bemerkungen: Den Einkommensteuer-Erträgen nach gilt der Regierungsbezirk Wiesbaden als das Eldorado des preussischen Staates. Während Berlin von 25,803 steuerzahlenden Personen in sämmtlichen Steuerstufen an Einkommensteuer den Betrag von 6'919,182 M. erhebt, steht der Regierungsbezirk Wiesbaden mit 9,975 Personen und einem Steuerbetrage von 2'032,524 M. verzeichnet. Zwischen ihm und Berlin rangirt nur Breslau, und zwar mit 11,647

Personen und 2'515,356 M. Steuern; erst nach Wiesbaden folgen Köln und Düsseldorf als nächsthoch besteuerte Städte: Köln mit 8,070 Personen und 1'956,780 M., Düsseldorf mit 10,280 Personen und 1'928,052 M. Die mit dem höchsten Steuersatze überhaupt belegten Steuerzahler wohnen im Regierungsbezirke Wiesbaden; es sind dies die Gebrüder Rothschild in Frankfurt a. M., von denen der eine der 69. Stufe angehört (Einkommen von mehr als 2'460,000 bis 2'520,000 M.) und den Steuersatz von 73,800 M. zahlt; während der andere der 67. Stufe angehört (Einkommen von 2'340,000 bis 2'400,000 M.) und 70,200 zahlt. Dann folgen als höchstbesteuerte Krupp in Essen in der 62. Stufe (Einkommen von mehr als 2'040,000 bis einschliesslich 2'100,000 M.) mit 61,200 M., ein Berliner Steuerzahler mit 57,600, ein dem Regierungsbezirk Oppeln angehörender mit 27,000 M. und wieder ein in Berlin sesshafter Steuerzahler mit 25,200. Dies wären also die reichsten Leute des preussischen Staates. — Als hohe Steuerzahler finden wir ferner im Regierungsbezirk Wiesbaden verzeichnet: 1 mit 9,000 M. (Einkommen von 300,000 bis 360,000 M.), 1 mit 7,200 M. (Eink. von 240,000 bis 300,000 M.), 1 mit 6,120 M. (204,000 bis 240,000 M.) und 2 mit 10,050 M. (168,000 bis 204,000 M.).

Staatseisenbahnen. Ende 1880/81 standen unter Staatsverwaltung 11,393 Kilom. Eisenbahnen (gegen nur 6,198 im Vorjahre). Davon kamen auf Ostpreussen 660, Westpreussen 730, Pommern 1,014, Posen 326, Schlesien 512, Brandenburg 1,100, Sachsen 1,141, Hannover 1,507, Westfalen 1,082, Hessen-Nassau 892, Rheinprovinz 1,920; der Rest auf angrenzende Gebiete. Das gesammte Anlagecapital bezifferte sich auf 3,319'354,517 M. = 293,541 pr. Kilom. Betriebseinnahmen 342'906,269, Betriebsausgaben 183'646,588, Ueberschuss 159'259,681 M. = 13,812 pr. Kilom. Befördert:

73'140,358 Personen = 90'024,424 M. ⚊ 26,3% der Gesammteinnahme.
60'388,960 Tonnen Güter = 231'119,529 - ⚊ 67,4 - -
Sonstige Einnahmen 21'762,316 - ⚊ 6,3 - -

Staatschuld. Nach dem Etat für 1882/83 bestanden am 1. April 1882 folgende Obligationen:

I. Alte Landestheile und Gesammtstaat.

	Capital	Tilgung
1. Staatsschuldscheine	107'666,100	7'070,503
2. Consolidirte 4½% Anleihe	526'627,150	—
3. - 4% -	1,159'225,000	—
4. Verschiedene nicht consolidirte Anleihen . .	88'694,100	6'695,498
5. Aufzunehmende Schulden laut Gesetz von 1873	—	—
6. Prämienanleihe von 1855	20'850,000	1'545,000
7. Kur- und Neumärkische Kriegsschuld . .	1'948,860	165,801
8. Actien u. Obligationen eingelöster Eisenbahnen	40'476,038	1'396,637
9. Schatzanweisungen	30'000,000	—
Summe I.	1,975'687,248	17'173,439

II. Schulden der neuen Landestheile.

	Capital	Tilgung
10. Schulden von Schleswig-Holstein	549,000	27,625
11. - - Hannover	4'298,840	46,538
12. - - Kurhessen	37'847,400	1'779,216
13. - - Nassau	23'630,914	851,657
14. - - Hessen-Homburg	85,714	17,143
15. - - Frankfurt	17'582,314	584,476
Summe II.	83'994,182	3'306,655
Total	2,059'681,430	20'480,094

Finanzen der Kreise. Jahre 1877/78:

Ausgaben 45'277,071 M., davon extraordinär 10'941,184
Einnahmen 44'029,693 - - - 1'963,259
Vermögen: Activa 43'204,594 M.
Passiva 93'266,008 -

Das Activ- und Passivvermögen der bedeutendsten Städte wurde 1878 von Minist.-Rath Herrfurth folgendermaassen berechnet in Mill. Mark (rund):

	activ	passiv		activ	passiv
Berlin	175'	101'	Düsseldorf	9'	9'
Breslau	26	24	Elberfeld	6	4
Köln	36	18	Aachen	8	1
Königsberg	10	7	Crefeld	3	3
Hannover	10	5	Essen	5	4
Frankfurt a. M.	22	21	Coblenz	2	1
Danzig	8	6	Bonn	1	1
Barmen	10	4			

An directen Staatssteuern wurden damals pr. Kopf bezahlt: in Berlin 14 M. 72 Pf., Breslau 12,52, Köln 16,38, Königsberg 8,61, Hannover 10,70, Frankfurt a. M. 21,74, Danzig 7,24, Barmen 6,59, Düsseldorf 9,73, Elberfeld 8,48, Aachen 9,92, Crefeld 6,59, Essen 8,44, Coblenz 7,08, Bonn 11,38, Trier 5,15.

Das Budget der Stadt Berlin 1880/81 schloss mit 39'487,804 M. Einnahme und Ausgabe. — In Berlin waren Ende 1878 17,595 Häuser belastet mit 2,051'572,265 M. Hypothekschulden.

Militärwesen.

Die preuss. Truppen bilden nicht blos den Hauptbestandtheil des deutschen Reichsheeres (s. S. 8), sondern es sind auch, in Folge von Specialconventionen, die Truppen aller andern deutschen Staaten, mit Ausnahme von Bayern, Sachsen und Württemberg, dem preuss. Heerverbande vollständig einverleibt. So stellt denn Preussen, in Verbindung mit den Truppen der kleinen norddeutschen Staaten, das Garde- und 1. bis einschl. 11. Armeecorps vollständig, während das 14. Armeecorps aus den badischen und 3 preuss. Regimentern (2 Inf., 1 Cav.) formirt ist; das 15. Armeecorps endlich umfasst eine Anzahl preuss. Truppen. 2 sächs. Regimenter (1 Inf., 1 Festungsartill.), 1 württemb. und das braunschw. Infanterie-Regiment.

Sociale und industrielle Zustände.

a. Allgemeine Verhältnisse.

Bildung. 9 Universitäten (s. S. 9), 249 Gymnasien (1880), 70 Realschulen erster Ordnung.

Criminalstatistik. Im J. 1880 hatten die Geschworenen über 6,712 Verbrechen abzuurtheilen, wonach im Durchschnitt auf 4,060 Einwohner ein Verbrecher kam. Allein es ergaben sich in den verschiedenen Landestheilen höchst abweichende Proportionalverhältnisse, nämlich: im Oberlandesgerichtsbezirk Königsberg 1 Verbrechen auf 2,166 Einw., in dem von Marienwerder 1 auf 2610, in dem des Kammergerichts Berlin 1 auf 3603, im Oberlandesger. Stettin 1 auf 6718, Posen 2566, Breslau 4023, Naumburg 5443, Kiel 4573, Celle 5985, Hamm 3935, Cassel 5766, Frankfurt a. M. 6193, Köln 6878, Jena (preuss. Gebietstheile) 5124. Todesurtheile wurden 55. gefällt.

Zunahme der Schankwirthschaften. Eine wenig erfreuliche Thatsache bildet die Vermehrung der Wirthschaften. Es gab deren je am 1. Oct.:

	1869	1877
Gastwirthschaften	42,187	60.912
Schankwirthschaften	62,612	69,305
Kleinhandlungen mit geistigen Getränken	15,146	16,544

b. Materielle Verhältnisse.

Waldfläche, Ende 1881: 5'124,521 ha., d. h. 23,$_{33}$ % des Gesammtareals (in Gesammtdeutschland 25,$_{60}$ %); davon Staatsforsten 2'649,892 ha.; jährl. erzielte Holzmasse 24'483,602 Stere.

Bergwesen. Auf den der Bergbehörde unterstellten Bergwerken waren 1879 235,617 Menschen beschäftigt, von denen im Laufe des Jahres 575 tödtlich verunglückten.

Knappschaften. Die Zahl derselben betrug am 1. Jan. 1878 84, welche auf 2,263 Werke und zwar 2,054 Berg-, 190 Hütten- und 19 Salinenwerke kamen. Die Anzahl der im Jahresmittel des Jahres 1877 auf den Vereinswerken beschäftigten Knappschaftsmitglieder belief sich auf 144,415 ständige und 107,600 unständige. Es betrug das schuldenfreie Vermögen der Vereine 20'620.117 M. Die etatsmässigen Einnahmen beliefen sich auf zus. 11'760,004, die Ausgabe auf 11,797,915 M.

Dampfmaschinen. Im preuss. Staate waren 1878 vorhanden:

```
        32,411 feststehende Dampfkessel,
         5,536 bewegliche Dampfkessel und Locomobilen,
        29,895 feststehende Dampfmaschinen,
           702 Schiffsdampfkessel,
           623 Schiffsmaschinen,
         6,981 Locomotiven.
```

Eisenbahnen. Am 1. Jan. 1883 standen 21,048 Klm. im Betriebe. Davon waren:

unmittelbares Staatseigenthum	13,122	Haupt- und	1,752	Secundärbahnen	
Privatbahnen unter Staatsverw.	2,197	-	-	196	-
- - eigener Verw.	3,104	-	-	676	-
Zus.	15,423	-	-	2,624	-

Post, Telegraph s. Deutschland, S. 18.

Sachsen (Königreich).*)

Kreishaupt-mannschaften	Areal Q.-Kilom.	Bevölkerung			
		Dec. 1875	Dec. 1880	mannl.	weibl.
1. Bautzen	2,469,$_7$	339,203	351,326 davon	169,121	182.205
2. Dresden . . .	4,336,$_8$	749 503	808.512	391,404	417.108
3. Leipzig . . .	3,567,$_4$	639,975	707,826	348,059	359,767
4. Zwickau . . .	4,619,$_0$	1'031.905	1'105,141	536,746	568,395
Zus.	14,992,$_9$	2'760,586	2'972,805	1'445,330	1'527,475

Amtshauptmannschaften der 4 Regierungsbezirke (Kreishauptmannschaften) und deren Bevölkerung:

---

*) Hauptquelle »Zeitschrift des stat. Bureaus des königl. sächs. Ministerium des Innern«, sowie »Kalender und Statistisches Jahrbuch für das Königr. Sachsen, herausgegeben vom statist. Bureau«.

	Zittau	96,435
1.	Löbau	93,989
	Bautzen	103,262
	Kamenz	57,640
	Dresden-Altstadt . . .	83,567
	Dresden-Neustadt . . .	75,282
	Pirna	110,794
	Dipoldiswalde	51,399
2.	Freiberg	110,211
	Meissen	91,816
	Grossenhain	64,625
	Dazu: Stadt Dresden . .	220,818
	Unter der Bev. 51,410 Wenden.	
	Leipzig	161,946
	Borna	69,764
	Grimma	81,009

3.	Oschatz	52,853
	Döbeln	100,160
	Rochlitz	93,013
	Dazu: Stadt Leipzig . .	149.081
	Chemnitz	145,428
	Flöha	76,241
	Marienberg	58,149
	Annaberg	88,707
	Schwarzenberg	90,341
4.	Zwickau	192,466
	Plauen	109,547
	Auerbach	72 376
	Oelsnitz	51,097
	Glauchau	125,266
	Dazu: Stadt Chemnitz .	95,123

Bevölkerungsbewegung, 1880: Heirathen 25,626, Geburten 128,520 (dav. 16,336 unehel. u. 5,148 Todtgeburten), Sterbfälle 87,152. — Haushaltungen 652,545. — 1881 zählte man 767 tödtlich Verunglückte u. 1,248 Selbstmorde. — Confessionen: 2'876,138 Lutheraner, 72,946 römische Katholiken, 453 griech. Katholiken, 9,162 Reformirte, 620 Anglikaner, 1,467 Deutschkatholiken, 6,516 Juden, 5,193 Andere; 310 ohne bestimmte Angabe. — Bewohnte Gebäude 275,299, sonstige bewohnte Aufenthaltsorte 175. — Assecurirte Summen 2,886'897,650 M., wovon 1,426'989,480 in den Städten, 1,459'908,170 auf dem Lande.

Gemeinden. Von der Gesammtbevölkerung lebten 1880 1'222,342 in 142 Städten, dann 1'750,463 in 732 Landgemeinden, 188 Rittergütern und 44 auf sonstigen Grundstücken. — Grössere Städte:

Kreishauptmannschaft Dresden. Dresden 220,818, Freiberg 25,445, Meissen 14,166, Pirna 11,680, Grossenhain 11,045, Löbtau 9,273, Striesen 7,225, Radeberg 6,610, Pieschen 6,572, Sebnitz 6,353, Riesa 6,259, Deuben 6,115, Königstein 3,788, Nossen 3.705. Dippoldiswalde 3,321.

Leipzig. Leipzig 149,081. Reudnitz 14,452, Lindenau 12,166, Döbeln 11,802, Volkmarsdorf 11,054, Gohlis 9,804, Wurzen 9,719, Mittweida 9,218, Hainichen 8,497, Grimma 8,042, Oschatz 7,855, Waldheim 7,612, Leisnig 7,312, Plagwitz 6,966, Borna 6,896. Connewitz 6,611, Rosswein 6,459, Penig 5,801, Rochlitz 5,760.

Zwickau. Chemnitz 95,123, Plauen 35,064, Zwickau 35,005, Meerane 22,293, Glauchau 21,358, Crimmitzschau 18,925, Reichenbach 16,508, Werdau 13,654, Annaberg 12,956, Frankenberg 10,913, Limbach 8,265, Zschopau 7,991, Schneeberg 7,627, Gablenz b. Chemn. 6,747, Eibenstock 6,706, Stollberg 6,634, Kirchberg 6,552, Buchholz 6,539, Hohenstein 6,434, Auerbach 6,256, Marienberg 6,078, Oelsnitz 5,918, Oederan 5,826. Lössnitz 5,805, Schedewitz 5,569. Treuen 5.565, Falkenstein 5,368, Lengenfeld 5,120.

Bautzen. Zittau 22,473, Bautzen 17,509. Ebersbach 6,931, Kamenz 6,812, Seifhennersdorf 6.689, Löbau 6,650.

Finanzen. Staatshaushalts-Etat auf die (zweijährige) Finanzperiode 1882 und 83, jährlich, Mark:

Einnahme. I. Nutzungen des Staatsvermögens und der Staatsanstalten 40'847,370 (dabei: Forsten, Jagd und Flösserei 6'452,500, Domänen und Intraden

516,302, Porzellanmanufactur 370,000, Steinkohlenwerk zu Zauckerode 515,000, Bergbau Freiberg 855,060, Staatseisenbahnen 25'847,564, Lotterie 4'406,470). — II. Steuern und Abgaben 26'919,866 (directe Steuern 18'821,465, Zölle und Verbrauchssteuern 7'573,473, Chaussee- und Brückengelder 524,928). — Totaleinnahme 67'767,236.

Ausgabe. I. Allgemeine Staatsbedürfnisse 35'740,340 (dabei: Civilliste Schatullgelder etc. 2'940 000, Apanagen 320.414, für zum Hausfideicommiss gehörende Sammlungen 221,317, Verzinsung der Staatsschuld 23'411,662, Amortisirung derselben 8'181,476, auf der Staatscasse ruhende Jahresrenten 405,971, Landtag 126.400). II. Gesammtministerium 167,050. III. Justiz 2'572,061. IV. Inneres 7'472.236. V. Finanzen 5'387,600 (dabei: Strassenbau 3,633,500). VI. Cultus und Unterricht 6'902,626 (dabei: Universität Leipzig 773,808, Polytechnikum Dresden 254.106, Evangel. Kirchen 1'752,129, Gymnasien und Realschulen 888,896, Lehrerseminarien 962,128, Volksschulen 1'610,826, Kathol. Kirchen 40 901, Taubstummenanstalten 206,940). VII. Auswärtiges 149,020. VIII. Für Reichszwecke 5'622.607 wesentlich Matricularbeiträge). IX. Pensionen 2'894,148. X. Reservefond 859,549. — Totalausgabe 67'767,236.

Ausserordentlicher Staatsetat für 1882 u. 83 zusammen. Ausgaben, zu decken aus den verfügbaren Beständen des mobilen Staatsvermögens, 4'014,905, Strassen- und Wasserbau 700,000, der Rest für Eisenbahnen, Neuanlagen. Vermehrung der Transportmittel und 1'440,500 für Erbauung neuer Secundärbahnen.

Hier noch einige Erläuterungen: Staatsvermögen. Am Schlusse der Finanzperiode 1881 betrug dasselbe nach den im Einklang mit den verminderten Erträgen vorgenommenen herabgesetzten Schätzungen verschiedener wichtiger Bestandtheile des productiven Staatsvermögens: 775 Mill. M. mobiles, 96$^1/_2$' Inventar und Mobiliar und 54.$_8$' Baarbestände. Aussenstände und Naturalvorräthe. Die Staatsschulden beziffern sich am Schlusse der Finanzperiode auf 694$^1/_3$', worunter jedoch 342.$_4$' 3proc. Rente mit dem Nominalbetrage eingesetzt sind, während der Courswerth der letzteren einen um 68,$_4$' niedrigeren Betrag ergeben würde. — Brandversich.-Werth der fiscal. Gebäude 114'613,600 M. — Die Staatseisenbahnen gewährten 1881 63'470,783 M. Bruttoeinnahme; Betriebskosten 36'946,890, Ueberschuss 26'523,893 M. Die Staatsforsten umfassten im J. 1880 170,667 Hektar; verkauftes Holzquantum 17,462 Cbm., noch zu verkaufen 5,572 Cbm. Intradeneinkommen (Gebäude, Pächte etc.) 259,806 M., Domäneneinkommen 304,800 M.

Die directen Steuern ertrugen brutto (1880): Grund- 2'713,852, Einkommen- 17'778,296, Steuer vom Gewerbetrieb im Umherziehen 358,776. — Indirecte Steuern: Zölle und Verbrauchsteuern (ohne die Nebeneinnahmen) 27'204,174 (davon 23'674,150 Reichssteuern), Urkundenstempel und Erbschaftssteuern 1'633.054 M.

Militär. Die königl. sächsischen Truppen bilden ein eigenes, das XII. Armeecorps:

	Friedensstärke	Kriegsstärke [*]
11 Infanterieregimenter	18,358	34,067
2 Jägerbatallione	1,090	636
6 Cavallerieregimenter . . .	4,183	3,858
2 Regimenter Feldartillerie . .	2,004	3,386
1 — Fussartillerie . .	996	3,264
1 Bataillon Pioniere	498	929
1 — Train	226	2.337

Dazu besondere Formationen.

---

[*] Kriegsstärke, blos die Feld- ohne Ersatz- und Besatzungstruppen etc.

Sociale Verhältnisse. Die »Zeitschrift des kgl sächs. statist. Bureaus«
(27. Jahrg. S. 4 und 5) constatirt »ungünstiger gewordene Erwerbsver-
hältnisse seit 1875«. Daher erklärt sich das grosse Missverhältniss zwischen dem Wachsthum der männlichen und weiblichen Bevölkerung, das
eine unverhältnissmässige Auswanderung der Ersteren bewirkt. »Der
Niedergang der wirthschaftlichen Verhältnisse wird in Sachsen wie in
andern deutschen Staaten, trotz der schon 1873 beginnenden Krisis, doch
eigentlich erst mit dem J. 1876 recht bemerkbar. In dem Zeitraume von
1861 bis 1875 hatte sich der sächs. Volkswohlstand in ungewöhnlichem
Maasse verbessert. Es lässt sich dies durch die Statistik der Bevölkerung
und des Gewerbewesens, sowie durch die Consumtions-, Einkommen-
steuer-, Sparcassenstatistik und auf verschiedene andere Weise deutlich
nachweisen. Die beiden grossen Volks- und Gewerbezählungen vom
1. Dec. 1861 und 1. Dec. 1875 bieten die besten Anhaltspunkte zur
Vergleichung des inzwischen erfolgten Fortschrittes der Production.« Mit
dem J. 1862 trat die neue Gewerbeordnung ins Leben. »Eine wechsel-
volle Zeit ist seitdem über das Land dahin gezogen, aber trotz der beiden
blutigen Kriege von 1866 und 70 hat kein deutscher Staat eine solche
Zunahme der Bevölkerung und einen solchen industriellen Aufschwung
erlebt. In der Textilindustrie hatte sich in der Zeit von 1861 bis 1875
die Zahl der Feinspindeln allerdings nur von 1'173,708 auf 1'385,738
vermehrt; aber während die veralteten Spindeln von Handmulemaschinen
abgenommen hatten, waren die leistungsfähigsten Feinspindeln in Self-
actors von 137,298 auf 681,911, also um 397 % gestiegen. Hinsichtlich der Motoren zählte man für Spinnerei, Weberei und Walkerei im
J. 1861 erst 374 Dampfmaschinen mit 5,696 Pferdestärken, im J. 1875
857 Dampfmaschinen mit 17,908 Pferdestärken. Im Bergbau und Hüttenwesen zählte man 1861 275 Dampfmasch. mit 6,442 Pferdest. und 1875
602 Dampfmasch. mit 18,317 Pferdest. Im Maschinenbau und in der
Eisengiesserei gab es 1861 überhaupt 177 Betriebe mit 7,843 Arbeitern
und 1875 1,105 Betriebe mit 18,763 Arbeitern. Die Zahl der Locomotiven hatte sich von 1861—75 von 203 auf 654, die Zahl der Schiffs-
maschinen von 10 mit 397 Pferdestärken auf 44 mit 1,997 Pferdest. vermehrt. In der Papierfabrication vermehrten sich die Papier- und Papp-
maschinen von 53 auf 190 und die Halb- und Ganzzeugholländer von
341 auf 697. In der Tabak- und Cigarrenindustrie stieg die Zahl der
Fabriken von 394 auf 1,182, das Directions- und Arbeiterpersonal von
6,659 auf 12,341 Personen.

»Mit dem Wachsthum der Production ist 1861—75 das Guthaben
der sämmtlichen Einlagen in den sächs. Sparcassen von 56'969,957 M.
auf 261'647,201 M., die Zahl der zu honorirenden Conten von 298,918
auf 733,951, der Durchschnittswerth eines Sparcassenbuches von 190,59
auf 356,49 M. gestiegen. Im J. 1861 kam ein Sparcassenbuch auf 7,45,
im J. 1875 auf 3,56 Bewohner. Der Gesammtbetrag der Immobiliar-
brandversicherungsanstalt betrug 1861 erst 930'677,232 M., 1875
2,159'859,050.

»Die sächs. Einkommensteuerabschätzung ergab 1875 die höchste
bisher überhaupt vorgekommene Summe des Gesammteinkommens:
1,103'094,609, oder nach Abzug der Schuldzinsen 1,021'497,694 M.,

während im J. 1880 nur eine Summe von 982'140,716 M. trotz der Vermehrung der Bevölkerung um 212,219 Personen ermittelt wurde.

»Die Verbesserung des Wohlstandes der sächs. Bevölkerung von 1861—75 erhellt am deutlichsten aus der Consumtionsstatistik. Es betrug der Fleischverbrauch nach der Steuerstatistik 1836—45 durchschnittlich nur 32,₁ Pfund pr. Kopf der Bevölkerung. 1846—56 nur 32,₉, dagegen 1856—65 44,₀ und 1866—75 50,₉ Pfund. Insbesondere ergab sich seit 1867 mit einziger Ausnahme des Kriegsjahres 1870 eine stetige Zunahme des Fleischverbrauchs, der 1873 auf 53,₉ Pfd.. 1874 auf 58,₉ und 1875 auf 59,₆ Pfd. pr. Kopf der Bevölkerung stieg.

»Am Erheblichsten ist die Production von Bier gestiegen. Die in Sachsen erzeugten Quantitäten Bier betrugen in den 4 Jahrzehnten 1836 bis 75 durchschnittl.: 1836—45 1'534,131 Eimer, 1846—55 1'525,743, 1856—65 2'208,949 und 1866—75 3'569,611 Eimer. Am Erheblichsten war die Zunahme seit 1872. Es wurden in Sachsen gebraut: 1872 3'799,106 Eimer, 1873 4'491,366, 1874 4'735,089 und 1875 4'804,804 Eimer.

»Erst vom J. 1876 wird auf fast allen Gebieten ein Niedergang der Volkswohlfahrt bemerkbar, der sich in der Abnahme der Consumtion, der Einkommensteuer und Sparcasseneinnahme, in Arbeitslosigkeit und Zunahme der Zahl der Armen, der Bettler und Vagabunden zeigt, und namentlich auch in der Bevölkerungsstatistik durch die Abnahme der Eheschliessungen und durch Auswanderung des männlichen Geschlechts zu Tage tritt. Während die Statistik von 1861 bis 75 zeigt, dass sich die Chancen des Erwerbs und der Verheirathung insbesondere für das weibl. Geschlecht immer besser gestalteten, sind die Verhältnisse seit 1876 weit ungünstiger geworden.

»Es fanden Eheschliessungen statt:

1871	21,547	1875	29,086	1879	25,230
72	26,140	76	26,606	80	25,626
73	27,807	77	24,919		
74	27,190	78	24,797		

So weit diese Auszüge. Sehr bezeichnend sind nun namentlich noch die Einschätzungen zur Einkommensteuer. Hier ergab sich allerdings in einer Beziehung eine Besserung: das Gesammteinkommen, 1878 zu 927'472,650 M. angenommen, ward 1879 auf 959'442,075 taxirt. Aber die Zunahme der Steuerpflichtigen stieg leider am meisten in den niedrigsten Classen — bei den Armen. Es hatten danach ein Einkommen

	1878	1879	1878	1879
unter 1.100 M.	852,675	927,494 =	84,₃₆%	85,₂₄%
bis 2,200 -	101,833	103,321	10,₀₈	9,₅₀
- 8,400 -	49,767	50,616	4,₉₂	4,₆₅
- 26,000 -	5,506	5,568	0,₅₄	0,₅₁
- 54,000 -	673	663	0,₀₇	0,₀₇
- 100,000 -	173	215	0,₀₂	0,₀₂
darüber	113	125	0,₀₁	0,₀₁

Nach einer officiösen Notiz in den Dresd. Nachrichten hat sich das gesammte eingeschätzte Brutto-Einkommen von 1,070'953,000 im J. 1880, für 1881 auf 1,111'494,103 M. erhöht, davon waren die Schuldzinsen abzuziehen mit 88'844,585 und 89'788,640, wonach sich das Reineinkommen 1880 auf 982'140,716, 1881 auf 1'021.715.135 stellte, somit um

39'577,419 höher. Inwiefern dieses Ergebniss von der Bevölkerungszunahme und — von der Steuerschraube herrührt, und wie die Wirkung
bei den einzelnen Classen sich kund gab, ist freilich daraus nicht zu ersehen.

Unterrichtswesen, 1881: 1 Universität (Leipzig), 1 Polytechnikum
(Dresden), 4 Akademien, 2 Landesschulen, 13 Gymnasien, 11 Realschulen 1. Ordnung, 22 Realschulen 2. Ordnung, 19 Seminare, 1 Turn-
lehrerbildungsanstalt, 2 höhere Töchterschulen; 2,079 öffentl. evangel.
Volksschulen, 38 dergl. kathol., 1,872 Fortbildungsschulen; Gesammtzahl der Hörer und Schüler (1881) 603,054.

Bodenanbau. Haupternteerträgnisse, 1880: Winterweizen 642,631
metr. Cntr., 42,309 Sommerweizen, 2'423,744 Winter- und 193,797
Sommerroggen, 513,263 Gerste, 2'673,075 Hafer, 33,897 Buchweizen,
44.328 Erbsen, 9'531,095 metr. Ctnr. Kartoffeln.

Bergbau, 1880. **Metall**: 160 Gruben, 8,426 Beamte und Arbeiter,
Productenwerth 5'243,496 M. — **Kohlen**: 189 Gruben, 19,625
Beamte und Arbeiter, 3'622,007 Tonnen Stein-, 590,119 Tonnen Braunkohlen, 345 Tonnen Anthracit, Werth zus. 27'275,717 M. — **Eisen-
verarbeitung**: 76,737 Tonnen verarb. Roheisen, Werth 15'014,469 M.,
Arbeiterzahl 4,873. — Verarbeitung des **Roheisens** (Gusswaaren
2. Schmelzung) 1'534,750 Cntr., Werth 15'014,469 M. — **Knapp-
schaftscassen**, 1880:

	Kassen	Mitglieder	Vermögen
Steinkohlenbergbau	24	16,032	4'112,690 M.
Braunkohlen	13	364	24,667 -

Dampfmaschinenbetriebe. 1846 erst 253 Maschinen mit 5,125 Pferdestärken, 1878 dagegen 5,782 Maschinen, 340,973 Pferdest.

Bierbrauereien, 1880/81: 720, verwendete Braustoffe 1'030,802 hl.

Branntweinbrennereien, 1880/81: 713, im Betrieb 649, worunter
264 landwirthschaftliche; verbrauchte Rohstoffe 2'263,154 hl., Production 4'560,150 Eimer à 0,0736 hl.

Elbeschifffahrt. Ein (von Hrn. v. Studnitz in der Zeitschrift des kgl.
sächs. statist. Bureaus pro 1880 veröffentlichter) Vergleich der Elbeschifffahrt mit der Schifffahrt der andern deutschen Flussgebiete hebt hervor,
dass die Gesammtzahl der Elbeschiffe im Anfange des Jahres 1877 etwas
über die Hälfte aller Süsswasserschiffe im Deutschen Reiche ausmachte,
indem 7,907 Elbeschiffe 14,388 Schiffen aller deutschen Flussgebiete
gegenüberstehen. Der Eingang von Gütern aus Oesterreich bei dem
Hauptzollamt Schandau betrug im Jahre 1855 nur 5,671,473 Ctr., dagegen 1879: 21'227,596 Ctr., während der Ausgang im J. 1855 sich auf
349,027 Ctr. und im J. 1879 auf 641,624 Ctr. beziffert. Der Personenverkehr der sächsisch-böhmischen Dampfschifffahrts-Gesellschaft hat sich
von 1855—1879 von 530,566 auf 1'939,140 Passagiere gesteigert.
(Vergl. jedoch vorn, Rheinschifffahrt. S. 22.)

Sparkassen, 1879. 174 Anstalten, Zahl der Conten 861,600, Guthaben der Einleger 318'289,086 M. Ein Sparkassenbuch kam auf 3,44
Bewohner mit durchschnittlich 107,35 M. 1848 eines erst auf 25,55 Bew.
mit nur 5,35 M., 1860 eines auf 7,56 Bew. mit 23,29 M.

Concurse:

1871	1872	1873	1874	1875	1876	1877	1878
457	322	343	469	574	677	884	828

Eisenbahnen, 1. Jan. 1883. 2,189 km., mit Ausnahme von 17 km. sämmtlich Staatseigenthum, darunter 293 km. Secundärbahnen, grossentheils schmalspurig.

Mecklenburg-Schwerin (Grossherzogthum).*)

Da hier das mittelalterliche Feudalwesen forterhalten wird, so steht der grösste Theil des Landes unter der Herrschaft des noch quasi-souveränen Ritterthums.

Die Bevölkerung stammt aus einer Vermischung des deutschen mit dem slavischen Elemente, ist jedoch durchgehends germanisirt (auch die regierende Dynastie ist slavischen Ursprungs).

S t ä d t e : Schwerin 30,146, Rostock 36,967, Wismar 15,518, Güstrow 11,996, Parchim 9,063, Ludwigslust 6,269, Malchin 6,075, Doberan 3,950.

F i n a n z e n. Das Licht der Oeffentlichkeit dringt noch immer nicht in diese feudalen Verhältnisse. Ein Staatsbudget gibt es nicht, sondern blos »Landesherrliche« Etats, Anstalten u. s. f. Aus den Domänen, den sog. Contributionen und den von den Ständen zu besondern Zwecken bewilligten Zuschüssen, zusammen etwa 12 Mill. M., hat der Fürst die Kosten der Landesverwaltung zu bestreiten; der Ertrag eines Theiles dieser Güter, »Haushaltungsgüter« benannt, und jedenfalls der Ueberschuss, wird als Privateinkommen des Grossherzogs behandelt. Daneben läuft ein Landesherrl.-Ständischer Etat, welcher 1876/77 auf 2'049,170 M. berechnet ward, einschl. 522,920 M. »ordentliche Contribution«, d. h. Steuer, welche an die »landesherrliche« Kasse entrichtet werden musste. Von einem S y s t e m e der Besteuerung findet sich keine Spur. Die Lasten sind local höchst verschieden, je nachdem sie in entfernten Zeiten, in dieser oder jener Art eingeführt wurden. — Das Domanium umfasst nach *Wiggers* 253'440,193 mecklenb. Quadratruthen (etwa 540,000 ha.), wovon der Vereinbarung vom Jahre 1848 zufolge 20'032,931 Quadratruthen als Hausgut und Krondotation ausgeschieden werden sollten, eine Bestimmung, die jedoch mit der Verfassungsaufhebung wieder beseitigt wurde. Die Domänengüter haben einen Werth von wenigstens 300 Mill. M. — Die Ausgaben für die Hofadministration stellen sich höher als für die Civiladministration, und übersteigen den Betrag der früheren Civilliste des Königs von Sachsen.

S c h u l d e n. Im Goth. Hofkalender finden wir folgende Posten aufgeführt: A. 1) Reluitionscassaschuld (1. Juli 1881) 10'680,500, 2) die Eisenbahnschuld (1. Juli 1881 noch 20'310,000 M.) wird durch Annui-

---

*) Bezüglich Areal und Bevölkerung der Kleinstaaten, Confessionen etc. verweisen wir, um Wiederholungen zu vermeiden, auf die Zusammenstellungen S. 1—4.

tätenzahlung der Eisenbahnactiengesellschaft à 960,000 M. bis 1. Jan.
1937 getilgt, 3) von Vorschüssen aus der Reichshauptkasse (Papiergeld)
bleibt noch ein Rest von 588,000, 4) diverse Passiva (Pachtcautionen etc.)
4'049,600. Total der Schulden auf dem »Landesherrlichen« Etat
15'318,100 M. — B. Auf den »Landesherrlich-ständischen« Kassen, Rest
früherer Anlehen 6'559,000 M. (wobei 1'650,000 für Chaussee- und
Wasserbauten). Dagegen Activa (wobei Kriegskostenentschädigung, Elb-
zollablösung etc.) 32'677,100 M., demnach Ueberschuss der Activa
10'800,000 M.

Militär. Mit Strelitz gemeinsam 2 Reg. Infanterie, 1 Jägerbataill.,
2 Reg. Cavallerie, 4 Batterien, zum IX. deutschen Armeecorps. (Spec.
Militär-Convention mit Preussen vom Dec. 1872.)

Sociale Verhältnisse, geringe Schulkenntnisse etc., s. vorige
Auflagen.

Mecklenburg-Strelitz (Grossherzogthum).

Vom Areale (2,929,5 Q.-Km.) kommen 2,547,56 auf das Her-
zogthum Strelitz und 381,94 auf das Fürstenthum Ratzeburg; von den
100,269 Einw. 83,669 auf Strelitz und 16,600 auf Ratzeburg.

Städte: Neustrelitz 9,407, Neubrandenburg 8.406 Einw.

Ueber die Finanzen fehlen wie von jeher alle verlässigen Mittheilungen.

Militär s. Schwerin.

Braunschweig (Herzogthum).

Städte. Braunschweig 75,038 Einw., Wolfenbüttel 12.131, Helm-
städt 8,684, Holzminden 7,801, Schöningen 6,615.

Finanzen. Der gegenwärtig in Kraft stehende Finanzhaushaltsetat
liegt uns nicht vor. Der für 1881 schloss in Einnahme und Ausgabe mit
8'533,700 Landes- und 1'456,089 Kammerkasse-Etat, zu welch' letzte-
rem auch Forsten, Bergwerke, Gefälle und Zinsen gerechnet werden.
Für Cultus und Unterricht wird der Ertrag des »Kloster- und Studien-
fonds« mit 1—1½ Mill. ausserdem verwendet. — Die öffentliche Schuld
wurde 1881 zu 47'979,390 M. berechnet, der 45'368,707 Activa ent-
gegenstanden.

Militär. Das braunschweig. Corps (1 Infant.-, 1 Husaren-Reg.,
1 Batterie etc.) hat seine eigene Uniformirung bewahrt. Es ist dem
XV. deutschen Armeecorps zugetheilt.

Oldenburg (Grossherzogthum).

Bestandtheile	Q.-Kilom.	Bevölkerung	Confessionen:	
Herzogth. Oldenburg . .	5,376,1	263,648	Protestanten . .	260,417
Fürstenth. Lübeck . . .	541,2	35,145	Katholiken . .	74,254
— Birkenfeld . .	503,0	36,685	And. Christen .	1,153
Zus.	6,420,3	337,478	Juden	1,654

Städte. Oldenburg 20,575 Einw., Varel 4,937, Oberstein 4,803,
Jever 4,580, Eutin 4,574.

Finanzen. Das Budget der Centralkasse für 1882 schloss in Einnahme und Ausgabe ab mit 1'048,100 M., wovon 308,000 Beiträge der Provinzen (Matricularbeiträge waren vom Grossherzogthum im Ganzen 670,000 M. aufzubringen). Die Budgets der Provinzen stellten sich so:

	Oldenburg	Lübeck	Birkenfeld	Zusammen
Einnahme	5'798,212 *)	808,394	877,387	7'483,993
Ausgabe	5'349,862	650,780	611,977	6'612,619
Ueberschuss	448,350	157,614	265,410	871,374

Schuld. Herzogth. Oldenburg 38'339,066, Lübeck 41,700, Birkenfeld 3,677 M.

Militär. 1 Reg. Infanterie, 1 Reg. Dragoner, 1 Batterie, sämmtlich dem X. Armeecorps zugetheilt.

Sachsen-Weimar-Eisenach (Grossherzogthum).

Bestandtheile	Q.-Kilom.	Bevölkerung	Städte. Weimar 19,944,
Kreis Weimar	1,760,2	168,071	Eisenach 18,624, Apolda
— Eisenach	1,205,4	90,852	15,630, Jena 10,337, Weida
— Neustadt	627,0	50,654	5,238, Neustadt a. d. Orla
Zus.	3,592,6	309,577	5,186 Einw.

Finanzen 1881—83. Einnahme 6'049,690 M. (wobei aus dem Fiscalvermögen 2'318,625, Einkommensteuer 1'886,175 etc.). Ausgabe 5'962,410 M. (dabei Grossherzogl. Haus 930,000 etc.).

Schuld. 6'629,167 M., durch Activvermögen vollständig gedeckt.

Militär. 1 Infant.-Reg. beim XI. Armeecorps.

Sachsen-Meiningen (Herzogthum).

Bestandtheile	Q.-Kilom.	Bevölkerung	Städte. Meiningen
Kreis Meiningen	748,8	58,821	11,227, Sonneberg 8,660,
— Hildburghausen . .	777,5	52,167	Saalfeld 7,459, Pössneck
— Sonneberg	349,6	42,963	7,069, Hildburghausen
— Saalfeld	598,5	53,124	5,453, Salzungen 3,985
Zus.	2,468,4	207,075	Einw.

Finanzen. Nach dem Voranschlag für 1880—82 sollte die Einnahme der Domänencasse jährlich betragen 2'075.500, der Landescasse

*) Davon Nettoertrag der Eisenbahn 1'292,900 M.

2'565,065, zus. 4'640,565 M. Ausgabe: Domänencasse 1'558,035, Landescasse 2'565,065, zus. 4'123,100 M., Ueberschuss daher 517,465, wovon jeder der beiden Cassen die Hälfte zufliesst.

Schuld. 11'824,518 M., wobei 5'346,000 Eisenbahn-Prämien-anleihe (ausserdem 2'422,839 Zinsvorschuss an die Werrabahn etc.).

Militär. Gemeinsam mit Gotha 1 Inf.-Reg. zum XI. Armeecorps.

Sachsen-Coburg-Gotha (Herzogthum).

Bestandtheile	Q.-Kilom.	Bevölkerung
Herzogth. Coburg . . .	562,3	56,728
- Gotha . . .	1,405,7	137,988
Zus.	1,968,0	194,716

Städte. Gotha 26,525, Coburg 15,791, Ohrdruf 6,022, Waltershausen 4,831 Einw.

Finanzen. (Die frühere Ausscheidung zwischen Landes- und Domänencasseetat s. in den frühern Auflagen.) Der Goth. Hofkalender gibt im Wesentlichen folgende Daten:

	Coburg 1879—1890	Gotha 1882—85	Total
I. Domänencasse-Etat Einnahme	445,900	1'869,386	2'315,286
Ausgabe	291,400	1'272,641	1'564,041
Ueberschuss	154,500	596,745	751,245
Davon erhält: Staatscasse	77,250	198,624	275,874
Herzogl. Casse	77,250	398,121	475,371

II. Staatscasse-Etat für 1882—85:

	Coburg	Gotha	Zusammen
Einnahme	986,200	2'584,121	3'570,321
Ausgabe	986,200	2'584,121	3'570,321

Schuld.		
Passiva	4'050,000	7'468,799
Activa	2'095,980	10'265,965

Militär. Die Coburg-Gothaischen Truppen bilden mit den Meiningischen ein Infant.-Reg. und sind dem XI. Armeecorps zugetheilt.

Sachsen-Altenburg (Herzogthum).

Städte. Altenburg 26,241, Schmölln 6,394, Eisenberg 6,277, Ronneburg 5,976 Einw.

Finanzen für 1881—83. Einnahmen und Ausgaben conform 2'418,177 M. Vermögensstand Ende 1881: Activa 6'663,067, Passiva 1'257.854 M. (Ueber das Verhältniss der Domänen s. vorige Auflage.)

Militär. Die Truppen Altenburgs bilden mit denen Rudolstadt's und beider Reuss ein Infant.-Reg., dem IV. Armeecorps zugewiesen.

Reuss ältere Linie (Fürstenthum) = Reuss-Greiz.

Städte. Greiz 15,061, Zeulenroda 6,770 Einw.

Finanzen pro 1882 in Einnahme und Ausgabe abschliessend mit 581,372 M. Schulden, einschl. des unverzinsl. Vorschusses der Reichscasse auf Einlösung des Papiergeldes, 991,709 M.

Reuss jüngere Linie (Fürstenthum) ==
Reuss-Schleiz-Lobenstein-Ebersdorf.

Städte. Gera 27,118, Schleiz 4,879 Einw.

Finanzen. Budget für 1881—1883, Einnahme und Ausgabe 1'255,175 M. Schulden, einschl. des Vorschusses der Reichscasse für Einlösung des Papiergeldes, 1'297,806 M.

Militär s. S.-Altenburg.

Schaumburg-Lippe (Fürstenthum).

Stadt. Lüneburg 5,088 Einw.

Finanzen. Trotz der endlich zu Stande gebrachten Verfassungsurkunde ist die Regierung höchst patriarchalisch. Budget für 1883 543,070 M., mit 54,834 Nachtrag. Schuld. 510,000 M., ausserdem Verpflichtung zum Tilgen von 1'116,000 M. Papiergeld.

Militär. 1 Bataillon.

Waldeck (Fürstenthum).

Städte. Pyrmont 5,025, Arolsen 2,477 Einw. — Das Staatsgrundgesetz v. 23. Mai 1849 ward hinwegoctroyirt, und 17. Aug. 1852 durch ein anderes ersetzt. Nach dem sogen. Accessionsvertrag mit Preussen v. 18. Juli 1867, erneuert Ende 1877, ist die ganze Verwaltung seit 1868 an letzteres übertragen. Das Ländchen vermochte die Mittel für die gesteigerte Militärlast nicht mehr aufzubringen. Das Budget für 1882 und 1883 schliesst in Einnahme und Ausgabe mit 1'049,255 M. Für den nöthigen Finanzzuschuss Preussens hat dieses die Waldeck'sche Stimme im Bundesrath zu führen. Schuld 2'457,000 M.

Militär. Eine Abtheilung des 3. Hess. Inf.-Reg.

Anhalt (Herzogthum).

Von der Bevölkerung, 232,592, kommen 53,002 auf den Kreis Dessau, 45,783 Cöthen, 41,964 Zerbst, 64,103 Bernburg, 27,740 Ballenstedt.

Städte. Dessau 23,266, Bernburg 18,593, Cöthen 16,155, Zerbst 14,201, Coswig 5,453, Rosslau 5,384 Einw.

Finanzen, 1882/83. Einnahme und Ausgabe 18'198,500 M., wovon 8'576,500 blos durchlaufend für das Reich. — Schuld 4'003,516, wogegen 6'988,871 Activa aufgeführt werden, wonach ein Reinvermögen von 2'985,355 M. bleibt.

Militär. 1 Reg. Infanterie, zum IV. Armeecorps.

Schwarzburg-Sondershausen (Fürstenthum).

Von der Bevölkerung 33,619 in der Ober- und 37,488 in der Unterherrschaft.

Städte. Sondershausen 6,110, Arnstadt 10,516 Einw. Das Verfassungsgesetz von 1849 ward modificirt 1852, 1854 und 1856, dann ganz abgeschafft 1857. Ueber die Domänen, den Hauptstreitpunct, kam 1891 ein Abschluss zu Stande auf folgenden Grundlagen: Das Kammergut wird als fideicommissarisches Privateigenthum des Fürstenhauses angesehen, bleibt aber gegen eine jährliche Rente von 450,000 M. (vom 1. Juli 1882 ab von 500,000 M.) in Verwaltung und Nutzung des Landes. Die Revenüen des Kammergutes sind auf 832,000 M. angenommen; ein etwaiger Ueberschuss geht bis zur Höhe von 30,000 M. an den Schuldentilgungsfonds, der weitere Ueberschuss zu 3 Fünfteln an den Fürsten, zu 2 Fünftel an den Staat. Nimmt der Fürst die Verwaltung selbst in Anspruch, so hat er der Landesverwaltung jährlich 300,000 M. zu zahlen. Sollte der Mannesstamm des fürstl. Gesammthauses aussterben, oder aus irgend einem Grunde die Regierung nicht mehr führen, so ist das Kammergut von diesem Zeitpuncte an verpflichtet, statt eines Beitrags zu den Kosten der Landesverwaltung an eine zu gründende »Carl Günther-Stiftung«, deren Einkünfte für Schulzwecke etc. verwendet werden, eine unwiderrufliche Jahresrente von 300,000 M. zu entrichten.

Finanzen. Das Budget für 1880/83 schliesst mit 2'119,391 M. Einnahme (wobei 533,489 aus den Domänen) und 2'083,316 Ausgabe (dabei 446,500 für das fürstl. Haus). Schuld 3'433,116, wovon 2'070,387 M. Kammerschuld.

Militär. Eine Abtheilung eines Infanterieregiments.

Schwarzburg-Rudolstadt (Fürstenthum).

Von der Bevölkerung 62,936 in der Ober- und 17,360 in der Unterherrschaft.

Städte. Rudolstadt mit 8,747, Frankenhausen mit 4,985 Einw.

Finanzen. Das Budget für 1882/84 schliesst gleichmässig ab mit 1'938,765 M. Schuld 4'365,100 M., dagegen 3'245,000 Activa.

Militär s. S.-Altenburg.

Hamburg (Freie Stadt).*)

Bevölkerung: 1880, 453,869; davon in Stadt, Vorstädten und Häfen 289,859, in den 15 Vororten 120,268, im Landgebiete 43,742 Einw. (Bergedorf 4,303, Cuxhaven 2,200, Ritzebüttel 1,893). Von der Gesammtbevölkerung lebten bei der Aufnahme von 1880 im Zollgebiete 38,943, im Freihafengebiete 414,926. Die 1½ Jahre später erfolgte Herstellung der Berufsstatistik ergab eine Gesammtsumme von 466,287 Einw., sonach Vermehrung um 12,418 Individuen. Vom Totale kamen auf die Stadt, Vorstädte und Häfen 290,487, auf die Vororte 131,260, auf das Landgebiet 44,540 Einw. Zahl der Wohnungs-Gelasse 109,653, wovon 7,756 leer stehend (1872 standen von 74,500 nur 710 leer). Bewegung der Bevölkerung:

	Heirathen	Geburten	davon unehel.	todtgeb.	Sterbefälle
1874/78 Durchschn.	4,416	15,995	1,498 = 9,4%	616	10,058
1879	4,041	17,410	1,528 = 8,8	650	11,068
1880	4,164	17,628	1,603 = 9,1	606	11,188
1881	4,050	17,764	1,705 = 9,6	586	11,140

Confessionen. Lutheraner 413,793, Altlutheraner 9, Reformirte 6,000, Unirte 56, Anglikaner, bischöfl. Kirche 66, Engl.-reform. Kirche 79, Römische Katholiken 12,000, Altkatholiken 18, Griechische Katholiken 28, Mennoniten 189, Baptisten 496, andere christl. Secten 188, Juden 15,982, portugiesische Juden 42, Bekenner anderer Religionen 20, mit unbestimmter Angabe 156, keinem Bekenntniss angehörend 1,086, ohne nähere Angabe 3,644.

Vermögens- und Steuerverhältnisse, 1878, Einkommensteuer in Mark.:

Classen		Steuerzahler	Versteuertes Einkommen
601—	1,200	57,553 = 66,89 %	47'121,240 = 22,13 %
1,200—	2,400	14,673 = 17,06	26'103,720 = 12,25
2,400—	3,600	4,572 = 5,31	14'059,560 = 6,60
3,600—	6,000	4,291 = 4,99	20'542,120 = 9,64
6,000—	12,000	2,697 = 3,13	23'093,220 = 10,84
12,000—	30,000	1,545 = 1,80	29'139,470 = 13,68
30,000—	60.000	465 = 0,54	19'438,690 = 9,12
60,000—	120,000	173 = 0,20	14'282,000 = 6,70
darüber		69 = 0,08	19'256,500 = 9,04
		86,038 = 100,00	213'029,520 = 100,00

Neueste Feststellung. Nach einer uns Anfang Januar 1883 vom statistischen Bureau der Steuerdeputation von Hamburg gewordenen gütigen Mittheilung hat eine im December 1882 vorgenommene Erhebung im Wesentlichen folgendes Ergebniss geliefert: Die Zahl der Bevölkerung von Stadt, Vorstadt und Vororten ist bis Dec. 1862 auf 426,418 gestiegen, Zunahme innerhalb Jahresfrist 13,869, Zunahme gegen 1866 169,806 Personen = 66,18%, durchschnittlich jährlich 3,23%. Unter Hinzurechnung der 1880 in den Gebietstheilen und in den Häfen gezählten

---

*) Hauptquelle: »Statistik des hamburgischen Staates, bearbeitet vom statist. Bureau der Deputation für directe Steuern«. Neuestes Heft No. XI, daneben eine besondere Serie »Hamburgs Handel und Schifffahrt, 1881«. Wir sind seit vielen Jahren dem vielverdienten Vorstande jenes Bureaus, Hrn. Nessmann, für seine stets bereitwillige Unterstützung zu besonderem Danke verpflichtet.

Personen berechnet sich für Dec. 1882 die Bevölkerung des hamburgichen Staates auf 473,430 Individuen. (Eine Berechnung der Bevölkerungsbewegung ergibt jedoch für Neujahr 1883 nur 460,561.) Was die Wohnungen betrifft, so stellt sich die Zahl der Gelasse auf 113,239, wovon 79,611 in der Stadt, Vorstadt und den Vororten, davon sind 93,658 benutzt (65,062 Stadt und Vorstadt), leerstehend 8,465 (resp. 4,719), Haushaltungen 96,652 (resp. 67,622).

Finanzen. Im Augenblick des Abschlusses des gegenwärtigen Druckbogens ist das Budet für 1883 noch in der definitiven Feststellung begriffen. Indess verdanken wir der Gefälligkeit des Vorstandes des statistischen Bureaus der Steuerdeputation, Hrn. Nessmann, folgende bereits als feststehend zu betrachtende Hauptübersicht.

Ausgaben.

Zinsen und Amortisation der Staatsschuld	6'910,000 M.
Handel, Schifffahrt und allgemeine Verkehrszwecke . .	2'297,862 -
Bauwesen	3'938,050 -
Allgemeine Verwaltungskosten	3'452,609 -
Unterrichtswesen	3'418,052 -
Justizwesen	1'591,934 -
Polizei, Gefängnisse und andere innere Angelegenheiten	4'934,901 -
Oeffentliche Wohlthätigkeit	4'105,075 -
Diplomatische Kosten	46,000 -
Militärwesen und sonstige Reichszwecke	5'043,800 -
Zusammen	35'738,283 M.

Einnahmen.

Staatsvermögen, Domänen, Regalien	9'285,275 M.
Directe Steuern	13'770,000 -
Indirecte Steuern	7'381,100 -
Gebühren	4'769,939 -
Ausserordentliche Einnahmen	85,000 -
	35'291,314 M.
Muthmassliches Deficit	446,969 -
Zusammen	35'738,283 M.

Handel. Einfuhr, incl. seewärts über Altona:

	Gewicht		geschätzter Werth	
	Metr. Centner	davon seewärts	Mark	davon seewärts
1877	45'623,843	21'882,067	1,777'052,790	930'173,820
1878	46'429,812	21'848,425	1,720'371,120	903'051,400
1879	49'265,009	24'388,080	1,754'980,220	913'902,080
1880	55'460,405	26'258,306	1,969'378,170	957'601,730
1881	56'835,328	27'378,741	2,018'506,650	968'537,240

Ausfuhr (netto):

	seewärts metr. Centner	geschätzter Werth	landwärts metr. Centner	geschätzter Werth
1879	11'616,706	613'143,000 M.	12'330,695	865'780,000 M.
1880	15'225,586	805'606,000 -	13'469,623	771'014,000 -
1881	14'255,457	819'016,000 -	15'047,999	744'268,000 -

Ausserdem seewärts: Contanten und Edelmetalle: 1879 45'600,000, 1880 12'494,000, 1881 16'783,000, landwärts, und 1879 20'883,000, 1880 53'648,000, und 1881 25'772,000 M. seewärts.

Die **Einfuhr** betrug aus den verschiedenen Hauptgebieten 1881:

Aus deutschen Häfen	17'478,730 M.
aus andern Häfen Europa's	572'616,730 -
aus aussereuropäischen Ländern	315'143,300 -
aus aussereuropäischen Ländern über Altona	63'298,480 -
land- und flusswärts	1,049'969,410 -
Dazu: Contanten und Edelmetalle	69'032,700 -

Von einzelnen Einfuhrgebieten kamen auf Bremen und die Weser 15'798,600. Schweden 6'617,620, Norwegen 11'587,270, Grossbritannien 431'076,760, Niederlande 32'578,220. Belgien 15'548,990. Frankreich 43,930,550, Spanien 9'374,010, Portugal 5'744,040, Italien 6'881,360, Türkei und Rumänien 4'926,820. Ver. Staaten 110'925,770, Mexico's Ostküste und Centralamerika 11'614,750, Haiti 5'238,200. Columbia 4'610,600, Venezuela 15'754,740, Brasilien 75'254,720, Argentina 5'975,510, Amerika's Westküste 49'006,220, Afrika's Westküste 5'724,830, Afrika's Ostküste 5'203,530, Britisch Ostindien 8'301,990, Singapore 1'533,520, Niederl. Ostindien 2'085,400, China 2'161,790, Neu-Holland 1'350,110. Fidschi- und Freundschaftsinseln 1'257,800.

Von der Ausfuhr gingen 1881 dem Gewichte nach seewärts (metr. Centner) :

nach deutschen Ländern .	420,568	nach d. Ostküste Südamerik.	758,703
nach andern europäischen		nach d. Westküste Amerika's	380,625
Ländern	10'685,956	nach Afrika	393,381
nach d. Ostküste Nord- und		nach Asien	470,309
Mittelamerika's . .	1'977,224	nach Australien	116,316
nach d. Westind. Inseln .	94,249		

Hafenverkehr, Seeschifffahrt, brutto :

	angekommen		abgegangen		angekommen	dabei Dampfer	abgegangen	
	Schiffe	Reg.-Tons	Schiffe	Reg.-Tons				
1879	5,671	2'492,905	5.649	2'489,148	3,188	1'958,698	3,173	1'958,610
1880	6,024	2'766,806	6,055	2'762,370	3,387	2'180,984	3,390	2'176,268
1881	5,975	2'805,605	6,022	2'857,384	3,382	2'256,373	3,415	2'300,854

Flussschifffahrt:

	angekommen		abgegangen		dabei Dampfer	
	Fahrzeuge	Tonnen	Fahrzeuge	Tonnen	angekommen	abgegangen
1879	7,385	962,272	7,388	969,256	1,270	2,132
1880	8,051	1'125,721	7,934	1'115,529	1,750	2,402
1881	8,937	1'335,874	8,836	1'322,576	2,108	2,503

Bei dem See-Verkehr waren 1881 mit Ladung

	angekommen		abgegangen	
	Schiffe	Reg.-Tons	Schiffe	Reg.-Tons
von resp. nach Deutschland .	725	51,155	637	68,764
vom übrigen Europa . . .	3,459	1'794,189	2,898	1'407,674
von aussereurop. Ländern . .	953	779,748	876	670,974
Zusammen	5,137	2'625,092	4,411	2'147,412

Flagge. Unter den Seeschiffen führten 1881

	angekommen		abgegangen	
	Schiffe	Tons	Schiffe	Tons
deutsche Flagge	2,626	1'045.518	2,632	1'044,992
fremde Flagge	3,349	1'760,087	3,390	1'812,392

Bestand der hamburg. Seedampfschiffe Ende 1881: 148 Dampfer mit 128,891 Reg.-Tons; mit Einrechnung der Segelschiffe 495 Seeschiffe von 270,055 Tons. Die regelmässige Besatzung betrug 8,041 Mann, wovon 4,130 auf Dampfern.

Assecuranzen. Versichert waren: 1876 1.834'495,810 M., 1877 2,241'672,500. 1878 2.096'455,400. 1879 2,268'817,700, 1880 2.525'569,300. 1881 2,060'492,100 M.

Auswandererbeförderung. 1876 21,179 (in 154 Schiffen). 1877 19,000, 1878 20,446, 1879 17,805. 1880 49,721 (in 182 Sch.), 1881 75,519 (in 238 Sch.). Ausserdem wurden im letzteren Jahre 47,612 Personen indirect befördert. zusammen 123,131.

Militär. Die drei Hansestädte sind die Rekrutirungsbezirke für zwei hanseatische Intanterie-Regimenter (Nr. 75 und 76).

Sparcassen. Es bestehen deren 8 im hamb. Staate; 1879 hatten dieselben 98,517 Büchlein ausgegeben, im Betrage von 46'464,224 M.

Bremen (Freie Stadt).*)

Von der Bevölkerung, 1880 156,723 Einw., kamen auf die Stadt 112,453, Bremerhaven 14,239, Vegesack 3,539.

Bewegung der Bevölkerung.

	Heirathen	Geburten	davon unehelich	todtgeb.	Sterbefälle
1877	1,363	6,092	141 = 3.28%	200	2,465
78	1,270	6,088	130 = 3.25 -	198	2,275
79	1,196	5,888	148 = 3.67 -	216	2,482

Finanzen. Abrechnung von 1879.**)

Einnahmen:

I. Directe Abgaben (Grund- und Gebäudesteuer 1'014,931, Einkommen- und Vermögensteuer 1'945,167, von Gewerben 59,909, andere directe Abgaben 647,320 = ... M.	3'667,327
II. Indirecte Abgaben (Zölle und ähnl. 798,356, Gebrauchs- und Verbrauchsabgaben 1'226,597, Justiz- und Verwaltungsabgaben 983,524, andere indirecte Abgaben 6,130) = . .	3'014,607
III. Von Verkehrsanstalten (Chausseen 47,844, Eisenbahnen 2'511,131, Landwirthschaft und Gewerbe 47,106, Handels- und Schifffahrtsabgaben 168,851) = ...	2'774,932
IV. Von anderem Eigenthum	1'947,010
V. Aus Hoheitsrechten	49,807
VI. Aus anderen Titeln	493,211
VII. Verminderung der Activen	34,204
Zusammen	11'981,098

Ausgaben:

I. Gesetzgebung, innere Verwaltung und Polizeianstalten . . M.	1'572,110
II. Rechtspflege	510,198
III. Materielle Cultur (Bauwesen 704,286, Landwirthschaft und Gewerbe 57,217, Eisenbahnen 580,733, Handel und Schifffahrt 736,507) = ...	2'078,743
IV. Cultus und Unterricht	1'034,286
V. Gesundheitspflege und Todtenbestattung	314,713
VI. Landesvertheidigung (gewöhnliche Ausgabe)	32,984
VII. Finanzverwaltung (dabei öffentliche Schuld 4'235,148, Zollaversum 1'115,631) im Ganzen	6'672,223
VIII. Ausgaben zur Vermehrung des Activvermögens	134,759
Zusammen (wobei 552,885 M. ungewöhnliche)	12'350,116

Schuld. 81'010,167 M.; davon: für Eisenbahnen 44'456,312, Hafenbauten etc. 13'332,245, sonstige zinstragende Anlagen 10'186,355, nicht zinstragende Anlagen 9'992,498.

Militär, s. Hamburg.

*) Hauptquelle »Jahrbuch für die amtliche Statistik des Bremischen Staats. Herausgegeben von dem Bureau für Bremische Statistik«. Neueste Lieferung, Jahrgang 1881, unter Leitung des Hrn. Heinr. Frese, dem wir gleichfalls seit vielen Jahren für seine gefälligen Unterstützungen zu besonderm Danke verpflichtet sind.

**) Aus dem in den frühern Auflagen entwickelten Grunde geben wir bei Bremen ausnahmsw. nicht das neueste Budget, sondern die letzte Abrechnung.

Handel.

	Einfuhr		Ausfuhr	
	Brutto-Ctr.	Werth, Mrk.	Brutto-Ctr.	Werth, Mrk.
1878	29'413,535	441'237,135	20'262,782	431'387,723
1879	33'165,624	471'405,295	25'149,410	470'088,858
1880	35'485,474	555'484,567	24'561,216	511'295,970
1881	34'600,754	554'562,714	25'668,172	526,492,940

Arten des Verkehrs:

	1878		1879	
	Brutto-Ctr.	Werth, Mrk.	Brutto-Ctr.	Werth, Mrk.
seewärts kamen . . .	17'802,646	312'736,993	20'572,628	337'328,909
- gingen . . .	6'982,086	137'100,591	9'459,363	144'759,928
land- u. flusswärts kamen	10'610,889	128'500,142	12'592,996	134'076,386
- gingen	13'290,696	294'287,132	15'690,047	325'328,930
	1880		1881	
	Brutto-Ctr.	Werth, Mrk.	Brutto-Ctr.	Werth, Mrk.
seewärts kamen . . .	21'854,892	377'503,584	20'461,276	385'639,856
- gingen . . .	10'094,277	192'995,718	10'464,095	193'211,077
land- u. flusswärts kamen	13'630,582	180'980,953	14'139,478	168'922,858
- gingen	14'466,939	318'300,252	15'204,077	333'281,863

Im J. 1881 kamen auf den Verkehr mit einzelnen Ländern:

	Einfuhr		Ausfuhr	
	Brutto-Ctr.	Werth, Mrk.	Brutto-Ctr.	Werth, Mrk.
Deutsches Zollgebiet . . .	14'669,293	150'110,147	14'112,336	265'933,946
Hamburg	395.556	16'427.188	768,532	20'513,092
Oesterreich	232,060	10'639,196	1'607,655	41'862,198
Schweiz	3,782	587,781	322.023	11'599.474
Europäisches Russland . .	1'490,734	10'468,285	545,657	17'059,703
Schweden	279,012	754,225	280,992	5'760,606
Norwegen	316,505	553.054	123,357	3'404,727
Dänemark	3,127	12.038	115,676	3'033,032
Grossbritannien	1'817.620	58'833,217	1'447,060	33'861,029
Holland	113,744	4'369.914	334,433	7'731,834
Belgien	28,631	901,977	181,478	4'551,331
Frankreich	128,249	3'784.559	47,427	636,433
Spanien	49,833	1'150,262	8,925	614.483
Portugal	32,858	1'009,795	83,715	1'491,089
Italien	38,398	1'825,535	3,842	76,661
Griechenland	16,574	313,752	3	1,690
Rumänien	422,242	3'156,188	2,080	93,133
Europäische Türkei . . .	245 059	2'050,855	38	1,689
Britisch-Nordamerika . . .	12,191	123,675	23,683	347,272
Vereinigte Staaten	9'231,434	179'996.271	1'805,751	86'888,178
Mexico und Centralamerika .	59,200	2'851.022	21,722	955,423
Südamerika	693,498	37'668.780	373,879	11'244,489
Westindien	327,819	14'601,960	133,735	1'384.285
Afrika	67,797	4'315,710	36,069	827,346
Asien	3'917,115	47'559,925	295,583	668,265
Australien u. Sandwich-Inseln	5,027	459,295	66,825	1'170,423

Beförderung von Auswanderern:

1878 in 111 Schiffen 21,483	1880 in 142 Schiffen 80,330
1879 - 118 - 26,654	1881 - 167 - 122,767

Im Seeverkehr versicherte Summen:

1878 385'714.062 M.	1880 401'164,400 M.
1879 392'877,177 -	1881 390'398,200 -

Rhederei. Ende 1881 326 Seeschiffe von 280,088 Register-Tons, worunter 68 Dampfer von 60,676 Tons.

Hafenverkehr, Seeschiffe, 1881:

	beladene Schiffe,	Tons	leere Schiffe,	Tons
Angekommen	2,448	1'105,104	414	45,013
Abgegangen	2,325	807,087	799	356,924

Flagge. Im Seeschiffverkehr fuhren 1881 unter Flagge:

	angekommen		abgegangen	
	Schiffe	Reg.-Tons	Schiffe	Reg.-Tons
von Deutschland	2,092	749,108	2,295	752,603
von andern Ländern	770	401,009	839	411,408
	2,862	1'150,117	3,124	1'164,011

Sparcassen, 31. Dec. 1879 waren 4 vorhanden; sie hatten 56,767 Büchlein ausgegeben im Betrage von 42'095,270 M. (vgl. Hamburg S. 48).

Lübeck (Freie Stadt).*)

Von den 63,571 Einwohnern kamen 1880 34,573 auf die Stadt Lübeck, 16,482 auf die Vorstädte, zus. 51,055, und 1,730 auf Travemünde.

Finanzen. Das Budget für 1882 schloss ab mit 2'654,381 ordentl. und 147,152 ausserordentl. Einnahme, zus. 2'801,533, und einer der letzten Summe gleiche Ausgabe. — S c h u l d : 22'826,620 M.

Schiffsverkehr 1880: Total 2,313 Schiffe von 311,521 Tons. wovon 2,146 beladen mit 304,944 Tons.

Der Handel betrug:

	1879	1880	1881
Tonnen	679,218	585,725	585,523
Werth Mill. Mrk.	$210^3/_4$	$212^1/_6$	$195^3/_4$

Davon: Einfuhr zur See in diesen 3 Jahren: $66^1/_2$, $60^3/_4$, $57^1/_6$ Mill. M.

Militär, s. Hamburg.

---

*) Umfassende Detailangaben in der 7. Auflage dieses Handbuchs.

Bayern (Königreich).*)

Eintheilung in 8 Kreise (Regierungsbezirke). Unterabtheilung in administrativer Beziehung: 38 unmittelbare Städte und 148 Bezirksämter; in gerichtlicher: 270 Amts-, 28 Land- und 5 Oberlandesgerichte.

Reg.-Bezirke	Quadr.-Kil. Areal	männl.	weibl.	zusammen
		Bevölkerung 1. Dec. 1880		
Oberbayern	17,046,53	470,521	481,456	951,977
Niederbayern	10,767,57	316.011	330,936	646.947
Pfalz	5,937,06	331,883	345.398	677.281
Oberpfalz u. Regensburg	9,664,76	254,986	273.578	528.564
Oberfranken	6,999,15	280,156	295 201	575,357
Mittelfranken . . .	7,559,23	312,337	331,480	643.817
Unterfranken und Aschaffenburg . . .	8,398,39	304,135	322,170	626,305
Schwaben und Neuburg	9,490,80	308,881	325.649	634.530
Zusammen	75,863,49	2'578,910	2'705,868	5'284,778

Die Zählung von 1875 hatte 5'022,390 Einw. ergeben, wovon 2'451,612 männl., 2'570,778 weibl. Die Differenz, damals 119,166, ist sonach auf 126,958 gestiegen.

Zahl der Haushaltungen: 1'121,105 in 793,217 bewohnten Gebäuden.

Bewegung der Bevölkerung.

	Geburten	davon unehelich	Sterbefälle	Heirathen
1878	216,166	26,458	159,344	37,565
1879	215,229	27,743	162,445	35,066
1880	209,668	27,437	159,485	34.958

Confessionen. Man zählte 1880 3'748,032 Katholiken, 1'477,320 Protestanten (worunter 368,996 Pfälzer Unirte und 2,551 Reformirte), 216 Griechen, 82 Anglikaner, 1 Presbyterianer, 5 Armenier; sodann 4,386 Anhänger orthodoxer christlicher Sekten (nämlich: 3,820 Mennoniten, worunter 45 von der strengen Observanz, sog. Friesen, 379 Irvingianer, 169 Methodisten, 14 Nazarener, 1 Herrnhuter und 3 Mormonen), weiter 940 Christen laxerer Observanz (29 Deutschkatholiken, 819 Freireligiöse, 88 Dissidenten, 4 Deisten), endlich 53,526 Juden, 1 Muhammedaner und 243 Confessionslose Von 26 fehlt jede nähere Angabe. Die meisten Protestanten leben in Mittelfranken, 489,976; in der Pfalz 368,996 und Oberfranken 328,382; die wenigsten in Niederbayern 4,731, dann Oberbayern 42,571 (wovon 31,514 in München). Juden leben am meisten in Unterfranken 15,256, der Pfalz 11,998 und

*) Hauptquellen: Die vielfachen reichen Publicationen des kgl. bayer. statist. Bureaus, insbesondere die von derselben herausgegebene statistische Zeitschrift. Der Verf. dieses Buches schuldet überdies dem jetzigen Director der Anstalt, Hrn. Reg.-Rath von Müller (so wie früher seinem Vorgänger, Hrn. Dr. Gg. v. Mayr), dann überhaupt den sämmtlichen Beamten des Instituts besondern Dank für mannichfache freundliche Beihilfe in Aufsuchen je des neuesten verlässigen Materials.

4*

Mittelfranken 11,689; am wenigsten in Niederbayern 134 und der Oberpfalz 1,522. Die meisten Mennoniten finden sich in der Pfalz 2,640.

Gemeinden. Es gibt 8,028 Gemeinden, wovon 171 Städte und 67 Märkte mit städtischer Verfassung (in der Pfalz haben alle Gemeinden die gleiche Verfassung); im Ganzen zählen 25 über 10,000 Einw. Bedeutendere Gemeinden und deren Einw.:

Oberbayern. München 230,023, Ingolstadt 15,251, Freising 8,850, Neuhausen 8,487, Rosenheim 8,397, Lechhausen 7,469, Schwabing 7,260, Landsberg 5,243, Traunstein 4,851, Reichenhall 3,271.

Niederbayern. Landshut 17,225, Passau 15,365, Straubing 12,625, Deggendorf 6,226, Dingolfing 3,501, Landau a. I. 3,185, Simbach 3,025, Kelheim 3,004.

Pfalz. Kaiserslautern 26,323, Speyer 15,589, Ludwigshafen 15,012, Pirmasens 12,039, Neustadt a. d. Haardt 11,411, Zweibrücken 10,382, St. Ingbert 9,811, Frankenthal 9,043, Landau 8,749, Germersheim 6,449, Dürkheim 6,069, Hassloch 5,469, Edenkoben 4,898, Schifferstadt 4,635, Homburg 4,030, Grünstadt 3,810, Annweiler 2,945, Deidesheim 2,744, Wachenheim 2,460.

Oberpfalz. Regensburg 34,516, Amberg 14,583, Neumarkt 5,071, Sulzbach 4,668.

Oberfranken. Bamberg 29,587, Bayreuth 22,072, Hof 20,997, Kulmbach 5,815, Forchheim 4,384, Wunsiedel 4,065, Kronach 4,037.

Mittelfranken. Nürnberg 99,519, Fürth 31,063, Erlangen 14,876, Ansbach 14,095, Schwabach 7,513, Eichstätt 7,489, Rothenburg a. T. 6,504, Weissenburg 5,737, Dinkelsbühl 5,286, Neustadt a. A. 4,114, Hersbruck 3,809.

Unterfranken. Würzburg 51,014, Schweinfurt 12,601, Aschaffenburg 12,152, Kitzingen 6,966, Lohr 4,739, Kissingen 3,873.

Schwaben. Augsburg 61,408, Kempten 13,872, Memmingen 8,406, Nördlingen 7,837, Neu-Ulm 7,744, Neuburg a. D. 7,690, Kaufbeuren 6,268, Lindau 5,337, Dillingen 5,453, Günzburg 4,014, Donauwörth 3,857.

Finanzen. Budget für die XVI. Finanzperiode (1882 u. 83).
A. Einnahmen (für je 1 Jahr):

I. *Uebertragung* aus frühern Finanzperioden . . . . . . M.	—
II. *Directe Steuern:* Grund- 11'465,000. Haus-Areal 629.200, Haus-Miethe 3'067,300, Gewerb- 4'947,500, Kapitalrenten- 3'157,000, Einkommen- 1'717,000	24'983,000
III. *Erbschaftsteuern*, Gebühren, Stempel	20'872,840
IV. *Zölle* u. indirecte Steuern (dabei Malzaufschlag 31'915,350, Branntw. 2'700,000, Antheil an d. Zöllen etc. 8'200.000 etc.)	45'333,930
V. *Berg-, Hütten- und Salinenwerke*	6'131,770
VI. *Münze* 356,068; VII. *kgl. Bank* 360,000 = ...	716,068
VIII. *Staatseisenbahnen*	84'338,216
IX. *Post und Telegraphie*	12'173,556
X. *Bodenseedampfsch.* 538,013; XI. *Donau-Mainkanal* 109,800 XII. *Frankenthaler Kanal* 5,942; XIII. *Gesetzblatt* 73,870 =	727,625
XIV. *Forsten, Jagden, Triften*	22'756,270
XV. Verpachtg. v. *Staatsrealitäten* (dabei Hofbräuh. 1'342,800)	1'863,358
XVI. *Grundgefälle*	7'514,272
XVII. *Zinsen, Renten* etc.	1'002,854
XVIII. Einnahmen für *Unterstützung* von Staatsdiener-Relicten .	291,574
Gesammt-Einnahmen	225'705,333

B. Ausgaben auf Erhebung, Verwaltung, Betrieb

Auf directe Steuern 826,500, auf Erbschaften, Gebühren 773,862, auf Zölle etc. 6'800,910, Bergwesen etc. 5'203,728, Münze 352,032, Eisenb. 50'540.868, Post, Telegr. 11'349,155, Bodenseeschifff. 341,082, Donaukanal 312,919. Frankenth. Kanal 8,507, Gesetzblatt 46,405, Forsten 12'778,395, Oekonomien 1'423,616 (dabei Hofbräuh. 1'046,390), Grundgefälle 182,570, auf Renten etc. 43,908, f. Unterstützungsverein 2,339, zusammen . . . . M. 90'986,796

C. Eigentliche Staatsausgaben:

I. *Etat des Hofes:* Civilliste 4'231,044. Apanagen 865,722, Wittwengehalte 238,454, Pensionen 9,659 = ... 5'344,879
II. *Staatsschuld* (dabei Eisenbahnschuld 37'212,587) . . . . 47'968,738
III. Staatsrath 46,800; IV. Landtag 346,095 = ... 392,895
V. Ministerium des kgl. Hauses und des Aeussern 557,734
VI. Ministerium der Justiz (dabei Strafanstalten 1'848,413 . . 12'628,559
VII. Ministerium des Innern (dabei Bauverwaltg. 6'364,064, Etat für Gesundheit 1'001,104. Wohlthätigkeit 320,916, Sicherheit 3'826,151, Industrie und Cultur 942,005, besond. Leistungen an Gemeinden 1'005,390) . . . . 17'904.464
VIII. Ministerium für Kirchen- und Schulangelegenh. (Erziehung u. Bildung 12'753,917, kathol. Kultus 3'296,400, protestant. 1'749,677, jüdischer 14,000) . . . . 18'939,567
IX. Finanzministerium . . . . 3'380,259
X. Für Reichszwecke (Matricularumlagen) . . . . 20'180,300
XI. Pensionen von Staatsdienern 5'465,210; XII. deren Wittwen u. Waisen 2'438,575; XIII. Unterstützung von Angestellten und deren Relicten 478.805 = ... 8'382,590
XIV. Zinszuschuss für die pfälz. Eisenbahnen . . . . 1'800,000
XV. Allgemeine Reserve 238,553

Zusammen Netto-Staatsausgaben 137'718,537

Total aller Ausgaben (bilancirt) 228'705,333

Daneben zieht der **Militäretat** für 1882/83 (je vom 1. April an) mit 39'294,722 M. fortdauernden Ausgaben, 766,682 einmaligen und 3'654.399 Invalidenpensionen und für Institute, zusammen 43'715,803 M.

Staatsschulden, 1. Jan. 1882:

1) Allgemeine Schuld . . . . . 229'947,455 M.
2) Eisenbahnschuld . . . . . 944'514,079 -
3) Grundrentenschuld . . . . . 166'609,311 -

zusammen 1,341'070,845 M.

Kreisumlagen wurden 1882 (in Procenten zur directen Staatssteuer) erhoben:

	Proc.	Ausgabe		Proc.	Ausgabe
Oberbayern	20,5 =	1'914,307 M.	Oberfranken	27,0 =	978,465 M.
Niederbayern	20,5	1'032,226 -	Mittelfranken	27,5	1'426,282 -
Pfalz	32,5	1'326,395 -	Unterfranken	20,5	1'014,680 -
Oberpfalz	22,0	767,739 -	Schwaben	23,0	1'233,759 -

Total 9'693,854 M.

Für 1883 sind votirt: Oberbayern 24,5, Niederbayern 21,5, Pfalz 34,7, Oberpfalz 23,4, Oberfranken 28,8, Mittelfranken 26,0, Unterfranken 21,0, Schwaben 21,5 %, — sonach auch hier beinahe durchgehende Steigerung.

Kreisschulden. Sämmtliche Regierungsbezirke, mit Ausnahme der Pfalz, haben Kreisschulden (wesentlich für Erbauung von Irrenhäusern) aufgenommen.

Gemeindefinanzen. Die Abrechnung (nicht Budget) der Stadt München für 1881 weist nach: Einnahme 12'906,965, Ausgabe 11'844,922, oder, mit Einschluss der vom Magistrat verwalteten Anstalten, 22'631,148 und 21'476,744 M. Das effective Vermögen der Gemeinde beträgt, einschliessl. der Anstalten und Stiftungen 56 Mill., belastet mit 46 Mill. Schulden; davon treffen auf die Gemeinde 9 Mill. Schuldenüberschuss, während den Stiftungen etc. 19 Mill. Reinvermögen zukommen. — Die Schulden sämmtlicher Gemeinden betrugen Ende 1881 111'115,342 M., wovon auf Oberbayern 30'030,566 treffen, auf Niederbayern 5'139,674, Pfalz 7'192,281, Oberpfalz 6'386,591, Oberfranken 8'419,494, Mittelfranken 16'336,155, Unterfranken 18'580,730, Schwaben 19'029,845.

Militär. Das bayerische Heer bildet, gemäss der Versailler Verträge, einen in sich geschlossenen Bestandtheil des deutschen Reichsheeres mit selbständiger Verwaltung, unter der Militärhoheit des Königs von Bayern, jedoch im Kriege unter dem Oberbefehl des deutschen Kaisers (auch mit eigener Uniformirung). Dabei sind jedoch die preuss. Militäreinrichtungen in allen wesentlichen Beziehungen maassgebend. Bayern stellt zwei vollständige Armeecorps = 4 Divisionen à 2 Brigaden etc. Die taktische Eintheilung ist im Uebrigen: 19 Regim. (gewöhnliche) Infanterie und 4 Jägerbataill., 6 Chevauxlegers-, 2 schwere und 2 Lanziers-Regimenter. 4 Regim. Feld- und 8 Batterien Fuss-Artillerie, 2 Bataillone Pioniere. 2 Bataillone Train etc.

Sociale Verhältnisse. Volksschulen, 1880: 5,478 katholische, 772 protestantische, 180 jüdische. Schullehrerseminare: 8 kathol., 3 prot., 1 simultan. Unter den Präparandenanstalten 24 kathol., 11 prot. Von den 3 Universitäten zählten im Wintersemester 1882/83 München 2,229 Studenten, Würzburg 1,070, Erlangen 568. Die technische Hochschule zu München hat 774.

Zeitungsliteratur. Nach dem von der Postbehörde aufgestellten Zeitungsverzeichnisse befördert dieselbe 618 in Bayern erscheinende Zeitungen und Zeitschriften, von denen 3 dreizehnmal wöchentl. erscheinen, 1 zwölfmal, 30 siebenmal, 151 sechsmal, 1 fünfmal, 7 viermal, 59 dreimal, 88 zweimal, 130 einmal, die übrigen monatlich oder noch seltener.

Materielle Verhältnisse. Immobiliar - Brandversicherung. Anstalt rechts des Rheins, 1880/81, 2,970'201,060 M. assecurirt, gesonderte Anstalt in der Pfalz, 31. Dec. 1881, 416'219,330 M., zusammen ganz Bayern 3,386'420,390 M.

Bodenbenutzung. Die Erhebung von 1878 ergab:

3'070.378	ha.	Acker- und Gartenländereien,
1'246.191	-	Wiesen,
235.595	-	Weiden und Hutungen,
23,522	-	Weinberge (12,892 Pfalz, 9,738 Unterfranken),
2'501,918	-	Forsten und Holzungen,
44,929	-	Haus- und Hofräume,
216,674	-	Oed- und Unland,
135,878	-	Wege, Strassen, Eisenbahnen,
111,233	-	Gewässer.
7'586,348	ha.	Total.

Des Nähern ward der Anbau so angegeben:

A. **Getreide und Hülsenfrüchte.** Weizen 298,780 ha., Spelz 96,120, Einkorn 1,203, Roggen 578,214, Gerste 320,534, Hafer

439,552, Buchweizen 1,323, Hirse 2,058, Mais 1,215, Hülsenfrüchte, Mischfrucht 61,578; zus. 1'800,577.

B. Hackfrüchte und Gemüse. Kartoffeln 281,949, Runkelrüben zur Zuckerfabrication 1,425, dgl. als Futterrüben 42,429, Möhren 3,512, Weisse Rüben 5,347, Kohlrüben 7,400, Kraut und Feldkohl 30,106, übrige Hackfrüchte und Gemüse 2,126; zus. 374,294.

C. Handelsgewächse. Raps 3,776, Leindotter 5, Mohn 333, Flachs 19,384, Hanf 2,334, Tabak 4,114, Hopfen 23,192, andere Handelsgewächse 745; zus. 53,883.

D. Futterpflanzen. Klee 311,388, Gartenbau 36,084, Ackerweide 83,499, Brache 410,623; zus. 3'070,347 ha.

Berg- und Hüttenwesen, 1881:

	betriebene Werke	Production Tonnen	Geldwerth Mrk.	Arbeiterzahl
Bergwerke	71	620,914	5'125,210	4,249
Salinen	6	44,679	1'885,523	305
Hütten	100	136,577	19'670,354	5,004
	177	802,170	26'681,087	9,558

Tabakbau, 1881/82: Bebautes Areal 647,056 Aren von 27,507 Pflanzern (davon 22,427 in der Pfalz), geerntet in dachfreiem, trockenem Zustand 264,234 Ctr. (217,882 in der Pfalz). (Vgl. Deutschl. S. 14.)

Gewerbswesen. Unter dem alten Zunftwesen ist die Zahl der Gewerbtreibenden 1840—51 um 87,710 Personen zurückgegangen: man konnte nicht mehr concurriren. Im J. 1847 gab es, bei einer Gesammtbev. von 4'504,874 Personen, nur 453,570 Meister, Gehilfen und Lehrlinge; 1875 dagegen bei 5'022,390 Einw., 702,908 Gewerbtreibende, sonach 249,338 mehr. Vermehrung der Gesammtbev. 11,4 %, dagegen der Gewerbtreibenden 50 %. (Nach Dr. Stockbauer, Custos des Gewerbemuseums zu Nürnberg.) Von 1877—81 sind amtlich 234,861 Gewerbean- und 195,028 -abmeldungen erfolgt.

Brauereien. Im J. 1881 bestanden in Bayern 5,480 Brauereien (44 weniger als im J. 1880), der Malzverbrauch derselben bezifferte sich auf 5'286,598 hl. (mehr um 198,268 hl.), die Menge des erzeugten Bieres betrug 12'079,215 hl. (+ 496,012). Hierzu kommt noch ein Quantum von 438,249 hl. sogen. Nachbieres. Weissbierbrauereien bestanden: 1,630, diese verbrauchten an Malz 56,163 hl. und erzeugten 257,782 hl., + 19,070 hl., Bier. — 132 Essigsiedereien fabrizirten 108,076 hl. Essig. Aus Bayern wurde Bier ausgeführt: 887,946 hl., + 142,613; dagegen eingeführt: 34,428 hl., + 23.*)

Postwesen. Bayern hat sich in den Versailler Verträgen eine eigene Postverwaltung vorbehalten. Ergebnisse 1881: Postanstalten 1,410, aufgestellte Briefkästen 6,950. Befördert 68'007,200 gewöhnliche Briefe, 8'396,700 Postkarten, 5'348,500 Drucksachen, 1'314,000 Waarenproben, 77'521,100 Zeitungsnummern, 311,838 Postaufträge, 450,200 Nachnahmebriefe, 4'246,690 Postanweisungen. Summe des declarirten Geldwerthes aller Postsendungen 1,356'860,190 M.

---

*) Ausser der Staatsabgabe vom Bier, wird vielfach eine solche auch von Gemeinden erhoben. Dieser Local-Malzaufschlag betrug 1881 zum Vortheil der Gemeinde München allein 1'380,802 M., wovon für ausgeführtes Bier 257,896 zurückvergütet werden musste, so dass netto noch 1'122,906 M. verblieben.

Telegraph 1881. Länge der Linien 8,172 km., der Leitungen 33,436; Telegraphenämter 1,147. Telegraphenverkehr 1'607,093 Depeschen. — Ende 1882 1,152 Stationen.

Die Finanzergebnisse des Post- und Telegraphendienstes waren 1881: 10'948,038 Einnahme, 10'537,608 Betriebsausgabe; Reinertr. 410,430 M.

Eisenbahnen. Die Staatsbahnen umfassten am 1. Jan. 1883 4,252 km. mit 653 Stationen; die vereinigten Pfälzischen Bahnen 632 km. mit 143 Stationen: dazu kamen 6 km. Nürnberg-Fürther Bahn.

Württemberg (Königreich).*)

| | | Bevölkerung | |
Kreise	QKilom.	1875	1880
Neckar	3,326,79	587,834	622,912
Schwarzwald . .	4,773,21	454,937	472,758
Jagst	5,138,92	390,703	407,610
Donau . . .	6,264,77	448,031	467,838
	19,503,60	1'881,505	1'971,118

Städte. (1. December 1880.) Neckarkreis. Stuttgart (mit den 3 Weilern) 117,303, Heilbronn 24,415, Esslingen 20.758, Cannstadt 16,020, Ludwigsburg 16,087, Backnang 5,736, Bietigheim 4,004, Asperg 2,571, Marbach 2,378, Weinsberg 2219.

Schwarzwaldkreis. Reutlingen 16,515, Tübingen 11,708. Tuttlingen 8,310, Rottenburg 7,136, Rottweil 6,047, Freudenstadt 6,026, Ebingen 5,493, Nürtingen 5,370, Urach 3,704, Wildbad 3,572.

Jagstkreis. Gmünd 13,774, Hall 9,161, Aalen 6,165, Heidenheim 6,265, Crailsheim 4,642, Ellwangen 4,697, Mergentheim 4,445. Wasseralfingen 3,557.

Donaukreis. Ulm 32,669, Göppingen 10,851, Ravensburg 10,550, Biberach 7,718, Kirchheim u. Teck 6,587, Laupheim 4,524, Geislingen 3,832, Friedrichshafen 3,053.

Confessionen. Protestanten (wesentl. Lutheraner) 1'361,559, Katholiken 590,178, andere Christen 5,888, Juden 13,331, sonstige Einw. (wohl zumeist Confessionslose) 162.

Finanzen. Budget für die Finanzperiode vom 1. April 1882 bis 31. März 1883.

Einnahmen: 1) Vom »Kammergut« (wobei Ertrag der gew. Domänen 747,312, Forsten 4'804,975, Berg- u. Hüttenw. 150,000, Salined 650,000, Eisenbahnen 12'764,600, Post u. Telegraphen 1'324,000, Bodenseedampfsch. 28,233 etc.) . . . . M. 21'432,718

2) Steuern. a. directe: Grund-, Gebäude-, Gewerbesteuer 8'723,315, von Wandergewerben 19,000, von Apanagen, Capital-, Renten- u. Einkommensteuer 4'194,900 = ... 12'937,215

b. indirecte: Accise 1'349,700, Hundest. 207,700, Wirthschaftsabgaben 9'430,236, Sporteln 2'404,000 = ... 13'391,636

3) Antheil an Zöllen und Tabaksteuer . . . . 2'800,000

4) Zuschuss aus dem Anlehen f. Eisenbahnen . . . . 1'642,046

Zusammen 52'203,615

*) Hauptquelle: Württembergische Jahrbücher für Statistik und Landeskunde, herausgegeben von dem k. statistisch-topogr. Bureau. Neuester Jahrgang 1881 (erschien 1882). — Regierungsblatt für das Königr. Württemberg.

Ausgaben. 1) Civilliste . . . . M. 1'830,517
    2) Apanagen 313,420
    3) Schuld (wobei 2'286,762 Tilgung . . . 19'276,656
    4) Rente 463,698
    5) Entschädigungen 60,671
    6) Pensionen, Quiescenzgehalte . . . . 1'816,137
    7) Gratialien 339,000
    8) Geheimer Rath 60,175
    9) Justiz . . . . 4'086,401
    10, Dep. des Aeussern 184,320
    11) Dep. des Innern . . . . 4'848,398
    12) Kirchen- und Schulwesen . . . . . 8'115,739
    13 Allgemeine Finanzverwaltung . . . . 2'982,459
    14) Landstände 338,255
    15) Reservefonds 70,000
    16) Matricularbeiträge . . . . 6'960,595
    17) Vergütung f. Aufhebung der Portofreiheit 290,000
                  Zusammen 52'036,441

Im Etatsjahre 1880/81 lieferten Post und Telegraph 6'097,262 M. Einnahme, während sie 5'344,654 Ausgabe verursachten, wonach eine Reineinnahme von 752,608 M. verblieb.

Das Budget für die Finanzperiode 1883/84 und 1884/85 (je vom 1. April an) ist zur Zeit des Abschlusses des gegenwärtigen Bogens (März 1883) noch nicht festgestellt; jedoch können wir, nachdem die Regierung ihren Budget-Entwurf dem Landtage eben zur Vorlage gebracht, wenigstens diesen bereits mittheilen. Wir legen den Entwurf für 1883/84 zu Grunde und geben die Abweichung in der Aufstellung für 1884/85 in Anmerkungen (Beides unter Abgleichen der Pfennige).

Staatsbedarf.

1. Civilliste . . . . M. 1'821,442
2. Apanagen und Witthume 316,465
3. Staatsschuld: Zinsen 17'401,229, Tilgungsfonds
   2'357,672, Provision für Couponseinlösung 20,500 = 19'779,401 (1)
3a. Zinsen aus Schatzanweisungen 296,875 (2)
4. Rente 465,112 (3)
5. Entschädigungen 94,098 (4)
6. Pensionen: Civilpensionen 1'133,500 (5), Pens. für
   Kirchen- und Schuldiener 683,500 (6), ditto für
   Militärangehörige 36,000 (7) . . . 1'853,000 (8)
7. Quiescenzgehalte 8,937
8. Gratialien 354,000
9. Geheimrath 59,650
9a. Verwaltungsgerichtshof 30,600
10/15. Departement der Justiz . . . . . 4'008,049
19a.   —   der auswärt. Angelegenheiten . . 184,691 (9)
20/44.   —   des Innern . . . . . . 5'367,549 (10)
45/97.   —   des Kirchen- und Schulwesens . . 8'146,820 (11)
98/107.   —   der Finanzen . . . . . . 2'971,803 (12)
108. Landständische Sustentationskasse 344,687 (13)
109. Reservefonds 50,000
110. Leistungen für das deutsche Reich . . . 7'635,741
110a. Entschädigung für Aufhebung der Portofreiheit . . 320,000
               Summe des Staatsbedarfs 54'108,920 (14)

Diese Bedarfssummen ändern sich pro 1884/85 bei den oben bezeichneten Positionen folgendermaassen: (1) 19'969,411, (2) fällt weg, (3) 465,736. (4) 62,258. (5) 1'163,500. (6) 694,500, (7) 35,000,

(8) 1'893,000, (9) 185,091, (10) 5'358,454, (11) 8,140,595, (12) 2'961,603, (13) 545,554, (14) Total 53'986,587.

Ertrag des Kammerguts.

A. Ertrag der Domänen dabei Forsten und Jagden 4'192.333, Berg- und Hüttenwesen 100,000, Salinen 700,000) . . . . M. 5'703,005
B. Ertrag der Verkehrsanstalten (Eisenbahnen 12'841,600, Posten un l Telegraphen 1'345,800 (1), Bodenseedampfschifff. 7,600 (2) . . . .   14'195,000 (3)
C. Ertrag der Münze   2,500
D. Verschiedene Einnahmen 986,166 (4)

Zusammen Ertrag des Kammerguts   20'886,671 (5)
Durch Steuern sind zu decken   33'222,249 (6)

Directe Steuern: Grundsteuer 8'723,315, von Wandergewerben 19,000, von Apanagen, Kapital- u. Renten-, Dienst- u. Berufseinkommen 4'545,000 7 . . . . . .   13'287,315 (8)
Indirecte Steuern: Accise 1'550 000, Hundesteuer 176,000, Wirthschaftsabgaben 9'297,000, Sporteln, Gerichtsgebühren, Erbschafts- u. Schenkungssteuer 2'672,000 =   13'695,000

Steuern   26'982,315 9)
Dazu: Antheil an Reichssteuer . . . .   3'988,340 (10)
Zuschuss aus Anlehen zur Bestreitung der Tilgungsraten der Eisenbahnschuld . . . .   1'688,655 11)
Zuschuss aus der Restverwaltung 562,938 12)

Summe der Deckungsmittel   54'108,920 (13)

Pro 1884/85 ändern sich die Deckungsmittel: (1) 1'346,200. (2) 6,000, (3) 14'193,800, (4) 976,058, (5) 20'875,363, (6) 33'111,224, (7) 4'655,000, (8) 13'397,315, (9) 27'092,315, (10) 4'106,050, (11) 1'753,190, (12) 159,669, (13) 53'986,587.

In dem ministeriellen Berichte zur Begründung des Budgetentwurfs ist speciell erwähnt, die Schuldsumme für Eisenbahnbau sei wieder gewachsen; der Bedarf für Zinsentilgung betrage:

	1883,84	1884/85
für die allgemeine Schuld . . .	2'015,359	1'991.733
für die Eisenbahnschuld . . .	15'385,870	15'511,346
	17'401,229	17'503,079

gegen 16'969,394 in der vorigen Finanzperiode. Die Tilgung der Eisenbahnschuld soll indess, wie in den letzten Jahren, durch neue Anlehen erfolgen.

Schuld (22. Mai 1882) 423'739.125 M., 1. Apr. 1883 aber 423'931,708, davon:

à 5 % . . . .   447,983 M.
4½ . . . .   99'387,306
4 . . . .   295'543,587
und Pensionsfondanlehen . . . .   9'340,685
3½ . . . .   19'212,186

Eisenbahnen, sämmtlich Eigenthum des Staats (Bericht vom 31. März 1880/81). Länge 1,533 km. (1883/85 wesentlich unverändert), wovon 170 doppelgeleisig. Betriebsergebnisse 1880/81: Einnahme 24'667,114, Reinertrag 11'043,535 M., oder 2,54 % des Gesammt-Anlage-Capitals von 435'118,405 (gegen 3,09 % im J. 1879/80). Die Betriebsausgaben berechnen sich auf 56,9 % der Einnahmen, gegen 51,5 in 1879/80 und 50 % in 1878/79. Für Verzinsung und Tilgung der Eisenbahnschuld waren pro 1880/81 erforderlich die Summe von 18'411,121, wobei ein aus Grundstockmitteln, Restverwaltung, laufenden Mitteln, durch Schuldentilgung aufgebrachter Rest des Anlagecapitals von 81'372,819 M. ganz ausser Berechnung bleibt. Von jener aufzubringenden Rate (wovon 15'653,390 für Verzinsung, 2'757,731 für Tilgung erfordert wurden) blieb ungedeckt ein Betrag von 7'367,586 M.

Militär. Auch die württembergischen Truppen bilden einen für sich abgeschlossenen Körper, obwohl nicht in voller Ausdehnung wie die bayer. Armee; sie bilden das XIII. deutsche Armeecorps, bestehend aus 2 Divisionen, und umfassend 8 Infanterie-, 4 Cavallerie-Regimenter, 1 Reg. Feld- und 1 Bataillon Festungs-Artillerie.

Sociales. Bodenbenutzung, 1880.

1) Landwirthschaftlich benutztes Areal: Aecker, Gärten 880,014 hectar., Wiesen 283,586, Weinborge 23,351, Weiden 68,670 = ... 1'255,621 ha.
2) Waldungen 599,515
3) Landwirthschaftlich nicht benutzte Flächen: Gebäude, Hofräume 11,018, Oeden, Steinbrüche etc. 25,081, Gewässer 12,305, Strassen und Wege 44,660 = ... 93,064

Gesammtsumme des Landes 1'948,200

Von der Position 1 kommen auf angeblümtes Ackerfeld 789,863 ha., auf Gartenbau 10,139, Ackerweide 11,165, Brache 68,847.

Die Ernte von 1880 ward an Körnerfrüchten so berechnet: Winterhalmfrüchte 8'268,069 Ctr., Sommerhalmfrüchte 6'704,663, Hülsenfrüchte 609,559, Welschkorn 37,172, zus. 15'619,463 Ctr. Dazu: Kartoffeln a. gesunde 8'926,159, b. kranke 1'419,505; Wiesenertrag 24'461.475 Ctr.; Obst, Ertrag von 7'074.828 Obstbäumen (vor dem strengen Winter 7'899,641), 424,039 Ctr. Kernobst, Geldwerth 3'071,226 M. und 66,351 Ctr. Steinobst, werth 507,802 M. Wein: 21.356 hl. (seit 1854 der geringste Ertrag), Geldwerth 1'149,413 M.

Post. Württemberg hat sich, wie Bayern, seine eigene Postverwaltung, wenn auch unter gewissen Beschränkungen, vorbehalten. Die Betriebsergebnisse waren im Etatsjahre 1880/81: Postanstalten 535, Briefkästen 3,249, Gesammtzahl der Sendungen 82'335,813, Briefe 74'950,363, Postkarten 6'349,900, Drucksachen 6'532,300, Zeitungsnummern 31'493,400; Päcke und Geldsendungen 7'385,450; Werthbetrag der Geldsendungen 544'627,120 M.; Gewicht der Päckereien 15'242,900 kg.

Telegraph (1881). Länge der Linien 2,749 km., Länge der Leitungen 7,265. Telegraphenstellen 391. Gesammtverkehr 891,592 Dep.

--- --- -- --

Baden (Grossherzogthum).*)

Landescommissariate	Q.-Kil.	Bevölkerung	Confessionen	
Constanz . .	4,168,9	282,332	Evangelische	545,854
Freiburg . .	4,739,7	454,221	Katholiken	992,938
Karlsruhe . .	2,572,6	406,973	sonstige Christen . . .	4,058
Mannheim . .	3,605,5	426,728	Juden	27,278
	15,086,7	1'570,254	Nichtangehörige obiger .	96
			nicht angegeben . . .	30

*) Vergl. »Statistisches Jahrbuch f. d. Grossherzogthum Baden. Jahrgang 1880, gedruckt 1882.

Die Landescommissariate sind administrativ weiter in 11 Kreise und 52 Bezirksämter, für die Justiz aber in 54 Amtsgerichte eingetheilt.

Bevölkerungsbewegung. Eheabschlüsse: 1876 12,320, 1877 11,400. 1878 10,861, 1879 10,469, 1880 10,070. — Geburten: 1879 54,990. 1880 53,366, darunter uneheliche 4,392 und 4,205, Todtgeborne 1,843 und 1,738. — Sterbefälle ohne Todtgeborene 1879 41,479, 1880 39,695. darunter Verunglückungen 525 und 530; Todesfälle in Folge von Verbrechen etc. 32 und 60.

Städte (1880). Mannheim 53,465, Karlsruhe 49,283, Freiburg 36,382, Heidelberg 24,334, Pforzheim 24,037, Konstanz 13,372, Rastatt 12,356. Baden 11,923, Lahr 9,390, Durlach 7,474, Offenburg 7,274, Weinheim 7,159, Lörrach 6,726, Villingen 5,974, Ettlingen 5,608, Kehl 4,996, Eberbach 4,830, Schwetzingen 4.640, Wertheim 4,567, Bretten 4.034.

Finanzen. Budget für die beiden Jahre 1882 und 1883 zusammen.

Ordentliche Einnahmen für 1882 . . .	40'533,435	80'730,047
Ordentliche Einnahmen für 1883 . . .	40'196,612	
Ausserordentliche Einnahmen . . , ...		834,990
Total		81'565,037
Ordentliche Ausgaben für 1882	38'604,396	77'310,740
Ordentliche Ausgaben für 1883	38'706,344	
Ausserordentliche Ausgaben		3'324.905
		80'635,645
Ueberschuss der Einnahmen		929,392

Für 1882 sind die Einnahmen brutto so normirt:

1)	Staatsministerium (Antheil am Zoll etc.)	2'860,600
2)	Minist. d. Justiz, d. Cultus und Unterr. (dabei Justiz 569,550, Strafanstalten 923,121)	1'496,371
3)	Minist. d. Innern.	2'481,898
4)	Finanzminist. (Domänen 6'712,195), dir. Steuern 10'646,580, indirecte (Weinst. 1'860,487, Bierst. 3'455,275, Branntwein 792,140, Schlachtvichst. 570,622, von Liegenschaften, Erbschaften 2'229,247)	17'358,775 / 8'907,771
5)	Justiz- und Polizeigefälle	4'289,023
6)	Forstgerichtsgefälle	106,341
7)	Verschiedene Einnahmen	390,561
8)	Salinenverwaltung	1'033,411
9)	Zollverwaltung	1'320,350
10)	Diverse Einnahmen	288,334
		40'533,435
Davon ab die Betriebsausgaben		9'053,754
Bleibt Reineinnahme		31'479,681

Ausgaben, a. ordentliche.

1)	Staatsministerium (Hof 1'788,350, Stände 97,220, Matricular-beiträge 5'706,200 M.)	7'755,002
2)	Minist. d. Justiz, Cultus und Unterrichts	8'693,863
3)	Minist. d. Innern (dabei Strassen- und Wasserbau 4'164,727)	9'238,493
4)	Finanzminist. (dabei obige 9'053,754, Zins der Eisenbahnschuld 1'750,000, Pensionen 1'700,971)	12'822,815
5)	Oberrechnungskammer	94,224

Daran reihen sich, wie gewöhnlich, folgende Specialetats für die Budgetperiode:

	Einnahme	Ausgabe
1) Eisenbahnbetriebsverwaltung, jährlich . .	36'786,848	25'088,273
2) Ertrag der Main-Neckarbahn, jährlich . .	500,477	—
3) Eisenbahnschuldentilgungscasse 1882 . . .	28'978,111	28'978,111
- - 1883 . . .	32'010,396	32'010,396
4) Eisenbahnverwaltung 1882	—	4'000,000
- - 1883	—	4'596,462
5) Bodenseedampfschifffahrt jährlich	272,500	224,324

Die Staats- resp. Eisenbahnschuldentilgungscasse ist 1882 durch die vielen und schweren Eisenbahnunfälle mit in die Millionen gehenden Entschädigungen belastet worden.

Staatsschuld, 1. Jan. 1882. Allgemeine Landesschuld (worunter 32'797,780 M. an den Domänengrundstock) 38'728,125, wogegen 26'522,046 Activa vorhanden. — Eisenbahnschuld 327'393,761 verzinslich und 5'453,501 unverzinslich (Papiergeld, Loose etc.), zusammen 332'847,322, oder, nach Abzug der Activa dieser Casse, 328'626,373.

Nach den Nachweisen der Eisenbahnschuldentilgungskasse pro Ende 1878 betrug der Gesammtbau-Aufwand der Staats-Eisenbahnen bis dahin schon, incl. der Bauzinsen und Rabatte 359'606,011 M., jener der Main-Neckarbahn 6'987,114 und der Rückersatz für den an das Reich abgetretenen Staatstelegraphen 470,472 M. Der reine Schuldenstand der Eisenbahnschuldentilgungskasse betrug daher bereits Ende 1878 301'934,905 M.

Steuercapitalien. Dieselben waren 1880 folgendermaassen festgestellt: Grund- und Gefällcapitalien 1,477'308,395, Häusersteuercapitalien 747'215,600, Erwerbsteuercapitalien 1,064'655,200, Capitalrentensteuercapital 766'672,300, im Ganzen steuerbare Capitalien 4,055'851,495, constatirte steuerfreie Capitalien 88'470,514.

Die 1880 wirklich erhobenen Steuersummen betrugen: an Grund-, Gefäll- und Häusersteuer 6'421,324, Erwerbsteuer 2'789,361, Capitalrenten 1'150,008, zusammen directe Steuern 10'360,693, dazu Beförderungssteuer 192,647 M.

Militär. Dasselbe bildet keinen in sich geschlossenen Körper, sondern ist dem XIV. deutschen Armeecorps zugetheilt, dessen Hauptbestandtheil es ausmacht, und zu dem dann weiter 2 preuss. Infanterie-Regimenter und 1 preuss. Cavallerie-Regiment gehören.

Sociales. Selbstmorde. 1877 291, 1878 317, 1879 309, 1880 338.

Bodenbenutzung, 1880. Hektaren Ackerfeld, bestelltes 549,580, brach 26,880, Wiesen 191,590, Rebland 21,870, Gras- und Obstgärten 14,810, Kastanienwald 950, ständige Weide 33,620, gesammte landwirthschaftliche Fläche 839,300. (1882/83 haben von den 52 Bezirksämtern 43 durch Hochwasser Schaden gelitten.)

Ernteertrag, 1880. Körner- und Hülsenfrüchte, 8'165,040 Centner, Kartoffeln 14'120,000, Heu und Futter 24,606,690, Futterhackfrüchte 16'167,800, Handelsgewächse 1'866,360, Kraut 821,000, Obst 900,000, Wein 51,270 Hectol., Stroh 11'661,900 Centner.

Viehstand, Sommer 1880. Pferde 65,048, Esel 129, Maulesel 10, Rindvieh 83,879, Schafe 124,172, Schweine 299,125, Ziegen 91,612.

Hagelschäden. a. Getroffene Ackerfläche, Hectar, b. Schaden, M

	1875	1876	1877	1878	1879	1880
a.	27,410	32 765	51,758	31,017	27,994	33,451
b.	2'999.452	2'347,270	4'284,163	1'604,344	1'448,343	1'832,346

Waldungen. Im Jahre 1880 wurde (bei einem zu 1'507,928 Hec taren angenommenen Gesammtareale) die Fläche der Waldungen 522,430 ha. angenommen (starkes Drittel des Gesammtareals) ; von de Gemeinden haben 1,337 einen Waldbesitz.

Eisenbahnen. Ende 1882, 1,328 km., wovon 1,222 Staatseigenthum der Rest unter Staatsbetrieb. Der Reinertrag stellte sich schon 1877 blo auf 3,$_{10}$, 1878 auf 3,$_{12}$ %, und ist seitdem viel weiter herabgegange Nach der Abrechnung für 1881 hat der Personenverkehr 11'303,675 der Güterverkehr 17'257,293 M. geliefert, und das Anlagecapital 3,$_{31}$ ertragen. Ob das Jahr 1882, nach dem Eintritt so vieler schwerer Un glücksfälle, überhaupt einen Reinertrag gewähren wird, lässt sich vorer überhaupt nicht absehen.

Strassen. 1880. Landstrassen 3,919 km., Gemeindewege 5,859 km

Sparkassen, 1880. Mit Gemeindebürgschaft: 91 Kassen und 122'424,834 M. ; ohne solche Bürgschaft 19 Kassen, 11'889,450 M. ; zusammen 110 Anstalten mit 134'314,284 Einlagen.

Vorschuss- und Creditvereine, 1880: 108 Anstalten, mit 48'597,004 Mark Vorschüssen; Zahl der Conten von Mitgliedern 6,840; Gesammt umsatz 388'501,967, Verlust 290, Gewinn 938,632 M. Bilanz: Activa 47'621,491, Passiva ebenso viel, wobei aber: Geschäftsantheile (Gut haben) von Mitgliedern 11'291,109, Reservefonds 1'858,336. Zahl der Mitglieder 58,015.

Ländliche Creditvereine. 36 Vereine mit 3,035 Mitgliedern. Jahres einnahme 1'436,331, Ausgabe 1'395,211 M. — Bilanz: Activa 911,019, Passiva 895,098 M.

Brandversicherungsanstalt. a. 570,488 Gebäude, veranschlagt zu 1,438'133,800 M. (¹/₅ bleibt bei der Landescasse unversichert) ; b. Fahr nissversicherungen 195,660 zu 1,258'868,419 M.

Hessen (Grossherzogthum).*)

Provinzen	Q.-Kilom.	Bevölkerung	
		1875	1880
Starkenburg . .	3.019,$_0$	370.170	394,574
Oberhessen . .	3,287,$_2$	254,036	264,614
Rheinhessen .	1.374,$_1$	260,012	277,152
	7,680,$_3$	884,218	936,340

Städte. Mainz 60,905, Darmstadt (mit Bessungen) 48,153, Offen bach 28,449, Worms 19,005, Giessen 16,855, Bingen 7,050, Kastel

---

*) Vgl. »Mittheilungen der Grossherzogl. Hess. Centralstelle für die Landes statistik.«

1,169, Bensheim 5,891, Alzei 5,415, Pfungstadt 5,238, Friedberg 4,825, Neu-Isenburg 4,596, Heppenheim 4,413.

Finanzen. Der Beginn des Etatsjahres ist seit 1878 auf den 1. April verlegt. In den 3¼ Jahren vom 1. Jan. 1876 bis 1. April 1879 belief sich die gesammte Einnahme zusammen auf 76'064,198, die Ausgabe auf 67'854,370 M., wonach ein Ueberschuss verblieb von 8'209,828 M. Das Budget für ein Jahr der Finanzperiode 1882/85 zeigt folgende Hauptpositionen:

Einnahmen: Domänen und Forsten 5'276.278, Regalien 7,400, directe Steuern 7'900,186, indirecte Abgaben 3'870,948, aus verschiedenen Quellen 503,395, zusammen 17'558,207 M.

Ausgaben: Lasten und Abgänge 1'196,783, Staatsschuld 690,839, Pensionen 990,657, Hof 1'228,288, Landstände 47,453, Matricularbeiträge 1'557,280, Staatsministerium 307,285, Minist. d. Innern und d. Justiz 6'206,888, Finanzen 981,274, zusammen 17'306,747 M.

Staatsschuld, 1. Mai 1882, 550,755 M. Dagegen sind 11'082,521. Activa vorhanden. — Daneben besteht noch eine Provinzialstrassenschuld von 411,430, und der Rest der Eisenbahnschuld von 31'545,140 grösstentheils vom Ankauf der Oberhessischen Bahnen herrührend), so dass, Alles zusammengerechnet, die Schuld sich auf 21'424,804 M. stellt. (Die Oberhess. Bahnen decken z. Z. nicht vollständig den erforderlichen Zinsbedarf; auch die hessische Ludwigsbahn bedarf, so weit der Staat Zinszuschüsse garantirt, solcher Unterstützung.)

Militär. Die hessischen Truppen bilden eine, dem XI. deutschen Armeecorps zugetheilte geschlossene Division.

Sociales. Schulwesen, 1881. 983 Volksschulen, wovon 868 confessionell gemeinsam, 56 kathol., 56 protestant. 3 jüd.; im Ganzen 533 ohne, 450 mit Schulgeld; Fortbildungsschulen 872, Privatunterrichtsanstalten 65. Ferner 1878 6 Gymnasien, 15 Realschulen, 1 polytechn. Schule (Darmstadt), 1 Universität (Giessen).

Weniger erfreulich sind folgende wirthschaftliche Daten: Von 1869/70 bis 1878/79 vermehrte sich (natürl. unter verschiedenen Fluctuationen im Einzelnen) die Zahl der Mahnzettel von 56,561 auf 86,355, der Civilprocesse von 10,806 auf 16,485, der Concurse von 228 auf 462.

Bierbrauereien, 1881/82. Im Betrieb 294 Brauereien. Production 740,878 hl. Ertrag der Steuer 709,883 M.

Bergwesen, 1881. Eisensteinbergwerke waren 19 im Betriebe, mit 742 Arbeitern und 133,761 Tonnen Förderung im Werthe von 855,753 M. — Braunkohlenwerke 9, mit 30,758 Tonnen Förderung, im Werthe von 239,153 M.

Eisenbahnen. 902 Klm., wovon 225 Staatseigenthum.

Elsass-Lothringen (Reichsland).*)

Bezirke	QKilom.	Bevölkerung	
		1875	1880
Unterelsass . . .	4,774,4	598,180	612,015
Oberelsass . . .	3,512,3	453,374	461 942
Lothringen . . .	6,221,4	480,250	492,713
	14,508,1	1'531,804	1'566,670

Zum erstenmal seit der deutschen Besitznahme zeigt sich eine, wenn auch kleine Zunahme der Bevölkerung, und auch in dieser Beziehung ist es fraglich, ob und in wie weit nicht etwa eine Vermehrung der deutschen Truppen den Grund bildet.

Confessionen. 1'218,468 Katholiken, 305,134 Protestanten (Mehrzahl Reformirte, Minderzahl Lutheraner). 3,279 sonstige Christen, 39,278 Juden, 511 unbekannter Confession (oder Confessionslose).

Nationalitäten. Bei der Zählung von 1880 fanden sich unter 33,848 Nichtdeutschen: 13,906 Franzosen, 7,700 Schweizer, 6,736 Luxemburger, 1,637 Italiener, 1,418 Oesterr.-Ungarn, 1,270 Belgier, 439 Russen, 186 Niederländer, 150 Engländer, 55 Spanier und Portugiesen, 269 Amerikaner etc.

Städte.**) Unterelsass. Strassburg 104,471 (1866 84,167), Hagenau 12,688 (1866 11,427), Schlettstadt 8,979 (10,040), Bischweiler 6,827 (9,911), Zabern 6,605 (5,489), Schiltigheim 6,507 (4,265), Weissenburg 6,185 (5,570), Barr 5,857 (5,307), Brumath 5,545 (5,619), Illkirchen-Grafenstaden 4,733 (4,668).

Oberelsass. Mülhausen 63,629 (58,773), Colmar 26,106 (23,669), Gebweiler 12,452 (12,218), Markirch 11,524 (12,425), Thann 7,535 (8,154), Rappoltsweiler 6,013 (7,146), Münster 5,136 (4,762), Sulz 4.630 (4,635), Sennheim 4,396 (4,372), Neu-Breisach 2,223.

Lothringen. Metz 53,131 (54,817), Saargemünd 9,573 (6,802), Diedenhofen (Thionville) 7,155 (7,376), Forbach 7,144 (5,691), Ars a. d. Mosel 5,989 (5,860), Saarburg 3,842 (3,330), Pfalzburg 3,379 (4,145), Bitsch 2,908 (3,047).

Nationalitäten. Aus neuern statistischen Erhebungen über die Grenzen des deutschen und französischen Sprachengebiets soll sich ergeben, dass im Bezirke Lothringen 341 rein französische Gemeinden sich befinden, während in Ober- und Unter-Elsass zusammen nur 33 vorhanden seien. In Lothringen sind mit der Stadt Metz 30, im Elsass nur 7 vorwiegend französische Gemeinden; vorwiegend deutsche Gemeinden hat Elsass 38, Lothringen 11; rein deutsche Gemeinden aber Ober-Elsass 324, Unter-Elsass 531, Lothringen 370. Die Gesammtzahl der Gemeinden beträgt im Ober-Elsass 384, im Unter-Elsass 560, in Lothringen 752.

---

*) Statistische Mittheilungen über Elsass-Lothringen, herausgegeben von dem statist. Bureau des kaiserl. Ministeriums für Elsass-Lothringen. Dermalen 16 Hefte.

**) Zur Vergleichung fügen wir die Volkszahl bei der letzten französ. Aufnahme von 1866 bei.

Finanzen. Etat für 1882/83.

Einnahmen.

1. Statthalter 900,   2. Staatsrath etc. 50,   3. Ministerium
   23,690 = ... M.   24,640
4. Unterricht . . . . 1'324,655
5. Inneres 408,630
6. Cultus 100,   7. Justizverwaltung 95,850 = ... 95,950
8. Forsten . . . . 6'138,000
9. Tabaksmanufactur in Strassburg . . . . 5'688,000
10. Zölle, indirecte Steuern, Enregistrement (dabei Weinsteuer
    80,000, Biersteuer 1'560,000, Licenzen 1'600,000, Stempel
    117,250, Enregistrement 9'217,120) . . . . . 17'799,492
11. Directe Steuern (dabei: Grundst. 4'456.000, Personal- und
    Mobiliarst. 1'607,580, Thür- und Fensterst. 1'500,760, Ab-
    gabe von den Gütern der todten Hand 351,000) . . . . . 10'767,555
12. Allgemeine Einnahmen . . . . 3'995.117
13. Einnahmen verschiedener Verwaltungen 588,671

               Zusammen brutto   46'830,713

Ausgaben, ordentliche.

1. Statthalter und dessen Bureau 314,225
2. Staatsrath 20,000,   3. Vertretung beim Bundesrath 30,000 =   50,000
4. Landesausschuss 157,600,   5. Ministerium 983,025 = . . 1'140,625
6. Unterricht, Wissenschaft, Kunst . . . . 4'379,068
7. Inneres . . . . 4'059,631
8. Cultus (kathol. 1'987,480, protest. 575,460, jüdischer 153,250) 2'716,190
9. Justis . . . . 1'860,610
10. Finanzen (dabei: Forsten 2'752,550, Tabaksmanufactur
    4'855,300, Verwaltung der Zölle und indirecten Steuern
    4'573,256, Landesschuldenverwaltung 1'206,596) . . . . 20'368,123
11. Ausgaben für verschiedene Verwaltungen . . . . . 3'575,929

               Zusammen   38'464,401

Dazu ausserordentliche Ausgaben, zu Pos. 6. 966,550,
zu 7. 422,700, zu 8. 150,000, zu 10. 4'631,562, zu 11.
2'195,500 = ... 8'366,312

                 Total   46,830,713

Schulden. Elsass-Lothringen kam schuldenfrei an Deutschland.
Als man die Verkäuflichkeit der Stellen der officiers ministeriels (Notare.
Gerichtsboten) aufhob, musste man die Inhaber entschädigen. Dies geschah vermittelst 4 procentiger Obligationen, von denen sich am 1. Jan.
1882 noch für 24'491,600 Frcs im Umlauf befanden. Ferner circulirten
damals noch für 46,704 Mark Renten, à 4 % ein Capital von 1'167,600
M. repräsentirend, auf Grund des Gesetzes vom 24. März 1881 (ausgegeben zum Course von 83,50). — Notorischer Weise ist die Tabaksmanufactur mit ansehnlicher Schuld belastet.

Militär. Die elsass-lothringischen Truppen sind nirgends zu gleichen
Corps (Regimentern, Bataillonen, selbst nur Compagnien) vereinigt, sondern unter die übrigen deutschen Truppen vertheilt.

Sociales, Bodenbenutzung.

Acker- und Gartenland . .	687,296 ha.
Wiesen	176,176
Weiden	30,632
Weinland	32,409
Zusammen landwirthschaftlich benutzt	926,513

Forsten	443,864
Haus- und Hofräume . . .	8,817
Oed- und Unland	23,478
Wege	29,223
Gewässer	18,715
Nicht landwirthschaftlich benutzt . .	524.097
Total	1'450,610

Elsass-Lothringen ist ein stark Wein producirendes Land. Von den 1,696 Gemeinden, welche es umfasst, betreiben 1,047 Weinbau. Indess befinden sich unter ihnen nur 159, die mehr als je 50 ha. Reben aufweisen. In den letzten Jahren des verflossenen Decenniums ward folgende Ertragsberechnung aufgestellt.

Gesammtproduction von 29,570 Hectar, durchschn. à 45 Hektol.		1'330.650
Bruttoeinnahme à 24 M. pr. hl.	M.	31'935,600
Jährl. Bebauungskosten	M.	19'590.000
	Reinertrag	12'345.600
Capitalwerth der Weinberge		317'358,600

Reinertrag 3,₀₀ Proc. — Zahl der Weinpflanzer 86,380.

Eisenbahnen. Dieselben haben eine Länge von 1,249 klm. Davon bilden 1,240 Eigenthum des Reiches (theils von Frankreich erkauft, theils neu erbaut), während 9 Klm. Privateigenthum sind, von denen 5 ebenfalls unter Reichsbetrieb.

Gefängnisswesen. Bei Berathung des Budgets für 1883 hob der Abg. Winterer den unerfreulichen Umstand des Wachsens der Sträflingszahl hervor: 1872 habe man 16,476 Gefangene gehabt, 1877 36,477, im letzten Jahre aber 49,750.

Zweite Abtheilung.

Die übrigen Grossmächte.

Oesterreichisch-Ungarische Monarchie.*)

(Oesterreich Kaiserthum, Ungarn Königreich).**)

Land und Leute.

Oesterreich (die im Reichsrath vertretenen Länder) und Ungarn bilden, zufolge der Ausgleichsgesetze vom 17. Febr. und 25. Aug. 1867, vom Kaiser sanctionirt 22. Decbr., 1878 auf 10 Jahre verlängert, zwei getrennte Staaten, jedoch mit gemeinsamem monarchischem Oberhaupt, gemeinsamer Vertretung nach Aussen und gemeinsamer Heeresverfassung was die Activarmee anbelangt, während Landwehr und Honveds in beiden Reichshälften geschieden sind.

A. Im Reichsrath vertretene Länder (Cisleithanien).

	Quadr.-Kil.	Bevölkrg.***)		Quadr.-Kil.	Bevölkrg.
Oesterr. u. d. Enns	19,768,4	2'330,621	Tirol . . .	26,690,4	805,176
Oesterr. ob d. Enns	11,982,3	759,620	Voralberg . .	2,602,4	107,373
Salzburg . . .	7,154,5	163,570	Böhmen . . .	51,942,1	5'560,819
Steiermark . . .	22,354,8	1'213,597	Mähren . . .	22,223,9	2'153,407
Kärnten . . .	10,327,6	348,730	Schlesien . .	5,147,3	565,475
Krain	10,032,6	481,243	Galizien . . .	78,507,9	5'958,907
Triest und Gebiet	94,6	144,844	Bukowina . . .	10,451,6	571,671
Görs und Gradisca	2,918,5	211,084	Dalmatien . .	12,831,5	476,101
Istrien	4,953,9	292,006	zus.	299,984,3	22'144,244

---

*) Dies seit 14. Nov. 1868 der officielle Titel, oder auch »Oesterreichisch-Ungarisches Reich«.

**) Hauptquelle: »Statistisches Jahrbuch für das Jahr 1881«. Herausgegeben von der k. k. statist. Centralcommission (veröffentlicht 1882). Sodann die übrigen Specialveröffentlichungen dieser Commission.

Bezüglich Ungarns erscheinen »Amtliche Mittheilungen«. Eine besondere Erwähnung verdienen noch die zahlreichen, sorgsam ausgearbeiteten »Publicationen des statistischen Bureaus der kgl. Freistadt Budapest« von *Josef Körösi*, Director dieses Bureaus. Unser Buch hat speciell der Gefälligkeit und den freundlichen Bemühungen des Hrn. *Körösi* auch in der gegenwärtigen Auflage viele höchst wesentliche Mittheilungen zu verdanken. Bezüglich Ungarns sei noch weiter erwähnt die »Ungarische Revue«, mit Unterstützung der Ungarischen Akademie der Wissenschaften herausgegeben von *Paul Hunfalvy*.

***) Volkszählung vom 31. Dec. 1880. Die Arealberechnung Cisleithaniens nach den Angaben im 1. Hefte des statist. Jahrbuches für 1881, unter Abgleichung der zweiten Decimalziffer. Areal Ungarns nach ungarischer Mittheilung.

5 *

B. Länder der Ungarischen Krone.

	Quadr.-Kil.	Bevölkerung
Ungarn-Siebenbürgen	280,389,₇₃	13'728.622
Fiume sammt Gebiet	19,₅₇	20,981
Croatien-Slavonien (sammt Militärgrenze)	43,607,₄₅	1'892,575
Zusammen	324,016,₇₇	15'642,178

Keletti bemerkt dabei, die Croatien betreffende Ziffer dürfte sich
vielleicht noch etwas modificiren.

Die Bevölkerung Ungarns hätte sich nach obiger Aufstellung in
11 Jahren nur um 224,851 Personen vermehrt, während diese Vermehrung für Cisleithanien zu 1'747,614 berechnet wird, für die Gesammt-
monarchie sonach zu 1'972,465. Obwol die obige Bevölkerungszahl
Ungarns als definitiv festgestellt angegeben wird, erhöht eine andere Berechnung die Ziffer auf 15'695,148.

Gesammtsumme beider Reichshälften 624,001 Quadr.-Kilom. oder
6,240 Quadr.-Myriameter und 37'786,422 resp. 37'839,392 Bewohner
(nach dem Goth. Hofkalender — vielmehr nach Strelbitzki — 625,167,₆₅
Q.-Kil. u. 37'869,954 Bew.). Dazu kommen noch Bosnien und die Herzegowina, bezügl. deren wir am Schlusse der Abthlg. »Oesterreich-Ungarn«
Notizen folgen lassen.

Geschlechter. In Cisleithanien 10'819,737 männlich, 11'324,507
weiblich; in Ungarn 7'702,810 männl., 7'939,122 weibl., Differenz dort
504,770, hier 236,312. (Ob diese Ziffern, besonders was Ungarn betrifft, genau sind, lassen wir dahin gestellt.)

Nationalitäten, nach den Sprachverschiedenheiten. Eine Aufstellung
im Goth. Hofkalender entziffert für Cisleithanien nach der 1880er Zählung: 8'008,864 Deutsche, 5'180,908 Böhmen, Mähren und Slavonier,
3'298,534 Polen, 2'792,667 Ruthenen, 1'140,304 Slovenen, 563,615
Serben und Croaten, 668,653 Italiener und Ladiner, 190,799 Rumänen,
9,887 Magyaren.

Zur Ermittelung der Nationalitäten in Ungarn wurde bei der Zählung von 1880 die Frage gestellt: »Welches ist Ihre Muttersprache?«
Diese Frage erregte viele Bedenken und wurde offenbar nicht selten in
dem Sinne beantwortet, dass man (in politischer Beziehung) »Ungar« sein
wolle, wonach die Zahl der Magyaren ohne Zweifel vielfach eine Vergrösserung erfuhr. Die Gesammtresultate der Zählung im eigentlichen
Ungarn und Siebenbürgen waren: Muttersprache bei

6'165,088 = 49,₆₈%	ungarisch,	60,948	%	wendisch,
1'798,373 = 14,₂₀	deutsch,	3,523		armenisch,
1'790,476 = 16,₀₅	slovakisch,	75,911	= 0,₈₀	zigeunerisch,
2'323,788 = 10,₅₁	walach.(rumän.)	21,687		versch. and. Stämmen,
605,725 = 5,₄₃	croatisch-serb.,	41,698		sonst. Ausländern,
342,351 = 3,₀₄	ruthenisch,	499,054		d. Spr. noch unkundige
		13'728,622 zusammen,		[Kinder

wobei zu bemerken, dass die procentuale Berechnung Keleti's, namentlich
bei den Slovaken gegenüber der Deutschen, nicht genau stimmt. Neben
ihrer Muttersprache sprachen **ungarisch** 817,668 Personen, worunter
377,041 = 21,₀₂ oder richtiger 20,₆₆ % der Deutschen. (Wesentlich
wäre zu erfahren, wie gross die Zahl der »Ungarn« ist, welche deutsch
sprechen.) Die sehr verbreitete Annahme, dass die **Städte** wesentlich

eine deutsche Bevölkerung hätten, ist von Keleti als eine irrige bezeichnet, indem in den 143 Städten Ungarns mit 2'143,036 Einwohnern, 1'335,014 »Ungarn« und nur 378,121 (declarirte) Deutsche wohnten, wovon 198,742 der Ersteren und 119,902 = 33,$_{25}$, richtiger nur 31,$_{71}$ % der Letzteren in Budapest. Die Zahl der Deutschen in Siebenbürgen wird zu 224,000 angegeben.

Wir haben hier nur noch zu bemerken: Als gleichsam vollkommen deutsch können betrachtet werden: Ober- und Niederösterreich, Salzburg und Vorarlberg; als überwiegend deutsch: Steiermark mit 794,841 unter 1'186,393, Kärnten 241,585 unter 344,061; in Böhmen sind 2'054,174 Deutsche und 3'470,252 Czechen, in Mähren 628,907 D., 1'507,328 Cz., in Schlesien 269,338 D., 126,385 Cz.; in Triest sammt Gebiet: 88,887 Italiener, 26,263 Slovenen, blos 5,141 Deutsche; in Görz und Gradisca: 73,425 Italiener, 129,857 Slovenen, 2,659 Deutsche; in Tirol 432,062 Deutsche, 360,975 Italiener und Ladiner. In Galizien zählte man: 324,336 Deutsche, 3'058,400 Polen, 2'549,707 Ruthenen; Bukowina: 108,820 Deutsche, 190,005 Rumänen; Dalmatien: 3,382 Deutsche, 440,279 Serben und Croaten, 27,305 Italiener und Ladiner.

Confessionen. In Cisleithanien werden officiell aufgeführt: 17'693,648 röm. Katholiken, 2'536,177 griechische und armenische Katholiken (Unirte), 493,542 orthodoxe Griechen und Armenier (orient. Cultus), 401,479 Protestanten, 1'005,394 Juden und 14,004 »Andere«. In allen einzelnen Ländern, die Bukowina ausgenommen, ist die Zahl der römischen Katholiken, und zwar meistens enorm überwiegend; doch erscheinen in Galizien neben 2'714,977 von ihnen, 2'512,376 unirte Griechen und Armenier, 686,596 Juden und 40,994 Protestanten; in der Bukowina aber wurden gezählt: 405,136 griechische und armenische Orthodoxe, 63,691 röm. Katholiken, 18,345 unirte Griechen und Armenier, 14,247 Protestanten und 67,418 Juden.

In Ungarn ergab die Aufnahme: 6'478,731 römische Katholiken, 1'486,903 griechische Katholiken, 1'931,276 orientalische Griechen, 451 orient. Armenier, 2'019,979 Reformirte, 1'119,779 Lutheraner, 55,796 Unitarier, 4,178 sonstige Christen, 624,680 Juden und 3,659 »Andere«. Diese Zahlen ergeben zusammen nur 13'725,432; sie sollen wol nur Ungarn und Siebenbürgen, ohne Fiume, Croatien und Slavonien umfassen, sind aber selbst dafür etwas zu klein.

Bewegung der Bevölkerung in Cisleithanien, 1880. Heirathen 167,618. Geburten 850,915 (438,996 männl., 411,919 weibl.); davon: lebend geboren, ehel. 707,713, unehel. 121,161; todtgeboren 17,309 ehel., 4.732 unehel. Sterbefälle (ohne Todtgeborene) 656,297 (340,722 männl., 315,575 weibl.); darunter: 23 Männer und 45 Frauen über 100 Jahre alt.

		Heirathen	Geburten incl. Todtgeb.	Sterbefälle
	1878	164,233	854,752	705,162
	1879	169,088	878,055	674,933
	1881	176,983	855,937	698,976
Ungarn	1878	147,314	674,761	595,578
	1879	162,188	724,426	566,366
	1880	124,860	588,...	680,012

Auswanderungen. Aus Cisleithanien wanderten im Decennium 1871
—80 71,685 Menschen fort:

1871	1872	1873	1874	1875	1876	1877	1878	1879	1880
6,169	6,099	6,927	5,873	10,012	9,259	5,877	5,395	5,929	10,145

Im J. 1880 lieferten hierzu: Böhmen 6,411 (meist Czechen, die in
Chicago eine eigene Colonie bilden), und Mähren 2,330, am wenigsten
Kärnten 1, Niederösterreich 70.

Grössere Orte in Cisleithanien.*)

1) **Niederösterreich.** Wien umfasste bei der Zählung von Ende
1880 im Polizeibezirke 1'103,515 Menschen, wovon 726,105 in der
eigentlichen Stadt und 377,410 in den 35 Vororten. Die Stadtbezirke sind:

1) Innere Stadt 69,694	5) Margarethen 67,018	9) Favoriten . 45,744
2) Leopoldstadt 118,570	6) Mariahilf . 64,132	Dazu: Militär . 20,703
3) Landstrasse 90.436	7) Neubau . . 74,192	- der Stadt
4) Wieden . . 58,022	8) Josephstadt 49,739	beigerech. Ortsch. 67,855

Von den Vororten sind die bedeutendsten: Hernals 60,307, Wäh-
ring 40,135, Fünfhaus 39,967, Ottakring 37,417, Unter-Meidling
31,551, Rudolfsheim 29,915, Neulerchenfeld 25,657, Simmering 19,600,
Penzing 12,855, Gaudenzdorf 12,377, Sechshaus 11,650, Ober-Döbling
8,756. Andere Orte in Niederösterreich:

WienerNeustadt	23,775	Ischl	7,678	Dornbirn . . .	9,307
Krems . .	11,042	Urfahr. . . .	6,994	Rovereda . . .	8,864
St. Pölten . .	10,015	Gmunden. . .	6,631	Levico . . .	6,106
Baden . . .	9,645	Sierning . . .	5,890	Riva . . .	6.046
Inzersdorf . .	8,317	Garsten . . .	5,462	Hall . . .	5,456
Klosterneuburg	7,365	Ebensee . . .	5,068	Schwaz . . .	5,124
Mödling . .	7,328	Ried . . .	4,544	Borgo . . .	5,011
Reichenau . .	6,854	Enns . . .	4,438	Brixen . . .	4.842
Neunkirchen .	6,757	Schärding . .	3,565	Bregenz . . .	4,736
Stockerau . .	6,555	Braunau . .	3,082	Hohenems . .	4,428
Korneuburg . .	5,268			Mori . . .	4,268
Schwechat . .	4,632	**3) Salzburg.**			
Liesing . . .	4,371			**5) Steiermark.**	
Stein	4,209	Salzburg . . .	23,499	Graz . . .	97,791
Bruck a.d.Leitha	4,132	Hallein . . .	3,727	Marburg . . .	17,628
Ybbs . . .	3,782			Trifail . . .	7,530
Tulln . . .	3,234	**4) Tirol und Vorarl-**		Leutschach . .	5,761
Vöslau . . .	3,174	**berg.**		Leoben . . .	5,491
		Innsbruck . .	29,790	Cilly . . .	5,393
2) Oberösterreich.		Trient	19,585	Bruck a. d. Mur	4,778
Linz . . .	41,687	Bozen . . .	10,641	Judenburg . .	4,039
Steyr . . .	17,199	Meran . . .	9,513		

---

*) Von Oesterreich, und noch mehr von Ungarn, besitzen wir keine so ge-
nauen Gemeinde- und Ortsverzeichnisse wie von Deutschland und Frankreich.
Insbesondere finden wir die Unterscheidung von beiden nicht immer festgehal-
ten, so dass übergrosse Orte das einemal als volkreiche Gemeinden aufgeführt
werden, während sie das anderemal in der Liste entweder fehlen oder zu völliger
Unbedeutendheit zusammengeschrumpft sind. Namentlich kommt man in nichtdeutschen, slavischen, ungarischen und andern Gebieten auf Plätze mit nominell
zehntausenden von Einwohnern, welche nur einen völlig unbedeutenden, von
wenig Bauern bewohnten Kern, ohne alle culturelle Bedeutung besitzen. Es versteht sich von selbst, dass wir Gemeinden, von denen wir Solches vermuthen, in
unsere Listen nicht aufnehmen, sondern unsere Leser mit deren Aufzählung möglichst verschonen, ohne absichtlich Lücken herbeizuführen.

6) Kärnten.

Klagenfurt	18,747
Spittal	6,286
Villach	6,104
Präwali	6,042
Ober-Vellach	4.525
Feldkirchen	3,766

7) Krain.

Laibach	26,284
St. Michael Stopic	7,361
Oberlaibach	5,556
Gurkfeld	5,228
Idria	4,284

8) Küstenland.

Triest	74,544
(mit Vororten)	133,019
Pola	31,683
Görz	20,920
Mitterburg	14,694
Castua	14,596
Pinguente	13,993
Pirano	11,466
Dignano	11,345
Capodistria	11,834
Rovigno	9.522
Albona	9,221
Lussin piccolo	7,937
Cherso	7.910
Parenzo	7,368
Dolina	7,235
Castelnuovo	6,875
Veglia	6,815
Muggia	6,662
Lovrana	5,961
Buje	5,924
Paugnano	5,850
Isola	5,580
Decani	5.546
Kirchheim	5,504
Cormons	5,234
Montana	5,079
Portole	5,007
Sesana	4,947
Monfalcone	4,544
Tolmein	4,100
Aquileja	2,152

9) Dalmatien.

Sinj	31,271
Imoski	27,443
Zara	24,536
Knin	22.427
Spalato	20,860
Dernis	19,457
Sebenico	18,104
Trau	13,967

Benkovac	11.695
Almissa	11,647
Obrovazzo	11,398
Ragusa	10,936
Ragusa vecchia	9,304
Vrlika	8,832
Makarska	8,803
Kistanje	7,910
Vrgorac	7,752
Stretto	7,522
Castelnuovo	7,341
Muč	7,188
Blatta	6.951
Fortopus	6,764
Nona	6,103
Pago	5,781
Zaravecchia	5.598
Curzola	5,437
Lecevica	5,407
Cattaro	5,088
Cittavecchia	4,487
Lissa	4,317

10) Böhmen.

Prag	162,323
(mit Vororten)	218,077
Pilsen	38,883
Reichenberg	28,090
Smichow (Prag)	24,984
Budweis	23,845
Zizkow	21,212
Karolinenthal (Prag)	17,250
Eger	17,148
Teplitz	16,750
Aussig	16,524
Warnsdorf	15,162
Weinberge	14,831
Kladno	14,085
Asch	13,209
Kuttenberg	13,154
Chrudim	11,886
Neu-Kolin	11,636
Trautenau	11.253
Pribram	11,171
Leitmeritz	10,854
Gross-Holeschowitz	10,852
Pisek	10,596
Saaz	10,425
Pardubitz	10,292
Böhm. Leipza	10,170
Rumburg	10,142
Brüx	10,136
Komotau	10,111
Klattau	9,890
Jung-Bunzlau	9,881
Lieben (Prag)	9,669
Gablonz	9,032
Neuhaus	8,703
Georgswalde	8,281

Königgrätz	8,166
Gitschin	8,071
Schlan	8.070
Graslitz	7,850
Krumau	7,659
Rochlitz	7,611
Leitomischl	7,538
Tabor	7.411
Taus	7,364
Dux	7,363
Czaslau	7.175
Hohenmauth	7,019
Theresienstadt	7.014
Königinhof	6.813
Neu-Bidschow	6.747
Joachimsthal	6,628
Schönlinde	6.597
Jaromir	6.555
Nixdorf	6,449
Kaden	6,332
Schüttenhofen	6,047
Horitz	6.017
Josefstadt	5,963
Raudnitz	5,942
Bodenbach	5,862
Strakonitz	5,835
Braunau	5,830
Wittingau	5,819
Oberleutensdorf	5,727
Beraun	5,719
Tetschen	5,612
Bilin	5,604
Laun	5,581
Nusle	5,553
Neu-Osseg	5,528
Nimburg	5,454
Deutsch-Brod	5,436
Humpoletz	5,412
Hohenelbe	5,318
Polna	5,309
Rackonitz	5,245
Görkau	5,180
Zwickau	5.124
Holitz	4,995
Grünberg	4,970
Turnau	4,948
Friedland	4,817
Reichenau	4,702
Böhm. Trübau	4,572
Poděbrad	4,548
Tachau	4,431
Beneschau	4,413
Lobositz	4,273
Falkenau	4,144
Wildenschwert	4,127
Brandeis	4,050
Nachod	3,996
Neu-Bistriz	3,692
Münchengrätz	3,643
Bunzlau	3,531
Franzensbad	2,389

11) Mähren.

Brünn	82,660
Iglau	22,378
Olmütz	20,176
Prossnitz . . .	18,417
Sternberg . . .	14,243
Mähr. Ostrau .	13,448
Znaim	12,254
Kremsier . . .	11,816
Prerau	11,190
Neutitschein . .	10,274
Trebitsch . . .	9,343
Mähr. Schönberg	8,562
Nickolsburg . .	7,642
Weisskirchen .	7,384
Göding . . .	6,512
Leipnick . . .	6,367
Zwittau . . .	6,351
Frankstadt . .	6,107
Mähr. Trübau .	6,056
Lundenburg . .	5,681
Gross-Messeritz	5,623
Holleschau . .	5,539
Boskowitz . .	5,468
Strassnitz . .	5,229
Wischau . . .	5,221

Römerstadt . .	5,105
Mähr. Neustadt	5,001
Freiberg . . .	4,710
Müglitz . . .	4,601
Königsfeld . .	4,427
Eibenschütz . .	4,161
Austerlitz . .	3,487
Auspitz . . .	3,302

12) Schlesien.

Troppau . . .	24,854
Bielitz	13,060
Teschen . . .	13,004
Jägerndorf . .	11,792
Poln. Ostrau . .	9,049
Johannesthal . .	7,595
Freiwaldau . .	5,859

13) Galizien.

Lemberg . . .	109,746
Krakau	77,769
Tarnopol . . .	25,819
Tarnow . . .	24,627
Kolomea . . .	23,100
Przemysl . . .	22,373
Brody	20,071
Stanislaw . . .	18,626

Drohobicz . .	18,225
Sambor . . .	13,566
Rzeszow . . .	12,779
Neu-Sandec . .	12,753
Stryi	12,625
Jaroslaw . . .	12,422
Buczacz . . .	11,960
Brzeżany . . .	10,899
Sniatyn . . .	10,832
Boryslaw . . .	10,268
Horodnica . .	10,226
Grodek . . .	10,116
Bochnia . . .	8,501
Złoczow . . .	8,347
Czortkow . . .	8,217
Kalusz	7,787
Dolina	7,596
Biala	7,251
Rawa	6,468

14) Bukowina.

Czernowitz . .	45,600
Radautz . . .	11,162
Sadagora . . .	10,988
Suczawa . . .	10,104
Kuczur mare . .	7,788
Sereth	7,240

Grössere Orte in Ungarn.

Wie schon in der 8. Auflage bemerkt und oben wiederholt, erscheinen viele Gemeinden mit einer sehr grossen Bevölkerung blos in Folge des ihnen zugetheilten weiten Gebietes, während ihr Kern öft' kaum ein armseliges Dörfchen ist. Eine irgend verlässige Ausscheidung konnte uns auch aus Ungarn nicht geliefert werden. Zudem stehen die bis jetzt veröffentlichten Bevölkerungsangaben von 1880 vielfach in entschiedenem Widerspruche zu den früheren. So beschränken wir uns darauf, aus Keleti's Tabelle eine Liste der Orte auszuziehen, deren Civilbevölkerung 1880 zu mehr als 15,000 angegeben wurde, denen wir dann noch einige weitere anfügen. Den ungarischen Namen sind die bekannteren deutschen in Parenthese angefügt, so wie die siebenbürgischen Orte mit S., die Freistädte mit * bezeichnet sind.

*Budapest . .	360,551	Koloszvar (Klau-		
*Szeged (Szegedin)	73,675	senburg) S. .	29,923	
*Szabadka (Maria		Brasso (Kron-		
Theresiapol) .	61,367	stadt) S. .	29,584	
*Debrezin . .	51,122	Szentes . . .	28,712	
Hódmező-Vassar-		*Pecs (Fünfkir-		
hely	50,966	chen) . . .	28,702	
*Pozsony (Press-		*Kassa (Kaschau)	26,097	
burg) . . .	48,006	*Székes-Fehérvar		
*Kecskemet . .	44,837	(Stuhlweissen-		
*Arad	35,556	burg) . . .	25,612	
*Temesvár . .	33,694	Czegléd . . .	24,872	
Bekés-Csaba .	32,616	*Zombor . . .	24,693	
*Nagy-Várad		Miskolcz . . .	24,319	
(Grosswardein)	31,324	Nyiregyháza . .	24,102	
Makó	30,063	Bekés	23,938	

Félegyháza . . .	23,912
*Sopron (Oeden-	
burg) . . .	23,222
Nagy-Körös . .	22,769
Szarvas . . .	22,504
*Versecz . . .	22,329
Jáczberény . .	21,507
*Ujvidek (Neusatz)	21,325
Mezötúr . . .	21,213
Zenta . . .	21,200
*Györ (Raab) .	20,981
*Fiume . . .	20,981
Eger (Erlau) . .	20,669
Nagy-Kikinda .	19,845
Szamár-Németi .	19,708

Nagy-Becskerek	19,529	Szolnok . . .	18,247	*Selmcz-és-Belabánya	
Nagy - Szeben		Békés	18,046	(Schemnitz) .	15.265
(Hermannstadt) S.	19,446	Oroshaza . .	18,032	O-Becse (Alt-	
Baja	19,241	Csongrád . .	17,837	Becse) . . .	15,040
Haydu-Börször-		Pancsova . .	17,127	Halas	15,039
meny .	19,035	Karczag . .	15,825	Ersek-Ujvar (Neu-	
Nagy-Kanizsa .	18,398	Kalocsa . .	15,789	häusel) . . .	10,584

Finanzen.

Budgets. Jede der beiden Reichshälften hat ein alljährlich aufzustellendes eigenes, beide haben überdies für ihre gemeinsamen Angelegenheiten ein gemeinsames Budget. Von dem nach Abzug der gemeinsamen Zollgefälle verbleibenden Bedarfe haben die im Reichsrath vertretenen Länder 70, Ungarn aber 30 % aufzubringen. Eine kleine Aenderung ergab sich durch die Wiedervereinigung der Militärgrenze mit Ungarn. In Folge dieser Incorporirung hat Ungarn 2 % des Gesammtbedarfs vorab zu decken, worauf dann der Rest im Verhältniss von 70 zu 30 repartirt wird; hienach stellte sich die Gesammtziffer des Contingents für die im Reichsrath vertretenen Länder auf 68,6, für Ungarn auf 31,4 %.

Für das Jahr 1882 schloss das Reichsbudget so ab: Ausgabe: 108'657,590 fl. ordentl., 8'491,959 ausserord., zusammen 117'149,549, wobei Landarmee mit 94'904,310 ordentl. und 6'687,070 ausserord., dann Marine 7'516,990 ordentl.; gedeckt wie oben angegeben. — Die im Reichsrath vertretenen Länder hatten ein Budget von 448'155,793 fl. Brutto- und 316'193,200 Netto-Einnahme und von 485'720,951 Ausgabe, sonach vorgesehenes Deficit 37'565,158. — Das Budget Ungarns aber schloss so ab: gesammte Einnahme 301'967,214, Ausg. 328'235,311, Deficit 26'268,097. In der Regel stellt sich jedoch die Deficitziffer höher als vorgesehen.

Was nun die Voranschläge für das Jahr 1883 betrifft, so ist der für den gemeinsamen Staatshaushalt der österreichisch-ungarischen Monarchie bereits publicirt und entziffert folgenden Bedarf:

1 Ministerium des Aeussern 4'210,100, oder nach Abzug der eigenen Bedeckung . . . . fl. 3'513,200	
2) Kriegsminist., a. Heer 94'905,161, ab eigene Bedeckung 2'448,796, Rest 92'456,365, b. Kriegsmarine 7'815,760, ab 100,000, Rest 7'715,760, zusammen	100'172,125
3) Finanzminist. 1'958,786, ab 2,919, Rest	1'955,867
4) Rechnungscontrole 125,665, ab 165, Rest	125,500
Zusammen, Ordinarium	105'766,692

Dazu ausserordentliche Bedürfnisse: 1) Aeusseres 36,800; 2) Krieg, a. Heer 7'508,157, b. Kriegsmarine 1'266,464; 3) Finanzminist. 3,875, zusammen . . . . . 8'815,296

Total	114'581,988
Hievon ab die Zollgefälle, geschätzt netto	14'670,225
Bleiben gemeinsam zu decken	99'911,763
Davon treffen vorerst Ungarn 2% mit	1'998 235,26
vom Reste Oesterreich 70%	68'539.469,42
vom Reste Ungarn 30%	29,374,058,32

Hieran knüpft sich ein weiteres ausserordentliches Heereserforderniss für Bosnien, Herzegowina und das Limgebiet mit 8'808,240 fl., wovon zu decken nach obiger Scala (wie es scheint unter Berücksichtigung irgend einer Specialbestimmung): Ungarn 179,760 und 2'642,472 und Oesterreich 6'165,768.

(Weitere Nachtragscredite für 1882 erhöhen die Schlussrechnung für 1880 auf 115'759,994; 1879 betrug die Ziffer sogar 137'034,536.)

Die Specialbudgets pro 1883, sowohl für Oesterreich als für Ungarn, sind zur Zeit noch nicht zum Abschlusse gebracht; wir hoffen jedoch dieselben im Nachtrage mittheilen zu können.

Bemerkungen. Bei Abschluss der Lastentheilung zwischen Oesterreich und Ungarn ward ausgesprochen, dass die Herstellung des Gleichgewichts beiderseits als leitender Grundsatz zu gelten habe. In den Jahren 1868—73 schien man diesem Ziele bereits bedeutend nahe zu kommen. Doch von da an ergab sich wieder eine grosse Verschlimmerung. Ein finanzielles Blatt (die Frankf. Ztg.) veröffentlichte eine auf deutsche Millionen Mark (der Gulden zu 170 Pfennige) reducirte Berechnung der Budgets von Cisleithanien nach Jahrgängen, die Einnahme ohne den Erlös aus neuen Schuldscheinen, mit folgenden Ergebnissen:

	1875	1876	1877	1878	1879	1880	1881	1882
Einnahme . .	451	440	446	452	457	466	468	482
Ausgabe. . .	480	524	526	553	625	528	577	566
Deficit	29	84	60	101	168	62	109	84

In Ungarn stellten sich die Budgetabschlüsse so:

	1873	1874	1875	1876	1877	1878	1879	1880	1881	1882
Einnahme . .	244	249	262	278	276	274	280	286	301	339
Ausgabe. . .	320	317	320	298	314	312	340	335	358	401
Deficit	76	68	58	20	38	38	60	49	57	62

In beiden Reichshälften sind die Einnahmen bedeutend gestiegen, die Ausgaben aber noch mehr. Die Occupation Bosniens etc. bedingte 1879 allein für Cisleithanien eine Vermehrung der Jahresausgabe um etwa 50 Mill. fl.

Staatsschuld. Der letzte uns vorliegende Ausweis gibt den Stand vom 31. Dec. 1881 an. Wir stellen daraus folgenden Ueberblick zusammen, welcher zugleich die seit dem Schlusse des Vorjahres eingetretenen Aenderungen ergibt. Es ist zu bemerken, dass die Schuldbeträge auf ein 5 procentiges Capital umgerechnet sind. Die cisleithanische Schuld (ohne Grundentlastung) figurirt in Folge dessen mit nur fl. 442,3 Mill., während ihr wirklicher Betrag Ende 1881 fl. 510,5 Mill. war. Der Bedarf für Zinsen und Tilgung versteht sich abzüglich Steuer. Es erhellt aus der sehr instructiven Tabelle, dass die gemeinsame Schuld im Jahre 1881 um fl. 7,5 Mill. gewachsen ist (ohne die schwebende Schuld); die cisleithanische vermehrte sich um fl. 33,7 Mill. (ohne die Grundentlastungs-Obligationen).

Gemeinsame Schuld. Nicht rückzahlbar:

	Schuldbetrag 31. Dec. 1881:	Gulden: Gegen Ende 1880 + oder —:	Jahresbedarf für Zins und Tilgung.
In Wiener Währung .	568,582	—	25.715
In Convent.-Münze .	2'126,290	— 50,428	74,504
Papierrente	1,343'120,148	+15'600,267	56'485,551
Silberrente	995'423,392	+ 533,452	41'821,015
Rückzahlbar:			
Wiener Währung . .	747,697		2,457
Convent.-Münze . .	39'180,130	— 1'204,186	1'214,295
Oester. Währung . .	281'198,013	— 7'060,567	12'109,254
Insgesammt	2,662'364,252	+ 7'818,538	111'732,791
Schwebende Schuld .	93'582,320	+ 6'599,157	
Capitalrenten . . .	13'998,700	— 300,000	
Summe der gemeinsamen Schuld . .	2,769'945,294	+14'117,695	

Schuld der im Reichsrath vertret. Länder. Nicht rücksahlbar:

	Schuldbetrag 31. Dec. 1881:	Gulden: Gegen Ende 1880 + oder —:	Jahresbedarf für Zins und Tilgung
Papierrente	54'347.800	+54'347,800	2'717,390
Goldrente	272'680,160	—	13'634,008
Rücksahlbare:			
Oester. Währung . .	103'802,892	— 97,871	1'202.698
Schwebende Schuld .	11'454,189	—20'581,312	570,615
Summe der cislei-thanischen Schuld	442'295,041	+33'668,617	18'124,711
Garantirte Grund-Entlastungs-Oblig. . .	162'774,675	+ 7'380,807	

Hinsichtlich der Schuld Ungarns hat der Finanzminister Graf Szapary schon im J. 1879 bemerkt, dass dieselbe in den Jahren 1867 bis 1876 von 256,9 auf 657,9 Mill. fl. zunahm, während das Staatsvermögen von 485,6 nur auf 790 gestiegen sei. Zu Anfang 1879 ergab die officielle Aufstellung, ungerechnet die gemeinsam österr.-ungarische, speciell für Ungarn eine eigene Schuld von 752'506,825 fl., wozu noch die Grundentlastungs- und Weinbergzehntsschuld kamen mit 248'623,531, zusammen also 1,001'330,356 fl. Gleichzeitig wurde das Activvermögen zu 1,115 Mill. berechnet, welches jedoch einen verhältnissmässig geringen Ertrag lieferte. Eine Berechnung von 1875 ergab nur 815'309,863 fl. Activvermögen, wovon 451 Mill. (1879 666 Mill.) in Immobilien. Allein die meisten dieser letzteren bestehen in Objecten, welche für die Verwaltung selbst erforderlich oder sonst unverwerthbar sind (Häuser, Anstalten, Landstrassen etc.). Unter den übrigen Immobilien erschienen besonders: 47'628,925 Staatsdomänen, 26'796,990 Staatsforsten, 106'774,148 Eisenbahnen, 210'421,125 Bergbau- u. Münzwesen (diese Position dürfte viel zu hoch veranschlagt sein). Das bewegliche Vermögen setzt sich vorzugsweise zusammen aus 149,3 Actienrückständen, 45,5 Werthpapieren, 91,9 Forderungen des Staates und 80,6 Producten, Materialien, Einrichtungsgegenständen; es handelt sich sonach wesentlich um Betriebseinrichtungen und Steuerrückstände.

In einer officiösen Pester Veröffentlichung vom Febr. 1883 heisst es: »Der Gesammtschuld von 1,225 Mill. Gulden stehe, selbst nach einer rigorosen Schätzung, ein Activum von 1,259 Mill. gegenüber«. — eine Angabe, der freilich starke Zweifel entgegengetragen werden.

Militärwesen.

Landmacht. Die gesammte Armee, insbesondere die Infanterie, befindet sich zur Zeit in einer tiefgreifenden Umgestaltung. Nach dem vom Kaiser bereits sanctionirten Plane soll das sog. Territorialsystem die Basis bilden und dafür gesorgt werden, dass, falls kleine Truppenkörper benöthigt werden, nicht sofort zu einer Mobilisirung ganzer Armeecorps geschritten werden muss. Nach dieser in Ausführung begriffenen neuen Militärorganisation wird die bewaffnete Macht aus 14 territorialen Armeecorps bestehen, ausserdem wird für Bosnien ein extraterritoriales Corps gebildet. Die sämmtlichen zu einem Corps gehörigen Truppen stehen schon im Frieden unter der Leitung desjenigen Befehlshabers, der sie auch im Kriege führt, und ergänzen sich lediglich aus dem Bezirke des

Corps. Die Reservecommanden werden abgeschafft. Jedes Corps versieht sich selbst mit Munition, Proviant etc. — Statt der bisherigen 80 Infanterieregimenter à 5 Bataillone, werden 102 active Regimenter zu je 4 Bataillon. geschaffen, zu welchem Behufe 8 Jägerbataillone zur Linie gezogen werden. In jedem Regimente wird ein Bataillon eine dermassen erhöhte Friedenspräsenzstärke erhalten, um sofort kriegsactiv ausmarschiren zu können, ohne dass es einer Mobilisirung bedarf, so dass sich jederzeit ein kriegsbereites Corps aus diesen Bataillonen zusammensetzen lässt. Weiter wird aus den 16 Compagnien der zwei bestehenden Genieregimenter und den vorhandenen Feld-Eisenbahnabtheilungen ein Eisenbahnregiment von zwei Bataillonen gebildet werden. Endlich sollen die technischen Truppen in Ungarn eine Vermehrung erfahren.

Da eine (wesentliche) Vermehrung der Truppenzahl nicht stattfinden soll, wird das österr.-ungar. Heer inskünftige folgende Formation und Stärke haben (auf Grundlage der Angaben des Goth. Hofkalender, — Irrthum vorbehalten).

Infanterie:	102 Linien-Regimenter mit 408 Bataillons,			
	1 Tiroler (Kaiser-) Jäger-Reg. von 10 Bataillons,			
	32 Jägerbataillons.			
	Zusammen Friedensstärke . . .	7,899 Offic.	160,874 Soldaten.	
Cavallerie:	41 Reg. (14 Dragoner, 16 Husaren, 11 Ulanen) . . .	1,722 –	42,271	–
Artillerie:	13 Reg. Feld-, 12 Bataill.			
	Festungsartill.	1,422 –	27,333	–
Genie:	2 Reg. . . . . }	415	8,968	–
	1 Reg. Pioniere . . . }			
	Train, Sanitätstruppen,			
	Armeeanstalten . . .	2,667 –	11,682	–
	Garden	116 –	540	–
	Stäbe etc.	1,622 –	787	–
	Zusammen Friedensstärke . .	15,863 –	251,455	–
Kriegsstärke:	Infanterie	11,711 –	541,114	–
	Cavallerie	2,337 –	61,582	–
	Artillerie	2,201 –	84,394	–
	Genie u. Pioniere . .	761 –	25,986	–
	Zusammen mit verschiedenen, oben nicht aufgezählten Truppen	26,570 –	779,597	–
			806,167	

Dazu die Landwehr. In Cisleithanien mit einer Vorbildung von 8 Wochen und späteren 14 tägigen Waffenübungen; im Frieden 572 Offic. und 2,782 M. Cadres; in Ungarn 450 Bataillone und 321 Escadronen und 174 Batterien. Im Kriege: in Cisleithanien 101 Bataill., 27 Escadr. und 205 Batterien mit 2,916 Offic., 118,626 Mann; in Ungarn 92 Bataill.. 40 Escadr. mit 3,028 Offic. und 127,234 Mann. Einschliesslich einiger besonderen Abtheilungen ergiebt sich darnach eine Gesammtzahl von 1'058,391 Mann.

An die angegebenen werden sich voraussichtlich im Einzelnen alsbald noch verschiedene weitere Aenderungen anschliessen.

Nach dem dem österr. Abgeordnetenhause am 4. Februar 1883 eingebrachten Gesetzentwurfe werden weitere Veränderungen beantragt. Während bisher für die Landwehr ein Maximalbestand von 81 Bataillonen und von je zwei Escadrouen Cavallerie für jeden Ergänzungsbezirk eines Cavallerieregiments fixirt war, soll künftighin ein Minimalbestand von 130,000 Mann festgesetzt sein. Eine zweite

Aenderung besteht darin, dass jene Wehrpflichtigen, welche im Heere bei den Specialwaffen, Branchen und Anstalten gedient haben, wenn sie in die Landwehr übertreten, genau so behandelt werden sollen, wie die Reservisten eben dieser Specialwaffen etc. Sie können im Kriegsfalle zu derselben Waffe wieder einberufen werden, bei der sie im stehenden Heere gedient hatten. Für sie besteht demnach jenes Recht der Landwehr, vermöge dessen sie ausserhalb der diesseitigen Reichshälfte nicht verwendet werden darf, nicht. Die dritte wesentlichste Aenderung bezieht sich auf die Landwehr-Cadres. Gegenwärtig können im Frieden bei jedem Landwehr-Bataillone nie mehr als 14 Landwehrmänner und 22 Officiere und Unterofficiere präsent gehalten werden. Auch dieser Präsenzstand ist gesetzlich in erster Linie durch Freiwillige und erst wenn die Zahl der Freiwilligen nicht ausreicht, durch die unmittelbar in die Landwehr eingereihten Wehrpflichtigen zu decken. Fortan soll aber weder die Zahl der im Frieden präsent zu haltenden Landwehrmannschaft, noch jene der Officiere gesetzlich fixirt, und es soll der Verordnung überlassen sein, hierüber Verfügung zu treffen. Gleichzeitig entfällt die Bestimmung, dass in erster Linie die Friedenspräsenz der Landwehr-Cadres aus Freiwilligen zu bilden sei, und die Heranziehung der unmittelbar in die Landwehr Eingereihten soll die Regel bilden.

Festungen. Lagerfestungen: Olmütz und Krakau; einfache Depotfestungen: Theresienstadt, Josephstadt, Königgrätz, Komorn, Peterwardein, Arad, Esseg, Karlsburg, Karlstadt, Brod und Gradiska; Citadellen: Lemberg und Knin; Kastelle: Klausenburg, Kronstadt, Maros-Vásárhely, Csik-Szereda, Pöstlingberg und Clissa; Strassensperren: Gomagoi, Nauders, Strino, Nago und Lueg; Thalsperren: Franzensfeste, Trient (mit Buco di Vela und Civezzano), Kufstein, Lardaro und Malborghetto; Passsperre: Predil.

Hauptkriegshafen: Pola mit den befestigten Flottenlagern von Fasana; Kriegshäfen: Cattaro und Ragusa; befestigte Häfen: Triest, Lissa und Lussin piccolo; Küstenbatterie und Strassensperre: Nicolo.

Seemacht, 1882. 11 Panzerschiffe, nämlich 8 Casemattschiffe und 3 Fregatten, zusammen von 8,850 Pferdekraft und 56,320 Tonnen, mit 158 Kanonen und 5,324 M. Besatzung; sodann 32 Dampfer, worunter 2 Fregatten, 3 gedeckte und 5 Glattdeck-Corvetten, endlich 2 Monitors. Diese ganze Flotte von 40 Kriegsschiffen von 93,780 Tonnen und 15,950 Pferdekr., mit 281 Kanonen und 9,193 Mann Besatzung. Ausserdem 17 Schulschiffe und Hulks und 10 Tender.

Sociale, Gewerbs- und Handelsverhältnisse.

a. Allgemeine Bemerkungen.

Clerus. In Cisleithanien gab es 1875 10 Erz- und 26 Bisthümer (versch. Confessionen). Der Pfründeertrag ward zu 5'636,615 Gulden angegeben, wozu der Staat noch 2'007,996 fl. Zuschüsse leistete. Der Säcularclerus bestand aus 15,725 römischen, 2,382 griech. Katholiken und 452 griechischen Orientalen, dann 219 Protestanten. Dem Regularclerus gehörten 13,547 Personen an, nämlich 6,927 männlichen, 6,615 weiblichen Geschlechts, mit zusammen 825 Ordenshäusern. Einkünfte der Ordenshäuser 4'100,375 (wobei 276,098 vom Staat). Die stärksten Mönchsorden sind: Franziskaner mit 1,345 Personen, Benedictiner 962, Kapuziner 908, Jesuiten 571 etc. Nonnen: 2,275 Barmherzige Schwestern, 685 Schwestern vom armen Kinde Jesu, 577 Tertiarerinnen etc.

Vom J. 1880 liefert das »Statist. Jahrbuch« im Wesentlichen folgende Angaben über den Stand des Clerus: 7 lateinisch-(römisch-)katholische Erzbisthümer, 1 griechisch-, 1 armenisch-katholisch und 1 griechischorientalisches Erzbisthum; dann 23 lateinisch-, 1 griechisch-katholisches und 2 griechisch-orientalische Bisthümer, 10 Superintendenturen; weiter 49 Dom- und Collegiatcapitel mit 351 Personen; Pfarreien: 6,742 ka- tholisch-lateinische und armenische und 1,433 griechisch-katholische, 342 griechisch-orientalische, 211 protestantische; Local-Caplaneien: 1,576 lateinisch- und 441 griechisch-katholische, 27 griechisch-orientalische. Dann »Nachwuchs«: 30 Seminare mit 2,003 Zöglingen in und 87 ausser den Anstalten. — Anzahl des Säcularclerus sammt Nachwuchs: 15,744 lateinisch- und armenische und 2,351 griechisch-katholische, 484 grie- chisch-orientalische und 224 evangelische Individuen. — Hieran reiht sich der Regularclerus in 904 Ordenshäusern, mit 7,027 Priestern, Cle- rikern, Laienbrüdern und Novizen und 8,727 Chorfrauen, Laienschwe- stern und Novizinnen, zusammen Ordenspersonal 15,754.

Der Ertrag der Pfründen ward 1880 in Cisleithanien zu 7'780,987 fl. angegeben, wovon 5'743,778 eigene Einkünfte und 2'037,209 Staats- zuschüsse. Dazu die Einkünfte der Ordenshäuser mit 4'329,285 fl., nämlich 4'068,702 eigene und 260,583 Staatszuschüsse.

Ein Detailnachweis ergiebt 1880 beim katholischen Regularclerus 461 Ordenshäuser von 29 verschiedenen Mönchsorden; darin 3,078 Prie- ster, 966 Cleriker und Novizen, 1,520 Laienbrüder, zusammen 5,564 Individuen in den Ordenshäusern; dann ausserhalb derselben: auf Pfar- reien 1,053, auf Wirthschaften 50 Priester und 8 Laienbrüder, überdies 221 »Sonstige«, zus. 1,332; total 6,896. — Am zahlreichsten sind da- runter die Augustiner (Observanten, Bernardiner und Tertiarier 1,523, Benedictiner 994, Kapuziner 864, Jesuiten 601, Cistercienser 476, Prä- monstratenser 310, Barmherzige Brüder 247, Redemptoristen (Zweig der Jesuiten) 200 etc.

Der griechisch-orientalische Regularclerus umfasst 14 Ordenshäuser, worin 104 Angehörige, ausserdem gehören 131 weitere ausserhalb der Ordenshäuser dazu.

Hieran schliessen sich 34 weibliche Orden, mit 429 Ordenshäusern, mit 2,860 Chorfrauen, 783 Novizinnen und 5,084 Laienschwestern, zus. 8,727 Individuen. Am stärksten vertreten sind dabei: die Barmherzigen Schwestern mit 2,888, sonstige Schulschwestern 1,007, Ursulinerinnen 767, Franziscanerinnen 679, Damen vom Herzen Jesu 447 etc.

b. Geistige Bildung.

Universitäten. In Cisleithanien 7: Wien (am bedeutendsten, Winter 1882 mit 4,823 Hörern), Prag, Graz, Innsbruck, Lemberg, Krakau, Czernowitz; in Ungarn 3: Budapest, Klausenburg, Agram. Im Winter- semester 1880/81 zählten diese zusammen 10,201 Studenten. — Höhere technische Lehranstalten. In Cisleithanien 7 (hervorragend Wien und Prag), in Ungarn 1 Polytechnikum in Budapest. — Gymnasien. In Cisleithanien 104 und 22 Untergymnasien, dann 62 Real-Gymnasien. Daselbst im Schuljahr 1880/81 15,479 öffentliche Volksschulen. (Ge- naue Uebersicht aller cisleithanischen Bildungsanstalten im statist. Jahr- buch, 1881.) Zahl der schulbesuchenden Kinder 2'377,624. — Aus Ungarn liegen folgende neuere Notizen vor: Es gab 1880 15,824

Volksschulen; davon 7,342 mit ungarischer Unterrichtssprache, 867 mit deutscher, 919 mit ungarischer-deutscher, 2,756 mit rumänischer, 1,716 slovakischer, 597 slovakisch-ungarischer etc. Von jener Gesammtzahl waren übrigens nur 266 Staats- und 1,669 Gemeindeschulen, dann 13,722 confessionelle und 167 Privatschulen. Ausser den Staatsschulen bestimmen die Gemeinden und Confessionen beliebig die Unterrichtssprache etc. 22 % der schulpflichtigen Bev. waren der Schulpflicht entzogen. Gymnasien werden 149 aufgeführt, worunter 7 Staats-, 5 Municipal-, 40 Ordens-, 25 lutherische, 30 reformirte Anstalten etc.; Realschulen 26, worunter 17 Staatsinstitute.

Periodische Presse. In Cisleithanien erschienen 1880 1,121 periodische Druckschriften, worunter 367 politische Blätter; davon im Ganzen 462 in Niederösterreich, 242 in Böhmen, 97 in Galizien; von der Gesammtsumme 736 in deutscher Sprache, 157 czechisch, 72 polnisch, 71 italienisch, 22 slovenisch, 20 ruthenisch, 16 hebräisch (über 27 fehlt nähere Angabe). — Ungarn hatte anfangs 1881 558 periodische Schriften, wovon 356 in magyarischer Sprache, 120 deutsch, 56 slavisch, 20 rumänisch, 3 italienisch, 1 hebräisch, 2 französisch. Von den magyarischen erschienen 168 in Budapest.

Ueber die periodische Literatur in Ungarn entnehmen wir einer Abhandlung des Professors Leopold Paloczy folgende Notizen: Zu Anfang des jetzigen Jahrhunderts erschienen in ganz Ungarn (einschliesslich Kroatien, Slavonien und Siebenbürgen) nur acht Blätter, und zwar 4 in ungarischer, 3 in deutscher und 1 in lateinischer Sprache. In der Mitte der 40er Jahre war die Zahl der in ungarischer Sprache erscheinenden Zeitungen schon auf 33 gewachsen, und in dem einen Jahre 1847/48 stieg die Menge derselben von 46 auf 86. Im Jahre 1848/49 wurden in ungarischer Sprache über 80 Blätter herausgegeben, davon die Hälfte politischen Inhalts, 5 der schönen Literatur, 4 den kirchlichen Angelegenheiten gewidmet, ferner 10 Fachblätter für verschiedene Zweige der Kunst und Wissenschaft, 10 grosse Zeitschriften für ähnliche Zwecke etc. Dabei befanden sich in deutscher Sprache 55 Zeitungen und Zeitschriften, 17 in slavischer und 2 in rumänischer, zusammen gegen 160 Zeitungen und Zeitschriften. Mit dem Niederwerfen der Revolution trat das Regiment der Censur wieder auf, welches die periodische Literatur lahm legte, so dass im Jahr 1849 kaum neun Blätter in ungarischer Sprache übrig blieben, die lange ein klägliches Dasein fristeten. Es dauerte in das Jahr 1865, bis es die ungar. periodische Presse wieder auf 80 Blätter brachte. Nach dem politischen Ausgleich Oesterreichs und Ungarns erblühte die Presse wieder zu neuem Leben und die Gegenwart weist die überraschende Zahl von fast 600 Blättern auf, von denen 1883 412 allein in magyarischer Sprache erscheinen. Die zahlreichen lithographirten Correspondenzen der Hauptstadt sind hier nicht mitgerechnet. Den Löwenantheil der nichtmagyarischen Blätter behaupten die Deutschen, und interessant sind die diesbezüglichen Zahlen, die von der geistigen Präponderanz der Magyaren und Deutschen ein beredtes Zeugniss ablegen. So kommt je eine magyarische Zeitung auf 14,974 Menschen magyarischer Zunge, eine deutsche auf 17,292 Deutsche, hingegen erst auf 66,655 Slaven eine slavische und sogar erst auf 105,627 Rumänen eine rumänische Zeitung. Die meisten Zeitungen und Zeitschriften erscheinen in Pest, nämlich 234. Von diesen in Pest erscheinenden Blättern sind 17 politische Tagesblätter, 13 in magyarischer, 4 in deutscher Sprache.

Analphabeten. Das »Statistische Jahrbuch« gibt für Cisleithanien auf Grundlage der Zählung vom 31. Dec. 1880 an: es konnten lesen und schreiben: 5'640,439 männliche und 5'289,660 weibl. Einwohner; blos lesen 501,777 männl., 844,004 weibl.; des Lesens und Schreibens unkundig waren 4'677,521 männl., 5'190,843 weibl. Diese eigentlichen Analphabeten vertheilten sich folgendermaassen auf die einzelnen Länder:

	männl.	weibl.		männl.	weibl.
Niederösterreich	230,613	259,969	Tirol	87,266	95,704
Oberösterreich .	74,640	78,872	Vorarlberg . .	8,615	8,827
Salzburg . . .	18,679	18,806	Böhmen . . .	575,517	679,710
Steiermark . .	210,393	241,893	Mähren . . .	239,448	283,132
Kärnten . . .	75,373	90,498	Schlesien . .	68,639	77,320
Krain	126,549	133,914	Galizien . . .	2'312,245	2'523,038
Triest und Gebiet	24,186	32,120	Bukowina . . .	249,051	263,647
Görz u. Gradisca	60,991	66,395	Dalmatien . .	203,284	221,761
Istrien	112,032	115,237			

Von den ausgehobenen Recruten konnten in Oesterreich im J. 1881 38,90 %, in Ungarn 50,80 % nicht lesen und schreiben (im J. 1867 waren es dort noch 66,14, hier noch 77,90 %).

c. Materielle Verhältnisse.

Bergwerksproduction in Cisleithanien, 1881. Gesammtwerth der Bergproducte 44'693,692, der Hüttenproducte 25'504,462, zus. 70'198,154 fl. Bei den Ersteren participirte Böhmen mit 51, bei den Letzteren mit 31 %. Beschäftigt waren 95,662 Arbeiter. Von einzelnen Producten wurden u. a. gewonnen (etwas mehr als oben angegeben):

Bergwerke	metr. Ctr.	Werth, fl.	Hüttenwerke	metr. Ctr.	Werth, fl.
Golderze . .	. . . .	12,180	Gold	. . . .	26,046
Silbererze . .	. . . .	3'030,297	Silber	. . . .	2'794,111
Quecksilberze	482,040	491,171	Quecksilber .	3,980	771,908
Kupfererze .	44,452	247,118	Kupfer . . .	4,819	355,082
Eisenerze . .	6'189,638	1'788,202	Roheisen[3] . .	3'796,398	17'571,449
Bleierze . .	135,424	1'030,056	Blei	63,857	1'159,840
Zinkerze . .	273,398	361,003	Glätte . . .	29,861	514,813
Manganerze .	91,097	95,219	Zink	41,192	708,555
Graphit . . .	133,792	536,693	Alaun . . .	20,404	145,847
Braunkohlen[1]	89'614,963	16'019,507	Koaks . . .	2'439,347	1'569,756
Steinkohlen[2]	63'433,159	20'736,431		Zusammen	25'917,407

Salz. Steinsalz 1'563,863 metr. Ctr., Sudsalz 407,617, Seesalz 119,959 metr. Ctr. Dazu Industriesalz. Gesammtwerth 23'000,498 fl. Beschäftigt waren 9,152 Arbeiter.

---

[1] Braunkohlen. Beschäftigt 29,083 Arbeiter. Böhmen participirte mit 73 %. Exportirt wurden 29'978,125 metr. Ctr. — [2] Steinkohlen. Böhmen partic. mit 54, Schlesien 27, Mähren 12 %. Eingeführt wurden 26'688,188, ausgeführt 4'755,842 metr. Ctr.; beschäftigt 37,113 Arbeiter. — [3] Eisen. Von 152 Hochöfen standen 76 im Betrieb mit 8,105 Arbeitern. Steiermark participirte mit 35 %.

Ernteertrag, 1881:

	Preis, Hect.	Gesammtwerth	Böhmen	Galizien	Mähren	Niederösterr.
					Davon	
Weizen	fl. 8,62 kr.	124'978,000 fl.	40'4	29'3	12'7	11'4
Roggen	6,52	186'601,000	69'3	36'3	25'7	20'7
Gerste	5,02	82'724,000	23'1	15'8	16'4	6'4
Hafer	3,19	107'205,000	33'5	27'9	14'5	11'0
Mais	5,07	23'135,000	—	3'4	—	0'8
	Zusammen	524'613,000				

In Ungarn, doch ohne Kroatien und Slavonien, ward der Ernteertrag
in metr. Ctr. officiell 1882 so angegeben: 37'144,497 Weizen, 15'537,860
Roggen, 12'982,911 Gerste, 651,861 Raps, 9'328,324 Hafer und Dinkel.
Man nahm an, dass 15'450,000 metr. Ctr. Weizen und 7'750,000 Roggen
exportirt werden könnten.

Bierbrauereien. In beiden Reichshälften standen 1878 2,353 Brauereien im Betriebe, mit 11'323,444 Hectol. Production. (Steuerleistung
21'041,631 fl.) Export 214,422 Hectol. (für 228,131 fl. weniger als im
Vorjahre und für 1'545,639 fl. weniger als 1875). Auf den Kopf der Bevölkerung kam in Wien ein Verbrauch von 115 Liter, mit 2,40 fl. Besteuerung.

Rübenzuckerfabriken. Während im J. 1850 in der ganzen Monarchie
solcher Fabriken nur 100 bestanden und nur 2'747,000 metr. Ctr. Rüben
verarbeiteten, war 1879/80 die Zahl der Fabriken auf 226, das Quantum
verarbeiteter Rüben auf mehr als 30 Mill. Ctr. gestiegen. Der Export
an Rübenzucker war

	1876/77	1877/78	1878/79
Rohzucker	69,837	98,844	108,855
Raffinade	38,563	56,730	80,507

Nach neueren amtlichen Berichten bestehen 1883 in Oesterreich
209 Zuckerfabriken, die zusammen durchschnittlich 26 Mill. metr. Ctr.
Rüben verarbeiten und ausserdem noch über 700,000 Ctr. Rechzucker
raffiniren. Die meisten Zuckerfabriken (105) besitzt Böhmen. Es folgen
sodann: Mähren mit 46, Schlesien 8, Niederösterreich 3 und Galizien
mit 2 Fabriken. Die grösste Zuckerfabrik in Unter-Berkowitz (Böhmen)
verarbeitet jährlich circa 300,000 metr. Ctr. Rüben. Die grösste mäh-
rische Fabrik befindet sich in Kojetein mit 210,000 metr. Ctr. Rüben-
verarbeitung.

Handel (ohne Dalmatien, Mill. fl.):

	Generalhandel				Generalhandel		
	Einfuhr	Ausfuhr	Differenz		Einfuhr	Ausfuhr	Differenz
1871	540,8	467,6	+ 73,2	1877	555,3	666,6	— 111,3
72	613,7	388,0	+ 225,7	78	552,1	654,7	— 102,6
73	583,1	423,6	+ 159,5	79	556,6	684,4	— 127,8
74	627,5	502,8	+ 124,7	80	607,8	666,4	— 58,6
75	549,3	550,9	— 1,6	81	647,0	715,8	— 68,8
76	534,3	595,2	+ 60,9				

Banken. Der Banken-Schwindel ist in der Gründerperiode nirgends
stärker getrieben worden als in Oesterreich, speciell in Wien; der Krach
blieb nicht aus, er begann für die ganze commercielle Welt in der eben-
genannten Kaiserstadt. Hier eine kleine Zusammenstellung aus Cisleithanien, je zu Ende der nachbenannten Jahre, die Geldbeträge berechnet
in österr. Gulden:

	Actien-gesellschaften	Eingezahltes Actien-Capital	Ausgegeben	
			Pfandbriefe	Obligationen
1871	462	1,221'090,108	189'252,405	1,082'360,496 fl.
1872	661	1,799'869,600	218'533,251	1,236'934,261
1873	681	1,877'837,088	252'608,543	1,322'231.428
1874	602	1,667'756,814	267'486,945	1,350'891,463
1875	557	1,616'081,273	276'660,196	1,366'258,013
1876	512	1,513'751,674	274'611,377	1,350'519,352
1877	480	1,454'974,181	276'250,469	1,341'016,008

Wie sich hier zeigt, blieb die Zahl der Actienvereine in Oesterreich, nachdem sie von 1871—73 ausserordentlich rasch gestiegen war, bald wieder nicht erheblich grösser, als am Anfange des Jahrzehnts. Wie gross die Sterblichkeit unter diesen Kindern des »wirthschaftlichen Aufschwungs« war, zeigt sich darin, dass von 332 Actiengesellschaften, die 1872 und 1873 begründet wurden, in den fünf Jahren von 1873—1877 209 mit einem eingezahlten Capital von 381'554,990 fl. durch Concurseröffnung oder Liquidationsbeschluss ihrer Auflösung entgegengeführt wurden, und dass von den 1873 ins Leben gerufenen Actienvereinen noch in demselben Jahre 29, deren eingezahltes Actien-Capital 85'045,000 fl. betrug, in Liquidation traten. In den österreichischen Reichsrathsländern bestanden Ende 1877:

	Actien-gesellschaften	mit eingezahltem Actien-Capital
Berg- und Hüttenwerke	32	98'625,720
Gewerbliche Unternehmungen aller Art .	267	215'965,288
Handelsunternehmungen	14	917,635
Bank- und Credit-Institute	43	238'359,200
Versicherungs-Gesellschaften	21	8'937,645
Eisenbahn-Gesellschaften	30	809'865,859
Andere Transportunternehmungen . .	15	53'564,430
Sonstige Gesellschaften	58	28'738,404
Zusammen	480	1,454'974,181

Am zahlreichsten sind unter den österreichischen Actien-Vereinen die gewerblichen Unternehmungen vertreten. Von diesen wiederum sind u. a. 127 mit einem Capital von 51'865,378 fl. oder $3_{,57}$ % des gesammten Actiencapitals für die Gewinnung von Nahrungs- und Genussmitteln, 28 mit 27'215,170 fl. Capital (das ist $1_{,97}$ % des Gesammtbetrags), für die Bekleidung und 36 Baugesellschaften mit 73'988,490 fl. Capital oder $5_{,09}$ % der ganzen Summe, für die Herstellung von Wohnungen thätig.

Wir haben obiger Notiz ergänzend noch beizufügen: Auch im J. 1879 (wie viel 1878?) sind sieben Banken im Handelsregister gelöscht worden; von $35_{,69}$ Mill. fl. eingezahlten Actiencapitals kamen $5_{,54}$ Mill. zur Rückzahlung. Das Actiencapital der Oesterreichischen Hypotheken-, Credit- und Vorschussbank von 7 Mill. und der Oesterr. Hypotheken-Rentenbank von $6_{,4}$ Mill. fl. ist ganz verloren gegangen. Seit 1870 sind, abgesehen von vier dem Concurse verfallenen Banken, 58 Credit-Institute mit $247_{,1}$ Mill. fl. Capital zur Auflösung gekommen, 16 Liquidationen mit einem muthmasslichen Verlust von $82_{,88}$ % sind noch in Verhandlung.

Pfandbriefinstitute. Es gab deren 1879 23; der Betrag an Pfandbriefen war 466'432,000 fl. nominal.

Fallimente. In den (unvollständigen) Aufzeichnungen des Creditvereins sind in beiden Reichshälften an Insolvenzen notirt:

	1875	1876	1877	1878	1879
Fallimente	1,670	1,578	1,324	1,290	1,205
Passiva Mill. fl.	?	26	13,$_7$	14	?

Im J. 1879 entfallen auf Cisleithanien 735, auf Ungarn 445 (Rest auswärts). Von einzelnen Städten erscheint Wien mit 167 Fällen (1876 326 Fälle, 1877 225, 1878 196), Budapest mit 58, Prag 26, Lemberg 25, Triest 21.

Wiener Giro- und Cassenverein (Mill. Gulden):

	1873	1874	1875	1876	1877	1878	1879	1880
Cassenumschlag	2,781	1,378	1,563	1,622	2,555	2,895	4,452	5,835
Wechselincasso	68,$_8$	67,$_4$	170,$_4$	180,$_8$	224,$_7$	226,$_5$	282,$_9$	293,$_1$
Effecten Ein- u. Ablieferung	1,759	644	630	462	871	1,170	2,216	3,162

Deutsche Lebensversicherungsanstalten in Cisleithanien. Es gab deren Ende 1881 12, bei welchen 191,089 Personen mit 444,$_3$ Mill. Mk. versichert waren.

Sparkassen. In Cisleithanien bestanden deren im J. 1880 328 (erste die 1819 gegründete »Erste österr. Sparkasse«). Es waren in diesem Jahre 1'550,820 Büchlein in Circulation, im Gesammtbetrage von 744'655,712 fl.; ihre Reservefonds betrugen 50'152,000 fl. Die Errichtung von Postsparkassen ist ebenfalls angeordnet.

Creditgenossenschaften gab es Ende 1879 860 in den deutschen Provinzen; 742 derselben umfassten 306,678 Genossen und besassen ein eigenes Vermögen von 3'058,014 fl. (von den übrigen fehlen die Nachweise).

Eisenbahnen. Von den einzelnen Ländern Oesterreichs hatten Ende 1880 Eisenbahnen (Kilom.):

Niederösterreich	1,250	Krain . . .	267	Schlesien . .	319
Oberösterreich	623	Küstenland .	274	Galizien . .	1,553
Salzburg . .	206	Tirol-Vorarlberg	578	Bukowina . .	117
Steiermark . .	995	Böhmen . . .	3,734	Dalmatien .	105
Kärnten . . .	418	Mähren . . .	970		

Am Neujahr 1882 standen im Betriebe in Oesterreich 11,692, in Ungarn 7,214, zusammen 18,906 km; in Bosnien 291 km. Im J. 1882 wurden 808 km. neue Linien eröffnet.

Staatseisenbahnen gab es Ende 1881 2,646 km. Hauptbahnen (worunter 336 2. und 3. Ranges) und 52 km. Flügelbahnen. Jahreseinnahme 18'198,723 fl., Betriebsüberschuss 6'814,176 = 2,$_4$ % des Anlagecapitals.

Post. (Nach dem Gothaer Hofkalender.)

	In Oesterreich 1881	In Ungarn 1880
Postanstalten	4,033	2,301
Befördert je in 1,000 Stück		
Portopflichtige Briefe . . .	222,963	57,289
Postkarten.	47,858	13,623
Waarenproben	8,046	1,976
Drucksachen	37,313	8,892
Werthsendungen	4'941,$_8$ Mill. fl.	1'004,$_8$ Mill. fl.

Telegraphen.

	Oesterreich 1881	Ungarn 1880
Länge der Linien	35,545,$_8$ km.	14,569,$_8$ km.
Länge der Drähte	92,764,$_7$	52,227,$_4$
Stationen	2,604	994
Depeschenzahl	6'239,088	2'626,942

6*

Annex.

Bosnien, Herzegowina und Sandschak Novibazar.

Nach dem formellen Staatsrechte müssten die eben bezeichneten Gebiete noch unter der Rubrik »Türkei« aufgeführt werden. Thatsächlich bilden sie jedoch bereits ein Annex zu Oesterreich-Ungarn, und wir ziehen es deshalb vor, diese Landschaften, der Realität entsprechend, hier aufzuführen.

Behm und Wagner berechnen das Areal von Bosnien und der Herzegowina zu 52,102, mit Novibazar zu 61,064,8 Q.-Kilom., während Strelbitski im Ganzen 58,833,2 annimmt; man wird darnach etwa die runde Zahl von 60,000 qkm. schätzen dürfen. Was die Bevölkerung betrifft, so hat im J. 1879 eine erste Aufnahme stattgefunden, welche für Bosnien und Herzegowina (nach mehrfachen Rectificationen) 1'158,453 und für Novibazar eine Schätzung von 168,000, für das gesammte Gebiet sonach 1'326,453 Bewohner ergab. Aufnahme und Schätzung lassen jedoch beide viel zu wünschen übrig (eine Zählung in den Häusern der Mohammedaner hat wohl nirgends stattgefunden); gleichwohl wird man bei der Annahme von 1'326,000 bis 1'330,000 der Wirklichkeit sehr nahe kommen.

Eine österreichische Privatangabe lautet:

	Q.-Meilen	Einwohner
Bosnien mit Kraina . .	775	861,802
Herzegowina *)	203	207,970
Novibazar	166	142,000
Zusammen	1,144	1'211,772

Der Angabe von Novibazar steht die obige von 168,000 entgegen.

Confessionen. Nach der Aufnahme in Bosnien und Herzegowina (in diesen allein) zählte man 448,613 Mohammedaner, 496,761 orthodoxe Griechen, 209,391 Katholiken, 3,439 Juden und 249 ohne Religionsangabe. Jedenfalls sind auch viele Zigeuner vorhanden. (Novibazar ist grösstentheils mohammedanisch.) Die eben erwähnte (zu niedrige) Schätzung führt indess für das ganze Gebiet an: 442,170 Mohammedaner, 571,756 oriental. Griechen, 185,504 Katholiken, 10,437 Zigeuner und 2,305 Israeliten.

Städte. Serajevo 21,377 Einwohner.

Finanzen. Ueber das vom österr. Minister Kallay ausgearbeitete Budget für 1883 erfährt man aus öffentlichen Blättern: Die Einnahmen sind zu 7'217,819, die Ausgaben zu 7'039,809 fl. veranschlagt, somit Ueberschuss 178,010 fl. Die Einnahmen der Verwaltung betragen 180,400, der Finanz-Abtheilung 7'037,419 fl. Die Hauptsummen der Einnahmen sind: Zehnt 2'250,000, Einkommen- und Hauszinssteuer 600,000, Kleinviehsteuer 247,000, Tabakgefälle 1'896,000, Salzgefälle 867,000, Stempel 300,000 fl.

---

*) Mostar mit Trebinje.

Materielle Verhältnisse. Was die Bodenverhältnisse betrifft, so schätzt man in Bosnien: 212 Quadr.-Meilen Culturland, 408 Q.-M. Wald, 130 Wiesen, Heuland, 25 steriles Feld; in der Herzegowina: 38 Q.-M. Culturland, 40 Wald, 27 Weide mit Heuwuchs, 98 steril; Novibazar: 33 Q.-M. Culturland, 75 Wald, 24 Weide und 34 steriles Gelände.

Der **Viehstand** wird so angegeben: 831,285 Schafe, 754,877 Stück Rindvieh, 514,990 Ziegen, 427,091 Schweine, 155,980 Pferde, 109,572 Bienenstöcke.

Rechnen wir diese Gebiete zu Oesterreich-Ungarn, so ergiebt sich ein Gesammtareal von rund 684,000 Q.-Kilom. mit 39'112,000 bis 39'165,000 Menschen, also rund etwa 39'150,000.

Frankreich (Republik).

Land und Leute.

Allgemeine Uebersicht. *) Nach dem Verluste von Elsass-Lothringen umfasst das Gebiet Frankreichs in Europa nach der officiellen Berechnung (Cataster) noch 528,577 Quadr.-Kilom. (andere Angabe 528,572), also 5,285 Quadr.-Myriameter, während Strelbitsky 533,479 Q.-Kilom. oder 5,335 Q.-Myriam. entziffert; die Volkszählung vom Dec. 1881 aber ergab 37'672,048 Einw. (ungerechnet die Truppen in Algerien und den Colonien). Das europ. Gebiet ist eingetheilt in 86 Departemente und 1 Territorium, unterabgetheilt in 362 Bezirke (*arrondissements*) und 2,868 Kantone, umfassend 36,097 Gemeinden (vor dem Kriege von 1870 zählte man 89 Depart., 373 Bezirke, 2,941 Kantone und 37,548 Gemeinden).

Departemente	Q.-Kil.	Bev. 1876	Bev. 1881	Bez.	Kant.	Gem.
Ain	5,799	365,462	363,472	5	36	453
Aisne	7,352	560,427	556,891	5	37	838
Allier	7,308	405,783	416,759	4	28	321
Alpes (Basses-)	6,954	136,166	131,918	5	30	251
Alpes (Hautes-)	5,590	119,094	121,787	3	24	189
Alpes-Maritimes	3,839	203,604	226,621	3	26	152
Ardèche	5,527	384,378	376,867	3	31	339
Ardennes	5,233	326,782	333,675	5	31	502
Ariége	4,894	244,795	240,601	3	20	336
Aube	6,001	255,217	255,326	5	26	446
Aude	6,313	300,065	327,942	4	31	437
Aveyron	8,743	413,826	415,075	5	43	301
Belfort, Territorium . .	608	68,600	74,244	1	6	106
Bouches-du-Rhône (Rhonemündungen) . .	5,105	556,379	589,028	3	27	109
Calvados	5,520	450,220	439,830	6	38	763
Cantal	5,741	231,086	236,190	4	23	267
Charente	5,942	373,950	370,822	5	29	426
Charente Inférieure . . .	6,826	465,628	466,416	6	40	480
Cher	7,199	345,613	351,405	3	29	291
Corrèze	5,666	311,525	317,066	3	29	287
Corse (Corsica) . . .	8,747	262,701	272,639	5	62	364
Côte-d'Or (Goldhügel) . .	8,671	377,663	362,819	4	36	717
Côtes-du-Nord (Nordküst.)	6,886	630,957	627,585	5	48	389
Creuse	5,568	278,423	278,782	4	25	264
Dordogne	9,183	489,848	495,037	5	47	583
Doubs	5,228	306,094	310,827	4	27	638
Drôme	6,522	321,756	313,763	4	29	376
Eure	5,958	373,629	364,291	5	36	700

*) Hauptquelle für Bevölkerungsverhältnisse das grosse Werk: »*Statistique de la France*«. Die Resultate der Volkszählung von 1881 nach der officiellen Quelle, dem »*Bulletin des Lois de la République française*« (No. 725). — Von weiteren Quellen nennen wir hier zunächst das *Journal de la Société de Statistique de Paris*, das *Journal des Économistes*, das *Annuaire de l'Économie politique et de la Statistique* und das 1882 im 5. Jahrgang erschienene officielle *Annuaire statistique de la France*.

Departements	Q.-Kil.	Bev. 1876	Bev. 1881	Bez.	Kant.	Gem.
Eure-et-Loir	5,874	283,075	280,097	4	24	426
Finistère	6,721	666,106	681,664	5	43	290
Gard	5,836	423,804	415,629	4	40	350
Garonne (Haute-) . . .	6,290	477,730	478,009	4	39	587
Gers	6,280	253,546	251,532	5	29	465
Gironde	9,740	735,242	748,703	6	48	552
Hérault	6,198	445,053	441,527	4	36	336
Ille-et-Vilaine	6,726	602,712	615,480	6	43	357
Indre	6,796	281,248	287,705	4	23	245
Indre-et-Loire	6,114	324,875	329,160	3	24	282
Isère	8,290	581,099	580,271	4	45	560
Jura . . . . .— . . .	4,994	288,823	285,263	4	32	584
Landes (Haiden)	9,321	303,508	301,143	3	28	333
Loir-et-Cher	6,351	272,634	275,713	3	24	297
Loire	4,760	590,613	599,836	3	30	330
Loire (Haute-)	4,962	313,721	316,461	3	28	264
Loire Inférieure	6,875	612,972	625,625	5	45	217
Loiret	6,771	360,903	368,526	4	31	349
Lot	5,212	276,512	280,269	3	29	323
Lot-et-Garonne	5,354	316,920	312,081	4	35	326
Lozère	5,170	138,319	143,565	3	24	197
Maine-et-Loire	7,121	517,258	523,491	5	34	381
Manche (Canal)	5,928	539,910	526,377	6	48	643
Marne	8,180	407,780	421,800	5	32	664
Marne (Haute-)	6,220	252,448	254,876	3	28	550
Mayenne	5,171	351,933	344.881	3	27	276
Meurthe-et-Moselle . . .	5,244	404,609	419,317	4	29	597
Meuse (Maas)	6,228	294,059	289,861	4	28	586
Morbihan	6,798	505,573	521,614	4	37	249
Nièvre	6,817	346,822	347,576	4	25	313
Nord	5,681	1'519.585	1'603,259	7	61	663
Oise	5,855	401,618	404,555	4	35	701
Orne	6,097	392,526	376,126	4	36	511
Pas-de-Calais	6,606	793,140	819,022	6	44	904
Puy-de-Dôme	7,950	570,207	566,064	5	50	467
Pyrénées (Basses) . . .	7,623	431,525	434,366	5	40	558
Pyrénées (Hautes-) . . .	4,530	238,037	236,474	3	26	480
Pyrénées-Orientales . .	4,122	197,940	208,855	3	17	231
Rhône	2,790	705,131	741,470	2	29	264
Saône (Haute-)	5,340	304,052	295,905	3	28	583
Saône-et-Loire	8,552	614,309	625,589	5	50	589
Sarthe	6,207	446,239	438,917	4	33	387
Savoie (Savoyen) . . .	5,760	265,361	266,438	4	29	328
Savoie (Haute-)	3,417	273,801	274,087	4	28	314
Seine	475	2'410,849	2'799,329	3	28	72
Seine Inférieure	6,033	798,414	814,068	5	51	759
Seine-et-Marne	5,736	347,323	349,991	5	29	530
Seine-et-Oise	5,604	561,990	577,798	6	37	686
Sèvres (Deux-)	6,000	336,655	350,103	4	31	356
Somme	6,161	556,641	550,837	5	41	836
Tarn	5,742	359,232	359,223	4	35	318
Tarn-et-Garonne	3,720	221,364	217,056	3	24	194
Var	6,083	295,763	288,577	3	28	145
Vaucluse	3,548	255,703	244,149	4	22	150
Vendée	6,703	411,781	421,642	3	30	299
Vienne	6,970	330,916	340,295	5	31	300
Vienne (Haute-)	5,517	336,061	349,332	4	27	203
Vosges (Vogesen) . . .	5,877	407,082	406,862	5	29	530
Yonne	7,048	359,070	357,029	5	37	485
Zusammen	528,577	36'905,788	37'672,048	362	2,868	36,097

Bevölkerungsschwankung. Frankreich ist dasjenige europäische Land, welches die geringste natürliche Bevölkerungszunahme aufweist. Mit Einrechnung der 3 im J. 1860 von Italien erworbenen Departemente stieg die Menschenzahl auf 38'067,064. Der Krieg von 1870/71 führte einen doppelten Einwohnerverlust herbei: erstlich kostete dieser Krieg an sich viele Leben, zum Weitern knüpfte sich die Abtretung von Elsass-Lothringen daran, welches bei der nächst vorangegangenen Zählung von 1'597,238 Civilpersonen bewohnt gewesen war. Nicht weniger als 72 Departemente hatten an Bevölkerung verloren, nur 14 zugenommen. Die neue Aufnahme von 1872 ergab für das ganze verbliebene Frankreich nur noch 36'102,921 Einwohner, sonach einen effectiven Verlust von 1'964,143. Bei der nächsten Aufnahme von 1876 hatte man im Ganzen eine Vermehrung von 802,867 Individuen in 66 Departementen, abzüglich der Einbusse, welche 20 andere Departemente neuerdings aufwiesen. Im December 1881 wurde wieder eine Zählung vorgenommen, wie dies in Frankreich alle 5 Jahre zu geschehen pflegt. Das Ergebniss zeigt die vorstehende Liste; 52 Departemente (und 1 Territorium) hatten an Bevölkerung 945,643 Einwohner gewonnen, dagegen 34 Dep. 179,383 verloren, so dass die Gesammtzunahme in 5 Jahren 766,260 Köpfe betrug. Diese Zunahme rührte überwiegend von den grossen Städten her. Der Minister des Innern hebt in seinem Bericht an den Präsidenten der Republik eigens hervor, dass, wenn man blos die Städte von mehr als 30,000 Menschen in das Auge fasse, man in diesen allein einer Zunahme von 561,869 Personen begegne. Eine unverhältnissmässige Menschenmenge wandert fortwährend vom Lande hinweg nach den grösseren Orten. Das Seinedepartement, mit Paris, hat allein 388,480 Einw. mehr als bei der Zählung von 1876, das Norddep. (mit Lille) 83,674, das Rhonedep. (Lyon) 36,339, das Rhonemündungendep. (Marseille) 32,649 etc. Davon traf auf einzelne Städte, Zunahme in den letzten 5 Jahren: Paris 280,217, Marseille 41,231, Lyon 33,798, Lille 15,369, Havre 13,799, Nizza 12,882, Angers 11,203, Toulouse 8,647.

Bewegung der Bevölkerung. In den letzten Jahren ergaben sich, so weit die Zahlen bereits abgeschlossen vorliegen, folgende Resultate:

	Heirathen	Lebendgeborene	Todtgeborene	Uneheliche	Sterbefälle
1873	321,238	946,364	44,487	70,600	844,589
1874	303,113	954,652	44,613	69,294	781,706
1875	300,427	950,975	43,834	66,876	845,062
1876	291,393	966,682	44,680	67,306	834,074
1877	278,094	944,576	43,387	66,854	801,956
1878	279,580	937,317	43,293	67,781	839,170
1879	282,776	936,527	43,875	66,968	839,882

Dies ergiebt:

	für 1878	für 1879
Heirathen auf 100 Einwohner	0,83	0,76
Geburten auf 100 Einwohner	2,61	2,53
Todtgeburten auf 100 Geburten	4,70	4,47
Uneheliche auf 100 Geburten	7,46	7,07
Sterbefälle auf 100 Einwohner	2,33	2,28

Zufällige Todesfälle zählte man im J. 1879 13,549, oder, nach Abrechnung von 2,814 auf Landstrassen plötzlich Gestorbenen, 10,735. Selbstmorde wurden 6,496 gerichtlich constatirt, gegen 6,434 im Vorjahre (5,161 durch Männer, 1,335 durch Weiber vollbracht). Die Zahl der constatirten Selbstmorde betrug übrigens:

1876	1877	1878
5,472	5,804	5,922

Nationalitäten. Die Ergebnisse der Volkszählung von 1881 sind im Einzelnen noch nicht verarbeitet. Dagegen finden wir in der officiell herausgegebenen Statistique de la France für 1879 folgende Notiz über die Zahl der Fremden in Frankreich. Die Gesammtzahl derselben beläuft sich auf 801,754 Köpfe, d. i. $2,_{17}$ % der ganzen Bevölkerung, während das Verhältniss im J. 1851 $1,_{06}$ und im J. 1872 $2,_{03}$ betrug. An der Spitze stehen die Belgier in Stärke von 374,498, wovon 244,143 auf das Nord-Departement und 40,816 auf das Seine-Departement entfallen. Dann folgen die Italiener mit 165,313 (hauptsächlich in Marseille, Nizza und Paris), die Spanier mit 62,437 (vorwiegend in den Nordpyrenäen und in Paris), die Schweizer, auf viele Departements vertheilt, mit 50,203, nun erst die Deutschen, deren Zahl seit 1866 um 38 % abgenommen hat, mit 50,028, wovon 21,834 Paris und Umgebung bewohnen, weiter die Engländer mit nur 30,077 (vorwiegend in Paris, Nizza, Pau und einigen nördlichen Departements). Wir vermissen in der Liste die Zahl der Oesterreicher und Ungarn und erfahren nur noch, dass die fremden Amerikaner, Russen, Skandinaven, Rumänen und Asiaten fast nur in Paris, die Griechen, Türken und sonstige Levantiner auch in Marseille in grösserer Anzahl zu finden sind.

Gemeinden. Frankreich umfasst deren, wie oben bemerkt, 36,097 : davon 720 mit weniger als 100 Einw.; 3,486 mit 100—200, 12,664 mit 2—500, 10,633 weitere unter 1,000, 3,982 unter 1,500, 1917 unter 2,000; 1,388 zwischen 2 und 3,000, 526 unter 4,000, 246 unter 5,000, 312 mit 5,001—10,000, 132 mit 10,001 bis 20,000 und 91 darüber. 47 Städte haben über 30,000 Einw., darunter 1 über 2 Millionen, 2 über 360,000, weitere 7 über 100,000.

Wir geben nachstehend eine Uebersicht aller Städte mit mehr als 6,000 Einwohnern (nach der Zählung von 1881), geordnet nach Departementen, und zwar folgt dem mit **Fettschrift** gedruckten Departementsnamen immer zuerst der des Hauptorts (*chef-lieu*). In Parenthese ist die Einwohnerzahl einiger anderer bekannterer Orte angegeben.

Ain. Bourg en Bresse 18,233.

Aisne. Laon 12,623, Saint-Quentin 45,838, Soissons 11,112, Chauny 8,852, Guise 7,131, Château-Thierry 7,015, Bohain 6,684.

Allier. Moulins 21,156, Montluçon 26,079, Commentry 12,416, Vichy 8,486, Cusset 6,360.

Alpes (Basses-). Digne 6,771.

Alpes (Hautes-). Gap 10,765.

Alpes-Maritimes. Nice (Nizza) 66,279, Cannes 19,385, Grasse 12,097, Menton 11,000, (Antibes 5,923).

Ardèche. Privas 7,921, Annonay 17,291, Aubenas 8,260.

Ardennes. Mezières 6,119, Sedan 19,556, Charleville 16,185, Rethel 7,403, Nouson 7,069, Givet 6,972.

Ariége. Foix 7,076, Pamiers 11,726.

Aube. Troyes 46,067, (Romilly-sur-Seine 5,283, Bar-sur-Aube 4,579).

Aude. Carcassonne 27,512, Narbonne 28,134, Castelnaudary 10,059, Limoux 6,283.

Aveyron. Rhodez 15,333, Millau 16,628, Villefranche 10,366, Aubin 9,317, Decazeville 9,625, Saint-Affrique 7,598.

Belfort. Belfort 19,336.

Bouches-du-Rhône. Marseille 360,099, Aix 29,257, Arles 23,460, Tarascon 9,833, La Ciotat 9,702. Aubagne 7,885, Salon 7,503, Martingues 6,483.

Calvados. Caen 41,508, Lisieux 16,039, Honfleur 9,601, Falaise 8,486, Bayeux 8,357, Condé-sur-Noireau 7,279, Vire 6,597, Trouville 6,263.

Cantal. Aurillac 13,727.

Charente. Angoulême 32,567, Cognac 14,087.

Charente-Inférieure. La Rochelle 22,464, Rochefort 27,854, Saintes 15,763, Saint-Jean-d'Angely 7,279.

Cher. Bourges 40,217, Vierzon-Ville 9,969, Saint-Amand-Mont-Rond 8,819, Vierzon-Village 7,830, Mehun-sur-Yèvre 6,350.

Corrèze. Tulle 16,196, Brive 14,182.

Corse. Ajaccio 18,005, Bastia 20,100, (Corte 5,136).

Côte-d'Or. Dijon 55,453, Beaune 12,038, Auxonne 6,849, (Châtillon-sur-Seine 5,265, Semur 4,307).

Côtes-du-Nord. Saint-Brieux 17,833, Dinan 9,964, Guingamp 8,404, (Lannion 5,998, Loudéac 5,893, Plérin 5,809.)

Creuse. Guéret 6,749, Aubusson 6,782.

Dordogne. Périgueux 25,969, Bergerac 15,042, Sarlat 6,457.

Doubs. Besançon 57,067, Montbéliard (Mümpelgard) 8,784, Pontarlier 6,118.

Drôme. Valence 24,502, Romans 13,806, Montélimart 12,894.

Eure. Evreux 15,847, Louviers 10,753, Vernon 7,881, Bernay 7,989, Pont-Audemer 6,168.

Eure-et-Loir. Chartres 21,080, Dreux 8,254, Nogent-le-Rotrou 7,778, Château-dun 7,036.

Finistère. Quimper 15,288, Brest 69,110, Morlaix 15,346. Lambécellec 12,502, Douarnenez 9,809, Landernau 9,078, Crozon 9.223. Saint-Pol-de-Léon 7,295, Guipavas 7,077, Saint-Pierre-Quilbignon 7,002, Plougastel-Daoulas 6,857, Quimperlé 6,821.

Gard. Nîmes 63,552, Alais 22,225, La Grand-Combe 12,138, Bessèges 11,404, Beaucaire 9,724.

Garonne (Haute). Toulouse 140,289, Saint-Gaudens 6,312.

Gers. Auch 14,186, Condom 8,555.

Gironde. Bordeaux 221,305, Libourne 15,981, Bègles 7,238, Caudéran 6,431, La Teste 6.063.

Hérault. Montpellier 56,005, Beziers 42,915, Cette 35,517, Lodève 10,185, Lunel 6,487, Agde 8,170, Pézénas 7,364, Bédarieux 6,923, Mèze 6,067.

Ille-et-Vilaine. Rennes 60,974, Saint-Servan 12,867, Fougères 14,325, Saint-Malo 11,212, Vitré 10,314, Redon 6,337, Cancale 6,523.

Indre. Châteauroux 21,179, Issoudin 14,928, Le Blanc 6,558, (Argenton 5,909).

Indre-et-Loire. Tours 52,209, Chinon 6,096.

Isère. Grenoble 51,371, Vienne 26,060, Voiron 11,955, Bourgoin 6,138.

Jura. Lons-le-Saulnier 12,373, Dôle 13,190, Saint-Claude 8,216, Salins 6,419.

Landes. Mont-de-Marsan 10,878, Dax 10,218.

Loir-et-Cher. Blois 21,077, Vendôme 9,420, Romorantin 8,010.

Loire. Montbrisson 7,006, Saint-Etienne 123,813, Roanne 25,425, Rieve-de-Gier 16,816, Saint-Chamond 14,149, Firminy 13,707, Le Chambon-Feugerolles 8,160, La Ricamarie 6,773, Saint-Julien-en-Jarret 6,422, Terre-Noire 6,415, Chazelles-sur-Lyon 6,017, Ixieux 6,012.

Loire (Haute). Le Puy 18,825, Yssingeaux 8,232.

Loire-Inférieure. Nantes 124,319, Saint-Nazaire 19,626, Chantenay 11,808, Rezé 7,377, Blain 6,660, Guérande 6,912, Guémené-Penfao 6,566, (Châteaubriant 5,564).

Loiret. Orléans 57,264, Montargis 11,164, Gien 8,267.

Lot. Cahors 15,524, Figeac 7,205.

Lot-et-Garonne. Agen 20,485, Villeneuve 14,560, Marmande 9,857, Tonneins 8,073, Nérac 7,429.

Lozère. Mende 7,202, (Marvejols 5,650).

Maine-et-Loire. Angers 68,049, Cholet 15,916, Saumur 14,186.

Manche. Saint-Lô 10,121, Cherbourg 35,691, Grandville 11,040, Coutances 6,187, Avranches 8,057, Tourlaville 6,207.

Marne. Châlons-sur-Marne 23,199, Reims 93,823, Epernay 16,388, Vitry-le François 7,760, (Sainte-Menehould 4,644).

Marne (Haute-). Chaumont 12,160, Saint-Dizier 12,773, Langres 11,796.

Mayenne. Laval 29,889, Mayenne 11,188, Château-Gontier 7,107.

Meurthe-et-Moselle. Nancy 73,225, Lunéville 18,136, Pont-à-Mousson 11,293, Toul 10,012, Baccarat 6,013, (Longwy 5,064).

Meuse. Bar-le-Duc 17,485, Verdun-sur-Meuse 16,053, (Saint-Mihiel 5,915, Commercy 5,262).

Morbihan. Vannes 19,284, Lorient 37,812, Ploemeur 10,840, Pontivy 8,164, Languidic 6,745, Caudan 6,458, (Hennebont 5,988, Sarzeau 5,704, Ploërmel 5,761).

Nièvre. Nevers 23,846, Cosne 7,401, (Fourchambault 5,959, Clamecy 5,536).

Nord. Lille 178,144, Roubaix 91,757, Tourcoing 51,895, Dunkerque 37,328, Douai 29,172, Valenciennes 27,607, Armentières 25,089, Cambrai 23,448, Maubeuge 17,221, Denain 17,202, Watterlos 15.725, Fourmies 15,052, Halluin 14,020, Bailleul 12,712. Saint-Amand 11,184, Hazebrouck 10,595, Anzin 10,043, le Cateau 9,564, Marc-en-Broel 9,266, Haumont 9,204, La Madeleine 8,504, Gravelines 8,416. Croix 8,081, Merville 7,028, Estaires 6,731, Comines 6,637, Loos 6,617, Haubourdin 6,409, Solesmes 6,390, Fresnes 6,342, Houplines 6,230, Rosendaël 6,223.

Oise. Beauvais 17,525, Compiègne 14,008, Creil 7,182, Senlis 6,588, Noyon 6,252, (Clermont 5,628).

Orne. Alençon 17,237, Flers 12,304, La Ferté-Macé 9,398, Argentan 6,300.

Pas-de-Calais. Arras 27,041, Boulogne 44,042, Saint-Pierre-lès-Calais 33,290, Saint-Omer 21.556, Calais 13,529, Lens 10,515, Béthune 10,374, Aire 8,238, Carvin 7,759, Lillers 7,353, Hénin-Liétard 6,546

Puy-de-Dôme. Clermont 43,033, Thiers 15,333, Riom 10,304, Ambert 7,727, Issoire 6,303, (Saint-Rémy 5,561).

Pyrénées (Basses-). Pau 29,971, Bayonne 26,261, Oloron-Sainte-Marie 9,117, Biarritz 8,527, Orthez 6,556.

Pyrénées (Haute-). Tarbes 23,273, Bagnères 9,498, (Lourdes 5,864, Campan 3,115).

Pyrénées-Orientales. Perpignan 31,735, Rivesaltes 6,980.

Rhône. Lyon 376,613, Tarare 13,352, Villefranche 13,074, Givors 11,470, Villeurbane 11,176, Caluire-et-Cuire 9,740, Oullins 7,536, Amplepuis 7,118, Cours 6,929.

Saône (Haute-). Vesoul 9,553, Gray 7,254, (Fougerolles 5,685).

Saône-et-Loire. Mâcon 19,567, Le Creuzot 28,125, Chalon-sur-Saône 21,618, Autun 14,049, Montceau-les-Mines 13,108, (Tournus 5,556, Cluny 4,385, Paray-le-Monial 3.979).

Sarthe. Le Mans 55,347, la Flèche 9,424, Mamers 6,070, Sablé 6,058.

Savoie. Chambéry 19,622, (Aix-les-Bains 4,741).

Savoie (Haute-). Annecy 11.334, (Thonon 5,444).

Seine. Paris 2'269,023 (in 20 Arrondissements), St. Denis 43,895, Levallois-Perret 29,519, Boulogne 25.825, Neuilly 25,235, Clichy 24,320, Vincennes 20,530, Aubervilliers 19,437, Montreuil 18,693, Ivry 18,442, Pantin 17,857, Saint-Ouen 17,718, Puteaux 15,586, Courbevoi 15,112, Gentilly 12,396, Vanves 12,005, Chareton-le-Pont 11,826, Asnières 11,352, Issy 11,111, Saint-Maur 10,492, Colombes 9,877, Nogent-sur-Marne 9.491, Saint-Mandé 9,398, Maisons-Alfort 9,174, Suresnes 7,011, Choisy-le-Roi 6,978, Le Pré-Saint-Gervais 6,396, Arcueil 6,067.

Seine-Inférieure. Rouen 105,906, le Havre 105,867, Elbeuf 23,152, Dieppe 22,003, Sotteville-lès-Rouen 13,092, Fécamp 12,299, Caudebec-lès-Elbeuf 11,290, Bolbec 11,575, Yvetot 8,397, Petit-Quevilly 7,680, Darnétal 6,154, Lillebonne 6,108, (Eu 5,105).

Seine-et-Marne. Melun 12,145, Meaux 12,525, Fontainebleau 12,483, Provins 7.728. Montereau-faut-Yonne 7,306, (Coulommiers 5,520).

Seine-et-Oise. Versailles 48,324, Saint-Germain-en-Laye 15,790, Argenteuil 11,849, Rueil 8,208, Etampes 7,710, Sèvres 6,834, Pontoise 6,412, Corbeil 6,392, Meudon 6,080, (Mantes 5,649, Essonnes 5,334, Poissy 5,063, Rambouillet 5,186).

Sèvres (Deux-). Niort 22,254, Partenay 6,305.

Somme. Amiens 74,170, Abbeville 19,283, (Villers-Bretonneux 5,911).
Tarn. Albi 20,379, Castres 27,408, Mazamet 14,429, Gaillac 8,308, Graulhet
6,945, Lavaur 6,929, Carmaux 6,905.
Tarn-et-Garonne. Montauban 28,335, Moissac 9,202, Castelsarrassin 7,245.
Var. Draguignan 9,133, Toulon 70,103, Hyères 13,849, la Seyne 12,072 (Brignoles
5,678).
Vaucluse. Avignon 37,657, Carpentras 9,699, Orange 10,301, Cavaillon 8,591,
l'Isle 6,208, (Apt 5,708, Pertuis 5,612).
Vendée. La Roche-sur-Yon (früher Bourbon-Vendée, dann Napoléon-Vendée)
10,634, Les Sables d'Olonne 10,420, Fontenay-le-Comte 9,333, Luçon 6,339,
(Noirmoutier 5,908).
Vienne. Poitiers 36,210, Châtelleraut 18,280, (Montmorillon 5,128).
Vienne (Haute-). Limoges 63,765, Saint-Junien 8,092, Saint-Yrieix 8,051, Saint-
Léonard 6,180.
Vosges. Épinal 16.443, Saint-Dié 15,342, Remiremont 8,126, La Vald'Ajol 7,546,
Gérardmer 6,775.
Yonne. Auxerre 13,986, Sens 13,515, Joigny 6,468, Avallon 6,139.

Paris hatte 1801 552,686 Einw.; 1811 630,636; 1821 723,551; 1831 785,483;
1841 935,261; 1851 1'053,262; 1856 1'174,346; 1861 (Stadterweiterung) 1'696,141;
1866 1'825,274; 1872 1'851,792 *).

Finanzen.

Finanzen. Nach der furchtbaren Niederlage, welche Frankreich 1870
bis 1871 — das drittemal — dem Napoleonismus verdankte, verstand es,
was beinahe Niemand für möglich gehalten, seine Finanzen binnen weniger Jahre neu zu ordnen. Die Republik hat nicht nur die fünf Milliarden deutscher Kriegskosten bezahlt, sie hat ausserdem die eigenen
Kriegsverluste, wohl nicht unter zehn Milliarden, ausgeglichen, das
eigene Heer, und zwar besser als zuvor, neu ausgerüstet, einen neuen
Festungsgürtel geschaffen, die bedeutendsten Zweige der Verwaltung
reicher als je dotirt, insbesondere das vernachlässigte Unterrichtsbudget
fast mit dem Vierfachen der früheren Summen ausgestattet (s. unten,

---

*) Die Stadt P a r i s umfasste zur Zeit Ludwig Philipp's einen Flächenraum
von 32'880,000 Quadratmeter; mit dem 1. Jan. 1860 wurden der Stadt 11 Gemeinden vollständig und 13 theilweise einverleibt. Damit vergrösserte sich der
Umfang auf 70'880,000 qm. Dies sind also 3,288 und resp. 7,088, mit Einrechnung des Flussbettes der Seine 7.802 Hectaren. Die Stadt L o n d o n dagegen begreift 78,029 engl. Acres = 31,576 ha. Somit ergiebt sich: für das frühere Paris
blos 0,59 geogr. Quadrat-Meilen, für das vergrösserte 1,29 oder mit Einrechnung
des Flussbettes 1,41, für London aber über 5,75 Q.-M. (Der Umfang von London
wird übrigens sehr verschieden angenommen, je nachdem man die Grenzen so
zieht wie der Registrar General, oder der Postmeister, oder die Polizei, oder endlich der Schulrath. Nach der weitestgehenden Berechnung würde sich sogar ein
Umfang von 441,587 Acres ergeben = 178,000 ha. oder 32½ Q.-M. Dass die
»Stadt« so weit sich nicht ausdehnt, ist augenscheinlich.) — Die Stadt W i e n
umfasste mit den Vorstädten früher 14'442,000 Quadrat-Klafter = 9,026 Joch
oder 5,185 Hectaren = 0,94 Q.-M.; durch die Stadterweiterungen erhielt sie
gegen 1,100 Joch mehr, somit im Ganzen ungefähr 1,06 Q.-M. — Die Stadt R o m
umfasst 1,411,31 Hect. = nicht ganz 0,24 Q.-M. — Zur Zeit Julius Cäsar's betrug
das Areal von Paris nicht mehr als 15 ha., unter Julianus 39, unter König Philipp
August 253, unter Heinrich IV. 568, Ludwig XIV. 1,104, unter Ludwig X V.
1,337 ha. Nach Abzug des Flussbettes, der Strassen, öffentl. Anlagen und freien
Plätze verbleiben dermalen 6,289 ha. Bauplätze, deren Geldwerth von B u i s s o n
zu beinahe 15 Milliarden geschätzt wird, ungerechnet den Werth der vorhandenen Gebäude. Der Verkaufspreis pr. Q.-Meter schwankt zwischen 1,800 und
4 Fr. (im 1. und 22. Bezirke).

4. Abschnitt), grosse Bauten begonnen, verschiedene Schulden amortisirt, und dabei noch über 300 Millionen von jenen Steuern, deren Auferlegung Anfangs nothwendig gewesen, wieder aufgehoben. Endlich ging man an die enormsten Neuschöpfungen, indem man gewaltige Eisenbahn-, Kanal- und Hafenbauten projectirte. Namentlich im letzten Puncte überstürzte man sich etwas. Ebenso, wie in Deutschland, begann man neue Bahn- anlagen, für die noch lange kein genügendes Bedürfniss besteht, die sonach ihre Kosten nicht decken. Das alte franz. Finanzübel, die Gewährung von Supplementarcrediten nach Abschluss des Jahresbudgets, stellte sich wie- der ein ; die Staatseinkünfte lieferten zwar auch jetzt noch Ueberschüsse über die Voranschläge, doch, da die Ernten kärglich ausfielen, die Reb- laus fortwüthete, und geschäftliche Krisen, namentlich commerzieller Natur, eintraten, blieben diese Ueberschüsse in geringerem Umfange, als man gewöhnt war. Die Berathung des Budgets für 1883, im voran- gehenden December, ward in der Abgeordnetenkammer sehr ernst ge- nommen. Allerdings konnte der Finanzminister hervorheben : eine Ent- lastung von 150 Millionen an der Zucker- und Weinsteuer sei es, wo- durch ein Deficit von 82 Mill. herbeigeführt und die jetzige Lage theil- weise verschuldet sei ; auch verwahrte sich Minister Tirard gegen neue nachträgliche Creditbewilligungen. Er constatirte ferner, dass die Amor- tisationen im Jahre 1882 104 Millionen betrugen und dass während der letzten 12 Jahre über zwei Milliarden Schulden getilgt worden seien. Man überzeugte sich, dass eine ernste Sparsamkeit nothwendig, die finanzielle Lage Frankreichs aber keineswegs verzweifelt sei. So kam denn schliesslich das Budget für 1883 im Wesentlichen folgenderweise zum Abschlusse :

Ordentliches Budget. — Jahresbedarf (Francs) :

Finanzministerium 1. Theil, Schuld: Consolidirte Schuld
741'070,255, Capitalien, rückzahlbare, unter verschiedenen
Titeln aufgeführt 388'954,001, Leibrenten 187'088,618, Dotationen, Kosten des Senats und der Abgeordneten 11'735,780,

zusammen	1,353'561,110
2. Theil, allgem. Dienst der Ministerien	19'558.470
3. Theil, Kosten der Regie, des Betriebes und der Erhebung . .	176'301,559
4. Theil, Restitutionen, Nichtwerthe (non-valeurs), Prämien . .	13'835,500
Total, Finanzministerium	1,563'256,693
Ministerium der Justiz und des Cultus: Justiz 35'944,652, Cultus 52'929,306 = ...	93'788,848
Minist. der auswärtigen Angelegenheiten	14'424,400
Minist. des Innern	73'123,655
Minist. der Posten und Telegraphen	130'161,266
Minist. des Kriegs (dabei Gendarmerie mit 40'580,000)	584'106,000
Minist. der Marine und der Colonien	237'197,470
(dabei : Dienst der Colonien 32'288,951)	
Minist. des öffentl. Unterrichts und der schönen Künste	151'050,196
(1. Section, öffentl. Unterricht 134'410,451, 2. Section, schöne Künste 16'639,745)	
Minist. des Handels	21'918,564
Minist. der Agricultur	40'612,967
Minist. der öffentl. Arbeiten	139'488,541
Zusammen, Ordentliche Ausgaben	3,044'203,646

Einnahmen.

Directe Steuern. Grundsteuer 175',₅, Personal- und Mobiliar-
steuer 63'765,000, Thür- und Fensterst. 43'772,400, Patent-
(Gewerbe)st. 94'401,600, 1. Mittheil. der Steuerzettel 601,500 =   378'100,500
(Beischlagprocente für Departemente und Gemeinden, Nicht-
werthe und öffentl. Unterricht . . . .   327'099,951|
Gebühren von der todten Hand 5'496,000, Bergwerksabgaben
2'368,500, Maass- und Gewichtprüfung 4'248,000, Apotheken-
untersuchung 273,000, Abgabe von Chaisen und Pferden
9'662,140, von Billards 1'019.700, von geschloss. Gesellschaften
1'456,500 . . . .   24'723,840
(Gebühren für specielle Zwecke . . . .   1'064,840
Directe Abgaben in Algerien . . . .   7'625,800

Zusammen, abzüglich der Summen für Departemente,
Gemeinden und für Specialzwecke (oben eingeklammert)   410'450,140
Domänenerträge, gewöhnl. 20'715,000, Forsten 35'768,900 =   56'483,900
Enregistrement und Stempel . . . .   759'883,000
Zölle . . . .   401'635,500
Indirecte Contributionen . . . .   1,092'373,300
(dabei: von Wein 150', von Alkohol und Bier 278'309,000,
von inländ. Zucker 92'058,000, von Streichhölzchen 16'139,000,
von Papier 12'841.000, ²/₁₀ von Eisenbahnbilleten 88'496,000,
Tabak 360'437,000)
Post und Telegraph (in Algerien 1'156,000) . . . . .   161'720,000
Verschiedene Einnahmen . . . .   80'268,754
(dabei: 3% von Mobiliarrenten 47'339,200, Abgabe an die
Universität 3'593,665, Strafgelder 8'173,889)
Sonstige vermischte Einnahmen . . . .   49'951,999
(dabei: Staatseisenbahnen 4'111,000, Einkommen aus Indien
944,841, aus Cochinchina 2,₂ Mill. diplom. Gebühren 1,₅₁'
Erfindungsbrevets 1'945.760, Zahlung der Eleven in Staats-
schulen 2'228.648, Staatsverpachtungen 2'504,950, Abzug vom
Solde der Officiere 4.₆', Zahlung der Einjährigen in der
Armee 7'125,000, aus Zuchthausarbeit 6')
Ueberschüsse von Einnahmen aus dem J. 1880, bestimmt für
Minderung der Auflage auf Zucker . . . .   31'888.500

Total der ordentl. Einnahme des Staats   3,044'655,042

Ausserordentliches Budget.

Ausgaben, zu decken durch die Rückzahlungen der Eisenbahngesellschaften
auf vorgeschossene Zinsen, zusammen 258'141,033, davon für Post und Telegraphen 7'750.000, Verbesserung der Flussläufe 33,₀₆', Verbesserung der Kanalschiff-
fahrt 57'950,000, Verbesserung der Seehäfen 49'870,000, Staatseisenbahnen
69'034,200, Ankauf von Bahnen durch den Staat 20', ausserordentl. Arbeiten in
Algerien 3'246,333, Bodenankäufe in Algerien für Colonisationszwecke 7,₅'.

Ausserordentliche Ausgaben für Staatseisenbahnen, zu decken durch
noch vorhandene Reste früher bewilligter Credite, 190 Mill.

Ausgaben des Kriegsministeriums auf solche früher bewilligte Credite:
Approvisionirung und Bewaffnung der Artillerie 45,₂', des Genie 36,₂', zusammen
81,₄ Mill.

Total des ausserordentl. Budgets 529'541,033 Fr.

Budget für Specialhilfsmittel.

Erhebung von directen Steuern für Specialzwecke 416'931,429; davon für
Departementalausgaben 156'546,300, für Gemeindeausgaben 152'674,067, für
eventuelle Departementalausgaben 81,₃' etc.

Eine Anzahl Specialetats, welche in obigen Budgets mit einbegriffen
sind, liefern Detailnachweise. So erscheint die Ehrenlegion mit 26'227,003

(wovon 9'788,456 Zuschuss des Staats zu den eigenen Mitteln, bei denen 6'907,946 eingeschriebene Rente in das grosse Buch der Staatsschuld). Die Casse der Marine-Invaliden bedarf 13'724,000 Staatszuschuss, bei einer Gesammtausgabe von 31'470,000 ; die Staatseisenbahnen führen 26'316,000 Fr. auf, wovon 4'111,000 Reinertrag.

Ueber die Steuererträge Frankreichs im Jahre 1882 veröffentlicht das »Journal officiel« eine amtliche Uebersicht, der wir das Folgende entnehmen : Die effectiven Einnahmen aus den gesammten indirecten Steuern, den Stempelgebühren, Zöllen, sowie aus dem Post- und Telegraphenregal betrugen im Ganzen 2,260 Mill. Fr. und überstiegen den Budgetvoranschlag um 94,3 Mill. Fr. Es werden u. A. vereinnahmt an Stempelgebühren 155,6 Mill. Fr. (+ 10,6') an Einfuhrzöllen 263,3' (+ 20,2'), aus dem Tabakmonopol 362,3' (+ 19,5'), an Steuern auf Alkohol und Bier 258' (+ 24,3'), an Zuckersteuer 139,5' (+ 2,5'), an Weinsteuer 147,5' (— 10,57'), an Papiersteuer 13,7' (— 2,1'); Posten und Telegraphen wiesen eine Einnahme von 153,2' (+ 16,5') auf. Im Vergleich zum Jahre 1881 haben die sämmtlichen bisher genannten indirecten Steuern, Gebühren und Regalien einen Mehrertrag von 4 Mill. Fr. ergeben, trotzdem einzelne Steuern im Jahre 1882 gegenüber dem Vorjahre einen bedeutenden Rückgang ihrer Erträge aufweisen. Die Registergebühren ergaben 15,2' weniger als im Jahre 1881 ; die Einfuhrzölle 2,8' weniger ; die Alkohol- und Biersteuern 3,3' weniger ; die indirecten Steuern mit Ausschluss der Zucker- und Weinsteuern, sowie des Post- und Telegraphenregals ergaben im Ganzen 5,9' weniger als im Jahre 1881. Der Mehrertrag von 2,5' aus der Zuckersteuer gegenüber dem Voranschlag rührt lediglich aus den Zolleinnahmen auf eingeführtem Zucker her ; die Besteuerung der inländischen Zuckerproduction hat einen Minderertrag von 12,6' gegenüber dem Budgetanschlage ergeben. Im Ganzen rührt der Mehrertrag der gesammten indirecten Steuern gegenüber dem Ertrage des Vorjahres nur aus den Mehreinnahmen des ersten Halbjahrs 1882 her. Die Einnahmen an directen Steuern betrugen 691,5 Mill. Fr. (+ 36,5' gegen den Voranschlag) ; aus den den directen Steuern gleichgestellten Auflagen wurden 24,6' (— 1,7'), aus der Steuer auf die Rente aus beweglichem Eigenthum 47,16' (+ 7,4') erzielt. Die Steuern in Algerien ergaben 18,6' (+ 3,3' gegen den Voranschlag und + 749,000 Fr. gegenüber dem Vorjahr).

Staatsschuld. A. Consolidirte Schuld :

5 % Renten	340'483,434	= nominell Capital	6,809'668,680 Frcs.
4½ - -	37'442,235	- -	832'049,660 -
4 - -	446,096	- -	11'152,400 -
3 - -	362'698,490	- -	12,089'949 667 -
	741'070,255		19,742'820,407 Frcs.

Hieran reihen sich die unter verschiedenen Titeln rückzahlbaren Capitalien mit 388'954,001 Frcs. Endlich 187'068,618 Frcs. Leibrenten, Pensionen und Annuitäten. Wollte man die beiden letztgenannten Schuldarten einfach capitalisiren, so könnte man unschwer eine Summe von beiläufig 30 Milliarden entziffern, gegen welche Rechnungsweise sich jedoch entschiedene Einwendungen erheben würden.

Unmittelbares Staatseigenthum. Zufolge Gesetz vom 29. Dec. 1873 ist die Domänenverwaltung verpflichtet, alljährlich, unter Berücksichtigung des Ab- und Zugangs, der Neubauten etc., eine allgemeine Uebersicht des unmittelbaren Staatseigenthums herzustellen. Die vierte dieser Berechnungen stammt vom Schlusse 1879 her, und ergibt (verglichen mit der ersten von 1875) folgende Hauptziffern: Das Staatseigenthum, welches zum öffentlichen Dienste unmittelbar bestimmt ist, im J. 1875 auf 1,948'301,130 Frcs. gewerthet, ward 1879 zu 2,348'055,620 veranschlagt. Nicht zum öffentlichen Dienste verwendete Werthe, 1875 1,650'368,815, Ende 1879 aber 1,644'075,915, total nun 3,992'131,535, gegen 3,598'669,945 Frcs. vier Jahre zuvor.

Notiz über Besoldungen etc. Präsident der Republik Frcs. 600,000, dazu dessen Haushalt 300,000, Reise- und Repräsentationsgebühren 300,000. Generalgouverneur von Algerien 125,000; jeder Minister 60,000. Es kosten ferner: der Senat 4'300,000, die Deputirten 6'521,000. Der Seinepräfect bezieht 50,000, der Polizeipräfect 40,000, beide mit freier Wohnung. Von den Präfecten erhalten 11 je 35,000, 33 je 25, 41 je 18,000 Frcs. Die Gesandten im Ausland beziehen: der in Petersburg 250,000, in London 200,000, Wien 170,000, Berlin 140,000, Madrid 120,000, Rom 2 à 110,000, Peking 85,000, Washington 80,000, Yokohama 80,000. Bern 60,000 Frcs. Drei Marschälle beziehen je 30,126, der Gouverneur des Invalidenhotels 27,000, der Militärgouverneur von Paris 25,000, der von Lyon 15,000 Frcs. Was die Gehälter der höheren Geistlichkeit anbelangt, so beziehen nach den vorgenommenen Reductionen: der Erzbischof von Paris 45,000, der von Algier 20,000, die 10 übrigen Erzbischöfe je 15,000, die 69 Bischöfe je 10,000 Frcs.; den Cardinälen wird eine Zulage von je 10,000 Frcs. zu Theil. (In dem kleinen Bayern erhalten die beiden Erzbischöfe 20,000 und 15,000 Gulden, die 6 Bischöfe je 10,000 resp. 8,000 fl., also weit über das Doppelte von Frankreich.) Pfarrer: 580 erster Classe (nur) 1,600, 270 zweiter Cl. 1,500, 2,521 dritter 1,300; dann über 41,000 Capläne zwischen 1,000 und 450 Frcs., wovon 9,634 das Minimum (so dass die Gläubigen schon jetzt ihre Seelenhirten theilweise selbst erhalten müssen).

Geistliches Vermögen. Es ist bemerkenswerth, dass die religiösen Gesellschaften im J. 1880 40,520 Hectaren Immobilien besassen, geschätzt auf 712'538,980 Frcs. Werth. Davon kamen auf die gesetzlich anerkannten Orden 26,075 ha. mit 500'840,936 Frcs., auf die nicht anerkannten 14,445 ha. und 211'698,044 Frcs.

Zur Finanzgeschichte. Das Ministerium des Aeusseren hat definitiv festgestellt, was der von Napoleon III. im Jahre 1870 Deutschland erklärte Krieg Frankreich gekostet hat. Die ausserordentlichen Heeresausgaben haben sich, das Militärbudget des betreffenden Jahres nicht mitgerechnet, auf 1,315 Millionen belaufen. Die Kriegsentschädigung an Deutschland hat, Capital und Zinsen, 5,315 Mill. betragen. Der Unterhalt der deutschen Truppen hat eine Ausgabe von 340 Mill. verursacht. Die Entschädigung der von dem Kriegsunglück betroffenen Departements und Gemeinden stellt einen Gesammtbetrag von 1,487 Mill. dar. Der Verlust an Steuern während des Krieges und der Wegfall der Staatseinnahmen aus Elsass-Lothringen, der letztere zu 4 % capitalisirt, wird auf

2,420', die Wiederherstellung des Kriegsmaterials auf 2,144' veranschlagt. Endlich belaufen sich die Militärpensionen und verschiedene durch die Annexion von Canälen u. s. w. verloren gegangenen Einkünfte zus. auf 1,314' etc. Summa 14,456'. Die verschiedenen zur Deckung dieser furchtbaren Ausgaben aufgenommenen Anleihen haben die jährliche Zinsenlast um 631'800,000 Frcs. erhöht. In runder Summe hat also der Krieg von 1870 Frankreich fünfzehn Milliarden baar gekostet und seine jährlichen Lasten um 632 Mill. erhöht. In allen diesen Ziffern bleiben aber noch die Verluste der Gewerb-, der Handeltreibenden und überhaupt aller Arbeitenden unberücksichtigt, Verluste, die sich schlechterdings nicht abschätzen lassen.

Es verdient die ehrenvollste Anerkennung, dass man in Frankreich, das Beispiel der andern grossen Republik jenseits des Oceans nachahmend, vor keiner, wenn auch noch so gewaltigen Anstrengung zurückschreckte, das finanzielle Gleichgewicht so rasch als möglich herzustellen. Und es gelang, sogar in höherm Maasse, als Jedermann erwartete. Schon im J. 1872 konnte man mit kleinen, seit 1876 mit grossen Steuerherabsetzungen beginnen. Rouvier, der Berichterstatter über das Budget, hob bereits in seinem Referate vom Juni 1881 hervor: »Die Totalsumme der seit 1876 verwirklichten Steuerherabminderungen ist zwei Fünfteln der 700 Mill. neuer Steuern gleich, deren Auferlegung in Folge des Krieges nothwendig geworden. Ausserdem wurde der Etat der Bauten so reich dotirt, wie nie zuvor. Während in den Jahren 1853—57 und 1863—67 das Staatsbudget für diese Zwecke jährliche Credite von 62 und 65 Mill. ansetzte, ist ihre Dotation von 1878—82 im Mittel 315' jährlich. In den anderen Zweigen der öffentlichen Dienste sahen die meisten kleinen Beamten ihre Gehälter aufgebessert. Der öffentliche Unterricht schliesslich, dessen Ausgaben im letzten vom gesetzgebenden Körper des Kaiserreichs votirten Budget mit 26'414,000 Frcs. figuriren, sah seine Dotation verdreifacht. Für das Budget von 1882 ist er auf 90' angesetzt. Im Ganzen: 228' Steuerabminderungen, eine Milliarde getilgt, 1,500' auf öffentliche Bauten verwendet, das ist in grossen Linien das Finanzwerk der Legislatur, die zu Ende geht.«

Die Steuerherabsetzungen hatten in jedem einzelnen Jahre betragen: 1872 7'000,000, 1873 5'072,000, 1875 21'215,000, 1877 7'448,000, 1878 48'975,000, 1879 53'350,980, 1880 163'939,308 Frcs. = zus. 307 Mill. Frcs.

Finanzen der Gemeinden. Nach der ministeriellen Aufstellung betrugen die Einkünfte aller Gemeinden im J. 1881 436'990,785 Frcs. Im J. 1880 zählte man 5,540 Gemeinden, die zwar weniger als 15 Beischlagprocente zu den directen Staatssteuern auferlegten; 1881 war die Zahl dieser gering belasteten Orte auf 5,103 herabgegangen. Dagegen war die Menge der mit 15 bis 30 Centimes belasteten von 8,233 auf 8,391 gestiegen; ferner die mit 31 bis 50 Cent. von 9,774 auf 9,797 und zwischen 51 und 100 Cent. von 9,413 auf 9,548, endlich hatten über 100 Beischlagproc. 3,248 statt früherer 3,094. Der Durchschnitt dürfte 48—50 % sein. Ganz besonders ist es das Schul-, dann auch das Armenwesen, welches einen gesteigerten Aufwand erfordert.

Wenn nun auch fast alle Gemeinden ihre Bedürfnisse, so weit dieselben nicht durch die Erträgnisse ihres unmittelbaren Vermögens gedeckt werden, in erster Linie durch Beischlagprocente zu den directen Staatssteuern decken, so erheben ausserdem 1,540 Orte sogen. »Octrois«, d. h. Consumtionsabgaben zu Gunsten dieser Gemeinden. Im J. 1823, als sich 1,434 Orte in diesem Falle befanden, war der gesammte Rohertrag 61'871,443 Frcs., 1878 dagegen 256'710,925, wovon 236'125,928 rein verblieben. Die Stadt Paris erscheint dabei allein mit der Summe von 133'568,304, während in den sämmtlichen übrigen 1,539 Orten zusammen nur 123'142,621 Frcs. einkamen. In den Jahren 1878—1881 sind 8,688 neue Schulen gebaut, 8,929 neu eingerichtet und in 12,510 das Schulmobiliar und Material reparirt, ergänzt oder neu angeschafft worden. Es hat dies eine Ausgabe von 205'647,714 Frcs. verursacht, wovon 135'551,859 Frcs. auf die Gemeinden und Departements entfallen. Um das Gesetz über den obligatorischen Unterricht völlig durchzuführen, bleiben noch 27,475 neue Schulen zu bauen, 12,111 neue einzurichten und 310,500 mit dem gehörigen Mobiliar auszustatten. Alles dies wird noch 716'630,738 Frcs. an Kosten erfordern, wovon 400'543,586 dem Staat und 316'087,152 Frcs. den Gemeinden und Departements zur Last fallen werden.

Militärwesen.

Landmacht. Die Grundlage der Militärverfassung bilden noch die Gesetze vom 27. Juli 1872 und 13. März 1875, durch welche die bewaffnete Macht in eine active und eine Territorialarmee getheilt wird, und wonach jeder körperlich gesunde, 20 Jahre alte Franzose 5 Jahre der Activ-Armee, dann 4 Jahre der Reserve angehört. In Wirklichkeit aber wird nur die eine, grössere Hälfte der Recruten zum 5jährigen Dienst ausgehoben, und auch dieser factisch auf 4 Jahre beschränkt, während die kleinere Hälfte nach einer blos 6-, höchstens 10monatlichen militärischen Abrichtung Urlaub erhält. Indessen werden dermalen bedeutende Modificationen beabsichtigt; namentlich scheinen die meiste Aussicht auf Annahme zu haben: Herabsetzung der Activdienstzeit von (nominell) 5 auf 3 Jahre, selbst mit der Zulassung kürzerer Befreiung und Abschaffung des einjährigen sogen. Freiwilligen-Dienstes. Nach der Verpflichtung zum Dienst im Activheere beginnt eine 11jährige Verpflichtung in der Territorialarmee, nämlich 5 Jahre in der eigentlichen Territorialarmee und 6 Jahre in deren Reserve. Die dermalige Heeresorganisation ist folgende: Infanterie: 144 Linien-Infanterieregimenter zu 4 Bataillonen von je 4 Compagnien nebst 2 Depot-Compagnien; 30 Jäger-Bataillone; 4 Zuavenregimenter, wovon je eine Depot-Compagnie in Frankreich: 3 Bataillone leichter afrikanischer Infanterie; 5 Strafcompagnien; 1 Fremdenlegion und 3 Regimenter algerischer Tirailleurs. Cavallerie: 79 Regimenter, nämlich 12 Cürassier-, 26 Dragoner-, 20 berittene Jäger-, 12 Husaren-Regimenter für das Inland und 2 für Algerien, 4 Regimenter afrikanischer Jäger, 3 Reg. Spahis (eines der letzteren liefert der Marine eine Abtheilung für die Senegal-Colonie). Artillerie: 38 (nämlich 19 Reg. Divisions- und 19 Reg. Corps-Artill.), und Genie: 4 Regim.

Die Gendarmerie ist 23,375 Mann stark, wovon 1,025 in Algerien dienen ; die Legion der republikanischen Garde endlich zählt 3,170 Mann.

Erläuternd ist noch zu bemerken : Jedes Linienregiment umfasst 73 Officiere, 380 Unterofficiere (als solche gelten nur die bis zum Sergeanten herab) und Corporale, dann 1,188 Soldaten in Reih' und Glied ; das Jägerbataill. zählt 430 Mannschaft, das Zuavenreg. 2,020, das Tirailleursreg. 2,060, das Bataill. afrikan. Infanterie 1,200, endlich die Fremdenlegion 2,000 Mannschaft. — Das gewöhnliche Cavalleriereg. ist gebildet aus 45 Offic., 175 Unteroffic. etc. und 610 Mannschaft. — Das Divisionsartilleriereg. (8 Feld- und 2 Depotbatterien) hat einen Bestand von 65 Offic., 435 Unteroffic. etc., 916 Mannschaft ; das Corpsart.-Regim. (gleiche Batterienzahl) 68 Offic., 453 Unteroffic. etc., 916 Mannschaft. Die Reorganisation der franz. Artillerie ist beendet; die mit neuen Stahlkanonen versehene Feldartillerie ist auf 437 Batterien mit 2,622 Geschützen gebracht.

Die Stärke der bewaffneten Macht im Frieden wird im *»Annuaire de l'Économie politique et de la Statistique* 1882« so berechnet:

Stäbe, in den Corps nicht classificirtes Personal	10,181
Officiere	19,379
Unterofficiere und Soldaten	443,856
Total der Truppencorps	463,235
Total der activen Armee	473,416
Gendarmerie und republikanische Garde	26,545
Gesammtsumme	499,961
Soldatenkinder (einschl. Gendarmerie)	5,704
Pferdezahl, einschl. Gendarmerie etc.	182,060.

Dass hier Einrechnungen stattfanden, die zur Feldarmee nicht gehören, ist augenscheinlich. — Der Goth. Hofkalender bringt eine relativ sogar noch weiter gehende Berechnung, nämlich :

Infanterie		Cavallerie	
Linieninfanterie	238,464	Gewöhnliche	58,240
Jägerbataillone	18,130	In Afrika	7,444
Zuaven	10,480	Remonte	3,038
Turcos (afrikan. Tirailleurs)	8,493	Zus. (mit 61,692 Pferden)	68,722
Fremdenlegion	2,526	Artillerie (mit 33,298	
Leichte afrikan. Infanterie	4,140	Pferden)	68,762
Strafcompagnien	1,330	Genie	11,007
Zus.	283,563	Train	11,696

Gesammtactivtruppen (mit 108,128 Pferden) 443,750

Mit Einrechnung der Stäbe und Verwaltung: 471,701 Mann und 113,531 Pferde. Da man in Frankreich jeden Theil der bewaffneten Macht unter den Kriegsminister gestellt und dem Namen nach der Armee einverleibt hat, so wird auch hier die Gendarmerie (von der 940 Mann als Legion in Algier) und die Garde républicaine de Paris (3,171 Mann), zus. 26,545 Mann und 13,013 Pferde, hier — sehr ungeeignet — mit aufgeführt.

Die Territorial-Armee ist in 145 Infant.-Regim. zu 3 Bataill. von 4 Compagn. organisirt, ferner in 144 Schwadronen Cavallerie, endlich 364 Batterien zu Fuss und 33 Reserve. Nicht minder als oben die Gendarmerie, sind hier die Forsthüter und Zollwächter militärisch in Compagnien gegliedert.

Was die dermalen beabsichtigte Umgestaltung der Colonialarmee betrifft, s. unter Algier.

Kriegsstärke. Man hat es in Frankreich unterlassen, mehr als die Cadres zum Voraus zu bestimmen, indem man die Stärke an Mannschaft den jeweiligen Verhältnissen überlässt. Nach dem oben Mitgetheilten ist es leicht, Aufstellungen auf dem Papiere zu machen, welche die franz. Heeresstärke bedeutend grösser erscheinen lassen, als sie in Wirklichkeit ist, und in Deutschland — fortwährend weitere Verstärkungen zu fordern. Das »Journal des Sciences militaires«, 1879, hat, wenn auch unabsichtlich, in diesem Sinne eine Aufstellung geliefert, welche wir in Kürze so zusammenfassen: franz. Activarmee 1'031,300, Territorialarmee 535,850, zusammen 1'567,150 Mann. — Was das verfügbare Material betrifft, so rechnet man:

5 Altersclassen der Activarmee	. . . .		704,714 M.
4	-	- Reserve	510,294 -
5	-	- Territorialarmee	582,623 -
6	-	- Reserve-Territorialarmee	625,533 -
		Zusammen	2'423,164 M.

Will man noch 20 Classen dispensirter Mannschaften, circa 1'330,000 - dazu rechnen, so bekommt man als total . . . . 3'753,000 M.[*]

Festungen. Nach dem Verluste der besonders wichtigen Festungen Metz und Strassburg fand sich Frankreich veranlasst, sein ganzes Fortificationssystem gegen Deutschland neu zu begründen. Dasselbe beruht nun im Wesentlichen auf folgender Basis: Centralpunkt Paris, wol die bedeutendste Festung der Welt. — Belg. Grenze: Hauptstütze Lille, Feste 1. Cl., dann Dünkirchen, Calais, Arras, Douai, Cambrai, Valenciennes und Givet, alle 1. Cl.; St. Omer, Maubeuge, Mézières, Sedan, Longwy, Lafère und Soissons 2., Gravelines, Condé, Landrecies, Rocroi, Montmedy, Peronne 3., und 6 4. Cl. — Deutsche Grenze: Belfort (mit Lager), Verdun, Bésançon 1., Langres 2., Toul, Auxonne 3., 9 4. Cl. — Italien. Gr.: Lyon, Haupstützpunkt, Grenoble, Briançon 1. Cl., 11 Sperrforts. — Mittelmeerküste: Toulon (Kriegshafen) 1., Antibes 2., 21 Forts 4. Cl. — Spanische Gr.: Perpignan, Bayonne 1., Montlouis 2., St.-Jean-Pied-de-Port 3., 10 Forts 4. Cl. — Oceanküste: Rochefort, Lorient, Brest 1., Oléron, La Rochelle, Belle Isle 2., Blaye, Ile Rhé, Fort Louis 3., 17 4. Cl. — Canalküste: Cherbourg 1., St. Malo, Le Hâvre 2., 16 Forts 4. Cl. — Zus. 22 Festungen 1., 15 2., 12 3. und 90 4. Cl.; total 139.

Seemacht. Die Dienstzeit der Mannschaft beträgt 9 Jahre, wovon 5 in Activität und 4 in der Reserve; darauf Eintritt in die Rererve der Territorialarmee. Nach dem ministeriellen Budgetentwurfe für 1883 soll die Kriegsflotte aus 174 bewaffneten Schiffen mit 28,223 Mann, dann aus 104 Reserveschiffen mit 2,295, im Ganzen 30,518 Mann und 278 Fahrzeugen bestehen. Dazu kommen die Leute der Marineverwaltung,

---

[*] Unzweifelhaft hat sich Frankreich gewaltig gerüstet, aber dennoch ist es Uebertreibung, wenn in Deutschland immer von Zeit zu Zeit Stimmen bange machen wollen, man habe hier noch immer nicht genug gethan. Besonders unzulässig sind solche Stimmen, wenn sie bei andern Gelegenheiten wieder möglichst laut hervorheben, wie sehr diese und jene Theile der franz. Armee den deutschen Heeren an Leistungsfähigkeit nachstünden.

Genietruppen etc., 3,950, 4 Marineregimenter 18,800 und das Marine-Artilleriecorps mit 4,700 Mann. Unter den Schiffen befanden sich im J. 1881 59 Panzerfahrzeuge, von denen 20 ersten und 12 zweiten Ranges, 27 Küstenfahrzeuge, 17 schwimmende Batterien. Die Segelschiffe waren durch die Dampfer bereits nahezu vollständig verdrängt.

Sociale, Gewerbs- und Handelsverhältnisse.

a. Geistige Bildung und sittliche Zustände.

Volksschulwesen. Nach längerer Unterbrechung wurde Ende des J. 1878 eine officielle Statistik, reichend bis Anfang 1877, veröffentlicht, woraus wir folgende Daten entnehmen. Nach der Volkszählung vom Dec. 1876 waren 4'502,894 Kinder zwischen 6 und 13 Jahren vorhanden. Es gab 71,547 Elementarschulen, wovon 9,352 unentgeldliche. Sie zerfielen in 25,418 Knaben-, 29,126 Mädchen- und 17,003 gemischte Schulen. Confessionslos waren darunter 51,657 und zwar 38,149 Knaben- oder gemischte und 13,508 Mädchenschulen. Das Unterrichtspersonal erreichte die Ziffer von 110,709 Lehrern und Lehrerinnen und zwar bildeten die letzteren, = 58,992, die grössere Hälfte. Hierbei sind aber, wie vorstehend überhaupt, die Privatschulen mitgerechnet; in den Staatsschulen unterrichteten 33,663 Lehrerinnen und 46,400 Lehrer. Der weltliche Unterricht beschäftigte 42,249 Lehrer und 21,776 Lehrerinnen, der congreganistische Unterricht 9,468 Lehrer und 37,216 Lehrerinnen. Von je 100 Schulen wurden 28 von Congregationen geleitet, von je 100 Lehrern und Lehrerinnen gehörten aber 42 den Congregationen an. Mit Diplomen waren 68,997 Lehrer und Lehrerinnen ausgestattet, worunter 40,171 weltliche Lehrer und 19,325 weltliche Lehrerinnen, 3,768 geistliche Lehrer und 5,733 geistliche Lehrerinnen. Die Gesammtzahl der in dem Schulj. 1876/77 für den Elementarunterricht, sei es staatlichen oder privaten, eingeschriebenen Zöglinge belief sich auf 4'716,935, nämlich 2'400,882 Knaben und 2'316,053 Mädchen. Unter ihnen befanden sich 1'907,027 Knaben und 1'835,349 Mädchen, zusammen 3'742,376 Kinder in dem schulpflichtigen Alter. — Notorisch haben seitdem bedeutende Verbesserungen stattgefunden; positive Ziffern liegen uns jedoch nicht vor. Als Zeichen fortschreitender Besserung wird angeführt: im J. 1827 konnten von 100 Recruten nur 42 lesen, 1832 52, 1860 60, 1868 78, 1874 82, 1879 85 %.

Die Truppenaushebung des Jahres 1880 lieferte folgende Ergebnisse. Es konnten

weder lesen noch schreiben	42,473	= 13,84 %
blos lesen	7,567	2,47
lesen und schreiben	60,974	19,87
einen höhern Primarunterricht hatten genossen . .	180,111	58,70
Diplom oder Brevet hatten erlangt	1,967	0,64
Bacheliers ès-lettres ou ès-sciences	3,695	1,21
Näherer Nachweis fehlte bei	10,046	3,27
Zusammen	306,833	= 100,00 %

Im J. 1880 zählte man 73,764 Elementarschulen, wovon 53,800 unter Leitung von Laien (45,153 Lehrern, 25.263 Lehrerinnen), besucht von 3'144,938 Kindern; sodann 19,964 unter congregationistischer Leitung (10,029 Lehrer, 39,125 Lehrerinnen) mit 1'804,653 Kindern.

Im J. 1876 konnten von 100 Eheschliessenden 24,2 ihren Namen nicht schreiben. 1878 waren 21,88 in diesem Falle, nämlich 16,95 Bräutigame und 26,78 Bräute. Von den Conscribirten gehörten 1878 14,61 % zu den Analphabeten (1865 noch 24,0, 1873 18,47 %).

Eine eigene Caisse des Ecoles ward unterm 1. Juni 1878 geschaffen; sie begann jedoch erst 1879 ihre Wirksamkeit. Bis Ende 1881 hatten 15,238 Gemeinden Subventionen aus ihr empfangen, und zwar für Schul-Neubauten, Herrichtungen oder Erwerbung von Schulmobiliar. Im Ganzen waren bis dahin bereits 207'830,969 Frcs. aus dieser Casse verwendet; und zwar rührten her:

126'411,427 Frcs. aus Beiträgen der Gemeinden,
6'961,737 - - - - Departemente,
74'457,805 - - - des Staats.

Was den Mittelunterricht betrifft, so hatten nach einem Berichte des Ministers Paul Bert im J. 1881 Subventionen vom Staate empfangen: 49 Lyceen 21'828,690 Frcs. und 31 Collèges 2'382,000, zus. 24'210,690 Frcs.

Periodische Presse. Ende Dec. 1880 umfasste dieselbe 2,968 Zeitungen und Zeitschriften, von denen 1,316 in Paris erschienen. Am verbreitetsten war das »Petit Journal«, welches im Durchschnitt 598,300 Exemplare druckte. Der tägliche Absatz war bei den republikanischen Journalen 1'486,015, bei den conservativen und reactionären 476,705.

b. Materielle Verhältnisse.

Bergbau. Brennmaterial wurde in den beiden Jahren 1880 und 81 zu Tage gefördert (Tonnen):

	1880	1881
Steinkohlen und Anthracit . .	18'804,767	19'347,569
Braunkohle	556,797	561,488

Am reichsten sind an Steinkohlen und Anthracit die Bassins von Valenciennes (1881 8'932,020 Tons, St. Etienne 3'471,543 und Alais 2'037,023).

	1880		1881	
Metall.	Affinage	1. Schmelzung	Affinage	1. Schmelzung
	1'382,352	342,941	1'521,520	373,341

	1880		1881	Gesammtprod.
Stahl.	Schienen 279,498, Kaufm.-Stahl 90,636, Eisenblech 18,760			418,094
Eisen.	- 42,325, - Eisen 768,783, - 154,643			1'019,170

NB. Die Ziffern von 1880 sind definitiv, die von 1881 blos provisorisch.

Unglücksfälle. Von 1860 bis einschl. 1878 war die Ausbeute an mineralischem Brennmaterial zwischen 8'303,661 (1860) u. 16'960,916 1878), im Ganzen 257'889,627 (im Mittel 13'573,138) Tonnen. Die Zahl der Belegschaft betrug in diesen Jahren zwischen 60,821 und 106,415, im Mittel 88,102; 1878 75,116 über und 31,299 unter der Erde. Die Zahl der Unfälle betrug im Ganzen 25,717, im Mittel also 1,354 (1860 1,071, 1878 1,159). Getödtet wurden Arbeiter: 1860 166, verwundet 1,000; 1878 142 und 1,029, im Ganzen von 1860—1878

4,032 Getödtete, 23,485 Verwundete; im Mittel jährlich 212 und 1,236. Im allgemeinen Durchschnitt kamen auf je 1000 Arbeiter jährlich 2,65 getödtete und 14,03 verwundete, ferner auf je 100,000 Tonnen Brennmaterial 1,72 getödtete und 9,11 verwundete. Im letzten, unverhältnissmässig günstigen Jahre: auf 1000 Arbeiter 1,33 und 9,67 oder auf 100,000 Tonnen 0,84 und 6,07. — Was Eisen, Blei, Kupfer, Zinn, Bitumen etc. betrifft, so hatte man 1878 72,689 Arbeiter (1876 77,062), davon 45 Getödtete und 36 Verwundete, also auf 1000 Arbeiter 0,79 Todte und 0,63 sonst Verletzte.

Bodenanbau und Getreideproduction, 1878:

	Hectaren	Mittelertrag	Gesammtproduction
Weizen	6'955,360	13,65 hl.	96'446,298 hl.
Mischkorn . . .	437,228	14,32	6'261,483
Roggen	1'810,450	13,85	25'080,008
Gerste	1'003,130	16,17	16'218,958
Buchweizen . . .	645,395	17,90	11'545,035
Mais und Hirse .	666,960	17,25	11'510,238
Hafer	3'312,571	25,30	77'866,581
Zus.	14'831,094	16,51	244'928,601

Die Ergebnisse der 4 vorangehenden Jahre waren im Ganzen:

1874	14'905,380	19,28	287'378,862
75	14'780,704	16,48	243'697,316
76	14'768,004	15,40	227'475,721
77	14'988,085	15,92	238'660,813

Von 1880 liegt folgende Zusammenstellung vor:

	Hectaren	Gesammtertrag	Durchschn.	10jähr. Durchschn.
Weizen . . .	6'878,875	99'471,559	14,57	97'542,117
Mischkorn . .	440,784	6'021,305	14,65	6'952,508
Roggen . . .	1'848,107	25'318,486	13,69	25'182,155
Gerste	1'052,356	19'808,417	18,82	18'168,255
Hafer	3'473,915	83'490,476	24,11	75'970,512
Buchweizen . .	647,061	10'448.399	16,15	9'872,074
Mais . . .	623,700	9'660,181	15,49	9'879,685
Hirse	48,149	662,655	13,76	

Von 1881:

Weizen . . .	7'054,036	95'637,516	13,56
Mischkorn . .	406,657	4'651,546	15,56
Roggen . . .	1'834,848	23'575,857	12,85

Weinproduction. Dieselbe ist besonders in Folge der Verheerungen der Reblaus ungemein geschädigt. In den Jahren 1853—56 war das Oidium zum ersten Male aufgetreten und hatte die gesammte Ernte auf 22, 21, 15 und sogar 10 Mill. Hectol. herabgebracht. Auch 1859 und 61 betrug sie nur 29', 1863 begann die Ziffer sich wieder zu heben und sie behauptete sich durchschnittl. auf 50—60', um 1875 mit 83 Mill. ihren Höhepunkt zu erreichen; doch war sie dazwischen 1867 und 73 wieder auf 39 und 35' gesunken. Einem Berichte des Finanzministers entnehmen wir folgende, zugleich die Ein- und Ausfuhr angebende Notizen (in 100 Hectol.):

	Production	Einfuhr	Ausfuhr
1877	56'405	707	3'102
78	48'720	1'603	2'795
79	25'770	2'038	3'047
80	29'677	7'466	2'271

Nach einer anderweiten Angabe waren 1878 1'546,616, 1880 aber 2'208,859 Hectaren mit Reben bepflanzt. Im J. 1875 ergab sich (durchschnittl. à 21 Frcs. pr. hl.) ein Gesammtgeldertrag von 1,718'423,000, 1880 (durchschn. à 43 Frcs.) nur von 1,273'086,000 Frcs.

Im J. 1881 hob sich die Ernte wieder um etwas, auf 34'138,715 hl., d. h. sie blieb gleichwol um 15 Mill. hl. hinter einer Mittelernte zurück. Die Weineinfuhr stellte sich in den 10 ersten Monaten auf 6'513,000, die Ausfuhr auf 2'094,000 hl. Spanien und Italien lieferten gegen 7 Mill. Wein an Frankreich. Aber — es lässt sich nicht verhehlen — eine ungeheure Weinschmiererei, »Weinfabrication«, fand fortwährend und in steigendem Masse statt. Auch die Obstwein-(Cider-)Herstellung hob sich auf mehr als 17 Mill. hl., — über 11'600,000 mehr als im Vorjahre, und über 7 Mill. mehr als im zehnjährigen Jahresdurchschnitte.

Seidenproduction. Frankreich producirte 1878 8 Mill. Kilogr. Seidencocons, 1879 5', 1880 6$\frac{1}{2}$'. Im J. 1881 zählte man 170,860 Seidenzüchter; sie gewannen 8'846,246 kg.

Tabak. Verkauft wurden 1876 in Frankreich durch die Regie im Ganzen 31'230,806 kg., wovon 41,960 in Algier; darunter waren 4'243,856 kg. feinere Sorten (48,435 kg. Cigarren aus Havanna, 3,605 aus Manila). Die gesammte Tabakconsumtion betrug in kg.:

1877	1878	1879	1880
38'941,997	37'884,198	33'920,130	36'299,000

Nach einer in Frankreich officiell erfolgten Berechnung soll die Tababconsumtion pr. Kopf betragen, kg.: in Nordamerika 3, den Niederlanden $2_{,8}$, Belgien $2_{,5}$, Schweiz $2_{,3}$, Oesterreich-Ungarn $1_{,9}$, Deutschland $1_{,9}$, Schweden $1_{,2}$, Russland $0_{,9}$, Serbien $0_{,93}$, Frankreich $0_{,55}$, Italien $0_{,7}$, Rumänien $0_{,2}$, Dänemark $0_{,1}$, Finnland $0_{,1}$. (Vgl. dagegen vorn, S. 14, die deutsche offic. Aufstellung.)

Dampfmaschinenbetriebe, 1878. 47,343 Maschinen von 3'024,828 Pferdekraft (1860 erst 18,718 Maschinen von 527,344 Pferdekr.).

Inländische Zuckerfabrication. Fabriken im Betriebe 1880 495, 1881 493; ausser Betrieb in den nämlichen Jahren 10 und 13. Brutto-Production gleichzeitig 279'781,248 und 294'369,692 kg.; raffinirter Zucker 269'406,055 und 288'961,854 (am meisten in den Departements Aisne, Nord, Somme, Pas-de-Calais und Oise). — Im J. 1881 wurde Rohrzucker zu Schiff eingeführt: französischer 9'177,233, fremder 44'743,350, davon gingen in den Specialhandel über 52'895,818 kg.; die erhobene Zollgebühr betrug 9'244,309 Frcs. Ausserdem wurde Rübenzucker in den Generalhandel eingeführt 93'444,703 kg. (davon aus Deutschland 38'744,566), in den Specialhandel aber 92'839,559 kg., nämlich aus Deutschland 39'379,792, Belgien 35'029,529, Oesterreich-Ungarn 18'191,048 etc. Die hiervon erhobenen Zollgebühren beliefen sich auf 31'965,662 Frcs. Ausgeführt wurden im Specialhandel im J. 1881 5'071,608 kg. — Was die Einfuhr von Colonialzucker betrifft, so gingen 74'518,521 kg. mit 17'260,190 Frcs. Gebühr in den Specialhandel über, davon 25'778,965 kg. aus Guadeloupe, 20'290,411 aus Martinique, 24'041,396 aus Réunion, 4'096,604 aus Mayotte und Nossi-Bé.

Schifffahrt, 1880.

a. Französ. Schiffe:

Im Verkehr mit Algier	2,557 Schiffe
- - - den Colonien und franz. Besitzungen .	649 -
Grosser Fischfang	999 -
Zusammen	4,205 -

Französ. Verkehr mit dem Auslande:

Europa und Mittelmeer	12,734 -
Schiffe langer Fahrt	1,262 -
Gesammtsumme	13,996 -

b. Fremde Schiffe:

Europa und Mittelmeer	37,392 -
Schiffe langer Fahrt	3,956 -
Zusammen	41,348 -
Französ. und fremde Schiffe gemeinsam	59,549 -

Tonnengehalt (in je 1,000 Tonnen):

a. Französ. Schiffe im franz. Verkehre:

Mit Algier	1,859
- den Colonien und französischen Besitzungen .	258
Grosser Fischfang	110
Zusammen	2,227

Französ. Schifffahrt mit dem Auslande:

Europa und Mittelmeer	3,321
Lange Fahrt	1,193
Zusammen	4,514

b. Fremde Schiffe:

Europa und Mittelmeer	9,411
Schiffe langer Fahrt	2,973
Zusammen	12,384
Gesammtsumme	19,125

Effectivstand der französ. Handelsmarine: 15,058 Schiffe mit 919,298 Tonnen, darunter 652 Dampfer von 277,759 Tonnen. Im Ganzen befinden sich darunter 25 Dampfschiffe von 2,000 Tonnen und darüber, im Total mit 58,778 Tonnen. Im J. 1881 stellte sich der Schiffsverkehr so:

	Eingelaufen		Ausgelaufen	
	Schiffe	Tonnen	Schiffe	Tonnen
Französische Flagge	9,966	3'721,714	8,072	3'358,136
Fremde -	24,554	7'954,032	15,301	4'169,010
Zusammen	34,520	11'675,746	23,373	7'527,146

Handel. Der Verkehr Frankreichs sowol mit seinen Colonieen als dem Auslande (der Generalhandel, Ein- und Ausfuhr zusammen) ward für 1880 auf 10,725 Millionen geschätzt, = 876 Mill. mehr als im Vorjahre und 1,382' mehr als in der vorangegangenen 5jährigen Periode. Davon kamen 6,113' auf die Einfuhr (534 mehr als im Vorj. und 1,191' mehr als in den jüngstverflossenen 5 Jahren), und 4,612' auf die Ausfuhr (342' und 191' mehr).

Der (vorzugsweise wichtige) Specialhandel umfasste 8,501 Mill. (Vorjahr 7,827), davon 5,033 Ein- und 3,468 Ausfuhr. Dabei sind 78' nicht eingerechnet, welche eine Umarbeitung erfuhren und sowol ein- als wieder ausgeführt wurden.

Die auf dem Meere transportirten Waaren hatten (Im- und Exportation) einen Gesammtwerth von 7,196 Mill.; davon kamen auf die franz.

Flagge 2,727, nämlich Schifffahrt nach den franz. Colonieen und Gross-schifffahrt 524, Navigation mit dem Auslande 2,203'.

Entrepots (Freilager). Das Gewicht der gelagerten Waaren betrug im J. 1880 14'942,477 metr. Ctr., einen Werth von 510 Mill. Frcs. repräsentirend (Vorjahr 15'504,669 Ctr., 559' Frcs.). Ihrer Wichtigkeit nach folgten sich die einzelnen Plätze in folgender Ordnung (Ein- und Ausfuhr zusammen, in Mill. Frcs.):

	Generalh.	Specialh.		Generalh.	Specialh.
Marseille . . .	1,966,6	1,399,6	Belfort	212,9	193,0
Havre	1,911,7	1,326,9	Jeumont	180,2	166,2
Paris	872,0	858,0	Saint-Nazaire . .	172,0	120,5
Bordeaux . . .	716,3	622,6	Dieppe	169,4	142,8
Boulogne . . .	558,7	282,3	Calais	156,6	145,4
Dünkirchen. . .	344,9	327,1	Tourcoing	139,1	133,8
Cette	244,4	230,9	Avricourt	96,1	93,2
Rouen	237,9	234,1			

Transit. Die als Transit durch Frankreich beförderten Waaren hatten im J. 1880 ein Gewicht von 3'091,639 metr. Ctr. = 318,064 mehr als im Vorjahre, einen Geldwerth von 746 Mill. Frcs. (102 Mill. mehr) repräsentirend.

Vergleichende Bemerkungen über die Geschäftslage in den drei grossen Industrieländern England, Frankreich und Deutschland während der jüngsten Jahre s. unter Grossbritannien, Handel.

Die amtliche Tabelle der Ein- und Ausfuhren während des J. 1882 weist folgende Ziffern auf: Die Einfuhr erreichte im ersten Semester 2,424'761,000 Frcs. gegen 2,387'067,000 im J. 1881, die Ausfuhr 1,744'175,000 gegen 1,584'738,000 Frcs. im J. 1881; im zweiten Semester erreichte die Ausfuhr 1,854'989,000, also um etwa 110 Mill. mehr als im ersten, aber 224'777,000 weniger, als während der entsprechenden Periode von 1881. Die Abnahme trat plötzlich im December ein und zeigte sich vorwiegend bei fertigen Gegenständen. Ausserdem war im ersten Halbjahr eine Zunahme von 84 Mill. auf landwirthschaftliche Erzeugnisse constatirt worden; dieser Ueberschuss vermochte sich aber in den letzten sechs Monaten nicht zu behaupten, sondern es trat ein Deficit von 5 Mill. an seine Stelle. Nicht minder klar ist der Unterschied zwischen den beiden Halbjahren in Betreff der Rohproducte. Das erste hatte einen Ueberschuss von 41, das zweite nur einen solchen von 24 Mill. aufzuweisen. Die Einfuhren während des zweiten Semesters betrugen 2,547'371,000 Frcs. gegen 2,476'441,000 im J. 1881. Die Thatsache, dass der Monat December den Ausschlag im ungünstigen Sinne gab, wird zum Theil, und höchst wahrscheinlich nicht mit Unrecht, durch die Verschlimmerung der politischen Lage in jenem Augenblicke der socialen Wirren und anarchistischen Drohungen erklärt, welche also während jenes Zeitraumes den französischen Handel täglich vier Millionen gekostet hätten.

Hauptverkehrsländer, Jahr 1881, Mill. Frcs.:

Einfuhr aus		Ausfuhr nach	
Verein. Staaten	731,0	England	910,6
England	663,5	Belgien	465,0
Belgien	457,4	Deutschland	362,9
Deutschland	438,2	Ver. Staaten	332,2

Einfuhr aus		Ausfuhr nach	
Italien	398,3	Schweiz	320,4
Spanien	343,2	Italien	181,3
Russland	314,1	Algier	161,8
Britisch-Indien	155,6	Spanien	158,7
Argentinische Republik	143,0	Argentinische Republik	84,6
Türkei	133,5	Brasilien	76,2
Algier	126,0	Türkei	45,5
Oesterreich-Ungarn	124,1	Niederlande	37,5
Schweiz	114,1	Aegypten	37,5
China	100,0	Russland	34,0
Schweden	87,3	Oesterreich-Ungarn	28,5
Aegypten	55,7	St. Thomas	23,9
Brasilien	52,4	Neu-Granada	21,8
Niederlande	40,9	Uruguay	21,0
Norwegen	34,9	Portugal	19,7
Holländisch-Indien	34,0		

Hauptverkehrsartikel, Mill. Frcs. :

Einfuhr.		Ausfuhr.	
Cerealien	788,5	Wollgewebe	370,2
Wolle, in Masse	370,2	Weine	245,1
Seide	322,2	Seidengewebe	234,3
Wein	313,9	Tabletterie, Mercerie	168,4
Holz, gewöhnlich	278,0	Gegerbte Felle	163,9
Rohe Baumwolle	215,4	Rohseide	156,6
Thiere	177,2	Rohe Wolle	132,5
Oele	170,1	Raffinirter Zucker	92,8
Felle	170,0	Verarbeitete Felle	92,1
Oelgewächse	114,5	Butter und Käse	90,3
Kaffee	97,6	Spirit und Liqueure	80,6
Obst, Tafelfrüchte	96,7	Confectionsartikel	80,3
Fremder Zucker	84,4	Baumwollgewebe	79,1

Der Specialhandel von 1882 umfasste nach provisorischem Abschluss 4,946,4' Ein- und 3,612,4' Ausfuhr an Waaren, ausserdem 363,2' Ein- und 302,2' Ausfuhr. Eine andere ebenfalls provisorische Berechnung ergibt: Es betrug der Export 1882 3,596 Mill. Fr. (— 34'). Auf Nahrungsmittel entfallen davon 866' (— 5'), auf Fabricate 1,857' (— 21'). Der Import betrug 4,972' (+ 109'). Davon entfallen auf Nahrungsmittel 1,687' (— 3'), auf Natur- und Industrieproducte 2,314' (— 6'), auf Fabricate 673' (+ 99') und auf andere Waaren 297' (+ 20').

Fischfang, 1880. Gefangen wurden: Stockfische (Neu-Fundland und Island), Häringe, Makarellen und sonstige Seefische 128'731,524 kgr., im Geldwerthe von 86'917,668 Fr.; im Stockfischfang waren 10,296 Mann, in der Küstenschifff. 72,488 M. verwendet, ferner 416 Schiffe im Ersteren, 22,320 in der Letzteren. — Der Häringsfang lieferte 33'681,196 kgr., im Werthe von 8'384,171 Fr., ferner der Sardinenfang 628'478,248 Stück, werth 15'963,778 Fr. — Die Küstenschifffahrt ergab 48'324,308 kgr., werth 33'030,361 Fr. — Austern wurden gewonnen 144'552,625, verkauft für 1'309,791 Fr.

Stockfischfang. Das Ergebniss war 1880 465,487 metr. Cntr. an Fischen, Thran, Fischbein etc. Davon wurden 58,203 metr. Cntr. Stockfische gegen Prämie ausgeführt. Für diesen Fischfang wurden 636 Fahrzeuge mit 11,007 Seeleuten verwendet (Vorjahr 716 und 13,238).

Häringsfang 1880: 745 Fahrzeuge von 25,578 Tonnen mit 10,427 Matrosen (Vorjahr 725 Sch., 25,741 T.); eingebracht 347,560 metr. Cntr. (Vorjahr 348,474).

Eisenbahnen. Ende 1881 standen im Betriebe:

	Kilom.	Brutto-Einnahme	pro Kilom.
Das alte Netz	10,390	788'699,866 Fr.	76,151 Fr.
Das neue Netz	10,387	236'004,296	22.955
Das Special-Netz	144	6'599,066	49,993
Staatsbahnen	3,517	24'695,640	8,761
Kleine Gesellschaften . . .	859	14'379,389	17,796
Zusammen	25,273	1,070'378,257	43,988

Dazu, schon 1880, Secundärlinien 2,184 klm. (mit den bis 1880 bereits concessionirten Linien 3,693 klm.

Der grösste und werthvollste Theil der französ. Eisenbahnen ist das Eigenthum von 6 Actiengesellschaften. Ueber ihre finanzielle Fundirung folgende Notiz, welche bei dem mehrfach bereits angeregten Projecte der Staatseinlösung wesentlich mit in Betracht kommen dürfte. An Actien und Obligationen hatten bis 1880 ausgegeben die Chemins:

de l'Est	1,279'046,117 Fr.	davon Actien	292'000,000
Paris à Orléans	1,421'281,504	– –	300'000,000
Paris à la Méditerranée . .	2,236'164,374	– –	345'549,215
du Midi	860'129,758	– –	125'000,000
du Nord	731'045,137	– –	231'875,000
du Ouest	1,242'256,805	– –	150'000,000
Total	7,769'923,695	– –	1,444'424,215

Post und Telegraph. Nachdem 1878 die Post- u. Telegraphen-Taxen wieder herabgesetzt worden waren, ergaben sich u. a. folgende Resultate:

I. Post.	1877	1881
Frankirte Briefe	374'400,645	663'094,807
Unfrankirte Briefe	7'789,651	5'978,001
Declarirte Sendungen	1'919,767	3'202,413
Recommandirte Briefe	5'042,171	8'762,442
Postkarten	32'060,476	32'234,285
Zeitungen	216'536,859	354'451,032
Drucksachen unter Kreuzband . . .	191'236,439	297'842,951
Drucksachen unter Couvert	14'535,851	50'291,926
Muster ohne Werth	7'149,478	13'337,647
Proben	14'105,058	21'009,582
Zusammen	865'516,395	1,450'205,086
II. Telegraph.		
Inländische Telegramme	7'180,636	17'514,147
Ausländische Telegramme	993,942	1'952,017
Zusammen	8'174,578	19'466,164

Beim Sturze des Kaiserreichs hatte das Telegraphennetz nur eine Länge von 11,000 klm. Schon 8 Jahre später waren aber 57,500 neue Kilometer geschaffen. Vor 1878 betrug der jährl. Zuwachs 5,000 klm., in den Jahren 1878 u. 1879 belief er sich auf 13,000 klm. Alle Hauptstädte der Departements waren noch nicht direct mit Paris verbunden und das Hauptaugenmerk der Verwaltung ging nun dahin, diesem Uebelstande abzuhelfen. Die Verwaltung liess es sich angelegen sein, das Netz im Jahre 1880 zu beendigen. Während nun aber dasselbe 1877 erst eine Ausdehnung von 37,090 klm. hatte, erreicht dasselbe 1883 eine solche von 87,020.

Gründung neuer Handelsgesellschaften. Nach den Einträgen in die Handelsregister erfolgten deren :

1876	1877	1878	1879
4,022	4,088	4,152	4,521

(Neuere Notizen liegen noch nicht vor.)

Fallimente. (Nach der franzÖs. Justizstatistik, deren VerÖffentlichung übrigens nur ältere Angaben enthält, basirt auf die wirklichen Abschlüsse.)

	Fallimente.	Passiva.
1872	5,306	215 Mill. Frcs.
1873	5,508	218
1874	5,596	241
1875	5,361	246
1876	5,193*)	298
1877	5,480	260
1878	6,021	255 (gegen 69' Activa)
1879	6,194	260,6 (gegen 76,5' Activa).

Wir reihen hier sogleich an die **Zwangsversteigerungen von Immobilien.** Im J. 1879 wurden deren 21,736 vollzogen. Der Erlös betrug 394'282,011 Frcs. Die Procedur hatte 14'309,194 Fr. Kosten verursacht.

Versicherungswesen. Nach einer Aufstellung im Journal officiel vom Aug. 1879 betrug das versicherbare Eigenthum in Frankreich etwa 93½ Milliarden. Davon waren jedoch nur 54 Milliarden = 60% wirklich assecurirt. In der Hauptziffer sind einbegriffen: 45 Milliarden bebautes Eigenthum (Häuser etc.), 10 Haus-Mobiliar, 6 Vieh, 3 landwirthschaftliche Utensilien, 9 Ernten, 7 Milliarden Staats- und 3 Gemeindeeigenthum. Die Lebensversicherungen sind dabei nicht einbegriffen. — Von 1819—1859, also binnen 40 Jahren, bestanden 13 Actiengesellschaften für Lebensversicherung; sie brachten es auf 40,258 Capitalversicherungen mit 354 Mill. Frcs. und 26,900 Rentenversicherungen mit 17'490,000 Fr. Später entstanden 11 weitere Anstalten. Die Gesammtsumme hob sich Ende 1880 auf 418,357 Verträge mit 4,286'822,000 Capital und 97,826 Verträge mit 63'939,000 Fr. Renten. Von den Ersteren standen anfangs 1881 noch 207 Verträge mit 2,182'926,162 Fr., und von Letzteren 47,693 Verträge mit 28'245,000 Fr. in Kraft. Die Zahl der neuen Abschlüsse war im Kriegsjahre 1871 auf 6,782 mit 89 Mill. herabgegangen. Dagegen waren die neuen Abschlüsse :

Jahr	Verträge	Capital	Verträge	Rente
1876	28,164	284'840,000	3,795	3'042,000
1877	29,678	278'370,000	3,925	2'904,000
1878	33,414	315'060,000	4,153	3'469,000
1879	36,792	337'075,000	4,677	3'532,000
1880	47,323	455'275,807	5,345	3'982,000

Gegen **Brand** waren Ende 1880 versichert 101,415'354,623 Frcs. gegen das Vorjahr mehr 2,970'423,722 Fr.

---

*) Dazu kamen 7,101 schwebende aus früheren Jahren. Von beiden wurden 5,784 beendigt, nämlich 2.128 (37%) wegen Mangel aller Activen, 2,396 durch Verständigung der Gläubiger, 794 durch Accord und 257 durch Liquidation der Masse. Von den 3,447 Fällen der 3 letzten Kategorien erhielten die Gläubiger über 76%, 117 zwischen 51 und 75, 652 zwischen 26 und 50, 1,154 zwischen 10 und 25, 1,069 unter 10, 322 gar nichts.

Gegenseitige Hilfsgenossenschaften (Sociétes de secours mutuelles) bestanden gegen Ende des Kaiserreichs 6,139 mit (rund) 45 Mill. Capital; obwol über 300 solcher Vereine in Elsass-Lothringen weggefallen waren, stellte sich die Anzahl Ende 1879 auf 6,525 mit 92 Mill. Capital und 900,000 Mitgliedern. Im Jahr 1880 zählte man 4,790 approbirte (unter Leitung des Staates) und 1,987 blos autorisirte, zusammen 6,777. Betheiligt hatten sich 1'065,507 Personen, wovon allerdings 148,036 blos Ehrenmitglieder waren, welche auf jede Unterstützung von vornherein verzichteten. Den approbirten Gesellschaften gehörten 129,857 Ehrenmitglieder, davon im Uebrigen 528,622 Männer und 111,991 Frauen als ordentliche Mitglieder an; in den autorisirten zählte man 18,179 Ehren-, weiter 243,901 männliche und 32,957 weibliche ordentliche Mitglieder. Das Vermögen beider Arten von Genossenschaften, im J. 1852 erst 10'714,877 Fr., 1869 aber 55'133,551, dann 1870 herabgegangen auf 52'170,985, schloss 1880 mit 94'556,372, wovon auf die approbirten 71'766,646 Fr. kamen.

Wohlthätigkeitsbureaux gab es 1879 13,509, welche 1'279,936 Personen unterstützten und 41'989,815 Fr. Jahreseinkommen hatten.

Ausserdem gab es im J. 1878 1,563 Krankenhäuser und Spitäler, mit 100'918,600 Fr. Einkommen, die über 164,955 Betten verfügten (71,192 für Kranke, 54,254 für Pfründen).

Sparkassen. Ende 1880 waren 3'838,427 Büchlein ausgestellt, in der Gesammtsumme von 1,280'824,349 Fr. (durchschnittlich 360 Fr.); durch Gesetz vom 9. April 1881 wurde die Einführung von Postsparkassen verfügt.

Schenkungen und Vermächtnisse erflossen 1878 24'373,630, davon 10'064,190 für Spitäler, 8'065,126 für kirchliche Zwecke, 5'675,172 für Gemeinde- und Departementszwecke.

Bank von Frankreich. Deren Operationen dehnten sich 1880 auf 10,686'507,200, 1881 aber auf 14,388'955,200 Frcs. aus.

Auswärtige Besitzungen.

In der Neuzeit zeigt sich Frankreich unausgesetzt bestrebt, seine auswärtigen Besitzungen in allen Erdtheilen auszubreiten. Die ausgedehnteste und wichtigste derselben ist das seit 1830 successiv im ganzen jetzigen Umfang in Besitz genommene

Algerien.

Da die Landgrenzen sehr unsicher sind, so lässt sich das Areal nur ungefähr schätzen. Nimmt man den äussersten Umfang an, den Frankreich beansprucht, so lässt sich allerdings ein Areal von 600,000 Q.-Kilom. herausrechnen. Dies entspricht jedoch der Wirklichkeit keineswegs. Nachdem die Fläche unter der Militärverwaltung rectificirt, gemäss Berechnung des *Bureau des longitudes* von 1882, ergibt sich folgender Umfang (Departemente), in Q.-Kilom.:

	Algier	Oran	Constantine	Zusammen
Unter Civilverwaltung . .	8,268	15,356	17,976	41,600
- Militärverwaltung .	96,899	70,747	109,088	276,734
Zusammen	105,167	86,103	127,064	318,334

Bezüglich der Bevölkerung liegen folgende neuere Angaben, beruhend auf der officiellen Zählung von 1881, vor:

Departemente	unter Civilverw.	unter Militärverw.	Zusammen
Algier	1'072,762	178,910	1'251,672
Oran	674,830	92,492	767,322
Constantine . . .	1'075,355	216,063	1'291,418
Total	2'822,947	487,465	3'310,412

Nach dem Jahrbuche von Algier 1880 setzte sich die Einwohnerschaft, abgesehen von 51,000 Mann Militär, damals folgendermassen zusammen :

Franzosen	156,365	Sonstige fremde Nationalit.	16,861
Einheim., 1871 naturalisirte		Unbestimmt	8,890
Juden	33,312	Diese zusammen	353,639
Spanier	92,510	wozu dann etwa	2'956,773
Italiener	25,759	Muselmänner kommen	3'310,412
Malteser	14,220	Total mit Militär	3'361,412
Deutsche	5,722		

Das Gebiet ist folgendermassen eingetheilt :

	unter Civilverwaltung			unter Militärverw.	
Departemente	Arrondiss.	vollberecht. Gemeinden	gemischte Gemeinden	gemischte Gemeinden	Gem. der Eingebor.
Algier	5	76	26	3	5
Oran	5	54	19	3	3
Constantine . .	6	65	32	—	7
Zusammen	16	195	77	6	15

Naturalisationen von Ausländern, obwol durch Herabsetzung des geforderten Aufenthalts im Lande nur während 3 Jahren, wesentlich erleichtert, werden wenig nachgesucht. Im J. 1880 betrugen die Einwanderungen 120,397, die Auswanderungen 102,961.

Städte. Algier (1881) 71,339 Einw. (darunter 27,982 Franzosen, 13,196 Spanier, 4,473 Italiener). Vom J. 1871 liegen folgende, somit ältere Angaben vor (ohne Militär): Oran 40,254, Constantine 30,330, Tlemcen 18,722, Bône 16,196, Philippeville 10,267, Mascara 9,240, Sidi-Bel-Abbès 8,787, Blida 8,113, Biskra 7,367, Mustapha 7,161.

Finanzen. Die neuesten uns vorliegenden Budget-Vorschläge, einerseits der Regierung, andererseits Anträge der Prüfungs-Commission, sind die für 1879 :

	Regierung	Prüfungs-Commission
Gewöhnliche Ausgaben	28'737,284	28'542,908 Frcs.
Ausserordentliche Hilfsmittel . . .	4'100,000	4'100,000 -
Aus Special-Ressourcen . . .	3'800,550	3'600,550 -
Für Gesammt-Algerien	36'637,834	36'243,458 Frcs.

Die Budgets der Departemente für 1878 schlossen so ab:

	Einnahmen	Ausgaben
Algier	4'107,936	2'574,556
Oran	2'463,592	2'121.754
Constantine . .	5'069,117	4'716,096
Zusammen	11'640,645	9'412,436

Gemeindefinanzen, 1878:

	Einnahmen		Ausgaben	
Civilterritorium	ordentliche	ausserordentl.	ordentliche	ausserordentl.
Algier . . .	4'327,361	2'013,703	4'060,685	1'658,795
Oran	3'219,012	2'267,464	2'961,145	1'667,405
Constantine .	4'738,290	7'330,954	4'378,873	4'687,459
Zusammen	12'284,663	11'612,121	11'400,703	8'013,659
Militärterritorium				
Algier . . .	93,431	48,327	83,981	31,663
Oran	453,264	305,564	303,141	261,560
Constantine .	93,901	60,063	82,357	55,793
Zusammen	640,596	413,954	469,479	349,016
Beide Territor.	12'925,325	12'026,075	11'870,182	8'362,675
	24'951,400		20'232,857	

Einiges Neuere ergibt sich aus dem französischen Staatsbudget, Finanzen, S. 93 flg.

Militärwesen. Das 19. Armeecorps und einige Detachements der übrigen 18 Corps bilden die Besatzung Algeriens; ausserdem wird Marineinfanterie, welche unter dem Marineminister steht, dabei mit verwendet. Die effective Stärke betrug nach der Liste von 1879 55,937 Mann, worunter 2,620 Officiere; der Pferdestand war 14,478. Unter den Truppen befanden sich 18,886 M. Linien-Infanterie, 6,047 Cavallerie, 2,792 Artillerie, 903 Genie, 3,520 Train, 2,668 Fremdenregiment, 11,620 inländische Truppen (Spahis und Tirailleurs), 3,633 Militärsträflinge etc. Nachdem jedoch in Folge der kriegerischen Verhältnisse mit Tunis partielle Truppenaufgebote in Frankreich eine Störung im Organismus der dortigen Corps herbeigeführt, gelangte man zum Entschlusse einer andern Organisation. Vorgeschlagen ist nun Folgendes: Die Marineinfanterie soll durch eine Colonialtruppe ersetzt werden, recrutirt durch Anwerbung oder Rengagement von ausschliesslich unter dem Kriegsminister stehenden Freiwilligen. Diese Streitmacht, repartirt im Verhältniss von 2 Compagnien auf das Infanterieregiment, also zusammen 288 Compagnien umfassend, würde in den Colonieen und in Algerien künftig den Dienst der Marineinfanterie versehen. 144 dieser Compagnien, sonach die Hälfte, würden stets in Algerien verwendet; die andern 144 verblieben in Frankreich, wo sie einen zu allen ausserhalbcontinentalen Expeditionen stets bereiten Kern bilden würden, ohne dass man die gewöhnliche Armee zu desorganisiren brauchte; ausserdem wäre Sorge getragen für einen beständigen Wechsel, ein Roulement, zwischen den Compagnien in Frankreich und jenen jenseits des Meeres; 70 der letztern fänden Verwendung in Algerien, 64 in den Colonien und 10 dienten dem beständigen Roulement. Ein ähnliches System fände bei der Artillerie und dem Genie Anwendung. Ausserdem liesse man in Algerien und den Colonieen die localen Truppen fortbestehen; an sie würden sich die aus dem Mutterland gesendeten Soldaten anreihen.

Auf diese Weise sollen zur Seite der 70 Compagnien der Colonialarmee in Algerien bestehen: ein afrikanisches Corps, gebildet aus einer Division Zouaven von 15,000 M., einer Division eingeborener Tirailleure von gleicher Stärke und einer aus der Fremdenlegion und den Straftruppen gebildeten Division; endlich zwei Cavalleriedivisionen, afrika–

nische Jäger und Spahis. Die Colonialarmee umfasste 40—45,000 Mann und die afrikanische Streitmacht 50—60,000, zusammen eine Zahl von ungefähr 100,000, alles alte Soldaten oder Freiwillig-Eingereihte.

Unterricht, 1879. Volksschulen unter Laienleitung gab es 502, unter Congregationisten 162, zus. 664; Lehrpersonal, laisches 803, geistliches 445. Die Schulen wurden von 48,175 Kindern besucht, bestehend der Nationalität nach aus 23,827 Franzosen, 15,933 Fremden, 5,876 Israeliten, 2,539 Mohammedanern. Secundarschulen gab es 15, mit 3,817 Eleven, wovon 2,759 Franzosen, 373 Ausländer, 422 Israeliten und 263 Mohammedaner. Am höhern Unterrichte betheiligten sich 334 Zöglinge.

Bodenbenutzung. Vom Grundeigenthum waren im J. 1879 1'008,656 ha. Eigenthum von Europäern, 17'302,119 von Eingeborenen. Die agricole Bevölkerung, Frauen und Kinder eingerechnet, betrug 138,510 Europäer (dabei 52,686 Männer) und 2'337,169 Eingeborene. — Der Waldbesitz der Domänen und Gemeinden ward auf 2'045,066 ha. berechnet, mit 610,878 Fr. Reinertrag. — Gesammt-Viehstand: 156,929 Pferde, 134,232 Maulthiere, 187,464 Esel, 195,303 Kameele, 1'200,004 Rindvieh, 8'788,452 Schafe, 3'468,688 Ziegen, 57,038 Schweine. Von der Gesammtsumme gehörten 528,496 Europäern und 13'659,614 Eingeborenen. Der Werth der vorhandenen landwirthschaftlichen Instrumente ward auf 14'219,419 Frcs. berechnet, wovon 11'258,905 im Besitze von Europäern. — Angebaut 1879 341,679 ha. von Europäern mit 2'627,307 metr. Ctr. Körnerertrag und 2'430,297 ha. mit 11'333,994 metr. Ctr. Körner von Eingeborenen. — Reben 17,737 ha. und 346,000 hl. von Europäern und 2,257 ha. mit 5,525 hl. von Eingeborenen. — Tabak 3,180 ha. mit 1'226,181 kgr. von Europäern und 6,584 ha. mit 1'384,802 kgr. von Eingeborenen. — Alfa wurden 1879 62,596 Tonnen geliefert, wovon 47,761 Tonnen nach England und 11,600 nach Spanien gingen.

Bergwesen, 1879. Eisenproduction 417,853 Tonnen, Geldwerth 4'612,123 Frcs.; Blei, Kupfer, Zink etc. 9,713 Tonnen, werth 982,514 Frcs., Salz aus den Salzseen 16,923 Tonnen, 404,489 Frcs. Im J. 1876 waren 16 Gruben mit 3,618 Arbeitern im Betriebe, welche 568,320 Tonnen Eisenerze und 17,412 T. Blei- und Kupfererze lieferten (wobei aber nur Gruben in Rücksicht gezogen sind, die jährlich über 5,000 T. producirten). Man hatte 18 Dampfmaschinen mit 349 Pferdest. auf den Eisensteinsgruben, auf den übrigen Gruben 4 Maschinen mit 60 Pferdest. Schmelzöfen gab es nicht; der grösste Theil der Erze geht nach Frankreich, der übrige nach England, Belgien und den Vereinigten Staaten. An Kohlen wurden nach Algerien importirt im J. 1875 aus England 59,450 Tonnen, aus Frankreich 12,400 T.; an Erzen aus Algerien exportirt in den J. 1869—76 2'843,618 T. à 2,205 Pfd. Erze und zwar 2'808,566 T. Eisenerze, 10,138 T. Kupfererze, 24,913 T. Bleierze.

Handel, 1880. Der Verkehr mit dem Auslande und den Entrepots in Frankreich betrug 136'651,160 Frcs., der Specialhandel mit dem Mutterlande 290'605,161, der gesammte Generalhandel sonach 427'256,321 Frcs.

Schifffahrt, 1880. Zahl der Transporte zwischen Algier und dem Mutterlande 6,920 Fahrten mit 3'026,618 Tonnen, und zwar fuhren 2'068,830 Tonnen unter franz. Flagge, unter englischer 561,089, unter spanischer 129,166, unter italienischer 63,902.

Tunis.

Obwol die Verhältnisse dieses Beyliks staatsrechtlich noch keineswegs formell geordnet sind, tragen wir doch kein Bedenken, die Verhältnisse desselben hier zu besprechen, da das Land thatsächlich der franz. Oberherrlichkeit unterworfen ist.

Nachdem Tunis Jahrhunderte lang (seit 1575) unter Türkischer Oberhoheit gestanden, die allerdings im Laufe der Zeit immer mehr abschwächte, erlangte dasselbe laut Firman vom 25. Oct. 1871 definitiv seine Unabhängigkeit. Der Sultan verzichtete auf den bisherigen Tribut und bewahrte nur eine geistliche Oberhoheit, was ihn indess nicht abhielt, seitdem weiter gehende Ansprüche, Frankreich gegenüber, zu erheben. Gedrängt durch eine franz. Kriegsmacht, stellte sich der Bey laut Vertrag in dem Bardo vom 12. Mai 1881 förmlich unter das Protectorat Frankreichs. Eine nähere Feststellung erfolgte durch Decret vom 22. April 1882. Ein franz. Minister-Resident ist das Organ der franz. Regierung.

Der Umfang des Tunesischen Gebiets lässt sich nicht genau bestimmen. Während das *Annuaire de l'Économie politique et de statistique* von M. Block 1882 168,700 Q.-Kil. annimmt, entziffert der Goth. Hofkalender und ebenso Böhm und Wagner ca. 116,348 Q.-Kil.

Die Bevölkerung wird in franz. Quellen zu 2 Mill., von Böhm und Wagner zu 2'100,000, im Goth. Hofkalender Jahrgang 1883 das einemal ebenso (S. 663), das anderemal (S. 656) zu 3 Mill. angenommen. Im Hinblick auf die Populationsverhältnisse Algeriens dürfte die niedrigste dieser Zahlen die der Wirklichkeit am nächsten kommende, wenn nicht noch zu hohe sein.

Ueber die Finanzen gibt Block ein Budget aus dem J. 1874/75, abschliessend mit 6'832,300 Frcs. Einnahme und 6'296,850 Frcs. Ausgabe. Der frühere Bey hatte das Land überschuldet. Eine »europäische Finanzcommission«, welche im Interesse der Gläubiger vermittelte, um diesen so viel als möglich zu retten, bewirkte eine Reduction auf 125 Mill. Seit Herstellung des franz. Protectorats hat dieser Staat eine gewisse Haftung für Erfüllung der verheissenen Verbindlichkeiten übernommen.

Die bewaffnete Macht soll, dem Goth. Hofkalender zufolge, aus 5 Reg. Infanterie, 1 Reg. Artillerie und einer kleinen Anzahl Cavallerie, zus. 2—3000 Mann an Regulären und etwa 10,000 Irregulären bestehen, die unter Umständen auf 30,000 Reiter gebracht werden könnten. Nach andern Nachrichten kann es sich kaum um mehr als kleine zusammengeraffte Haufen handeln, schlecht organisirt und schlecht verpflegt. Von einer Kriegsmarine soll noch 1 Avisodampfer und 1 Transportdampfer übrig sein.

Handel, 1879. Einfuhr 17'836,206, Ausfuhr 13'676,947 Piaster.

Schifffahrt, 1880. In den Hafen von Goulette liefen ein: 644 Schiffe, worunter 349 Dampfer, zus. von 192,401 Tonnen, und liefen deren dagegen aus 636, wobei 242 Dampfer von 191,250 Tonnen. Die gesammte Schiffsbewegung in allen Häfen betrug 1,961 Fahrzeuge von 505.305 Tonnen. Der effective Schiffsbestand des Landes wird zu 300 Fahrzeugen angenommen, von 10 bis 150 Tonnen.

Eisenbahnen, im Betrieb 249 klm.

Telegraphen. Gesammtlänge der Linien gegen 1,000 klm.

Franz. Kriegsmacht. Nach einer, December 1882 in der franz. Kammer gegebenen Erklärung des Ministeriums betragen die Occupationstruppen in dieser Zeit etwa 33,000 Mann, ihre Zahl soll jedoch auf 20,000 reducirt werden.

Eigentliche Colonieen Frankreichs.

(Unter dem Ministerium der Marine und der Colonieen stehend, officielle Angaben, welche jedoch näherer Prüfung bedürfen.)

	Q.-Kil.		Bevölkerung
Martinique	99	(1879)	164,250
Guadeloupe und Dependenzien *)	265	-	191,509
Franz. Guiana	720	-	26,116
La Réunion (Saint-Louis und Gorée)	251	-	176,648
Gabon	?	-	?
Mayotte	36	-	10,288
Nossi-Bé	29	-	10,967
Sainte-Marie de Madagascar	90	-	7,135
Franz. Niederlassungen in Indien: Pondichéry, Karikal, Yanaon, Mahé, Chandernagor, Surate	49	(1876)	285,122
Franz. Niederlassungen in Oceanien: Societäts- und Marquesas-Inseln	9,500	-	26,019
Neu-Caledonien	20,000	(1877)	54,828
Inseln Saint-Pierre und Miquelon	?	(1879)	5,224
Französisch Cochinchina	6,000	-	1'597,013
Zusammen in runden Zahlen	38,000		2'600,000

Hier sind nun folgende, von Frankreich neuerdings in Anspruch genommene Gebiete und Schutzländer weiter anzuführen:

Goldküste	2,000		?
Theile von Madagascar	1,000		30,000
Congogebiet	?		?
Cambodja, Schutzstaat	84,000		1'500,000
Tonkin	200,000		15'000,000
Zusammen rund	325,000		19'000,000

Ausser den, bei den kleinen alten Colonieen angegebenen Zahlen, sind dies jedoch nur willkürliche Schätzungen, deren Realität, wie dies namentlich von Brazza's Verträgen wegen des Congogebietes gilt, zur Zeit noch absolut unsicher ist. Das Gleiche gilt von einer Meldung eines gewissen Soleillet, der berichtete, er habe von der Tajurra-Bay Besitz ergriffen, welche ihm der dortige Sultan abgetreten habe. (Die Tajurra- oder Tadschurra-Bay liegt an der Ostküste von Afrika im Golf von Aden,

---

*) La Désirade, Les Saintes, St. Martin (französischer Antheil) und Saint-Barthélémy (früher schwedisch).

unweit der Meerenge von Bab-el-Mandeb. Sie bildet demnach eine höchst wichtige Position, indem man von ihr aus die Weltverkehrsstrasse nach Indien durch das rothe Meer beherrschen kann.)

Die Unsicherheit der Berechnungen und Schätzungen ergibt sich auch aus folgenden Daten.

Böhm und Wagner »Die Bevölkerung der Erde«, 1882, entziffern den Colonialbesitz Frankreichs im Wesentlichen in nachstehender Weise:

I. Colonieen und Besitzungen:	Q.-Kil.	Bevölkerung
Asiatische Besitzungen	59,965	1'873,700
Oceanische -	23,491	78,056
Afrikanische - (mit Algerien)	669,703	3'265,700
Amerikanische -	124,506	397,000
Summe I	877,665	5'614,400
II. Schutzstaaten (Cambodja und Tunis) . .	200,209	2'990,000
Total	1'077,874	8'604,400

Dagegen finden wir in dem unter den gleichen Auspicien redigirten Goth. Hofkalender aufgeführt:

	Q.-Kil.	Bevölkerung
Algerien	430,000	2'876,626
Colonieen	753,811	19'305,608
Schutzstaaten	810,301	8'000,000
Dies würde ergeben	1'994,112	30'182,234

Unter den »Colonieen« sind hier Tonkin (15 Mill. Einw.), Cambodja und Cochinchina, unter den Schutzstaaten Madagascar und Tunis aufgeführt. Die Decimalen vom Quadrat-Kilom. lassen wir hinweg; sie, wie die Einer in der Bevölkerung, haben, wenn man absieht von den kleinen alten Colonieen, kaum einen akademischen Werth.

Hauptproducte in den 4 alten Colonieen (*Colonies à cultures*) 1879 (angebaute ha. und Producte):

		Martinique		Guadeloupe		Guyana		Réunion
Zucker kgr.	ha.	50'320,000	ha.	33'543,024	ha.	118,016	ha.	26'200,302
Sirop	lit.	19,118	9'560,000	23,655	4'771,382	685	—	40,325	3'392,200
Tafia	-		9'380,000		1'971,603		510		1'380,614
Kaffee kgr.	542	118,000	4,003	453,311	535	25,930	4,416	514,650
Baumw.	-	220	4,800	372	44,165	4	?	—	—
Cacao	-	706	504,500	466	111,852	241	21,260	12	300
Nelken	-	—	—	1	267	2	?	27	11,100
Vanille	-	—	—	—	3,566	—	—	1,099	74,677
Pfeffer	-	—	—						
Tabak	-	30	14,600	5	3,250	—	—	464	463,750
Racou	-	—	—	385	442,962	896	268,623	—	—
Lebens-mittel Frcs.	13,418	2'104,000	6,229	5'767,044	2,944	481,272	44,432	2'196,807

Schifffahrt, 1879. Waaren in Frcs., Geld ungerechnet:

	Einfuhr	Ausfuhr
Martinique	29'816,100	33'927,694
Guadeloupe	28'620,599	28'347,566
Guyana	7'321,667	423,063
Réunion	25'775,055	27'228,158
Sénégal	. . .	. . .
St. Louis	8'154,651	7'783,877
Gorée	6'659,757	10'545,497
St. Pierre und Miquelon . . .	9'469,099	11'137,190
Niederlassungen in Indien . .	8'184,401	19'915,431
Zusammen	124'001,329	139'311,476

Von dem 263'312,805 Frcs. betragenden Gesammtverkehr treffen auf den

mit Frankreich	144'391,191 Frcs.
- den Colonieen und franz. Fischereien	13'803,055 -
- dem Auslande	105'118,559 -

Ferner betrug der Schiffsverkehr mit

Mayotte, Nossi-Bé und St. Marie de Madagascar	6'179,975 Frcs.
Neu-Caledonien (Nouméa)	13'870,111 -
Taïti	4'428,061 -
Zusammen	24'478,147 -

Total des Colonial-Ein- und Ausfuhrverkehrs 287'790,952 Frcs. ungerechnet den Verkehr mit Cochinchina, aus welchem die officiellen Berichte fehlen.

Als Transportationsorte für rückfällige Verbrecher hat die franz. Regierung nachbemerkte Puncte bestimmt: 1) Neu-Caledonien, 2) die Neu-Hebriden, 3) die Loyalitäts-Inseln, 4) das Territorium von Ankara (Theil von Madagascar unter franz. Protectorate).

Allgemeiner Ueberblick.

Stellen wir die bisher aufgeführten Hauptmomente, was Arealgrösse und Menschenzahl betrifft, zusammen, so erhalten wir folgendes Gesammtbild:

	Q.-Kil.	Bevölkerung
Europäisches Frankreich	528,577	37'672,000
Algerien	318,000	3'360,000
Tunis etwa	120,000	2'000,000
Aeltere Colonieen nebst Neu-Caledonien	38,000	2'600,000
Neuerdings geltend gemachte Ansprüche (Madagascar, Cambodja, Tonkin) . .	287,000	16'530,000
Total (rund) 13,000 Q.-Myriameter = 1'300,000	62'000,000	

Für Algerien hat Frankreich während eines halben Jahrhunderts viele Zehntausende von Menschen und gegen zwei Milliarden an Geld aufgewendet. Lange blieben alle Anstrengungen und Opfer erfolglos. In der Neuzeit scheint eine Wendung zum Bessern eingetreten, und wenn es auch noch so sehr zweifelhaft sein mag, ob jene Opfer jemals aufgewogen werden können, so unterliegt es doch keinem Zweifel, dass Frankreich nunmehr jenen Besitz niemals mehr freiwillig aufgeben wird, wie viele Franzosen vormals beharrlich forderten.

Aber nicht nur dies. Frankreich hat seinen Colonialbesitz nach allen Weltgegenden, selbst mit fieberhafter Hast, auszubreiten gesucht; es hat sich zu diesem Behuf in gefährliche Unternehmen gestürzt, aus denen ihm noch gar mancherlei Unzuträglichkeiten erwachsen können. Bis jetzt hat es indess bedeutende, weit ausgedehnte Erfolge erlangt, und in Wirklichkeit scheinen ihm dieselben auch für die zunächst absehbare Zukunft günstig. Frankreich ist wieder, nächst England und neben Holland, die grösste Colonialmacht, deren Flagge in allen Erdtheilen ausgedehnte Besitzungen deckt, und die Erinnerung an vergangene Jahrhunderte der Colonialgeschichte wieder wachruft. Gleichwol wird man gut thun, der Ziffer von 16 1/2 Mill. Menschen in Cambodja, Tonkin, Madagascar etc. keine zu grosse Bedeutung beizulegen.

Grossbritannien (Königreich).

Land und Leute.

Allgemeine Uebersicht*). Das »Vereinigte Königreich Grossbritannien und Irland« umfasst 77'828,893 Statute Acres (314,951 Q.-Kilom. oder 3,150 Quadr.-Myriameter, nämlich England 131,912 Q.-Kilom., Wales 19,108, Schottland 78,895, Irland 84,252, die Insel Man 588, die Canal-Inseln 196 Q.-Kilom. — Die seit Anfang dieses Jahrhunderts alle zehn Jahre vorgenommenen Zählungen ergaben folgende **Bevölkerung**:

Jahr	England mit Wales	Schottland	Irland **)	Canalinseln und Man	zusammen
1801	8'892,536	1'608,420	5'216,331	. . .	16'237,300
1811	10'164,256	1'805,864	5'956,460	. . .	18'509,116
1821	12'000,236	2'091,521	6'801,827	89,508	21'272,157
1831	13'896,797	2'364,386	7'767,401	103,710	24'392,485
1841	15'914,148	2'620,184.	8'175,124	124,040	27'036,450
1851	17'927,609	2'888,742	6'552,385	143,126	27'745,949
1861	20'066,224	3'062,294	5'798,967	143,447	29'321,079 ***)
1871	22'712,266	3'360,018	5'412,377	144,638	31'629,299
1881	25'968,286	3'734,370	5'159,839	141,223	35'246,562

Dazu Soldaten und Matrosen ausser Landes.

Von der Gesammtbevölkerung sind 17'253,947 männlich, 17'992,615 weiblich.

Eintheilung. England wird in 52 Grafschaften (*Shires*, auch *Counties* genannt), wovon 12 in Wales, eingetheilt; Schottland in 33 *Shires*; Irland in 4 Provinzen, die wieder in 32 Grafschaften zerfallen. Die Bev. derselben bei der Aufahme vom 4. April 1881 war:

---

*) Die wichtigste Quelle bilden die zahlreichen Parlamentsberichte; wir nennen speciell: den jährlich erscheinenden Statistical Abstract for the United Kingdom (Jahrgang 1882); den Annual Report of the Registrar-General of births, deaths and marriages in England, 1882; ebenso den von Schottland und jenen von Irland; Miscellaneous Statistics of the United Kingdom; Agricultural Returns of Great Britain, 1882; Statist. Abstract for the several Colonial and other Possessions of the United Kingdom, 1882; Statist. Tables relating to the Colonial and other Possessions of the U. K., 29. number, 1882. Was die Resultate der Volkszählung vom 4. April 1881 betrifft, so sind wir auf die vorläufigen Ermittelungen beschränkt, wie dieselben in dem Preliminary Report and Tables of the Population and Houses enumerated in England and Wales . . Presented to Parliament 1881, enthalten sind, da eine definitive Verarbeitung des erlangten Materials noch nicht erzielt ist. Die zu gewärtigenden Modificationen werden voraussichtlich die Hauptresultate nicht wesentlich ändern.

**) Die älteren Angaben sind ungenau: 1841 erfolgte in Irland die erste wirkliche Zählung.

***) Einschliesslich 250,356 Soldaten und Matrosen auswärts.

A. England.

Grafschaften	Bevölk.
Bedford . . .	149,461
Berks	218,382
Buckingham .	176,277
Cambridge . .	185,475
Chester . . .	643.237
Cornwall . . .	329,484
Cumberland .	250,630
Derby . . .	461,141
Devon . . .	604.397
Dorset . . .	190,979
Durham . . .	867,586
Essex . . .	575,930
Gloucester . .	572,480
Hants 'Hamp- shire) . . .	593,487
Hereford . .	121,042
Hertford . .	202,990
Huntingdon .	59,614
Kent	977,585
Lancaster . .	3'454,225
Leicester . .	321,018
Lincoln . . .	469,994
Middlesex . .	2'918,814
Monmouth . .	211,374
Norfolk . . .	444,825

Grafschaften	Bevölk.
Northampton .	272,521
Northumberland	434,024
Nottingham. .	391,984
Oxford . . .	179,650
Rutland . . .	21,434
Salop	247,993
Somerset . .	469,010
Stafford . . .	981,385
Suffolk . . .	356,863
Surrey . . .	1'435,842
Sussex . . .	490,316
Warwick . . .	737,188
Westmoreland .	64,184
Wilts	258,967
Worcester . .	380,291
York	2'886,309

B. Wales.

Grafschaften	Bevölk.
Anglesey . .	50,964
Brekon . . .	57,735
Cardigan . .	70,226
Carmarthen .	124,861
Carnarvon . .	119,195
Denbigh . . .	108,931
Flint	80,373
Glamorgan . .	511,672

Grafschaften	Bevölk.
Merioneth . .	54,793
Montgomery .	65,798
Pembroke . .	91,808
Radnor . . .	23,539

C. Schottland.*)

Grafschaften: Aberdeen, Argyle, Ayr, Banff, Berwick, Bute, Caithness, Clackmannan, Dumbarton, Dumfries, Edinburgh, Elgin oder Moray, Fife, Forfar, Haddington, Inverness, Kincardine, Kinross, Kirkudbright, Lanark, Linlithgow, Nairn, Orkney, Shetland, Peebles, Penfrew, Ross und Cromarty, Roxburgh, Selkirk, Stirling, Sutherland, Wigtown.

D. Irland.*)

Provinzen: 1. Leinster, 2. Munster, 3. Ulster, 4. Connaught.

Die Grafschaften der 4 irischen Provinzen sind: Zu 1: Carlow, Drogheda, Dublin, Kildare, Kilkenny, Kings, Longford, Louth, Meath, Queens, Westmeath, Wexford, Wicklow. — Zu 2: Clare, Cork, Kerry, Limerick, Tipperary, Waterford. — Zu 3: Antrim, Armagh, Belfast, Carrickfergus, Cavan, Donegal, Down, Fermanagh, Londonderry, Monaghan, Tyrone. — Zu 4: Galway, Leitrim, Mayo, Roscommon, Sligo.

Bevölkerungsbewegung. In England und Wales:

	Geburten**)	Sterbefälle	Heirathen		Geburten**)	Sterbefälle	Heirathen
1876	887,968	510,000	201,874	1879	880,389	526,255	182,082
1877	888,200	500,496	194,352	1880	881,643	528,624	191,965
1878	891,906	539,872	190,054	1881	883,518	491,613	197,080

In Schottland:

1876	126,749	74,122	26,563	1879	125,736	73,329	23,462
1877	126,824	73,946	25,790	1880	124,652	75,595	24,489
1878	126,707	76,775	24,333	1881	126,214	72,301	25,948

In Irland (nur annähernd verlässig):

1876	140,469	92,324	26,388	1879	135,328	105,089	23,254
1877	139,659	93,543	24,722	1880	128,086	102,906	20,363
1878	134,117	99,624	25,254	1881	125,840	90,085	21,762

Auf Grundlage einerseits der Zählung vom 4. April 1881, anderseits des seitherigen Ueberschusses der Geburten über die Sterbefälle, jedoch ohne Einrechnung der auswärts befindlichen Truppen und der Kriegs- wie der Handelsmarine, glaubte man officiell den Stand der Bevölkerung für Mitte 1882 so berechnen zu können: England und Wales 26'406,820, Schottland 3'784,100, Irland 5'088,079, zus. 35'278,999.

---

*) Die Bevölkerungsnachweise der Schottischen Grafschaften und der Irländischen Provinzen sind uns zur Zeit noch nicht zu Gesicht gekommen.
**) Nach englischer Art, ohne Berücksichtigung der Todtgeburten.

Auswanderungen. Nach dem »Statistical Abstract for the United Kingdom« betrug die Zahl der Auswanderer aus dem Vereinigten König- reich in den 11 Jahren 1871 bis einschl. 1881 1'921,921, davon:

1877	1878	1879	1880	1881
95,195	112,902	164,274	227,542	243,002

Von der Gesammtzahl gingen 1'263,476 nach den Vereinigten Staaten (im letzten Jahre allein 176,104). In den im »Quarterly Report of the chief of the Bureau of Statistics« mitgetheilten Listen erscheinen jedoch nur 1'154,395 Briten als in die Vereinigten Staaten eingewandert.

Die Zahl der **Einwanderer** in das Vereinigte Königreich aus Nicht- europäischen Ländern, die Nichtbriten jedoch mitgerechnet, wird so an- gegeben:

	1876	1877	1878	1879	1880	1881
	93,557	81,848	77,951	53,973	68,316	77,105
davon Briten	71,404	63,890	54,944	37,936	47,007	52,707

Confessionen. Auch bei der Volkszählung von 1881 wurden nur in Irland Erhebungen bezügl. der Confessionen gepflogen. Laut (offenbar nicht ganz genauen, jedenfalls den' blos provisorisch ermittelten) An- gaben entsprechend, fanden sich: 3'051,888 Katholiken, 635,670 Angli- kaner, 485,503 Presbyterianer und 47,669 Methodisten. Darnach wäre die Zahl der Protestanten 939,109; während eine andere Version aufführt 1'168,842. — Was Grossbritannien betrifft, so schätzten die Times, April 1879, die Zahl der Katholiken auf etwas mehr als zwei Mill. Sie hatten in England und Wales 13 und in Schottland 6 Bisthümer, es gab indess Ende 1880 in Grossbritannien 28 Bischöfe, von denen nämlich 9 Hilfs- und Weihbischöfe; schon 1879, April, zählte man 2,140 kath. Priester und 1,348 kath. Gotteshäuser. Der Adel des Vereinigten König- reichs umfasste, sammt Irland, 38 kath. Pairs und 47 kath. Baronets.

Das mit der Ermächtigung des Cardinals Manning und der römisch- katholischen Bischöfe Englands herausgegebene römisch-katholische »Directory« für 1883 enthält u. a. folgende statistische Daten über die römisch-katholische Hierarchie in England. Darnach gibt es in England und Wales 17 Bischöfe und 2,112 Priester dieser Religion, welche in 1,888 Kirchen, Capellen und Missionsstationen functioniren. Ausserdem sind in Schottland 6 Bischöfe und 306 Priester angestellt, denen die Seel- sorge über die Gemeinden von 295 Capellen obliegt. Für England und Wales gibt es einen Erzbischof mit 14 Weihbischöfen und zwei Hilfs- bischöfen, und zwei Erzbischöfe mit 4 Weihbischöfen für Schottland. Diese Ziffern übersteigen diejenigen, welche in demselben »Directory· kurz vor der Gründung der Hierarchie im Jahre 1850 figurirten, um etwa das Doppelte. 29 römisch-katholische Pairs haben Sitz und Stimme im Hause der Lords; ausserdem gibt es 47 römisch-katholische Baronets und vier römisch-katholische Mitglieder des geheimen Rathes (Privy- Council).

Nationalitäten. Die Zahl der Einwohner, welche celtisch sprechen, wurde auf Grundlage der Volkszählung von 1871 zu 2'185,890 ange- geben. Von diesen verstanden 456,735 überhaupt nicht englisch, näm- lich 304,110 Welshmen (Waliser), 103,562 Irländer, 48,873 Schotten und 190 Bewohner der Insel Man. Die Ergebnisse von 1881 sind noch nicht ermittelt.

Grössere Städte. Wenn wir, wie bereits erwähnt, überhaupt erst die provisorisch ermittelten Zählungsresultate besitzen, so gilt dies ganz besonders von den einzelnen Städten, und nicht nur dies, sondern es fehlt sogar jede, auch nur provisorische Zusammenstellung, welche wenigstens die Gesammtheit dieser Plätze überblicken liesse. Allerdings brachten der »Preliminary Report« und ausserdem verschiedene Zeitungen eine Anzahl Angaben, die, bis Weiteres bekannt wird, wenigstens relativ einen Werth besitzen. Allein sie ermangeln der Uebereinstimmung unter sich und sind überdies durch Druckfehler entstellt. Sehr verdient ist die Bearbeitung dieses Materials durch Böhm und Wagner, wobei dieselben eigens darauf hinweisen, dass die Begriffe über den Umfang der Orte nur selten identisch aufgefasst sind, sondern bald nach den Polizei-, bald nach den Borough-, bald nach den Post- u. a. Bezirken bemessen erscheinen. (Aber auch in diese Zusammenstellung haben sich Druckfehler eingeschlichen. So erscheint namentlich Stoke upon Trent bei Böhm und Wagner nur mit 19,263 Einw., während es etwa 192,600 heissen muss.) Festgestellt ist im Uebrigen bereits, dass England allein nicht nur eine Stadt von mehr als 3³/₄ Mill. Menschen besitzt, sondern überdies mindestens 21 Städte von mehr als 100,000 Einw. Angegeben wird weiter, England allein umfasse 141 Orte von mehr als 20,000 Einw. Aus dem gesammten zur Zeit vorliegenden Material geben wir folgende Zusammenstellung, wobei wir bezüglich Schottlands und Irlands auf die alte Aufstellung von 1871 zurückgreifen müssen, um nicht eine vollständige Lücke zu lassen. Wir beginnen mit nachstehender Liste der älteren Grossstädte in England, welche Liste zugleich deren Wachsen veraugenscheinlicht:

England.	1801	1851	1861	1871	1881
London *)	955,863	2'362,226	2'803,989	3'254,260	3'832,441
Liverpool	82,295	375,955	443,938	493,405	552.425
Manchester **) . . .	94,876	401,321	441,171	475,900	341,508

---

*) Die Begrenzung des Gebietes der Stadt London ist keine feststehende, vielmehr finden sich folgende Normen aufgestellt: 1) Parlamentswahlbezirk; 2) Bezirk nach der Berechnung des Registrar General für Aufzeichung der Bevölkerungsbewegung; 3) Stadtverwaltungs- und (damit zusammentreffend) 4) Schulaufsichtsbezirk; 5) Postverwaltungsbezirk; 6) Strafrechtsbezirk; 7) endlich: hauptstädtischer Polizeibezirk. — Für 1881 berechnete der Registrar General die Bevölkerung des Polizeibezirks auf 4'764,312 Menschen. Zahl der Wohnhäuser daselbst 528,794. Was die City von London betrifft, so beträgt die Bevölkerung derselben, die sich nur während des Tages in diesem Stadttheile aufhält, 260,670 Personen, während die Bevölkerung, die sich in der City auch des Nachts aufhält, nach der am 4. April 1881 vorgenommenen Zählung sich nur noch auf 50,526 Personen beläuft. Dieselbe ist nämlich in beständiger Verminderung begriffen, indem sie bei der Zählung von 1861 noch 112,063, 1871 aber nur noch 74,897 betragen hatte, um 1881 neuerdings fast um die Hälfte verkleinert zu erscheinen, indess die Tagesbevölkerung eine neue Zunahme von 40,011 Individuen constatirte. Dagegen ist der Werth des steuerbaren Eigenthums von 2'109,953 £ in 1866 auf 3'537,551 £ in 1881, also um rund 1¹/₂ Millionen gestiegen. — Was die verschiedenen einzelnen Theile von London ausserhalb der City betrifft, so betrug deren Bevölkerung am 4. April 1881: Chelsea 366,516, Finsbury 524,460, Greenwich 206,651, Hackney 417,191, Lambeth 498,967, Marylebone 498,311, Southwark 221,866, Tower Hamlets 438,910, Westminster 228,932.

**) Mit Salford, der Gemeinde, 1871 517,741, 1881 537,741. Es scheinen anderweite Ab- und Zutheilungen der Gemeinden stattgefunden zu haben.

	1801	1851	1861	1871	1881
Birmingham . . .	70,670	232,841	296,076	343,787	400,757
Leeds	53,162	172,270	207,165	259,212	309,126
Sheffield	45,755	135,310	185,172	239,946	254,410
Bristol	61,153	137,328	154,093	182,552	206,503
Bradford (York) . .	13,264	103,778	106,218	145,830	183,032
Stoke-upon-Trent .	. . .	84,027	101,207	130,985	192,600
Newcastle-on-Tyne .	. . .	87,784	109,108	128,443	145,228
Hull.	. . .	84,690	97,661	121,892	152,980(?)
Portsmouth . . .	. . .	72,096	94,799	113,569	127,953
Oldham	. . .	. . .	82,629	113,100	111,343

Schottland

Glasgow	77,058	329,097	394,864	547,538	
Edinburgh mit Leith	81,404	191,221	201,749 *)	197,581	
Dundee.	. . .	78,931	90,417	119,141	

Irland

	1841	1851	1861	1871
Dublin	232,726	258,369	304,710	295,841
Belfast	75,308	100,301	120,777	174,394

Andere grössere Städte in England, 1881:

Nottingham .	186,656	Swansea	63,739	Chattenham .	43,972
Salford (s. oben)	176,233	Southampton .	60,235	Hastings . .	42,256
Kingston upon Hall .	154,250	Stockport . .	59,544	Coventry . .	42,111
		Burnley . .	58,882	Reading . . .	42,050
West Ham . .	128,692	Walsall . . .	58,808	Warrington. .	41,456
Leicester . .	122,351	St. Helens . .	57,234	Stokton on Tees	41,040
Sunderland . .	116,262	South Shields .	56,922	Oxford . . .	38,259
Brighton . .	107,528	West Bromwich	56,299	Macclesfield .	37,534
Bolton . . .	105,422	Middlesborough·	55,288	Lincoln . . .	37,312
Blackburn . .	104,012	York	54,198	Chester . . .	36,788
Preston . . .	96,532	Aston Manor .	53,844	Gloucerter . .	36,552
Norwich . . .	87,843	Northampton .	51,880	Carlisle . . .	35,866
Cardiff . . .	85,378	Bath	51,790	Newport . . .	35,382
Birkenhead . .	83,324	Bury	51,582	Cambridge . .	35,372
Huddersfield .	81,825	Ipswich . . .	50,762	Darlington . .	35,102
Derby . . .	80,480	Merthyr Tydfil	48,857	Rotherham . .	34,782
Croydon . .	78,947	Devonport . .	48,745	Worcester . .	33,915
Wolverhampton	75,738	Hanby . . .	48,354	Goston . . .	33,091
Plymouth . .	75,096	Wigan . . .	48,196	Wakefield . .	30,573
Halifax . . .	73,633	Barrow in Furness	47,111	Maidstone . .	29,638
Rochdale . .	68,865	Tollenham . .	46,441	Dover . . .	28,456
Gateshead . .	65,879	Dudley . . .	46,233		

Von weiteren als den bereits oben genannten Städten in Schottland und Irland erwähnen wir noch nach dem Census von 1871:

In Schottland, 1871		In Irland, 1871	
Aberdeen . . .	88,189	Leith	44,721
Greenock . . .	57,821	Perth	25,606
Paisley. . . .	48,257	Cork	78,382
		Limerick . . .	39,828
		Londonderry .	25,242

Finanzen.

Budget. Dasselbe wird vom Unterhause je auf ein Jahr festgestellt. Das Rechnungsjahr beginnt mit dem 1. April. Die Behandlung des Budgets ist eine etwas eigenthümliche. Der Schatzkanzler legt in einem umfassenden Vortrag eine Uebersicht der Rechnungsergebnisse des letzten Jahres dar und knüpft daran seine Anträge für das beginnende neue.

---

*) Davon Leith 33,628; 1871 ohne Leith, mit diesem 242,302.

Wir hoffen, am Schluss unseres Buches (Nachtrag) einen kurzen Auszug aus den Unterhausvortrage mittheilen zu können, mit welchem der Schatzkanzler seinen Budgetentwurf pro 1. April 1883 bis dahin 1884 begründen wird.

Die Rechnungsabschlüsse der letzten 5 Jahre stellten sich folgendermaassen (je schliessend mit dem 31. März der unten genannten Jahre):

| | Brutto-Einnahme | | Brutto-Ausgabe | |
	Nach Budget	Effectiv	Nach Budget	Effectiv
1878	79'146,000	79'763,298	85'669,000	82'403,495
1879	83'230,000	83'115,972	86'241,110	85'407,789
1880	83'055,000	81'265,055	85'999,871	84'105,754
1881	82'696,000	84'041,288	83'840,025	83'107,924
1882	85'100,000	85'822,282	86'190,653	85'472,556

Bei den effectiven Ausgaben waren im J. 1878 solche einbegriffen, welche durch den russisch-türkischen, und 1879 u. 1880 solche, welche durch den Zulu-Krieg veranlasst waren.

Die definitiven Rechnungsabschlüsse von 1882 (vielmehr 1881/82) setzten sich aus folgenden Hauptpositionen zusammen (brutto):

Einnahmen.

Zölle	£ 19'287,000	Post	£ 7'000,000
Accise, Licenzen .	27'240,000	Telegraph	1'630,000
Stempel	12'260,000	Domänen	380,000
Taxen	2'725,000	Verschiedenes . . .	5'355,280
Einkommensteuer .	9'945,000	Zusammen	85'822,280

Ausgaben.

Schuld	£ 29'665,945	Netto-Ausgabe . . .	£ 76'950,459
Gesammter Civildienst .	18'548,476	Erhebung der Abgaben	8'522,097
Armee und Marine . .	25'736,038	Zusammen brutto	85'472,556

Darnach lieferten zu den Einkünften (abgesehen von den Diversen):

die Domänen	£ 380,000
- directen Steuern . .	12'670,000
- indirecten Auflagen .	67'417,000

Haupteinnahmeposten. Die einzigen Staatsanstalten (Regale) sind die Post und seit 1870 auch der Telegraph. Sie werden weit mehr vom volkswirthschaftlichen als vom fiscalischen Gesichtspunct aus behandelt. Die Post ertrug 1882 brutto £ 7'000,000, der Telegraph 1'630,000; die Betriebskosten beliefen sich bei der Post auf 3'606,800, beim Telegraph auf 1'366,000, wozu noch der Packetbootdienst kam mit 708,542 £.

Die Einkommensteuer (*Income-tax*), 1798 auf *Pitt*'s Antrag als Kriegssteuer eingeführt, nach Wiederherstellung des Friedens aufgehoben, dann 1843 unter Sir *Rob. Peel*'s Ministerium wieder eingeführt, ist in ihrer Normirung ziemlich roh. Sie macht in der Grösse der Besteuerung keinen Unterschied zwischen zufälligem Einkommen, rein persönlichem Erwerbe, oder einem durch festen Besitz gesicherten Ertrage; sie berührt überdies das Capital gar nicht, wenn dasselbe unproductiv, etwa in Luxusgegenständen, angelegt ist. Geringe Einkommen unter 150 £ bleiben steuerfrei, solche von da bis 400 £ geniessen Befreiung für 120 £. Die Höhe wird alljährlich nach Bedürfniss neu regulirt. Der Steuersatz war von jedem £: 1867 4 Den. (Pence), 1868 5 d., 1869 6 d., 1870 5,

1871 4, 1872 6, 1873 4, 1874 3, 1875 u. 76 2, 1877 u. 78 3, 1879 u. 80 5, 1881 6, 1882 6 d. Alle Arten des Einkommens sind im Gesetze in 5 (früher 6) Classen aufgeführt. Schedula A begreift den Ertrag des unbeweglichen Eigenthums, Ländereien, Häuser, Zehnten; Schedula B das Einkommen der Pächter; C die Zinsen der Staatsschuld; D den Ertrag der gesammten Industrie (Gewerbswesen und Handel, Berg- und Hüttenwerke, Canäle, Eisenbahnen und Gaswerke [die letzten Kategorien bis 1866 bei Schedula A]), endlich E die Besoldungen und Pensionen. Die Grundlage der Besteuerung, das Einkommen, betrug 1880, nach Kategorien und den Hauptlandestheilen geschieden:

		England	Schottland	Irland	Zusammen
		Steuerpflichtiges Einkommen in			
A.	von Grundeigenthum . £	152'553,738	19'582,445	13'241,587	185'377,770
B.	- Pachtungen . .	51'625,560	7'776,919	9'980,587	69'383,066
C.	- Fonds, Dividenden	...	...	...	39'860,483
D.	- Gewerbe u. Handel	214'466,791	25'136,394	9'886,213	249'485,398
E.	- Besoldungen und Pensionen . .	...	...	...	32'786,184
	Zusammen	485'676,370	55'079,954	36'140,577	576'895,901

Von dem Steigen des der Steuer unterliegenden Einkommens zeugt folgende Zusammenstellung der Feststellungen (in Mill. £):

Anfang des Jahrhund.	115,0	1853	262,0	1870	444,9	1874	543,0	1878	578,3
		1856	307,4	1871	465,5	1875	571,0	1879	578,0
1815	140,0	1860	335,2	1872	482,3	1876	579,3	1880	576,9
1843	251,0	1865	395,8	1873	513,8	1877	570,3		

Zölle (*Customs*). Von 1840—1874 ertrugen dieselben nie unter 20, nie über 25³/₄' £. Nachdem aber der Zuckerzoll, der 1863 6'427,923 £ ertragen hatte, 1871 stark herabgesetzt und 1875 ganz aufgehoben worden, stellte sich die Gesammtziffer des Zollerträgnisses 1875 auf 19'289,000 £, und stieg seitdem nur zweimal wenig über 20 Mill. Dazu lieferten im J. 1882: Tabak 8'838,176', Sprit 4'323,752, Thee 3'974,487, Wein 1'366,121, Kaffee 189,887; diese 5 Artikel allein sonach von der Gesammtsumme: 18'692,423 £.

Accise (*Excise*). Dieselbe trifft: inländ. Branntwein (der ausländ. unterliegt dem Zoll), Malz, 1882 14'273,786, Bier 8'530,819, Licenzen 3'573,687, Eisenbahnen 798,333 (einige andere Abgaben sind aufgehoben). Der Reinertrag der Accise, 1843 nicht völlig 13,₆ Mill., stieg 1860 auf 20¹/₃, 1873 auf 25,₉, und ertrug in den Jahren 1874—1879 stets etwas über 27', 1880 25,₂, 1881 25,₃, 1882 27'240,000 £. Diese Auflage bildet somit nun weitaus die bedeutendste Einkommenquelle.

Stempel. Theils eine fixe, theils proportionelle Gebühr, brachte seit 1874 stets über 10—11 Mill. ein, 1880 sogar 12'348,175 £. Dazu lieferten im letzten Jahre: die Abgabe von Quittungen, Anweisungen und Checks à den. 889,520; der Wechselstempel, von 1 den. an in steigendem Betrage normirt, sammt den Banknoten 884,487 (1874 1'127,945', Stempel von Verträgen 2'120,761, der von Pachtungen 3'515,409, jener von Seeversicherungen 141,693. Den höchsten Ertrag gewährt die Erbschaftssteuer: 1855 1,₅, 1859 2,₁₀ Mill. liefernd, dann 1865 2,₃₃, 1870 2,₉₅; seit 1872 überstieg der Ertrag stets 3'; in den 3 letzten Jahren: 5'700,606, 3'592,777 und 3'540,585. Vermächtniss- und Erbschaftssteuer sind so normirt: von Descendenten und Ascendenten 1 %, von Geschwistern und deren Nachkommen 3, von Geschwistern der Eltern und deren Nachkommen 5, von Geschwistern der Grosseltern und deren Nachkommen 6, von sonstigen Verwandten und Fremden 10 %.

Die Taxen, eigentlich *Assessed Taxes*. Sie treffen seit 1870 nur noch die Grund- und Häusersteuer. Die Grundsteuer wird als unveränderliche Bodenrente behandelt und wurde 1798 unter *Pitt* loskäuflich erklärt (doch nur 40,418 £ wurden wirklich abgelöst). Die Häuser- trat an die Stelle der (übrigens viel höher gewesenen) Fenstersteuer.

Hauptausgaben. Im Jahre 1882 erscheint der Gesammtbetrag mit 85'472,556 brutto, oder 76'950,459 £ netto; die Betriebs- und Erhebungskosten beliefen sich sonach auf 8'522,097 £. Es erforderten: die Staatsschuld 29'665,945 = 38,$_{55}$ % des Nettobedarfs, die Land- und Seemacht 28'736,038 = 37,$_{34}$ %, so dass für die ganze Civilverwaltung jeder Art nur 18'548,476 £ = 24,$_{11}$ % verblieben. Die verhältnissmässige Kleinheit des Bedarfs für die innere Verwaltung hat ihren Grund in der Durchführung des Self-Government. Die Grafschaften und die Gemeinden haben ihre Bedürfnisse selbst zu bestimmen und ebenso zu decken, wie sie sich auch selbst zu verwalten haben. In grossen Städten findet man oft nicht einen eigentlichen Staatsbeamten. Nach einem Blaubuche von 1856 gab es

im Jahre 1835	3,686 Bureaubeamte mit 101,012 £ Besoldung,
- - 1856 nur noch 2,700	- - 91,106 -

Diese Ersparniss ward hauptsächlich im Militär-, Zoll- und Postwesen erlangt (sonach handelte es sich um weit mehr als blos die eigentliche Civilverwaltung).

Die Civilliste der Königin beträgt 385,000 £ und ist der Einkommensteuer unterworfen; ausserdem bezieht die Königin die Einkünfte des Herzogthums Lancaster, welche auf etwa 44,000 £ angestiegen sind. Dazu kommen die Bezüge des Prinzen von Wales (Kronprinzen) 40,000, 10,000 für seine Gemahlin, ferner die Einkünfte des Herzogth. Cornwall mit etwa 62,000; endlich die Apanagen der 9 übrigen Kinder der Königin und zweier andern Verwandtinnen, zus. 127,000 £. Danach kostet der Hof 668,000 £, ungerechnet die Nutzniessung der Paläste etc.

Der Bedarf der Staatsschuld war in den letzten Rechnungsjahren 1880—82 (je mit dem 31. März endigend): 28'762,874 — 29'575,264 — 29'665,945 £.

Der Aufwand für Kriegszwecke, 1789 nur 3 Mill. £, belief sich 1850 auf 15,$_8$', 1855 30,$_1$' und stieg 1856 (Krimkrieg) auf 51'661,188. Im nächsten Jahre ging die Summe auf 34,$_2$' herab, und schwankte dann zwischen 22,$_5$' (1859) und 31,$_{30}$' (1869). Von 1875—1879 waren die Ziffern 25,$_9$ — 26,$_8$ — 27,$_{31}$ — 30,$_6$ und 32,$_2$'; sodann (die genauen Ziffern): 1880 30'422,603, 1881 27'953,536, 1882 28'736,038. Davon kamen auf

	1880	1881	1882
die Landmacht . . . . . £	15'645,867	15'558,601	16'309,585
- Armee zu Lasten Indiens	1'115,050	1'000,000	1'000,000
- Seemacht	10'416,134	10'702,935	10'756,453
den Zulukrieg extra . . .	3'244,920	—	—
- Afghanischen Krieg extra	—	500,000	500,000

Die Steuererhebungskosten betrugen 1882: bei den Zöllen 1'000,959, den Inlandabgaben (Accise, Stempel, Taxe und Einkommensteuer) 1'839,796, Post und Telegraph, einschliessl. Packetboot-Dienst 5'681,342 £. Unter diesen »Steuererhebungskosten« befinden sich aber auch die Ausgaben für Zollschutz, sowie die Verluste durch bewilligten Credit bei Zoll und Accise. Darnach muss man über die Wohlfeilheit der eigentlichen Finanzverwaltung erstaunen, dadurch bewirkt, dass das gesammte Cassenwesen nicht bureaukratisch, sondern kaufmännisch betrieben wird, und der Bank von England gegen geringe Provision übertragen ist.

Eine Zusammenstellung der Auflagen-Erhöhungen und Verminderungen in jedem einzelnen Jahre von 1846—72 (siehe 7. Aufl. S. 411 und 412) ergibt:

	abgeschafft	eingeführt
In den 7 Jahren friedlicher Entwickelung 1846 bis Ende 1852	£ 6'557,835	£ 602,000
Im Steuerumgestaltungsjahre 1853	3'247,474	3'356,383
In den beiden Kriegsjahren 1854 und 55	1'597,067	15'150,550
In den drei Friedensjahren 1856 bis Ende 1858 .	15'057,057	456,872
In den beiden Jahren des Rüstens 1859 und 60 und bei der letzten Umgestaltung des Zollwesens .	3'085,931	7'020,904
In den sieben Friedensjahren 1861 bis Ende 1866	16'990,375	373,887
In den 6 Jahren 1867—72	13'703,565	7'358,195
- - 4 - 1873—76	8'498,233	2'053,000

Die Ergebnisse seitdem waren:

	abgeschafft	neu eingeführt
1877	6,000	—
1878	80,150	4'236,787
1879	—	—
1880	8'444,401	11'538,700
1881	2'624,000	654,500

(Da der Rechnungsabschluss schon am 31. März erfolgt, so würde eigentlich immer das Vorjahr mit zu nennen sein.)

Im Nachgang zu obiger Zusammenstellung über das einkommensteuerpflichtige Eigenthum (s. S. 124) sei hier noch ergänzend Folgendes bemerkt: Der Rohertrag des Jahreseinkommens pro 1880 ist speciell so herangezogen:

	England	Schottland	Irland	Zusammen
Grundeigenthum . .	51'798,950	7'769,303	9'980,543	69'548,796 £
Häuser	100'079,417	11'765,537	3'161,265	115'006,219
Minen	6'705,994	777,371	18,120	7'501,485
Eisenwerke (Hütten) .	1'375,590	344,720	300	1'720,610
Eisenbahnen . . .	26'865,974	3'325,491	1'270,363	31'461,828

Dazu kommen für das gesammte Vereinigte Königreich, ohne Ausscheidung nach Landestheilen:

Kanäle	3'189,428 £
Gasanstalten . .	4'175,389
Steinbrüche . . .	1'149,733
Andere Einnahmen	4'463,718

Die Erbschaften, von denen Abgaben erhoben wurden, betrugen:

	England	Schottland	Irland	Zusammen
Von Legaten . .	£ 98'693,967	11'036,679	5'270,466	115'001,112
Von Erbfolgen . .	31'826,889	4'387,342	3'750,933	39'965,164
Total	130'520,856	15'424,021	9'021,399	154'966,276

Locallasten. Wie schon aus der obigen Darstellung des Staatshaushaltes hervorgeht, sind sehr viele Anstalten und Einrichtungen nicht auf Staats-, sondern auf Localkosten begründet und unterhalten. Hier eine Uebersicht der Ergebnisse von 1879/80:

Einnahmen.

Localtaxen:	England	Schottland	Irland	Zusammen
directe	£ 25'694,477	2'622,000	2'654,719	30'971,196
indirecte (Strassenzölle, Gebühren etc.)	4'574,322	1'060,000	610,005	6'244,327
	30'268,799	3'682,000	3'264,724	37'215,523
Andere Quellen:				
aus Eigenthum (incl. Veräusserungen)	£ 1'300,940	294,000	71,287	1'666,227
- Regierungsbeiträgen .	2'733,846	556,000	106,960	3'396,806
- Anlehen	13'717,911	1'122,000	263,971	15'103,882
- verschiedenen Quellen .	4'985,826	417,000	261,200	5'664,026
Total	53'007,322	6'071,000	3'968,142	63'046,464

Im J. 1881 betrugen die Ausgaben für Armenunterhalt allein:

in England und Wales   14'390,262 £
- Schottland   . . .   951,122
- Irland   . . . .   1'239,313
Zusammen   16'580,697

Die Voranschläge für das Landheer im Jahre 1883/84 betragen 15'606,000, für die Marine 10'757,000, die im ersteren Falle um 148,600, im zweiten um 273,099 £ mehr als im Vorjahre.

Staatsschuld. Am 31. März 1882 hatte dieselbe folgenden Bestand:

Unkündbare Schuld   . . . . .   709'498,547 £
Capitalisirte Annuitäten   . . . .   35'539,693
Schwebende (unfundirte) Schuld*)   18'007,700
Total   763'045,940

Die Zinsen der gesammten Staatsschuld erforderten 1882 26'837,548 £.

Die Kriege gegen die 1. franz. Republik und den alten Napoleon kosteten England 601'500,343 £, so dass dessen gesammte Schuld im J. 1815 840'850,491 £ betrug. England war die einzige europäische Grossmacht, welche ihre Staatsschuld in der langen Friedensperiode nach 1815, wenn auch nur in mässigem Verhältniss, zu verringern wusste. Im Jan. 1836 war der Stand auf 787'638,816 und der Zinsbedarf auf 29'143,517£ herabgebracht. Lange Zeit kamen nur zwei, höchst ehrenhafte Fälle einer Vermehrung vor: 1835 wurden 20 Mill. geliehen, um die Negersclaven in den Colonieen von ihren Eigenthümern loszukaufen, und 1847 10 Mill. zur Bekämpfung der Hungersnoth in Irland. Neben der Tilgung ward die Last der Zinsen um ⅖ vermindert durch Umwandlung der 5 % Schuldscheine in 4 % 1822, dann in 3½ % 1830, und zuletzt 1844 in 3 %. — Durch den orientalischen Krieg von 1854—56 ergab sich eine Schuldvermehrung von 41 Mill., welche indess nach 16 Jahren getilgt war. Der höchste Stand der Staatsschuld in der Neuzeit betrug Ende

---

*) Sind Ausgaben zu bestreiten, zu deren Deckung die nöthigen Geldsummen blos momentan mangeln, so werden verzinsliche Schatzscheine (auf kürzere Zeit) ausgestellt; auch der binnen 35 Jahren zu amortisirende Kaufpreis der Suezcanal-action, erworben im Nov. 1876, betragend 4'080,000 £, ist hier einbegriffen.

1857 835'676,254 £; seitdem beinahe constante Verminderung. Die enorme Höhe der Schuld wurde zum Theil durch Subsidien und Darlehen veranlasst, welche Grossbritannien von 1792—1815 andern Staaten gewährte, im Gesammtbetrage von 63'711,524 £, wovon nur 220,000 zurückbezahlt wurden (Detail 7. Aufl. S. 415).

Hier sei noch erwähnt, dass Childers am 3. März 1883 im Unterhause gelegentlich des Nachtragscredits für die ägyptische Expedition erklärte, die Ausgaben des laufenden Finanzjahres überstiegen die Einnahmen um 16 Mill., aber die Einkünfte besserten sich und es sei zu hoffen, dass die Einnahmen den Voranschlag um 500,000 bis 750,000 £ übersteigen würden. Der Vorschlag, 500,000 £ zu den Kosten Indiens für die ägyptische Expedition beizutragen, wurde ohne Abstimmung genehmigt.

Die Regierung hatte zuvor ein Schriftstück veröffentlicht, in welchem die Kosten für die Expedition nach Aegypten folgendermassen angegeben werden: Die Armee hat 1'640,000 und die Marine 1'776,000 £ verbraucht, zus. 3'416,000 £, von welcher Summe bereits 2'300,000 bewilligt sind; von dem Rest (1'116,000) müssen 1'078,000 £ noch vor dem Ablauf dieses Finanzjahres bezahlt werden. Die Ausgaben für die indischen Truppen betrugen 1'142,000 £, ausschliesslich der 30,000 £, welche die Admiralität für Transportzwecke Indien bezahlt hat. Im Ganzen kostet also die ägyptische Expedition den Engländern ein wenig über 4½ Mill. £, wovon 642,000 £ Indien zur Last fallen sollen.

Militärwesen.

Landmacht. Das Heer wird nur durch Werbung 17—25jähriger Freiwilliger gebildet. Die Capitulationszeit ist 12 Jahre, wovon jedoch nur 7 bei der Fahne, der Rest in der Reserve abzuleisten ist; die 3 Garde-Cavallerie-Regimenter sind indess zu vollem 12jähr. Dienste verpflichtet. Dagegen können die Truppen auf den britischen Inseln nach 3jähr. Activdienst in die Reserve übertreten, bei der sie weitere 9 Jahre zu verbleiben haben. Unterofficiere, Feuerwerker und einige andere Kategorien dürfen 21 Jahre im Dienste verbleiben, wogegen ihnen dann lebenslängliche Pension zugesichert ist. Das Handgeld wechselt nach dem Mannschaftsbedarfe. Der engl. Soldat ist der bestbezahlte und bestgenährte in Europa. Der frühere Verkauf der Officierstellen (bis zum Obristlieutenant hinauf) ist seit 1871 abgeschafft. Eine Verfügung vom Nov. 1859 beschränkt die körperlichen Züchtigungen der Soldaten (mit der »neunschwänzigen Katze«). Das Avancement ist den Soldaten nur ausnahmsweise ermöglicht, wie überhaupt zwischen den 3 Kategorieen der Officiere, Unterofficiere und Gemeinen schroffe Scheidungen bestehen. Desertionen kommen sehr häufig vor; nach Erklärung des Kriegsministers im März 1878 haben dieselben jedoch stark abgenommen und betrugen im letzten Jahre nur 2,621 Mann (1876 7,759). Die Mannschaft erprobte sich stets als tapfer, ist indess schwer beweglich; das Officiercorps umfasst viele gering befähigte Adelige. Die ganze Existenz des stehenden Heeres hängt von den alljährlichen Beschlüssen des Parlaments ab, da die sogenannte Mutiny Bill stets nur auf ein Jahr bewilligt wird; doch bezieht sich dies nicht auf die indische Armee. — Organisation:

A. Infanterie: 3 Reg. Grenadiergarde (Grenadier Guards, Coldstream, Scots Fusileers, zus. 7 Bataillone à 847 Mann, einschl. Offic.), 5,900; 141 Linienbat. in 109 Reg., 128,000 (das Reg. zu 1—2 Bat., das 60. Reg., Jäger, zu 4 Bat.).

B. Cavallerie. 3 Garderegimenter, Kürassiere (2 Reg. Leibgarde, 1 Reg. Reitergarde, »die Blauen«), sodann 28 Linienreg. Unter diesen letzten Regimentern sind 5 Ulanen, 10 Dragoner, 13 Husaren, wol auch sämmtlich unter dem Namen Dragoons begriffen, zus. 16,600 Mann; wovon 1,300 Garde.

C. Artillerie (Ordnance), getrennt verwaltet von der gesammten übrigen Armee, eingetheilt in 3 Brigaden reitende Art., zus. 28 active Batterien und 1 Depotbatt., 6 Brig. Feldart. zu 79 Batterien, 11 Divisionen Garnisonsart. = 117 Batter., zus. Artill. 33,800. Dazu 40 Genie- und 3 Train-Compagnien, 5,700 Mann.

D. Colonialtruppen, meist Eingeborene der betr. Colonieen, näml. 2 Infant.-Reg. in Westindien zu 1,800 Mann, 1 Artillerie-Reg. (Fencibles) auf Malta (400); 300 Lascars (Kanoniere) auf Hong-Kong. Für die active Miliz Canada's sind 43,000 Mann angeworben.

E. Heer in Ostindien. Die Formation datirt im Wesentl. aus dem J. 1861. Es sind theils Corps von Engländern, theils von Eingebornen in die 3 Armeen von Bengalen, Madras und Bombay getheilt. In der erstern sind besonders die höheren, in der zweiten die niederen, in der dritten alle Kasten vertreten. Die einheim. Soldaten werden in der Regel auf 3 Jahre geworben. Das Inf.-Reg. besteht nur aus 1 Bataill. Die Stabsofficiere sind Engländer, dann ebenso 1 Adjutant, 2 Quartiermeister, 2 Lieutenants und 1 Arzt. Die Eingebornen können, ohne Rücksicht auf Kaste, bis zum Hauptmann steigen, doch unterstehen sie selbst in diesem Grade den Lieutenants aus Europa; jedes einheim. Reg. hat an Eingebornen 8 Subadars (Hauptleute), 8 Jemadars (Lieut.), 40 Havildars (Sergeanten), 40 Naïks (Corporale), 16 Tamboure und 600 M. 1880 ward die Formation der eingeborenen Truppen so angegeben:

Infanterie	97,000 M.
Cavallerie	18,000 -
Artillerie und Genie . . .	4,000 -
Mit Stäben etc.	121,000 M.

F. Miliz. Eigentlich ist jeder Engländer vom 18.—35. Jahre in derselben zu dienen verpflichtet. Thatsächlich besteht die Miliz aus Freiwilligen, kann aber durch Conscription ergänzt werden; doch sind Miliz und Freiwillige formell geschieden; die Stärke der Ersteren wird zu 138,000, der Letzteren zu 238,000, zus. 376,000 angegeben. Es sind 143 Infanterie- und 23 Artillerie-Bataillone und 16 Geniecorps organisirt. Die Dienstpflichtigkeit dauert 6 Jahre, die gesammte Uebungszeit, früher 142 Tage, ist seit Dec. 1873 auf 218 Tage erhöht, wonach der Freiwilligen-Zudrang abgenommen hat. Staatsaufwand dafür über 1 Mill. £. Die Einrichtung besteht in Irland nicht.

G. Yeomanry, berittene Gutsbesitzer, eigentlich die Cavallerie der Miliz, 14,500 Mann in 39 Corps. Jährliche Uebungszeit 8 Tage;

Staatsaufwand etwa 80,000 £. Jeder Yeoman erhält jährlich 3 £ für Uniform, und Sold während der Uebung, und ist von der Pferdesteuer frei.

, H. Reserve zur gewöhnlichen Armee, 36,000 Mann. Nach der Erklärung des Kriegsministers vom März 1878 lässt dieselbe viel zu wünschen übrig, und wird schwerlich über 60,000 Mann gebracht werden können.

Die Stärke der nichtactiven Streitmacht ward 1881 so angegeben: Armeereserve 41,796, Miliz und deren Reserve 99,002 (ungerechnet die nicht zur Uebung einberufene Irische Reserve), Yeomanry 10,017, Volunteers, dienstbereit 200,162, nicht dienstbereit 8,146, zus. 208,308 M.

Obige reguläre Armee in Europa ergibt zusammen mit Administration etc. etwa 195,000 Mann. Rechnet man dazu Reserve und Miliz, dann das Heer in Ostindien, so lässt sich eine Summe von etwa 750,000 entziffern. In den meisten Colonieen bestehen Milizen und Freiwilligencorps (Volunteers), ausserdem in Irland eine militärisch organisirte Polizei von etwa 14,000 und in Indien eine solche von angeblich ca. 190,000 M.

Der Goth. Hofkalender theilt einen Auszug aus den »Army Estimates« für 1883 mit, wonach das Ministerium folgende Truppenvertheilung beantragte:

Vereinigtes Königreich . .	106,247 Mann
Indien (europäische Truppen)	61,590 -
Colonieen	26,658 -
Zusammen	194,495 Mann.

Die Listen der nächstvorangegangenen Jahre schlossen so ab:

	zu Hause	auswärts	zusammen
1878	109,201	91,557	200,758
1879	88,215	103,075	191,290
1880	91,887	97,099	188,986
1881	91,946	96,852	188,798

Was die Colonieen und sonstige Besitzungen betrifft, so sind pro 1883 vorgesehen:

1) für Gibraltar	5,186 M.			für Mauritius	461 M.
- Malta	5,938 -	4)	- die Westküste von		
- Cypern	568 -		Afrika	614 -
2) - die Bermudas-Inseln	1,597 -	5)	- Hongkong . . .	1,213 -
- Halifax	2,271 -		- Ceylon	1,236 -
- Westindien . . .	2,368 -		- Singapore . . .	1,022 -
3) - das Cap und Natal	3,454 -		Dazu Administation ca.	500 -
- St. Helena . . .	230 -			

Die reguläre Armee hat, nach dem Voranschlag für 1883/84 eine Effectivstärke von 137,632 Mann. In Indien stehen 61,641. Die Armee in England und in den Colonieen besteht aus 86,348 Mann Infanterie, 12,709 M. Cavallerie, 22,782 M. Artillerie, 5,297 M. Genietruppen, einem 2,475 M. starken Colonialcorps und einem Departementalcorps von 5,186 M. Die Miliz zählt 142,874 M. und es sind für dieselbe im diesjährigen Armeebudget 1'314,392 £ oder 125,000 £ mehr als im Vorjahre ausgeworfen.

Festungen. Portsmouth, Plymouth, Falmouth, Yarmouth, Southampton; Castelle zu Dover, Dumbarton und Edinburgh; im Mittelmeere: Gibraltar, Malta; in der Nordsee: Helgoland. In der Neuzeit bedeutende Küstenbefestigung mit grossem Kostenaufwande.

Mortalität in der Kriegsmacht. Im J. 1880, bei einer Stärke des Landheeres im Inlande und ausserhalb von 188,986 Mann, hatte man 3,333 Todesfälle, also 17,$_6$ pr. 1,000, gegen 22,$_2$ im J. 1879, 11,$_2$ 1878 und 9,$_5$ 1877. Davon trafen auf 91,887 Mann im Inlande 756, und auf 97,099 auswärts 2,577 Todesfälle, d. h. im Inlande 8,$_2$, auswärts aber 26,$_5$ auf je 1,000. Dagegen umfasste (1880) die Seemacht 44,770 Mann und hatte 563 Sterbefälle, wovon 207 durch Krankheit und 356 durch Gewaltsamkeit, also im ersteren Falle 4,$_{62}$ pr. 1,000, im letzteren 7,$_{95}$. Die ausnehmende Höhe im letzteren Falle war durch den Verlust des Schiffes Atalanta herbeigeführt; die Sterbfallrate in den nächst vorhergegangenen Jahren war 1879 6,$_{23}$ gewesen, 1878 5,$_{32}$ und 1877 4,$_{92}$.

Seemacht. Die Stärke wird in den oben erwähnten »*Navy Estimates*« für 1882/83 im Ganzen so angenommen:

1) Mannschaft im activen Dienste	45,300 M.
2) Marinetruppen, wovon die Hälfte im Dienst	12,400 -
3) Marinereserve	18,400 -
4) Artillerie der Marine-Freiwilligen	3,550 -
Zusammen	79,650 M.
Dazu etwa	21,500 -

Personal in den Marineanstalten, auf den Werften etc.

An Material bestand die Flotte gegen Ende 1882 aus 74 Panzerschiffen, worunter 40 von 6,000 bis 10,000, und 5 sogar von mehr Tonnen, ferner aus etwa 360 Dampfern und 120 Segelschiffen. Von der Gesammtzahl dieser Fahrzeuge befanden sich 253 in Activität.

Nach dem Voranschlage für 1883/84 soll die Bemannung der Kriegsflotte 57,250 Mann betragen, d. i. 250 weniger als für das Vorjahr votirt waren. Der dem Etat beigefügte Schiffsbaubericht weist nach, dass 36 Kriegsschiffe im Bau begriffen sind, nämlich 12 grosse Panzerschiffe, 3 Corvetten, 4 Schaluppen, 5 stählerne Dampfkreuzer, 11 Kanonenboote und 1 anderes Fahrzeug. Doch soll der Ausbau im angegebenen Etatsjahre nicht vollständig stattfinden.

Sociale, Gewerbs- und Handelsverhältnisse.

A. Allgemeine Zustände.

Die Verarbeitung des bei der Volkszählung von 1881 erlangten Materials in den meisten Einzelbeziehungen fehlt noch. Fortdauernd sind die unnatürlichen Agrarverhältnisse, besonders in Irland, wo dieselben fortwährend zu den gräulichsten Verbrechen führen, und die verschiedenartigen Maassnahmen der Regierung und des Parlaments ihr Ziel nicht erreicht haben; fortdauernd ist auch die unverhältnissmässige Menge der Fabrik- gegenüber der ländlichen Bevölkerung, und die alljährliche enorme Einfuhr fremder Nahrungsmittel, insbesondere von Weizen. Während man vor Abschaffung der Kornzölle den Import von zwei Mill. Quarters (zu ungefähr 2,$_{41}$ Ctr.) für sehr bedeutend hielt, ist das Quantum seitdem zu einer Höhe angewachsen, von der man geglaubt, die ganze Welt sei nicht im Stande, dieselbe an England zu liefern, dieses müsse im ersten Jahre verarmen, wenn es so viel für Ankauf der nöthigsten Lebensbedürfnisse an das Ausland habe. Und dennoch nimmt der Wohlstand und Reichthum, wie das Steigen der fatirten Einkommen zeigt, permanent zu. Nachdem in dem Missjahre 1847 die Summe des eingeführten Getreides und Mehles auf 11'912,864 Quarters (etwa 28,6 Mill. Ctr.) gestiegen war, ging die Einfuhr in der Neuzeit nie unter 36 Mill. Ctr. herab, stieg aber sogar bis auf 73 Mill. Ctr. Der Import in früheren Jahren ist in den älteren Ausgaben dieses Werkes genau angegeben; seitdem betrug derselbe:

1875	59'546,621 Ctr.	1879	73'002,110 Ctr.
76	51'904,433 -	80	68'459,814 -
77	63'491,429 -	81	71'344,659 -
78	59'691,583 -		

Im letztbezeichneten Jahre lieferten dazu, als Hauptimportländer: die Vereinigten Staaten, die Atlantischen Häfen 33'168,149, die Häfen des Stillen Meeres 12'531,807; Britisch Indien 7'338,751; Australien 3'314,540; Britisch Nordamerika 3'200,434; Deutschland 3'096,326; Russland, die südlichen Häfen 3'673,024, die nördlichen Häfen 426,948; Oesterreich 1'382,183; Chile 1'171,039, Aegypten 1'072,550 Ctr. etc.

Ferner reihte sich daran die Einfuhr von 9'805,944 Ctr. Gerste, 10'324,119 Hafer und 33'480,846 Mais etc.

Wir haben in den früheren Auflagen auf die Steigerung der Consumtionsfähigkeit der Bevölkerung in vielen andern Artikeln hingewiesen, eine Steigerung, welche in den ersten Jahren nach den grossen Continentalkriegen äusserst langsam voranging, und sich erst in der nach der damaligen Erschöpfung eingetretenen Erholung rasch und mächtig emporschwang. Bezeichnend dürfte besonders der Verbrauch an Colonialartikeln sein. Wir kommen zunächst auf den von Zucker zurück. Während der 14 ersten Jahre unseres Jahrhunderts (Kriegszeit) kam auf den Kopf der Bevölkerung ein Verbrauch von 18 Pfund 7 Unzen, während der nachfolgenden 30 Friedensjahre, aber zugleich Jahre der dem Kriege nachfolgenden Erschöpfung, sogar nur noch 17 Pfd. 3 Unz. Von 1877 an (in früheren Jahren s. die älteren Ausgaben), stellten sich die Consumtionsziffern folgendermassen pr. Kopf (nach Pfd. berechnet):

1877	1878	1879	1880	1881
64,96	58,83	66,26	63,68	67,46

Der Theeverbrauch, welcher von 1 Pfd. 8 Unz. im J. 1801, im J. 1840 auf 1,22 herabgegangen war, 1870 sich aber auf 3,61 gehoben hatte, erscheint 1877 mit 4,52 Pfd., 1878 mit 4,66, 1879 4,70, 1880 4,59, 1881 4,55 Pfd. Selbstverständlich machen sich gute oder schlimme Jahre durch Schwankungen bemerkbar, jedoch zeigt sich in etwas längeren Perioden ein beständiges Steigen.

Da Vergleiche der Consumtionsfähigkeit besonders bezeichnend sind, so lassen wir nachstehende, bis auf das Jahr 1881 reichende Daten ebenfalls folgen. Consumtion pr. Kopf der Bevölkerung:

		1840	1850	1860	1870	1880	1881
Cacao . . .	Pfd.	0,08	0,11	0,11	0,20	0,31	0,31
Butter*) . .	-	1,05	1,30	3,26	4,15	7,42	6,38
Getreide*) . .	-	42,47	81,76	118,66	122,90	210,42	216,62
Kartoffeln*) .	-	0,01	5,48	2,18	2,80	31,63	12,85

---

*) Ohne das eigene Erzeugniss.

		1840	1850	1860	1870	1880	1881
Reis	Pfd.	0,00	1,63	1,41	6,74	14,14	16,32
Tabak . . .	-	0,86	1,00	1,22	1,34	1,43	1,41
Wein . . .	Gall.	0,25	0,23	0,23	0,40	0,46	0,45
Sprit, eingeführt	-	0,14	0,17	0,19	0,27	0,09	0,08
- britischer	-	0,83	0,87	0,74	0,74	0,25	0,24

Die Zahl der eingeführten Eier, 1846 72'252,159 Stück, stieg 1870 auf 430'842,240, und betrug 1875 741'223,560, 1880 747'408,600, 1881 756'719,160.

In England hat sich die Zahl der Armen sehr ansehnlich vermindert; von 1'142,624 an Neujahr 1863 ist sie ziemlich constant bis Neujahr 1877 auf 728,350 herabgegangen, allerdings um von da an wieder zu steigen, 1878 auf 742,703, 1879 auf 800,426, 1880 837,940, 1881 803,126, 1882 797,614; die zur Unterstützung nöthigen Summen sind jedoch von 9'325,071 £ im J. 1863 auf 12'636,942 1876 gestiegen und 1881 auf 14'390,262 £. Auch in Schottland verminderte sich die Zahl von 120,284 in 1863 auf 100,105 1876 und 97,781 1881, bei einem Steigen der Unterstützungsbeträge von 721,903 auf 847,252, dann 951,122 £. In Irland dagegen stieg die Armenzahl von 66,228 auf 78,528 und 112,829 in diesem Jahre, und die Geldsumme von 701,031 auf 1'001,400 und 1'239,313 £.

B. Geistige Bildung und sittliche Zustände.

Volksbildung. Das Schulwesen ist schlecht; doch geschieht nun mehr als früher für dasselbe. Noch im J. 1829 war das ganze Volksschulwesen unbedingt der Privatindustrie überlassen. 1833 gewährte der Staat zum erstenmal einen Zuschuss für Errichtung einiger Schulen, und 1839 erfolgte die Einrichtung eines Unterrichtsbureaus (*Board of education*), das 30,000 £ für Unterstützungen verwenden konnte. 1872 ward der Unterricht in England obligatorisch erklärt. Der Staatsaufwand für das Volksschulwesen hob sich von der Mitte der 1840er Jahre an rasch; er betrug in Grossbritannien (ohne Irland): 1842 31,904, 1849 109,948, 1854 326,436, 1864 695,104, 1870 840,336, 1874 1'424,878, 1877 2'127,730 £. Die unter Inspection der Behörden stehenden (vom Staate wenigstens unterstützten) Volksschulen in Grossbritannien erlangten in folgendem Maasse Ausbreitung:

	Schulen	Schülerzahl		Schulen	Schülerzahl
1850	2,163	225,389	1877	18,118	4'189,367
1860	7,272	884,234	1878	19,291	4'505,818
1865	8,438	1'057,745	1879	20,169	4'727,853
1870	10,949	1'547,195	1880	20,670	4'892,807
1875	16,957	2'175,522	1881	21,136	5'002,116
1876	17'787	2'340,277			

Das Gesetz über den obligatorisch-unentgeldlichen Primarunterricht trat mit dem 2. Oct. 1882 in's Leben, doch fehlt es hie und da noch an Localitäten. Im J. 1880 besuchten durchschn. täglich 2'750,916 und 1881 blos in England 2'863,535 Kinder die Volksschulen, gegen nur 1'520,389 im J. 1870, ausserdem 1881 ebenso 409,966 in Schottland, doch zählte man mindestens 3½ Mill. Kinder im schulpflichtigen Alter in Grossbritannien. Zahl der Lehrer und Lehrerinnen 31,422. Nach dem damaligen Berichte sollte binnen wenig Wochen directer Schulzwang für

alle Kinder von 5—13 Jahren eingeführt sein. Das Durchschnittsgehalt
der Lehrer hatte sich schon von 1870—1879 von 95 auf 118, das der
Lehrerinnen von 57 auf 71 £ erhöht. Im J. 1882 waren die Ausgaben
des Staats für die Primärschulen auf 3'102,079 £ angewachsen. In Irland war 1881 die Zahl der Schulen auf 7,648, der Schüler auf 1'066,259
gebracht.

Während 1837 nur 58 % der Einwohner lesen und schreiben konnten, war die Ziffer 1876 auf 81 % gestiegen. Die Zahl der Analphabeten betrug in:

	England	Schottland	Irland	
Männer	16,3	9,6	31,9	London
Frauen	22,1	18,7	37,3	durchschn. 8,1 %.

1879 konnten in England und Wales 16,15 % der Brautleute den
Heirathsact nicht unterschreiben (13,60 Männer, 18,50 Frauen), in Schott-
land 1878 10,66 (6,87 u. 14,45), in Irland 1880 28,55 (26,20 u. 30,90 %).
Im J. 1880 ergab sich, wol nur zufällig und zum allgemeinen Erstaunen,
in England ein kleiner Rückschlag; bei den Männern auf 14,0, den
Frauen auf 18,6 %. — Nach einer Rede Forster's in einer Wählerversamm-
lung vom Oct. 1882 betrug die Zahl der schulpflichtigen Kinder in Eng-
land und Wales 5'268,089, in London 733,060; davon besuchten die
Schulen durchschnittl. 2'863,535 = 54 %, in London 409,241 = 56 %.
Das Schulgeld belief sich in London (ziemlich hoch) auf 50 Shilling im
Jahre, fast 1 sh. pr. Woche, ist nunmehr aber aufgehoben.

Literatur. Im J. 1880 erschienen 4,293 neue Werke und 1,415
neue Auflagen. Davon waren 708 neue Schriften und 267 neue Auflagen
theologischen Inhalts, 507 und 163 Schul- und philolog. Schriften, 564
und 155 Jugendschriften, 200 Romane, 87 und 58 Jurisprudenz, 204
und 22 Politik, Nationalökonomie, Handel, Gewerbe, 211 und 74 Reise-
beschreibungen, Geographie, 132 und 55 Poesie, 353 Jahrbücher, period.
Schriften, 148 und 54 Medicin, 80 und 86 schönwissensch. Schriften,
271 und 82 Vermischtes, Broschüren. (Im J. 1878: 3,730 neue Schriften
und 1,584 neue Auflagen; 1879: 4,294 und 1,540).

Zeitungspresse (1881). In England 1,465 Zeitungen (davon 378 in
London), in Wales 66, Schottland 181, Irland 154, auf den Canalinseln
20, zus. 1,986. Ferner 1,097 Monats- und Vierteljahrsschriften. Die
Zahl der täglich erscheinenden Zeitungen war 168 (123 in England, 4
Wales, 21 Schottland, 18 Irland, 2 Canalinseln). Von den Zeitschriften
waren 319 ausschliesslich kirchlichen Inhalts.

C. Materielle Verhältnisse.

Bodenbenutzung. Von den 77'799,793 Acres, welche nach den neuesten Berechnungen das gesammte Grossbritannien (mit den kleineren,
auch den Canalinseln) umfasst, standen 1882 47'655,230 unter agro-
nomischer Bewirthschaftung, davon in England 24'736,192, Wales
2'793,346, Schottland 4'783,833, Irland 15'212,390. Davon waren verwendet Acres für:

	in England	Wales	Schottland	Irland	Ver. Königr.
Körnerfrüchte (*Corn Crops*)	6'919,320	488,890	1'425,170	1'756,819	10'620,196
Hack- oder Wurzelfrüchte					
(*Green Crops*) . . .	2'664,522	124,447	686,691	1'248,954	4'748,257
Klee, künstl. Wiesen . .	2'546,272	314,204	1'466,916	1'961,773	6'333,064
Weiden, natürl. Wiesen	11'800,728	1'837,057	1'183,890	10'110,079	24'963,205
Flachs	5,097	31	92	113,502	118,722
Hopfen	65,619	—	—	—	65,619
Brachland	734,634	25,717	21,074	21,263	806,167

Aus dem Berichte des »*Board of Trade*« für 1882, dem obige Zusammenstellung entnommen ist, führen wir noch einige specielle Notizen an. Unter landwirthschaftlichem Anbau standen in diesem Jahre ca. 100,000 Acres mehr als im Vorjahre. Ein grosser Theil dieses Zuwachses wird dem Umstande zugeschrieben, dass wiederum in Moor- und Gebirgsgegenden Land urbar gemacht worden ist. Zu einem kleinen Theil erklärt sich die Vermehrung des angebauten Landes daraus, dass genauere Untersuchungen stattgefunden haben. Der gesammte Zuwachs kommt auf England und Wales, während in Schottland eine Abnahme des cultivirten Bodens eingetreten ist. Es rührt dies daher, dass in 3 Grafschaften weite Flächen von Weideland in Wildgehege umgewandelt worden sind. Wenn man die letzten 15 Jahre seit 1867 berücksichtigt, so übersteigt die mit W e i z e n besäete Fläche in diesem Jahre den Durchschnitt der letzten 4 Jahre um 100,000 Acres, während sie hinter dem der übrigen 11 Jahre um fast 500,000 Acres zurückbleibt. Was G e r s t e anbetrifft, so war eine Abnahme von 190,000 Acres gegenüber dem Vorjahre zu verzeichnen. Diese Ersetzung der Gerste durch Weizen wird dem niedrigen Preise der ersteren zugeschrieben, der dadurch hervorgerufen ist, dass man in Folge der Aenderung der Malzsteuer jetzt Mais, Reis und andere Surrogate beim Brauen verwendet. — Der H a f e r b a u hat gegen das Jahr 1881 um ein Geringes abgenommen. Der Anbau von R o g g e n hat einen beträchtlichen Zuwachs erfahren, dessenungeachtet nimmt er in dem Getreidebau Grossbritanniens eine unbedeutende Stellung ein.

Von den Wurzelfrüchten waren K a r t o f f e l n auf 541,000 Acres gepflanzt, was eine Abnahme von 7 % ausmacht. Man schreibt dieselbe den niedrigen Preisen der Kartoffeln zu, die eine Folge der reichen Ernte des letzten Jahres gewesen sind. Das Durchschnittsareal des unbebauten Bodens (Brachland) ist in den letzten vier Jahren um ungefähr 25 % grösser gewesen, als in den vorhergehenden 5 Jahren, mit deren Beginn sich der Nothstand der Landwirthschaft fühlbar machte. Im Ganzen beträgt das zu F ü t t e r u n g s z w e c k e n angebaute Land 180,000 Acres mehr als im vorigen Jahre und 200,000 Acres mehr als vor 10 Jahren. Im J. 1872 repräsentirte dasselbe 40 % des gesammten angebauten Landes, während es jetzt auf 46 % gestiegen ist. Das Areal das für Obstgärten und Gärten, in welchen Handelsgewächse gezogen werden, verwandt wird, hat einen Zuwachs erfahren; erstere umfassen 187,000 Acres, letztere 48,000 Acres.

Es zeigt sich eine Abnahme um 7 % bezüglich des R i n d v i e h s im Alter von zwei Jahren und darüber, während junges Rindvieh um 8,000 zugenommen hat. S c h a f e waren über eine halbe Million weniger vorhanden, dabei Zunahme an Lämmern 300,000, so dass die Gesammtabnahme an Schafvieh 260,000 Stück beträgt oder 1 %. An S c h w e i n e n Zuwachs 22 %. Diese Vermehrung schreibt man verschiedenen Ursachen zu. Einmal dem billigen Fütterungsmaterial — Kartoffeln und Gerstenmehl, die man besonders zum Füttern der Schweine verwendet, sind sehr im Preise gesunken — ferner dem Aufhören von Seuchen unter den Schweinen und endlich der Abneigung, welche man aus Furcht vor Trichinen in Grossbritannien gegen amerikanischen Speck und amerikanisches Schweinefleisch hat. In der Zahl von Ackerpferden, *brood mares* und Fohlen ist eine Abnahme eingetreten.

In Irland hat der Anbau von Gerste, der für Irland wichtigsten Kornfrucht, eine Zunahme von 5,000 Acres erfahren. In diesem Jahre sind 1'397,000 Acres mit ihr besäet worden. Im Ganzen sind 1'757,000 Acres mit Kornfrüchten besäet, gegen 1'777,000 im J. 1881. Mit Kartoffeln waren 838,000 Acres bepflanzt; im J. 1881 854,000. Das mit Wurzelfrüchten bepflanzte Gesammtareal beträgt 1'249,000 Acres. Milchkühe und junge Rinder weisen in Irland einen geringen Zuwachs auf, zweijähriges Rindvieh eine Abnahme, junges Rindvieh eine Zunahme von 3 %. Die Anzahl der Schafe und Lämmer hat abgenommen fast um 30 % gegen den Bestand im J. 1872. An Schweinen hatte man einen Zuwachs von 30 % gegenüber der Anzahl vom J. 1881, einen solchen von 70 % gegen 1880.

Grundeigenthumsverhältnisse in Irland. Der Manchester Guardian berichtete kürzlich: Von den 20'159,078 Acres Boden sind 9'612,788, sonach fast die Hälfte, im Besitze von 744 Eigenthümern, beiläufig, der dritte Theil, 6'458,100, gehört 292 Personen, 452 Leute haben jeder mehr als 5,000, 135 über 10,000, 90 über 20,000, 14 über 50,000 und 4 je über 100,000 Acres. Im Ganzen gab es 1872 68,716 Grundeigenthümer.

Viehstand, 1882, Stück :

	England	Wales	Schottland	Irland	Ver. Königreich
Pferde	1'084.495	138,488	190,595	482,469	1'905.317
Rindvieh	4'081,735	644,510	1'081,246	3'986,847	9'832,417
Schafe	14'947,994	2'517,914	6'853,860	3'071,493	27'448,220
Schweine	2'122,625	233,694	154,083	1'429,930	3'956,495

Montanindustrie, im Ver. Königreiche (Tons):

	1881	1880
Kohlen	154'184,300	146'818,622
Eisen (*Pig Iron*)	8'155,073	7'749,233
Kupfer (*Fine Copper*) . . .	3,885	3,662
Blei	48,415	56,949
Zinn (*White Tin*)	8,617	8,918
Zink (*Metallic Lead*) . . .	15,947	7,162
Silber (*Silver from Lead*) Unzen	305,518	295,518

Geldwerth am Erzeugungsorte, £:

	1881	1880
Kohlen	65'528,327	62'395,414
Eisen	20'387,682	19'373,082
Kupfer	264,180	253,277
Blei	724,408	953,895
Zinn	839,835	813,767
Zink	269,500	123,544
Silber	67,488	63,015
Andere Metalle	1,250	1,500
Total	88'082,670	83'977,494

Der Gesammt-Geldwerth betrug in den nächstvorhergegangenen 10 Jahren :

1870	46'994,600 £	1875	64'664,532 £
71	55'385,678	76	65'338,316
72	68'380,976	77	65'850,727
73	69'041,158	78	64'712,332
74	65'383,405	79	63'737,881

Obige Liste zeigt die enorme Steigerung der Preise in der Schwindelperiode, dann den, bis 1880 andauernden, wenn auch mässigen Rückschlag. Ein höherer Ertrag als 1872 und 73 ward indess 1880 und 81 erreicht.

Unfälle in Bergwerken. Von 1859—1878, also in 20 Jahren, kamen nach einem Berichte von Neison in den Kohlenbergwerken allein 16,531 Unfälle mit tödtlichem Ausgange vor, die 21,390 Menschen das Leben kosteten. In den Erz- und übrigen Gruben gab es binnen der 19 Jahre 1860—78 1,099 solcher Unfälle mit 1,184 Tödtungen. — Im J. 1879 waren im Ver. Königreich in den Kohlen- und Erzbergwerken 476,810 Personen beschäftigt, wovon 385,179 unter und 91,631 (wovon 4,842 weibl.) über der Erde. Durchschnittlich kam im Jahre ein Todesfall auf

446 beschäftigte Individuen und ebenso auf 149,400 Tons zu Tage geförderten Materials. In den Metallminen, in denen 47,060 Arbeiter beschäftigt waren, kam 1 Todesfall auf 755 derselben.

Gewerbsindustrie. Die, gelegentlich der zehnjährigen Volkszählung regelmässig gesammelten Materialien für Feststellung der gewerblichen, insbesondere der Fabrikverhältnisse, sind zur Zeit noch nicht verarbeitet, und wir können in Folge dessen nur höchst ungenügende Notizen mittheilen. Die Einfuhr der wichtigsten Rohstoffe für Gewebefabrication waren seit 1876 (s. die 8. Aufl. dieses Werkes):

	Rohe Baumwolle Ctr.	Schafwolle Pfd.	Rohe Seide Pfd.	Hanf, Flachs etc. Ctr.	Jute Ctr.
1877	12'100,725	409'949,198	4'441,891	1'188,079	3'649,677
78	11'987,679	399'449,435	4'170,606	1'219,642	4'242,382
79	13'119,272	417'110,099	3'686,422	1'170,080	4'759,363
80	14'541,648	463'508,963	3'673,949	1'248,634	4'638,896
81	14'991,682	450'141,735	2'904,580	1'389,851	4'928,805

Die wieder exportirten Quantitäten sind oben nicht abgerechnet. Dass Verhältnisse, wie die der Seidenraupen-Krankheit, Rückgänge verursachten, versteht sich von selbst.

Bierproduction. Wie weit diese aus dem Bierexport ersichtlich ist, deuten nachstehende Notizen an: Die Bierausfuhr im J. 1882 bezifferte sich auf 428,032 Fass, im declarirten Werthe von 1'812,424 £. Der grösste Consument englischer Biere ist Britisch-Indien, welches im vorigen Jahre 76,857 Fass importirte. Dann folgen die britischen Besitzungen in Südafrika mit 42,976 Fass; Neusüdwales mit 30,074; die Ver. Staaten mit 29,095, und Victoria mit 30,074. Auf dem Festlande führt Frankreich den Reigen mit 15,864 Fass; Gibraltar importirte 15,856 und Malta 15,611. Oesterreich dagegen bezog nur 2 Fass englischen Bieres im Werthe von 11 £. In Grossbritannien und Irland gibt es gegenwärtig 16,689 Brauereien, welche dem Staate im abgelaufenen Jahre die Summe von 8'668,405 £ als Concessions- und Biersteuer entrichteten.

Handelsverkehr. Die Aufzeichnungen zu Vergleichungen lassen Vieles zu wünschen. Eine Vergleichung des früheren und jetzigen Verkehrs ist aber namentlich auch noch dadurch erschwert, dass früher bei der Einfuhr nur der sogenannte officielle Werth (nach einem Tarif aus dem Jahre 1694) notirt wurde. Erst seit 1854 wird auch der »wirkliche Werth« verzeichnet. Anders ward es schon früher bei der Ausfuhr gehalten. Indess muss dabei auch der wechselnde Cours der Banknoten zu Anfang des Jahrhunderts berücksichtigt werden. Der wirkliche Werth der Ausfuhr britischer Producte betrug in den fünf ersten Jahrzehnten durchschnittl.:

1801—10	1811—20	1821—30	1831—40	1841—50
£ 40'731,970	51'484,461	36'600,536	45'144,407	57'381,293

Der wirkliche Werth der exportirten Waaren, welcher 1815 51'632,971 £ betragen hatte, sank von da an stufenweise, bis er 1826 nur noch 31'536,724 £ nachwies, und 1833 erst wieder auf 39'331,413 stand. Nicht früher als 1841 ward die Ziffer des letzten Kriegsjahres erreicht, mit 51'634,623 £. Die Quantität der ausgeführten Waaren stieg allerdings schon früher.

Von 1854 an liegen vollständigere Berechnungen vor. Die Hauptergebnisse sind, nach dem »wirklichen Werthe« (vgl. das Nähere in den frühern Auflagen) in £:

| | Einfuhr | | Ausfuhr | |
		brit. Producte	coloniale u. fremde	Zusammen
1854	152'369,053	97'184,726	18'636,366	115'821,092
1860	210'530,873	135'591,227	28'630,124	164'521,351
1870	303'257,493	199'640,983	44'493,755	244'134,738
1875	373'939,577	223'465,963	58'146,360	281'612,323
1877	394'419,692	198'893,065	53'452,955	252'346,020
1879	362'991,875	191'531,758	57'251,606	248'783,364
1880	411'229,565	223'060,446	63'354,020	286'414,466
1881	397'022,489	234'022,678	63'060,697	297'082,775

Der Verkehr mit den wichtigsten einzelnen Ländern lieferte im Jahre 1881 folgende Ergebnisse:

A. Handel mit fremden Ländern, einschl. den der brit. Colonieen:

	Einfuhr aus	Ausfuhr nach
Russland, nördliche Häfen	10'229,568 £	7'875,944 £
— südliche —	3'823,653	1'401,494
Schweden und Norwegen	10'054,051	5'037,236
Dänemark und Island	4'611,999	2'431,193
Dänisch-Westindien	43,221	193,149
Deutschland	23'650,285	29'276,914
Holland	23'022,985	15'272,429
Java und andere Colonieen in den indischen Meeren	2'662,672	1'759,072
Belgien	11'510,388	13'537,445
Frankreich	39'984,187	30'085,661
Algerien	750,558	292,960
Französ. Besitzungen in Senegambien	4,030	78,032
— — — Indien . .	162	14,563
Portugal	3'357,012	2'539,977
Azoren und Madeira	206,230	145,672
Spanien	10'027,505	4'393,821
Canarische Inseln	346,760	221,611
Fernando Po	5,604	12,738
Spanisch-Westindien und Inseln . .	1'624,498	2'815,356
Philippinische Inseln	2'344,404	1'509,034
Italien	3'274,881	7'517,734
Oesterreich-Ungarn	1'390,001	892,567
Griechenland	2'162,566	1'277,570
Rumänien	2'758,522	1'426,524
Türkei	4'170,037	7'389,033
Aegypten	9'317,916	3'340,283
Marokko	246,051	326,039
Vereinigte Staaten	103'207,829	36'783,047
Mexico	591,435	1'685,451
Central-Amerika	1'197,126	967,088
Haïti und San Domingo	113,797	397,393
Neu-Granada	1'372,137	1'232,873
Venezuela	209,641	490,581
Ecuador	290,851	260,817
Brasilien	6'340,414	6'914,319
Uruguay	465,497	1'416,025
Argentinische Republik	585,418	3'414,672
Chile	2'730,519	2'686,844
Peru	2'169,098	945,304
China	10'703,778	6'234,003
Japan	675,711	3'152,261
Afrikanische Westküste	1'585,373	1'235,473
Andere Länder	1'643,659	1'521,361
Zusammen mit fremden Ländern	305'482,829	210'401,583

B. Handel mit den britischen Besitzungen:

	Einfuhr aus	Ausfuhr nach
Canal-Inseln	755,809 £	846,279 £
Gibraltar	26,418	795,949
Malta	169,797	1'137,189
Nordamerikan. Colonieen. .	11'300,818	9'307,341
Westind. Inseln und Guiana	5'695,626	2'900,400
Britisch-Honduras	202,996	114,418
Australien	26'975,381	23'982,404
Britisch-Indien	32'629,435	31'052,963
Straits Settlements	3'784,157	2'743,518
Ceylon	2'136,350	849,499
Hong-Kong	1'015,716	3'800,189
Mauritius	449,487	481,773
Cap und Natal	5'413,299	7'691,965
Westafrik. Niederlassungen .	160,730	317,711
Goldküste	349,464	394,524
Andere Besitzungen . . .	474,177	265,070
Zus., Britische Besitzungen	91'539,660	86'681,192
Totalverkehr	397'022,489 £	297'082,775 £

Wir haben hier die Reihenfolge eingehalten, welche in den britischen Verkehrslisten officiell angenommen ist.

Es lässt sich nicht verkennen, dass der Handel im Ganzen während der jüngsten Zeit bedeutende Störungen erfahren hat, jedoch ebenso, dass der britische Handel trotzdem, wenn man nicht zu kurze Perioden ins Auge fasst, stetig vorangeschritten ist. So kamen vom Gesammtverkehr auf den mit

	fremden Ländern		britischen Besitzungen	
	Einfuhr	Ausfuhr	Einfuhr	Ausfuhr
1858	118'239,554	79'446,217	34'149,499	36'374,875
1860	167'571,386	117'988,399	42'959,457	46'532,952
1865	198'231,488	167'284,822	72'840,797	51'546,754
1870	238'425,080	188'689,245	64'832,418	55'391,332
1873	290'277,250	239'857,058	81'010,122	71'147,707
1874	287'919,862	219'740,436	82'162,839	77'910,028
1875	259'515,606	204'957,312	84'423,971	76'655,011
1877	304'865,684	176'593,870	89'553,998	75'752,150
1878	290'834,632	173'491,150	77'936,110	71'992,708
1879	284'049,237	182'274,391	78'942,638	66'508,973
1880	315'710,760	204'886,897	92'518,805	81'527,569
1881	305'482,629	210'401,583	91'539,660	86'681,192

Hier ist vor Allem bemerkenswerth die stetige Mehreinfuhr über die Ausfuhr, — ein immer und überall hervortretender Beweis der Täuchung der Handelsbilanz in der gewöhnlichen Auffassung. Allerdings ist dabei zu erwähnen, dass die Ausfuhr relativ bedeutende Fortschritte gemacht, worüber wir nachher sprechen werden.

Was den Verkehr Grossbritanniens mit fremden Ländern in der jüngsten Zeit, speciell im J. 1881 betrifft, so springt es in die Augen, wie der mit den Vereinigten Staaten den mit allen andern Ländern überwiegt. Bei der Ausfuhr erscheint er mit $36{,}78$ Mill., während Frankreich an zweiter Stelle mit $30{,}0$, dann Deutschland an dritter mit $29{,}27$ Mill. kommt. Noch ganz anders bei der Einfuhr von dort: Vereinigte Staaten mit der colossalen Summe von $103{,}2$ Mill., dann 2) Frankreich mit nur $9{,}98$, weiter 3) Deutschland mit $23{,}65$ und 4) Holland mit $23{,}0$ Mill.

Wenden wir uns zum Verkehr mit den britischen Besitzungen, so
nimmt bei der Einfuhr Britisch-Indien die erste Stelle ein mit $32{,}_{63}$ Mill.,
dann Australien die zweite mit $26{,}_{75}$. Aber jenes hat, blos an unmittelbar Unterworfenen, eine Bevölkerung von beiläufig 200, dieses kaum von
3 Millionen Menschen, und ähnlich bei der Ausfuhr: Indien $31{,}_{05}$.
Australien $23{,}_{94}$ Mill. £. Und doch hat sich Indien in der Neuzeit gewaltig emporgeschwungen. Aber hier erscheint eine freie, sich selbst
regierende Bevölkerung, während dort nur Unterworfene einer fremden
Nation vorhanden sind. Auch die Nordamerikanischen Colonieen und
das Cap, die sich mehr oder minder des Selfgovernments erfreuen, haben,
seit dies der Fall, einen ganz andern Aufschwung erlangt als früher.

Ueber die Geschäftslage der in den drei grossen Industrieländern
England, Frankreich und Deutschland während des Jahres 1881 seien
hier noch einige allgemeine Bemerkungen angefügt. Der englische
»*Economist*« vom März 1882 hebt hervor: »Bei unserem Handel mit dem
Auslande im J. 1881 tritt am meisten die Zunahme im Werthe und noch
mehr in der Quantität unseres Exports hervor. Während der Import
von $411{,}_2$ Mill. £ auf $395{,}_6$ sank, hob sich der Export von 223 auf
$233{,}_9$ Mill. £. Sowol Rohstoffe für die Industrie als Nahrungsmittel sind
in geringerer Menge als 1880 eingeführt worden. Bei den ersteren ist
dieser Rückgang unzweifelhaft theilweise auf die sehr grossen, am Jahres-
beginn vorhandenen Vorräthe, bei den letzteren auf besseren Ertrag der
inländischen Production zurückzuführen. Andererseits sind fast von allen
unseren Hauptartikeln beträchtlich grössere Quantitäten exportirt worden,
wenn auch für viele von ihnen niedrigere Preise acceptirt werden mussten.« Durch eine eingehende Berechnung stellt der »*Economist*« dann fest,
dass der Umfang des englischen Handels mit dem Auslande in den letzten Jahren ungünstiger Geschäftslage, statt sich zu verringern, sich sehr
stark vergrössert hat, ja dass England im J. 1881 von seinen Erzeug-
nissen weit mehr an andere Nationen verkauft hat, als je zuvor. Zur allgemeinen Vergleichung sei beigefügt: Aehnliche Ergebnisse wie der
»*Economist*« für England constatirt das »*Bulletin de statistique et de légis-
lation comparée*« für Frankreich. Auch in Frankreich ist die Einfuhr um
$86{,}_7$ Mill. Frcs. gesunken, während gleichzeitig die Ausfuhr um $144{,}_5$
Mill. Frcs. gestiegen ist. Bei der Abnahme der Einfuhr sind ebenfalls
die Nahrungsmittel, namentlich Getreide, in erster Linie betheiligt. Dagegen ist in Frankreich 1881 an Rohstoffen für die Industrie so viel wie
nie zuvor bezogen worden, nämlich für $2{,}398{,}_2$ Mill. Frcs. Der Bericht
erblickt darin einen Beweis für die grosse gewerbliche Thätigkeit des
französischen Volkes, welche um so bemerkenswerther sei, als die Einfuhr fremder gewerblicher Erzeugnisse, welche den inländischen Concurrenz machten, sich ebenfalls vermehrt habe. (Am Schlusse des Jahres
1882 hat sich jedoch das Verhältniss in Frankreich etwas geändert.) Bei
Beurtheilung der deutschen Verhältnisse sollten diese Darlegungen, wie
die »*Hbg. B.-H.*« bei Reproduction jener Auslassungen mit Recht betont, nicht übersehen werden; sie bekunden, dass in den beiden ersten
Industrieländern Europas, deren Zollsystem vollständig unverändert geblieben, in 1881 eine vorher nicht erreichte industrielle Thätigkeit ge-
herrscht hat; sie beweisen zugleich, wie oberflächlich es ist, für jede

regere gewerbliche Thätigkeit in Deutschland die Ursache immer in der veränderten Zollpolitik und nicht in denjenigen Momenten zu suchen, welche heute gleichmässig das wirthschaftliche Leben aller Culturstaaten beeinflussen.

Post. Bei den bis Ende 1839 fortbestandenen hohen Portosätzen stieg die Zahl der durch die Post beförderten Briefe nur auf 82'471,000 (1837). Die Einführung eines Portosatzes von 1 Penny bewirkte eine grossartige Vermehrung. Schon 1840 war die Briefzahl 168'768,000, 1850 347'069,000, 1860 564'000,000, 1870 847 Mill. Nachdem die Posttaxe im Oct. 1871 auf einen halben Penny reducirt, wurden 1875 befördert: 1,008'392,100 Briefe, 87'116,300 Postkarten. 279'716,000 Zeitungen und Bücher. Von den Briefen kamen 1875/76 856' auf England, 91' Schottland, 72' auf Irland; Zeitungen hatte England 242' geliefert. Auf den Kopf der Bev. trafen Briefe in England 35,$_{20}$, Schottland 25,$_{79}$, Irland 13,$_{54}$. Postkarten gab es 1876 24,171', wovon 1,800' in London. Das Reinerträgniss der Post war 1'947,000 £. Die Zahl der Postanweisungen stieg 1876 auf 17'322,133 (dav. 14'766,117 in England) mit einer Summe von 27'425,340 £ (23'063,503 in England).

Jahr 1880/81 (vom 1. April an). Zahl der Briefkästen 57.709. Befördert: 1,176'423,606 Briefe, 122'884.000 Postkarten, 248'881,000 Kreuzbandsendungen, 133'786,000 Zeitungen, zusammen 1,681'974,606. Eingeschriebene Briefe 10'034,546. Wegen mangelnder Adresse konnten nicht befördert werden 5,$_3$' Briefe, 0,$_5$' Postkarten, 4' Kreuzb., 0,$_4$' Zeitungen; ja mehr als 27,000 Briefe waren ganz ohne Adresse, darunter 1.340 mit Werthpapieren von nahe 5,000 £. Der Postanweisungsverkehr im Inlande umfasste über 26 Mill. £. Zahl der angestellten Personen etwas über 47,000, wovon 2,000 Frauen. Bruttoeinnahme der Post 8'367,311, Ausgaben 5'440,665 £.

In dem jüngstvergangenen Jahre 1882 waren die Zahlen, nach dem »Abstract«, in Millionen Stück

	England	Schottland	Irland	Zusammen
Briefe	1,037	110	82	1'229
Postkarten	114	15	6	135
Zeitungen und Drucksachen	338	43	31	412
a. Postanweisungen, inländische .	12,$_{74}$	1,$_3$	0,$_{80}$	14,$_{93}$
b. - für Ausland und Colonien	—	—	—	0,$_2$
c. - vom Ausland und Colonien	—	—	—	0,$_5$
Deren Betrag in 1000 £				
a. für das Inland	19'990	2'216	1'265	23'471
b. für das Ausland und Colonieen .	—	—	—	472
c. vom Auslande und Colonieen .	—	—	—	1'478

Auf je 100 Einwohner kamen Briefe: in England und Wales 3,967, Schottland 2,930, Irland 1,602, Durchschnitt 3,510.

Die Einnahme der Post betrug 1881 6'733,427, die Betriebskosten beliefen sich auf 4'135,660 £.

Handelsmarine, Schifffahrt. Die Zahl der Segelschiffe nimmt fortwährend ab, wogegen sowol die der Dampfer als jene der Gesammt-Tonnenzahl fortwährend steigt.

Zahl der registrirten Schiffe — Ver. Königreich:

	Segelschiffe		Dampfer		Zusammen	
	Schiffe	Tons	Schiffe	Tons	Schiffe	Tons
1867	25,842	4'852,911	2,931	901,062	28,773	5'753,973
70	23,189	4'577,855	3,178	1'112,934	26,367	5'690,789
75	21,291	4'206,897	4,170	1'945,570	25,461	6'152,467
80	19,938	3'851,049	5,247	2'723,468	25,185	6'574,513
81	19,325	3'688,008	5,505	3'003,988	24,830	6'691,996

Im ausländischen Verkehre waren davon verwendet (abgesehen von Flussdampfern):

1867	7,467	3'641,662	834	608,232	8,301	4'249,894
70	6,757	3'468,717	935	760,410	7,692	4'229,127
75	5,327	3'123,202	1,465	1'470,158	6,792	4'593,360
80	4,518	2'924,407	2,293	2'289,179	6,811	5'213,586
81	4,163	2'785,506	2,546	2'618,778	6,709	5'404,284

Im in- und ausländischen Verkehre zusammen:

1867	20,161	4'681,631	1,616	812,677	21,777	5'493,708
70	19,940	4'519,141	2,240	1'039,969	22,180	5'559,110
75	17,221	4'044,504	2,970	1'847,189	20,191	5'891,692
80	16,183	3'750,442	3,789	2'594,135	19,972	6'344,577
81	15,223	3'569,168	4,088	2'921,785	19,311	6'490,953

Was die Zahl der verwendeten Seeleute betrifft, so betrug dieselbe:

	Ausländischer Verkehr			In- und ausländischer Verkehr		
	auf Segelschiffen	Dampfern	zusammen	Seglern	Dampfern	zusammen
1867	107,364	31,411	138,775	153,229	43,111	196,340
70	96,954	33,089	130,043	147,207	48,755	195,962
75	81,329	54,366	135,695	126,240	73,427	199,667
80	67,840	67,516	135,356	108,668	84,304	192,972
81	63,797	73,404	137,201	102,498	90,405	192,903

Der gesammte Tonnengehalt der britischen und fremden Segel- und Dampf-Schiffe, welche mit Ladung und Ballast (zusammengerechnet) in die Häfen des Vereinigten Königreichs ein- und ausliefen, betrug:

1867	1870	1875	1880	1881
32'756,112	36'640,182	46'276,838	58'736,063	57'948,545

Die am meisten repräsentirten Flaggen waren im letzten Jahre (1881) (Tons):

		angekommen	abgefahren
Britische	Schiffe	20'437,035	21'106,224
Norwegische	-	1'786,144	1'787,499
Deutsche	-	1'585,087	1'636,607
Französische	-	890,415	923,782
Schwedische	-	619,789	630,317
Dänische	-	618,320	649,437
Holländische	-	584,499	588,639
Italienische	-	486,786	528,753
Ver. Staaten	-	455,449	471,338
Spanische	-	315,807	329,657
Belgische	-	270,851	277,298
Russische	-	248,012	254,163

Die gewaltige Präponderanz der Britischen Flagge macht sich selbstverständlich geltend. In weiter Entfernung folgen die Norwegischen, und diesen nahe die Deutschen Schiffe; merklich bleiben die Französischen zurück; dann kommen die Schwedischen und Dänischen. Eine geringere Stelle, als man erwarten mag, nehmen die Vereinigten Staaten Nordamerika's ein.

Von den einzelnen Britischen Häfen erscheinen mit der grössten Tonnenzahl:

	Einfuhr	Ausfuhr
London . . .	5'810,043	4'478,260
Liverpool . .	4'940,548	4'796,671
Cardiff . . .	2'012,775	3'645,454
Newcastle . .	1'874,535	3'198,166
Hull	1'461,733	1'249,466
Glasgow . . .	809,182	1'176,372
Southampton .	1'002,748	857,187
Sunderland . .	651,804	764,587
Newport . .	635,777	892,169
Leith	592,912	482,400
Dover . . .	537,784	520,082
Bristol . . .	448,844	204,603

Lloyd's Register enthält interessante Mittheilungen über die Entwickelung und das Wachsthum der Britischen Kauffahrteiflotte. Das Register enthält die Namen und den Raumgehalt sämmtlicher Schiffe Grossbritanniens über 100 Registertons und aller derjenigen unter 100 Tons, welche classirt sind oder gewesen sind. Grossbritannien besass von diesen Schiffen:

	1881	Tons	1882	Tons
Eiserne Dampfer	4,031	4'377,622	4,196	4'500,335
Eiserne Segler	1,542	1'531,042	1,588	1'606,508
Hölzerne Segler	7,306	2'084,042	5,758	1'728,543

Schiffsunfälle. Die Angaben sind bedeutend abweichend. Eine Notiz führt 1878 768 Schiffbrüche auf, mit 780,000 Tonnen, bei denen 4,000 Menschenleben und Ladungen im Werth von 15' £ verloren wurden. Das vom Handelsamt veröffentlichte Schiffbruchregister für 1878/79 3,002 Schiffbrüche, 490 Menschenverlust. Nach einer andern amtlichen Zusammenstellung sollen vom 1. Januar 1873 bis 16. Mai 1880 1,965 Schiffe zu Grunde gegangen und 10,827 Individuen umgekommen sein.

Nach einer Erklärung Chamberlain's sollen im Jahre 1882 allein 3,118 Personen auf See durch den mangelhaften Zustand von Maschinen, Explosionen, Ueberladung etc. umgekommen sein, abgesehen von Strandung und Collisionen.

Eisenbahnen. Nach dem »*Statistical Abstract for the United Kingdom 1867 to 1881*« waren die Ergebnisse pro 1881:

	Länge Miles	Anlagecapital	Betriebseinnahme	Betriebskosten	Nettoeinnahme
England u. Wales	12,810	616'453,000 £	54'322,000	29'377,000	27'148,000
Schottland . . .	2,930	94'808,000	6'966,000	3'731,000	3'548,000
Irland	2,440	34'258,000	2'585,000	1'481,000	1'132,000
	18,180	745'519,000	63'873,000	34'589,000	31'828,000

Dies ergibt in Klm. eine Länge von 29,257. Die Zahl der beförderten Reisenden betrug, abgesehen von den Besitzern von Abonnements-Billeten:

in England	557'556,000
- Schottland	94'808,000
- Irland	17'656,000
	622'423,000

Dies sind jedoch provisorische Ziffern.

Die definitiven Abrechnungen vom Jahre 1880 ergaben folgende Hauptresultate: Länge 17,933 miles. Autorisirtes Gesammtcapital 802'014,004 £.; davon eingezahlte Actiensumme 546'558,217, Anlehen und Obligationen 181'758,631. Beförderte Passagiere im Jahr: 603'885,025 (davon 38'767,926 1. Classe, 65'034,870 2., 500'082,229 3., ausserdem Abonnenten 502,174); Güterverkehr: Mineralien 165'670,034 Tons, andere Güter 69'635,325 Tons. — Einnahme: von Personen 27'200,464 £, von Gütern 35'761,303, Sonstiges 2'529,858, zusammen 65'491,625. Ausgaben 33'601,124 = 51¹/₃ % der Einnahme; bleiben netto 31'890,501 £. Unter den Ausgaben: 749,719 £ Steuern, 234,100 Entschädigungen für Personen- und 175,909 für Güterbeschädigungen. — Bestand an Betriebsmitteln: 13,384 Locomotiven, 29,565 Personen- und 379,934 Güterwagen.

Ende 1881 war das autorirsite Anlagecapital 831'127,000 £, wovon 748'528,000 bereits einbezahlt. Die Gesammteinnahme des Jahres war zwar gegen das Vorjahr um 1'066,000 gestiegen, der grösseren Betriebskosten wegen blieb jedoch eine Mehreinnahme nur von 64,000 £.

Alle Bahnen sind Privat-, keine Staatseigenthum.

Unfälle. Im Jahre 1880 fanden, einschliesslich Selbstmörder, 1.135 Personen durch Eisenbahnen ihren Tod, während 3,959 verletzt wurden (1879 waren es 1,032 und 3,513). Von Passagieren wurden 137 getödtet, 1,614 verwundet. Den Rest bildeten Bahnbedienstete, Selbstmörder (wie viel?) oder Solche, welche im Gleise einhergingen.

Tramways waren (1880) 368 miles im Betriebe. Ermächtigte Capitalsumme 9'210,785 £, davon verausgabt 5'665,465. Jahreseinnahme 1'342,933, Ausgabe 1'113,094, Ueberschuss 229,839 £. Passagierzahl 173'067,103. Eine grosse Bedeutung haben auch die Tramways erlangt. Im Ver. Königreiche und Irland gibt es 135 Tramway-Linien, von denen 26 das Eigenthum von Localbehörden sind und 109 Actiengesellschaften gehören. Die dem Verkehr eröffneten Linien haben eine Gesammtlänge von 564 (englischen)Meilen. Das Betriebsmaterial besteht aus 2,352 Waggons, 18,130 Pferden und 76 Locomotiven. In dem im Juni 1882 beendeten Geschäftsjahre wurden auf sämmtlichen Linien nicht weniger als 257'760,060 Passagiere befördert. Die Brutto-Einnahmen beliefen sich auf 1'970,350 £ und die Betriebskosten auf 1'555,793. Der Reinertrag betrug folglich 414,557 £.

Telegraphen. Mit 1. Jan. 1871 übernahm der Staat diese bis dahin privaten Anstalten; innerhalb 14 Monaten verwendete er 7¹/₂ Mill. £ auf Ankauf und Verbesserung; die Zahl der Stationen wurde von 2,932 schon bis Frühjahr 1873 auf 5,790 vermehrt. Zahl der Depeschen 1876: 21'575,207, ungerechnet die amtlichen und Pressdepeschen.

Bis 1882 kostete das Telegraphenwesen dem Staate für Ankauf und neue Leitungen fast 10 Mill. £. Die Zahl der Bureaux betrug 1881 5,443, Länge der Linien 42,334, der Drähte 194,712 Klm. Depeschen:

1879	1880	1881	1882
24'459,775	26'547,137	29'966,965	31'345,861

Von der letzten Zahl kamen auf England 26'275,513, Schottland 3'207,994, Irland 1'862,354. Für 1880/81 belief sich die Einnahme auf 1'633,884, die Betriebsausgabe auf 1'305,006 £.

Canäle. In England 2,600, Schottland 225, Irland 275 Meilen, wozu 900 Meilen schiffbare Flussstrecken = 4,000 engl. Meilen: 1858 war das Actiencapital der Canäle in England 13'053,696, in Schottland und Irland 722,228 £.

Lebensversicherungsgesellschaften. Das Gesammtvermögen betrug 1879 138'932,340 £ (2,778'646,800 Mark, während die entsprechenden Gesellschaften in Deutschland nur 494'311,103 Mark aufwiesen). — Friendly Societies. Ende 1879 zählte man in England 174 Trade Unions (Gewerkvereine). Von 130 derselben, die Berichte eingesendet, waren 272,413 £ Jahreseinnahmen und 222,853 Mitglieder nachgewiesen. Die in Schottland hatten 12,596 Mitglieder und 20,065 £, in Irland 2,440 und 2,930 £ Einnahme.

Spitäler: 1,410 Institute, von denen 611 eigentliche Spitäler, die übrigen Hospitien (Anstalten für Alte und Gebrechliche).

Neue Actiengesellschaften wurden im Jahre 1881 1,581 registrirt, mit einem Nominalcapital von 210'711.700 £ = 24 % mehr als im Vorjahre.

Fallimente.

	Zahl	Passiva	Activa
1874	?	20'136,670	5'431,848 £
75	?	25'533,644	7'332,779
76	?	20'873,349	6'165,458
77	11,022	19'479,857	5'989,154
78	15,059	29'973,740	9'023,074
79	16,637	29'678,103	10'193,617

Clearinghouse. Umsätze, je vom 1. Juli bis dahin des folg. Jahres:

1875/76	5,407'243,000 £	1879/80	5,265'976,000 £
1876/77	4,873'000,000	1880/81	5,909'989,000
1877/78	5,066'533,000	1881/82	6,382'654,000
1878/79	4,885'091,000		

Münze, Maasse, Gewichte. Münze. Einheit: das Pfund Sterling, Pound, Livre Sterling, £ bezeichnet, eine Goldmünze, 29,2 Stück auf die Mark fein, 22 Karat f. Gold, Werth ungefähr 25 Fr., 20 Reichsmark. — Unterabtheilung in 20 Shillinge (Silber, beiläufig 1 Mark). Der Shilling zerfällt in 12 Pence oder Deniers (Kupfer). — Maasse. Der engl. Fuss (foot) = 30,48 cm., 100 Yards oder Klafter = 91,43 Meter. Die engl. Meile (1,760 Yards) = 1,609 M. — Der Acre (Feldmaass) = 40,4671 Aren. Eine geogr. Quadratmeile ist gleich 21,36017 engl. Das Quarter (Getreidemaass, abgetheilt in 8 Bushels) = 285,76 lit. Der Bushel = 35,72 l. Der Gallon (Flüssigkeitsmaass) = 4,54 l. — Gewicht. Das Pfund = 0,45 Kgr. 100 Pfd. avoir du poids-Gewicht = 45,36 Kgr. Der Centner (112 Pfd. engl.) = 50,80 Kgr.; die Tonne (ton) = 20 solcher Centner.

Auswärtige Besitzungen.

Die britischen »Colonieen und andere Besitzungen«, der Zahl nach etwa ein halbes Hundert, zerstreut über alle Theile der Erde (eine Zusammenstellung der Zeit ihrer Erwerbung s. in den frühern Auflagen), umfassen ungefähr 388,000 geogr. Quadr.-Meilen und gegen 248 Mill. Menschen. Sie sind in ihren politischen und sonstigen Rechten nicht gleich gestellt. Die als blose militärische Positionen, als »Besitzungen«, betrachteten, werden absolutistisch regiert. Dagegen haben die eigenlichen Colonieen mit vorwiegend europäischer Bevölkerung ihre Parlamente und regieren sich, was ihre inneren Verhältnisse betrifft, wie Freistaaten unmittelbar selbst: so am unabhängigsten die verschiedenen Colonieen in Australien, ferner Canada und das Cap. Sie haben auch die Mittel zur Deckung der von ihnen selbst bestimmten Bedürfnisse allein aufzubringen, und sind selbst in militärischer Beziehung vor Allem auf Selbstvertheidigung hingewiesen.

1) Besitzungen in Europa

(ausschliesslich militärische Positionen).

	Areal		
	officiell	Q.-Kil.	Bevölkerung (1880)
Helgoland	2 engl. Q.-M.	0,6	1,913
Gibraltar	17/8	5	18,381
Malta und Gozzo. .	119	322,6	154.892 *)
Zusammen rund	123	328	175,186

Finanzstand, 1880 (von Helgoland nicht angegeben) brutto £:

	Einnahme	Ausgabe
Gibraltar . . .	44,828	43,372
Malta	190,661	169,318

2) Britisches Nordamerika

(Dominion of Canada).

Die früheren Provinzen Ober- und Unter-Canada (diese schon seit 1840 verbunden), Neu–Braunschweig und Neu–Schottland sind seit 1. Juli 1867 unter dem Namen Dominion of Canada zu einem Bunde vereinigt; Ober-Canada führt dabei den Namen »Ontario«, Unter-Canada den »Quebeck«; Bundesstadt ist Ottawa. Durch Vertrag vom 9. März 1869 haben sich die Länder der Hudsonbai-Compagnie angeschlossen; im Juni desselben Jahres erfolgte auch die Aufnahme von New-Foundland, doch ist diese noch nicht durchgeführt. Dagegen trat, nachdem 1866 die Vancouver's-Insel mit Britisch-Columbia vereinigt, seit 1871 auch dieses, und seit Juli 1873 die Prinz Edwards-Insel der Verbindung bei.

Der Bestand wird nun in den britischen Veröffentlichungen folgendermassen aufgeführt, wobei wir die Arealangaben in Kilom. (nach Behm und Wagner) einschalten:

	Engl. Quadr.-M.	Q.-Kil.	Bevölkerung (1880)
Ontario und Quebeck . . .	301,135		3'271,929
Neu-Braunschweig	27,322		321,129
Neu-Schottland	21,731		440,585
Manitoba	13,969	8'301,503	49,509
Prinz Edwards-Insel . . .	2,133		108,928
Britisch-Columbia ⎱ . . .	356,000		60,000 **)
Vancouver's-Insel ⎰			
Nord- und West-Territorium	2'650,000		100,000 **)
Dazu: Neu-Foundland .	40,200	110,650	179,509
Zusammen	3'412,490	8'412,153	4'531,589

*) Ohne Militär.

**) Schätzung.

Die **Nationalitäten** sind stark gemischt; Untercanada hat wesentlich französische, Obercanada ebenso englische Bevölkerung. Im ganzen Dominion zählte man 1871: 1'082,940 Einwohner französischer Abstammung, 706,369 engl., 7,773 walis., 549,946 schottischer, 846,414 irischer; dann 202,991 deutscher, 29,662 holländ., 2,962 schweiz.. 1,623 skandinav., 1,035 italien., 829 span. oder portugies., 607 polnischer und russischer, 123 jüdischer Abkunft; ferner 21,496 Afrikaner, 23,035 Indianer etc. — Noch grösser ist die Verschiedenheit in confessioneller Beziehung: 1'492,029 römische Katholiken, 494,049 Bekenner der Hochkirche, 544,998 Presbyterianer in 5 Kategorieen, 239,343 Baptisten in 5 Secten (darunter 11,445 Tunkers), 4,534 Brethren (Brüdergemeindler) in 3 Secten, 567,082 Methodisten in 8 Secten, 15,153 Anhänger der *Christian Conference*, 4,701 ditto der *Evangelical Association*. 21,829 Congregationalisten, 6,179 Adventisten, 7,345 Quakers, 854 Swedenborgianer, 2,275 Unitarier, 4,896 Universalisten, 409 Deisten. 1,112 Irwingianer, 37,935 Lutheraner, 10,146 andere Protestanten. 534 Mormonen, 1,115 Juden, 13 Muhammedaner, 1,886 Heiden, 20 Atheisten, 5,146 Confessionslose etc. Von den 1871 gezählten Bewohnern waren 2'900,531 im Lande geboren, 144,999 aus England, 121,074 Schottland, 219,451 Irland, 64,447 waren aus den Ver. Staaten eingewandert; 24,162 waren Deutsche, 2,899 Franzosen, 588 Skandinavier etc. Doch ist diese Aufstellung offenbar nach andern Normen durchgeführt, als die vorstehende. Eine Zählung der Indianer ward 1871 zum ersten Mal unternommen: sie ergab 102,358 Köpfe, nämlich 4,000 Eskimos, 46,028 Algonquins, 10,330 Huronen und Cherokesen, 42,000 Dene-Dindjie.

Grössere **Städte:** Montreal (Quebeck) 140,747, Toronto (Ontario) 56,415, Quebeck 62,446, Halifax (Neu-Schottland) 36,100, Hamilton (Ontario) 35,961, Ottawa (ebend.) 27,412, St. John (Neu-Braunschweig) 26,127 Einw.

Finanzen. Eine Notiz im »*Statistical Abstract for the Colonial Possessions*«, 1880, gibt für die Dominion of Canada 4'855,709 und für Neu-Foundland 205,231, zusammen also 5'060,940 £ Roheinnahme, und 6'894,126 und 230,311, zusammen 7'124,437 £ Rohausgabe an, dann als Schuld 32'696,348 und 302,289, Total 32'998,637 £.

Amtlichen Angaben zufolge haben sich die Einkünfte des Britischen Nordamerika während des am 30. Juni 1882 zu Ende gegangenen Fiscaljahres auf 33 Millionen, die Ausgaben auf 27 Millionen Dollar belaufen haben.

Militär. Nachdem Grossbritannien seine Truppen weggezogen, ward die Colonie veranlasst, für ihre Vertheidigung selbst zu sorgen. So ist denn neben einem Freiwilligen-Corps eine Miliz errichtet, in welche alle Waffenfähigen vom 18.—60. Jahre eintreten sollen; die eventuelle Dienstpflichtigkeit (nicht Kasernenpräsenz) dauert bei den Freiwilligen 3, bei dem ersten Aufgebot der Miliz 2 Jahre; die Uebungszeit der letzteren beträgt jährl. 16 Tage. Die organisirte Miliz wird zu 48,000 angegeben, währendrend man für die Reserve 700,000 zur Verfügung zu haben glaubt. — Auf den Canadischen Seen und im St. Lorenzstrome ist eine Kriegsflotille von 10 kleinen Fahrzeugen vorhanden, darunter 3 See- und 2 Flussdampfer.

Handel. Die Einfuhr betrug 1880 19'469,997, die Ausfuhr 19'489,011 £. Schiffe liefen ein mit 7'386,648 Tons, und liefen aus mit 2'395,954 Tons, ungerechnet Küstenschifffahrt.

Eisenbahnen im Betriebe 1880 6,891 engl. Meilen.

Fallimente: 1879 1,902 mit 29' $ Passiven, 1880 5,582 mit 81', 1881 607 mit 6'122,208, 1882 642 mit 8'131,285 $. (Die Berechnung scheint eine ungleiche gewesen zu sein.)

3) Mittel- und Südamerika.

Nachstehende Arealangaben unter **a.** nach der britischen officiellen Aufstellung in engl. Q.-Meil., unter **b.**, mitunter stark davon abweichend, nach Behm und Wagner in Quadr.-Kilom. Die Bevölkerung von 1880 nach dem »*Statist. Abstract for Colonial Possessions*«.

Besitzungen	a. offic. engl. Q.-M.	b. nach Behm Q.-Kil.	Bevölkerung
A. Nördliche Inseln:			
Bermudas-Inseln	19	50	13,948
Bahamas- oder Lucayos-Inseln .	5,390	13,960	43,521
Turk's- und Caicos-Inseln . . .	. . .	575	4,723
Jamaica	4,193	10,860	580,804
B. Kleine Antillen:			
Jungfern-Inseln, mit Tortola, brit. Antheil	57	165	6,426
St. Christopher oder St. Kitts .	68	176	29,137
Anguilla- oder Schnaken-Insel .	. . .	91	?
Nevis	50	118	11,864
Antigua	170	251	34,964
Montserrat	32	83	10,083
Dominica	291	754	28,211
St. Lucia	237	614	38,551
St. Vincent	147	381	40,548
Barbadoes	166	430	171,860
Grenada	133	430	42,403
Tobago	114	295	19,324
Trinidad	1,754	4,544	153,128
Barbuda	. . .	189	813
C. Festland und Südamerika:			
Britisch-Honduras	7,562	19,585	27,252
Britisch-Guiana	76,000	221,243	249,110
Falkland-Inseln	6,500	12,532	1,431
Zusammen	102,926	287,910	1'532,610

Den Confessionen nach ist die Bevölkerung dieser Besitzungen überwiegend protestantisch, geschieden in zahllose Secten. Nur die Einwohner von St. Lucia und Dominica sind meist katholisch; ausserdem bilden die Katholiken die Mehrzahl auf Grenada und in Honduras.

Finanzen, 1880, in £ :

	Einkünfte	Ausgabe	Schuld
Bermuda	31,938	29,335	10,484
Bahamas	42,945	43,643	58,362
Turk's Inseln . .	7,085	6,252	—
Jamaica	598,992	687,579	721,481
Jungfern-Inseln .	2.248	2,130	—
St. Christopher .	32,122	34,971	3,700
Nevis	8,447	8,364	—
Antigua	48,875	49,253	57,752
Montserrat . . .	6,617	5,997	2,700
Dominica	20,461	20,779	6,900
St. Lucia	32,431	31,918	34,100
St. Vincent . . .	32,035	32,891	2,500
Barbadoes . . .	136,403	136,767	—
Grenada	36,089	38,060	12,140
Tobago	14,003	13,514	1,000
Trinidad	435,789	458,640	407,370
Honduras . . .	43,234	37,923	—
Britisch-Guiana .	404,461	394,593	367,731
Falkland-Inseln .	7,000	6,977	—
Zusammen	1'941.175	2'039,586	1'686,220

Handel, 1880, Werth in £ :

	Einfuhr	Ausfuhr		Einfuhr	Ausfuhr
Bermuda . . .	248,864	84,037	St. Lucia . . .	127,362	194,694
Bahamas . . .	180,815	121,429	St. Vincent . . .	150,950	158,947
Turk's Inseln .	26,206	27,609	Barbadoes . .	1'170,736	1'166,689
Jamaica . . .	1'475,197	1'512,979	Grenada . . .	138,619	171,72.
Jungfern-Inseln.	4,268	5,147	Tobago . . .	45.138	77,615
St. Christopher .	168,027	186,012	Trinidad . . .	2'382,632	2'185,512
Nevis	30,546	37,212	Honduras . . .	237,204	252,855
Antigua . . .	160,767	263,551	Brit. Guiana . .	2'202,696	2'617,625
Montserrat . .	25,364	29,121	Falkland-Inseln .	?	?
Dominica . . .	69,941	64,671	Zusammen	8'845,332	9'157,433

Die wichtigsten Einfuhrartikel der Westindischen Inseln sind Brodstoffe und Gewebe. Unter den Ausfuhrartikeln bemerken wir, Werth in £, bei

	Barbadoes	Trinidad	Jamaica	Guiana
Zucker	814,042	858,081	497,825	2'125,548
Rum	416	2,750	209,092	185,092
Melasse	143,238	44,358	—	77,175
Cacao	—	321,906	—	—
Kaffee	—	—	254,722	—

Schiffsverkehr, ein- und ausgelaufen 1880, ungerechnet Küstenfahrt, Tons :

Bermuda . .	184,860	Grenada . .	144,745	Montserrat .	13,484
Bahama . .	174,419	Tobago . .	14,504	Dominica . .	22,264
Turk's Inseln .	132,740	Jungfern-Inseln	5,934	Trinidad . .	877,611
Jamaica . .	796,946	St. Christopher	253,394	Honduras . .	144,370
St. Lucia . .	232,828	Nevis . . .	19,030	Br. Guiana .	516,725
St. Vincent . .	118,433	Antigua . . .	256,023	Zusammen	4'416,412
Barbadoes . .	508,082				

Eisenbahnen. Jamaica 25 engl. Meil., Trinidad 16. Brit. Guiana 21, zus. 62 engl. Meilen oder 100 km.

4) In Afrika.

	Engl. Q.-Meil.	Q.-Kil.	Bevölkerung
Cap		517,849	780,757
Basuto-Land		25,175	127,701
West-Griqua-Land	221,950	45,300	45,277
Transkei-Distr.(Kaffraria)		40,334	409,944
Natal	18,750	48,560	413.167
Britisch-Südafrika	240,700	677,218	1'776,846
St. Helena	47	123	5,059
†Ascension	204	204	?
Lagos	73		
Goldküste	6,000	40,108	60,546
Sierra Leone	468		
Gambia	69		14,150
†Tristan da Cunha			
Mauritius			
†Dessen Dependenzien	?	2,656	370,730
(Sechellen etc.)			
†Neu-Amsterdam und St. Paul		73	?
Uebriges Britisch-Afrika . . .	6,861	43,164	510,706
Afrikanischer Gesammtbesitz	247,561	720,309	2'287,552

Wir geben zunächst die officielle englische Arealziffer, dann die von Behm und Wagner in Q.-Kil. (»Uebersicht der Colonieen«), jedoch mit dem Bemerken, dass dieselben für Britisch-Südafrika 1'728,492 Einw., für das gesammte Britische Afrika eine Totalbevölkerung von 2'549,500 Menschen anführen, wobei für die Besitzungen an der afrikanischen Westküste eine solche von 444,000 angenommen ist. Das gesammte Material erweist sich, was Areal und was Menschenzahl betrifft, im höchsten Grade ungenau und unzuverlässig, was sich schon aus der Thatsache entnehmen lässt, dass die englische officielle Zusammenstellung alle jene Landschaften und Inseln ganz unerwähnt lässt, welchen wir oben, nach dem Beispiele von Behm und Wagner, ein † vorgesetzt haben. Von einer auch nur annähernd genauen Grenzbestimmung kann, wo es sich nicht um eine durch das Meer geschaffene handelt, ohnehin keine Rede sein.

Hier ist noch des Schutzstaats Transvaal-Republik zu erwähnen. dessen Grösse zu (rund) 283,000 Q.-Kil. angenommen, und dessen Bev. auf 40—45,000 Weisse geschätzt und 1879 zu 774,930 angegeben ward.

Zur Orientirung sei hier bemerkt: Britisch Kaffraria (nun Traskei-District), mit damals 86,201 Einw., worunter 2,427 Holländer, ward 1865 annectirt, Basutoland 1868, West Griqualand mit 25,477 im Oct. 1871, die Transvaal'sche Republik im Mai 1877, unter der Zusicherung, das Land bleibe ein abgesondertes Gouvernement und die Bewohner behielten ihre vollständigen legislativen Rechte. 1871 erfolgte Einverleibung der Diamantenfelder. Im Oct. 1877 erklärte auch der Gouverneur des Cap den Kaffernhäuptling *Kreli* abgesetzt und dessen Land der Capcolonie einverleibt. Im Febr. 1871 und April 1872 wurden die holländ. Besitzungen an der Goldküste, Elmina etc. gegen Zahlung von 24,000 £ von England erkauft. Die Bewohner der gewaltsam unterworfenen Transvaal-Republik empörten sich indess gegen die brit. Herrschaft, und das Ergebniss dieses Aufstandes war schliesslich ein friedliches Abkommen vom 24. März und 3. Aug. 1881, in Folge dessen der frühere Freistaat in der Art wieder hergestellt ward, dass Transvaal sich selbst regiert, jedoch unter britischer Suzeränität und britischer Vertretung nach Aussen, so dass dasselbe gleichsam einen Schutzstaat Grossbritanniens bildet.

Im Capland ergab die Volkszählung von 1875: 236,783 Europäer oder Weisse, 10,817 Malaien, 95,561 Hottentotten, 73,506 Fingos, 214,133 Bethuana-Kaffern und 87,184 Sonstige, wozu dann noch 86,201 Bew. von Britisch-Kaffraria kamen (darunter angeblich $^1/_{10}$ Weisse). Die Capstadt zählte 1875 33,239 Einw., ungerechnet 12,000 in den Vorstädten. Von den übrigen Städten zählten St. Elisabeth 13,047, Graham's Town 6,903 Einw. Von den Weissen können $62^1/_3$ % lesen und schreiben, von den erwachsenen Eingeborenen nur $24_{,62}$ %.

Finanzen, 1880. Der »*Abstract*« führt auf:

	Brutto-Einnahme	Brutto-Ausgabe	Colonialschuld
Cap	£ 3'541,720	3'742,665	11'391,809
Natal	582,715	494,436	1'631,700
St. Helena . . .	11,950	11,876	10,750
Lagos	47,987	55,476	288
Goldküste . . .	119,500	86,957	—
Sierra Leone . .	76,800	87,775	83,000
Gambia	24,553	19,926	—
Mauritius . . .	782,109	757,396	799,100

Handel, 1880, £:

	Einfuhr	Ausfuhr			Einfuhr	Ausfuhr
Cap	8'078,048	4'488,872		Sierra Leone .	491,993	375,985
Natal . . .	2'336,594	890,869		Gambia . . .	191,580	138,983
St. Helena . .	105,002	54,215		Mauritius . .	2'210,114	3'656,656
Lagos . . .	407,370	576,510		Zusammen	14'157,939	10'664,148
Goldküste . .	337,248	482,058		(Officiell	15'580,686	11'164,148

Hauptverkehrsartikel waren 1880, Werth in £:

Cap.
Ausfuhr
Schafwolle für 2'429,360, Straussfedern 883,632, Kupfer 306,790, Angorawolle 206,471, Schafe 172,264, Gold 147,218, Wein 12,131; über Edelsteinversendung fehlt neuerer Nachweis*).

Einfuhr
Kleider für 714,048, Baumwollgewebe 619,056, Messerschmied- und andere Eisenwaaren 601,534, Leder und Lederwaaren 398,645, Rohzucker 342,630.

Natal.
Schafwolle 529,321, Rohzucker 215,191, Häute 47,938, Straussfedern 9,264.

Kleider 226,335, Baumwollgewebe 110,280, Kurzwaaren 200,195, Eisenwaaren 133,124.

Lagos.
Palmkerne 346,147, Palmöl 133,225.

Baumwollwaaren 141,634, Rum 45,183.

Mauritius.
Zucker 3'092,764, Specereien 189,995, Rum 31,579.

Reis 537,226, Weizen 25,031, anderes Getreide 157,484, Specereien 153,722.

Viehstand, 1880. Natal: 32,789 Pferde, 474,213 Stück Rindvieh, 401,156 Schafe, 13,967 Schweine.

---

*) Der Gesammtwerth der aus den südafrikan. Diamantenfeldern 1879 exportirten Diamanten betrug (amtlich) 3'685,610 £, gegen 3'084,711 im Vorjahre; davon blos aus den Kimberley-Minen in diesen beiden Jahren 2'846,631 und 2'112,427 £. Im J. 1880 wurden in Kimberley 1,140 Pfund 12 Unzen Diamanten aufgegeben, im Werthe von 3'367,897 £. Die Diamantenausfuhr aus dem Cap betrug 1882 3'992,502 £, d. h. 183,700 weniger als im Vorjahr.

5) In Australasien (Australien und Polynesien) *).

Auf überraschende Weise gelangt ein ganzer Erdtheil durch Colonisirung zur Cultur. Im Jahre 1787 landete ein Schiff zu Port Jackson, um
den Auswurf des englischen Volkes dort abzulagern, indem eine Verbrechercolonie gegründet ward; man brachte zunächst etwa 1,000 Sträf-
linge nach der Gegend, wo nun die blühende Stadt Sydney sich befindet.
(Die Ueberfahrtsdauer betrug ungefähr 8 Monate.) Dies der erste Anstoss
zur Gründung weiterer englischer Colonieen in Australien. Die Ver-
brechersendungen mussten endlich aufgegeben werden. Die Entdeckung
reicher Goldfelder seit 1851 brachte einen gewaltigen Aufschwung in die
Entwicklung. Dermalen bestehen 7 gesonderte Colonieen, jede gleichsam einen eigenen, sich selbst verwaltenden Staat bildend. (Die Arealangabe in engl. Q.-Meilen nach der officiellen Berechnung, in Q.-Kil.
nach der mitunter davon abweichenden von Behm und Wagner, die Volkszahl von 1881 officiell.)

	Areal		Bevölkerung 1881		
	engl. Q.-Meil.	Q.-Kil.	männlich	weiblich	zusammen
New South Wales .	310,938	799,139	405,840	333,545	739,385
Victoria	89,198	229,078	451,456	409,611	860,067
South Australia .	903,690	985,720	139,175	128,398	267,573
Western Australia .	1'000,000	2'527,283	16,559	12,460	29,019
Tasmania (sonst Van					
Diemensland . .	26,215	67,894	60,550	54,212	114,762
New Zealand . .	105,342	271,680	268,364	216,500	484,864
Queensland . . .	669,520	1'730,721	134,216	91,861	226,077
Nord-Territorium .	. . . **)	1'355,891	. . .	. . .	(3,451,**)
	3'103.903	7'967,406	1'476,160	1'245,587	2'721,747
Hiezu:					
Fidschi(Fiji)-Inseln	8,034	20,837	?	?	124,002
Auckland-,Norfolk-					
Caroline-Inseln .	?	699	?	?	796
Zusammen	3'111.937	7'988,942			2'846.545

Officiell werden die Fidschi-Inseln nicht unter Australasien aufgeführt.

Bei New Zealand sind die Eingeborenen nicht eingerechnet, die
allerdings einem raschen Untergange zueilen; 1871 zählte man noch
45,470. Was die eingeborenen Tasmanier anbelangt, so war der Letzte
des Stammes schon 1870 gestorben, der ganze Stamm sohin verschwunden.
Unter der Bev. von Victoria befanden sich 1881 11,835 Chinesen.

Die politischen Verhältnisse der Colonieen sind im Wesentlichen
folgende: New South Wales hörte 1856 auf »Kron-Colonie« zu sein,
indem es ein eigenes Parlament bekam. — West Australia ward 1829
gegründet und ist noch jetzt die am wenigsten selbständige Colonie, obwol es (etwa 1870) einen *legislative council* bekam. — South Australia
ward 1834 durch eine brit. Parlamentsacte als Colonie begründet, unter
Zusicherung einer selbständigen repräsentativen Regierung, sobald die
Einwohnerzahl 50,000 betrage. Dies war 1849 der Fall, und so erhielt
denn das Gebiet 1850 sein *legislative council*, — der erste Fall in Australien. — Victoria, ursprünglich Port Philip. Nach zwei missglückten

---

*) Unter der Benennung »Australien« wird nur das Festland, nicht mehr wie
früher der ganze Erdtheil verstanden.
**) Officiell noch nicht genannt.

Niederlassungsversuchen (in den Jahren 1803 und 1826) erfolgte seit 1834 eine wirkliche Colonisirung. Das Gebiet gehörte zu New S. Wales, erlangte aber 1851 Selbständigkeit unter seinem jetzigen Namen. — Queensland, um das J. 1825 als Verbrechercolonie bestimmt, ward 1859 von N. S. W. getrennt und selbständig.

Victoria ist die am meisten demokrat. Colonie (doch besteht Census für Wähler und Gewählte). Im J. 1870 wurde beschlossen, alle bis dahin für Cultuszwecke gewährten Unterstützungen allmählig einzuziehen, so dass dieselben 1875 ganz aufhörten. So lange die Schulen einen confessionellen Charakter hatten, war die Errichtung einer solchen von Seiten einer Confession das Signal für alle andern, am nämlichen Orte ebenfalls eine solche exclusive Anstalt zu errichten. Damit ward viel Geld zwecklos verwendet, und meistens konnten alle nichts Ordentliches leisten. Dies führte zu dem Gesetze, dass in allen vom Staate subventionirten Schulen überhaupt gar kein Religions-Unterricht gelehrt werden darf. Der Unterricht ward für »frei (unentgeldlich), weltlich und obligatorisch« erklärt.

Bewegung der Bevölkerung, 1880:

	Geburten	Sterbefälle	Heirathen
New South Wales . .	28,162	11,231	5,057
Victoria	26,148	11,652	5,286
South Australia . .	10,262	3,912	2,291
Western Australia . .	933	382	214
Tasmania	3,739	1,832	839
New Zealand . . .	19,341	5,437	3,181
Queensland	8.196	3,017	1,547
Zusammen	96,781	37,463	18,415

Ob diese offic. Zahlen unbedingt verlässig sind, bleibt dahingestellt. Die Einwanderungen betrugen 1880 in sämmtlichen 7 Colonieen 157,128, die Auswanderungen aber gleichzeitig 113,929 Individuen.

Confessionen. Die Zahl der Secten ist, wie bei der engl. Rasse überhaupt, fast zahllos. Im Ganzen waltet der Protestantismus vor. Katholiken zählte man bei der Aufnahme von 1871 443,110 (davon 170,620 in Victoria, 147,627 Neu-Süd-Wales, 35,608 auf Neu-Seeland, 31,822 in Queensl., 28,668 Süd-Austr., 22,091 auf Tasmanien, und 6,674 in West-Australia), Juden 8,243 (3,571 in Victoria, 2,395 in Neu-Süd-Wales), Muhammedaner und Heiden 31,034 (17,775 Victoria, 7,455 Neu-S.-Wales, 3,188 Queensl., 2,612 Neu-Seeland, 4 auf Tasmanien); in Victoria erklärten sich 2,150 Personen confessionslos. Thatsächlich haben sich viele Einwohner von jeder Kirche losgesagt. Die Resultate der Zählung von 1880 sind noch nicht veröffentlicht.

Städtebevölkerung, 1881 (nach Wagner). Im Staate Victoria: Melbourne mit Vorstädten 282,947 Einw. (wovon 65,859 in der eigentlichen Stadt), Sandhurst 28,167, Ballarat 22,404, Geelong 9,719. Unter den Vorstädten Melbourne's: Emerald Hill 25,374. Collingwood 23,829, Richmond 23,405, Fitzroi 23,118.

Im Staate Queensland: Brisbane mit Vorstädten 31,109 (eigentl. Stadt 22,842), Kensington und Norwood 10,087.

Auf New Zealand: Auckland 16,664, Dunedin 24,372, Wellington 20,563, Christchurch 15,213.

New South Wales: Sydney mit Vorstädten 224,211 (eigentl. Stadt 103,379).

Tasmania: Hobart Town 21,118, Launceston 12,754.

West-Australien: Perth, angeblich 7,000 Einw.

Finanzen, 1880, £ brutto:

	Einnahme	Ausgabe	Schuld
New South Wales	4'904,230	5'560,078	14'903,919
Victoria	4'621,282	4'875,029	22'060,749
South Australia	2'027,963	1'923,605	9'865,500
Western Australia	180,050	204,338	361,000
Tasmania	439,780	423,745	1'943,700
New Zealand	3'283,396	4'019,850	28'583,231
Queensland	1'612,314	1'673,695	12'192,150
Zusammen	17'069,015	18'680,340	89'910,249
Fidschi	80,678	91,102	210,000

Nach Zeitungsnachrichten hätten sich die Einnahmen der Colonie Victoria im J. 1881/82 auf 5'697,000 £ belaufen, angeblich 268,000 mehr als im Vorjahre; Zölle und Accisen lieferten dazu 2'334,000. Post und Telegraph 312,000 £.

Sociale Verhältnisse. Bodenanbau und Production 1880.

In sämmtlichen 7 Colonieen zusammen:

	Acres bebaut	Production
Weizen	3'376,084	31'568,928 Bushels
Gerste	152,481	2'912,621 -
Hafer	392,484	10'122,508 -
Mais	173,910	5'942,811 -
Kartoffeln . . .	106,889	354,515 Tons
Wein	15,440	1'654,720 Gallons

Viehstand, 1880.

	Pferde	Rindvieh	Schafe	Schweine
New South Wales . . .	395,984	2'580,040	32'399,547	308,205
Victoria	275,446	1'285,613	10'355,282	241,536
South Australia	157,915	307,177	6'463,897	131,011
Western Australia . . .	34,568	63,719	1'231,717	24,232
Tasmania	25,267	127,187	1'783,611	48,029
New Zealand	137,768	578,430	13'069,388	207,337
Queensland	179,152	3'162,752	6'935,967	66,248
Zusammen	1'206,100	8'104,918	72'239,359	1'026,598

Es war vorzugsweise der Goldreichthum, dem Australien, zunächst Victoria, einen ganz ungewöhnlichen Aufschwung verdankte. Von 1851, dem Entdeckungsjahre, bis 1867, also in 17 Jahren, betrug die Goldausfuhr, so weit constatirt, 199'352,065 £, wovon 154'920,664 allein aus Victoria. Im December 1867 waren 63,053 Menschen mit Goldsuchen beschäftigt (1869 69,887), worunter 47,377 Europäer und 15,667 Chinesen. Die grösste Ausbeute ergab sich 1853 mit 2'150,021 Unzen. Darauf trat Verminderung ein, 1875 auf 1'059,323 Unzen, wovon 709,934 exportirt; Goldgräber zählte man nur noch 42,000, weniger als die Hälfte von 1853. Die Goldfelder hatten Ende 1875 eine Oberfläche von 1,063 engl. Q.-Meilen. — Eine dauernde Entwicklung ist aber dem Lande durch seinen natürlichen Reichthum gesichert, zunächst an Mineralien und andern Metallen, dann durch den Reichthum an Ackerbauproducten und die Ergebnisse der Vieh-, speciell der Schafzucht.

Für Wollproduction ist Australien das wichtigste Land der Welt. Im Jahre 1788 kaufte der Hauptmann William Mac Arthur einige Hammel aus Bengalen und dem Cap, welche zur Verproviantirung der Colonie bestimmt waren. Im J. 1803 brachte er die ersten Muster australischer Wolle nach England und, ermuntert von englischen Fabrikanten, kehrte er nach Australien in Begleitung einiger geübter Schäfer und einer Heerde ausgesuchter Schafe zurück. Im Jahre 1807 exportirte Sydney 120 Kilogr. Wolle, welcher Export im Jahre 1820 auf 50,000, 1830 auf über 1'500,000 und 1840 auf 3'500,000 Kilogr. stieg. Im J. 1880 exportirte Neu-Süd-Wales allein 162'486,322 Pfund Wolle, im Werthe von 8'437,534 £, Victoria 112'486,206 Pf., für 6'117,466 £, Südaustralien 51'544,118 Pf. für 2'065,176 £, Tasmanien 9'025,228 für 542,244 £, Neu-Seeland 66'860,150 für 3'169,300 £, Queensland 24'360,723 Pf. für 1'387,630 £.

Von den übrigen Exportartikeln Victoria's notiren wir: 2'919,610 £ gemünztes und für 967,924 ungemünztes Gold, für 603,158 £ Weizen, 283,822 Mehl, 318,856 Leder, 340,426 lebendes Vieh, 248,260 Zucker, 192,394 Talg, 258,079 £ Thee.

Neu-Süd-Wales führte für 427,612 £ Steinkohlen aus, 426,906 Kupfer, 400,951 Leinen, Seide, Wollewaaren, 830,515 gemünztes Gold, 302,075 Leder und Häute, 454,754 Rindvieh, 229,108 Zucker, 396,916 Talg, 80,916 Thee, 672,746 Zinn.

Süd-Australien: 2'458,947 Getreide und Mehl, 233,374 Kupfer, 112,873 andere Erze.

Tasmanien: 341,736 Zinn, 132,674 Früchte und Conserven.

Neu-Seeland: 1'220,263 Gold, 632,943 Weizen, 169,662 Hafer, 242,817 Kauri, 146,535 Talg.

Queensland: 820,646 Gold, 292,041 Zucker, 162,042 Talg, 107,040 £ Zinn.

Schiffsverkehr, 1880. Tonnen.

	Tonnen		Tonnen
Neu-Süd-Wales	2'432,779	Tasmanien	413,303
Victoria	2'179,899	Neu-Seeland	819,716
Südaustralien	1'200,904	Queensland	1'255,576
Westaustralien	250,429	Zusammen	8'552,606

	Einfuhr	Ausfuhr
Neu-Süd-Wales	13'950,075 £	15'525,138 £
Victoria	14'556,894	15'954,459
Südaustralien	5'581,497	5'574,505
Westaustralien	553,669	499,283
Tasmanien	1'369,223	1'511,931
Neu-Seeland	6'162,011	6'352,692
Queensland	3'087,296	3,448,160
Zus.	45'260,665	48'866,168
Fidschi	185,741	229,529

Eisenbahnen, 1880. engl. Meilen.

Neu-Süd-Wales	850	Tasmanien	172
Victoria	1,200	Neu-Seeland	1,258
Süd-Australien	667	Queensland	633 *)
West-Australien	72	Zus.	4,852

*) Aus Sydney wurde unterm 28. Dec. 1880 geschrieben: »Der Bau der langbesprochenen Eisenbahn quer über Australien ist endlich beschlossen worden.

Telegraphenlinien, engl. Meilen, 1880.

Neu-Süd-Wales	7,955	Tasmanien		878
Victoria	3,215	Neu-Seeland		3,706
Süd-Australien	4,754	Queensland		5,768
West-Australien	1,555		Zus.	27,831

Post, 1880.

	Bureaux	Angek. u. abge-gebene Briefe	Zeitungen
Neu-Süd-Wales	927	21'732,500	13'791,800
Victoria	1,100	24'195,149	10'640,540
Süd-Australien	468	10'340,772	5'790,768
West-Australien	62	940,036	772,896
Tasmania	201	2'682,329	2'195,733
Neu-Seeland	855	22'824,468	10'272,917
Queensland	378	4'576,849	4'326,247
Zus.	3,991	87'292,103	47'790,901

6) In Asien.
A. Kaiserthum Indien (Ostindien).

In den 1860er Jahren kam man zu dem, beinahe für unausführbar gehaltenen Gedanken, auch in dem gewaltigen Indien eine Volkszählung vorzunehmen und dieselbe dann, wie im Mutterlande, alle 10 Jahre zu wiederholen. Der Anfang ward in den Jahren 1867—69 gemacht, die Aufgabe aber der Hauptsache nach 1871 und 72 durchgeführt; dann wurde der 17. Febr. 1882 bestimmt zur ersten, vervollkommneten Wiederholung. Die erste Zählung ergab in den unmittelbaren britischen Besitzungen eine Menschenmenge von 190'840,000. Was die neue Aufnahme betrifft, so ist das ungeheure Material zur Zeit noch nicht vollständig verarbeitet, doch besitzen wir bereits Kenntniss der vorläufigen Resultate, welche durch das Detail in der Hauptsache wesentlich werden bestätigt werden. Der officielle »*Statistical Abstract of the Colonial Possessions, London 1882*«,

führt Indien auf mit	904,135 engl. Q.-M. u.	191'411,434 M.
ungerechnet die Lehnsstaaten (Feudatory Native States) geschätzt	575,265 engl. Q.-M. u.	49'000,000 M.
zusammen	1'479,500	240'411,434 M.

Behm und Wagner (»Die Bevölkerung der Erde«), welche sich, wie schon früher, ganz besondere Verdienste um Ermittlung der statistischen Verhältnisse erworben haben, die auch wir zur Grundlage unserer Annahmen machen [*]), gelangten zu folgenden Hauptresultaten: Das ge-

---

Die Bahn wird sich von Brisbane in Queensland nach Port Darwin im Golf von Carpentaria ausdehnen und die Unternehmer haben sich contractlich verpflichten müssen, die Strecke in 7½ Jahren fertig zu stellen. Mit den Küstenbahnen, welche einen Theil der Verbindungsbahn bilden werden, wird sich der neue Schienenweg über etwa 1,000 engl. Meilen ausdehnen und viel gutes Weideland durchkreuzen, von denen gewisse Districte, welche sich weder für die Schafzucht noch für die Landwirthschaft eignen, wie man hofft, sich reich an Gold und anderen Mineralien erweisen werden. Es verdient als ein Beweis von dem Fortschritte von Queensland erwähnt zu werden, dass, obwol der erste Spatenstich zu jener ersten Eisenbahn in 1864 gemacht wurde, die Colonie bereits 800 (?) Meilen betriebsfähige Eisenbahnen besitzt.«

[*]) Nur tragen wir, wie schon in der vorigen Ausgabe unseres Werkes, Bedenken, die dort versuchte phonetische Schreibweise ebenfalls anzunehmen. Unsere Bedenken sind u. a. durch einen Freund, der eine Reihe von Jahren in Indien lebte, entschieden bestätigt worden.

sammte Indien, so weit dasselbe unmittelbar oder mittelbar unter britischer Herrschaft steht (sohin mit Ausschluss der wenig bedeutenden französischen und portugiesischen Besitzungen) zusammen 3,864 Q.-Kil. und etwa 721,000 Einw.] hatte an Areal und Menschen folgenden Umfang:

Präsidentschaften und Provinzen	Quadr.-Kilom.	Bevölkerg. 1881
A. *Präsidentschaft Bengalen.*		
1. Eigentl. Bengalen	502,926	68'829,920
2. Assam	117,327	4'815,175
3. Nordwest-Provinzen	286,235	44'852,736
4. Punjab	540,961	22'647,542
5. Central-Provinzen	292,769	11'505,149
6. Britisch Burma	229,351	3'707,646
7. Ajmere und Mairwara	7,021	453,057
8. Berar	45,870	2'670,982
9. Curg	5,180	178,283
B. *Präsidentschaft Madras*	385,050	33'840,617
C. *Präsidentschaft Bombay*	478,849	23'325,053
D. *Staaten unter eingeborenen Fürsten, ausser oben bei den Präsidentschaften eingerechneten*	882,584	35'715,050
	3'774,123	252'541,210
Davon sind:		
unmittelbar Britisch	2'253,252	ca. 198'441,000
unter Tributfürsten	1'520,871	ca. 54'100,000
Es kommen		
auf Vorderindien	3'525,097	ca. 248'833,564
auf Hinterindien	249,026	ca. 3'707,646

Hier ist noch zu erwähnen, dass das stark befestigte, aber wasserlose Felseninselchen P e r i m, ein zweites Gibraltar, am Eingange des Rothen Meeres, 3½ engl. Meilen lang und 2½ breit, an Indien administrativ zugetheilt ist.

Die Zahl sowol der tributären, als der noch nominell selbständigen Staaten steigt in die Hunderte.

Nationalitäten und Culten. In beiden Richtungen kennen wir noch nicht die Resultate der jüngsten Zählung. Auf Grundlage der 1871er Aufnahme wurde dem britischen Parlament im December 1877 eine Aufstellung mit folgenden Endziffern vorgelegt: Hindus 139'343,820, Muhamedaner 40'867,125, Buddhisten und Jaïns 2'838,851, Sikhs 1'174,436, Christen 897,682, von sonstigen Culten 5'417,304, nicht bekannter Confession 532,227. Die Zahl der Christen ist weit kleiner, als man nach den vielfachen Bekehrungsunternehmen dachte. Ueberraschend zahlreich sind dagegen die Muhammedaner (meist Schiiten); die britische Königin beherrscht ungleich mehr Verehrer des Propheten, als der türkische Sultan. Die Zahl der Aboriginer und der Outcasts wird zu 14'239,200 angegeben; die Parsen scheint auf 70—80,000 zusammengeschmolzen zu sein; Juden soll es nur etwa 8,000 geben.

Auf der Halbinsel werden 23 verschiedene S p r a c h e n geredet, abgesehen von den fast zahllosen Dialecten. Ein noch gewaltigeres Sprachgewirr herrscht in Burma. — Allein noch weit grösser ist die Zahl der K a s t e n. In den Nord-West-Provinzen gibt es unter den Hindus nicht weniger als 337 Kastenabstufungen, jede mit eigenem Namen; in Bengalen wird die Zahl der Kasten auf 1,000 geschäzt, und wollte man die feinern Unterschiede berücksichtigen, käme man auf einige Tausend. — Die Gesammtzahl der E u r o p ä e r war 1871 159,400, darunter, so weit declarirt, 755 Deutsche.

Städte, 1881 (nach sehr unvollständigen vorläufigen Angaben):

Calcutta .	. 684,658	Rangun .	. 130,004	Mirut .	. .	60,882
Bombay .	. 755,000	Cownpore	. 119,603	Saharampur.		58,742
Madras .	. 405,948	Bareilly .	. 101,688	Gorukpur .		58,599
Lucknow.	. 291,485	Shajehanpur.	77,533	Muttra .	.	54,985
Benares .	. 207,570	Moradobad .	67,158	Mirzaur .	.	52,495
Allahabad .	150,378	Allyghur.	. 62,451	Hyderabad .		26,300
Agra . .	. 137,908					

Bei folgenden Grossstädten müssen wir, da neue Angaben noch fehlen, auf die Zählungsresultate von 1871 zurückgreifen:

Delhi .	. . 154,417	Baroda .	. . 112,057	Ihalawar .	.	90,737
Bangalore.	. 142,513	Surate .	. . 107,149	Poona.	. .	90,436
Umritsur .	. 135,813	Lahore .	. . 98,924	Nagpoor .	.	84,441
Sarinagar .	. 132,681	Rangoon .	. 98,745	Meerut .	. .	81,386
Ahmedabad .	116,873					

Finanzen, das Etatsjahr beginnend 1. April, nach £ :

	1876	1877	1878	1879	1880
Einnahme	51'310,063	55'995,785	58'969,301	65'199,692	68'484,666
Ausgabe .	49'641,118	58'178,563	62'512,388	63'165,356	69'667,619
Schuld .	128'245,032	131'806,594	138'723,187	140'361,262	153'134,685

Laut Gesetz vom 17. Aug. 1835 ist Silber das ausschliessliche Zahlungsmittel, die Rupie à 165 Grän = 10,601s Gramm fein. Das Indische Budget war ursprünglich für 1882/83 zu 66'459,000 £ Einnahme und 66'174,000 Ausgabe veranschlagt, wobei grosse Steuererlasse für Salz und Baumwolle hätten gewährt werden können. In der Unterhaussitzung vom 14. Aug. 1882 berechnete der Minister, eingerechnet jene Nachlässe, 3'171,000 £ Ueberschuss. Dabei sollte indess der Kostenantheil für die ägyptische Expedition, pro 3 Monate, mit 1'830.000 £ Indien zu Last gesetzt werden.

Nach der Abrechnung für 1881/82 betrugen die Einnahmen Indiens 73'696,000, die Ausgaben 71'113,000 £, so dass ein Ueberschuss von 2'583,000 vorliegt. Die Nettokosten der ägyptischen Expedition sind nach Abzug der Beisteuer Englands von einer halben Mill. mit 797,000 £ angenommen. Die revidirten Etats für 1882/83 veranschlagen die Einnahmen auf 67'914,000, die Ausgaben auf 67'854,000, den Ueberschuss auf 60,000 £. Das Budget für 1883/84 setzt die Einnahmen mit 67'274,000, die Ausgaben mit 66'817,000 an, weist daher einen Ueberschuss von 457,000 £ auf.

Militär, s. bei Grossbritannien.

Handel. £ :

	1876	1877	1878	1879	1880
Einfuhr	44'192,378	48'876,751	58'819,644	44'857,343	52'821,398
Ausfuhr	60'291,731	65'043,789	67'433,324	64'919,741	69'247,511

Ein in der letzten Zeit veröffentlichtes Blaubuch über den Handel Indiens zeigt eine überraschende Zunahme des Getreide-Exports, welcher von 317,007 Tonnen im Jahre 1877/78 auf 993,176 Tonnen im Jahre 1881/82 gestiegen ist. Den Grund dieser Erscheinung glaubt man in der Ausdehnung des Eisenbahnnetzes und in der für die Revenüen des indischen Staatsschatzes schwerwiegenden Einschränkung der Mohncultur infolge der Verdrängung des indischen Opiums vom chinesischen Markte zu finden. Der Opium-Export sinkt regelmässig von Jahr zu Jahr: er fiel im Vorjahre um 2,852 Kisten im Werthe von 11'680,059 Rupien.

Schifffahrt. Ein- und ausgelaufen, Tons:

1876	1877	1878	1879	1880
5'428,986	5'634,042	5'754,379	5'366,734	5'698,055

Die wichtigsten Ausfuhrartikel waren 1880: Opium für 13'600,148£, rohe Baumwolle 13'251,744 (4'541,548 Cntr.). Reis 9'057,153 £, Jute 3'934,000, Häute 3'735,646, Farbstoffe 3'805,894, Saatfrüchte 6'392,185, Thee 3'099,887. — Bedeutendste Einfuhrart.: Baumwollwaaren 22'910,717, Zucker 1'611,157, Edelmetall (besonders Silber) 8'997,214, Baumwollgarne, Twist 3'699,177, Kohlen 1'222,877, Kupfer 1'680,884, Eisen 1'547,541, Eisenbahnmaterial 1'117.765, Seidenwaaren 1'350,383, rohe Seide 1,067,018.

Production. Dieselbe hat sich ungemein gehoben. Die des Thees betrug 1864 kaum über 3 Mill. Pfund von 20,000 Acres, dagegen 1880 40—45' Pf. auf 20,000 Acres. Die Zahl der Baumwoll-Spindeln, betrug Ende 1879 bereits 1'436,464 (Zunahme in 1 Jahr 146,758): Jutespindeln 65,822. Kohlengruben 58. Allerdings ist die Kaffeeproduction in den Jahren 1875/76 bis 78/79 von 35'204,195 auf 26'276,284 Pf. gesunken.

Telegraphen. Indien 1880: 20,468 englische Meilen. Länge der Drähte 51,945, Zahl der Bureaux 276, ausserdem 633 Eisenbahntelegraphen. Bezahlte Depeschen im Jahre 1879/80 1'562,511. Post 1878/79: Bureaux 4,392, beförderte Briefe 121'546,734, Zeitungen 14'061,904. Einnahme 826,761, Betriebsausgabe 802,225 £.

Eisenbahnen. 1880: 9,181 englische Meilen (14,775 Klm.). Die Herstellungskosten werden bis Ende 1883 auf 138'937,000 £ berechnet. — Einer franzos. Berechnung entnehmen wir folgende Notizen: Einnahme 1879 netto 134'314,900 Frcs., davon auf den garantirten Linien 126'554,700 Francs, der garantirte Zins wurde gedeckt, und 7'648,900 Frcs. blieben Ueberschuss: die Staatslinien ertrugen netto 7'760,200 Frcs.

Bruttoertrag der garantirten Linien . .	244'132,100	Frcs.
Ausgabe	117'577,400	-
Bruttoertrag der Staatslinien	36'645,600	-
Ausgabe	28'895,400	-
Anlagekosten, davon garantirte Linien .	2,433'196,375	-
Staatsbahnen	610'099,475	-
Einheimische Staaten	34'818,000	-
Zus.	3,078'113,850	Frcs.

Durchschnittlicher Ertrag aller Bahnen 4¹/₃ % . der garantirten Bahnen 5¹/₅ % . Passagiere 43'144,468, Güterverkehr 7'876,766 Tonnen, mit einem Ertrag 181'218,800 Frcs. Diese Angaben scheinen zum Theil revisionsbedürftig.

B. Die übrigen Besitzungen in Asien.

Die bedeutendste derselben ist die Insel **Ceylon**. Sie wird Indien nicht beigerechnet, weil sie nicht Eigenthum der ostindischen Gesellschaft war, sondern seit der Eroberung 1795 Kronbesitzung ist. (Die Portugiesen hatten sich 1506 auf Ceylon festgesetzt, wurden aber 1558 durch die Holländer vertrieben.) Das Areal wird officiell zu 24,708 engl. Q.-Meilen angegeben, von Wagner zu 63,976 Q.-Kilom. berechnet. Die Volkszählung von 1881 ergab 2'638,540 Einwohner (1'406,800 männl., 1'231,740 weibl.). Einkünfte 1'298,355 £, Ausgabe 1'337,295, Schuld 1'369,661 £. Handel: Einfuhr 5'013,480, Ausfuhr 4'742,614. Bei der Ausfuhr für 2'982,730 £ Kaffee. — Länge der Eisenbahnen 136 englische Meilen. — Telegraphen 813 Miles.

Die Insel **Hong-Kong** und die derselben gegenüber gelegene Halbinsel K o w L o o n, beide von China an Grossbritannien abgetreten, umfassen 32 engl. Quadr.-Meilen und 160,402 Einw. Einnahme 222,906. Ausgabe 197,502 £ ; keine Schuld *).

Labuan umfasst nur 30 engl. Meilen = 78 Q.-Kil. und 6,298 Menschen.

Die Niederlassungen an der **Hinterindischen Strasse** — *Straits Settlements* genannt — umfassen 1,445 engl. Q.-M. = 3,742 Q.-Kil. u. 423,384 Einwohner. Es gehören dazu: die Insel Singapore, Pulo Penang (Prince of Wales Island), die Provinz Wellesley, und Malacca.

H a n d e l der *Straits Settlements*. Einfuhr 15'620,959, Ausfuhr 14'837,849 £. F i n a n z e n : Einkünfte 423,384. Ausgaben 501,776, Schuld 433,276 £.

Annex. — Cypern.

Wir finden diese Insel mehrfach — namentlich bei Behm und Wagner und im Gothaer Hofkalender — ganz einfach als gewöhnliche englische Besitzung vorgetragen. Dies ist jedoch formell unrichtig. Zufolge der Convention zwischen England und der Pforte vom 4. Juni 1878 hat England, als Preis einer Defensivallianz zur Vertheidigung der asiatischen Türkei, »das Recht der B e s e t z u n g dieser Insel« erhalten. Die nach Abzug der Verwaltungskosten verbleibenden Einkünfte werden der Pforte überliefert. Dieselben sind » nach dem Durchschnitt der letzten 5 Jahre zu 22,936 Beutel taxirt«, der Betrag soll jedoch später gehörig verificirt werden. Falls Russland Kars und die übrigen während des letzten Krieges in Armenien gemachten Eroberungen der Türkei zurückgibt. ist Cypern von den Briten zu räumen. F a c t i s c h ist die Insel jedoch ein englisches Besitzthum geworden, obwohl der Name noch fehlt, und so mag dieselbe immerhin hier aufgeführt werden.

Das Areal von Cypern ist von Wagner zu 9,601 Q.-Kil. berechnet. Die Bevölkerung ergab sich bei der Zählung vom 4. April 1881 zu 186,084 Individuen, nemlich 136,629 Griechen, 46,389 Muhamedanern, 1,920 römischen Katholiken, 212 Maroniten, 689 Protestanten und 245 Andern. (Im Gegensatze zu andern Angaben finden wir hier keine Juden erwähnt).

---

*) Ueber den Handelsverkehr von Hong-Kong fehlen alle statistischen Nachweise, da dieser Platz so vollständig Freihafen ist, dass keinerlei statistische Nachweise geführt werden.

Neue Annexion. — Neu-Guinea.

Im englischen Parlament erklärte der Minister, Apr. 1883, der Gouverneur von Queensland (Australien) habe telegraphirt, er lasse von Neu-Guinea Namens der Königin Besitz ergreifen, um andern Mächten darin zuvorzukommen. — Der Umfang der genannten Insel sammt Zubehör wird auf etwa 8,080 Q.-Myriam., wovon 7,850 auf die Hauptinsel kommen, die Bevölkerung auf ungefähr eine halbe Mill. Menschen geschätzt.

Gesammtübersicht, 1883, abgerundet.

(Das Areal in Quadrat-Myriameter, also je 100 Quadr.-Kilom.)

		Q.-Myriam.	Bevölkerung
1)	Grossbritanien und Irland	3,150	35'300,000
2)	Besitzungen in Europa	3	175,200
3)	- - Nordamerika	84,128	4'532,000
4)	- - Mittel- und Südamerika	2,889	1'536,000
5)	- - Afrika	6,822	2'225,000
6)	- - Australasien	79,890	2'850,000
7)	- - Asien	23,252	201'800,000
8)	Schutzstaaten in Ostindien	15,208	54'100,000
9)	Cypern	96	186,000
10)	Neu-Guinea	8,080	500,000
	Total rund	223,500	303'000,000

Es hat niemals ein Reich bestanden, das sich so sehr über alle Theile der Erde ausgebreitet hätte wie das britische. Dasselbe übertrifft sowol an Grösse wie an Bevölkerung das römische Weltreich, es steht an Umfang dem russischen Zaarthume gleich, umfasst aber, die mittelbaren Besitzungen dazu gerechnet, mehr als dreimal so viel Menschen wie dieses. — Hier eine vergleichende Schätzung:

Römerreich	. .	40,000 Q.-Myriam.	120 Mill. Menschen
Russland	. . .	215,000	- 85—100 - -
Britisches Reich	223,500	- 303 - -

Allerdings stehen die Bewohner Hindostans der britischen Bevölkerung nicht gleich. An industrieller und commercieller Entwicklung und an Reichthum übertrifft aber das britische Reich unvergleichbar jedes andere jetzt oder früher existirende.

Russland (Zaarthum).*)

Land und Leute.

Allgemeine Uebersicht. Genaue Festatellungen der Grösse und Volkszahl konnten bisher nicht erlangt werden. Die Arealziffern beruhen auf Landkarten-Berechnungen mit zum Theil enormen Differenzen. Wir folgen den neueren Berechnungen *Strelbitsky's*, beschränken aber die Grösseziffern auf Quadrat-Myriameter. Höchst unsicher sind die Angaben über die Bevölkerung. Im J. 1870 fand eine »Aufnahme« statt, welche 1880 wiederholt werden sollte, factisch aber nicht ausgeführt ward. Nun bringt ein Hr. Suwarin in einem Russischen Kalender sehr hohe Angaben, ohne die geringste Begründung oder auch nur Erläuterung. Vermuthlich hat er jenen Zahlen von 1870 (die ohnehin nicht auf wirklicher Zählung beruhten) einen beliebigen Procentsatz hinzugefügt, wie dies schon früher in Russland geübt wurde. Sind nun aber schon die Angaben von 1870 höchst unzuverlässig, so wagen wir es nicht, auf Grundlage eines derartigen Hinzurechnens die Unzuverlässigkeit noch zu potenziren ; wir ziehen es vor, vorerst lieber bei den alten, wenigstens einigen Anhalt gewährenden Ziffern zu belassen, da alle auf »Berechnung« basirenden Bevölkerungsangaben selbst in cultivirteren Ländern sich niemals als zutreffend erwiesen haben. Der leichteren Uebersicht wegen fügen wir den Namen der Gouvernements und Gebiete auch jene der Länder bei, aus denen sie gebildet sind, obwol die uniformirende officielle Classification solchen Unterschied nicht beachtet.

I. Grossrussland.
(Das Stammland des Reiches.)

19 Gouvernements, 22,818 Q.-Myriam. und 24'457,534 Einw.

Gouvern. od. Gebiete	Q.-Myr.	Bevölk.
1. Archángelsk .	8,585	281,112
2. Jarosaláw . . .	356	1'001,748
3. Kalúga . . .	309	996,252
4. Kostroma . . .	847	1'176,097
5. Kursk	470	1'954,807
6. Moskau . . .	333	1'913,699
7. Nischnij-Nówgorod	513	1'271,564
8. Nówgorod . .	1,223	1'011,445
9. Olónez . . .	1,488	296,392
10. Orél	467	1'596,881
11. Pskow	442	775,701
12. Rjasán . . .	421	1'477,433
13. Smolénsk . . .	560	1'440,015
14. Tambów . . .	666	2'150,971
15. Túla	310	1'167,878
16. Twer'	653	1'528,881
17. Wladímir . . .	489	1'259,923
18. Wólogda . . .	4,027	1'003,039
19. Worónesh .	659	2'153,696

II. Kleinrussland.

4 Gouv., 2,078 Q.-Myr., 7'635,361 Einw.

Gouvern. od. Gebiete	Q.-Myr.	Bevölk.
1. Chár'kow . . .	545	1'698,015
2. Kíjew	510	2'175,132
3. Poltáwa . . .	499	2'102,614
4. Tschernígow .	524	1'659,600

---

*) Von Quellen nennen wir hier zunächst: »Statistische und andere wissenschaftliche Mittheilungen aus Russland. St. Petersburg« und »Russische Revue, Monatsschr. f. die Kunde Russlands, hrsg. von *Carl Röttger*, 15. Jahrg., 1882«.

III. Südrussland.

(Meist Eroberungen von der Türkei seit dem 18. Jahrhundert.)

5 Gouv. und Gebiete, 4,085 Q.-Myr., 5'819,302 Einw.

Gouvern. od. Gebiete	Q.-Myr.	Bevölk.
1. Bessarabien [1] . .	456	1'078,932
2. Cherssón . .	713	1'596,809
3. Jekatarinossláw	677	1'352,300
4. Taurien . . .	636	704,997
5. Land der Don- schen Kosaken .	1,603	1'086,264

IV. Westrussland.

(Das in den 3 Theilungen Polens erworbene Land, ausschliessl. des sogen. »Königr.« Polen.)

8 Gouv., 4,204 Q.-Myr., 9'838,131 Einw.

	Q.-Myr.	Bevölk.
1. Gródno . . .	387	1'008,521
2. Kówno . . .	406	1'156,041
3. Minsk . . .	914	1'182,230
4. Mohiléw . . .	481	947,625
5. Podólien . . .	420	1'933,188
6. Wîlna . . .	425	1'001,909
7. Wîtebsk . . .	452	888,727
8. Wolhynien . .	719	1'719,890

V. Ostseeprovinzen und St. Petersburg.

(Deutschland und Schweden entrissen.)

4 Gouv., 1,485 Q.-Myr., 3'270,866 Einw.

1. Esthland . . .	204	323,961
2. Kurland . . .	273	619,154
3. Livland . . .	470	1'000,876
4. St. Petersburg [2] .	538	1'326,875

VI. Zaarthum Kasán.

5 Gouv., 6,382 Q.-Myr., 8'688,381 Einw.

1. Kasán	637	1'704,624
2. Pénsa	388	1'173,186
3. Perm	3,331	2'198,666

Gouvern. od. Gebiete	Q.-Myr.	Bevölk.
4. Ssimbírsk . .	495	1'205,881
5. Wjátka . . .	1,531	2'406,024

VII. Zaarthum Astrachan.

5 Gouvernements, 7,853 Q.-Myriam., 5'843,566 Einw.

1. Astrachan [3] . .	2,365	601,514
2. Orenburg [4] . .	1,912	288,778
3. Ufa	1,220	1'364,925
4. Ssamára . . .	1,511	1'837,081
5. Sarátow . . .	845	1'751,268

VIII. Königreich Polen.

(Erworben 1814 und 15.)

10 (früher 5) Gouv., 1,278 Q.-Myr., 7'044,760 Einw., nach neuer Angabe.

1. Warschau . .	146	1'230,704
2. Piótrkow . .	123	808,315
3. Kalisch . . .	114	743,152
4. Kjeletz . . .	104	607,950
5. Plotzk	109	522,006
6. Ssuwalki . . .	126	534,059
7. Radom . . .	124	613,086
8. Ljublin . . .	168	842,086
9. Lomscha . . .	121	537,074
10. Ssedletz . . .	143	606,328

IX. Grossfürstenthum Finnland.

(Von Schweden 1809 abgerissen.)

8 Gouvern., 3,736 Q.-Myriam., 2'028,021 Einw. [5]

1. Åbo-Björneborg	242	340,602
2. Kuopio . . .	427	251,254
3. Nyland . . .	119	193,545
4. St. Michel . .	228	166,905
5. Tawastehus . .	216	217,047
6. Uleåborg . . .	1,656	206,161
7. Wasa . . .	417	352,681
8. Wiborg . . .	431	299,626

X. Asiatisches Russland.

Sowol Areal- als Bevölkerungsangaben sind noch weit unsicherer, als die vom europäischen Russland. Wir unterlassen desshalb weitläufige Detailangaben, indem wir, unter Zugrundelegen der mühsamen Arbeit von Behm und Wagner, nur folgende Hauptzusammenstellung folgen lassen:

[1] Noch nicht eingerechnet das von der Wallachei zurück erhaltene Gebiet.

[2] Das Gouvernement St. Petersburg wird zwar sowol officiell, als nach dem Sprachgebrauche nicht zu den Ostseeprovinzen gerechnet, kann indess hier doch kaum alleinstehend aufgeführt werden.

[3] Mit den Gebieten der Kalmücken und Kirgisen der Innern Horde.

[4] Mit den Gebieten der Orenburger und der Ural'schen Kosaken. Vom Areal dieses und des nächstaufgeführten Gouvernements rechnet man 2,232 Q.-M. zu Asien. Die Bevölkerung laut Aufnahme von 1860.

[5] Nach Angabe im Goth. Hofkalender.

11 *

	Q.-Myriam.	Bevölkerung
1) **Kaukasus:**		
a. Nördlicher Kaukasus	2,242	1'849,278
b. Transkaukasien	2,226	3'521,203
c. Armenien	258	176,073
	4,726	5'546,554
2) **Transkaspisches Territorium** . . .	3,271	203,000
3) **Sibirien**	124,951	3'911 200
4) **Centralasien**	30,178	5'036,000
Zusammen	163,126	14'696,754

Gesammt-Uebersicht (in runden Zahlen):

I. Europäisches Russland (oben I—VII) . .	48,900	66'000,000
II. Polen	1,270	7'100,000
III. Finnland *)	3,740	2'000,000
IV. Asiatisches Russland	163,000	14'700,000
Total	216,900	89'800,000

Die »Statistischen Mittheilungen aus Russland« (15. Jahrg., 1882) führen auf:

Europäisches Russland (mit Polen)	48,746	71'891,313
Dazu Inseln und Binnengewässer	1,251	
Finnland	3,735	1'773,612
Kaukasus	4,476	4'893,332
Sibirien	124,589	3'428,867
Mittelasiatische Gebiete	32,367	3'191,291
Zusammen (ohne asiatische Gewässer)	215,164	85'178,415

Dagegen nehmen Behm und Wagner an, allerdings unter wiederholtem Vorbehalte bezügl. der Bevölkerung (Areal auf Myriam. reducirt):

für das europäische Russland	54,271	83'626,590
- - asiatische -	163,126	14'696,750
Total	217,397	98'323,000

Eine Zeitungsnachricht führt im Ganzen die Ziffer sogar auf 100'038,348 Einw.

Die Kraft des Staates beruht in dem europäischen Gebiete. Die Besitzungen in Asien können nur etwa wie Algerien bei den Franzosen angesehen werden. Rechnen wir die beiden nördl. Gouvernements Archángelsk und Wologda von Grossrussland ab, so leben im letzten, dann in Klein- und Westrussland, endlich in den Ostseeprovinzen (ohne Finnland) auf einem Complexe von höchstens 18,000 Quadr.-Myriameter gegen 40 Mill. Menschen.

Bevölkerungsbewegung. Dieselbe wurde für 1870, ohne Finnland und Polen, so angegeben: Heirathen 670,832, Geburten 3'180,223, Sterbefälle 2'263,021, welche Zahlen etwa annähernd richtig sein mögen.

Geschlechter. Die Ziffern sind höchst unzuverlässig, doch übersteigt die Zahl der Frauen jene der Männer mindestens um $3/4$ Millionen. Es

---

*) Finnland ist mit Russland gleichsam nur durch eine Personalunion verbunden; es bildet nominell einen besondern Staat. Als es 1809 durch den Friedensvertrag von Fredriksham von Schweden losgetrennt wurde, behielt es seine alte schwed. Verfassung mit 4 Ständen (Adel, Geistlichkeit, Stadtbürger und Bauern), seine eigenen Gesetze, eigenes Heer und gesonderte Finanzen. Factisch allerdings wurden in allen politisch wichtigen Verhältnissen (z. B. Heer) die russischen Einrichtungen massgebend.

zeigt sich hier eine Wirkung des Männer verschlingenden stehenden Heerwesens mit langer Präsenzdauer, und der Kriege.

Nationalitäten. Eine Notiz im »*Golos*« nimmt an: zu den arischen Volksstämmen gehören 88 % der Gesammtbevölkerung, zu den turanischen 4½ %, zu den Ural-Altaivölkern 4 %, zu den Semiten 3½ %. Von den Ariern sind 81½ % Slaven, 3½ % Lithauer und Letten, 1¼ % Deutsche, 1 % Gräco-Romanen. Von den Slaven sind 74⅔ % russischer und 6⅔ % poln. Abstammung; unter den ersteren befinden sich 49⅔ % Grossrussen. Tataren gibt es im europäischen Russland 1⅗ %, Baschkiren 1¹/₁₀ %, Finnen 1⅖ %.

Im Ganzen rechnet man im russ. Reiche 112 verschiedene Völkerschaften, welche mindestens 40 verschiedene Sprachen oder Mundarten reden. Dabei hat aber Russland den grossen Vortheil, dass sein Hauptstamm überwiegend zahlreich ist.

Confessionen. Wie bei den Nationalitäten, hat auch bei den Kirchen eine derselben unbestreitbares Uebergewicht: die griechische. Während nun aber Einheit der Kirche wie Einheit der weltlichen Gewalt zu herrschen scheint, spaltet sich die griech. Bevölkerung thatsächlich in zahllose Secten, besonders im Süden des Reichs (dabei die meisten Kleinrussen und Kosaken). Die wichtigsten Dissenters sind die Altgläubigen (*Staroverzen*, gewöhnlich *Raskolniken* oder Ungläubige genannt), geschätzt auf 7—8 Millionen.

Im Ganzen schätzen wir auf Grundlage der früheren Bevölkerungsangaben:

Griechen . . .	57'161,000	Juden	2'298,000
Armenier . . .	535,000	Muhammedaner .	5'662,000
Katholiken . .	6'780,000	Heiden	481,000
Protestanten . .	4'132,000		

Städte. Wo nicht neuere Angaben vorliegen, beruhen die folgenden Angaben auf den »Statist. Mittheilungen« von 1882, herrührend von der im Sept. 1875 vorgenommenen Revision durch das Statist. Centralcomité. Darnach besitzt Russland 10 Städte mit mehr als 100,000 Einw.: 15 haben zwischen 50- und 100,000, 37 zwischen 30- und 50,000, 29 zwischen 20- und 30,000; darunter:

St. Petersburg		Kasan . . .	94,170	Dünaburg . .	52,261
(1882) . .	876,575	Wilna . . .	86,693	Ssaratow . . .	51,947
Moskau . .	611,974	Ssaratow . .	86,418	Reval . . .	50,859
Warschau . .	339,341	Taschkent .	86,233	Kronstadt . .	48,276
Odessa . . .	193,513	Nicolajew .	82,805	Taganrog . . .	48,186
Riga . . .	168,844	Jelissawetgrad .	63,064	Orenburg . . .	47,840
Cherson . .	128,079	Astrachan .	57,704	Woronesch . .	46,279
Kiew . . .	127,251	Tula . . .	57,374	Rostow . . .	44,453
Kischenew . .	112,137	Orel . . .	53,505	Minsk . . .	43,995
Tiflis . . .	104,024	Ssimferopol .	52,582	Nischni-Nowgorod	42,441
Charkow . . .	101,175	Berditschew .	52,563	Kowno . . .	42,227

In Finnland: Helsingfors 43,142, Åbo 22,967, Wiborg 14,668.

Russlands Vergrösserung. Der Gebietsumfang Russlands betrug: unter Iwan Wasiljewitsch I., 1462, ungef. 18,000 Q.-M., unter Wasilei Iwanowitsch, 1505, 24.000, Iwan Wasiljewitsch II., 1584, 72,000,

Alexei Michaelowitsch, 1650, 227,000, Peter I., 1689, 280,000, Anna, 1730, 324,000, unter Katharina II., 1775. 335,000 Q.-M.

Die Bevölkerung schätzte man so:

1722	14 Mill.	1782	27½ Mill.	1811	42	Mill.	1838	59 Mill.
1742	16 -	1793	34 -	1815	45	-	1851	65 -
1762	19 -	1803	36 -	1829	50½	-	1870	78 -

Historische Notiz. Das alte Polen ist beiläufig so vertheilt:

Besitzungen	Q.-M.	Bevölkerung 1870		National-Polen
Russische	11,500	16'000,000, davon		4'900,000
Oesterreichische . .	1,422	5'200,000,	-	2'400,000
Preussische	1,007	2'800,000,	-	2'500,000
Zusammen	13,929	24'000,000, davon		9'800,000

Finanzen.

Die russ. Budgets sind von jeher mannichfach unklar und unübersichtlich. Wir stellen zunächst eine Anzahl Daten aus den letzten Jahren zusammen. Das »realisirte« Reichsbudget von 1877 ergab 548'830,830 Rubel, gegenüber einer »gewöhnlichen« Ausgabe von 585'044,510 Rbl.; daneben wurden bereits im genannten Jahre als durch den Krieg veranlasst. 429'328,089 Rbl. verrechnet, somit Gesammtdeficit 465'542,069, oder fast ⅚ einer vollen Jahreseinnahme. — Im realis. Budget für 1878 erscheinen die Einnahmen mit 625'972,735, die »ordentl.« Ausgaben mit »nur« 600'₅ Rbl. Der angebliche Ueberschuss von ca. 25'462,000 erweist sich jedoch als völlig fictiv. indem zu jener Summe noch 408'₂ ausserordentliche, Kriegsausgaben, hinzutraten, zusammen 1,008'₇, demnach Deficit 382'680,847 Rbl. Natürlich wurden nun neue Steuern eingeführt, so auf Eisenbahn- und Dampfschifffahrtsverkehr (25 % auf Passagierbillete 1. u. 2., 15 % auf solche 3. Classe, 25 % auf Eilgut, auf Assecuranzen (7½ %), Bandrollsteuer auf spirituose Getränke (1 Rbl. pr. Wedro), Erhöhung der Stempel-, Einführung der Wechselsteuer in Polen, Baumwollzoll. — Voranschlag pro 1879: Einnahme 628'965,708 (davon ordentl. 595'461,724). Ausgaben 628'583,575 (ordentl. 595'079,773). Die Staatsschuld war mit 19'984,876 mehr als im Vorjahre vorgesehen; nicht eingerechnet sind die restirenden Kriegsausgaben. Die wirkliche Reineinnahme ertrug 617'097,942, die thatsächliche ordentl. Ausgabe 661'954,191. Dazu kommen noch die besondern Credite, für Krieg und Marine allein 121'409,378 (überdies 214'₂ im Ordinarium); beide Posten absorbirten die Hälfte der Reineinnahme. Die Staatsschuld, 1873 107½', 1878 140⅓', erforderte 172½', d. h. factisch 32' mehr als im Vorjahre. — Die Abrechnung für 1880 wird so angegeben: Einnahme 651'016,000, Ausgabe 749'323,000, wobei jedoch 54'818,000 Rbl. noch nicht gedeckte Kriegsausgaben eingerechnet sein sollen, — sohin Deficit 43'₅, nach einer andern Lesart 98 Mill., während nach einer dritten Version das Deficit 113'353,737 betragen sollte. Die Auflage auf geistige Getränke ertrug 222', d. h. zwar 3 Mill. weniger als im Vorjahre, noch immer aber über ⅓ sämmtlicher Staatseinkünfte! — Das Budget für 1881 balancirte mit 717'461,609 Rbl., wobei 628'₄ ordentl. Einnahme, näml. 138' directe und 376'₆ indirecte Steuern. Das Deficit betrug nach diesem Voranschlage 50'356,665 Rbl., und sollte aus dem Eisenbahnfonds gedeckt werden, welcher dem Staate 138' schuldet. Für die Staatsschuld wurden 193'₃ bestimmt, wieder 21'₉ mehr als im Vorjahre; für das Heer 183'₁, Marine 27'₅.

Ueber die factischen Rechnungsergebnisse von 1881 erfährt man: Die ordentlichen Einnahmen ertrugen 651'754,009 Rbl., um 931,483 mehr als im Budget angesetzt war und um 737,327 mehr als im J. 1880. Die ordentlichen Ausgaben sind indess weit mehr gestiegen; auf 732'413,150 Rbl., d. i. um 39'233,959 mehr als im Budget vorgesehen: die ausserordentlichen Ausgaben »zu Reichszwecken« betrugen ausserdem 29'980,687 Rbl. In Folge dessen beziffert sich das Deficit nach dem ordentlichen Budget pro 1881 auf 80'659,141, die ausserordentlichen Ausgaben miteinbegriffen auf 110'639,828 Rbl. Die hauptsächlichsten Einnahmeposten waren: Abgaben für Ländereien und Wälder 114'468,806 (4'283,543 weniger als veranschlagt), Getränkesteuer 224'388,984 (1'545,093 mehr), Zollgebühren 84'625,922 Rbl. (11'898,077 weniger). Das Plus der Getränkesteuer resultirt aus Erhöhung der Accise von 7 auf 8 Kop. pro Grad. Die Verminderung der Zolleinnahmen ist auf die vom 1. Jan. 1881 erfolgte Erhöhung der Zollgebühren zurückzuführen. Die erheblichste Steigerung in den Ausgaben fällt auf diejenigen für die Staatsschulden, veranlasst durch neue Zahlungen für neucontrahirte Schulden, ausserdem trägt aber auch hieran die bedeutende Coursdifferenz die Schuld. Die Ausgaben im Kriegsministerium betrugen 225'664,056 Rbl. (17'086,620 mehr als im J. 1880).

Bei Aufstellung des Budgets für 1882 sorgte man, dass sich ein günstigeres Resultat — auf dem Papiere ergab: man entzifferte 762'004,512 Rbl. ordentliche und ausserordentl. Einnahme gegen ebenso viel ordentl. und ausserordentl. Ausgabe. Die wirklichen Abschlussziffern können nun zur Zeit natürlich noch nicht vorliegen. Allein das wirkliche Ergebniss war schon von Anfang an vorzusehen. So wurden die Bedürfnisse des Kriegsministers zu 163¹/₂ Mill. angesetzt, während im Vorjahre 225¹/₂ Mill. thatsächlich dafür verausgabt worden waren. Ebenso sind dem Finanzminister nur 80³/₄ Mill. zugewiesen, während er (besonders bei dem Anwachsen der Schuldzinsen) schon 1878 94³/₄. 1879 96¹/₂. 1880 115 und 1881 111 Mill. bedurfte.

Nun liegt heute das Budget für 1883 vor, gleichmässig wieder in Einnahme und Ausgabe mit der Ziffer von 778'505,423 Rbl. abschliessend. Allein dabei figuriren ausserordentliche Einnahmen: Fonds für Eisenbahnen 13'659,360 und Bestände im Ausland und bei der Reichsbank 21 Mill., die wol neue Schulden andeuten, abgesehen von zu niedrig angenommenen Bedürfnissen. Nun machte jedoch die »St. Petersb. Ztg.« bereits anfangs 1883 wunderliche Mittheilungen. Nach den Voranschlägen der Ministerien seien zu erwarten: Einnahme 769'₁₃, Ausgabe 796'₈₁, Deficit 27'₆₈ Rbl.; dagegen nach dem Finanzminister und der Reichscontrolle: Einnahme 776'₈₂, Ausgabe 761'₀₄, Ueberschuss 14'₂₈ Rbl. Das Blatt selbst fügt hinzu, es sei Angesichts der vom Reichsrath bei Durchsicht des Etats als nothwendig anerkannten Reductionen zu erwar-

ten, dass das Jahr 1883 ohne Deficit abschliessen werde. Diese Wider-
sprüche zusammenzureimen, scheint uns nicht möglich. Die Ministerien
in ihrer Gesammtheit stellen ein Budget auf, der Finanzminister seinerseits ein anderes, und darin präliminirt er nicht nur die Einnahmen um
7'₇ höher, sondern auch die Ausgaben um 35' niedriger, und obwol er
in dieser Weise einen Ueberschuss von 14'₂₈ Rbl. herausrechnet, muss
die »St. Petersb. Ztg.« erst noch Reductionen in Aussicht nehmen, um
die Hoffnung aussprechen zu können, dass das Jahr wenigstens ohne
Deficit abschliessen werde.

Ob eine solche Steigerung der Einnahmen und eine solche Verringe-
rung der Ausgaben (beim Kriegswesen allein um 50¹/₂ Mill.) stattfinden
werde, muss allerdings in hohem Grade fraglich erscheinen. Factisch hat
sich in den beiden Vorjahren ein enormes Deficit ergeben, nämlich
1880 von 98 und 1881 von 110 Mill. Rbl.

Budget für 1883 *) (Rubel).

Einnahmen:

I. Ordentliche.

1. **Steuern.** a) Directe Steuern:. Personal- und Grundsteuern 117'375,359; Patent- und Handelssteuern 20'055,000 =	137'430,359
b) Indirecte Auflagen; dabei: 1) Accisen und Consumtions-abgaben: Getränke 239'452,980, Tabak 15'017,900, Zucker 8'110,000, Zölle 101'270,000; 2) Gebühren: Stempel 15'955,000, Enregistrement 9', Pässe 3'240,000, Abgabe von Eisenbahn-Schnellfahrtbilleten 8'₅, Taxe von Brandversicherung 3'650,000, Gebühr von Besoldungserhöhung 910,000, verschiedene Ge-bühren 2'642,497 =	411'744,377
2. **Regalien:** von Bergwerken 2'589,753; Münze 1'321,000; Post 14'978,263; Telegraph 8'861,500 =	27'750,516
3. **Domänen:** Grundabgaben 721,589; Verpachtungen 7'166,375; von verkauften Domänen 5'132,172; Forsten 16'209,418; Berg- und Hüttenwerke 6'487,460; Eisenbahnen 12'971,947 =	48'688,961
4. **Verschiedene Einnahmen,** dabei: für den Dienst der Eisenbahnobligationen 20'227,373; Darlehensrückzahlungen 16'120,829; Beiträge zu den Staatslasten von einzelnen Städten 12'141,837; Einnahmen zur Deckung der Kriegskosten 7'535,000 etc. etc. =	74'185,963
5. Einnahmen aus **Kaukasien**	7'772,831
Summe der ordentlichen Einnahmen	707'573,007
II. Durchlaufende Einnahmen (*Recettes d'Ordre*) zus.	5'974,581
III. Ausserordentliche Hilfsmittel.	
Specialmittel für Eisenbahn- und Hafenbauten 13'659,350; Dispo-sitionsfond des Finanzministers in den Staatscassen und im Contocorrent bei der Reichsbank 21'; durch Creditoperationen zu realisiren 27'798,485 =	62'457,835
Vorhanden aus abgeschlossenen Budgets	2'500,000
Total aller Einnahmen	778'505.423

*) Vergl. »Journal de St. Pétersbourg du 2 et 3 (14 et 15) Janvier 1883«.

Ausgaben.

I. Ordentliche.

1. Dienst der Staatsschuld: auswärtige, rückzahlbar zu bestimmten Terminen 23'303,367; auswärt. unkündb. 23'486,049; inländ. rückzahlbare in Terminen 89'771,911; inländ. unkündbare 10'117,646; dann 52'401,184 für Deckung der Eisenbahnobligationszinsen; Gesammtjahresbedarf für die Schuld . . 199'080,157
2. Grosse Körper des Reichs . . . . 1'676,726
3. Heilige Synode . . . . 10'369,929
4. Ministerium des kaiserlichen Hauses . . . . 10'550,000
5.   —   der auswärtigen' Angelegenheiten . . . . . . 3'852,929
6.   —   des Kriegs . . . . 193'089,960
7.   —   der Marine . . . . 30'633,200
8.   —   - Finanzen . . . . 98'197,414
9.   —   - Domänen . . . . 20'087,840
10.   —   des Innern . . . . 68'260,301
11.   —   - öffentlichen Unterrichts . . . . . . 18'401,695
12.   —   - Verkehrs . . . . 19'349,321
13.   —   der Justiz . . . . 17'645,934
14. Reichscontrole . . . . 2'588,864
15. Gestütsdirection 932,868
16. Civilverwaltung Transkaukasiens . . . . 7'654,354

                 Zus. Ordentliche Ausgaben   702'371,492

II. Durchlaufende Ausgaben . . . . 5'974,581

III. Ausserordentliche Ausgaben
für Eisenbahnen 13'659,350, Rückzahlungen an die Reichsbank
50 Mill. ═ . . . . 63'659,350

IV. Nicht vorgesehene Ausgaben bei d. Ministerien
und im allgemeinen Dienste . . . . 6'500,000

                        Total   778'505,423

Zur Vergleichung geben wir rund die Hauptpositionen des Budgets für 1882, nach obiger Classification, in Mill. Rubel:

I. Ordentliche Einnahmen: 1) Steuern, a. directe 139'$_{86}$, b. indirecte 390'$_7$ (dabei Getränke 226'$_7$), 2) Regalien 26'$_{18}$, 3) Domänen 42'$_{50}$, 4) verschied. Einnahmen 59'$_{55}$, aus Kaukasien 7'$_{33}$, zus. 666'$_{21}$. II. Durchlaufende Einn. 10'$_{17}$. III. Ausserordentl. Einn. 83'$_{12}$. IV. Reste aus abgeschlossenen Budgets 2'$_5$. Total 762 Mill.

I. Ordentliche Ausgaben: 1. Verzinsung und Tilgung der Staatsschuld 198'$_{77}$, 2. Grosse Staatskörper 1'$_{62}$, 3. Heil. Synode 10'$_{35}$, 4. Hof 8'$_{65}$, 5. Ministerium des Auswärtigen 3'$_7$, 6. des Kriegs 183'$_{16}$, 7. der Marine 37'$_5$, 8. der Finanzen 90'$_{49}$, 9. der Domänen 19'$_{24}$, 10. des Innern 65'$_{13}$, 11. des Unterrichts 18'$_0$, 12. des Verkehrs 16'$_{07}$, 13. der Justiz 16'$_{78}$, 14. Reichscontrole 2'$_{37}$, 15. Gestütsdirection 0'$_{93}$, 16. Transkaukasien 7'$_{25}$. Total 658'$_{60}$, mit ausserord. 762'.

Man bemerke besonders die neue Vermehrung des Bedarfs im Jahre 1883, namentlich bei Militär und Marine, dagegen die klägliche Dotirung des Unterrichts, neben dem enormen Ertrage der Branntweinsteuer (über ein Drittel aller ordentlichen Staatseinnahmen!). Nachdem die formelle Gleichstellung der Einnahmen und Ausgaben im Budget seit Jahren verheissen, factisch aber nie erreicht worden ist, kann man sich nicht wundern, dass auch diesmal allenthalben Zweifel auftauchen. Als ein Haupthemmniss der Reduction der Ausgaben bezeichnet der Finanzbericht die Schwankungen der Valuta. Ein wirksames Mittel der Abhilfe erblickt der Minister nur in schrittweisen Massregeln, »welche den Credit Russlands im Ausland befestigen durch eine im Laufe der Jahre anzubahnende Vermehrung der Einnahmen über die Ausgaben, durch die Entwickelung

der productiven Kräfte des Landes und Verminderung der Zahlungen an
das Ausland.« Jeden Versuch, auf künstlichem Wege die Valuta zu
heben, sieht der Finanzminister als nicht nachhaltig an. So sehr das
richtig ist, so wenig ist es verständlich, wenn es dann weiter heisst, dass
das Börsenspiel während des letzten Jahres einen Einfluss auf die Erniedri-
gung des Rubelwerthes geübt haben soll. Bekanntlich haben während der
letzten Jahre die enormen Börsenspeculationen in russischer Valuta gerade
umgekehrt auf Erhöhung des Courses hinzuwirken gesucht. Eine Bassi-
rung der Creditbillets hält Herr Bunge noch nicht für rathsam. Man
müsse vorläufig vielmehr darauf bedacht sein, einer erneuten Emission
von Noten vorzubeugen. Die Casse der Bank könne daher nicht ge-
schwächt, müsse im Gegentheil noch mehr gestärkt werden.

Staatsschuld. Der (muthwillig und aus Eroberungssucht begonnene)
Orientkrieg hat Russland zur Aufnahme folgender neuen 5proc. Staatsschulden veranlasst:

	Nominal, Mill.	Erlös	Emissionscours
1876 Vierte Emission v. Bankbilletten .	100'	91'763,436 R.	92 %
1877 Auswärt. Anleihe v. 15' £, Metall-R.	100	106'408,573	74
- Erste Orientanleihe	200	174'607,416	90
1878 Zweite -	300	276'092,955	92
1879 Dritte -	300	277'500,000	92 1/2
Zusammen	1,000	926'372,380	

Dazu: Anticipationen der Reichsbank 417', nach Abzug von 67' Guthaben
des Staates, netto 350', ergibt sich eine totale Weiterbelastung des Staates durch
diesen Krieg um circa 1,276'400,000 Rubel. Die Kriegsentschädigung, welche
im Constantinopler Friedensvertrage vom 8. Febr. 1879 bestimmt wurde, beträgt
802 1/2 Mill. F r a n c s (ausserdem für russische Unterthanen höchstens 26 3/4' Frcs.).

In Folge der massenhaften Emission von Papier ward das Metallgeld
(nach dem Londoner Course berechnet) auf folgendes Agio gebracht: von
16,1 %, 1874 auf 17,9, 1875 25,1. 1876 48,5. 1877 56,2. 1878 57,0
(Näheres seitdem s. unten).

Ein Ukas vom 13. Jan. 1881 n. St. verfügte, der Schuldrest des
Staates an die Reichsbank soll sofort auf 400 Mill. R. herabgebracht,
dann von diesem Jahre an durch jährliche Rückzahlung von 50' allmählig
getilgt werden.

Durch Vorschüsse an Eisenbahnen hatte der Staat am 1. Jan. 1879
ein Guthaben an dieselben von 629'959,664 R. Metall und 313'098,833
Rubel Papier. Es scheint aber, dass diese Eisenbahncasse dem Staat
aushelfen musste, wenn derselbe anderweite Bedürfnisse hatte. Wol
unter dieser Voraussetzung ward im Mai 1880 eine neue 4 % Anleihe im
Course von 75 (netto 74 1/4) von 150 Mill. R. ausgeschrieben. (Die wirklich vom Staate zu leistenden Summen für Zinsgarantieen betrugen: 1879
14'386,791 R., 1880 19'499,000. 1881 20'442,894. 1882 noch nicht
bekannt.)

Es ist nicht leicht, sich eine annähernd genaue Uebersicht der russischen Staatsschuld zu verschaffen. Nicht ohne Mühe tragen wir folgende Notizen zusammen. Für den 1. Jan. 1881 betrug die Schuldsumme 2,773'392,382 Rubel.

In diesem Betrage sind nicht mit einbegriffen 1) die schwebende Schuld des
Staates bei der Reichsbank, 2) die consolidirten Eisenbahn-Obligationen und

3) die Obligationen der Nikolai-Bahn. Die schwebende Schuld bei der Reichsbank bezifferte sich am 1. Januar 1881 auf 419'595,000 Rubel und hat sich auf Grund des bekannten Ukases durch Abzahlungen auf 350 Millionen Rubel vermindert. Sie erscheinen in dieser Höhe im Activum des Status der russischen Reichsbank. Die consolidirten Eisenbahn-Obligationen bestehen aus 6 Emissionen, nämlich aus der russisch-englischen 5procentigen Anleihe von 1870 (I. Em.), ursprünglich 12 Mill. £, Anleihe von 1871 (II. Em.) urspr. 12' £, do. von 1872 (III. Em.), urspr. 15' £, do. von 1873 (IV. Em.) 15' £, do. von 1875 (V. Em.) 15' £, do. von 1880 (VI. Em.) 150' Rubel Metall. Der Gesammtbetrag dieser 6 Emissionen consolidirter Eisenbahn-Obligationen wurde in einer kürzlich von dem russischen Finanzminister erlassenen Erklärung auf 594 Mill. Rubel Credit (nach dem damaligen Tagescourse berechnet) angegeben. Die consolidirten Eisenbahn-Obligationen werden in die eigentliche Staatsschuld nicht einbezogen, weil dieselben lediglich für Zwecke der Privatbahnen begeben sind. Der russische Staat hat von den Eisenbahngesellschaften Obligationen übernommen und auf Grund derselben seine consolidirten Staats-Eisenbahn-Obligationen ausgegeben. Die Zinsen und Tilgungsraten derselben werden aus der Staatscasse nur insoweit bestritten, als die Erträgnisse der betreffenden Privatbahnen dazu nicht ausreichen. In jener Erklärung, welche die den verschiedenen Eisenbahnen gewährten Darlehen einzeln aufführte, wurde berechnet, dass der Staat den Eisenbahngesellschaften Darlehen in einer Höhe gezahlt habe, welche den Betrag der von ihm bis jetzt dafür begebenen Papiere um circa 150 Mill. Rubel übersteige. Eine ähnliche Stellung wie die consolidirten Eisenbahn-Obligationen nehmen die Obligationen der Nikolai-Bahn ein. Es sind das zwei Emissionen, welche sich (umgerechnet zum gegenwärtigen Tagescourse) ungefähr auf 106 Millionen Rubel Credit beziffern.

Nachdem der effective Abschluss der Staatsrechnung vom 31. Dec. 1881 erfolgt war, brachte der »Golos« folgende Angaben:

Am 1. Jan. 1881 betrugen sämmtl. Schulden des Reichschatzes 3.223'919,088 Rubel, einschliesslich der 400', die eine unverzinsliche Schuld an die Reichsbank bilden, und gemäss Ukas vom 1. Januar 1881 in 8 Jahren getilgt werden sollen. Zu dieser Summe kamen im Laufe des Jahres 1881 noch 100 Mill. hinzu (eine innere Anleihe zu 92¼ % realisirt und in 37 Jahren zu tilgen). Im Jahre 1881 wurden von den Schulden 74'340.822 Rubel bezahlt, hiervon 50 Millionen an die Reichsbank. Am 1. Jan. 1882 betrug die Schuld des Reichsschatzes 3.249'578,266 Rbl., das heisst um 25'659,178 Rbl. mehr als am 1. Januar 1881. In diesen Schuldsummen sind die consolidirten Eisenbahn-Obligationen und die Obligationen der Nikolaibahn nicht mit einbegriffen, wohl aber die 545'042,629 Rbl. ungedeckte Noten, nämlich die umlaufenden 716'515,125 Rbl., abzüglich 171'472,496 R. Metallvorrath. (Am 1. Jan. 1876 hatte diese Schulden-Gesammtheit 1,783'600,136 Rbl. betragen, die Staatsschuld ist sonach innerhalb dieser 6 Jahre auf nahezu das Doppelte gestiegen, nämlich um 1,465'978,130 R.) Die Position »Restanten, Schulden etc.« (d. h. die Forderungen des Reichsschatzes) betrug Ende 1881 771,56 Mill. Rbl. und war seit 1876 um 374,84 Mill. Rbl. gewachsen. Von dieser Gesammtheit entfallen auf die Schulden der Eisenbahnen Ende 1881 609,68 Mill. Rbl., d. i. 370,10 Mill. mehr als Ende 1875. Im Laufe des J. 1881 allein vergrösserte sich die Position um 75,63 Mill. Rbl.; davon entfallen auf Darlehen an Eisenbahnen 69,89 Mill., auf Rückstände der Kopfsteuer 2,70 Mill. etc., ungeachtet der Czar durch Ukas vom 19. Febr. 1880 14,53 Mill. derartige Rückstände erlassen hatte.

Aus der Mittheilung des »Petersb. Herold«, betr. den Voranschlag der Staatsschuld für 1883, entnehmen wir: Für das Jahr 1882 sind an Tilgungen vorgesehen: 2,17 Mill. fl., 0,77 Mill. £, 1,54 Mill. Frcs. und 15,68 Mill. Rbl. Der gesammte Dienst der Staatsschuld für 1882 ist mit 198'776,287 Rbl. veranschlagt: hierzu sollen die eine Garantie geniessenden Eisenbahnen 51'924,705 Rbl. beitragen, was aber bekanntlich zumeist nur durch Buchung geschieht. Die Staatsschuld besteht aus folgenden Theilen:

Ausländische:	Gulden	Latr.	Fres. Millionen	Gold-Rbl.	Noten
Auf Termine . . .	76,24	24,67	—	5,80	—
Ohne Termine . . .	—	18,64	—	119,30	—
Inländische:					
Diverse	—	—	—	—	2,13
Reichsbank-Billette .	—	—	—	—	254,42
Orient-Anleihen . :	—	—	—	—	784,78
Prämien-Anleihen .	—	—	—	—	182,42
Schatzscheine . .	—	—	—	—	216,00
Poln. Liquid.-Scheine	—	—	—	—	46,33
Div. Polnische . . .	—	—	—	—	59,67
4proc. Billette . . .	—	—	—	—	153,66
Eisenbahn-Titres .	—	65,16	560,78	149,67	—

Die Gesammtschuld beläuft sich auf 78'240,000 fl., 111'474,310£,
560'776,500 Fres. und 1,976'892,008 Rbl. Ausserdem circulirten am
1. Juli 1882 an Banknoten 716'515,125 Rbl., der zeitweilige Notenumlauf bezifferte sich auf 417 Mill.

Zu erwähnen ist hier die folgende Thatsache: Während des letzten
türkischen Krieges hat die Reichsbank der Reichsrentei 50 Mill. Rbl.
geliehen. Laut Ukas vom 1. Jan. 1881 war die Rentei (wie oben schon
bemerkt) verpflichtet, die Summe Ende 1882 zurück zu bezahlen. Die
Rentei erklärte sich jedoch in der bestimmten Zeit ausser Stande, dieser
Verpflichtung nachzukommen.

Nachschrift.*) Stand der Staatsschuld. In der Sitzung des
Rathes der Reichs-Credit-Etablissements vom 21. Febr. 1883 hielt der
Finanzminister einen eingehenden Vortrag über die im J. 1880 vorgenommenen finanziellen Operationen, wonach sich die fundirte Staatsschuld
am Anfange des J. 1881 folgendermaassen stellte:

a. Mit bestimmten Tilgungsterminen:
1. äussere Schuld: 5% niederländische in Gulden   82'495,000
                   5% englische in £   18'797,420
                   5% Papier-Rubel   15,500
                   4½% englische . . . . .   6'850,000
                   4% Papier-Rubel . . . . .   8'550,000
2. innere Schuld: 5% Papier-Rubel . . . . .   1,096'216,350
                   4% Metall-Rubel . . . . .   43'884,600
b. Perpetuirliche Rente:
1. äussere: 5% englische, in £ . . . . . .   15'000,000
            5% Metall-Rubel . . . .   74'887,430
            5% Papier-Rubel . . . .   46'948,015
            3% englische, £ . . . .   3'812,600
2. innere: 6% Papier-Rubel . . . .   42'535,115
            5% -   288,377
            4% - . . . .   153'857,614
Total: Niederländische Gulden . . . . .   82'495,000
        Pfund Sterling . . . .   44'460,020
        Metall-Rubel . . . .   118'772,030
        Papier-Rubel . . . .   1,348'410,971

Daraus ergibt sich, so hebt der Minister hervor, dass die in das
Grosse Buch eingeschriebene Schuld sich während des Jahres 1880 um
2'012,000 Gulden niederländisch, 666,980 £, 1'893,340 Metall- und
20'838,801 Papier-Rubel durch Amortisirung vermindert hat.

*) Vgl. »Journal de St. Pétersbourg du 3 et 4 (15 et 16) Mars 1883«.

(Dies ergibt zusammen für die consolidirte Schuld nach den verschiedenen Geldsorten gegen 3,000 Mill. Rubel; doch ist diese — nicht vom Minister herrührende — Schätzung höchst unsicher.)

Indess ist der Reichsschatz, abgesehen von der in das Grosse Buch eingeschriebenen Schuld, mit einer Reihe anderer »Dienste« beauftragt. nämlich :

1) Reichsschatzbillette (Schwebende Schuld), 72 Serien à 3 Mill. = 216 Mill. R.;
2) 4% Obligationen des Königr. Polen, am 1. Jan. 1881 noch 19'346,137 R. ;
3) Schuld an die Bodencreditgesellschaft des Königr. Polen, die Poln. Bank etc. 2'002,161 R. ;
4) Consolidirte russische Eisenbahnobligationen, Neujahr 1881: 68'374,800 £. Dazu kommt eine neue Emission von 150 Mill. Metall-Rubel ;
5) Liquidationsscheine des Königr. Polen zu Gunsten von Grundeigenthümern als Entschädigung für den freigelassenen Bauern überlassene Ländereien. noch 48'860,391 R.

(Diese nicht eingetragenen Schulden dürften rund zu 1,000 Mill. R. zu schätzen sein.)

Hieran reihen sich die Schulden der, ein Staatsinstitut bildenden R e i c h s b a n k , für welche das Reich unbedingt haftet. Diese Haftungen sind um so mannichfacher und ausgedehnter, als die Regierung von lange her darauf ausging, die Verwaltung aller Gelder, welche naturgemäss von Corporationen geleitet werden sollte, in ihre Hände zu bringen. So scheiden sich denn die Operationen der Reichsbank in zwei Classen: in solche für Rechnung des Staates (die Hauptsache), und in merkantile factisch die Nebensache). In der ersteren Beziehung führt der Minister pro 1. Jan. 1881 auf:

1. Credit-Billette, ältere, 716'515,125 R., dazu temporär ausgegebene Credit-Billette 417'000,000 R., wogegen als Deckungsmittel, theils in Metall, theils in Staatseffecten 171'472,494 vorhanden waren, sonach 962'042,631 R. ungedeckt erscheinen.
2. Depositen der Commerz- und Darlehnsbanken 10'070,429 R. ;
3. Reichsbankbillette, emittirt zum Ersatze der Depositen der alten in Liquidation gebrachten Creditanstalten 182'669,200 R. ;
4. Emission und Amortissement der Loskaufstitel 404'627,600 R.

Diese 4 Positionen zusammen 1,559'408,860 R.

Mit den vorhin aufgezählten Kategorieen ergibt sich eine unmittelbare Reichsschuld von beiläufig 5,560 Mill. Rubel.

Geht man auf Einzelnheiten ein, so findet sich, dass der Staat hier (bes. unter Ziffer 3 und 4 der letzten Hauptabtheilung) u. a. zu haften hat für von ihm eingezogene und verbrauchte Gelder von Depositen. Lombardwerthe, Sparcassengelder und ähnliche Dinge, die er entweder nie hätte für sich verwenden sollen, oder für deren jederzeitige Deckungsmittel er hätte sorgen müssen. So ergab sich ein Verhältniss, das bei den vielen Veruntreuungen in Russland mit doppelten Gefahren für die Staatscasse verbunden sein musste.

Dagegen führt der Minister als A c t i v a auf: Vorschüsse an Eisenbahnen, Darlehen an industrielle Gesellschaften und Guthaben bei Städten und Corporationen, zusammen 703'754,059 Metall- und 418'582,600 Papier-Rubel. Natürlich vermag Niemand zu ermessen, inwiefern diese Forderungen ausreichend gedeckt sind ; augenscheinlich ist, dass sie keinenfalls jederzeit, wenn Bedürfnisse, selbst der dringendsten Art eintreten, sich beliebig flüssig machen lassen.

Noch ist hier einer grossen Haftung des Staats aus der Zeit der Bauernemancipation zu gedenken. Vom 27. Oct. 1861 bis 1. Jan. 1881 hat sich der Staat beim Loskauf von 7'973,507 Leibeigenen, welche 28'457,522 Dessjätinen Landes überlassen bekamen, durch Haftung betheiligt. Die Vorschüsse der Creditanstalten beliefen sich auf 749'268,844 Rbl. Davon wurden 304'181,175 Rbl. durch Hypotheken zu Gunsten jener alten Creditanstalten (nominell) gedeckt; weiter 180'639,220 Rbl. durch Ausgabe von Loskaufcertificaten, 103'345,192 Rbl. durch Ausstellung von 5½proc. Rentenscheinen, 159'216,850 Rbl. vermittelst 5proc. Bankbillets und 1'886,405 in baarem Geld. Inwieweit eine effective Zahlungspflicht für die Staatscasse daraus erwächst, lässt sich heute nicht ermitteln.

Die **Valuta.** Es ist schon oben, auch in einer ministeriellen Bemerkung, der schlimmen Wirkung des Courses des Papiergeldes, d. h. der Folge der enormen Vermehrung desselben, gedacht worden. Der reelle Werth des (Silber-) Rubels soll 3 deutsche Mark und 24 Pfennige sein. Die Berliner Börse hatte sich nach Beendigung des russisch-türkischen Krieges allmälig mehr und mehr in die Anschauung hineingelebt, dass der russischen Währung eine Steigerung sicher bevorstehe. In Folge dessen kaufte man in Berlin enorme Summen russische Noten, besonders auf längere Termine, theils fix, theils mit Vorprämie. Unter dem Einflusse dieser Käufe stieg denn auch die Notiz Anfangs 1880 einmal auf ca. 222, um bald wieder zurückzugehen. Nach Emission der 4proc. russischen Anleihe von 1880 trat dann nochmals eine kleine Erholung ein (bis etwa 218), allein bald folgte ein weiteres anhaltendes Sinken; an keinem andern Staatspapiere verlor die Berliner Börse so enorme Summen, wie an diesem.

Wir verdanken der Gefälligkeit eines Freundes folgende Zusammenstellung des Courses der Russischen Noten in Berlin von Anfang 1879 bis Ende 1882 (100 Rubel, welche einen Werth haben sollten von 324 deutsche Mark, galten effectiv, je zu Anfang der betr. Monate):

	1879	1880	1881	1882
Januar	196,20	211,75	211,10	211,95
Februar	194,35	215,25	213,20	207,50
März	198,50	214,90	212,65	207
April	199,25	214,65	210,10	204,45
Mai	195,50	214,10	208,50	206,40
Juni	200	215,75	206,10	206,45
Juli	200,55	217,30	209	204,50
August	214	211,90	217,20	203,40
September	211,60	213	218,30	203,75
October	213,60	208,55	219,15	203,25
November	215,10	203,20	217,75	202,65
December	212,10	208,80	215,30	200,95

Finanzen Finnlands. Dieses Land hat nicht nur seinen gesonderten Haushalt, sondern auch sein eigenes Münzsystem. Einheit die Marke (*marka*) Gold, entsprechend beiläufig dem franz. Franken, in Deutschland angenommen zu 80 deutschen Reichspfennigen. Das Budget für 1882 schliesst ab mit 36'320,714 m. Einnahme und 35'131,146 m. Ausgabe. Unter den Einnahmen erscheinen 10 Mill. aus Zöllen, 4'540,200 Grundsteuer, 5'741,444 Einkünfte des Militärfonds, 4'225,000 Branntweinsteuer, 2'050,000 Nettoertrag der Eisenbahnen. Unter den Ausgaben: 8'580,084 für Militär, 4'020,600 Schuld, 5'800,112 Civilverwaltung, 3'708,984 Cultus und Unterricht, 2'480,379 öffentl. Arbeiten etc.

Die Staatsschuld betrug 1. Jan. 1882 61'422,865 m., grösstentheils für Eisenbahnbauten aufgenommen, doch sind dabei auch Ausgaben für andere Zwecke, so 4 Mill. für Ablösung der Lehnsgüter im Gouvern. Wiborg. Ein Theil der Vorschüsse an Eisenbahnen soll von diesen zurückerstattet werden, wird aber von diesen mitunter, so weit sich absehen lässt, nie vollständig gedeckt werden können. (Nach Meldung der »Times« vom Jan. 1883 hat der Landtag von Finnland mit dem Hause Rothschild eine 4proc. Anleihe im Betrage von 8'100,000 Mark (10 Mill. finnländ. Mark) abgeschlossen. Der Erlös soll dazu dienen, der russischen Regierung die Subvention für den Bau der Bahn nach St. Petersburg zurückzuzahlen.)

Militärwesen.

Ein Ukas vom 4./17. Nov. 1871 adoptirte das Princip der allgemeinen Wehrpflicht, doch wurden alsbald wieder ziemlich zahlreiche Ausnahmen genehmigt. In der Regel sollen ohnehin nur 25 % der Einundzwanzigjährigen wirklich ausgehoben werden. Die Verwirklichung der neu angenommenen Grundsätze begann übrigens erst mit dem 1. Jan. 1874. Darnach ist jeder Russe vom zurückgelegten 20. bis 40. Lebensjahre dienstpflichtig, d. h. er muss zunächst das Loos ziehen, welches bestimmt, wer in den activen Dienst einzutreten hat. Dienstpflichtigkeit 6 Jahre bei der Fahne, dann bei der Reserve; doch sollen nach Möglichkeit auch vor Ablauf von 6 Jahren Entlassungen stattfinden, unter der Bedingung des Wiedereintritts im Fall ausserordentlichen Bedarfs. Die Dienstzeit bei der Flotte beträgt 9 Jahre, wovon 7 Activdienst und 2 Reserve. Gewisse Grade der Bildung gewähren die Begünstigung zum abgekürzten Dienste. Wer Universitätsstudien gemacht, braucht nur 3 Monate zu dienen, sofern er freiwillig in das Heer eintritt, dagegen 9 Monate, falls er es auf das Loos ankommen lässt etc.

Die Verpflegung der Truppen ist schlecht, besonders wegen zahlloser Betrügereien. Das Avancement der Gemeinen war früher absolut ausgeschlossen. In Folge des Bedürfnisses brauchbarer Unterofficiere gestattet man denselben nach 12jähr. Dienstzeit auf ein bestandenes Examen hin Officier zu werden, oder sie erhalten, falls sie darauf verzichten, eine jährliche Pension von 100—150 Rbl. Die Prügelstrafe ist seit 1863 (wenigstens dem Namen nach) abgeschafft. Die entlassenen Soldaten erhalten eine einmalige Geldunterstützung aus dem Reichsschatze, etwa 20 Rbl.; die Arbeitsunfähigen bekommen eine Pension von 3 Rbl. monatlich. Die Kosaken leisten ihre Militärpflicht nach besonderen Normen: sie dürfen auch einen Theil ihrer Subalternofficiere selbst wählen.

Die gesammte bewaffnete Macht ist eingetheilt in das stehende Heer und die Land- oder Reichswehr (*Opoltschenie*).

Die active Armee ist gebildet aus 19 Armeecorps (Garde-, Grenadier-, 15 Linien- und 2 kaukasische Armeecorps). Jedes derselben umfasst

2 oder 3 Infanterie-Divisionen, 1 Cavallerie-Division (die Garde 2, im
Kriege 3 Div.), 2 oder 3 Fuss-Artillerie-Brigaden und 2 (Garde 6) reitende Batterien: zusammen 48 Infant.-, 20 (resp. 21) Cavall.-Divisionen,
51 Brigaden und 1 Batterie Fussartillerie und 37 reitende Batterien. Das
Regiment umfasst 4 Bataillone zu 4 Compagnien, wovon je $\frac{1}{4}$ Schützen;
ausserdem sind noch 42 Schützen-Bataillone vorhanden. Daran reihen
sich die Reserve-, Depot- und Localtruppen. Der Gothaer Hofkalender
gibt folgende Zusammenstellung.

	Friedensorganisation:				Kriegsorganisation:			
	Bataill.	Escadr.	Batter.	Kanon.	Bataill.	Escadr.	Batter.	Kanon.
1. Feldtruppen	876	348	$342\frac{1}{2}$	1,406	876	356	$337\frac{1}{2}$	2,602
2. Reserve . .	103	—	36	144	521	—	96	768
3. Depottruppen	—	56	2	12	$199\frac{1}{4}$	56	51	402
4. Localtruppen .	$66\frac{3}{4}$	—	—	—	$169\frac{3}{4}$	—	—	—
Zusammen	$1,045\frac{3}{4}$	404	$380\frac{1}{2}$	1,562	1,766	412	454	3,772

Dazu kommen die Irregulären Truppen (Kosaken): im Frieden
294 Sotnien zu Pferd, 22 zu Fuss, 21 Batterien, 116 Kanonen; im Kriege
880 Sotnien zu Pferd, 66 zu Fuss, 42 Batterien, 248 Kanonen.

Die Stärke der Regulären Armee wird so angegeben:

	Friedensfuss:		Kriegsfuss:	
	Mann	Pferde	Mann	Pferde
Infanterie	625,617	11,149	1'915,703	32,296
Cavallerie	85,860	61,727	94,466	93,440
Artillerie	108,610	21,252	210,772	118,300
Genie	20,624	661	43,352	14,020
Zusammen	840,711	94,789	2'264,293	258,056

Die Stärke der Irregulären Armee soll auf dem Friedensfusse zu
45,000, auf dem Kriegsfusse zu etwa 200,000 anzunehmen sein, einschl.
der Druschinen der Reichswehr, und so rechnet man ein Totale von
2'733,305 Mann heraus.

Ob die 9 Schützen-Bataillone Finnlands (jedes zu 505 Mann, zus.
4,833) oben eingerechnet sind, wissen wir nicht.

Die zur Completirung von Heer und Flotte bestimmte Mannschafts-
zahl war für 1880 auf 225,000, dagegen die Recrutenaushebung für
1881 auf 212,000 (statt sonstiger 235,000), und für 1882 eben so hoch
bestimmt.

Festungen, zus. 32. Ausser den festen Seeplätzen Kronstadt, Helsingfors, Sweaborg etc. sind besonders die Festungen in Polen bedeutend: Zamosk, Modlin oder Nowo Grigoriewski, Brzesk Litewski und
Warschau.

Historische Notiz. Nach einer vom englischen Generalstab herausgegebenen Geschichte des russisch-türkischen Krieges kamen blos auf
dem europäischen Kriegsschauplatz in der Türkei 129,471 Russen um:
ausserdem wurden 120,950 Kranke und Verwundete nach Russland
zurückgesendet, von denen 42,950 starben, — zusammen 172,400 Todte,
ohne Berücksichtigung des asiatischen Kriegsschauplatzes. (Die russ.
Armee in Europa zählte während jenes Krieges 594,000, oder, mit Einrechnung des Trains, 610,000 Mann. Unter den in Bulgarien gestorbenen
99,000 Mann sind 19,000 Erfrorene.)

Seemacht. Nachdem im Krimkrieg der wichtigste Theil der Kriegsmarine vernichtet war, begann man, entsprechend der in dieser Zeit allgemein erfolgenden Umgestaltung des Flottenwesens, mit Herstellung
einer Panzerflotte, und zwar zunächst im Baltischen Meere, da das
Schwarze Meer bis zum J. 1871 der russischen Kriegsmacht der Hauptsache nach verschlossen war. Nach Massgabe der von einander vollständig getrennten Gewässer umfasste, nach dem Gothaischen Hofkalender, im J. 1881 die Schiffsmacht

	Fahrzeuge	Geschütze	Tonnen	Pferdekraft
im Baltischen Meere	223	547	153,901	27,052
im Schwarzen Meere	101	119	39,679	7,020
im Caspischen Meere . . .	16	26	4,935	845
im Aral-See	6	13	759	227
in den Sibirischen Gewässern .	27	42	4,464	1,347
	373	747	203,738	36,491

Darunter befinden sich, mit Einbegriff der im Bau begriffenen Fahrzeuge: 31 Panzerschiffe und 80 Kriegsdampfer. Die Bemannung der
sämmtlichen Marine wird zu 26,317 Individuen angegeben.

Sociale, Gewerbs- und Handelsverhältnisse.

a. Allgemeines.

Zufolge vom Kaiser bestätigten Reichsrathsgutachtens ist der obli-
gatorische Loskauf der letzten $1\frac{1}{2}$ Mill. leibeigener Bauern bis zum
1. Juli 1882 decretirt worden, wobei das Reich 7 Mill. Rubel als Herabsetzung der Loskaufssumme bezahlt, und mit dem 1. Januar 1883 das
Pflichtigkeitsverhältniss allgemein aufhört.

Unterdessen hat sich die Unzufriedenheit fortwährend in herkömm-
licher Weise durch Brandstiftungen kund gegeben. Im Jahre 1879 wurden 27,763 Brände mit $75\frac{1}{2}$ Mill. Schaden constatirt, mit dem Beisatze,
während der letzten 6 Jahre seien mehr als 400 Mill. Schaden angehäuft.
Im Jahre 1880 betrugen die Constatirungen 32,961 Brände, von denen
5,063 direct auf Brandstiftung und 10,881 auf »Unvorsichtigkeit« zurück-
geführt, in 15,662 Fällen aber die Entstehungsursache nicht klar gestellt
wurde. Die Gesammtsumme des Schadens, wobei übrigens in 1,965 Fällen die betreffenden Daten fehlten, bezifferte sich wieder auf die colossale
Summe von 68'100,343 Rubel.

Die Aufhebung der Leibeigenschaft von mindestens 32 Millionen
Menschen war jedenfalls ein gewaltiges Werk (s. die früheren Auflagen).
Aber — lässt sich eine solche aufs Tiefste eingreifende Umgestaltung,
die Abstellung solcher höchst naturwidriger Verhältnisse, von vornherein
nicht ohne die enormsten Erschütterungen ausführen, so kamen hier
dazu: ungemein lästige Ablösungsbedingungen, eine unübersehbare Cor-
ruption in der Beamtenwelt, und der Absolutismus des ganzen Regie-
rungssystems, so dass sich jetzt nicht übersehen lässt, wohin namentlich
das Treiben der Nihilisten führen wird.

b. Geistige Bildung.

Unterricht. Nach dem Journal: »*Russki Narodni Utschitel*« (der russische Elementarlehrer), Sept. 1880, zählte man in Russland 38,739

Elementarschulen mit 1'931,319 Zöglingen (darunter angeblich 408,602 Knaben und 1'522,717 Mädchen (?). — Im Jahre 1878, bei Verwendung von 15'971,289 Rubel für Bildungszwecke, hatte man nach der deutschen St. Petersburger Zeitung (ungerechnet Helsingborg) 8 Universitäten mit 5,629 Studenten; ferner — ausser 53 geistlichen Seminarien mit 12,227 Zöglingen — 195 Gymnasien und Progymnasien mit 50,701 Schülern; 56 Realschulen mit 10,888 Schülern, ausserdem 19 Militärgymnasien; dann 223 (?) weibliche Gymnasien und Progymn. mit 34,878 Schülerinnen, ungerechnet die der 4. Abtheilung der kaiserl. Kanzlei unterstellten. Normalschulen (Lehrerseminarien) 68 mit 4,968 Schülern, ausser 10 unter andern Ressorts stehenden Anstalten. Die Zahl der Elementarschulen ward hier zu 25,491 mit 1'074,559 Zöglingen angegeben. (Wie es sich mit der Genauigkeit aller dieser Ziffern verhält, müssen wir dahin gestellt sein lassen.)

Clerus. Nach einem Berichte des Oberprocurators der heil. Synode bestanden 1880 in Russland 41,525 Kirchen mit 38,072 Popen und 56,437 Diakonen und Kirchendienern = 94,509 Mann; männliche Klöster und Bischofshäuser 449 mit 6,688 Mönchen und 3,490 Klosterbrüdern, 170 weibliche Klöster mit 4,380 Nonnen und 12,496 Klosterschwestern. Neu errichtet wurden im J. 1880 386 Kirchen und 108 Capellen und Bethäuser. An Gaben wurden erhalten 11'252,500 Rubel! Der Verwaltung der heiligen Synode stand ein Capital von 30'412,487 Rubel zur Verfügung; von dem Staate wurden beigesteuert 5'969,683 Rubel; für Versorgung der Armen standen bereit 3'359,420 Rubel. Die Kirchen und Klöster besassen 95 Hospitäler und 648 Asyle, 4,348 Anfangsschulen mit 108,990 Lernenden und 16,426 Bibliotheken.

Zeitungsliteratur. Im Sept. 1880 erschienen in Russland 609 Zeitungen und Zeitschriften: 417 in russischer Sprache, 54 in Polnischer, 40 Deutsch, 10 Französisch, 11 Lettisch, 8 Estnisch, 2 Finnisch, 4 Hebräisch, 7 Armenisch, 3 Grusisch, 4 Tatarisch und 3 Lateinisch; dann in Finnland 46. Officiell sind 70 Blätter. Politische Blätter sind 65 Russisch, 15 Polnisch, 17 Deutsch, 3 Französisch, 8 Lettisch, 5 Estnisch, 2 Hebräisch, 8 Armenisch; dann 27 in Finnland. Petersburg zählt 129, Moskau 40 Blätter.

c. Materielle Verhältnisse.

Bergwesen. Steinkohlen wurden 1873 erst 71'486,328, 1878 aber bereits 154'034,302 Pud producirt; gleichzeitig erst 4'176,885, dann 15'324,167 P. Naphtha. Gold wurde in den beiden ersten Jahrzehnten des Jahrhunderts kaum 1 Mill. Mark gewonnen, im 3. Jahrzehnt fast 10', im 4. fast 20', im 5. plötzlich 64', von 1866—70 je 84, dann 1871—75 je 94 Mill. Mark. — Von 1856—80 (25 Jahre) betrug übrigens die Goldeinfuhr nach den Zollregistern nur 272½ Mill. Rubel, die Ausfuhr dagegen 623'. Für 1881 wurden angegeben: Einfuhr 126,8, Ausfuhr 319,6 Mill.

Im Jahre 1879 betrugen die Bergproducte in Puds:

Gold	2,000	Eisen weiterer Verarbeitung	4'131,100
Silber	4,000	Stahl und Stahlschienen	21'893,400
Kupfer	161,000	Steinkohlen	178'104,600
Blei	82.800	Schwefel	21,100
Zink	287,000	Küchensalz	49'923,400
Eisen	26'501,700	Kerosin	6'607,000
Eisen und Schienen . .	12'325,500		

Im Jahre 1879 zählte man 2,224 Hochöfen, von denen aber nur 928 arbeiteten. Die Zunahme der Eisengussproduction war unbedeutender als in allen andern Productionsländern, indem sie sich innerhalb der 55 Jahre, 1822 bis 1877, kaum verdreifachte. Als Hauptursache wird angegeben, dass man zur Feuerung bis dahin fast durchgehends nur Braunkohlen verwendete, anderwärts dagegen Steinkohlen. Dagegen stieg die Erzeugung von Stahl in den Jahren 1875—78 von 526.000 auf 12'929,000 Puds, wesentlich in Folge der Ersetzung von Eisen- durch Stahlschienen. Sehr zugenommen hat auch die Mineralproduction. wie folgende Gegenüberstellung zeigt (in je 1000 Puds):

	Anthracit	Naphtha	Chromeisen	Salz
1874	78'813	5'208	316	46'947
1875	178'238	21'475	642	49'929

Ueber die Montanindustrie in Finnland im J. 1880 entnehmen wir der Berg- und Hüttenmännischen Zeitung folgende Notizen:

Die Erzgewinnung betrug in Centnern à 42½ kg: Eisenerze = 4.120; Kupfer 31,765; Zinn 482; Zink 5.276 Ctr.; See- und Sumpferze 880,090 Ctr. — In Nordfinnland wurden aus 240,663 Cbkf. Sand und Grus 17,609 g Waschgold gewonnen (1871 = 56,962 g). — Gaarkupfer wurde nur in einer Menge von 452 Ctr. producirt. während die Zinn- und Zinkgewinnung ganz ruhte. — Die Eisenindustrie dagegen lieferte:

528,369 Ctr. Roheisen aus 15 Hochöfen;
342,611 - Puddeleisen auf 8 Puddelwerken;
362,995 - Stabeisen auf 30 diversen Werken;
484 - Bleche auf 3 Walzwerken;
12,652 - Stahl auf 1 Werk.

Verhüttet wurden 22,018 Ctr. Kupfer- und 1'316,967 Centner Eisenerze. Endlich erzeugten noch 28 Manufacturanlagen: 15,120 Ctr. Feineisen und 24,183 Ctr. Nägel und Stifte. Maschinenfabriken und Giessereien bestanden im ganzen Lande 25. — Die Münze hat 1880 nur 90,000 Goldstücke à 20 Mark ausgeprägt (580²/₃ kg. mit 522,4 kg Feingold).

Gewerbsindustrie. Fr. Matthäi gibt in Röttger's Russischer Revue eine allgemeine Uebersicht des Standes des russischen Industrie im Jahre 1879, mit folgendem Gesammtresultate: Zahl der Fabriken 27,927. Werth der jährlichen Production rund 909 Mill. Rubel, Arbeiterzahl 685,245. Von der Werthsumme kommen die höchsten Beträge auf die Gouvernements: Moskau 190,5 Mill., Petersburg 155,7, Wladimir 83.7, Piotrkow 60,4 und Warschau 30,9.

Handel, auswärtiger. Der Specialhandel belief sich im J. 1880. Ein- und Ausfuhr zusammengerechnet, auf 1,121'484,000 Rubel. = beiläufig 94 Mill. weniger als im Vorjahre. Davon kamen 498'672.000

12 *

auf die Ausfuhr (129' weniger) und 622'812,000 auf die Einfuhr (35' mehr). Dabei erscheint das Europäische Russland je à 1000 R.) mit

	Ausfuhr	Einfuhr
Weisses Meer	10'216	750
Baltisches Meer	200'571	217'433
Schwarzes und Asowsches Meer	135'041	62'327
Landgrenze	130'537	297'794
Zusammen	476'365	578'334

Asiatisches Russland:

Transkaukasische Häfen . . .	6'117	3'161
Caspische Häfen	1'546	2'925
Türkische und Persische Grenze	255	1'698
Hafen von Astrakan	2'267	2'469
Chinesischer Verkehr	2'520	22'783
Zusammen	12'705	33'036

Im Europäischen Verkehr erscheinen als Hauptartikel in je 1000:
bei der Ausfuhr:

	Pud	Werth, Rubel
Alkohol	1'495	3'846
Caviar	185	2'158
Vieh	1'140	13'497
	Tschetwert	
Weizen	6'139(1)	89'059
Roggen	3'967(2)	65'192
Gerste	1'743(3)	13'641
Hafer	7'196(4)	36'645
Mais	1'417	10'304
(Total der Cerealien etc. . . .	23'830)(5)	(228'369)
Roher Lein	9'591	55'570
Roher Hanf	3'626	17'533
Leinsamen	2'485	37'277
Wolle	1'668	2'150
Holz	109'686	32'906
Eisen	8'142	8'036

Einfuhr, aus Europa:

	Pud	Werth, Rubel
Steinkohlen	117'264	17'558
Salz	9'059	6'161
Früchte und Gemüse	3'276	10'923
Häringe	—	6'302
Kaffee	500'064	7'129
Thee	1'146	63'648
Wein, Flaschen und Puds . .	3'628	3'540
Sämereien	2'258	2'651
Rohe Baumwolle	4'886	51'951
Seide	30	11'025
Rohe Metalle	32'101	61'735
Mineralöl	1'445	4'050
Farbstoffe	1'837	16'581
Chemische Producte	3'460	18'532
Vegetabilisches Oel	1'718	15'837
Eisen- und Stahlwaaren . . .	1'653	14'930
Maschinen	7'265	68'447
Wolle	24'406	464

---

*) Vorjahr: 1) 13'921, 2) 12'020, 3) 2'881, 4) 7'795, 5) 39'718 Tschetw.
Geldwerth: 1) 189'768, 2) 96'252, 3) 18'196, 4) 39'680, 5) 363'236

Hauptverkehrsländer in Europa (in 1000 Rubel) 1880:

	Ausfuhr	Einfuhr
Deutschland	138'122	274'268
Grossbritannien	148'290	150'485
Frankreich	53'245	20'822
Oesterreich-Ungarn	32'547	23'063
Niederlande	28'205	7'519
Türkei	13'584	19'058
Belgien	18'899	7'423
Italien	5'813	6'308
Schweden und Norwegen . . .	12'125	2'925
Dänemark	5'766	716
Rumänien	9'956	1'786
Griechenland	2'211	2'219
Spanien	86	1'688
Portugal	421	1'138
Verein. Staaten in Nordamerika	5'234	10'204
Südamerika	5	15'973
Andere Länder	1'856	14'423 (?)

Hauptverkehrsländer des Asiatischen Russland:

	Ausfuhr	Einfuhr
China	2'520	22'783
Persien	3'937	6'869
Frankreich	4'353	1'591
Türkei	1'759	1'317
Grossbritannien	136	350
Central-Asien	—	64
Andere Länder	—	62

Handel Finnlands, 1880. Ausfuhr aus Finnland 9'602,000 R., Einfuhr dahin 11'442,000, zusammen 21'044,000. Unter den Exportartikeln 244,362 (Vorjahr 475,287) Tschetwert Cerealien und Mehl, werth 3'157,000 (Vorjahr 5'278,000) Rubel; unter der Einfuhr 1'149,112 Pud Rohmetalle, werth 2'639,000 Rubel.

Transit. Durchfuhr nach dem Europ. Russland für 1'981,000; von Europa nach Asien 4'575,000 und von Asien nach Europa 936,000; Total 7'492,000.

Bewegung von Edelmetallen u. s. w. 1880:

	Ausfuhr	Einfuhr
Europäisches Russland .	24'299,000	11'399,000
Asiatisches Russland .	4'479,000	991,000
Zusammen	28'778,000	12'390,000

Schifffahrt, 1880.

I. Ausländische Schifffahrt.

Europäisches Russland. a. Eingelaufen:

	Schiffe	mit Ballast	mit Ladung	Total
			Tonnen	
Weisses Meer	882	90,390	15,648	106,038
Baltisches -	8,240	426,902	994,896	1'421,798
Schwarzes und Azovisches	3,910	415,124	566,484	981,608
Zusammen	13,032	932,416	1'577,028	2'509,444

Asiatisches Russland:

	Schiffe	mit Ballast	mit Ladung	Total
Schwarzes Meer . . .	1,355	13,575	102,709	116,284
Caspisches - . . .	971	8,414	75,762	84,176
Zusammen	2,326	21,989	178,471	200,460
Total	15,358	954,405	1'755,499	2'709,904

Europäisches Russland. b. Ausgelaufen:

	Schiffe	mit Ballast	mit Ladung	Total
			Tonnen	
Weisses Meer	871	—	105,775	105,775
Baltisches -	8,149	155,233	1'253,540	1'408,773
Schwarzes und Azovisches	3,819	147,064	816,610	963,674
Zusammen	12,839	302,297	2'175,925	2'478,222

Asiatisches Russland:

	Schiffe	mit Ballast	mit Ladung	Total
Schwarzes Meer . . .	1,304	17,932	96,253	114,185
Caspisches - . . .	765	14,023	59,498	73,521
Zusammen	2,069	31,955	155,751	187,706
Total	14,908	334,452	2'331,676	2'665,928

Was die Flagge und Tonnenzahl betrifft, so erschienen in grösster Menge Schiffe im Europäischen Gebiete die

		Schiffe	Tons			Schiffe	Tons
Britische	Flagge	2,660	996,947	Französische Flagge		107	54,461
Deutsche	-	2.573	318,001	Belgische	-	39	20,115
Russische	-	1,541	288,202	Türkische	-	483	18,434
Schwed. u. Norw.		2,047	276.746	Amerikanische	-	6	3,164
Griechische	-	1,088	128,611	Rumänische	-	38	1,010
Dänische	-	892	22,166	Serbische	-	2	951
Oesterr.-Ungar.	-	668	17,497	Bulgarische	-	6	227
Niederländ.	-	576	82,013	Zusammen		13,032	2'309,394
Italienische	-	306	80,849				

Im Schiffsverkehr mit dem Asiatischen Russland stehen voran:

		Schiffe	Tons			Schiffe	Tons
Russische	Flagge	1,205	113,450	Türkische	Flagge	897	12,045
Oesterr.-Ungar.	-	61	31,528	Belgische	-	6	2,015
Französische	-	53	23,057	Persische	-	58	462
Britische	-	33	14,485		etc.		

Unter den hier eingetragenen 15,358 Schiffen befanden sich 5,948 Dampfer, zusammen von 1'897,630 Lasten.

II. Küstenfahrt.

	Schiffe	Tonnen		Dampfer
Europäisches Russland	29,081	2'427,836	davon	12.168
Asiatisches -	19,172	1'692,795	-	5,545
Zusammen	48,253	4'120,631	-	17,713

Eigene Handelsflotte. Neuere Angaben fehlen. 1878 rechnete man 259 Dampfer von 74,324 Tonnen und 3,643 Segelschiffe von 308,230 T.

Eisenbahnen. Ende 1881 standen, abgesehen von Russland, 21,230 Werst = 22,648 Klm. im Betriebe, 791 Werst in Finnland.

Telegraphen, 1880. 2,838 Bureaux, 94,625 Klm. Linien, 215,346 Klm. Drahtleitungen. Gesammtzahl der Depeschen, an- und abgegangen 7'298,429.

Actiengesellschaften wurden 1. Jan. 1881 544 aufgeführt, mit 721 Mill. Capital Credit- und 321,₄' Metall-Rubel (die Liste scheint übrigens unvollständig zu sein). Das Obligationencapital dieser Gesellschaften betrug 214,₅' Credit- und 952' Metall-Rbl. Erwähnt wurden: 48 Banken, 27 Assecuranz-, 47 Eisenbahn-, 50 Dampfschiff- und 372 Gesellschaften für Handel und Industrie.

Münze etc. Metallgeld: der Silber-Rubel, 13 Stück auf die Kölnische Mark fein, sonach 3 M. 23,₆ Pfen., beiläufig 4 Frcs. Unterabtheilung in 100 Kopeken. Allein thatsächlich ist, was man (im Gegensatz zum früheren Papiergeld) Silber-Rubel nennt, nichts anderes als wieder Papier, das gegen Silber bedeutend verliert (s. S. 174); es hat dasselbe das Metallgeld im gewöhnl. Verkehre vollständig verdrängt. In Finnland nunmehr Goldwährung, die finn. Mark, fast genau entsprechend den franz. Fr. — Die Elle, Arschine, 100 Arschinen = 71,₁₄ Meter oder 77,₇₈ englische Yards. — Der russ. Fuss ist genau der engl. von 30,₄ Centimeter. — Die Saschene oder Klafter = 7 russ. oder engl. Fuss = 2,₁₃₃ Meter. — Die Werst (russ. Meile von 500 Saschenen), 104,₂₅ auf 1 Grad des Aequators = 1,₀₆₆₇ Kilom.; 6,₉₅₅ russische Werst = 1 geogr. Meile. — Die Dessjätine = 1,₀₉₂ Hectaren; 5,022,₃ Dessj. = 1 Quadrat-Meile. — Getreidemaass: Der Tschetwert = 209,₉₀₁ lit., oder 0,₇₂ englische Quarters. — Flüssigkeitsmaass: Der Wedro, auch Weddro = 12,₂₉₉₉ lit. — Gewicht: 100 Pfund russ. = 40,₉₅₁₁ Klgr.; 81,₉ deutsche Zollpfund. — Das Pud hat 40 russische Pfund = 16,₃₈ Klgr. Das Berkowetz (Schiffsgewicht) = 10 Pud oder 400 russ. Pfund.

Italien (Königreich).*)

Land und Leute.

Eintheilung in 69 Provinzen, mit Unterabtheilung in 197 Bezirke (*Circondarii*, ähnlich den französ. *Arrondissements*) und 97 Districte (*Distretti*, im Venezianischen) zus. 1,811 *Mandamenti* (Friedensgerichtsbezirke) und 8,307 Gemeinden umfassend. — Die Arealgrösse wird officiell noch, wie früher, zu 296,323 Q.-Kilom. angegeben, während Strelbitsky 288,539,₆ rechnet, wozu noch 21,₆ Q.-Klm. auf Monaco kommen. Da eine neue officielle Ermittlung des Areals zu gewärtigen steht, so verweisen wir hier blos auf die in der vorigen Ausgabe abgedruckte amtliche Berechnung, als jedenfalls annähernd richtig und relativ mit der höhern Glaubwürdigkeit ausgestattet, lassen jedoch überdies die Angaben Strelbitsky's folgen, jedoch blos in runden Zahlen, ohne Beisatz von Q.-Kubikm. Die Provinzen sind mit gewöhnlicher, die Landschaften (*Compartimenti*) mit fetter Schrift gedruckt. Zu bemerken ist noch, dass in dem bei der Volkszahl officiell feststellenden Decrete vom 16. Aug. 1882 unterschieden ist zwischen *Popolazione presente* (28'459,451) und *Popolazione residente* (*legale*) 28'951,374. Wir geben die letztere Ziffer.

Provinzen und Landschaften	Q.-Kil.	Bev. 1880	Provinzen und Landschaften	Q.-Kil.	Bev. 1880
1. Alessandria .	4,937	746,441	15. Belluno . .	3,347	195,419
2. Cuneo . . .	7,491	664,416	16. Padua . . .	2,063	397,421
3. Novara . . .	6,614	704,233	17. Rovigo . . .	1,665	218,574
4. Torino . . .	10,452	1'063,862	18. Treviso . .	2,467	381,082
I. Ldsch. Piemont	29,494	3'178,952	19. Udine . . .	6,619	528,559
			20. Venedig . .	1,895	356,273
5. Genua . . .	4,194	787,215	21. Verona . . .	3,181	394,868
6. Porto Maurizio	1,213	138,937	22. Vicenza . . .	2,785	401,765
II. L. Ligurien	5,407	926,152	IV. Venetien	24,025	2'873,961
7. Bergamo . .	2,828	404,040	23. Bologna . .	3,593	461,172
8. Brescia . . .	4,779	475,467	24. Ferrara . .	2,627	230,144
9. Como . . .	2,790	536,641	25. Forlì . . .	1,989	254,734
10. Cremona . .	1,778	304,507	26. Modena . .	2,573	289,247
11. Mantua . .	2,359	300,311	27. Parma . . .	3,310	277,293
12. Mailand . .	3,143	1'125,553	28. Piacenza . .	2,355	234,603
13. Pavia . . .	3,399	478,618	29. Ravenna . .	2,133	226,667
14. Sondrio . .	3,123	124,914	30. Reggio Emilia	2,170	253,486
III. Lombardei	24,199	3'750,051	V. Emilia . .	20,750	2'227.346

*) Hauptquellen: Die vielfachen und reichen Veröffentlichungen des kgl. statistischen Bureaus unter der Leitung des unermüdlichen Directors Hrn. L. Bodio. Was die Bevölkerungsergebnisse bei der letzten Zählung betrifft, s. speciell die officielle Promulgation des *Censimento della Populazione del Regno d'Italia* (*31. Dicembre 1881*), publicirt Ende 1882.

Provinzen und Landschaften	Q.-Kil.	Bev. 1880	Provinzen und Landschaften	Q.-Kil.	Bev. 1880
31. Perugia . . .	9,474	581,450	54. Bari	5,926	682,137
VI. Umbrien .	9,474	581,450	55. Foggia . . .	6,693	351,235
32. Ancona . . .	2,040	277,861	56. Lecce . . .	7,891	553,586
33. Ascoli Piceno .	1,995	215,395	XII. Puglie. .	20,510	1'586,958
34. Macerata . . .	2,777	250,368			
35. Pesaro e Urbino	3,023	228,842	57. Potenza. . .	10,354	539,197
VII. Marken .	9,835	972,466	XIII. Basilicata	10,354	539,197
36. Arezzo . . .	3,297	244,785			
37. Florenz . . .	5,799	800,672	58. Catanzaro . .	3,177	432,064
38. Grosetto . .	4,586	104,312	59. Cosenza . .	6,697	474.392
39. Livorno . . .	343	121,150	60. Reggio Calabria	5,174	374,428
40. Lucca . . .	1,410	301,474	XIV. Calabrien	15,048	1'280,884
41. Massa-Carrara	1,678	181,007			
42. Pisa	3,123	283,643	61. Caltanissetta .	3,289	283,859
43. Siena . . .	3,826	207,013	62. Catania . .	4,984	564,043
VIII. Toscana .	24,062	2'244,056	63. Girgenti . .	3,019	313,106
44. Lazio (Rom) .	12,170	864,851	64. Messina . .	3,227	467,233
IX. Lazio (Latium)	12,170	864,851	65. Palermo . .	5,142	698,622
45. Aquila . . .	6,625	392,477	66. Siracusa . .	3,729	342,482
46. Campobasso .	4,416	377,695	67. Trapani . .	2,408	284,727
47. Chieti . . .	3,092	353,799	XV. Sicilien .	25,798	2'934,072
48. Teramo . . .	2,875	259,095			
X. Abruzzen u. Molise	17,008	1'383,066	68. Cagliari . . .	13,683	419,972
49. Avellino . .	3,035	397,773	69. Sassari . . .	10,159	260,478
50. Benevento . .	2,168	240,061	XVI. Sardinien	23,842	680,450
51. Caserta . . .	5,412	725,535			
52. Neapel (Napoli)	871	992,398	Total	288,540	28'951,374
53. Salerno . . .	5,071	573,695			
XI. Campanien	16,557	2'929,462			

Bevölkerungsbewegung (s. *Movimento dello stato civile, anno XIX*, 1880 :

	Heirathen	Lebendgeborene	Sterbefälle
1877	214,972	1'029,037	787,817
78	199,885	1'012,475	813,550
79	213,096	1'064,153	836,692
80	196,738	957,900	869,992

Unter den 1880 Geborenen befanden sich 92,$_{5N}$% eheliche, 4,$_{55}$% uneheliche und 2,$_{87}$% ausgesetzte Kinder. sodann auf 100 männl. 106 weibl. Die Zahl der Todtgeborenen betrug 1880 30,405, die der Ausgesetzten 27,464. Gewaltsame Tödtungen kamen im genannten Jahre 5,348 vor, dabei 4,086 zufällige (3.060 Männer, 1,026 Frauen). Selbstmorde 1,261 (1,005 und 256), im Duell fiel, soweit constatirt, nur 1.

Auswanderung. Zu den früheren officiellen Publicationen über dieses allerdings wichtige Thema ist eine neue, sehr umfassende gekommen: *»Statistica della Emigratione italiana all' Estero nel 1881, confrontata con quella degli anni precedenti e col emigratione avvenuta da altri Stati. Roma 1882.«* Wir beschränken uns hier, aus diesem Werke nur folgende Zahl der Auswanderungen zu entnehmen :

	1876	1877	1878	1879	1880
Eigentliche Auswanderung	19,756	21,087	18,535	40,824	37,934
Temporäre	-	89,015	78,126	77,733	79,007	81,967

Von den eigentlichen Auswanderern waren 1880 26,285 männl., 11,649 weibl. Im J. 1881 stellten sich die Verhältnisse so : für immer fortgezogen 41,607, blos temporär 34,418.

Nationalitäten. Italien erfreut sich des wichtigen Vorzugs vor den meisten übrigen Grossstaaten, eine der gleichen Nationalität angehörende Gesammtbevölkerung zu besitzen. Andern als italienischen Ursprungs sind nämlich nur (nach der *Statistica d'Italia* von 1867): 134,435 französisch, 20,393 deutsch, 5,546 englisch und 113,383 andere fremde Sprachen Redende. In den Bezirken von Aosta, Pinerolo und Susa werden 119,369 Individuen mit einem franz. Dialecte angeführt, in den Provinzen Novara und Turin 3,649 mit burgundischem. Die Zahl der Albanesen im Süden des Festlandes und auf Sicilien wird zu 55,453, die der Griechen zu 20,268, der Slaven zu 27,000 angegeben. Die Albanier oder Arnauten sind Nachkommen von in den Jahren 1461, 1532 und 1744 nach Apulien, Calabrien und Sicilien geflohenen Albaniern und werden gewöhnlich (irrthümlich) Griechen genannt; ihre Sprache ist nicht neugriechisch, wie behauptet wird, sondern — nach einer uns zugekommenen verlässigen Privatmittheilung — albanesisch oder epirotisch; blos in der Terra d'Otranto sind wirkliche Nachkommen von Griechen. Der Cultus ist (nach der nämlichen Originalmittheilung) in neugriechischer Sprache, die aber von den Laien so wenig verstanden wird, wie das Latein von der Mehrzahl unserer Katholiken. — Bei der Zählung von 1861 wurden nur 88,639 Individuen ermittelt, die ausserhalb des Königreichs geboren waren.

Confessionen. Die Zählung von 1871 ergab: 26'662,580 Katholiken, 58,651 Protestanten, 35,356 Juden und 44,567 andere Cultusgenossen und Confessionslose. Die Resultate von 1881 sind noch nicht festgestellt.

Städte, 31. Dec. 1881*), *Popolazione legale* (eingeklammert *popolazione presente*).

Latium.		Fossano . . .	18,066	Ligurien.	
Rom . (300,467)	275,637	Savigliano . .	17,657	Genua (179,515)	176,585
Viterbo . . .	19,941	Mondovi . . .	17,530	Spezzia . . .	31,505
Velletri . . .	15,763	Pinerolo . . .	17,492	Savona . . .	29,381
Alatri . . .	13,414	Biella . . .	14,844	San Pier d'Arna	21,777
Civitavecchia .	11,821	Bra	14,345	San Remo .	16,189
Veroli . . .	10,814	Torlona . . .	14,317	Voltri . . .	13,749
Tivoli . . .	10,122	Novi Ligure . .	13,428	Chiavari . . .	12,666
Ferentino . .	10,006	Carmagnola . .	13,005	Sestri Ponente .	11,104
		Chieri . . .	12,667	Camogli . . .	10,325
Piemont.		Alea	12,178	Rapallo . . .	10,142
Turin . (252,832)	249,827	Acqui	11,193		
Alessandria . .	62,600	Moncalieri . .	11,191	Lombardei.	
Asti	33,518	Trino	10,923	Mailand(321,839)	320,292
Novara	32,782	Giaveno . . .	10,735	Brescia . . .	59,792
Vercelli . . .	29,244	Boveo . . .	10,733	Bergamo . . .	39,787
Casale Monferrato	28,724	Valenza . . .	10,149	Cremona . . .	31,788
Cuneo	24,746	Ivrea	10,091	Mantua . . .	29,974

*) *Censimento della Popolazione del Regno d'Italia (Ministero di Agricoltura, Industria et di Commercio). Roma 1882.* In Italien hat man den Gemeinden vielfach einen so ausgedehnten Umfang gegeben, dass ganz kleine, armselige Dörfchen scheinbar mit einer enormen Bevölkerungszahl erscheinen.

Pavia	29,739	San Marco in La-		Prato in Toscana	42,070
Monza	27,314	mis	15,579	Arezzo	38,795
Como	26,395	Finale nell' Emilia	12,768	Carrara	30,143
Lodi	25,478	Mirandola	12,768	Cortona	26,381
Vigevano	20,416	Correggio	12,699	Siena	25,356
Voghera	16,613	Brisighella	12,491	Cascina	22,225
Viadana	16,114	Castelfranco dell'		Bagni S.Giuliano	19,867
Casalmaggiore	15,844	Emilia	12,451	Massa	19,780
Varese	14,161	Castel S. Pietro		Empoli	17,530
Treviglio	14,083	dell' Emilia	12,335	Camajore	17,224
Busto Arsizio	13,500	Medicina	12,051	San Miniato	16,850
Codogno	11,599	Molinella	11,244	Fivizzano	15,819
Quistello	10,492	San Donnino	10,937	Casellina e Torre	15,130
San Benedetto Po	10,484	Crevalcore	10,519	Galluzzo	14,864
Duemiglia	10,462	Guastalla	10,362	Pietrasanta	14,427
				Sesto Fiorentino	14,270
Venetien.		**Umbrien.**		Pontremoli	14,355
		Perugia	50,718	Viareggio	14,164
Venedig (132,826)	129,851	Città di Castello	24,491	Fiesole	13,894
Padua . (72,174)	70,753	Gubbio	23,602	Volterra	13,719
Verona	68,121	Foligno	23,186	Bagno a Ripoli	13,670
Vicenza	38,713	Spoleto	21,539	Pescia	13,318
Udine	31,954	Rieti	16,551	Montepulciano	13,256
Treviso	30,300	Assisi	16,300	San Casciano	12,584
Chioggia	29,236	Orvieto	16,078	Castiglion Fioren-	
Vittorio	16,681	Terni	15,773	tino	12,756
Adria	15,936	Todi	15,438	Borgo S. Lorenzo	12,614
Belluno	15,935	Marciano	11,662	Massa Marittima	12,579
Bassano	14,525	Umbertide	11,537	Campi Bisenzio	12,235
Legnago	14,383	Narni	11,410	Pontedera	11,817
Feltre	13,258	Castiglione del		Greve	11,611
Rovigo	11,311	Lago	10,977	Pontassieve	11,410
Castelfranco Ve-				Fucecchio	11,105
neto	11,512	**Marken.**		Buggiano	11,089
Schio	11,162			Carmignano	11,001
Este	10,445	Ancona	45,572	Regello	10,994
Monselice	10,428	Ascoli Piceno	23,307	Borgo a Mozzano	10,950
Pordenone	10.007	Senigallia	23,085	Firenzuola	10,905
Mestre	9.950	Fano	21,737	Lari	10,805
		Pesaro	21,150	Lastra a Signa	10,804
Emilia.		Macerata	20,263	Vicchio	10,706
		Recanati	19,995	Bagni di Lucca	10,602
Bologna (123,274)	121,579	Jesi	19,695	Talaja	10,598
Ferrara	75,470	Fabriano	19,533	Barberino di Mu-	
Ravenna	60,306	Fermo	18,726	gello	10,489
Modena	57,520	Osimo	17,307	Barberino di Val	
Reggio Emilia	50,759	Urbino	16,659	d'Elsa	10,442
Parma . (45,217)	43,553	S. Severino Mar-		Pelago	10,191
Forlì	40,915	che	14,755	Tizzana	10,154
Cesena	38,395	Cingoli	12,389	Massarosa	10,074
Rimini	37,673	Camerino	11,410	Montevarchi	10,025
Faenza	36,111	Tolentino	11,057		
Piacenza	34,602	Cagli	10,676	**Abruzzen u. Molise.**	
Imola	30,246	Loreto	7,997	Chieti	22,248
Lugo	25,862			Teramo	20,096
Cento	19,722	**Toscana.**		Aquila degli Ab-	
S. Severo	19,582	Florenz (169,001)	164,460	ruzzi	18,614
Carpi	18,856	Livorno (97,615)	96,937	Solmona	17,615
Budrio	16,305	Lucca	70,399	Lanciano	17,125
Portomaggiore	15,981	Pistoja	54,920	Campobasso	14,568
San Giovanni in		Pisa	53,553	Vasto	13,960
Persiceto	15.667	Capannori	47,816		

Ortona	12,264	Corato	30,798		
Agnone	10,832	Molfetta	30,466	**Sicilien.**	
Atri	10,603	Trani	26,607		
		Bitonto	26,370	Palermo (241,991)	241,616
Campanien.		Lecce	25,441	Messina	126,449
		Bisceglie	24,017	Catania	100,106
Neapel (494,314)	481,419	Cerignola	24,102	Modica	40,131
Castellamare di		Terlizzi	21,178	Marsala	39,213
Stabia	32,553	Monopoli	21,004	Trapani	39,213
Caserta	31,132	Altamura	20,013	Acireale	38,611
Salerno	30,771	San Severo	19,582	Alcamo	37,497
Torre del Greco	28,201	Martina Franca	19,355	Caltagirone	32,212
Avellino	22,442	Monte S. Angelo	19,234	Caltanissetta	30,032
Torre Annunziata	21,655	Canosa di Puglia	18,656	Ragusa	24,409
Benevento	21,359	Francavilla Fon-		Vittoria	23,777
Cava dei' Tirreni	21,213	tana	18,314	Siracusa	23,205
Aversa	21,173	Ruvo di Puglia	18,051	Termini Imerese	22,649
S. Maria Capua		Fasano	17,951	Sciacca	22,184
Vet.	20,058	Gioja del Colle	17,056	Castel vetrano	21,594
Ottajano	19,649	Gravina in Puglia	16,881	Partinico	21,452
Sessa Aurunca	19,547	Brindisi	16,618	Monte S. Giuliano	21,364
Afragola	19,419	San Marco in La-		Girgenti	21,219
Maddaloni	19,301	mis	15,579	Barcellona Porgo	
Gaeta	17,622	Minervino Murge	15,163	d. G.	21,101
Sarno	16,912	Lucera	14,832	Giarre	20,751
Pozzuoli	16,639	Celie Messapico	14,588	Adernò	20,160
Nocera inferiore	16,388	Mola di Bari	12,274	Monreale	19,702
Resina	15,652	Putignano	12,161	Comiso	19,368
Acerra	15,165	Conversano	11,768	Piaza Amerina	19,286
S. Giovanni a Te-		Santeramo in Colle	11,213	Castrogiovanni	18,860
duccio	14,507	Galatina	11,193	Noto	18,202
Ariano di Puglia	14,435	Gallipoli	10,632	Licata	17,559
Procida	14,247	Nardò	10,562	Paternò	17,354
Capua	13,886	Spinazzola	10,548	Terranova di S.	17,325
Gragnano	13,850	Manduria	10,291	Bronte	16,612
Pagani	13,330	Palo del Cole	10,257	Favara	16,160
Sora	13,084	Massafra	10,197	Corleone	16,072
Teano	12,792			Leonforte	16,037
Portici	12,437	**Basilicata.**		San Cataldo	15,649
Giuliano in Camp.	12,431	Potenza	20,353	Salemi	15,465
Nola	11,931	Avigliano	19,010	Castellamare del	
Cassino	11,888	Matera	15,593	Golfo	15,297
Vico Equense	11,603	Melfi	12,657	Nicosia	15,226
Caivano	11,527	Rionero in Vulture	11,383	Vizzini	14,324
Marigliano	11,416	Lauria	11,135	Cefalù	14,310
Angri	11,267			Milazzo	13,699
Arpino	11,214	**Calabrien.**		Agiros	13,695
Eboli	11,142	Reggio di Calabria	38,748	Partanna	13,673
Marcianisa	11,138	Catanzaro	27,814	Biancavilla	13,373
Scafati	11,030	Rossano	18,141	Mazzara del Vallo	13,367
Frattamaggiore	10,951	Cosenza	16,253	Vallo	13,367
Mercato S. Seve-		Nicastro	14,076	Augusta	13,286
rino	10,517	Corigliano Calabre	12,461	Lentini	13,202
Pontecorvo	10,309	Monteleone di Ca-		Mazzarino	13,142
		labria	11,951	Mistretta	13,132
Puglien.		Cittanova	11,754	Aragona	12,659
Bari delle Puglie	60,080	Acri	11,442	Avola	12,540
Foggia	40,648	Palme	10,926	Lipari	12,265
Andria	37,471	San Giovanni Fiore	10,813	Niscemi	12,110
Taranto	34,051	Castrovillari	10,649	Scicli	12,081
Barletta	33,594			Riesi	12,008

Carini	11,797	Linguaglossa	10,416
Valguarnera	11,520	Naro	10,384
Pietraperzia	11,312	Troina	10,348
Palazzolo Acreida	11,186	Calatifimi	10,349
Misilmeri	10,748	Spaccaforino	10,314
Militello in Val		Tortorici	10,283
di Catania	10,556	Florida	10,227
Prizzi	10,544	Randazzo	10,225

Sardinien.

Cagliari	37,518
Sassari	34,821
Tempo Pausania	11,247
Iglesias	11,213

Finanzen. *)

Schon die Eroberungspolitik des Königreichs Sardinien hatte die-ses Land in eine Menge von Schulden gestürzt; die spätern Bestre-bungen nach Einigung der ganzen Halbinsel waren von einer enor-men Weitersteigerung dieser Lasten begleitet. Das Jahr 1866 hatte ein Deficit von 721 1/2 Mill. Lire hinterlassen, d. h. mehr, als die gesammte Jahreseinnahme betrug. Auch die nächstfolgenden Friedensjahre brach-ten ungeheuern Ausfall, am meisten durch Vermehrung der Militäraus-gaben und jener für Verzinsung der Staatsschuld. Die Steigerung der Abgaben, welche (besonders durch die Mahlsteuer) das Volk bis zu Auf-ständen trieb, vermochte das Gleichgewicht nicht herzustellen. Neben fortwährender Schuldenvermehrung griff man zur Zwangsausgabe von Papiergeld. Ausser der Emission unmittelbar für Rechnung des Staates veranlasste man, laut Gesetz vom 30. April 1874, die National- und 5 weitere Banken, für 960' Lire Noten mit Zwangscours auszugeben, um dem Staate weitere Mittel zu verschaffen. Der Zwangscours sollte nur bis zum Anfange des Jahres 1877 währen, ward aber factisch je von 6 zu 6 Monaten verlängert. Das Goldagio, welches 1866 im Mittel 7,$_{81}$ % betragen hatte, 1870 auf 4,$_{50}$ herabgegangen war, stieg 1873 auf 14,$_{21}$, sank 1875 auf 8,$_{27}$, um 1880 mit 10,$_{53}$ zu erscheinen. Zur allgemeinen Verwunderung und was man kaum für möglich gehalten, gelang es in-dess, seit 1875 das Gleichgewicht in den Finanzen wieder herzustellen. Eine uns vorliegende Zusammenstellung des Rechnungsabschlusses der Jahre 1866 bis 79 ergibt, nach Beseitigung der durchlaufenden Posten und der im Eisenbahnbau verwendeten Capitalien, folgende Resultate **):

Jahr	Einnahmen	Ausgaben	Deficit
1866	617'131,071	1,338'578,250	721'447,179
1867	714'453,756	925'600,641	214'146,885
1868	768'557,777	1,014'354,433	245'796,656
1869	870'693,302	1,019'567,474	148'874,172
1870	865'980,244	1,080'747.115	214'766,874
1871	966'936.127	1,040'948,450	74'012,323
1872	1,014'039,216	1,097'618,432	83'579,216
1873	1,047'240,357	1,136'248,589	89'008,232
1874	1,077'115,616	1,090'499,517	13'383,901

*) *Annuario statistico italiano per il anno 1882*, darin insbesondere eine officielle Abhandlung *Finanze* und eine zweite *Moneta e Credito*. Ferner *Sta-tistica Finanziaria Estratto della Nona Relazione (anno 1880) della Ragio-neria Generale dello Stato. 4°. Roma 1882. — Atti Parlamentari XIV Legis-latura. Prima Sessione (1880—81—82). Camera dei Deputati. Disegni de Legge, presentati dal Ministero delle Finanze. Stati di prima previsione dell' Entrata e della Spesa per l'anno 1883* (ein gewaltiger Quartband).

**) *Annuario Statistico Italiano, Anno 1881.*

Jahr	Einnahmen	Ausgaben	Ueberschuss
1875	1,096'319,804	1,082'449,403	13'870,401
1876	1,123'328,540	1,102'882,466	20'446,074
1877	1,180'840,130	1,157'917,212	22'922,918
1878	1,191'625,356	1,177'079,155	14'546,201
1879	1,228'112,891	1,185'818,844	42'294,047

Bei solcher finanziellen Gestaltung konnte man ernstlich an Beseitigung des Papier-Zwangscourses gehen. Es ward die Aufbringung von 644 Mill. Lire hierzu erforderlich erachtet, welche Summe durch Ausgabe von 729'745,000 Lire (capitalisirt) 5 % Rente erlangt ward. Mit dem 12. April 1883 wird diese grosse Operation der Wiederherstellung der Edelmetallwährung durchgeführt. Die Summe des zu regulirenden Papieres wird in dieser Zeit aus 940 Mill. Noten mit Zwangscours und aus 755 Mill. Banknoten bestehen. Am 12. April (Wiederaufnahme der Baarzahlung) wird man noch 340 Mill. Staatsnoten haben.

Es sei noch bemerkt: Für öffentliche Arbeiten (zumeist Eisenbahnen) wurden in den Jahren 1861 bis einschliesslich 1877 zusammen 2,439'999,938 L. von Seiten des Staates verausgabt).

Indem wir auf einige Detaillirung des Finanzwesens eingehen. müssen wir bemerken, dass man in Italien eine, uns etwas ungewöhnte Classificirung im Budget hergestellt hat. Man scheidet zuerst die Einnahmen und Ausgaben in 1) ordentliche und 2) ausserordentliche, dann Unterabtheilungen in jedem einzelnen Ministerium zwischenhinein:

    a. Effective Einnahmen, resp. Ausgaben (*Entrate e Spese effettive*).

    b. Bewegung von Capitalien (*Movimento di Capitali*),

    c. Eisenbahnbauten (*Costruzioni di ferrovie*),

    d. Compensationen (*Partite di Giro*).

Im J. 1880 ergab sich darnach folgender definitiver Rechnungsabschluss (in Mill. Lire):

	Einnahmen	Ausgaben	Mehr od. weniger
a. Effective Einnahmen . . .	1,223,61	1,196,68	+ 26,93
b. Bewegung von Capitalien . .	56,94	64,68	— 7,74
c. Eisenbahnbauten	67,76	67,99	— 0,23
d. Compensationen	91,06	90,88	+ 0,18
Zusammen	1,439,37	1,420,23	+ 19,14

Die Abrechnung für 1880 schloss mit einem Ueberschuss von 19'141,770 Lire. Der Budgetentwurf für 1882 führte folgende Hauptpositionen auf (Lire):

a. Ordentliche Einnahmen.

    I. Categorie, effective:

1) Ertrag von Staatsactiven . . . .   27'228,750

2) Directe Steuern: Grundst. 125'765,563. Gebäudest. 63'4, Mobiliarvermögensst. (*Ricchezza mobile*) 192'461,888 = .   381'627,451

3) Vom Geschäftsbetrieb (*tasse sugli affari*[*]): Erbschaftsst. 29', Abgaben von der todten Hand 6'4, Auflage auf Banken und Handelsgesellsch. 5', Einregistrirung 57'5, von Hypotheken 5'05, Stempel 43', Abgabe für Concessionen 6'1, von Eisenbahnen 15'911,900, Consulargebühren 1'08 = . .   169'021,900

4) Consumtionssteuer: Mahlst. 47'5, Abgaben von Getränken, Schiesspulver und Zucker 12'5, Zölle 143,4, Octroi's (*dazi interni di consumo*) 78'299,245, Tabak 108'5, Salz 82' = .   472'199,245

---

[*] Eine etwas eigenthümliche Bezeichnung, die wir jedoch, der officiellen Benennung entsprechend, durch eine andere nicht substituiren zu dürfen glauben.

5) Verschied. Einnahmen, wobei besond. Lotterie 72'5 . . 72'502,000
6) Verkehrsanstalten, dabei: Post 32'2, Telegr. 10'508,925,
Staatseisenbahnen 52'4, Gerichtsgebühren 6'25, Gefängnisse
4'66 etc. = ... 116'201,825
7) Rückzahlungen . . . . 18'379,809
8) Verschiedene Einnahmen . . . . 9'443,750

       Summe I, effective Einnahmen 1,266'604,730

IV. Categorie*), Compensationen . . . . 94'237,608

b. Ausserordentliche Einnahmen.

I. Categorie, effective . . . . 8'952,195

II. Categorie, Capitalienbewegung
1) Landverkauf und Zinsablösung: Verkauf von Domänen
7'124,005, Verkauf von Kirchengütern 15'605,000, Zinsablösung 3'967.000, Verschiedenes 2'261,300 = ... 28'957,305
2) Einziehung von Schulden . . . . 28'886,688
3) Neue Schulden: Anleihe zur Wiederherstellung der Metallwährung 650'440,000, Verkauf von Kirchengüter-Obliga-
tionen 13'237,185, Verschiedene Schulden 4'400,000 = . 668'077,185

       Summe II, ausserordentl. Einnahmen 725'921,178

III. Categorie, Eisenbahnbau . . . . 102'188,317

Dies ergibt zusammen folgendes Tabellchen für Einnahmen:

	ordentliche	ausserordentliche	zusammen
1. Categorie	1,266'604,730	8'952,195	1,275'556,925
2. -	—	725'921,178	725'921,178
3. -	—	102'188,317	102'188,317
4. -	94'237,608	—	94'237,608
Zusammen	1,360'842,338	837'061,690	2,197'904,028
Dagegen Bedarf, zus.	1,321'405,359	857'998,509	2,179'403,868
Differenz	+ 39'436,979	— 20'936,819	+ 18'500,160

Ausgaben, I. Categorie, effective.

Dieselben sind auf die einzelnen 10 Ministerien vertheilt, und zwar
bei jedem Ministerium wieder unterabgetheilt nach den 4 oben bezeichneten Categorien: 1. effective Ausgaben, 2. Bewegung von Capitalien,
3. Bahnbau, 4. Compensationen. Vielleicht dürfte folgende Art der Zusammenstellung die Sache etwas übersichtlicher gestalten. Das erste der
Ministerien, das des Schatzes (*Ministero del Tesoro*) erscheint in folgender Weise:

a. Effective Ausgaben:

Zinsen der consolidirten Schuld (Renten) . . . . . . 429'393,509
Zinsen der rückzahlbaren Schuld . . . . 42'077,218
Annuitäten zum Rückkauf der oberitalienischen Bahnen . 28'981,095
Schwebende Schuld (dabei: Zinsen der Schatzbons 9'054,515,
  Zinsengarantieen an Eisenbahngesellsch. 29'541,387 etc.) 42'869,714
Pensionen . . . . 21'374,024
Civilliste und Apanagen . . . . 15'250,000
Senat und Deputirtenkammer . . . . 2'222,000
Allgemeine Ausgaben . . . . 9'534,980
Unterhalt der Domänen . . . . 13'122,631
Rückzahlungen . . . . 4'550,000
Reserve, unvorhergesehene Ausgaben . . . . 10'000,000

   Zus. (wesentlich sog. intangible Ausgaben) I. Categorie 618'375,171

---

*) Die Aufstellung springt sofort von der I. Categorie auf die IV. über;
erst bei b. ausserordentliche Einnahme, kommen die Categorien II und III zum
Vorschein.

III. Categorie: Annuitäten zum Bahnankauf 4'179,116,
    Schuldentilgung 41'915,039 . . . .   46'094,155
IV. Categorie . . . .   83'434,305
        Zusammen ordentl. Ausgaben des Schatzmeisters 747'903,631

b. Ausserordentl. Ausgaben desselben:

I. Categorie . . . .   4'811,200
II. Categorie: Rückzahlung an die Banken und Einlösung
    des Papiergeldes 650'774,975, gewöhnl. Schuldentilgung
    23'211,723 = ...   673'986,698
        Summe der ausserordentl. Ausgaben desselben 678'797,898

Das nächstaufgeführte, das **Finanzministerium**, erscheint bei I.,
Ordentl. Ausgaben, im Wesentlichen so:

Allgemeine Central- und Provinzialverwaltung . . . . .   10'154,440
Betriebs- und Erhebungskosten (wobei Lotterie 49'293,860) 112'419,360
Rückzahlungen . . . . 10'660,000
        I. Categorie . . . .   133'233,800
        Dazu Categorie IV . . . .   1'747,821
        b. Ausserordentl. Ausgaben, I. Categorie   551,875
               Zusammen 135'533,496

Es würde wol zu weit führen, wollten wir alle einzelnen Ministerien
in solcher Zergliederung aufführen. Beschränken wir uns auf folgende
Notizen:

	ordentliche	ausserordentl.
Ministerium des öffentlichen Unterrichts	28'193,535	1'054,910
- der öffentlichen Arbeiten .	64'053,726	143'953,867
- des Kriegs	197'087,959	28'276,667
- der Marine	47'553,705	2'114,000

Alle übrigen Ministerien dazu gerechnet, ergibt sich der oben erwähnte
Ueberschuss der Einnahmen von 18'500,160 Lire.

Vorstehender vorangängiger Aufstellung reihen wir folgende, allerdings nicht officielle, und jedenfalls blos approximative Notiz des wirklich erzielten Resultates an: Nach dem Staatshaushalts-Ergebniss für
1882 betrugen die Einkünfte aus den Domänen 27,5 Mill. L. (— 0,3'),
Grund- und Gebäudesteuer 190' (— 1'), Einkommensteuer 193' (+ 8'),
Stempelsteuer 153' (+ 0,3), Eisenbahnsteuer 15' (— 0,3), Mahlsteuer
51,5' (+ 4'), Spiritussteuer 12,5' (+ 0,3), Zölle 158,25' (+ 2'). Die
Abnahme in der Grund- und Gebäudesteuer ist durch den Steuererlass
in den überschwemmten Gegenden, die Zunahme der Zollerträgnisse
durch vermehrte Einfuhr von Zucker, Petroleum und Eisen veranlasst.
Die Monopole brachten folgende Resultate: Tabak 106,5' (+ 1,5), Salz
81,75 (unverändert), Lotterie 72' (— 0,75), Post 29,25' (+ 3,25), Telegraph 11' (+ 0,75), die Staatsbahnen 45,5' (+ 8,25). Die Staatsschuld
vermehrte sich infolge der Valuta-Regulirungsanleihe um 604'. Für
Eisenbahnbauten wurden 119' (+ 70') ausgegeben; ein Theil des Mehr-
aufwandes wurde durch Verkauf von 60' Renten beschafft. Der Finanzminister Magliani glaubt, dass trotz der bevorstehenden Abschaffung des
Zwangscourses, der vermehrten Ausgaben für Eisenbahnbauten und der
geringeren Steuererträgnisse aus den überschwemmten Provinzen, das
budgetaire Gleichgewicht nicht gestört werden dürfte, und spricht die
Hoffnung aus, dass eine gute Ernte die Schäden des Jahres 1882 wieder
ausgleichen werde.

Unterm 15. Sept. 1882 brachte der Minister der Finanzen und interimistisch des Staatsschatzes, Magliani, den Entwurf des Budgets für 1883 in der Abgeordnetenkammer zur Vorlage. Der Entwurf führt eine Einnahme auf von 1,539'128,670, und einen Bedarf von 1,531'062,988 Lire, mithin einen Ueberschuss von 8'065,682 Lire. Dieser Ueberschuss ist um so bemerkenswerther, als das Kriegsbudget um 23 Millionen, das Marinebudget um $7^1/_2$ Millionen und das Budget der öffentlichen Arbeiten um 4 Millionen erhöht worden und der Voranschlag für die Steuer-Eingänge sehr mässig gehalten ist. Festgestellt ist das Budget indess in der Zeit, in welcher wir schreiben, noch nicht; von befreundeter Seite wird uns vielmehr mitgetheilt, dass die Feststellung nicht vor dem Monat Juni erfolgen werde. Da sich nun nicht zum Voraus absehen lässt, welche Modificationen der ministerielle Voranschlag in der (hierin wesentlich massgebenden) Abgeordnetenkammer erfahren wird, so beschränken wir uns darauf, nachstehende wenige Notizen aus diesem Budgetentwurfe hier folgen zu lassen (unter Hinweglassen der Centesimi):

		Einnahmen	Ausgaben
Ordentlicher Theil.			
I. Categorie,	effective Einn. und Ausg.	1,295'653,951	1,200'533,660 L.
II. -	Bewegung von Capitalien	—	46'420,125
III. -	Bau von Eisenbahnen . .	—	—
IV. -	Compensationen . . .	94'156,558	94'156,558
	Zusammen	1,389'810,509	1,341'110,344
Ausserordentlicher Theil.			
I. Categorie	. . . .	6'876,159	98'989,369
II. -	. . . .	53'208,194	1'729,467
III. -	. . . .	89'233,807	89'233,807
IV. -	. . . .	—	—
	Zusammen	149'318,161	189'952,643
Ordentl. und ausserordentl., zus.			
I. Categorie	. . . .	1,302'530,111	1,299'523,029
II. -	. . . .	53'208,194	48'149,592
III. -	. . . .	89'233,807	89'233,807
IV. -	. . . .	94'156,558	94'156,558
	Total	1,539'128,670	1,531'062,988 L.

(Die Totalsumme mit Einrechnung der bei den Einzelnpositionen nicht speciell aufgerechneten Pfennigen (Centesimi).

Staatsschuld. Am 1. Jan. 1882 betrug das Capital der Staatsschuld 10,463'782,447 Lire 45 Cent., verzinslich im Jahre mit 448'912,998 L. 85 C. (Dabei ewige Rente des päpstlichen Stuhles 3'225,000 L.)

Provinzialbudgets. *) Die Totaleinnahme wurde pro 1879 zu 87'661,530 Lire berechnet, wovon 70'361,311 Umlagen; die Totalausgabe zu 87'633,281, wovon 51'259,868 ordentl., 33'209,488 ausserordentl. und 3'163,925 Specialaufwand. — Capitalbetrag sämmtlicher Provinzialschulden Ende 1878 101'338,058 Lire.

Gemeindebudgets. **) Geschieden zwischen Stadt und Land; als Städte sind nur solche Gemeinden angesehen, welche in ihrem Centrum eine agglomerirte Bevölkerung von wenigstens 6,000 Einw. umfassen. Im J. 1881 stellten sich die Gemeindebudgets so:

---

*) *Bilanci Provinciali. 1879.*
**) *Bilanci Comunali. Anni XVIII e XIX, 1880 e 1881.*

Einnahme:

	Städte	Land	zusammen
Ordentliche . .	L. 169'811,392	153'400,554	323'211,946
Ausserordentliche	33'336,204	43'609,803	76'946,007
Special-Einnahme.	80'141,219	25'667,589	105'808,808
Zusammen	L. 283'288,815	222'677,946	505'966,761

Ausgabe in gleichen Beträgen. Die Letztere scheidet sich so: obligatorisch 343'482,513, facultativ 56'614,565, special 105'869,683 L.

Das Capital der Schuld sämmtlicher Gemeinden betrug Ende 1877 712'114,525 L., wovon 618'268,399 auf 274 Stadt- und 93'846,126 auf 3,419 Landgemeinden fielen.*) Es waren sonach damals 4,614 Gemeinden schuldenfrei. Ende 1878 belief sich die Gesammtschuld aller Gemeinden auf 741'741,762 L.

Militärwesen.

Landmacht. Allgemeine Wehrpflicht; jeder Waffenfähige ist vom 20. bis Ende des 39. Altersjahres dienstpflichtig, und zwar 8 oder 9 Jahre im stehenden Heere, 4 oder 5 Jahre in der mobilen Miliz (*Milizia mobile*), dann 7 Jahre in der Territorialmiliz; die Cavalleristen jedoch haben 9 J. im stehenden Heere und 10 in der Territorialmiliz zu dienen. Indess werden nur 65,000 M. der jährl. Ausgehobenen der 1. Classe eingereiht, 45,000 aber der 2.; diese letzten bleiben im Frieden nur 5 Monate lang bei der Fahne. Der Rest der Jünglinge kommt zur Territorialmiliz; sie werden 30 Tage lang in der Waffenführung unterrichtet, und bilden im Kriegsfall eine letzte Reserve. Studenten und andere ein Examen bestehende junge Leute brauchen nur 1 Jahr im activen Dienst zu verbleiben, müssen jedoch 1,500, bei der Cavallerie 2,000 Lire an die Militärcasse entrichten. Seit Einführung des jetzigen Militärsystems kommen auch hier heimliche Auswanderungen und Selbstverstümmelungen vor, um sich dem Dienste zu entziehen. — Formation:

Infanterie: 96 Linien- und 12 Scharfschützen- (Bersaglieri-) Regimenter, je zu 3 Bataill. à 4 Comp.; 72 Alpencompagnien;
Cavallerie: 22 Regim. zu 6 Schwadronen;
Artillerie: 12 Regim. zu 10 Batterien; 2 Brigaden reitende Artill.; 5 Regim. Festungs- oder Küsten-, 2 Brigaden Gebirgs-Artillerie:
Genie: 4 Regim.; 1 Pontonier-Regim.; 1 Train-Brigade; 1 Eisenbahn-Brigade; 1 Sappeur-Brigade;
Gendarmerie: 11 Territoriallegionen und 1 Elevenlegion (wird, wie in Frankreich, den activen Truppen beigezählt).

Mobile Miliz (aus den bei der Linie nicht eingereihten Dienstpflichtigen gebildet).
Infanterie: 48 Linienregim. à 3 Bataill. zu 4 Compagn.; 18 Schützenbataill. à 4 Comp.; 36 Alpencompagnien;
Artillerie: 13 Brigaden Feld-, 32 Comp. Festungs- und 4 Batterien Gebirgs-Artillerie;
Genie: 5 Sappeur-Brigaden, 1 Pontonier-, 1 Eisenbahn-, 1 Telegraphisten-Brigade.

Ausserdem auf der Insel Sardinien, Special-Miliz: 3 Reg. Infanterie. 1 Schützenbataillon, 1 Schwadron Cavallerie, 1 Brigade Feld-, 1 Comp. Festungs-Artillerie: Train.

---

*) *Statistica dei Debiti Comunali al 1º gennaio 1879.*

Territorial-Miliz. Aufgeführt werden: 320 Infanterie-Bataill. zu 4 Compagn., 30 Alpencompagn., 100 Compagn. Festungsartillerie, 30 Compagn. Genie.

In Friedenszeiten soll die Territorial-Miliz alle 4 Jahre zu 30tägigen Uebungen einberufen werden, oder öfter zu kürzeren Uebungen.

Uebersehen darf nicht werden, dass gar Manches in der italienischen Nachbildung des preussischen Heerwesens zur Zeit noch erst in der Ausbildung begriffen, noch nicht zur vollen Entwicklung gelangt ist.

Die Stärke des stehenden Heeres (*Esercito permanente*) wird nach den Normen vom 30. Sept. 1881 officiell so angegeben:

251,152	M.	Linien-Infanterie,
264,007	-	Militärbezirke,
16,050	-	Alpencompagnien,
42,741	-	Schützen (Bersaglieri),
36,012	-	Cavallerie,
62,544	-	Artillerie,
14,743	-	Genie,
19,637	-	Carabinieri (Gensdarmerie).

Total 733,712 M. (mit Officieren, Sanitätstruppen, Disciplinar- und Strafanstalten etc.)

Eine andere Notiz führt auf:

Stehendes Heer	. . .	480,000 M.
Mobile Miliz	. . .	290,000 -
Territorial-Miliz	. . .	820,000 -
	Total	1'590,000 M.,

wobei wir es ununtersucht lassen, in wie ferne die Territorialmiliz als kriegsdiensttauglich anzunehmen ist.

Festungen. In den oberitalienischen Provinzen: Alessandria, Casale, Genua und 18 kleinere; in der Lombardei: Pizzighettone, Pavia und 3 Forts. — Mantua-Venetien: das Festungsviereck Verona, Mantua, Peschiera und Legnago; dann Venedig, Chioggia, Palmanova und Osopo. — Mittelitalien: Civitavecchia, Ancona, Ferrara, Piacenza, Bologna, Reggio; Castelle zu Livorno, Siena, Volterra, Pistoja, Florenz und Rom (Engelsburg, Castel Sant' Angelo); dann 4 kleinere, und auf der Insel Elba: Porto Ferrajo und Porto Longone. — Unteritalien: Gaeta, Capua, Civitella dell' Tronto, Pescara; Citadelle von Neapel; auf Sicilien: Messina, Siracus und Forts von Palermo; auf der Insel Sardinien: Cagliari und Sassari.

Marine. Italien besitzt eine aus grossen Schiffen bestehende und zahlreiche Flotte. Aufgeführt werden 42 Kriegsschiffe, nämlich 18 Panzerschiffe, ebensoviel Schrauben- und 6 Raddampfer, zusammen mit 160,866 Tonnen und 36,250 Pferdekräften, dann 30 Transportdampfer, nämlich 21 Schrauben- und 9 Raddampfer, die letzteren mit 26,027 Tonnen und 4,519 Pferdekräften. Im März 1883 ward der grösste italienische Kriegsdampfer, Lepanto, gebaut von 1877 bis 1883, 122 Met. lang, die Maschine von 18,000 Pferdekraft, Schnelligkeit angeblich 18 Knoten in der Stunde, vom Stapel gelassen. (Ob solche Colosse dem Aufwand entsprechen, wird in Italien selbst mehrfach bezweifelt.)

Das Marinepersonal umfasst über 15,000 Individuen.

Sociale Verhältnisse.

a. Geistige Zustände.

Unterrichtswesen. *) Die Volkszählung von 1861 hatte unter der mehr als in das 5. Jahr getretenen Einwohnerschaft 75 % Analphabeten ergeben, während die Zählung von 1871 eine Verminderung auf 69 % nachwies. Die Gesammtzahl der Analphabeten betrug 1871, bei einer Totalpopulation von 26'801,154, nicht weniger als 19'553,792 Individuen, wovon 9'031,836 männlich und 10'521,956 weiblich. Lesen konnten von den weniger als 5jährigen nur 21 %, unter den zwischen 12- und 19jährigen 36 %, unter den Aelteren 32 %. Was die Conscribirten betrifft, so fand man 1846 68, 1858 53 % Analphabeten (bei der Entlassung aus dem Dienste war die Zahl auf 40, dann auf 7 herabgemindert). — Zahl der die Schule besuchenden Kinder 1866/67 1'409,407 (824,676 Knaben, 584,731 Mädchen); 1878/79 2'057,977 (1'112,270 Knaben, 945,707 Mädchen). Von den Kindern zwischen 6 und 12 J. besuchten $61_{,01}$ % die Schule (1861/62 erst $36_{,85}$). — Im J. 1878/79 zählte man 1,566 Kleinkinderschulen mit 183,809 Kindern; 41,108 öffentliche Schulen, besucht von 1'048,861 Knaben und 853,479 Mädchen; dann 7,422 Privatschulen, besucht von 63,469 Knaben, 92,228 Mädchen. Abendschulen für die Erwachsenen: 11,633, Schüler 439,624, Schülerinnen 16,063; Sonntagsschulen 6,571, Schüler 21,194, Schülerinnen 191,245; weibliche Convictschulen 848, Schülerinnen 52,925.

Volksbildung. Was Unterzeichnung der Heirathsacten betrifft, so waren im J. 1866 $69_{,46}$ % der Verlobten zur Unterzeichnung nicht befähigt, nämlich $59_{,96}$ Männer und $78_{,97}$ Frauen; 1879 hatte sich das Verhältniss so gestellt: $59_{,16}$ nicht befähigt, $48_{,07}$ Bräutigame und $70_{,24}$ Bräute. Im J. 1880 aber wurden Heirathsacten von den Brautleuten unterschrieben: in 56,049 Fällen = $28_{,49}$ % von beiden Brautleuten; in 50,299 = $25_{,57}$ nur vom Bräutigam; in 6,931 = $3_{,52}$ % nur von der Braut, in 83,459 Fällen = $42_{,42}$ % von keinem von beiden. — Nach der Zahl der unterschriebenen Heirathsacten betrug die Zahl der Analphabeten auf 200 Verlobte 57; 1872 waren es 66, 1877 63, 1879 79 gewesen. — Von den C o n s c r i b i r t e n waren 1880 $48_{,88}$ % Analphabeten (1877 noch $51_{,39}$, 1866 $64_{,01}$).

Ausser den 21 Universitäten hat Italien 9 Technische Hochschulen.

In Italien tritt die bemerkenswerthe Erscheinung hervor, dass die Bedürfnisse des Lebens, der Kunst und Wissenschaft, viele junge Leute, welche im schulpflichtigen Alter noch nicht lesen und schreiben gelernt haben, dieses später freiwillig nachholen, so dass z. B. die Zahl der Analphabeten, welche 1878 zum Heere ausgehoben wurden, der Procentzahl nach geringer war, als derjenigen, welche bei der vorangegangenen Volksaufnahme, dem Alter nach, in diese Categorie gehört hatten. (Siehe *Buonazia, La scuola populare in Italia*.)

---

*) *Direzione della Statistica Generale del Regno. Roma 1881. Statistica della Istruzione Elementare pubblica e privata in Italia. Anni scolastici 1877/78 e 1878/79. Introduzione.*

Literatur. Anfangs 1881 erschienen 149 täglich und 1,305 1-, 2-
oder 3mal wöchentlich ausgegebene Journale, 1836 waren es erst 185.
Von den täglichen: in Rom 18, Neapel 16, Palermo 13, Mailand 12,
Florenz 9, Turin 6. Venedig 5. Das älteste italienische Journal ward
1797 in Genua gegründet.

b. Materielle Verhältnisse.

Landwirthschaft. Was die Agriculturverhältnisse betrifft, so sei vor
Allem hier kurz erwähnt, dass die Lage der Bauern eine durchgreifende
Verbesserung beansprucht. Speciell gedacht sei, hinsichtlich der Darstel-
lung, des grossen Werkes: *Atti della Giunta per la Inchiesta Agraria e sulle
Conditioni della Classe Agricola*, bis jetzt 7 gewaltige, dicke Quartbände, eine
Darstellung der landwirthschaftlichen Verhältnisse, wie unseres Wissens
kein anderes Land eine gleich gründliche und vorzügliche besitzt. Hier
sei bei dieser Gelegenheit kurz erwähnt: Italien ist ein, namentlich an
Wein äusserst reiches Land. Die Ernte von 1882 wurde auf 32 Mill.
Hectoliter geschätzt (Durchschnitt $27^1/_2$ Mill., die letztvorhergegange-
nen Jahre dagegen $5^1/_2$, 7 und 10 Mill. weniger).

Fabriken. Sehr schätzbare Notizen finden sich in den *Annali di Statistica*, namentlich Vol. 13.

1878 gab es 2,030 Seideetablissements, davon 928 in Venetien, 514
Piemont, 106 Calabrien, 35 Sicilien (und Lombardei?). Dieselben beschäftigen zusammen ungefähr 15,992 Männer, 120,226 Frauen und
76,384 Kinder. Production von Rohseide, Kilogr.:

1874	1875	1876	1877	1878
2'860,000	2'606,000	993,000	1'506,000	2'300,000

Handel. Der Specialhandel ward in Mill. Lire berechnet:

1879	Einfuhr	1,261,7	Ausfuhr	1,107,0	Mill.
1880	-	1,225,6	-	1,132,6	-
1881	-	1,332,0	-	1,192,3	-

Im Jahre 1881 kamen auf die wichtigsten Verkehrsländer:

	Einfuhr	Ausfuhr		Einfuhr	Ausfuhr
Frankreich	364,8	551,7	Deutschland . . .	66,5	68,0
England	361,5	82,6	Südamerika . . .	37,0	32,1
Oesterreich-Ungarn .	218,7	150,8	Türkei, Rumänien, Ser-		
Schweiz	37,1	134,6	bien etc.	27,0	17,3
Russland	30,4	27,9	Andere Länder . . .	126,1	70,3
Vereinigte Staaten .	62,9	57,0			

Nach einzelnen Waarenclassificationen waren am bedeutendsten
(1881):

	Einfuhr	Ausfuhr		Einfuhr	Ausfuhr
Getreide, Vegetabilien	97,1	137,6	Wolle u. Wollenwaaren	111,6	8,9
Getränke, Oele . . .	56,0	170,9	Seide und Fabricate .	96,2	369,4
Colonialwaaren, Tabak	101,6	6,7	Steine, Thon-, Glaswaa-		
Thiere und thierische			ren	93,5	66,8
Nahrungsmittel . .	102,7	155,7	Papier, Bücher . . .	49,9	61,7
Mineralien, Metalle,			Chemische Producte,		
Metallwaaren . .	225,1	46,9	Droguen	72,6	54,8
Baumwolle und Baum-					
wollen-Fabricate .	154,8	30,7			

Schifffahrt*), 1881.

1) Lange Fahrt, eingelaufen:

	Schiffe	Tonnen		Dampfer	Tonnen
Italienische Flagge	10,015	1'463,644	darunter	979	663,535
Fremde Flagge .	6,279	3'317,486	-	3,529	2'876,344
Zusammen	16,294	4'781,130	-	4,508	3'539,879

2) Küstenfahrt, eingelaufen:

	Schiffe	Tonnen		Dampfer	Tonnen
Italienische Flagge	90,153	8'676,214	-	17,231	6'422,886
Fremde Flagge .	3,737	2'658,419	-	3,285	2'568,104
Zusammen	93,890	11'334,633	-	20,516	8'990,990
Total, eingelaufen	110,184	16'115,763	-	25,024	12'530,869
Dazu ausgelaufen	109,184	15'115,763	-	24,984	12'461,598

Eigene Handelsmarine, 1881. Registrirt 7,815 Schiffe von 989,057 Tonnen, worunter 176 Dampfer von 93,698 Tonnen.

Der Verkehr der 6 wichtigsten Häfen gestaltete sich 1881 folgendermassen:

	Internat. Schiffe		Küstenschifffahrt		Totalverkehr	
	Schiffe	Tonnen	Schiffe	Tonnen	Schiffe	Tonnen
Genua .	3,664	2'412,633	7,714	1'705,978	11,378	4'118,611
Livorno .	1,246	392,819	8,109	2'233,204	9,355	2'626,023
Messina .	1,082	523,835	7,625	2'211,760	8,707	2'735,595
Neapel .	1,342	1'224,613	8,385	2'273,882	9,727	3'498,495
Palermo .	324	215,840	6,178	1'803,958	6,502	2'019,798
Venedig .	4,342	957,236	1,242	422,946	5,584	1'380,182

Eisenbahnen. (*Relazione statistica sulle costruzioni e sull' esercizio delle Strade ferrate italiane.*) Die Länge der italienischen Bahnen betrug am 31. Dec. 1881 8,893 Kilom. Ausserdem standen am 1. Juli 1882 1,607 Kilom. Dampftramways im Betriebe. Von den Vollbahnen standen 1881 2,617 im Besitze und Betriebe des Staates, 1,337 Staatsbahnen wurden von Privatgesellschaften betrieben, ebenso 951 Privatbahnen vom Staate, endlich 3,988 Privatlinien von Privaten. Im Jahre 1881 ergaben sich 191'661,613 Lire Einnahmen und 134'732,155 Ausgaben. Von den Einnahmen trafen 78,66 Mill. auf den Personen-, 21,38 auf den Eil-, 85,23 auf den Frachtgutverkehr. Das (einschliesslich Rollmaterial) bis 31. Dec. 1881 verwendete Anlagecapital betrug 2,678'284,808 L. Beim Betriebe wurden (1881) 178 Personen getödtet, 730 verletzt; unter den Getödteten befanden sich 78 Eisenbahnbedienstete, 25 ohne eigenes Verschulden. Das ganze im Dienst stehende Personal betrug 33,406 Beamte und 32,610 blose Arbeiter.

Laut Gesetz vom Dec. 1882 wird der Betrieb der Oberitalienischen und der Römischen Bahnen durch den Staat für das Jahr 1883 fortgesetzt. Der Minister der öffentlichen Arbeiten erklärte bei dieser Gelegenheit, dass in Ausführung des Gesetzes vom 29. Juli 1879 seitdem 1,200 Kilm. neue Bahnen eröffnet, und für mehr als 500 Mill. Lire bereits zur Ausführung accordirt seien.

Telegraphen, Dec. 1881. Länge der Linien 26,880 Kilm., der Drähte 89,150, ausserdem 175 Kilm. unterseeisch; Bureaux 1,633 im Staatsdienste; Depeschen (1881) 6'250,496. Gewöhnliche Einnahme

---

*) *Movimento della Navigazione nei porti del Regno*, jedes Jahr umfassende Nachweise, neueste Lieferung 1882.

12'051,308, gewöhnliche Betriebsausgabe 7'708,054, ausserdem 340,000 Lire.

Post, 1880. Bureaux 3,328, beförderte Briefe und Postkarten 165'842,944, Drucksachen 155'218,754. Postanweisungen 3'972,418. Einnahmen 28,₂ Betriebsausgaben 24,₃₆ Mill.

Banken. Deren bestanden Anfang 1877:

6 Noten-,	45 Assecuranz- und
8 Grundcredit-,	276 commerzielle und industrielle
12 landwirthschaftliche,	Actienbanken.
110 gewöhnliche,	

Volksbanken. *) Anfangs 1851 bestanden deren 165, ausserdem 113 gewöhnliche Creditgesellschaften. Die Zahl der Genossen betrug 102,279; die Activa beliefen sich auf 244'499,307, die Passiva auf 240'246,818 Lire (dabei Gründungsfond 38'867,307, Reservefond 11'021,018).

Sparcassen, Ende 1881. Gewöhnliche 355, ausgegeben 997,026 Büchlein, im Betrage von 714'805,451 Lire; Volksbanken und andere Creditinstitute 249, ausgegeben 205,488 Büchlein von 197'586,249 L.; Postsparcassen (eingeführt 1876) 3,406 mit 471,094 Büchlein, 66'996,864 L.; zusammen 4,010 Anstalten, 1'673,608 Büchlein im Betrage von 979'368,565 Lire**).

Stiftungen. ***) Ende 1878 bestanden deren 17,870, davon 3,668 für Almosen, 2,694 für Aussteuer, 1,028 für Hausarme, 1,139 Hospitäler, 508 für Schulen, 340 für Kinderasyle, 397 für Alte, 463 für Waisen, 695 Leihhäuser, 1,965 für Lebensmittelunterstützung, 2,633 für Wohlthätigkeit. Von 8,382 Gemeinden erfreuten sich 5,862 solcher Wohlthätigkeitsanstalten, und zwar im Gesammtbetrage von 1,626 Mill. Capitalvermögen (982' Immobiliar und 644' Mobiliar).

Gesellschaften zur gegenseitigen Unterstützung gab es 1881 159, wovon 87 in Ober-, 69 in Mittel-, 1 in Unteritalien und 2 auf den Inseln.

Münzen, Maasse, Gewicht sind die französischen, der Frank heisst Lira.

Auswärtige Besitzung. Als solche wird officiell Assab aufgeführt, dessen Areal wir bei Behm und Wagner, nach Guido Cora's Messung, zu 632 Q.-Kil. berechnet finden (579 Festland und 53 Inseln). Die Volkszahl wird in dem *Censimento della Popolazione del Regno d'Italia*, nach Consularberechnung in approximativen Zahlen zu 1,193 angegeben, wobei 266 Personen an Bord der vor Anker liegenden Schiffe. Aufgeführt sind 5 Ortschaften.

---

*) *Statistica delle Banche Popolare. Situazione alla fine del 1880.*
**) Jedes halbe Jahr wird amtlich eine eigene Zeitschrift veröffentlicht, welche über den finanziellen Stand der Anstalten in allen einzelnen Provinzen Auskunft ertheilt: *Bollettino Bimestrale del Risparmio.* Ausserdem: *Bolletino Mensile delle Situazioni dei Conti degli Istituti d'Emissione.*
***) L. Bodio, *Di una statistica sommaria delle Opere pie esistenti in Italia nel 1878.*

schrift für Schweiz. Statistik«, 1882, weist jedoch nach, dass der Flächenraum der an Italien bei der Grenzregulirung abgetretenen Alp Cravairola mit 17,5 Q.-Kil. zwar auf der Karte, aber nicht bei der Berechnung in Abzug gebracht ist. Die Schweiz ist in Wirklichkeit um so viel kleiner und unsere Angabe danach berichtigt.

Nach obiger Liste besteht die Bevölkerung aus 71,3 % Deutschen, 21,4 Franzosen, 5,7 Italienern, 1,4 Romanen, und 0,2 % andern Nationalen nach ihrer Muttersprache. — Der politischen Angehörigkeit nach zählte man 211,035 Ausländer, — nämlich 5,339 Elsass-Lothringer, 39,657 Badener, 6,058 Bayern, 25,609 Württemberger, 18,599 übrige Deutsche, 12,550 Oesterreicher, 459 Ungarn, 41,530 Italiener, 242 Spanier, 53,653 Franzosen, 500 Belgier, 438 Niederländer, 2,812 Briten, 153 Dänen, 1,285 Russen, 180 Schweden, 49 Norweger, 1,110 Amerikaner, 499 sonstige Ausländer, 13 ohne bekannte Nationalität.

Den Geschlechtern nach schied sich die Gesammtbevölkerung in 1'394,626 männliche und 1'451,476 weibl. Einwohner. — Die Zahl der Häuser war 400,322, der bewohnten Räumlichkeiten 2'189,658, der Haushaltungen 607,725; Bürger des eigenen Kantons waren 2'256,660, Bürger eines andern Kantons 378,407, Ausländer (wie oben) 211,035.

Der Umfang der bedeutendsten Seen beträgt innerhalb der Schweiz 1,386 Q.-Kil. Rechnet man die nicht zur Schweiz gehörenden Theile der 4 grössten der nachgenannten Seen dazu, so haben: der Genfer- 577,1, Boden- 539,1, Neuenburger- 237, Langen- (Lago maggiore) 215, Vierwaldstätter- 113,4 Züricher- 87,8 Q.-Kil.

Confessionen. Nachdem man die betreff. Erhebung ganz unterlassen wollte, gab man (was praktisch schon seinen Werth hat) dem Verlangen einiger Kantonsregierungen nach, beschränkte aber die Aufzeichnung auf folgende wenige Categorieen:

	Protestanten	Katholiken	Israeliten	And. oder ohne Angabe
Zürich	283,134	30,298	506	3,338
Bern	463,163	65,828	1,316	1,857
Luzern	5,419	129,172	152	63
Uri	524	23,149	7	14
Schwyz	954	50,266	7	8
Unterwalden ob dem Wald	277	15,078	1	—
- nid - -	90	11,901	1	—
Glarus	27,097	7,065	7	44
Zug	1,218	21,734	27	15
Freiburg	18,138	97,113	104	45
Solothurn	17,114	63,037	139	134
Basel Stadt	44,236	19,288	830	747
- Landschaft . . .	46,670	12,109	223	269
Schaffhausen	33,897	4,154	33	264
Appenzell Ausser-Rhoden	48,088	3,694	18	158
- Inner- -	545	12,294	1	1
St. Gallen	83,441	126,164	371	515
Graubünden	53,168	41,711	38	74
Aargau	108,029	88,893	1,234	489
Thurgau	71,821	27,123	120	488
Tessin	358	130,017	11	391
Waadt	219,427	18,170	576	557
Wallis	866	99,316	—	34
Neuenburg	91,076	11,651	689	316
Genf	48,359	51,557	662	1,017
Zusammen	1'667,109	1'160,782	7,373	10,638

Die Protestanten bilden sonach 58,₆ %, die Katholiken 40,₈, Juden 0.₂, alle Andern sammt denen ohne Angabe 0,₄ %.

Bewegung der Bevölkerung. Von 1876—80 war der jährliche Durchschnitt der Bevölkerungsbewegung auf je 1,000 Einw.: Trauungen 7,₄, Geborene ohne Todtgeb. 31,₃, Gestorbene, gleichfalls ohne Todtgeb. 23,₁. Im J. 1881 stellten sich diese 3 Zahlen so: 6,₈ — 29,₉ — 22,₄. Es betrugen nämlich die positiven Zahlen:

	Heirathen	Lebendgebor.	Todtgebor.	Gestorbene
1876	22,376	90,786	3,809	66,619
77	21,571	89,244	3,617	65,353
78	20,590	87,833	3,593	65,311
79	19,450	86,180	3,512	63,651
80	19,413	84,165	3,248	62,223
81	19,425	85,142	3,361	63,979

Ueberseeische Auswanderung. Dieselbe betrug (laut Bundesblatt): 1879 4,288, 1880 7,255, 1881 10,935. Von der letzteren Zahl kamen auf den Kanton Bern allein 3,079, auf Zürich 1,329, St. Gallen 1,061, Aargau 1,010. Tessin 569, Glarus 468, Schwyz 304, selbst das menschenleere Uri erschien mit 58; kein Kanton fehlte in dieser Liste.

Gemeinden. Die Schweiz hatte bei der Zählung von 1880 292 Gemeinden von mehr als 2,000 Einw. Was zunächst die K a n t o n s h a u p t o r t e betrifft, so war das Ergebniss folgendes:

Zürich 25,102, mit den 9 »Aussengemeinden« (Vorstädten) 75,956 Einw.
Genf 50,043, - - 2 - 68,320 -

Basel Stadt	61,399	Aarau (Aargau)	5,944
Bern	44,087	Frauenfeld (Thurgau)	5,811
Lausanne	30,179	Glarus	5,330
St. Gallen	21,438	Zug	4,924
Luzern	17,850	Sitten (Wallis)	4,871
Neuenburg	15,612	Liestal (Basel-Land)	4,679
Schaffhausen	11,795	Appenzell (Inner-Rhoden)	4,302
Freiburg	11,546	Sarnen	4,039
Herisau (Ausser-Rhoden)	11,082	Altorf (Uri)	2,901
Chur (Graubünden)	8,889	Bellenz (Tessin)	2,436
Solothurn	7.668	Stans (Unterwalden)	2,210
Schwyz	6,543		

Von den übrigen Orten umfassen folgende eine Bevölkerung über oder gegen 6,000 Menschen:

La Chaux-de-fonds (Neuenb.)	22,456	Langnau (Bern)	7,191
Aussersihl (Zürich)	14,156	St. Immier (Bern)	7,114
Winterthur (Zürich)	13,595	Burgdorf (Bern)	6,581
Biel (Bern)	11,623	Könitz (Bern)	6,552
Plainpalais (Genf)	10,912	Uster (Zürich)	6,391
Locle (Neuenburg)	10,464	Wädensweil (Zürich)	6,206
Riesbach (Zürich)	9,291	Lugano (Tessin)	6,129
Einsiedeln (Schwyz)	8,401	Wald (Zürich)	6,048
Tablatt (St. Gallen)	8,092	Yverdon (Waadt)	5,968
Vevey (Waadt)	7,820	Hottingen (Zürich)	5,942
Altstätten (St. Gallen)	7,810	Carouge (Genf)	5,889
Eaux-Vives (Genf)	7,365		

Finanzen, Voranschlag für 1883, Francs:

Einnahmen.

I. Aus dem unmittelbaren Vermögen. A. Liegenschaften: 169,279. B. Capitalien 733,000 = ... 902,279

II. Allgemeine Verwaltung. A. Bundeskanzlei 18,000. B. Bundesgericht 15,000 = ... 33,000

III. Departemente. A. Politisches Dep. 14,000. B. Justiz und Polizei 200. C. Militär 3'463,632. D. Finanz und Zoll, Finanz 7'664,500, Zoll 15'5. E. Handel- und Landwirthschaft-Dep. 33,000. F. Post- und Eisenb.-Dep., Post 15'442,000 Telegraphen 2'594,700, Eisenbahnwesen 24,750 = . . . 47'736,752

IV. Unvorgesehenes 1,939

Zusammen 48'674,000

Ausgaben.

I. Amortisation und Verzinsung des Anlehens (dabei Amortis. 514,000) . . . . 1'869,940

II. Allgem. Verwaltung. Nationalrath 184,500, Stände. 8,500, Bundesrath 85,500, Bundeskanzlei 289,400, Bundesgericht 149,700 = ... 717,600

III. Departemente: Polit. Dep. 337,000. Inneres 3'189,482, Justiz und Polizei 45,000, Militär 16'712,509, Finanz 6'585,800 und Zoll 1'612,500, Handel und Landwirthschaft 720,270, Post- etc. Dep.: Post 14'211,000, Telegr. 2'571,200, Eisenbahnwesen 140,900 = ... 46'125,661

IV. Unvorgesehenes 10,799

Zusammen 48'724,000
Präsumtives Deficit 50,000

Das muthmassliche Reinergebniss der einzelnen Verwaltungszweige ist so veranschlagt:

	Einnahmen	Ausgaben
I. Capitalvermögen	902,279	—
II. Amortisation und Verzinsung des Anlehens .	—	1'869,940
III. Allg. Verwaltg, Ausg. 717,600, Einn. 33,000 =	—	684,600
IV. Departemente und Verwaltungen:		
a. Polit. Dep. Ausg. 337,000, Einn. 14,000 =	—	323,000
b. Inneres und Polytechnikum	—	3'189,482
c. Justiz u. Polizei, Ausg. 45,000, Einn. 200	—	44,800
d. Militärdepartement und Verwaltung . .	20,323	13'269,290
e. Finanz- und Zolldepartement	999,200	—
Pulververwaltung	79,500	—
Zollverwaltung	16'887,500	—
f. Handels- und Landwirthsch.-Depart. . .	—	687,270
g. Post- und Eisenbahndepartement:		
Postverwaltung	1'231,000	—
Telegraphenverwaltung	23,500	—
Eisenbahnwesen	—	116,150
V. Unvorgesehenes	—	8,860
Muthmasslicher Ausgabenüberschuss . . .	50,000	—
Zusammen	20'193,302	20'193,302

In diesem mässigen Budget sind noch verschiedene Ausgaben enthalten, die man kaum darunter verborgen glaubt. Abgesehen von der Schuldentilgung (3. Quote 514,000 Frcs.), finden wir hier für 4 internationale Alpenstrassen bestimmt: an Uri 80,000, Graubünden 200,000, Tessin 200,000, Wallis 50,000; für Rhonegewässercorrection 86,500, Juragewässercorrect. 140,000, Schutzbauten gegen Wildwasser im Hochgebirge 170,000, Rheincorrect. 170,000, Correction kleinerer Gewässer 185,900, fünfte Amortisations-Quote für die Kosten der Gotthardbahn

500,000, Kosten des Polytechnikums, nach Abzug der eigenen Einnahmen desselben, 482,750, Beiträge an Arbeiten zu 9 Schweiz. Vereinen (meteorologische Beobachtungen 25,000, geologische Karte der Schweiz 15,000, mitteleuropäische Gradmessung 15,000 etc.).

Während man anderwärts vielfach günstige Budgets aufstellt, um schliesslich oft mit enormen Deficits zu endigen, schliessen die effectiven Rechnungen in der Schweiz häufig, statt mit einem mässigen Deficit auf dem Papier, mit einem bescheidenen Ueberschuss in Wirklichkeit ab. So der vor Kurzem abgeschlossene Voranschlag pro 1881:

	Budget	Reelles Ergebniss
Einnahme . .	40'741,500	43'383,025. 70
Bedarf . . .	40'955,500	42'717,493. 17
Deficit	214,000	Ueberschuss 665,532. 53

Die Gehälter der kantonalen Beamten sind durchgehends niedrig. In allen 25 Kantonen zusammengenommen gibt es, nach der »Zeitschrift für Schweizer. Statistik«, nur 27 Beamte, die 6,500 Fr. oder mehr Gehalt haben; 30 mit 6,000 bis 6,500; 14 mit 5,500 bis 6,000; 37 mit 5,000 bis 5,500; 56 mit 4,500 bis 5,000; 88 mit 4,000 bis 4,500; 99 mit 3,500 bis 4,000. Am besten besoldet sind die Regierungsräthe in den Kantonen Bern, Baselstadt und Neuenburg, nämlich mit 6,500 Fr.; in Waadt mit 6,000, Zürich und Genf 5,000, St. Gallen 4,500, Aargau und Thurgau 4,000, Luzern 3,500, Baselland 3,350, Freiburg 3,300. Am geringsten sind die Regierungsräthe besoldet in den Kantonen Solothurn, 3,055, Tessin 2,800, Schaffhausen 2,400 und Wallis 1,860, dann in den kleinen Kantonen.

Schuld. Für Ende 1881 stellte sich die Vermögensziffer so:

Activa.	Allgemeine Activa	45'356,066
	Activa der Specialfonds	7'583,686
		52'939,752
Passiva.	Staatsanlehen (s. oben)	34'524,500
	Münzreservefond	2'276,284
	Noch nicht präsentirte Coupons etc.	146,260
		36'947,044

Nach der historischen Entwicklung des Staates steht nicht sowol der Bund, als die Kantone im Besitze des allgemeinen Vermögens. So ergab denn auch eine im Jahre 1876 (nicht officiell angefertigte) Zusammenstellung: die Activa der Kantone sind geschätzt auf 456'267,202, die Passiva zu 252'793,373 Fr., sonach Ueberschuss der Activen 203'473,829. Die grössten Reinactivvermögen besitzen: Zürich 77'206,638 gegen 23'883,554 Pass., und Bern mit 115'412,976 gegen 58'057,526, dann Aargau mit 28'684,756 gegen 2'410.061. Am meisten ist Tessin mit Schulden belastet: 8'570,738 gegen nur 3'458,945 Activa.

Militärwesen. Seit undenklichen Zeiten gilt das Princip der Wehrhaftmachung der ganzen Nation. In Folge der neuen Bundesverfassung ist der Grundsatz der allgemeinen Dienstpflicht noch mehr als früher durchgeführt. Ein stehendes Heer wird nicht geduldet. Vom 20. bis 32. Jahre gehört jeder gesunde Schweizer dem Auszug, vom 33. bis 44. der Landwehr an (der frühere Unterschied zwischen Auszug und Reserve ist aufgehoben); den Auszug bildet die jeden Augenblick in voller Kriegsstärke verwendbare Feldarmee, während die Landwehr zum Ausfüllen entstehender Lücken, zum Platz- und Etappendienste verwendet wird. Active Dienstzeit: Rekrutenschule der Infanterie 45, der Cavallerie 60, der Artillerie 55 und der Ingenieurtruppen 50 Tage; Wiederholungs-curse bei der Infanterie alle 2 Jahre während 16 Tage, bei Caval. jährlich 10tägig, Artillerie je in 2 Jahren 16 bis 18tägig, Ingenieur-Truppen alle 2 Jahre 16tägig. Als Vorbereitung für die kurze Rekrutenschule wird betrachtet, dass die Jugend bis zum 20. Jahre Turn- und vom 18. bis 20. theoretischen und praktischen Schiessunterricht erhält. Bei vielen Anstalten, namentlich sämmtlichen Mittel- (Kantons- und anderen) Schulen bestanden schon früher die sogenannten Cadettencorps; alle gesunden Schüler erhielten Turn- und (getrennt davon) Militär-Unterricht. Solcher Cadettencorps gab es 1873 83, mit 7,869 Schülern.

Dazu ist weiter zu bemerken, dass der Schweizerische Bundesrath im Jan. 1883 in Zustimmung zu den Anträgen des Militär-Departements, das Tableau der Militärschulen pro 1883 festgesetzt hat. Dasselbe unterscheidet sich von den früheren Aufstellungen dadurch, dass es, die neueren Beschlüsse der Bundesversammlung ausführend, für die Cavallerie-rekruten einen 20tägigen Vorcurs (Reit- und Pferdewartungscurs) vorschreibt; ferner für die Infanterie-Rekrutenschule die in der Militär-organisation festgesetzten 45 Tage, welche in Folge der Finanzcalamität vor einigen Jahren um 2 Tage reducirt worden sind, wieder aufnimmt. und endlich auch für die Landwehr 7tägige Wiederholungscurse vorsieht.

Die neue Bundesverfassung bestimmt: »Die Verfügung über das Bundesheer steht der Eidgenossenschaft zu . . . Die Kantone verfügen über die Wehrkraft ihres Gebietes, soweit sie nicht durch verfassungs-mässige oder gesetzliche Anordnungen des Bundes beschränkt sind. Der gesammte Militärunterricht und ebenso die Bewaffnung ist Sache des Bundes. Die Beschaffung der Bekleidung und Ausrüstung und die Sorge für deren Unterhalt ist Sache der Kantone; die daherigen Kosten werden jedoch den Kantonen vom Bunde nach einer von ihm aufzustellenden Norm vergütet. Im schweizerischen Heere dürfen (ebenso wie im Civil-dienste) weder Orden getragen, noch von auswärtigen Regierungen verliehene Titel geltend gemacht werden.«

Die Formation ist folgende:

Auszug. Linien-Infanterie 96, Schützen 8 Bataillone zu 4 Comp. à 184 Mann. — Genie: 8 Bat. zu 393 M. in 3 Comp. — Artillerie: 48 fahrende Batterien zu 160, 2 Gebirgsbatterien zu 170, 10 Positionscompagnien à 122, 16 Parkcolonnen à 160, 8 Trainbataillone à 214, 2 Feuerwerkscomp. à 160 Mann. — Cavallerie: 24 Escadr. Dragoner zu 124, 12 Comp. Guiden zu 43 M.

Landwehr. Infanterie, Cavallerie und Genie sind ebenso wie der Auszug formirt. Die Landwehr-Artillerie begreift 8fahrende Batterien zu 160 Mann, 15 Positionscompagnien zu 122, 8 Parkcolonnen zu 160, 8 Trainbataillone zu 214, und 2 Feuerwerkscompagnien zu 160 Mann.

Aus diesen Truppen werden 8 Armeedivisionen gebildet, jede 2 Infanterie-Brigaden zu 2 Regimentern à 3 Bataillone, 1 Schützenbataillon, 1 Cavallerie-regiment von 3 Schwadronen, 1 Artillerie-Brigade zu 3 Regimentern von 2 Feld-batterien und 2 Parkcolonnen, 1 Train- und 1 Genie-Bataillon umfassend.

Die effective Stärke der organisirten Truppen war 1. Jan. 1882:

	Auszug	Landwehr	
Stäbe, Justizofficiere .	103	—	
Infanterie	85,235	77,463	Der normalmässige
Cavallerie	2,861	2,420	Bestand des Aus-
Artillerie	17,486	8,656	zugs ist gesetzlich
Genie	5,321	2,232	zu 105,388, jener
Sanitätstruppen . . .	4,249	1,287	der Landw. 97,012
Verwaltung etc. . . .	813	120	angenommen.
	116,068	92,178	
	208,246		

Sociale Verhältnisse. A. Geistige Bildung. Von der gesammten Eidgenossenschaft gegründet und erhalten: die Polytechnische Anstalt zu Zürich. — Je von den betreffenden Kantonen unterhalten: die 4 Universitäten zu Basel, Zürich, Bern und Genf, und die beiden Akademieen zu Lausanne und Neuenburg. Ueber den Besuch der 4 Universitäten liegt folgende Notiz vor, aus dem Wintersemester 1881/82: Basel 364, Zürich 397, Bern 520, Genf 426. (Neuere detaillirte Angaben über Mittel- und gewöhnliche Volksschulen liegen nicht vor.)

Periodische Literatur. 1879 erschienen: Politische Blätter 219, für Handel und Industrie 43, Religion 39, Landwirthschaft 22, Genossenschaften 23, Annoncen 20, Belletristik 30, Amtsblätter 28, Wissenschaft 22, Fremdenblätter 10, Schöne Künste incl. Gymnastik 7, Bulletins von Behörden 6. Die Summe war 519. 57 dieser Organe erscheinen täglich, 49 dreimal, 111 zweimal und die übrigen 168 einmal in der Woche. Unter den einzelnen Kantonen stand Basel-Stadt mit 34 Organen relativ in erster Linie. Bern hatte 71, Zürich 68, Waadt 58, Aargau 49, Genf 37, St. Gallen 33, Neuenburg 23, Solothurn 15, Graubünden 15, Freiburg 14, Thurgau 13, Tessin 12, Schwyz 12, Schaffhausen 11, Luzern, Baselland 7, Appenzell, Ausserrhoden, Innerrhoden 5, Wallis 5, Zug 4, Nidwalden 4, Glarus 3 und Uri 3,

Analphabeten unter den zum Militärdienst Ausgehobenen im J. 1882 $2,70$ %.

B. Materielle Verhältnisse. *Bodenanbau.* Von den 41,389 (richtiger 41,372 s. oben) Q.-Kilom. des Gesammtareals werden 7,714 als Wald, 305 als Rebland angegeben, 21,618 als Aecker, Gärten, Wiesen und Weiden, zus. 29,637 Q.-Kil. (72 % des Ganzen) Culturland. Der Rest vertheilt sich auf 1,838 Q.-Kil. Gletscher, 1,386 Seen. 161 Städte, Dörfer und Gebäude, 8,357 Felsen, Schutthalden und sonstiges uncultivirbares Territorium. Zürich steht mit 94 % productivem Boden sehr günstig, Bern hat blos 78, Wallis nur 46 und Uri sogar nur 44,4 % cultivirbares Land. An Weinbau stehen Tessin mit 80 und Waadt mit 56 Q.-Kilom. obenan. Vier Kantone haben gar keine Reben. An Wäldern sind Bern und Graubünden am reichsten. Wallis hat 972 Q.-Kil. Gletscher (mehr als die Hälfte des gesammten schweizerischen Gletschergebietes); ausserdem hat Wallis noch 1,800 Q.-Kil. Felswüste, ein Stück Land von der Grösse des Kantons Zürich.

Die Käsereien. Ueber diesen wichtigen Zweig der Schweizerischen Landwirthschaft hat der Director der Schweizer. Milchversuchstation in Lausanne, Hr. Schatzmann, einen interessanten Bericht veröffentlicht, dem wir hier kurz folgendes entnehmen: Im J. 1810 betrug die Ausfuhr 5–6,000

Metercentner (à 100 Klgr.), von da an nahm sie stetig zu; sie stieg 1850
auf 52,464, 1860 auf 73,395, 1870 auf 169,809, 1880 auf 217,189.
Während der letzten dreissig Jahre hat sich der Käseexport ungefähr ver-
vierfacht, gleichzeitig der Preis fast verdoppelt, so dass der Werth des
ausgeführten Käses im J. 1880 auf 35 Mill. Franken zu veranschlagen
ist. Nach älteren Aufzeichnungen galt im J. 1791 der geringere Käse
50 Fr. pr. Ctr. Diese geringeren Qualitäten haben bis heute eine Preis-
steigerung um die Hälfte (73 Fr.) erlitten. Die besseren Sorten (Emmenthaler u. Greyerzer) stiegen, ersterer bis auf 93 (im J. 1875) und letzterer
bis auf 79 Fr. (1880). Die 1880er Mittelpreise waren: Emmenthaler 55,
Greyerzer Alp 79, Greyerzer Thal 78, Spalenkäse 73 Fr. per Centner.

Fabrikindustrie. Eine Zusammenstellung der Schweizer. Fabrik-
statistik, soweit dieselbe die unter dem eidgenössischen Fabrikgesetze
steht, drängen wir, den Hauptpositionen nach, folgendermaassen zusammen (vergl. »Zeitschrift für Schweiz. Statistik, 1882«).

I. A. Baumwollenindustrie.

	Anstalten	Arbeiter
1. Spinnerei, Weberei, Zwirnerei	281	30,845
2. Färberei, Druckerei	69	5,851
3. Bleicherei, Sengerei, Appretur	49	1,832
4. Stickerei	838	17,226
Zusammen	1,237	55,754

I. B. Seidenindustrie.

	Anstalten	Arbeiter
5. Spinnerei, Winderei, Zwirnerei, Weberei	153	15,099
6. Färberei, Druckerei	20	1,912
7. Appretur	9	383
Zusammen	182	17,394
I. C. 8. **Wollenindustrie**	45	2,447
I. D. 9. **Leinenindustrie**	7	678
I. E. 10—16. **Verschiedenes**	106	8,277
Totale, Gewebe	1,577	84,550

II. Verarbeitung von Häuten, Haaren, Horn.

17—22	77	3,320

III. Industrie der Lebens- und Genussmittel.

23—27	159	6,775

IV. Chemische Industrieen.

28—35	103	2,657

V. Papierindustrie (doch ohne Buchdruckerei).

36—38	55	2,959

VI. Holzbearbeitung.

39—43	109	2,851

VII. A. Metallverarbeitung.

44—49	99	3,920

VII. B. Horlogerie- und Bijouteriefabriken.

50	92	8,039

VII. C. Maschinen- und Werkzeugfabriken.

51—57	161	10,965

VIII. Verarbeitung von Steinen, Erden u. dgl.

58—64	95	3,084
Total I—VIII.	2,527	129,120

Auf die einzelnen Kantone trifft folgender Fabrikbestand:

	Etabliss.	Arbeiter		Etabliss.	Arbeiter
Zürich	439	27,881	Schaffhausen	54	2,305
Bern, deutsch	113	6,242	Appenzell	184	4,433
- französisch	45	4,977	St. Gallen	623	19,651
Luzern	42	2,182	Graubünden	27	927
Uri	4	135	Aargau	223	12,807
Schwyz	25	1,554	Thurgau	239	7,571
Unterwalden	6	162	Tessin	19	1,735
Glarus	72	8,450	Waadt	94	3,876
Zug	11	1,931	Wallis	9	384
Freiburg	24	926	Neuenburg	20	1,447
Solothurn	53	5,277	Genf	66	2,251
Basel	135	12,016	Total	2,527	129,120

Darnach stehen auf je 1,000 erwachsene Einwohner im Gesammt-durchschnitt 67 unter der Fabrikgesetzgebung; aber mit bedeutendem Unterschied in den verschiedenen Kantonen: in Glarus auf 1,000 Einw. 361, Basel 140, St. Gallen 134, Zürich 124, Zug 122, Thurgau 110, Appenzell 101, Solothurn 100, Aargau 95, Schaffhausen 91, Schwyz 45, Bern 33, Genf 29, Tessin 28, Waadt 24, Luzern 24, Neuenburg 21, Graubünden 14, Freiburg 12, Unterwalden 9, Uri 8, Wallis 6.

Die berühmte St. Galler Spitzenindustrie brachte es im J. 1882 zu einem Export von ca. 80 Mill. Frcs. und dürfte 1883 wohl auf 90 Mill. steigen. Die Stadt St. Gallen ist der Handelsmittelpunkt für die drei Kantone St. Gallen, Appenzell und Thurgau. In diesen Kantonen sind 14,032 Stickmaschinen thätig (1,351 mehr als im Dec. 1881). In den anderen Kantonen der Schweiz sind noch 850 solcher Stickmaschinen beschäftigt, so dass die Gesammtzahl sich momentan auf rund 15.000 belaufen dürfte. Die Concurrenz besitzt ausserhalb der Schweiz nur 7,150 Stickmaschinen, von denen 2,200 auf Vorarlberg, 250 auf Böhmen, 3,250 auf Sachsen, 1,200 auf Frankreich, 80 auf Italien, 50 auf Russland und 120 auf Nordamerika. — Früher kostete jede derartige Maschine durchschnittlich 5,000 Frcs., während der jetzige Preis durch Massenproduction sich auf 3,000 Frcs. stellt. Die 15,000 Stickmaschinen der Schweiz repräsentiren also ein Anlagecapital von 45 Mill. Frcs. — Aus diesen Notizen ist ersichtlich, welche ungeheuren Werthe selbst ein Nebenzweig der Textilkunst in sich birgt, und dass nicht Museen und Schulen allein, sondern die kaufmännische Initiative und Thatkraft den Ausschlag geben. Die Museen und Schulen sind nur Hülfsmittel. In der St. Galler Spitzenindustrie beherrschen jetzt diejenigen Muster den Markt, welche am täuschendsten die alten genähten Spitzen nachahmen. Die Stickmaschinen machen mit jedem Stosse 600 Stiche und ahmen z. B. venetianische Spitzen in der Breite von einem Meter in Leinen, Seide etc. nach.

Handel, 1882.[*] Die Schweiz, entfernt gelegen von den völker-verbindenden Meeren, zudem in ungewöhnlicher Ausdehnung einen

---

[*] Vergl. ausser obigem »Bericht des schweizer. Bundesrathes an die hohe Bundesversammlung«, die »Uebersichts-Tabelle der Ein-, Aus- und Durchfuhr im J. 1882, herausgeg. vom schweiz. Zolldepartement«.

sterilen Boden umfassend, ist gleichwol eines der wichtigsten Industrie-
länder, und sie ist dies geworden auf der Grundlage des Princips der
Handelsfreiheit. Allerdings haben einerseits zur Mode gewordene
schutzzöllnerische Massnahmen so ziemlich aller andern Staaten, anderseits die finanziellen Bedürfnisse in Folge des immer mehr gesteigerten
Militarismus, in der jüngsten Zeit auch die Eidgenossenschaft genöthigt.
zu höheren Zöllen überzugehen, allein immerhin sind ihre Tarifsätze noch
weitaus die mässigsten in ganz Europa. Zudem sind wir, was für das
praktische Leben von besonderer Bedeutung, schon beim Beginn des
dritten Monats im Falle, jene vollständige Uebersicht der Ein-, Aus- und
Durchfuhr vor uns zu haben, aus welcher wir, nach Massgabe des
schweizerischen Formulars, folgende Notizen auszuziehen:

			Einfuhr	Ausfuhr
I.	Zollfrei	metr. Ctr.	2'520,852	664,916
II.	Verzehrungsgegenstände. Getränke, Co- lonialwaaren, Tabak u. Tabak-Fabricate	-	6'089,561	477,244
III.	Thiere, Thierproducte, Leder, Leder- u. Fettwaaren	Stück	243,812	122,643
	und metr. Ctr.	metr. Ctr.	97,537	68,840
IV.	Metalle und Metall-Waaren, Uhren . .	-	1'027,135	341,477
V.	Spinnstoffe, Gewebe, Filz, Kautschuk und Waaren daraus	-	482,846	342,844
VI.	Papier, Bücher, Schreibmaterial, Gegen- stände der Kunst und Wissenschaft . .	-	47,746	41,082
VII.	Apotheker- und Drogueriewaaren, chem. Producte und Säuren, Farben und Farbe- waaren	-	756,810	195,290
VIII 1.	Holz	-	1'834,957	109,207
VIII 2.	Fuhrwerke . . . . nach dem Werth	Francs	1'185,838	16,187
IX.	Glas, Krystall, Porzellan- u. Thonwaaren	metr. Ctr.	301,358	129,162
X a.	Erden, Erzeugnisse daraus, aus Kalk, Gyps, Schiefer, Stein und Steinarbeiten	-	678,909	200,607
X b.	Nach dem Werth	Francs	41,871	20,027

Der Verkehr über die verschiedenen Grenzen war folgender:

	Stück		Werth, Francs		Metr. Centner	
	Einfuhr	Ausfuhr	Einfuhr	Ausfuhr	Einfuhr	Ausfuhr
Frankreich	99,361	37,204	197,419	5'337,098	5'916,733	1'071,720
Deutschland	76,948	57,526	971,859	2'280,884	12'015,359	1'162,455
Oesterreich	46,242	7,235	11,025	9,912	1'928,397	272,288
Italien	21,261	20,678	36,795	638,157	760,577	286,619

Die Durchfuhr ergab 1882:

    Einfuhr,   Stück   18,303,   Ausgang Stück 18,303
    Nach Werth, Frcs.   642,344,   642,344
    Nach metr. Cntr. 2'732,606,   2'732,606

Ausserdem Veredlungsverkehr.

Eisenbahnen. Sämmtlich im Privatbesitze, im J. 1880 durchschnittl.
befahren 2,614 Kilom. Einbezahltes Capital 963 Mill. Frcs. Einnahme
60'020,371, Betriebsausgabe 31'497,203 Frcs. — 1881 durchschnittlich
befahren 2,664, am Jahresschlusse 2,688 Kil. Es kamen 45 Tödtungen
und 56 Verletzungen vor.

Post, 1881. Bureaux 803, Ablagen 2,050. Innerer Verkehr: Briefe
44'398,541, Postkarten 7'188,785, Drucksachen 11'461,474, Waarenmuster 322,590, Zeitungen 51'687,975, recommandirte Sendungen

777,848. Ausländischer Verkehr: a. versandt 10'430,368 Briefe, b. empfangen 10'654,942, Postkarten a. 2'007,616, b. 1'437,384, Drucksachen a. 3'961,536, b. 6'611,388, Muster a. 348,556, b. 608,974, recommandirte Briefe a. 345,156, b. 398,164. Geldsendungen: Innerer Verkehr 1'755,408 Sendungen zu 215'787,000 Frcs.; Auslandverkehr: versandt 255,400 zu 14'990,496 Frcs., empfangen 153,042 Sendungen zu 9'804,179 Frcs. — Posteinnahme 15'998,837, Betriebsausgabe 13'964,554, Reinertrag 2'034,283 Frcs.

Telegraphie, Ende 1881. Linienlänge 6,626, Drähte 16,174 Kilom., Bureaux 1,210; beförderte interne Depeschen 1'837,385, beförderte und empfangene Auslandsdepeschen 879,727, Transittelegramme 329,798. Gesammteinnahmen 2'496,038, Ausgaben 1'963,666 Frcs., Activsaldo 532,372 Frcs.

Schweizerische Notenbanken. Die Centralstelle der schweiz. Concordatsbanken veröffentlicht jedes Jahr eine Uebersicht des Notenumlaufs und seiner Deckung. Wir entnehmen der neuesten zur Zeit vorliegenden folgende Angaben, welche sich für die Gesammtheit der schweizerischen Concordatsbanken verstehen (bis 30. Juni 1877 21 Banken, bis 30. Juni 1878 22 Banken, bis 15. März 1881 24 Banken, von da an 23 Banken), Alles im Jahresdurchschnitt:

	Noten emittirt	circulirend	Baarvorrath	Deckung
1877	Frcs. 92'837,000	68'598,000	34'341,000	50,1 %
1878	- 97'720,000	68'733,000	31'321,000	45,6 -
1879	- 101'288,000	71'780,000	37'443,000	52,2 -
1880	- 102'173,000	79'577,000	42'207,000	53,0 -
1881	- 102'877,000	85'290,000	39'804,000	46,7 -

Sparcassen. Ende 1881 69 mit 404,061 Einlegern und 252'848,122 Frcs. Einlagen.

Münze, Maasse. Das französ. System ist seit 1. Jan. 1877 vollständig eingeführt, nachdem dies früher schon bez. Münze und Gewicht geschehen war, und auch die Maasse jenes System zur Grundlage erhalten hatten. Vor der bezeichneten Periode hatte: der Fuss = 3 Decim., der Stab 4, die Ruthe 10 Fuss = 3 Meter. Die schweiz. Stunde zu 16,000 Fuss war = 4,800 Met.; der Juchart zu 400 Q.-Ruth. (40,000 Q.-Fuss) = 36 Aren; die Maass (*le pot*) = 1½ Liter. Der Saum = 100 Maass oder 1½ hl.; das Pfund ½ Kgr.

Liechtenstein (Fürstenthum).

Dieses zwischen der Schweiz und Vorarlberg gelegene Fürstenthum, welches in Folge der Ereignisse des Jahres 1866 von Deutschland getrennt ward, umfasst 157 Q.-Kilom. und 1850 9,124 Menschen. Sie sind deutscher Abstammung und der Confession nach katholisch. (Die Mediatbesitzungen des Fürsten in Schlesien und Mähren sollen gegen 5,700 Q.-Kilom. mit 350,000 Einw. betragen, und ihm 1'400,000 fl. Einkünfte verschaffen.) — Verfassung vom 26. Sept. 1862. Hauptort der Flecken Vaduz, 1,001 Einw.

Finanzen. Einnahme und Ausgabe 60—70,000 fl. In Folge des mit Oesterreich bestehenden Zoll- und Monopolvertrags führt dieses die betreffende Verwaltung und vergütet als Ertrag jährlich 16,000 fl. Die

Abgaben liefern 5,000 fl. Die Staatsschuld beträgt 175,000 fl. Statt einer Civilliste fliessen dem Fürsten Domänenerträgnisse zu. Der Aufwand für Militär ist seit 1866 (Aufhören des deutschen Bundes) weggefallen.

Belgien (Königreich).*)

Der Umfang wird officiell zu 29,455,$_{16}$ Q.-Kilom., und die Volkszahl nach den provisorischen Resultaten der Zählung vom 31. Dec. 1880 zu 5'519,844 Menschen angegeben. Der Staat ist in 9 Provinzen, diese hinwieder sind in 41 Bezirke (*arrondissements*) und 303 Cantone (Miliz-Cantone) getheilt, das ganze Gebiet umfasst 2,583 Gemeinden.

Provinzen	Q.-Kilom.	Bevölkerung	Arrond.	Cant.	Gemeind.
Antwerpen (*Anvers*)	2,831,7	577,232	3	24	152
Brabant	3,283,0	985,274	3	46	341
Westflandern (*Flandre occidentale*)	3,234,7	691,764	8	51	250
Ostflandern (*Flandre orientale*)	3,000,0	881,816	6	47	296
Hennegau (*Hainault*)	3,721,6	977,562	6	33	437
Lüttich (*Liége*)	2,893,9	663,607	4	34	338
Limburg	2,412,3	210,851	3	15	206
Luxemburg	4,417,8	209,118	5	20	211
Namur	3,660,3	322,620	3	33	352
Zusammen	29,455,2	5'519,844	41	303	2,583

Von der Bevölkerung waren 2'758,413 männlich, 2'761,431 weibl. Von 1840—80 hat die Volkszahl um 1'446,673, also um 36 % [zugenommen.

Confessionen. Die ganze Bevölkerung ist katholisch, bis auf etwa 15,000 Protestanten und gegen 3,000 Juden.

Nationalitäten. Eine neuere Erhebung als die von 1876 liegt nicht vor. Damals war die Muttersprache von 2'256,860 französisch, 2'659,890 flämisch, 38,070 deutsch, von 340,770 französisch und flämisch, 22,700 französisch und deutsch, 1,790 flämisch und deutsch, 5,490 redeten diese 3 Sprachen gemeinsam, 7,650 nur fremde Sprachen, 2,070 waren taubstumm. Wir können die Richtigkeit dieser Berechnung nicht controlliren. Die Erhebung vom 31. Dec. 1876 ergab, dass 1,138 Gemeinden mit zus. 3'085,807 Einw. überwiegend flämische Bev. hatten, 1,407 Gem. mit 2'274,020 überw. wallonische, und 27 Gem. mit 43,179 überw. deutsche. Das Areal dieser 3 Abtheilungen ist berechnet zu 1'365,956, 1'529,118 und 50,442 Hectaren.

Bewegung der Bevölkerung.

	Heirathen	Lebendgebor.	Todtgebor.	Sterbefälle
1875	39.050	175,552	7,749	122,480
76	38,228	176,915	7,930	116,767
77	36,964	183,122	8,045	122,314
78	36,669	180,451	7,721	125,442
79	37,421	182,783	8,142	129,202
80	38,926	179,928	8,064	131,397

*) *Annuaire statistique de la Belgique (Ministère de l'Intérieur, année 1881.)* *Bruxelles 1882.*

Ein- und Auswanderung. In den Jahren 1840—50, jedoch ausgenommen 1846, von dem nicht alle Nachweise vorhanden, hat die Zahl der Auswanderer durchschnittlich um 1,334 im Jahr die der Einwanderer übertroffen, von 1851 bis 1860 sogar um 2,840 jährlich, von 1861 bis 1866 nur noch um 1,589. Nun trat ein Umschwung ein; es folgten mehr Einwanderungen: von 1867 bis 1870 jährlich 3,381, von 1871 bis 1875 5,972, von 1876 bis 1880 2,083.

Städte mit mehr als 10,000 Einw. (Die Hauptstädte sind zuerst genannt; nach Zählung von 1880):

Provinz A n t w e r p e n. Antwerpen 169,112, Mecheln (Malines) 42,381, Borgerhout 20,268, Lierre 17,133, Turnhoot 16,670, Boom 12,657, Geel 10,468.

B r a b a n t. Brüssel (Bruxelles) 162,498 (mit 8 Vorstädten gegen 395,000), Mollenbeck-St.Jean 41,737, Scharbeck 40,784, Ixelles 36,324, Löwen (Louvain) 35,893, St. Gilles 33,124, Saint-Josse-ten-Noode 28,052, Anderlecht 22,812, Laeken 17,856, Tirlemont 13,931, Etterbeck 11,733, Uccle 10,744, Nivelles 10,168.

W e s t f l a n d e r n. Brügge (Bruges) 44,501, Cortrick (Courtrai) 26,943, Ostende 19,307, Roulers 17,219, Ypern 15,753, Menin 11,749, Mouscron 11,042, Poperinghe 11,007, (Thielt 9,779).

O s t f l a n d e r n. Gent (Gand) 131,431, St. Nicolas 25,914, Alost 20,679, Lokeren 17,770, Renaix 14,370, Zele 12,721, Hamme 11,437, Wetteren 10,863, Eccloo 10,741, Ledeberg 10,124.

H e n n e g a u. Bergen (Mons) 24,049, Doornyk (Tournay) 32,566, Jumet 20,707, Gilly 17,716, Charleroi 16,372, Montignies-sur-Sambre 13,326, Quaregnon 12,406, Wasmes 12,274, Marchiennes-au-Pont 12,153, la Louvière 11,859, Courcelles 11,190, Jemappes 10,741, Châtelet 10,288, Dour 10,163, Pâturages 10,090.

L ü t t i c h. Lüttich (Liége) 123,131, Verviers 40,944, Seraing 27,407, Huy 12,496, Dison 11,842, Herstal 11,378.

L i m b u r g. Hasselt 12,192, St. Trond 11,542.

L u x e m b o u r g. Arlon 7,149.

N a m u r. Namur 25,354.

Finanzen. Das officielle »*Annuaire*« enthält Nachweise, denen wir folgende Zusammenstellung entnehmen (Mill. Francs):

A. O r d e n t l i c h e S t a a t s e i n n a h m e n, *B.* a u s s p e c i e l l e n H i l f s m i t t e l n.

	1860	1865	1870	1873	1874	1875	1876	1877	1878	1879
A.	155,6	169,1	190,5	228,0	245,1	248,5	257,0	258,8	261,8	272,7
B.	14,1	9,0	14,9	113,1	70,8	30,2	69,6	87,4	105,8	30,3
Zus.	169,7	178,1	205,4	341,1	315,9	278,7	326,6	346,2	367,6	303,0

A. O r d e n t l i c h e A u s g a b e n, *B.* S p e c i a l d i e n s t.

A.	142,9	156,7	191,8	216,8	241,0	247,1	249,7	261,4	265,9	273,6
B.	16,1	32,1	25,1	134,1	60,6	45,2	44,6	124,7	83,5	70,0
Zus.	159,0	188,8	216,9	350,9	301,6	292,3	294,3	386,1	349,4	343,6

Bei den Einnahmen befinden sich Steuern und indirecte Abgaben:

	109,1	114,9	129,9	142,7	144,6	146,4	151,0	146,5	144,5	148,8

Unter den Ausgaben sind: *A.* Staatschuld, *B.* Militär:

A.	40,7	43,2	42,7	47,1	59,6	62,7	62,4	74,0	77,5	79,0
B.	33,3	35,1	59,1	39,9	44,1	46,1	47,4	48,4	46,8	46,5

Das Budget für 1882 enthält folgende Hauptpositionen:

Einnahmen.

		Francs
1. Directe Steuern (dabei Grundst. 22'$_{83}$, Personalst. 16'$_{15}$) . .		45'288,500
2. Indirecte: a. Zölle		21'000,000
b. Consumt.-Abgaben (dabei von inländ. Branntw. 17'$_{03}$, Bier und Essig 9'$_{17}$, Zucker 3'$_5$) . . .		32'737,250
c. Enregistrement (dabei eigentl. 27'$_{04}$, Erbschaftsteuer 20'$_{85}$)		55'375.000
d. Punzirung etc.		318,000
3. Verkehrsanstalten (dabei Eisenbahnen brutto 115', Telegr. 2'$_7$, Post 7'$_7$)		127'916,900
4. Verschiedene Einn., wobei Rückzahlungen durchlauf. Posten		14'012,059
	Zusammen	296'647,709

Ausgaben.

1. Staatsschuld		87'802,897
2. Dotationen		4'930,006
3. Justizministerium		15'746,473
4. Ministerium des Aeussern		2'347,830
5. — — Innern		10'106,781
6. — — Unterrichts		20'410,613
7. — der öffentlichen Arbeiten		104'016,015
8. — des Kriegs (dabei Gendarmerie 3'$_{40}$)		48'195,200
9. — der Finanzen		15'606,580
10. Rückzahlungen und Nichtwerthe		1'593,500
	Zusammen	310'755,895

Staatsschuld.

	consolidirt	schwebend	zusammen
1860	634'137,847	. . . . .	. . . . .
1865	653'823,314	. . . . .	. . . . .
1870	682'880,914	. . . . .	. . . . .
1875	981'092,149	25'000,000	1,006'092,149
1877	1,129'699,049	10'650,000	1,140'349,049
1878	1,249'409,549	4'724,000	1,254'133,549
1879	1,270'722,749	11'500,000	1,282'222,749
1880	1,422'814,049	—	1,422'814,049

Der Jahresbedarf für die Staatsschuld (einschliessl. 14'563,000 für Pensionen und Depositen) ist oben zu 87'802,897 Frcs. angegeben. Der Capitalwerth wird, nach Massgabe der Verzinsung, so berechnet:

a) Gewöhnliche Obligationen:	
2½% alte Schuld an die Niederlande aus der Emancip.	219'959,632
3% Anlehnsreste von 1873 bis 1878	381'628,500
4% Anlehen von 1871 bis 1882.	845'675,082
	1,447'263,214
b) Renten: 42,288 Frcs., capitalisirt à 3%	1'409,635
— 380,598 — — - 5% -	7'611,960
c) Annuitäten an die Niederlande, laut Vertrag von 1842	2'539,680
— veranlasst durch Eisenbahnkäufe . . .	340'742,155
	1,799'566,644

Auf 5 % alle Capitalien reducirt, und ungerechnet die Zinsgarantieen, stellt sich die gesammte Staatsschuld auf 1,452'327,940 Frcs.

Wie oben schon bemerkt, rührt der grössere Theil der Schuld vom Bau oder dem Kauf und Rückkauf von Eisenbahnen her. Der Staat war nämlich 1880 Eigenthümer von Kilom. Bahnen:

von ihm selbst erbaut	1,089,$_{91}$ Kilom.
von Gesellschaften erbaut, vom Staate gekauft	1,378,$_{36}$ —
— — — — — mittelst Zahlung von Zins oder Ueberlassen von Einnahmen . . .	323,$_{24}$ —
	Zusammen 2,791,$_{51}$ Kilom.

Der gesammte Capitalaufwand des Staates für Bahnen stellte sich am 31. Dec. 1880 auf 856'918,695 Frcs. Aus der von dem Minister der öffentlichen Bauten im Senat gelegentlich der Budget-Discussion gehaltenen Rede ist noch hervorzuheben, dass er einen grossen Theil des Deficits, 10 von 25 Millionen jährlich, dem Ankauf von Privat-Eisenbahnen zuschreibt. Eine jede dieser Linien verursache dem Staate mehr oder weniger Verluste.

Militär. Conscription mit Stellvertretung: Jahresaushebung seit 1869 12,000 Mann, wovon 11,000 zur activen Armee, 1,000 zur Reserve gehören. Die Stellvertretung besorgt das Kriegsministerium durch Freiwillige, welche Prämien erhalten. Die active Bürgergarde soll im Kriegsfall 50 Bataillone oder 30,954 Mann des ersten Bans als Garnisonstruppen stellen; ausserdem 90,000 Mann nichtactive Bürgergarde.

	Soldaten	
	im Frieden	im Kriege
Infanterie: 19 Reg. (1 Carabinier-, 3 Jäger-, 1 Grenadier-, 14 Linienreg., die Carabiniers zu 4, alle andern zu 3 Feldbataill., sämmtl. Reg. je mit 1 Reservebataill. zu 4 Compagn., Stärke 1.676 Officiere im Frieden und	25,671	52,200
Cavallerie: 8 Reg. (2 Jäger-, 2 Guiden-, 4 Lanciers- à 4 Activ- und 1 Ersatzescadr., ausser 296 Offic. i. Fried.	5,680	6,080
Artillerie: 7 Reg. (4 Feldart., näml. 2 Reg. zu 8 fahrenden und 2 Reserve-Batt., und 2 Reg. zu 7 fahrenden, 2 reitenden und 1 Reservebatt.; dann 3 Reg. Festungsartill. von je 16 Batt.), ausser 466 Offic. im Frieden .	7,559	13,000
Genie: 1 Reg. von 3 Bataill. à 4 active Comp., 135 Offic. u.	1,571	3,600
Dazu Train und Verwaltungsbeamte.		
Zusammen 3,202 Officiere und	40,858	103,680

Ausserdem berittene Gendarmerie.

Von obiger Anzahl standen 40,590 Soldaten unter Waffen, 62,534 waren ohne Sold. Im Uebrigen ist die normale Friedensstärke 45,970 M. mit 10,107 Pferden und 204 Geschützen: im Kriege 13,800 Pferde und 240 Geschütze. — *Hauptfestung*: Antwerpen, wichtiger Waffenplatz.

Der Effectivstand war (laut »*Annuaire*«) im J. 1880 in Wirklichkeit folgender:

	Officiere	Mannschaft
Infanterie	1,802	71,679
Cavallerie	360	8,237
Artillerie	456	17,662
Genie	87	3,496
Andere Corps (Gendarmerie, Train etc.)	619	7,569
Zusammen	3,324	108,643

Die Militärschulen zählten 31. Dec. 1879 ein Effectiv von 2.127 Zöglingen. Beurlaubt waren 1880 9,231 Individuen.

Die Zahl der eingeschriebenen Milizen betrug 1881 49,091 Mann. Die active Bürgergarde zählte am 31. März 1881 ein Effectiv von 27,125 Mann Infanterie, 1,502 Chasseurs-éclaireurs, 154 Chasseurs belges, 1.580 Mann Artillerie, 400 Reitern und 193 Sapeurs-pompiers, zus. 30,954 Mann.

Sociales. Die Landwirthschaft befindet sich seit mehr als einem Jahrhundert auf musterhafter Stufe; auch die Gewerbsindustrie nimmt einen hohen Grad ein. Indess besitzen Clerus und Adel einen übermächtigen Einfluss, durch überwiegende Macht und Reichthümer, den sie vielfach

zum Zurückhalten der Volksbildung missbraucht, so dass selbst die
gewöhnlichsten Elementarkenntnisse — Folge der Herrschaft des Clerus
über die Schulen — bei der Masse des Volkes mangeln. Doch scheut
man grosse Anstrengungen und Kosten von Seiten des Staates nicht, eine
Besserung herbeizuführen. Die Zahl des laiischen und clericalen Lehrer-
personals, zusammen 1854 8,807, war 1878 auf 11,808 gestiegen. Davon 8,202 in Gemeindeschulen (1854 erst 3,730). 1,215 in Privatschulen
unter Inspection, 2,391 vollständig frei. Zahl der Schulen 5,729.
Schüler und Schülerinnen 1854 erst 491,526, 1878 dagegen 687,749.
Ausserdem 1,129 Kleinkinderanstalten mit 124,031 Kindern. Sodann
2,747 Schulen für Erwachsene mit 228.363 Zöglingen. — Der Aufwand
für die öffentl. Primärschulen belief sich 1843 auf 1'899,552 Fr., 1878
aber auf 14'981,349, oder, falls man den gesammten Aufwand für das
Primärschulwesen einrechnet, war der Betrag 1843 2'651,639, 1878
dagegen 28'413,053 Fr. — Folgende Tabelle zeigt den Fortschritt des
Unterrichts: Von den Conscribirten konnten

	1847	1876	1879	1880
weder lesen noch schreiben . .	16,000	8,246	9,468	8,478
blos lesen	3,254	2,015	1,971	2,022
lesen und schreiben	12,297	19,288	22,271	22,029
es besassen eine höhere Bildung	8,241	15,222	16,634	15,941
nicht ermittelt bei	72	538	527	584
Zahl der Aufgebotenen	39,864	45,309	50,871	49,054
Davon wussten wenigstens zu				
lesen und zu schreiben . . .	51,52%	76,17	76,48	77,40%
blos zu lesen	8,16	4,45	3,87	4,12

Mittelschulen, 1881: 10 königl. Atheneen, 50 Mittelschulen des
Staates, 37 vom Staat unterstützte Gemeindeanstalten, 16 von den Bischöfen patronisirte und 41 von religiösen Congregationen dirigirte Anstalten, 27 von den Congregationen nicht patronisirte aber sonst dirigirte,
17 von Jesuiten geleitete, 36 von Privaten geleitete, zus. 234 Anstalten.

Universitäten: 2 vom Staat unterhalten, Gent und Lüttich, 2 freie,
Brüssel, fortschrittlich, — Löwen, katholisch.

Literatur. In Belgien wurden Druckschriften veröffentlicht: 1860
772, 1865 770, 1870 834, 1872 1,152, 1875 1,188, 1876 1,009, 1877
1,025, 1878 944, 1879 962, 1880 1,134.

Tagesliteratur. Im Sept. 1881 erschienen 60 Zeitungen täglich,
nämlich 52 franz. und 8 vlämische.
398 wöchentlich: 237 franz., 161 vlämisch.

Materielle Verhältnisse. Im J. 1880 zählte man 1,729 Steinbrüche
mit einer Production von 38'671,999 Frcs. Werth; sodann:

	Production	Werth
36 Hochöfen	mit 603,084 Tonnen,	37'276,371 Frcs.
179 Giessereien	- 82,106 -	15'218,985 -
55 Fabriken in Eisen	- 473,745 -	78'416,159 -
47 Hütten	- 19,584 -	5'565,120 -

Die Zahl der Steinkohlengruben betrug 271 mit 16'866,698 Tonnen
Production und 169'680,000 Frcs. Werth. Die Menge der beschäftigten
Arbeiter war (1880):

in den Steinkohlengruben . . . 102,930
- - Metallgruben 3,810
- - Steinbrüchen 27,326
- - Hütten 39,782
                    Zusammen 173,848

In den 5 Jahren 1875—80 hatte man im Durchschnitt jährlich 218 Unglücksfälle, wobei — von 77,973 Arbeitern — 259 getödtet und 80 sonst verwundet wurden.

Dampfmaschinen zählte man 1860 4,961 mit 157,177 Pferdekräften. 1880 dagegen 14,173 mit 633,826 Pferdekräften.

Viehstand. 1880: 46,210 Pferde, 144,193 Milchkühe, 65,987 Ochsen, 74,370 Kälber, 32,796 junge Ochsen, 94,205 gewöhnl. Kühe. 77,076 Schafe, 13,024 Lämmer.

Handel. Belgien hat während des ersten halben Jahrhunderts seiner Unabhängigkeit einen colossalen wirthschaftlichen Aufschwung erlangt. Während der Generalhandel im J. 1831 nur zu 203 Mill. Frcs. berechnet ward, stieg derselbe 1879 auf 4,5 Milliarden, wovon 1,473 Mill. auf die Einfuhr ausländischer, im Inland consumirter Gegenstände, 1,112 Mill. auf die Ausfuhr belgischer Producte kamen, der Rest aber vom Transit herrührte.

Aus einer 1879 geschriebenen Notiz entnehmen wir: Der Hafen von Antwerpen ist der bedeutendste des europäischen Continents. Im J. 1876 nahm er 4,086 Schiffe mit 2'433,414 Tonnen auf, während in Hamburg 5,260 Schiffe mit 2'117,822 Tonnen, in Havre 2,922 Schiffe mit 1'580,660 Tonnen, in Marseille 5,345 Schiffe mit 2'077,820 Tonnen landeten. Die sieben belgischen Häfen zusammen, Antwerpen, Ostende. Gent, Löwen, Brüssel, Brügge und Nieuport nahmen zusammen 6,320 Schiffe mit 2'864,720 Tonnen auf, während in den 35 holländischen Häfen 8,392 Schiffe mit 2'689,616 Tonnen verkehrten. (Die Ziffern verdienen nähere Prüfung.)

Im Jahre 1880 betrug der Generalhandel, Ein- und Ausfuhr zusammen, 4,935,6 Mill., davon Specialhandel 2,897,6 Mill. Beim Specialhandel kamen auf Einfuhr 1,680,9, auf Ausfuhr 1,216,7, Durchfuhr 1,008,4. Die wichtigsten Verkehrsländer waren (Mill. Frcs.):

	Einfuhr	Ausfuhr
Frankreich	334,87	399,25
England	255,12	246,84
Deutschland	223,76	218,64
Niederlande	236,51	151,17
Vereinigte Staaten . . .	270,80	36,24
Russland	126,66	13,22

Schifffahrt. Der Bestand der Handelsmarine war:

	1850	1870	1875	1880
Schiffe . .	161	67	59	66
Tonnen . .	34,919	30,149	50,186	75,666

Fischfang.

Schiffe		266	255	307
Tonnen . .		9,074	8,388	10,080

Die lange Zeit hindurch zurückgegangene Schifffahrt beider Art hat somit wieder begonnen, sich etwas zu heben. 1881 umfasste die Handelsmarine 24 Segelschiffe von 10,442 Tonnen und 42 Dampfer von 65,224 (Vorjahr 39 Dampfer, 59,536 T.). Im Jahre 1882 liefen in Antwerpen 4,441 Schiffe mit 3'401,544 Tonnen Gehalt ein, d. i. eine Zunahme von 525,165 Tonnen gegen das vorhergegangene Jahr. Der ministerielle Bericht beziffert den Gesammtbetrag des auswärtigen Handels Belgiens mit dem Auslande während des Jahres 1881 auf 5,248'400,000 Frcs., d. i. 6 % mehr als im vorhergegangenen Jahre. Es entfallen davon auf die Einfuhr 2,787'800,000 und auf die Ausfuhr 2,460'600,000. Von der Einfuhr wurden in Belgien selbst 1,620'900,000 verbraucht, während die Ausfuhr von Waaren belgischen Ursprungs 1,302'700,000 betrug.

Hafenverkehr 1880.

	Schiffe		Dampfer	Gesammtbetrag
Eingelaufen	6,667	davon	4,299	3'386,368 Tons
Ausgelaufen	6,615	-	4,309	2'013,797 -

Eisenbahnen. 31. Dec. 1881 gab es 4,182 Kilom. Bahnen (2,888 Staats-, 1,294 Privatbahnen). Die Jahreseinnahme belief sich im Ganzen auf 113'395,143, die Betriebsausgabe auf 70'756,134 Fr. (Der Staatsbahnen ist oben bereits erwähnt.).

In den 10 Jahren 1869 bis 1879 verunglückten auf den Staatsbahnen nur 183 Personen, von denen 12 getödtet, 60 verwundet und 111 leicht verletzt wurden. Die Zahl der beförderten Passagiere betrug 308'172,057.

Post, 1881 (nach Goth. Hofkal.) Bureauxzahl 848, Privatbriefe 77'627,488, Postkarten 20'301,762, Dienstcorrespondenzen 12'891,656. Zeitungen 82'573,000, Drucksachen 40'538,000. Einnahme 12'301,321, Ausgabe 7'425,683 Fr.

Telegraphen, 1. Jan. 1882. Länge der Linien 5,693 Kil., Drahtlänge 25,404 Kil. (ohne die Eisenbahn-, Canal- und Sternwartendrähte mit 2,518 Kil.) Bureaux 827. Depeschen 1881 3'791,402, Dienstdepeschen 3'070,583. Einnahme 2'657,736, Ausgabe 3'121,399 Fr.

Münze, Maasse, Gewicht. Das franz. System, bei den Maassen mit anderer Benennung. Der Meter heisst *Aune* (Elle), der Liter = *Litron*, der Hektoliter = *Baril*.

Niederlande (Holland, Königreich).*)

Provinzen	Q.-Kilom.	Bevölkerung 31. Dec. 1879	Provinzen	Q.-Kilom.	Bevölkerung 31. Dec. 1879
Noordholland	2,769,8	679,990	Gelderland .	5,081,0	466,805
Zuidholland	3,021,6	803,530	Overijssel .	3,345,1	274,136
Utrecht . .	1,384,0	191,679	Drenthe . .	2,662,7	118,845
Zeeland . .	1,785,1	188,635	Groningen .	2,297,6	253,246
Noordbrabant	5,128,3	466,497	Friesland .	3,320,4	329,877
Limburg . .	2,204,3	239,453	Zusammen .	33,000,0	4'012,693

*) Vergl. *Bijdragen tot de allgemeene Statistik van Nederland, uitgegeven door het Departement von Iinnenlandsche Zaken. — Statistiek van den Loop der Bevolking van Nederland over 1879. Uitgegeben door het Departement van Binnenlandsche Zaken. s'Gravenhage, 1882. — Resumé statistique pour le Royaume des Pays-Bas. 1850—1881. Publication de la Société de Statistique des Pays-Bas. La Haye, 1882.*

Die Bevölkerungsangabe von 1879 ist das Resultat wirklicher Zählung. Einer Berechnung, welche eine Volksvermehrung bis zu 4'114,077 Menschen für Neujahr 1883 unterstellt, messen wir erfahrungsgemäss keine Genauigkeit bei. Die derartigen Berechnungen sind unsicher, besonders wegen der nicht genügend zu controlirenden Ein- und Auswanderungen. (Bei der vorletzten wirklichen Zählung (1869) zeigte sich, dass die Berechnung 108,808 Köpfe zu viel angenommen hatte). Die früheren Zählungen hatten folgende Volkszahl ergeben :

16. Nov. 1829.	18. Nov. 1839.	9. Nov. 1849.	21. Dec. 1859.	31. Dec. 1869.
2'613,487	2'860,450	3'056,879	3'293,577	3'579,529

Confessionen (1869) : Protestanten 2'193,281 (im Jahre 1859 befanden sich unter 1'996,175 Protestanten : niederd. Reformirte 1'808,311, franz. Reform. 9,689, Remonstranten 5,270, Separatisten 65,470, Mennoniten [Anabaptisten] 41,865, Lutheraner 54,318, Alt-Lutheraner 9,822, Herrnhuter [Mährische Brüder] 334, Anglikaner 576, Episcopalen 96, Presbyterianer 424); — römische Katholiken 1'313,084 (die Zahl der Mönchsklöster war 1862 auf 38 mit 820 Angehörigen, die der Frauenklöster auf 137 mit 2,187 Nonnen gestiegen); Juden 68,003 (1859 waren unter 63,427 Juden 60,409 niederdeutsche und 3,018 portugiesische); andere Secten 5,161 (dabei 1859: Jansenisten 5,337 und griechische Katholiken 37, die Zahl der Jansenisten scheint sich somit vermindert zu haben). Die Zählung von 1879 lieferte folgende Ergebnisse :

Niederländisch-Reformirt	2'186,869	Englisch-Episcopal . .	414
Wallonisch	9,730	Schottisch	105
Anglo-Presbyter . . .	283	Römisch-Katholisch . .	1'439,137
Remonstranten	9,678	Altkatholiken	6,251
Christlich-Reformirt . .	139,903	Griechen	37
Mennoniten	50,705	Niederländ. Israeliten .	78,075
Evangelisch-Lutherisch .	61,825	Portugiesische Israeliten .	3,618
Lutherisch	9,990	Andere	15,761
Mährisch	312	Zusammen	4,012,693

Diese letzte Classe von 15,761 theilt sich weiter so :

Deutsch-Evangelische Kirche .	124	Unitarier	3
Apostolische Kirche . . .	646	Methodisten	2
Evangelische Kirche . . .	378	Mormonen	9
Freie Evangelische Kirche . .	764	Mohammedaner	49
Freie Protestantische Kirche . .	615	Ausser jeder Kirche . . .	12,253
Darbisten	11	Unbekannt	581
Baptisten	326		

Auffallend, dass hier die Jansenisten nicht mehr genannt werden.

Nationalitäten. 1) Holländer (Batavier), etwa 2'400,000, in Holland, Zeeland, Utrecht und Geldern, ihre Sprache ist ein ausgebildetes Plattdeutsch; 2) Friesen, fast 1/2 Million, in Friesland, Groningen, Drenthe, Oberijssel und auf mehren Inseln, mit einer holländischen Mundart; 3) Flamänder, etwa 400,000, in Nordbrabant und Limburg; 4) Niederdeutsche, ungefähr 50,000 in Limburg. Bei der vorletzten Volkszählung ergab sich, dass 4,892 Einwohner in den niederländischen Colonieen geboren waren, 33,766 in Deutschland, 19,147 in Belgien, 1,007 in Grossbritannien, und 5,357 in andern fremden Ländern. Bei der Zählung von 1879 waren die Geburtsorte der Einwohner :

Niederländer (in Europa ge-   Belgier 18,816
boren) . . . . . . 3'936,118   Briten 1,614
Niederl. in d. Colonien geb. 7,604   Aus anderen Ländern . . . 5,320
Geborne Deutsche . . . 42,026   Unbekannt 1,195

Wohnungen. (Zählung von 1879). Bewohnte Häuser 729,098, un-
bewohnte 22,578, im Bau begriffen 2,391, bewohnte Schiffe 9,402. —
Haushaltungen (nicht gezählt die allein lebenden Individuen) 818,805.

Bewegung der Bevölkerung.

	Heirathen	Lebend Geborene	Todtgebor.	Sterbefälle
1878	30,710	150,493	7,749	98,486
1879	30,655	155,089	8,075	98,099
1880	30,349	151,380	7,525	102,806
1851	29,849	150,690	7,721	95,447

Städte 1879 mit mehr als 12,000 Einw. (die Hauptstädte vorangestellt):
Prov. Nordbrabant. 's Hertogenbosch 25,247, Tilburg 28,294,
Breda 17,596.

Prov. Gelderland. Arnhem 41,313, Nijmegen 24,897, Apel-
doorn 14,923, Zutphen 14,718.

Prov. Zuidholland. 's Gravenhage 114,936, Rotterdam 150,357,
Leiden 41,326, Dordrecht 27,261, Delft 25,555, Schiedam 22,908,
Gouda 17,478.

Prov. Noordholland. Amsterdam 316,590, Haarlem 37,772,
Helder 19,464, Alkmaar 13,210. Zaandam 13,125.

Prov. Zeeland. Middelburg 16,125, Vlissingen 10,288.

Prov. Utrecht. Utrecht 69,667, Amersfoort 13,883.

Prov. Friesland. Leeuwarden 28,354, Weststellingwerf 14,606,
Opsterland 14,424, Tietjerksteradeel 13,469, Schoterland 13,252, Won-
seradeel 12,736.

Prov. Oberysel. Zwolle 22,527, Deventer 19,652, Kampen 17,884.

Prov. Groningen. Groningen 43,246.

Prov. Drenthe. Assen 7,881.

Prov. Limburg. Maastricht 29,595.

Finanzen. *Budget* für 1882, Gulden.

Bedarf.

1. Civilliste	750,000	9. Minister. der Finanzen	
2. Hohe Staatscollegien .	615,047	u. des Cultus . . .	18'979,992
3. Ministerium des Auswärt.	684,299	10. Minister. der Colonien	1'164,477
4. Minister. der Justiz. .	4'862,427	11. Waterstaat, Handel,	
5. Minister. des Innern .	10'723,704	Industrie . . .	29'619,406
6. Minister. der Marine .	12'014,879	12. Unvorgesehene Ausga-	
7. Minister. des Kriegs .	21'492,742	ben	50,000
8. Staatsschuld	29'030,671	Zusammen	129'987,644

Einnahmen.

1. Directe Steuern (Grund-		6. Domainen	1'700,000
st. 10'879,000, Personal-		7. Post	4'200,000
st. 10'182,000, Gewerbst.		8. Telegraph	1'018,600
4'006,860) = ...	25'067,860	9. Lotterie	430,000
2. Accise (auf Spirituosen		10. Jagd und Fischerei .	145,000
22,4, andere 16'825,000) =	39'225,000	11. Lootsengelder . . .	960,000
3. Enregistrem., Erbschaft-		12. Bergwerkabgabe . .	3,105
steuer	23'460,000	13. Staatseisenbahn . . .	2'118,000
4. Zölle und Schifffahrtsab-		14. Verschiedenes . . .	4'071,850
gaben	4'711,040	Zusammen	107'421,555
5. Edelmetallcontrolle . .	311,100		

Der Grundsteuer ist oben die Abgabe von Häusern eingerechnet, welche eingeschätzt werden nach folgenden Merkmalen: 1) Miethen, 2) Thüren und Fenster, 3) Kamine, 4) Mobiliar, 5) Zahl der Dienstboten, 6) Pferde.

Die Erbschaftssteuer ertrug im Jahre 1881 11'202,000 fl., wovon 2'692,000 in directer Linie aus 198'987,457 in 1. directer Linie, und 8'510,000 von entfernteren Verwandten aus 87'041,295 fl.

Zur Erläuterung des Verhältnisses zwischen Staat, Provinz und Gemeinde fügen wir Folgendes bei. Im Jahre 1878 bezog der Staat an directen Steuern: von Gebäuden 3'961,205, von nicht bebauten Grundstücken 6'611,966, Personalsteuer 2'151,238, und Gewerbsteuer 4'139,029, zusammen 16'883,438. Dagegen erhoben die Provinzen an directen Umlagen: von Gebäuden 522,669, von Grundstücken 1'040,628, von Personalsteuer 868,092, und von andern directen Steuern 145,964, zusammen 2'577,353. Endlich mussten den Gemeinden folgende directe Abgaben entrichtet werden: von Gebäuden 1'539,961, von nicht bebauten Grundstücken 522,922, Personalsteuer 11'544,022, andere directe Steuern 8'732,047, zusammen 22'338,952. Das Total dieser directen Abgaben stieg damit auf 41'799,743 fl.

Eine Uebersicht der Gemeindefinanzen liegt seit 1875 nicht mehr vor. Damals betrug die Gesammtsumme der Einnahmen 62'164,000 fl., worunter 19'430,000 neue Anlehen steckten.

Das Budget für 1883 ist bei Abschluss des gegenwärtigen Bogens noch nicht promulgirt. Der vom Finanzminister vorgelegte E n t w u r f entzifferte 299'571,760 Gulden Einnahme und 324'844,248 Bedarf. Der genannte Minister hob bei dieser Gelegenheit hervor: Im J. 1881 habe man ein Deficit von 6 Mill. gehabt, 1882 ein solches von 14' (dem Budget nach 22') und das von 1883 veranschlage er (wie oben) zu 25 Mill. Diese Deficits seien hauptsächlich verursacht durch Ausgaben für den öffentl. Unterricht und, fügen wir bei, durch den Bau unrentabler Eisenbahnen. Infolge der Verminderung in den Einnahmen und der Umgestaltung der Eisenbahnen seien die letztjährigen Bahneinnahmen um 12 Millionen hinter dem Voranschlage zurückgeblieben. Aus einem, während der Budgetdebatte von dem Finanzministerium an die Mitglieder der Kammer vertheilten statistischen Nachweise geht hervor, dass im Jahresdurchschnitt der Gewinn des Staates an den Eisenbahnen betragen hat: von 1853 bis 1857 2'088,573 Gulden, 1858 bis 1862 4'286,738, 1863 bis 1867 3'953,222, 1868 bis 1872 3'987,809. Mit 1873 fingen die Verlustjahre an. Der Verlust betrug jährlich von 1873 bis 1877: 6'352,592, 1878 bis 1882: 4'061,014. In 1882 belief er sich auf 7'920,000; für 1883 ist er mit 9'443,500, für 1884 mit 10'074,500 veranschlagt. Amortisation der Eisenbahnen ist hierbei nicht berücksichtigt.

Provinzialfinanzen, nach den Ergebnissen der A b r e c h n u n g e n. Im März 1883 brachte der Finanzminister seinen ersten Budgetentwurf für 1884 in der Kammer zur Vorlage. Die Hauptziffern wären darnach: Einnahme 302'745,927, Bedarf 328'859,258, Deficit 26'113,381 fl. Für ausserordentliche Ausgaben wäre ein Credit von 41'118,570 fl., und damit eine neue Anleihe erforderlich. Es beliefen sich, Mill. fl.:

	1840	1850	1860	1870	1875	1878	1879
die Einnahmen . .	7,68	6,47	5,16	9,03	12,85	12,29	11,51
davon Umlagen . .	2,33	3,15	3,89	6,07	7,19	7,74	8,61
die Ausgaben . .	6,65	5,85	4,84	7,64	10,86	11,49	10,71

Gemeindefinanzen.

		1865	1840	1875
Einnahmen,	ordentliche	39'849,611	51'817,504	79'825,571
-	ausserord.	50'418,168	61'656,844	117'169,721
	Zusammen	90'267,779	113'474,348	196'995,292
Ausgaben,	ordentliche	38'589,914	43'378,332	57'544,539
-	ausserord.	34'760,205	44'549,217	103'894,935
	Zusammen	73'350,119	87'927,549	161'439,474

Also auch in diesem Lande eine enorme Steigerung der Anforderungen an die Gemeinden. — Das Einkommen der Provinzen von ihrem Grundeigenthum (290 Hektaren) beträgt nach den Catasteranschlägen nur 3,776 fl., das der Gemeinden (1,652 Hektaren) 2'861,756 fl.

Staatsschuld. Wir haben in den früheren Auflagen die enorme Höhe, bis zu welcher die Staatsschuld emporgewachsen war, hervorgehoben. Man erinnere sich, dass das Capital der Schuld im Jahre 1852 auf 1,195'145,000 Gulden, der nöthige Jahreszinsbedarf 1855 auf 35'793,187 Gulden herangewachsen war; sie verschlang damals die volle Hälfte der Staatseinkünfte. Noch 1862 erscheint der Jahresbedarf der Verzinsung mit 29'168,000 fl.; 1865 ist derselbe unter 28 Mill. herabgegangen; 1877 sogar auf 25'594,000. Dann beginnt ein mässiges Wiederaufsteigen, 1880 auf 27'209,000. Das Amortissement hat sich 1863 auf 13'648,000 emporgeschwungen, und sich dann, trotz verschiedener Schwankungen, in den Jahren 1872 und 74 wiederholt auf mehr als 10 Millionen gehalten, seitdem aber nie mehr als eine Million zu ersteigen vermocht. Dabei ist aber der Staats-Eisenbahnbau fortwährend gefördert worden, wie derselbe z. B. von 1862 bis 70 nie unter 10 Mill. sank, sich sogar bis 15 Mill. im Jahre 1864 hob und auch seitdem gewöhnlich zwischen 7 und 8 Mill. erforderte. Allerdings war es namentlich der reiche Ertrag, den die Colonien lieferten, welche damals die so gewaltigen Mittel lieferten. Genug, von 1850 bis 80 wurden Schulden für 324'419,189 fl. getilgt, oder netto, nach Abrechnung neuer Aufwände, noch 240'317,515 fl., unter Ersparung von 10'104,161 fl. Jahreszinsen. — Der Capitalstand der Schuld ward 1882 zu 942'271,250, der Jahreszinsbetrag wieder zu 28'167,812 angegeben. Nachdem indess bereits im Juni 1878 eine neue 4% Anleihe von 31⅓ Mill. aufgenommen worden, haben im Februar und März 1883 beide Kammern der Regierung die Ermächtigung zur Aufnahme eines neuen 4procentigen Anlehens von 60 Millionen ertheilt.

Militär. Die Armee wird durch Werbung und Conscription erhalten, unter Gestattung des Einsteherwesens. Die Dienstpflicht der durch das Loos bestimmten Conscribirten, mit dem vollendeten 19. Lebensjahre beginnend, dauert 5 (in der Marine 4) Jahre, doch werden sie nach einer Anzahl Monate als Miliz entlassen, und nur alljährlich einige Wochen lang wieder eingeübt; die normale Einübungszeit ist 12 Monate. Das jährlich auszuhebende Contingent soll 11,000 Mann nicht übersteigen. Diese Truppen sind nur zum Dienst in Europa verpflichtet. Auch haben

sich Freiwilligencorps gebildet, die unter Leitung des Staats stehen und
denen derselbe Geldunterstützung gewährt.

Linie. 9 Regimenter Infanterie (1 Regiment Grenadiere und Jäger
(von jedem 2 Compagnien), 8 Regim. Linie, zu 4 Bataillonen, jedes mit
5 Feld-, und 1 Depot-Comp.); 3 Regim. Cavallerie (Husaren zu 4 Feld-,
1 Reserve- und 1 Depot-Escadr.); 6 Regimenter Artillerie (3 Feldartil-
lerie-, zusammen mit 14, ein reitendes Regim. mit. 6 Batterien, 4 Fe-
stungsartillerie-Regimenter mit 10 Compagnien); 1 Genie-Bataillon;
Sappeure, Mineure, 2 Compagnien; Pontonniers etc.

Nach der Organisation von 1867 sollen immer verwendbar und
marschfertig sein: 36 Bataillone Infanterie, zusammen 11.000 Mann.
16 Schwadronen Cavallerie mit 2,000 Pferden. 14 Batterien Feld- und
4 Batterien reitende Artillerie, 1 Bataillon Sappeurs und Mineurs, etwa
500, und 1 Corps freiwilliger Schützen, etwa 200 Mann. Die Infanterie-
Bataillone können jederzeit in 14 Tagen durch Einberufung der Miliz auf
20,000 Mann gebracht und die Sappeurs durch Milizen verstärkt werden.
In weiteren 6 Wochen können dann 8 Reserve-Bataillone Infanterie,
etwa 6,600 Mann, 3 Schwadronen Cavallerie, 300 Pferde, und 36 Feuer-
schlünde aufgestellt werden, ausser 20,000 Mann aus den dienstthuenden
Schuttereien (Milizen). Es werden demnach stets feldbereit sein: ein
mobiles Corps von etwa 15,000 Mann aller Waffen, in Zeit von 14 Tagen 35,000, und nach etwa 2 Monaten mit Inbegriff der Schuttereien
62,000 Mann mit 2,300 Pferden und 108 Geschützen, und zugleich in
den Festungen 6,500 Mann Festungsartillerie. Diesen können sich dann
noch 30,000 Mann aus den inactiven Schuttereien anschliessen. — Nach
der oben angegebenen Formation sollen umfassen:

die Infanterie	. . . .	1,041 Officiere und	43,703 Soldaten,
die Cavallerie	. . . .	187 -	- 5,316 -
die Artillerie und Genie	.	494 -	- 11,648 -
Zusammen		1,722 Officiere und	60,667 Soldaten.

Miliz. Wie erwähnt, besteht eine Landwehr (*Schutters* = Schützen),
in 2 Bane getheilt, alle Waffenfähigen vom 25. bis 35. Altersjahre in
sich begreifend, und in 22 Bataillonen Infanterie und 104 Compagnien
Artillerie eingetheilt. Zur 1. Classe, der dienstthuenden Schutterei, gehören die Unverheiratheten und Wittwer ohne Kinder in den Gemeinden
mit mehr als 2,500 Einwohnern; die kleineren Orte bilden die »ruhende
(*rustende*) Schutterei«, die wenig ausgebildet wird, in 89 Bataillonen;
1877 gehörten 41,977 Mann zur 1. und 76,146 zur 2. Kategorie 1. Abtheilung. Im Frieden gibt der Staat den Schutters nur die Ausrüstung.
Eventuell findet eine Verschmelzung der Miliz mit dem stehenden Heere
statt. Es sollen die Schuttereien im Kriege auf 100,000 Mann gebracht
werden.

Festungen. Herzogenbusch, Breda und Grave. Kleinere: Sluis,
Briel, Helvetsluys, Coevorden, Sas van Gent, Nieuwe-Schanz. Schoon-
hoven, Bourtanger-Schanz und Ter-Neuve. (Maastricht, Venloo, Ber-
gen-op-Zoom und Vliessingen sind als Festungen aufgegeben.)

Marine. Die Niederländer haben längst darauf verzichtet, eine Seemacht ersten Ranges zu besitzen. Januar 1882 wurden 103 Dampfer mit

393 Kanonen und 19 Segelschiffe mit 157 Geschützen aufgeführt; unter den ersten 19 Panzerschiffe.

Sociales. Auch in der Neuzeit haben die Holländer, selbst unter dem Drucke sehr schlimmer Finanzzustände vor einigen Decennien, durch Anlage von neuen Canälen, Erbauung von Eisenbahnen, Trockenlegen des sogenannten »Haarlemer Meeres« und Entwicklung ihres Colonialbesitzes bewiesen, dass sie noch dasselbe Volk sind, welches dieses Land dem Meere abgerungen und schon frühzeitig mit künstlichen Wasserstrassen durchfurcht hat. In freisinniger geistiger Entwicklung, auch auf dem kirchlichen Gebiete voranstrebend, haben sie namentlich das Princip der Trennung von Staat und Kirche, und in Folge dessen von Schule und Kirche, weiter durchgeführt, als irgend ein anderer europäischer Staat.

Unterrichtswesen. Anfangs 1880 zählte man 2,199 öffentliche Schulen für den Primär- und 551 für den Secundärunterricht, 114 freie Schulen mit, und 988 ohne Unterstützung, zusammen also 3,852 Institute. Ende 1880 bereits 3,980. Zahl der Zöglinge in den Primär-, einschl. den freien Schulen, 286,369 Knaben, 254,626 Mädchen; Kinderbewahranstalten, Ende 1879 771, mit 85,313 Kindern. Höhere Secundärschulen, 1881, 59, mit 688 Lehrerpersonal und 1'114,211 fl. Besoldung; Schülerzahl 4,355, 21 auch unter Zulassung von 150 Mädchen. Sodann 14 höhere Secundärschulen des Staats, 13 von Gemeinden und 1 freien für Mädchen, mit 168 männlichen und weiblichen Lehrerpersonal und 195,850 fl. Besoldung, endlich 1,089 Schülerinnen. — 51 Lateinschulen und Gymnasien, 1 polytechnische Schule und 4 Universitäten, Leiden, Utrecht, Groningen und Amsterdam, die 3 ersteren Staatsanstalten, die letztere Gemeindeanstalt. Der gesammte Geldaufwand für den öffentlichen Unterricht beläuft sich (1880) auf 14'218,843 fl., wovon der Staat 4'837,023, die Provinzen 659,962 und die Gemeinden 8'721,858 fl. bestritten.

Analphabeten. Die Zahl der ausgehobenen Conscribirten, welche weder lesen noch schreiben konnten, betrug nach Procenten:

1863	18,1	1868	15,3	1873	14,1	1878	11,8
1864	19,0	1869	16,2	1874	12,9	1879	11,5
1865	18,2	1870	16,0	1875	12,3	1880	11,5
1866	16,5	1871	14,0	1876	12,0		
1867	17,0	1872	13,3	1877	12,8		

Bodenbenutzung. Hektaren.

Unbebautes Terrain	713,256	Wiesen	1'113.447
Wässer und Sümpfe	133,916	Gärten	27,879
Teiche und Strassen	41,485	Baumfelder	23,338
Anderes öffentliches Terrain	87,093	Gehölz	214,630
Gebäude und Zugehör	31,829	Zusammen	3'242,643
Ackerland	855.770		

Hauptculturarten. Hektaren.

Weizen	92,584	Erbsen	21,160	Lein	19,238
Spelz	283	Repps	12,434	Hanf	858
Roggen	197,326	Verschiedene		Tabak	1,470
Winter-Gerste	28,921	Körnerfrüchte	2,221	Hopfen	156
Sommer-Gerste	18,570	Kartoffeln	140,597	Futterkräuter	
Hafer	117,755	Runkelrüben	15,521	1. Ernte	22,061
Mais	59,110	Cichorie	1,557	- 2. Ernte	106,326
Bohnen	37,252	Krapp	133	Brache	18,086

Hauptbodenproducte, in 1000 Hektoliter, resp. 1000 Kilogr., 1000 Fäden.

Weizen	.	2'080 Hektl.	Bohnen	. 1'257 Hektl.	Krapp	.	365 Kilogr.
Spelz	. .	10 -	Erbsen	. 456 -	Lein	.	9'908 Fäden
Roggen	.	3'301 -	Repps	. 250 -	Leinsamen		179 Hektl.
Gerste	. .	1'751 -	Kartoffeln	13'923 -	Hanf	. .	12 Hektl.
Hafer	. .	4'767 -	Runkelr.	448'537 -	Tabak	.	3,143 Kilogr.
Mais	. .	581 -	Cichorien	27'251 -	Hopfen	.	164 Kilogr.

Viehstand, in je 1000.

Pferde	. . . .	277,6	Schafe	. . . 843,9	Schweine . .	322,8
Hornvieh	. .	1'469,1	Ziegen	. . . 151,0	- i. J. geschlachtet	270,1

Handelsmarine. Die Niederl. Kauffahrteiflotte umfasste am 31. Dec. 1881 802 Segel- und 78 Dampfschiffe, zus. 880, mit 863,283 Tonnen, während die Ziffern 1880 996 Sch. mit 920,036 T., 1879 1,120 mit 983,890, 1878 1,179 mit 1'015,355, 1877 aber 1,247 Schiffe mit 1'003,674 Tonnen waren, — sonach beständige Abnahme.

Schiffsverkehr, 1881. A. Dampfer:

	Beladen		in Ballast		Zusammen	
	Schiffe	Cub.-Met.	Schiffe	Cub.-Met.	Schiffe	Cub.-Met.
Eingelaufen	4,776	7'292,876	87	124,699	4,863	7'417,575
davon niederl.	1,080	2'038,318	9	16,600	1,089	2'054,918
Ausgelaufen	3,312	4'872,711	1,535	2'546,799	4,847	7'419,510
davon niederl.	1,062	2'021,506	42	82,759	1,104	2'104,265

B. Segelschiffe:

	Schiffe	Cub.-Met.	Schiffe	Cub.-Met.	Schiffe	Cub.-Met.
Eingelaufen	3,326	2'609,601	213	52,723	3,539	2'662,324
davon niederl.	1,119	831,892	127	37,199	1,246	869,091
Ausgelaufen	1,428	815,410	2,198	1'972,387	3,626	2'787,797
davon niederl.	631	297,714	676	590,707	1,307	888,421

Hauptverkehrsländer, 1880, je in 1000 Gulden:

	Einfuhr	Ausfuhr		Einfuhr	Ausfuhr
Zollverein	. . 233'606	251'734	Spanien	12'761	4'941
Grossbritannien	. 212'295	146'642	Schweden u. Norw.	7'692	6'673
Belgien	. . . . 104'327	100'693	Andere Länder . .	30'367	11'539
Hansestädte	. . . 12'475	14'124	Java	56'139	46'842
Russland	. . . 45'612	9'211	Holländ. Westindien	994	212
Frankreich	. . . 15'105	10'495	Gesammtsumme n. d.		
Italien	. . . . 2'351	10'593	Niederl. Colonieen	57'133	47'054
Vereinigte Staaten	81'311	15'695	Nach dem Auslande	782'591	582'684
Britisch Ostindien	. 24'689	354	Total	839'724	629'738

Im Dienste stehende *Dampfmaschinen*, ausser Locomotiven und in Verwendung des Kriegs- und des Marineministers stehende. Am 1. Jan. 1882 waren im Gebrauche: 3,628 Heizkessel von inländischem und 2,785 ausländischem Ursprung, dann 6,117 Maschinen von 102,769 Pferdekraft. — Zahl der Fabriken, 1. Jan. 1881: 2,732 (darin 3,544 Heizkessel und 3,335 Dampfmaschinen mit 38,356 Pferdekraft, oben einbegriffen). In der Dampfschifffahrt waren 1. Jan. 1881 505 Dampfer verwendet; in der Landwirthschaft weitere 134 Dampfmaschinen.

Anonyme Gesellschaften zählte man 1880 523. Sie hatten 332'912,000 Gulden einbezahlt und 1880 16'824,000 Dividenden bezogen = 5,05 %.

Wohlthätigkeit, 1879. 5,343 Institute, einschl. der communalen, Gesammtverwendung für Nothleidende 11'145,835 fl., unterstützte Personen 212,460.

Sparcassen, 1878. 369 Institute, Einlagen 1879 33'302,000 fl.,
Reserven 3'840,000 fl.

Handwerkerbanken 51.

Hypothekenbanken, 1. Jan. 1882. Inscriptionen 47'854,164 fl.

Eisenbahnen. Am 1. Jan. 1883 standen 2,011 Kilom. im Betrieb,
wovon 1,052 Staatsbahnen.

Tramways. 1. Jan. 1881 1,243 Kilom.

Post, 1881. Bureaux 1,287. Scripturen 75'083,863 (wovon
17'640,758 Postkarten), Zeitungen und Drucksachen 39'955,634. —
Einnahme 4'260,168, Betriebsausgabe 3'005,286 fl.

Telegraphen, 1. Januar 1882. Länge der Staatstelegraphen 3,943,
Drahtlänge 14,373. Bureaux 418, wovon 213 dem Staate, 205 den Gesellschaften gehören. — Depeschenzahl (1881) 3'281,792. Einnahme
1'083,190, ordentliche Ausgabe 1'416,734, ausserordentl. 75,754 fl.

Münze, Maasse. Der holländische Gulden, etwas geringer als der rheinische,
die Mark ausgeprägt zu 24,7466, werth 1 M. 70 oder 2 fr. 12 c. — Die Maasse
sind die französisch-metrischen, mit holländ. Benennung. Die *Mijl* ist der Kilometer, die *Elle* der Meter, der *Palm* = 1 Decim., der *Duim* (Daum) = 1 Centim.
— *Bunder* = Hectare; *Mudde* oder *Zak* (Muth oder Sack) = Hectol.; *Schepel*
(Scheffel) = Dekaliter; *Kop* (Kopf) = Liter. Als Flüssigkeitsmaass heisst der
Hectoliter *Vas* (Fass), der Liter *Kan* (Kanne). — Das *Pond* ist das Kilogramm.

Auswärtige Besitzungen.[*]

Wieder, wenn auch in etwas abweichender Weise gegenüber früheren
Jahrhunderten, erfreuen sich die Niederlande eines reichen Colonial-
besitzes, und es muss anerkannt werden, dass kein anderer Staat der
Welt einen solchen Besitz so vortheilhaft auszunützen verstanden hat.
Geben wir zunächst einen Ueberblick:

In Ostindien

Java und Madoera	1,317	Q.-Myriam.	und 20	Mill.	Menschen	
Die Aussenbesitzungen . . .	15,300	–	–	6	–	
	16,600	–	–	26	–	
In Amerika						
Niederl. Guyana (Surinam) .	1,193	–	–	70,000	–	
In Westindien	11	–	–	42,500	–	
Zusammen	17,800	Q.-Myriam.	und 26'100,000		Menschen.	

Behm und Wagner entziffern 1'979,939 Q.-Kilom. und 28'333,000
Menschen. Wir glauben über die officielle Ziffer nicht hinausgehen zu
dürfen.

Weitaus am wichtigsten ist der Besitz von Java mit Madoera. Dieses
Besitzthum ist am besten organisirt und cultivirt. Was die Bevölkerung
betrifft, so gibt der Regierungsalmanach dieselbe im J. 1880, trotz einer
vorangegangenen Seuche, zu 20'088,613 an (Vorjahr 19'797,077).
Darunter: 33,708 Europäer und diesen Gleichgestellte, 19'540,613 Eingeborene, 206,931 Chinesen, 10,506 Araber, 2,547 sonstige Orientalen.

---

[*] *Regerings-Almanak voor Nederlandsch-Indië, 1883, Batavia;* bis 1881 ein
dicker Band, seitdem jährl. 2 Bände. Wir sind dem Hrn. Chef der *afdeeling
Statistick ter Algemeene Sekretarie te Batavia* für die regelmässige Mittheilung
dieser wichtigen Quelle sehr verbunden, um so mehr, als die Quellen überhaupt
schwer zugänglich sind.

»Einige grössere Städte scheinen durch jene Krankheit besonders gelitten zu haben.« Speciell aufgeführt werden nur noch: Batavia und Vorstädte mit 92,497 Einw., Soerakarta mit 125,002, Soerabaja mit 119.592 und Semarang mit 60,582.

Die weitausgedehnten Aussenbesitzungen (Buitenbezittingen) sind lange nicht so genau bekannt und so vollständig organisirt wie Java. Im neuesten Jahrgang des Jahrbuchs wird die Bevölkerung dieser Besitzungen, zu denen namentlich Sumatra's Westküste, Benkoelen, Lampog, Palembang, Atjeh, Riouw, Banka, Billiton, West-, Süd- und Ostabtheilung von Borneo etc. gehören, so angegeben: Europäer und diesen Gleichgestellte 7,936, Eingeborene 6'069,787, Chinesen 138,117, Araber 5,666, andere Orientalen 26,013. Das Militär sammt Marine ist hier nicht eingerechnet.

Bodenanbau. Allgemeiner, 3'022,200 Morgen (bouws) zu 500 Q.-Ruthen, dann 1'582,758 bouws Privateigenthum und Erbpacht. — Viehstand auf Java: 2'334,675 Büffel, 1'878,939 Rinder, 516,439 Pferde.

Eisenbahnen (1881) 527 Kilom., Bruttoeinnahme 5'344,126 fl.

Telegraph. auf Java 3,882, in den Aussenbesitzungen 1.998 Kilom., dort mit 65, hier mit 18 Bureaux, Bruttoertrag 415,335 fl.

Post. 2'783,458 Briefe mit 760,580 fl. Ertrag.

Handel (1881). Einfuhr: für Privatrechnung, Java 118'724.493 fl., Aussenbesitzungen 38'749,567, für Rechnung der Regierung 15'939,860. — Ausfuhr: für Privatrechnung, Java 98'730,279, Aussenbesitzungen 43'047,097, für Regierungsrechnung, Java 37'117,478 fl.

Schifffahrt. Angekommen 1881, Java 2,624 Fahrz. von 1'017,940 Tonnen (davon 637 Dampfer von 520,635 Tonnen), Aussenbesitzungen 5,719 Sch. von 838,091 T. (davon 1,548 Dampfer von 551,996 T.). — Abgefahren: Java 2,795 Sch. von 992,893 T. (davon 628 Dampfer von 517,009 T.), Aussenbesitzungen 6,763 Sch. von 786,412 T. (davon 1.527 Dampfer von 505,960 T.).

Die bedeutendsten Ausfuhrartikel waren (1881) in Kgr. für Privatrechnung: Indigo 373,273 Java, Kaffee 24'439,279 Java, 15'506,426 Aussenbes., Zucker 222'222,574 Java, 19,917 Aussenbes., Tabak 6'395,091 und 4'146,277, Thee 2'518,544 und 723, Zinn 4'616,399 und 341; — für Rechnung der Regierung: Kaffee, 45'598,616 Java, Zinn 5'446,042 Kgr. Java.

Finanzen. Das Budget für 1881 war so aufgestellt:

Einnahme: Opiumverkauf im Kleinen	18'288,639 fl.
Accisen	9'355,244 -
Betriebsabgaben	2'647,477 -
Landrente	17'920,789 -
Kaffeeverkauf a. in den Niederlanden	38'702,852 -
b. in Indien	8'325.849 -
Verkauf von Banka-Zinn in den Niederlanden .	4'775,587 -
- von Salz	6'909,097 -
Bodenzins an die Regierung für Zuckerrohrpflanzungen	3'401,847 -
Andere Einnahmen in den Niederlanden . .	27'042,702 -
Zusammen	137'370,079 fl.

Ausgaben: in den Niederlanden . . . . 23'464.798 fl.
in Indien . . . . 124'609,453 -

Total 148'074,251 fl.

Militär. Der »Regerings-Almanak« gibt die Militärmacht 1881 folgendermassen an:

	Europäer		Inländer		Zusammen	
	Offic.	Mannsch.	Offic.	Mannsch.	Offic.	Mannsch.
Infanterie	742	10,095	—	13,869	742	23,964
Cavallerie	29	431	—	350	29	781
Artillerie	131	1,828	—	1,189	131	3,017
Genie	49	300	—	43	49	343
Mineure, Sappeure . . .	6	191	—	152	6	343
Administration	191	336	—	1	131	337
Juristen	192	757 *)	—	707	192	1,464
Stäbe und Specialdienste .	92	586	—	98	92	684
Zusammen	1,372	14,524	—	16,409	1,372	30,933

Marine, 1881.

	Schiffe	Europäer	Inländer	Anwesende Stärke	
				Europäer	Inländer
Indische Eskadre	21	1,650	702	1,682	1,049
Auxiliar-Eskadre	4	1,001	236	767	186
Zusammen	25	2,651	938	2,449	1,235
		3,589		3,684	

Die Besitzungen in Westindien umfassen die Inseln:

	Q.-Kilom.	Einw.			Q.-Kilom.	Einw.
Curaçao	550	24,146		St. Martin	47	3,143
Bonaire	335	4,986		St. Eustatius . . .	21	2,097
Aruba	165	6,204		Saba	13	1,955

Das Staatsbudget wurde für 1882 so aufgestellt, Gulden:

	Einnahme	Ausgabe	Deficit
Ostindien	138'913,703	148'499,631	9'585,928
Surinam	1'164,944	1'330,300	165,356
Curaçao	528,631	565,498	36,867

Luxemburg (Grossherzogthum).

Das Areal wird zu 2,587,5 Q.-Kil. angegeben, die Volkszahl betrug 1. Dec. 1880 209,570 Menschen, davon männl. 105,080, weibl. 104,490. Bewohnte Gebäude 36,350, Haushaltungen 41,579. Die Einwohner waren 1880 der Confession nach: 207,782 Katholiken, 923 Protestanten. 41 andere Christen, 777 Juden, 47 ohne Angabe. Städte: Luxemburg 16,679 Einw., Eich 5,593, Esch 5,082.

Nationalität. Die Bevölkerung meist deutschen Ursprungs, doch ist die französische Sprache die der Gebildeten, wie denn auch die amtlichen Erlasse in derselben ergehen. Unter den Anwesenden 8,412 Deutsche, 2,548 Belgier, 1,085 Franzosen, 219 Italiener, 39 Niederländer, 240 sonstige Nationale.

---

*) Dabei das Schreiberpersonal.

Luxemburg, früher zu Deutschland gehörend, ward durch den Londoner Vertrag vom 11. Mai 1867 von demselben losgerissen und zu einem neutralen Staate erklärt, der sich mit den Niederlanden in reiner Personalunion befindet, sonst aber in keinerlei Verbindung zu demselben steht. während es dem deutschen Zollverbande angehört.

Finanzen. Luxemburg hat durch Freiwerden von dem deutschen Militärwesen eine bedeutende finanzielle Erleichterung erlangt. Das Budget für 1883 schliesst ab mit 7'286,580 Fr. Einnahme und 6'571,615 Ausgabe, und hätte sich noch weit günstiger gestaltet, wenn der Staat nicht bei dem Bankerott der »Nationalbank« (1882) 3'407,309 Fr. eingebüsst hätte, nämlich 1'020,486 an Depots und 2'386,823 durch Einlösung der Banknoten. Der Verlust ward durch ein Anlehen von 3 Mill. gedeckt. Als erste Dividende erhielt der Staat 238,260 Fr., der bald eine zweite in gleichem Betrage folgen soll. Ueber den Rest fehlen noch nähere Angaben; etwa 14 % gehen bis jetzt aus der Masse der Bank hervor. Der Verlust, den die Sparcasse erlitten, kann durch Reserve und Coursgewinn gedeckt werden. Das Jahr 1882 wird im Uebrigen voraussichtlich mit einem Ueberschuss von 1'447,000 Frcs. abschliessen. — Unter dem Bedarf erscheint die Civilliste mit 200,000 Frcs., Militär und Gensdarmerie erfordern etwa 380,000, die ältere Schuld 730,000 Frcs. — Diese ältere Schuld betrifft 2 Eisenbahnanlehen, zus. 12 Mill. betragend.

Militär. 2 Compagnien: 1 Comp. Gensdarmen und 1 Comp. »Freiwillige«.

Eisenbahnen. 360 Kilom., davon 40 secundär (171 unter Betrieb der Elsass-Lothring. Bahn (die Wilhelm-Luxemburger Bahn).

Telegraphen, 1881: Länge der Linien 310, der Drähte 536, ausserdem der Eisenbahntelegr. 436 Kilom. Einn. 47,843, Ausg. 67,493 Fr.

Post, 1881: Bureaux 68, Briefe 3'145,317, Postkarten 511,254, Drucksachen und Waarenmuster 1'437,038. Zeitungen 1'999,691. Einn. 430,631, Ausg. 391,567 Fr.

Bergwesen, 1880: 2'173,500 Tonnen Eisenerze, Geldwerth 5'231,000 Fr. — Hüttenproducte 260,7 T., werth 11'638.000 Fr.

Dänemark (Königreich).*)

A. *Königreich Dänemark.*	Areal Q.-Kil.	Bevölkerung
Seeland, Möen, Samsoe	7,324,5	721,703
Fühnen, Langeland, Arroe .	3.453,8	246,454
Lolland, Falster	1,715,3	97,007
Bornholm	592,9	35,364
Jütland (Jylland)	25,354,0	868,511
Zusammen A.	38,440,5	1'969,039

*) Vergl. *Résumé des principaux faits statistiques du Danemark; publié par le bureau royal de Statistique. — Danmarks Statistik. Statistiske Meddelelser (Tredie Raekke, 4de bind). Udgivet af det Statistiske Bureau. Kjoebenhavn. — Statistik Tidskrift. Utgifven af Kungl. Statistica Centralbyrän. Supplement.*

B. *Beiländer*.	Areal Q.-Kil.	Bevölkerung
Faröer (Faeroerne) (17 bew. Ins.)	1,333	11,220
Island	104,785	72,448
Grönland	88,100	10,000 (?)
Dänische Antillen	358,9	33,763
Zusammen B. etwa	194,577	127,400
Gesammtsumme ungef.	233,000	2'096,400

Von der Bevölkerung 1880 967,360 männl., 1'001,679 weibl.

Die Volksmenge hat sich seit der ersten Zählung 1801, wo sie 929,001 Individuen betrug, mehr als verdoppelt.

Von der Bevölkerung kamen 516,742 auf die Städte und 1'463,517 auf das Land. — Familienzahl 417,703, näml. 239,087 auf die Inseln, 176,559 auf Jütland und 2,057 Faröer.

Confessionen. Der lutherischen Staatskirche gehören (1880) 1'951,361 Personen an, weiter zählt man: 1,363 Reformirte, 3,000 (?) Katholiken, 3,667 Baptisten, 792 Irvingianer, 1,722 Mormonen, 1,919 andere christliche Sectirer, 3,946 Juden, 8 Mohammedaner, 1,074 Confessionslose und 167 ohne betr. Angabe.

Nationalität. Ausserhalb des unmittelbaren Heimathlandes waren geboren: 64,289, nämlich: 535 auf Island, 212 Grönland, 225 Faröer, 334 Dänisch-Westindien, 33,152 in Deutschland (eingerechnet 22,007 in Schleswig), 24,148 in Schweden, 2,823 Norwegen, 454 England, 384 Russland, 182 Oesterreich-Ungarn, 138 Frankreich, 328 im übrigen Europa, 512 in den übrigen Erdtheilen, 862 unbekannt.

Volksvermehrung. Die Gesammtbevölkerung des jetzigen Dänemarks wird für das J. 1750 zu 750,000 angenommen, die von Island und den Faröer-Inseln zu 50,000, für Anfang des Jahrhunderts finden wir die Zahlen 925,000 und 52,000. Genauer werden die Angaben von 1815 an: 1'031,000 und 54,000, mit dem allmähligen Steigen bis zur jetzigen Ziffer.

Die *Bevölkerungsbewegung* stellte sich in den letzten 5 Jahren so:

1876	61,768 Lebendgeborene,	37,365 Sterbefälle,
77	61,844 –	35,806 –
78	61,290 –	35,792 –
79	62,455 –	38,531 –
80	62,612 –	40,237 –

Gewaltig gestiegen ist die Zahl der *Auswanderer*, meist nach Nordamerika:

1871	1872	1873	1874	1875	1876	1877	1878	1879	1880	1881
3,906	6,893	7,200	3,322	2,088	1,581	1,877	2,972	3,103	5,667	7,985

Städte. Kopenhagen (Kjöbenhavn) 234,850 (mit Vorstädten 273,323), Frederiksberg 26,510, Aarhuus 24,831, Odense 20,804, Aalborg 14,152, Randers 13,457, Horsens 12,652, Helsingör 8,978, Fredericia 8,275,

---

Stockholm 1882. Diese Schrift von *Hjalmar Gullberg och Gustav Sundbärg (La Population et son Accroissement en Scandinavie 1815—1880)* ist gleich interessant für die drei nordischen Staaten. — Wir geben oben das Areal nach Strelbitsky und Wagner, die Volkszahl nach dem Ergebnisse der Zählung vom 1. Febr. 1880. Von den Beiländern wurden die Einwohner am 1. Febr. 1880 nur auf den Faröer-Inseln gezählt, auf Island und Grönland am 1., und auf den Antillen am 9. Oct. 1880.

Svendborg 7,184, Vejle 7,145, Kolding 7,141, Rönne 6,471, Roskilde 5,893.

Finanzen. Das Etatsjahr beginnt 1. April. Die Abschlüsse der beiden vorletzten Jahre stellten sich folgendermassen (in Kronen à 1 deutsche Mark 12½ Pfennige):

1879/80 Einnahme 47'521,957, Ausgabe 44'170,634
1880/81   -   51'745,463,   -   47'543,367.

Budget für 1882/83 (brutto und netto):

Einnahmen.

1. Domänen br. 956,436, no. 813,485 | der Telegraphen Mindereinn. 54,083
   Forsten - 1'181,418, - 363,294 | 6. Lotto 840,000
2. Staatsactiva . . . 4'592,597 | 7. Ertrag d. Faröer-Inseln 55,308
3. Directe Steuern . . . 9'117,000 | 8. Verschied. Einnahmen 1'492,134
4. Indirecte - . . . 30'791,000 | 9. Restitutionen . . . 1'485,963
5. Postwesen . . . . 59,352 | Zusammen 49'856,050

Ausgaben.

1. Civilliste und Apanagen 1'225,760 | 9. Inneres . . . . . 2'160,432
2. Reichstag . . . . . 200,000 | 10. Kriegswesen . . . . 9'004,309
3. Staatsrath . . . . 94,616 | 11. Marine . . . . . 5'732,585
4. Staatsschuld . . . . 9'879,800 | 12. Finanzen . . . . . 3'087,063
5. Civilpensionen . . . 2'634,280 | 13. Verwaltung von Island 104,400
   Militärpensionen. . . 718,185 | 14. Ausserord. Ausgaben. 3'798,326
6. Aeusseres . . . . 379,112 | 15. Oeffentliche Arbeiten . 7'539,174
7. Cultus und Unterricht . 1'339,751 | 16. Vorschüsse . . . . 2'227,100
8. Justiz . . . . . . 2'499,306 | Zusammen 52'624,199

Staatsschuld.

Inländische Anlehen . . . . 159'422.961 Kr.
Ausländische   -   . . . . 13'903,667 -
Zusammen 173'326,628 Kr.

Activa:
(Betriebs- und Reservefonds . 98'059,731 Kr.)
Bleibt netto Schuld 75'266,897 Kr.

Ein ehrenvoller Beweis, wie der Staat nach schweren Niederlagen sich wieder empor zu bringen verstand.

Militärwesen. Das System der allgemeinen Wehrpflicht wird zufolge Gesetz vom 6. Juli 1867 streng durchgeführt. Die mit dem 22. Altersjahr beginnende Dienstpflicht dauert 8 Jahre, wov. 4 (bei der Artillerie blos 2) auf die Kriegsreserve kommen. Dann 8jährige Dienstpflicht in der sogen. Verstärkung, später bis zum 45. Altersjahre im zweiten Aufgebote. Die active Dienstzeit ist bei der Infanterie auf 4, bei der Garde und der Artillerie auf 5 Monate beschränkt, ebenso beim Genie; bei der Cavallerie auf 8½ Monate. Vor der Entlassung nach Hause finden grosse Uebungen statt. Spätere Ausbildung: Während der ersten 8 Jahre eine, resp. zwei 45tägige und eine 30tägige Uebung; in der Verstärkung eine 15tägige. Jedem Wehrpflichtigen wird in der Verstärkung von seiner Dienstzeit das Vierfache der Zeit in Abzug gebracht, welche er über 6 Monate im activen Dienste stand. Das active Heer zerfällt in Linie und Reserve. Die Linie zählt 31 Bataill. Infant. (wovon 1 Leibgarde), 16 Schwadr. Cavallerie, 9 Feldbatterien, 3 Batt. Festungsartillerie und 4 Genie-Bat. — Die Reserve umfasst 13 Bataill. Infant., 4 Batterien, 1 Genie-Bat. — Kriegsstärke. Infanterie: Linie 27,000, Verstärkung 11,000, zus. 38,000; Cavallerie: Linie 2,308; Artillerie: Linie 4,900,

Reserve 2,109, zus. 7.009: Genie: Linie 1.360: Total mit Stab im
Frieden 35,300, im Kriege 50,500 Mann. — Ausserdem Localtruppen:
Kopenhagener Wehr 2 Bat. ·Inf. und 2 Comp. Artill.; endlich Truppen
der Insel Bornholm: 1 Bataill. Infant., 1 Escadr., 1 Batt. und 1 Comp.
Festungsartillerie. — Die Regimentsverbände sind als überflüssig auf-
gehoben.

Festungen. Kopenhagen allein von einiger Bedeutung, Kronborg veraltet, doch sturmfrei, Fredericia verfallen, Nyborg seit 1869 geschleift.

Marine. 9 Panzerschiffe von 15,821 Pferdekr. mit 67 Kanonen, 32
andere Dampfer von 14,162 Pferdekr., 2 grössere Segel- und 23 Ruderschiffe. Auf Grund des Gesetzes vom Mai 1880 soll die dänische Flotte
in Zukunft bestehen aus: 8 Panzerbatterien, 4 grossen ungepanzerten
Schiffen, 10 Corvetten und Schoonern, 12 Kanonenbooten mit schwerem
Geschütz und 30 Torpedobooten, im Ganzen aus 64 Fahrzeugen, die nach
10 Jahren vollständig vorhanden sein sollen. Die zu Neubauten nöthige
Summe ist für den genannten Zeitraum auf 1'700,000 Kr. jährlich festgesetzt; demnach werden die jährlichen Ausgaben für die Flotte 6½ Mill.
Kronen betragen, ausser den für Instandhaltung nöthigen Summen.

Sociales. *Schulwesen.* Bei der auf Veranlassen eines Pastors Bang
vorgenommenen Prüfung der 1881 ausgehobenen Recruten konnten nur
etwas über $1/3$ correct, etwas weniger als die Hälfte ziemlich gut, etwas
über $1/6$ schlecht lesen, $4,_{12}\%$ konnten fast gar nicht und $0,_{36}\%$ absolut
nicht lesen. Ebenso konnten $1,_{72}\%$ gar nicht schreiben. — In einer officiellen Aufstellung von 1881 finden wir dagegen die Zahl der conscribirten Analphabeten nur mit $0,_{36}\%$ verzeichnet. Es darf nicht übersehen werden, dass der Massstab der Classificirung ein sehr verschiedener
zu sein pflegt.

Literatur. In Kopenhagen zählte man 1879 57 Druckereien, welche
23 politische, 130 wissenschaftliche und literarische Zeitschriften und
1,330 Bücher druckten. In der Provinz haben 112 Druckereien hergestellt: 120 politische, 55 andere Zeitschriften und 596 Bücher. Von den
1,926 Büchern enthielten 263 Romane und Gedichte, darunter 104 Ueber-
setzungen, und zwar 30 aus dem Englischen und je 27 aus dem Französischen und Deutschen.

Handelsflotte, 1881:

202 Dampfer von 51,985	Register-Tons
3,016 Segler	- 203,555	-
Zus. 3,218 Schiffe	von 255,540 Register-Tons.

Handel, 1880: 227'400,000 Kr. Ein- und 196'500,000 Kr. Ausfuhr. Die wichtigsten Verkehrsländer waren (Mill. Kronen):

	Einfuhr	Ausfuhr
Grossbritannien	53'$_{05}$	76'$_{00}$
Deutschland	80'$_{42}$	66'$_{38}$
Schweden	27'$_{78}$	26'$_{16}$
Norwegen	6'$_{11}$	15'$_{77}$
Russland	10'$_{30}$	1'$_{07}$
Vereinigte Staaten	17'$_{86}$	1'$_{24}$

Schiffsverkehr.

		Segelschiffe		Dampfer		Zusammen	
		Schiffe	Tonnen	Schiffe	Tonnen	Schiffe	Tonnen
Eingelaufen	Seeschiffe	15,935	793,205	7,142	511,987	23,077	1'305,192
	Küstenfahrer	14,813	180,580	6,426	164,879	21,239	345,459
Ausgelaufen	Seeschiffe	15,508	177,725	7,125	280,295	22,633	458,020
	Küstenfahrer	15,571	153,568	6,571	164,237	22,142	317,805

Eisenbahnen, 1881. 1,576 Kilom. im Betriebe, wovon 1,241 Kilom. Staatsbahnen.

Post, 1880. Bureaux 172, beförderte Briefe u. Postkarten 29'604,007, Drucksachen und Waarenproben 2'351,760, Zeitungen 26'706,149. Einnahme 4'508,322, Ausgabe 4'351,492 Kr.

Telegraphen, 1880. Linienlänge 3,528, Drahtlänge 9,345 Kilom., Stationen 132 (ohne Eisenb.- und Privat-Telegr.), Depeschen 1'125,124. Einnahme 743,032, Betriebsausgabe. ordentliche 834,916, ausserordentliche 222,848 Kr.

Sparcassen, 1877. 418 Anstalten, 434,257 Conten, Einlagen 208'031,334 Kr.

Münze, Maasse. Nach einer Convention v. 27. Mai 1873 sind die drei skandinavischen Staaten zur Goldwährung übergegangen. Aus dem Kilogr. fein Gold werden 248 und resp. 124 Stück Münze geprägt. Der 20. resp. 10. Theil dieser Münze ist Recheneinheit und heisst Krone. Diese Krone wird in 100 Oere getheilt und entspricht 1 Reichsmark 12½ Pf. — Der Centner 50 Kgr., das Pfund 500 gr.; die Tonne: Getreide 1,$_{3912}$ hl., Bier 1,$_{3139}$, Butter 112 Kgr., Oel 120 Kgr.; das Pot 0,$_{9681}$ lit., Fuss 0,$_{3139}$ met.; die Meile 7,$_{5325}$ Klm.; die Tonne Landes 0,$_{551623}$ hctr.

Schweden (Königreich).*)

Land und Leute. Das Areal wird von Strelbitsky zu 450,574 Q.-Kil. (4,505 Q.-Myriam.) berechnet, wovon etwa 9,577 auf die 4 grossen Seen kommen. Die Volkszählung vom 31. Dec. 1880 ergab 4'565.668 Einwohner. Davon:

1'343,305 in *Swea Rike* (eigentl. Schweden, begreifend: Stadt Stockholm und die Län: Stockholm, Upsala, Södermanland, Westmanland, Oerebro, Wermland und Kopparberg),

2'593,621 in *Göta Rike* (Gotland, begreifend: Malmöhus, Christianstad, Blekinge, Kronoberg, Jönköping, Calmar, Oestergotland, Halland, Skaraborg, Elfsborg, Göteborg und Bohus, Gotland),

628,742 in *Norrland* und *Lappland* (Gefleborg. Westernorrland, Jemtland, Westerbotten, Norrbotten).

Von den Einw. waren 1880 2'215,243 männl., 2'350,425 weibl.

---

*) Ungeachtet der grossen Schwierigkeit einer Durchführung statistischer Erhebungen in dem weitausgedehnten und dünn bevölkerten Lande, ist Schweden allen andern grössern Staaten in Begründung und Fortführung einer Bevölkerungsstatistik vorangegangen, und so besitzen wir denn von 1751 an, Jahr für Jahr, möglichst genaue Nachweise über Bevölkerung und Bevölkerungsbewegung. Das 1858 errichtete statist. Centralbureau veröffentlicht seine Arbeiten zunächst unter dem Titel: *»Bidrag till Sveriges officiela Statistik«.*

Bewegung der Bevölkerung.

	Heirathen	Lebendgebor.	Todtgebor.	Sterbfälle mit Todtgeb.
1876	31,184	135,890	4,346	86,334
77	30,674	138,476	4,198	87,373
78	29,151	134,464	3,921	85,339
79	28,635	139,043	4,199	81,351
80	28,919	134,262	4,041	86,794

Auswanderung. Dieselbe hat gewaltig zugenommen. Sie betrug im Decennium 1851—60 durchschn. 1,690, 1861—70 12,245, dann: 1871 17,450, 1872 15,915, 1873 13,580, 1874 7,791, 1875 9,727, 1876 9,418, 1877 7,610, 1878 9,032, 1879 17,637, 1880 42,109.

Frühere Bevölkerung. 1751 1'785,727, 1771 2'041,081, 1773 (nach Hungersnoth) 1'972,407, 1790 2'158,232, 1800 2'347,303, 1810 2'377,851, 1820 2'584,690, 1830 2'888,082, 1840 3'138,887, 1850 3'482,541, 1860 3'859,728, 1870 4'168,525.

Confessionen. Erst seit 1870 ist der Zutritt zu den Staatsämtern allen Schweden, und nicht mehr blos »den Bekennern der reinen evangelisch-lutherischen Lehre nach der unveränderten augsburgischen Confession und dem Beschlusse der Kirchenversammlung in Upsala 1593« ermöglicht. — Katholiken (1870) 573, unirte Griechen 30, Baptisten, Methodisten und Mormonen 3,809, Reformirte 190, Juden 1,836. Die Zählungsresultate von 1880 fehlen noch.

Nationalitäten. Schweden erfreut sich im Ganzen einer sehr homogenen Bev., denn Lappen (zur tschudischen Familie der mongolischen Race gehörig) zählte man 1870 nur 6,711, Finnen 14,932, Zigeuner etwa 70; im Ausland geborene Personen 12,015 (2,856 in Deutschland, 2,795 Dänem., 2,570 Norwegen, 2,018 Finnl., 806 Russland etc.).

Gemeinden. Ende 1870 wohnten 539,649 Einw. in den 89 Städten, 3'628,876 auf dem Lande.

Städte. 1880.

Stockholm	168,775	Upsala	15,675	Sundseval	9,116
Göteborg	76,401	Lund	14,304	Linköping	8,752
Malmö	38,054	Örebro	11,785	Halmstad	8,505
Norrköping	26,735	Helsingborg	11,550	Eskilstuna	8,161
Gefle	18,758	Kalmar	10,963	Söderhamn	7,937
Karlskrona	18,300	Landskrona	9,763	Karlstad	7,752
Jönköping	16,147	Kristianstad	9,203	Falun	7,037

Die Berechnung der Volkszahl für Neujahr 1882 lassen wir, als unsicher, hier hinweg.

Finanzen. *Budget* für 1883.

Einnahme, brutto, Kronen.

1. Rechnungsüberschüsse aus Vorjahren . . . . 2'789,137

2. Ordentliche Einnahmen, dabei: Grundsteuer 5'995,000, verpachtete Domänen 2'9, Kopfgeld 640,000, Tonnengeld 1'2, Eisenbahnen, netto 6,2, Telegr. 1'33, Forsten 1' = ... 20'590,000

3. Ausserordentl. Einn.: Zoll 27'5, Post 5,1, Stempelpapier 3', Branntweinsteuer 14', Rübenzuckersteuer 70,000, Einkommensteuer 4'1 = ... 53'770,000

4. Abgabe der Bank von Schweden . . . . 1'600,000

Zusammen 78'749,137

Ausgabe.

a. Ordentliche. Civilliste . . . . 1'338,000
Justiz . . . . 3'753,000
Auswärtiges 613,800
Landmacht . . . . 17'205,000
Marine . . . . 5'375,000
Inneres . . . . 4'396,360
Cultus und Unterricht . . . . 10'132,551
Finanzen . . . . 13'293,000
Pensionen . . . . 2'430,000
_____
58'536,711

b. Ausserordentl. (dabei Land- und Seemacht 2'413,000) . . 7'827,589
c. Ausgaben des Reichs-Schuldencomptoirs (Staatsschuld etc.) 10'187,932
d. Zahlungsrückstände aus früheren Jahren . . . . 2'196,905

Zusammen 78'749,137

Wie schon in frühern Auflagen bemerkt, werden nicht blos die meisten Kosten des Heeres, sondern auch die vieler Geistlichen aus Staatsländereien gedeckt; die des Unterrichts fallen meistens den Gemeinden zur Last.

Schuld, 1881: inländische 34'843,500, ausländische 190'872,396, schwebende 9', zusammen 234'715,896 Kr. Im J. 1879 wurden jedoch auch 65'294,790 Kr. Activa, Forderungen des Staatsschulden-Bureau, aufgeführt (Vorschüsse an Privateisenbahnen).

Dagegen besass der Staat am Schlusse 1882 2,232 Kilom. eigene Eisenbahnen, die im Durchschnitt 96,192 Kr. pr. Kilom. kosteten. Die Bruttoeinnahme betrug 1882 19'481,642 Kr., die Betriebsausgabe, sammt Neuverwendung und Pensionen belief sich auf 11'681,642; an die Staatscasse wurden 7'8 Kr. abgeliefert. Die Betriebskosten haben im Verhältniss zu den Bruttoeinnahmen pr. Bahnkilometer betragen: im J. 1882 $57_{,35}$. 1881 $58_{,11}$, 1880 $60_{,54}$, 1879 $69_{,20}$ und 1878 $72_{,57}$%. Die an das Reichsschulden- und Staatscomptoir eingezahlten Ueberschüsse beliefen sich im Verhältniss zum Anlagecapital im J. 1882 auf $3_{,67}$ %. 1881 auf $3_{,74}$, 1880 auf $3_{,26}$, 1879 auf $2_{,64}$ und 1878 auf $2_{,53}$ %.

Militär. Die Grundlage des Wehrwesens stammt zum Theil noch aus der Zeit des Königs Karl IX. Die Regierung erstrebt seit vielen Jahren eine Umgestaltung, kann sich aber mit der Volksvertretung nicht einigen, welche weder eine die Kosten, noch die Präsenzzeit stark vermehrende Neuorganisation zugesteht (für Infant. wollte sie 1875 90 Tage aber nicht 10 1/2 Monate bewilligen). Nach der bestehenden Einrichtung gelten als »Stammtruppen« die angeworbenen und die eingetheilten.

A. Angeworbene Truppen (Várfvade): meistentheils auf 6 (mindestens auf 3, höchstens auf 12) Jahre geworben. *B. Eingetheilte Truppen (Indelta-Arméen)*. Die Besitzer gewisser Bauernhöfe (*torps*) sind verpflichtet, einen Mann mit Pferd (*Russhalter*) oder ohne Pferd (*Rotehalter*) im Frieden oder Kriege, oder nur im Kriege (*Ordinäre*- und *Extra-Rotirung*) dauernd dem Staate zur Verfügung zu stellen, und dem Manne während der Beurlaubung Wohnung zu geben und ihn als Landarbeiter zu verwenden. Diese Soldaten erhalten theils vom Grundbesitzer, theils aus bestimmten Staatsgütern, ausser ihrem *torp* (Wohnhaus und Acker), einen jährl. Lohn in Geld oder Naturalien, dagegen nur im Dienste Sold; doch erhalten die Officiere seit 1875 einen solchen. Diese Truppen werden während 30, die Cavallerie während 36 Tagen alljährlich zu Uebungen vereinigt. Die

Dienstpflicht hört erst mit der Dienstfähigkeit auf. *C. Conscriptions-truppen* (*Beväring*, eine Art Landwehr, da diese Truppen zunächst nur in der Waffenführung unterwiesen, dann für gewöhnliche Zeiten entlassen werden). Seit 1812 soll jeder Schwede vom 20.—25. Altersjahre dienst-pflichtig sein. Förmlich organisirt sind nur wenige Bataillone, die übri-gen sind den verschiedenen Truppenabtheilungen zu den Waffenübungen und für den Kriegsdienst zugetheilt. Im Frieden dürfen nur die beiden jüngsten Jahrgänge zu einer jährlichen 15tägigen Uebung eingezogen werden. *D. Miliz von Gotland.* 30 Compagnien und 2 Fussbatterien, zum stehenden Heere gerechnet, doch nur auf der Insel zum Dienste ver-pflichtet. Die Mannschaft wird jährlich auf 6 Tage zu Uebungen einbe-rufen. *E. Scharfschützenvereine.* Bei genügendem Grade militärischer Ausbildung befreit der Eintritt in diese Freiwilligencorps von den *Bevä-rings*-Uebungen. 1871 gab es 301 Vereine mit ungefähr 42,000 Mann.

Gesammtstärke. Infant.: 21 Reg., wov. 4 Leibgarde und 2 Leib-grenad. à 2 Bat. zu 4 Comp., dann 2 Leibgrenad. à 2 Bat. zu 4 Comp., dann 2 Jäger-Bataill., zus. 48, im Krieg 69 Bat.; Cavall.: 1 Leibg.-, 4 Husaren-, 2 Drag.-Reg., 1 Jägercorps zu Pferde, zus. 47 Escadr.; Artill.: 3 Reg. mit 30 Batt. (22 fahrende, 6 reitende, 2 Fuss- etc.); Genie: 2 Bataill., zus. 8,010 angeworbene und 26,881 Indelta-Truppen. Eine Aufstellung im Gothaischen Taschenbuch berechnet die Linientruppen auf 41,321 Mann (dabei 5,467 Cavallerie und 4,557 Artillerie), die Landwehr (*Beväring*, sammt Miliz von Gotland auf 135,337, die Schützencorps auf 19,243. was ein Total von 195,901 M. mit 6,646 Pferden ergibt.

Festungen. An den Küsten: Marstrand und Karlsten, Göteborg mit Elfsborg, Karlskrona mit Kungsholm und Drottingkär, Stockholm mit Waxholm und Frederiksborg. Im Innern besonders Karlsborg.

Marine. Dieselbe umfasst 44 Dampfer von 20,660 Pferdekr., 155 Kan. und 3,657 M.; dann 10 Segelschiffe von 105 Kan. mit 1,547 M.; endlich die Ruder-Flotille von 87 Schaluppen mit 113 Kan. Die ziemlich herabgekommene Seemacht erfuhr 27. Aug. 1875 eine Reorganisation, die, ähnlich der Landwehr, auch eine »Seewehr« (*Beväring*) zu schaffen beabsichtigt; doch sind die vorstehenden Ziffern meist viele Jahre alt.

Sociales. *Schulbildung.* Nach einer amtlichen Angabe sollen sich unter den Rekruten des Jahres 1881 nur $0{,}_{40}$ % Analphabeten befunden haben (1880 $0{,}_{70}$ %).

Materielle Verhältnisse. Handel. Im Jahre 1880 betrug die Einfuhr 282'788,000, die Ausfuhr 236'643,000 Kr. Am bedeutendsten war der Verkehr mit folgenden Ländern (in Tausenden von Kr.):

	Einfuhr	Ausfuhr		Einfuhr	Ausfuhr
Norwegen . .	16'774	7'955	Frankreich . .	6'467	28'699
Finnland . .	8'778	5'089	Deutschland .	61'764	17'096
Russland . .	17'454	2'012	Niederlande .	8'384	6'139
Dänemark . .	55'848	23'931	Belgien . . .	8'705	12'258
England . .	77'743	123'801	Verein. Staaten	11'770	2'869

Handelsflotte. A. Lange Fahrt. B. Küstenschifffahrt, 1880.

	Dampfer		Segler		Zusammen	
	Schiffe	Tonnen	Schiffe	Tonnen	Schiffe	Tonnen
A.	165	55,089	1,968	400,542	2,133	455,631
B.	607	31,509	1,645	73,553	2,252	105,062
	772	86,598	3,613	474,095	4,385	560,693

Schiffsverkehr, beladene Schiffe, 1880 :

Angekommen	Schiffe	Tonnen	Abgegangen	Schiffe	Tonnen
Schwedische . .	5,216	762,442	Schwedische . .	10,039	1'146,371
Norwegische . .	647	123,456	Norwegische . .	2,122	604,941
Fremde . . .	3,755	627,497	Fremde . . .	5,774	1'060,371
Zusammen	9,618	1'513,395	Zusammen	17,935	2'811,683

Eisenbahnen.

Staatsbahnen	. . .	(1882)	2,232 Kil.
Privatbahnen	. . .	(1881)	3,983 -
	Zusammen		6,215 Kil.

Post, 1880. Bureaux 1,785. Zahl der beförd. Poststücke 63'709,363 : Einnahme 5'132,211, Betriebskosten 4'463,283 Kr.

Telegraphen, 1881. Länge der Linien 8,366, der Drähte 20,471 Kilm. Stationen 174. Ausserdem 207 Staatseisenbahntelegr.-Bureaux. Beförderte Telegr. 1'118,081.

Sparcassen, 1877. 899 Anstalten, 757,501 Bücher, 146'127,365 Kronen Einlagen.

Münze, Maasse. Die Krone, wie in ganz Skandinavien, werth 1 M. 12½ Pf. (s. S. 233). Der frühere schwedische Thaler (*Riksdaler Riksmynt*) hatte 11 Sgr. 5,4 Pfennige Werth. — Der Fuss (*fot*) = 29,80 Centimeter. Die schwed. Meile hat 10,688,8 Meter (die deutsche 7,420); die schwedische Quadratmeile = 11,427,2 ha., ist = 2,075 deutsche. Die *Kanne* = 2,6172 Liter. — Die *Tonne* Getreidemaass (à 63 Kannen) = 164,88 Liter. 100 Pfund (1 Centner) schwed. (*Aos*) = 85,015 Zollpfund. Das Skeppund (Schiffspfund) 170 Kgr. — 1 Tunnland = 0,49366 ha., 1 Tunna = 1,6480 ha.

Norwegen (Königreich).*)

Land und Leute. *Areal*, nach Strelbitsky 325,423 Q.-Kilm. Die letzte (10jährige) Volkszählung fand am 31. Dec. 1875 statt und ergab: 1'806,900 (in der ganzen Nordhälfte auf 110,555 Q.-Kilm. nur 182,281) Einwohner. Für 1880 berechnen Hallberg und Sundbärg (immer mehr oder minder unsicher) eine Population von 1'920,100 Menschen.

Nationalitäten (1875). Neben den (germanischen) Norwegern 7,594 Kwänen oder Quänen (Finnländer), dann 14,645 ansässige und 1,073 nomadisirende Lappen (in Norwegen »Finnen« genannt, etwa 700—800 Zigeuner (Fantefölger oder Tatere). Misch-Racen: 2,610 Norweger und Kwänen, 1,762 Norweger und Finnen, 1,089 Kwänen und Finnen. — Die Zahl der nicht in Norwegen geborenen Einwohner war 57,350, wovon 29,340 Schweden, 2,205 Dänen, 1,471 Deutsche, 2,709 Finnländer.

Confessionen, 1875. Lutheraner von der Staatskirche 1'799,662, Lutheraner der freien Kirche 1.184, römische Katholiken 502, griechi-

---

*) Hauptquelle: »Norges officielle Statistik; udgivne af det Statistiske Centralbureau. Kristiania.« — Norges officielle Statistik. Ny Raekke. Tabeller vedkommende Folkemaengdens Bevaegelese i Aarene 1876—80. Kristiania 1882. — Ditto: Bidrag dil en norsk Befolkningsstatistik. Tabeller indeholdende Resultaterne af Folketaellingen i Norge i Januar 1876. Utgiret af det Statistiske Centralbureau. Kristiania 1882.

sche Katholiken 61, Methodisten 2,759, Baptisten 819. Anglikaner 143, Reformirte 110, Quäker 432, Dissidenten 626, Mormonen 542. Juden 34, confessionslos 26.

Frühere Volkszahl. 1783 blosse Schätzung 725,000; dann:

1815	1825	1835	1845	1855	1865
885,467	1'051,318	1'194,812	1'328,471	1'490,786	1'701,478

Städte (1875 wirklich gezählte Einwohner): Kristiania*) 76,327 mit den 1878 incorporirten Vorstädten circa 99,000, 1882 angeblich 122,000), Bergen 33,885, Trondhiem (Drontheim) 22,167, Stavanger 19,029, Drammen 18,608, Kristiansand 11,764, Kristianssund 11,696. Frederikshald 9,807, Tromsö 5,357 (Hammerfest 2,089) Einwohner.

Herrschaftswechsel. Norwegen, früher selbständig, ward 1387 dänisches Besitzthum. Als Dänemark durch den Kieler Frieden vom 14. Jan. 1814 das Land an Schweden abtreten musste, gaben sich die Norweger 17. Mai 1814 zu Eidsvold eine freie Verfassung. Nach einigen Kämpfen mit den schwedischen Truppen kam es zu einem Vertrage, dessen Hauptergebniss die modificirte Verfassung vom 4. November 1814 ist. derzufolge Norwegen einen freien selbständigen Staat bildet, und mit Schweden nur den gleichen König hat (Personalunion).

Finanzen. Der effective Rechnungsabschluss vom 1. Juli 1880 bis dahin 1881 ergab (nach dem Goth. Hofkalender), an ordentlichen Einnahmen 34'618,100 Kronen. Dazu lieferten: Zölle brutto 15'858,100, Branntweinsteuer brutto 3'500,800, Malzsteuer 2'251,000, Stempel netto 432,200, Sporteln 814,000, Erbschaftssteuer 152,900, unmittelbares Staatseigenthum 1'129,600 (dabei: Bergwerke 930,800, Forsten 197,800), Activzinsen 1'698,800, Post (brutto) 1'713,600, Telegraphen (brutto) 932,800, Eisenbahnen (brutto) 3'671,000, Bildungsanstalten 546,100, aus Zuchthausarbeit 478,700, aus Hospitälern etc. 530,800, Verschiedenes 908,700. Zusammen ordentliche Einnahmen 34'618,100. Dazu Eisenbahnanlehen 4'958,600. Auflage für Bahnen 1'275,800, Rest der Anleihe von 1880 777,500. Total 41'630,000.

Die ordentlichen Ausgaben erhoben sich auf 37'447,400, dabei: Civilliste 435,400, Storthing 409,500, Staatsrath und Centralverwaltungen 1'141,300. Ministerium des Auswärtigen 499,700, des Kriegs 6'580,100, der Marine 6'377,900, der Justiz und Polizei 4'111,600, des Cultus und Unterrichts 2'970,200, des Innern 4'981,300, der Finanzen 9'394,700 (dabei: Zollverwaltung 1'749,900, Staatsschuld Tilgung 1'313,500, Zins 4'503,000, Pensionen 470,400). Hieran reihen sich als ausserordentliche Ausgaben: Eisenbahnbauten 6'234,400; total 43'681,800.

Schuld. 30. Juni 1881 97'800,000 Kronen, wogegen das dünn bevölkerte Land sich des Besitzes von 1,524 Kilom. Eisenbahnen erfreut. Die schwierige Finanzlage des Landes bei Erlangung seiner Selbständigkeit und ebenso die relativ grossartigen Leistungen der (vielfach an Schweizerische Verhältnisse erinnernden) einfach verständigen Verwaltung sind in den früheren Auflagen des Näheren dargestellt.

Militär. Jeder Norweger ist dienstpflichtig. Die Ausgehobenen für die Infanterie und Fussartillerie werden 50, die Uebrigen 90 Tage in der

---

*) Früher auch im Norwegischen *Christiania*, in der Neuzeit häufiger *Kristiania* geschrieben, ebenso *Kristiansand* etc.

Recrutenschule unterrichtet, dann haben sie jährlich 30 Tage lang Uebungen; ihre Dienstpflichtigkeit dauert bei der Cavallerie 7, den übrigen
Waffengattungen 10 Jahre. wovon jedoch nur 7 in der Linie und 3 in
der Landwehr. Später gehören die Ausgedienten bis zum 45. Jahre zum
Landsturm. Activ dürfen, einschliesslich der Cadres und der zu unter-
richtenden Recruten, selbst im Kriege, ohne Bewilligung des Storthing,
nie mehr als 18,000 Mann sein (bis 1866 durchschnittlich höchstens
7,200). Wer nicht in der Linie dient, wird bei der Landwehr einexcer-
cirt. — Der König darf eine Garde von norwegischen Freiwilligen halten, und behufs der Waffenübungen 3,000 Mann alljährlich aus einem
Reiche in das andere bringen. Sonst darf (mit der unten bezeichneten
Ausnahme) kein schwedischer Soldat in Norwegen und kein norwegischer
in Schweden stationirt sein.

. Die Organisation der norwegischen Kriegsmacht beruht auf dem
Cadre-System. Etwa 2,500 geworbene Militäre bilden die Rahmen: 680
davon formiren das Garde-Schützenregiment. von dessen 4 Compagnien
1 in Stockholm als eine Art Leibwache des Königs garnisonirt. Die gesammte Linien-Infanterie ist in 20 Bataillone zu 4 Compagnien
(5 Brigaden) getheilt. Die Cavallerie besteht aus 3 Regimentern rei-
tender Jäger, zusammen 11 Escadrons; nur 100 Pferde werden vom
Staate beständig unterhalten, die übrigen blos zur Uebungszeit, indem
sie ausserdem an Landleute zur Unterhaltung und Benutzung überlassen
werden. — Artillerie sind 5 Bataillone = 11 Batterien formirt mit
66 Geschützen. — Ausserdem bestehen freiwillige Schützenvereine. Genie 20 Officiere und 8 Unterofficiere.

Festungen (unbedeutend): Frederiksstad mit Frederikshald. Aggers-
huus bei Christiania, Forts bei Kristianssund, Bergen, Drontheim.

Marine. Die Seewehr wird zunächst aus Freiwilligen, in deren Ermangelung aus Conscribirten gebildet. Dienstpflichtigkeit 13 Jahre, wovon 2 in der Reserve und 3 in der Küstenwehr. Die Marinetruppen sollen im Frieden 2,000, im Kriege 3,500 betragen. — Die Kriegsmarine
umfasste 1882 37 Dampfer (worunter 2 Fregatten und 4 Monitors) mit
3,182 Pferdekraft und 152 Kanonen. dann 51 Segel- und Ruderschiffe
mit 105 Kanonen.

Sociales. Die Verhältnisse haben mit denen der Schweiz manche
Aehnlichkeit.

Fabrikthätigkeit. Nach einer officiellen Aufstellung waren Ende 1875
2,581 Fabriken mit ungefähr 46,000 Arbeitern vorhanden (1865 gegen
24,000 Arbeiter). Etwa die Hälfte der Anlagen ist seit 1860 entstanden;
ausserdem wurden viele kleine in grosse verwandelt. Von grossindu-
striellen Etablissements finden sich 178 in Kristiania (mit 6,566 festen
Arbeitern), wovon nur 8 vor 1840 entstanden.

Post. 1881: 940 Bureaux. 15'544,789 Briefe. 12'465,530 Zeitungen.

Telegraphen (ungerechnet Eisenbahn-Telegr.). Ende 1881 7,530
Kilm. mit 13,683 Kilm. Drahtlänge; Bureaux 132; Depeschen 847,212.
Ausserdem Eisenbahntelegr. 1,162 Kilm. Linien, 2,309 Drahtlänge.
32,201 Depeschen (1880). Das norwegische Telegraphennetz ist seit

1870 in seiner äusseren Ausdehnung vollendet; es reicht bis Wadsö und Warnö am Waranger Fjord, d. h. an die äusserste Grenze gegen Russland im Eismeer.

Handel. 1881 in 1000 Kronen (nach Goth. Hofkalender). Einfuhr 164'997, Ausfuhr 120'934. Wichtigste Verkehrsländer:

	Einfuhr	Ausfuhr		Einfuhr	Ausfuhr
Grossbritannien .	42'376	40'886	Russland . . .	9'979	6'197
Deutschland . .	45'225	16'460	Niederlande . . .	6'624	7'300
Schweden . . .	15'231	13'823	Belgien	3'219	2'381
Dänemark . . .	20'251	6'556	Spanien	2'953	12'391
Frankreich . . .	9'740	4'302			

Schifffahrt. Am 1. Januar 1881 zählte die Handelsmarine 8,095 Schiffe von 1'518,658 Tonnen mit 60,832 Mann Besatzung; darunter 334 Dampfer mit 58,062 Tonnen und 13,743 Pferdekr.

Seefischerei. Deren Ertrag, ungerechnet Kleinfischerei, wurde so berechnet: 1877 33'121,000, 1878 23'686,000 deutsche Mark; der Gesammtwerth der ausgeführten Fischproducte, einschliesslich des Handelsgewinnes, in diesen beiden Jahren auf 52'379.000 und 44'893,000 Mark.

Münze, Maasse. Seit 1. Januar 1877 neue Münze, Krone wie in den anderen skandinavischen Staaten; werth 1 Reichsmark 12½ Pf.; Speciesthaler = 4 Kronen. — 1 Fuss = 31,37 Centim. Die norwegische Meile ist noch grösser als die schwedische: 9,85 auf 1 Grad des Aequators (schwed. 10,48), 11,295 Meter. — Der Centner 49,81137 Kilgr.

Spanien (Königreich).*)

Land und Leute. Spanien umfasst nach officiellen Berechnungen (die *leguas cuadradas* in Kilometer reducirt) 500,442,9 der letzteren, also 5,004,4 Quadrat-Myriameter, wovon 495,625 auf das Festland, 4,817,4 auf die Balearen, und 7,624 Kilom. auf die Canarien kommen. Gen. Strelbitski rechnet ohne die Canarien 500,591,6 Q.-Kil. Die Volkszahl wird nach der Zählung vom 31. December 1877 zu 16'623,384 angegeben, nämlich 8'132,741 männlichen, 8'490,643 weibl. Geschlechts. Das Festland ist in 47 Provinzen getheilt. (Namen, Grösse und Bevölkerung der ehemaligen Landschaften sind in den älteren Ausgaben mit-

---

*) Bei den heftigen innern Wirren, von denen das schöne Spanien seit Jahrzehnten heimgesucht ist, kann es nicht Wunder nehmen, dass an neuen statistischen Veröffentlichungen von Bedeutung kein Ueberfluss ist. Wir sind in Folge dessen in vielen Beziehungen noch auf die in den früheren Auflagen angegebenen Publicationen beschränkt, denen sich endlich die nachstehende anreiht: »*Resultados generales del Censo de la Poblacion de España en 31 de diciembre de 1877, (1879)*«. Versuche, die wir vor Jahren bei der Regierung in Madrid machten, etwaiges neueres Material aufzufinden, sind, was uns bei keiner andern Regierung begegnete, völlig erfolglos geblieben. Mit Ausnahme der Türkei geschah lange in keinem Lande Europas für Statistik so wenig wie in Spanien. Freilich sind sehr wunde Punkte vorhanden; wir dürfen nur das Wort „Finanzen" aussprechen. Es ist jedoch eine schlimme Selbsttäuschung, zu glauben, es werde durch Nichtaufklärung der Verhältnisse die Situation im Ganzen für minder übel gehalten werden.

getheilt.) Die Zahl der Gerichtsbezirke beträgt 505, die der Gemeinden (*Ayuntiamentos*) 9,355. Uebersicht:

Provinzen	Q.-Kil.[1]	Bevölk. 1877	Provinzen	Q.-Kil.	Bevölk. 1877
Alava . . .	3,122	93,191	Málaga . . .	7,313	500,231
Albacete . .	15,466	219,122	Múrcia . . .	11,597	451,611
Alicante . .	5,434	408,154	Navarra . . .	10,478	304,184
Alméria . .	8.553	349,854	Orense . . .	7,093	388,835
Avila . . .	7,722	180,457	Oviedo . . .	10,596	576,352
Badajoz . .	22,500	432,809	Paléncia . . .	8,097	180,785
Barcelona . .	7,731	835,306	Pontevedra . .	4,504	451,946
Búrgos . .	14,635	332,461	Salamanca . .	12,794	285,500
Cáceres . .	20.755	306,594	Santander . .	5,472	235,299
Cádix	7,323	430,158[2]	Segóvia . .	7,028	149,961
Castellon . .	6,336	283,961	Sevilla . . .	14,061	505,291
Ciudad-Real .	20,305	260,641	Sória . . .	9,936	153,654
Córdova . .	13,727	385,582	Tarragona . .	6,349	330,105
Coruña . . .	7,973	595,585	Teruel . . .	14,229	242,296
Cuenca . . .	17,149	237,497	Toledo . . .	14,468	334,744
Gerona . . .	5,884	299,002	Valéncia . . .	11,272	679,030
Granada . .	12,788	477,719	Valladolid . .	7,880	247,453
Guadalajara .	12,611	201,288	Viscaya . . .	2,198	189,954
Guipuzcoa . .	1,855	167,207	Zamora . . .	10,711	250,004
Huelva . . .	10,676	210,641	Zaragoza . .	17,112	400,266
Huesca . . .	15,224	252,165	Zus. Festland	495,626	16'053,961
Jaën	13,426	422,972	Balearen	4,817	289,035
Leon	15,971	350,210	Canarien	7,624	280.388
Lerida . . .	12,366	285,297	Inseln .	12,441	569,423
Logroño . .	5,038	174,425	Total .	508,067	16'623,384[3]
Lugo . . .	9,808	410,387			
Madrid . . .	7,762	593,775			

Confession. Die katholische herrschend, man schätzt die Zahl der Akatholiken (wol viel zu hoch) auf etwa 120,000.

Volksstämme. Die eigentlichen Spanier sind ein Gemisch der früher hier wohnenden Völker (Celten, Römer, Alanen, Gothen, Sueven, Vandalen, Mauren, Araber; das maurisch-arabische Element besonders in Andalusien vorwaltend). Ausser ihnen etwa ½ Million Basken, 60,000 Medejares (Moriskos, Abkömmlinge der Mauren) in den Thälern der Sierra Nevada und in den Apuljaren; dann etwa 1,000 Nachkommen deutscher Colonisten in der Sierra Morena; 45,000 Zigeuner und eine kleine Anzahl Juden. Bei der Aufnahme von 1857 wurden 20,917 ansässige Fremde gezählt und 13,995 blos vorübergehend im Lande sich aufhaltende.

Städte von mindestens 10,000 Einwohnern: 31. December 1877. (Die Hauptstädte vorangestellt.)

A. Festland.

Prov. **Alava**. Vitória 25,039.

P. **Albacete**. Albacete 18,976, Hellin 13,655, Villarobledo 9,322.

P. **Alicante**. Alicante 34,926, Alcoy 32,497, Orihuela 20,929, Elche 19,636, Villena 11,424, (Villajoyosa 9,321).

---

1) Unter Abrundung der Decimalen.
2) Dabei das afrikanische *Ceuta* mit 9,703 Einwohnern eingerechnet.
3) Schon im Jahre 1870 wollte man eine Bevölkerung von 16'794,963 durch natürliche Vermehrung festgestellt haben, — ein neuer Beweis von der Unzuverlässigkeit solcher Schätzungen. Auch die Zählung von 1877 kann mit andern Erhebungen in Europa schwerlich in gleiche Linie gestellt werden.

P. Almería. Almería 40,323, Cuevas de Vera 20,644, Berja 15,586, Huércal-Overa 15,219, Níjar 13,661, Adra 11,320, (Vélez-Rúbio 9,439).

P. Avila. Avila 9,199.

P. Badajos. Badajoz 22,965, Don Benito 14,692, Villanueva de la Serena 10,710, (Olivenza 7,759, Mérida 7,390).

P. Barcelona. Barcelona 249,106, Grácia 33,766, San Martin de Provensals 24,829, Sabadell 18,121, Mataró 17,405, Manresa 16,526, Sans 15,959, San Andrés de Palomar 14.615, Badalona 13,749, Villanueva y Geltrú 13,613, Vich 12,478, Igualada 11,882, Tarrasa 11,193.

P. Búrgos. Búrgos 29,683.

P. Cáceres. Cáceres 14,816, (Trujillo 9,428).

P. Cádix. Cádix 65,028, Jerez de la Frontera 64,533, San Fernando 26,822, San Lucar de Barrameda 22,777, Puerto de Santa Maria 22,125, Arcos de la Frontera 16,280, Algerciras 12,465, Medina-Sidónia 12,397, Tarifa 12,234, Chiclana de la Frontera 11,627, Vejer de la Frontera 11,132, Puerto Real 10,632, Ceúta 9,703, San Roque 8,729).

P. Castellon de la Plana. Castellon de la Plana 23,393, Villarreal 12,887, Burriana 10,058, (Vinaroz 9,528, Segorbe 8,095).

P. Ciudad Real. Ciudad Real 13,589, Valdepeñas 13,876, Amodóvar del Campo 10,362, (Almaden 8,628).

P. Córdoba. Córdoba 49,855, Cucena 19,540, Priego de Córdoba 15,674, Cabra 13,763, Baena 13,336, Montoro 13,293, Montilla 13,207, Aguilar 11,712, Ponte-Gentil 10,904, Castro del Rio 10,261, Pozoblanco 10,026, (Bujalance 9,974).

P. Coruña. Coruña 33,735, Santiago 24,192, El Ferrol 23,811, Ortiguéira 17,393, Carballo 11,449, (Noya 9,251).

P. Cuenca. Cuenca *) 8,202.

P. Gerona. Gerona 15,015, Figuéras 11,739.

P. Granada. Granada 76,108, Loja 18,249, Motril 16,665, Baza 12,992, Guadix 11,787, Montefrio 10,263.

P. Guadalajara. Guadalajara 8,581.

P. Guipúzcoa. San Sebastian 21,355, (Irun 7,040, Vergara 6,021).

P. Huelva. Huelva 13,174.

P. Huesca. Huesca 11,416, (Barbastro 8,164).

P. Jaen. Jaen 24,392. Linares 36,630, Ubeda 18,149, Alcalá la Real 15,901. Marmolějo 14,654, Baeza 14,377, Andújar 11,974, Bailén 10,041, (La Carolina 7,782, Mancha Real 5,749).

P. Leon. Leon 11,515.

P. Lérida. Lérida 20,369.

P. Logroño. Logroño 13,393, (Calahorra 8,134).

P. Lugo. Lugo 18,909, Fonsagrada 15,916, Chantada 13,852, Vivero 11,345, Panton 11,249, Villalba 11,061, Monforte 10,931, Sárria 10,809, Mondoñedo 10,112, Saviñáo 10,112.

P. Madrid. Madrid 397,690, Alcalá de Henáres 12,317, (Aranjuez 8,154).

P. Málaga. Málaga 115,882, Antequera 25,549, Vélez-Málaga 24,332, Ronda 19,181, Coin 10,065, Almogía 9,994, (Estepona 9,994).

P. Múrcia. Múrcia 91,805, Cartagena 75,908, Lorca 52,934, La Union 22,122, Yelea 15,276, Caravaca 15,017, Jumilla 13,886, Moratalla 11,216, Mazarron 11,002, Cieza 10,910, Mula 10,597.

P. Navarra. Pamplona 25,630, Tudela 10,086, (Baztan 9,931, Estella 6,749).

P. Orense. Orense 12,586, (Viana 8,118).

P. Oviedo. Oviedo 34,460, Gijon 30,591, Cángas de Tinéo 22,212, Valdés 22,014, Siero 21,494, Finéo 21,414, Grado 20,255, Villaviciosa 20,179, Piloña 18,648, Llánes 18,637, Salas 16,394, Miéres 12,614, Langréo 12,832, Lena 11,657, Cudillero 10,113.

P. Paléncia. Paléncia 14,505.

P. Pontevedra. Pontevedra 19,857, La Estrada 23,528, Lalix 16,217, Puentearéas 14,566, Lavadores 13,665, Vigo 13,416, Silleda 13,346, Tuy 11,710, Tomiño 11,150, Rendondela 11,073.

P. Salamanca. Salamanca 18,007, Béjar 11,099.

---

*) Nicht Cuença, wie oft geschrieben wird.

P. Santander. Santander 41,021.

P. Segóvia. Segóvia 11,318.

P. Sevilla. Sevilla 133,938, Ecija 24,955. Carmona 17,421, Osuna 17,211, Utrera 15,093, Moron de la Frontera 14,879, Marchena 13,768, Lebrija 12,864, Constantina 10,988.

P. Sória. Sória 6,256.

P. Tarragona. Tarragona 23,046, Réus 27,595. Tortosa 24,057, Valls 13,250.

P. Teruel. Teruel 9,510.

P. Toledo. Toledo 21,297, Talavera de la Réina 10,029.

P. Valéncia. Valéncia 143,856, Alcira 16,146, Játiva 14.534, Requena 13,527, Sueca 13.386. Carcagente 12,102, Onteniente 11,727, Cullera 11,049, Pueblo Nuovo del Mar 10,493 (Sagunto 6,287).

P. Valladolid. Valladolid 52,206 (Medina del Campo 5,296).

P. Vizcaya. Bilbao 32,734 (Durango 4,276).

P. Zamora. Zamora 13,632.

P. Zaragoza. Zaragoza 84,575, Calatayud 11,512.

B. Inseln.

P. Baléares. Palma 58,224, Mahon 15,642, Manacor 14,929, Felanix 11,018.

P. Canárias. Las Palmas 17,661, Santa Cruz de Tenerifa 16,610, La Laguna 11,034.

Spanien ist sonach nicht mehr vollständig so arm an grösseren Städten, als es noch vor nicht langer Zeit war: es besitzt jetzt 5 Orte von mehr als 100,000 Einwohnern, 9 von 50—100,000, 17 von mehr als 25,000.

Finanzen. Seit langer Zeit ist es in Spanien — man möchte sagen — herkömmlich, dass auf dem Papiere Budgets hergestellt werden, welche mit einem mässigen Ueberschuss abschliessen, dass dann aber beim wirklichen Rechnungsabschluss ein, und zwar nicht selten sehr grosses Deficit vorhanden ist. So kam es wiederholt, dass die verfallenen Zinsen der Staatsschuld nicht bezahlt werden konnten, und dass die Regierung darauf ihren Gläubigern mit der Erklärung gegenüber trat, zur Erfüllung ihrer Verbindlichkeiten ausser Stand zu sein. Gewöhnlich stellte sie dann neue Schuldscheine für die nicht eingelösten Zinscoupons aus, mit dem neuen Versprechen, dieselben nach so und so viel Zeit allmählig einzulösen, bis dahin aber steigend mit blos 1, 2 oder 3 % zu verzinsen. Nach längerer oder kürzerer Frist begann das Spiel von Neuem; die Amortisirung wie die Verzinsung, auch nur im verringerten Betrage, blieb aus.

Ueberblicken wir die spanische Finanzgeschichte, so sehen wir die nämlichen Erscheinungen fort und fort in beständigem Kreislauf sich wiederholen. Die ältesten Schulden datiren aus den letzten Zeiten der Eroberung Granadas. An Zahlungsversprechen hat es nie gefehlt; aber stets hat man so gewirthschaftet, dass man mit der Erklärung vor die Gläubiger treten konnte, nur bei einer Zahlungserleichterung nicht ganz wortbrüchig werden zu müssen; nach Gewährung dieser oder jener Frist werde man Zins und Capital vollständig decken. Statt eines gesteigerten Bezuges erhielten dann die getäuschten Gläubiger sogar weniger, als ihnen als Abfindung verheissen war, — vielfach gar nichts. Im Herbst 1872 befand sich Spanien schon wieder einmal in der Lage, seinen Gläubigern ein »Arrangement« anzubieten; nachdem es erst die 5proc. Schuld auf 3 % herabgesetzt, welcher Zins mit den Jahren erhöht werden sollte,

erklärte es sich bereit, für die nächsten 5 Jahre die vertragsmässigen 3 %
nur zu ²/₃ baar, das restliche eine Proc. aber in neuen Titres zum Course
von 50 % zu bezahlen. Aber schon der Coupon vom 1. Juli 1874 ward
wieder nothleidend. 1876 gab es ein neues Arrangement, die sog. 3proc.
Rente erhielt — ein Proc. Zins und soll dann später (wann?) 1¹/₄ %
erhalten.

Die »Frankfurter Ztg.« hat zum Theil merkwürdige Enthüllungen
gebracht: Von 1870 bis 1873/74 ist ermittelt, dass überhaupt kein Budget aufgestellt worden ist, sondern dass man einen ältern Voranschlag
wieder aufwärmte, natürlich ohne sich um dessen Einhaltung zu beküm-
mern; dann folgten ganz oberflächliche sog. Budgets; erst in den letzten
Jahren nahm man sich die Mühe, sie zu detailliren. Wie es im Uebrigen
mit der Staatsschuld steht, zeigt folgende Thatsache: Unterm 21. Juli
1879 erstattete die von beiden Kammern eingesetzte Schuldenüber-
wachungscommission ihren Bericht. Die Commission konnte nun aber
nicht herausbringen, wo Titres der 3proc. Schuld im Betrage von 2,904
Mill. Pesetas sich befänden. Drei Tage später entdeckte man (!)
2,500 Mill. in der Bank als subsidäre Garantie der Bankobligationen und
des Staatsschatzes. Erst später entdeckte man den Rest, — der Director des Schatzes hatte die Auskunft verweigert! Noch ein Weiteres: die
span. Bank selbst präsentirte gefälschte Coupons! Die verkauften Nationalgüter werden im Ganzen auf etwa drei Milliarden geschätzt, darüber
ist jedoch nie eine genaue Rechnung, ja nicht einmal eine annähernd
genaue Schätzung hergestellt worden.

Doch wir wollen wenigstens die neueren Daten erwähnen.

Das *Budget* für 1882/83 enthielt denn folgende Ziffern:

Einnahme: Directe Steuern 230'979,000 Pesetas (Franken), indirecte
164'409,000, Zoll 115'458,000, Stempel und Monopole 221'585,000, Ertrag der
Nationalgüter 28'860,225, verschiedene Einnahmen 21'706,000, zus. 782'997,225.

Ausgabe: Civilliste 9'800,000, gesetzgeb. Körper 1'859,250, Staatsschuld
223'023,050, Pensionen, Leibrenten etc. 47'750,065, Präsidium des Ministerraths
1'101,600, Auswärtiges 3'550,900, Justiz 51'625,675, Kriegswesen 126'272,700,
Marine 36'127,300, Inneres 45'369,000, öffentliche Arbeiten und Unterricht
90'117,400, Finanzen 20'531,925, Betrieb der Staatsmonopole 124'957,875, Verwaltung der Güter der todten Hand 522,510, zus. 782'639,250.

Zugleich wurde das Capital der Staatsschuld für 1. Sept. 1881 zu
9,613'753,121 Pesetas, der Jahreszins zu 106'264,218 Pesetas angegeben.
und zwar nachdem man die Zinsen von 3,245'160,194 P. innere und von
4'092,894 äussere Schuld auf 1 %, andere Schulden ebenfalls auf 1,
weitere auf 2 % herabgesetzt hatte.

Als es sich um Vorsorge für Beschaffung der Mittel zur Deckung der
Schuldzinsen für den 1. Juli 1883 handelte, verlangte der Finanzminister
Camacho Ermächtigung zum Verkaufe des Restes der Nationalgüter. Dem
widersetzten sich aber die übrigen Minister, weil hierauf alsbald alle
Mittel zum Fortregieren fehlen würden. Camacho legte seine Stelle
nieder. Das neue Ministerium Sagasta erklärte (was nicht recht in Einklang zu bringen), der Finanzplan des vorigen Cabinets sei angenommen.
für 1883 werde sich ein Einnahmeüberschuss ergeben, die Couponzahlung
sei gesichert, ohne Verkauf der Nationalgüter. Wie dies bewirkt werden
soll, darüber gab das neue Ministerium, trotz des Verlangens der Oppo-

sition, keinen Aufschluss. Es scheint dem frühern Finanzminister Ernst
gewesen zu sein mit Herstellung der finanziellen Gleichgewichts; ohne
den von ihm vorgeschlagenen Nationalgüterverkauf sah er jedoch ein
Deficit von 40 Millionen für 1883 vorher. Dabei machte er die Bemerkung: als er in das Ministerium eingetreten sei, habe das Passivum 340
Mill., das Activum 245 Mill., die schwebende Schuld 194 Mill. Pesetas
betragen, während bei seinem Austritte ein Budgetüberschuss von sechs
Mill. Pesetas vorhanden gewesen.

Ein klares Bild von der span. Finanzgestaltung kann man sich nicht
machen. Der jetzige Finanzminister Pelayo Cuesta schätzte, März 1883,
die Einnahme des Jahres 1883/84 auf 802'425,000 Pesetas, während er
die des Vorjahres nur zu 762 Mill. veranschlagte; für 1883/84 erwartet
er im Ordinarium zwar einen kleinen Ueberschuss von $^3/_4$ Mill., dabei
aber, in Folge der ausserordentlichen Ausgaben, ein Deficit von rund
30 Mill., ungerechnet die die durch Anlehen zu deckenden öffentlichen
Bauten von 85 Mill.

Beim Schlusse dieser Abtheilung kommt uns der nähere Inhalt der
Rede des Finanzministers zu Gesicht, welche derselbe bei Vorlage des
neuen Budgetentwurfes in der Abgeordnetenkammer hielt. Wir lassen
einen kurzen Auszug folgen (wobei die obigen Ziffern einer kleinen Abweichung unterliegen): Der Finanzminister begann mit den Details der
Conversion und constatirte, dass die Emission der 4proc. amortisablen
Rente eine Nettoeinnahme von 315'766,279 Pesetas für die Staatscasse
ergab, wovon die schwebende Schuld mit 186'378,943 Pes. zu decken
und für Deficite der letzten Jahre 109'931,819 zu zahlen wären, sodass
hieraus ein Ueberschuss von 19'455,516 für 1883/84 im Extraordinarium
in Einnahme gestellt werden könne und zwar einschliesslich des heute zu
Gunsten des Staates im Ausweis der Bank erscheinenden Saldos von
66'618,294, woraus noch verschiedene Verpflichtungen zu decken, die
bereits in obiger Aufstellung figuriren. Die Einnahmen sind im Ordinarium veranschlagt auf 802'376,886, die Ausgaben auf 801'640,398, daher muthmasslicher Ueberschuss 736,488 Pes.; sodann im Extraordinarium Einnahmen 36'931,050, Ausgaben 30'327,396, daher muthmasslicher Ueberschuss 6'603,654 Pes., nachdem obige 19'455,516 verwendet,
und 17'475,534 aus Staatsgütern erlöst worden. Die ordentlichen Einnahmen setzten sich zusammen aus: Contributionen 239'295,000 Pes.,
Steuern 152'829,000, Zölle 123'808,000, indirecte Steuern, Stempel,
Lotterie etc. 251'290,000, Verschiedenes 35'154,886, zusammen wie
oben 802'376,886 Pes. Von den Ausgaben entfallen auf Civilliste
9'800,000, Cortes 1'988,785, öffentliche Schuld 273'883,448, Justiz-
kosten 2'467,743, Pensionen 47'963,446, ferner Kriegsministerium
123'261,705, Marine 33'595,222, öffentliche Arbeiten 44'939,717, Erhebungskosten an directen und indirecten Steuern 137'394,050 etc. Das
laufende Finanzjahr 1882/83 wird nach den Angaben des Ministers muth-
masslich Einnahmen 795'476,863 gegen Ausgaben 793'442,529 und somit einen Ueberschuss von 2'034,334 Pes. ergeben. Angesichts der beträchtlichen Mehreinnahmen der Monate Januar und Februar, welche
bei dieser Berechnung noch nicht bekannt waren, hofft der Minister
jedoch auf einen bedeutend höheren Ueberschuss per Ende 1883 und

glaubt, dass eventuell die diesjährige Quote für öffentliche Arbeiten mit 8 Mill. eingestellt werden könnte, falls die Cortes das projectirte Gesetz einer in zwanzig Jahren heimzuzahlenden Anleihe von ca. 85 Mill. für öffentliche Arbeiten genehmigen, ohne den oben aufgestellten muthmasslichen Ueberschuss wesentlich zu verändern. Der Minister scheint somit den Gesammtüberschuss pro 1882/83 auf 10 Millionen zu veranschlagen, wovon dann eventuell die erwähnten 8 Mill. für öffentliche Arbeiten in Abzug zu bringen wären.

Militär. Die span. Armee befindet sich zur Zeit in einem tief eingreifenden Uebergangsstadium. Allgemeine Wehrpflicht auf 12 Jahre gilt als Norm, davon treffen 3 J. auf die active Armee, 3 auf die active Reserve und 6 auf die zweite Reserve; gleichwol ist Loskauf um 1,500 Pesetas gestattet. Die Colonialarmee besteht im Wesentlichen aus Geworbenen. In Spanien hat man die Zahl der Infanteriebataillone (40 Linienregim. und 20 Jägerbataillone) von 104 auf 140 erhöht: die Depotbataillone bilden den Kern, speciell was Ausbildung und Organisation weiterer Truppenmassen betrifft. Cavallerie, wie bisher, 24 Linienregim. (12 Reg. Lanziers, 10 Jäger, 2 Husaren) und eventuell 24 Reserve-Cavallerieregim. Artillerie 20 (statt bisher 14) Reg. Genie 10 Bataill. (früher 4 Reg. zu 2 Bataill.). Der Zustand des ganzen Heeres ist der der Unfertigkeit; der Schwerpunct soll in den Depoteinheiten liegen. Die Gesammtstärke war für 1882/83 zu 94,810 Mann festgesetzt, während der Uebungsmonate auf 28,000 Mann mehr. Nach Vollendung der Neubildung hofft man, eventuell bis zu 400,000 Mann aufstellen zu können.

Was die Colonialtruppen anbelangt, so werden auf Cuba 28,600, auf Puertorico 3,300 und auf den Philippinen 10,000 M. unterhalten; auf der ersteren Insel 8 Linienreg. und 8 Jägerbataillone Infant., 2 Reg. (Jäger) Cavallerie und 1 Geniereg., daneben eine Anzahl Specialcorps; auf Puertorico 6 Bataill. Infant., 1 Bataill. Artill. und 2 Escadr. Reiterei; auf den Philippinen 7 Reg. Eingeborene, Infanterie, 1 Escadr. Lanziers, 1 Reg. Artillerie und Anzahl Specialcorps.

Festungen besitzt Spanien viele, die wenigsten entsprechen einigermaassen der neuzeitlichen Anforderung. Wir nennen: am Biscayischen Meere: Fuentarabia, Santona, Santander, los Passages, Ferrol, Coruña, Vigo, Toro (San Sebastian ist als Festung aufgehoben); gegen Portugal: Ciudad Rodrigo, Bajadoz, Olivença; in Andalusien und am Mittelmeere: Cádix, Tarifa, San Roque (gegen Gibraltar), Málaga, Vélez-Málaga, Almería, Cartagena, Alicante, Castell von Valencia, Murviedro, Tarragona, Barcelona, Rosas; gegen Frankreich: Figueras, Urgel, Puycerda, Pamplona, Gerona, Hostalrich, Manresa, Lérida, Tortosa, Mequinenza, Zaragoza; auf den Inseln und in Afrika: Palma, Port Mahon, Ceuta.

Marine. Aufgeführt wurden 1882: 5 Panzerfregatten mit 60 Kan., 4,300 Pferdekr., 12 Schrauben- und 2 Raddampfer, Schiffe 1. Classe, 18 Sch. 2. Cl., 61 3. Cl., zusammen mit den nicht classificirten Fahrzeugen 132 Schiffe mit 517 Kanonen und 26,064 Pferdekr., ungerechnet einige weitere, alte.

Sociales. Geistlichkeit und Adel beherrschten Jahrhunderte lang Land und Volk. In geistiger Beziehung geschah zeitweise Vieles — auf

dem Papier: mit welchem reellen Erfolge zeigte sich, als man 1860 eine
etwas eingehendere Volkszählung vornahm. Damals konnten von den
Einwohnern

	männlich	weiblich	zusammen
lesen und schreiben nur . .	2'414,015	715,906	3'129,921
lesen aber nicht schreiben . .	316,557	389,221	705,778
keines von beiden*)	5'034,545	6'802,846	11'837,391

Neue Nachweise über wissenschaftliche Publicationen waren von
uns ebensowenig zu erlangen, als solche über Ackerbau, Montanwesen
und Gewerbsindustrie. Die letztere leidet noch immer theilweise unter
den Nachwirkungen der frühern, mitunter bis zum Unbegreiflichen ge-
triebenen Verkehrtheit der Handelspolitik. (Um die Bergwerke in der
neuen Welt zu fördern, verbot man die Ausbeute im eigenen Lande:
man zwang Sevilla, die Bergproducte aus dem fernen Chile und Peru zu
beziehen, die ihm in nächster Nähe zu Gebote standen; noch heute ist
der Steinkohlenreichthum fast unbenutzt.) Den *Handelsverkehr* des Jahres
1881 berechnet der Goth. Hofkalender, nach grösseren Gruppen, folgendermaassen (in Millionen Pesetas):

	Einfuhr	Ausfuhr
1. Genussmittel	130,3	359,7
2. Rohproducte	187,0	180,0
3. Fabricate	143,0	17,6
4. Verschiedenes	36,1	33,9
Zusammen	496,4	591,3

Sind indessen solche Handelslisten, wie wir früher des Nähern zeig-
ten, durchaus unzuverlässig, so dürfte dies insbesondere bei Spanien der
Fall sein.

Im J. 1882 hatte Spanien eine ausgezeichnete *Weinernte*; exportirt
wurden nach Frankreich 625,145 Hektol., nach Italien 844,816, nach
andern europäischen Ländern 470,258 Hectol.

Die *Handelsmarine* wurde für 1. Jan. 1881 so angegeben: 347
Dampfer von 233,686 Tonnen und 1,889 Segelschiffe von 326,439 T.,
zusammen 2,236 Fahrzeuge von 560,125 Tonnen.

Eisenbahnen. Während das 5,405 Myriameter umfassende Deutschland nicht weniger als 34,600 Kilom. Bahnen besitzt, hat das nur um
325 Myriam. kleinere Spanien erst (Jan. 1883) 7,908 Klm. (wovon 7,536
im allgem., 312 im Specialdienst waren, ausserdem 60 Klm. Tramways),
also noch nicht ein Viertel, und doch bedürfte es solcher, bei der Armuth
an gewöhnlichen Land- und Wasserstrassen im Innern, um so mehr. Im
Bau begriffen waren 1,480 Klm. für den allgem., 580 für den Specialdienst, zusammen 2,060 Klm. Im J. 1879, wo 6,745 Kilom. im Betrieb
standen, wurden 14'115,268 Passagiere und 5'841,505 Tonnen Güter
(2,093 Pers. und 866 G. pr. Kilom.) befördert; die Gesammteinnahme
belief sich auf 131'722,026 Pesetas = 19,530 pr. Kilom. Am 1. Jan.
1883 waren in Kilom.)

	im Betriebe	im Bau
Im allgemeinen Dienst	7,536	1,480
Im Specialdienst	312	580
Tramways	60	—
Zusammen	7,908	2,060

---

*) Noch 1850 kam es vor, dass in ganzen Bezirken die Kinder keine andere
Schrift besassen um lesen zu lernen, als — die Kreuzzugsbulle! — Ferdinand VII.
erkannte in der Volksbildung die grösste Gefahr. Darum schloss er u. a. die
Universitäten, stiftete aber eine Schule für Stiergefechtkunst.

Die *Telegraphenlinien* haben nur nur eine Länge von 16,124, die Drähte nur eine solche von 40,405 Kilom.; Bureaux gab es 1880 erst 365; die Depeschenzahl war 2'222,429, wovon 316,561 amtliche. Kein Wunder, wenn die Einnahme zu 3'299,049, die Ausgabe zu 4'957,136 Pesetas berechnet wird.

Post, 1880. 2,536 Bureaux; beförderte Briefe 81'422,000, Postkarten 1'045,000, Drucksachen und Waarenproben 5'703,000, Zeitungen 40'247,000; Einnahme 9'407,954, Betriebskosten 7'599,820 Pesetas.

Münze, Maasse, Gewicht. Das Münzsystem dem franz. nachgebildet; die Einheit bildet die *Peseta*, werth 1 Fr. = 4 Realen. Unterabtheilung in *Céntesimos de Peseta*. Früher bildete der *Real de Vellon* die Münzeinheit (unterabgetheilt in 34 *Maravedis*), nach dem Münzgesetze vom 15. April 1848 werth 27 Centimes (der alte *Real de Plata* war nahezu das Doppelte werth); 20 Reales de Vellon oder 10⅝ Reales de Plata = 1 *Peso duro* oder Silber-Piaster. (Keine Münze in der Welt war einst so verbreitet, wie der Piaster; auch der Dollar ist nur eine Nachahmung desselben; in ganz Amerika und Asien kennt man vorzugsweise dieses Geld.) Mitte der 1860er Jahre rechnete man nach *Escudos* (Thaler) von 10 Reales de Vellon, also ½ Piaster = 2 Fr. 70 Cent. — Die Maasse sind sehr verschieden, am verbreitetsten die castilischen. Die span. Meile (20 auf den Grad des Aequators) hat 5,565 Meter, ebenso die *legua maritima* (unterabgetheilt in 3 *millas maritimas*). — Flächenmaass: die *fanegada* = 64,26 Aren. — Getreidemaass: der *cahis*, zu 12 *fanegas*; die *fanega* = 54,8 Liter. — Weinmaass: der *moyo* (zu 16 *cantaras* oder *arrobas mayores*) = 258,2 l. Die *pipa* = 27 *cantaras*. — Das Pfund (*libra*) = 460,14 gr. Mit dem 1. Jan. 1859 sollte die Durchführung des franzÖs. metrischen Systems beendigt sein, doch haben sich thatsächlich die alten Maasse und Gewichte noch vielfach erhalten.

Auswärtige Besitzungen.

Spanien, einst Beherrscherin von mehr als der Hälfte Amerikas, besitzt noch folgende Colonieen (die C a n a r i e n, sowie die P r e s i d i o s sind schon beim Mutterland aufgeführt):

A. Amerika:	Q.-Kil.	Bevölkerung
Cuba mit der Pinoinsel und Zugehör, 1879	118,800	1'424,649
Puerto-Rico mit Zugehör (Jungferninseln), 1860	9,144	754,313
B. Afrika:		
Isla de Fernando Póo, Isla de Corisco, Gebiet am Cabo de San Juan, Isla de Mosquitos ó Elobey, Isla de Annoboe	2,100	30,000
C. Oceanien:		
Philippinische Inseln (Islas Filipinas) *)	200,000	6'000,000
Die Marianen-Inseln	1,150	8,500
- Carolinen-Inseln **)	700	15,000
Zusammen	330,000	8'230,000

Das Areal der Philippinen wurde früher im *»Anuario Estadístico de España«* zu 11,141 *leguas cuadradas* und die Volkszahl (1859) zu 4'429,631 angegeben. Bei dem, ohnehin grossentheils nur nominellen Besitze der Philippinen Seitens Spaniens, glauben wir mit obigen Ziffern schon ziem-

---

*) Es sind dies die Batanes und Babuyanes; dann die Inseln von Polillo, Catanduanes, Marinduque, Búrias, Ticao und Masbate, die Calamianes, Cúyos und Cagayanes; die Sibuyan-, Romblon-, Tablas- und Fuegos-; die Basilan- und Joló-Inseln. Ferner folg. einzelne Inseln: Luzon, Mindoro, Palauan oder Paragua, Balabac, Samar, Léyte, Bojol, Cebú, Negros, Panáy, Mindanao. Eingerechnet ist endlich ein Gebiet auf Borneo.

**) Paláos, Bonebey, Ualan und die Peguinen-Inseln (Islas pequeñas .

lich hoch gegriffen zu haben. Behm und Wagner nehmen 298,772 Q.-Kilom. und 6'300,000 Menschen an, und berechnen den gesammten Colonialbesitz Spaniens, allerdings unter Einschluss der schon bei »Spanien« aufgeführten Canarischen Inseln, zu 436,647 Q.-Kilom. und 8'839,000 Menschen. (Für die Philippinen allein führte schon eine frühere Angabe von 1876 8'178,672 Einw. auf.)

Die *Negersclaverei* ward durch Gesetz von 1870 für aufgehoben erklärt, jedoch unter Bedingungen, welche die Schwarzen auf Cuba um so weniger befriedigten, als auch der Vollzug ein höchst illoyaler war. Der auf dieser Insel schon zuvor, Oct. 1868, begonnene Aufstand ward erst 1878 bewältigt. Wie weit die Verheissungen erfüllt sind, ist uns unbekannt.

1878 war die Zahl der Bewohner Cubas: 965,735 Weisse, 287,827 freie Farbige und 171,087 Sclaven.

Als Thatsache wird 1883 berichtet, noch seien auf Cuba 137,500 Sclaven vorhanden; seit der Inkraftsetzung des Emancipationsgesetzes von 1880 seien 16,615 Neger frei geworden und zwar 66 % durch die freiwillige Handlung ihrer Herren, 11 % in Gemässheit der vor 1880 in Kraft befindlichen Civil- und Strafgesetze und 23 % in Folge des neuen Gesetzes. Von diesen 23 % erlangten $\frac{4}{5}$ ihre Freiheit durch Erkaufung derselben.

Um ein gleiches Schicksal von Puerto-Rico (Portorico) abzuwenden, wurde von den span. Cortes 22. März 1873 ein Gesetz erlassen mit bedeutend günstigeren Bestimmungen für jene Unglücklichen auf dieser Insel.

Die wichtigsten *Städte* in den Colonieen sind: Habana mit 250,000 Einw. (Schätzung), Puerto-Rico mit 24,000 und Manila mit 270,000(?).

Ueber die *Finanzen* liegen nur ältere und unsichere Notizen vor, für Cuba 60'$_{13}$ Pesos Einnahme, 56'$_{76}$ Ausgabe; Puerto-Rico soll 3'$_5$ Ausgaben erfordert haben; von den Philippinen fehlen Nachweise überhaupt.

Der *Handel* von Cuba 1880 besteht wesentlich aus Zucker, Rum und Tabak (12$\frac{1}{2}$ Mill. Pfund und etwa 150 Mill. Cigarren). Nach dem deutschen Handelsarchiv sind 1880 1,426 Schiffe von 1'020,131 Tonnen in Habana eingelaufen. Ausfuhr aus Puerto-Rico beiläufig ähnlicher Art wie bei Habana.

Telegraphen auf Cuba, 1880, 4,500 Kilom., auf Puerto-Rico etwa 800, auf den Philippinen 1,150 Kilom.

Eisenbahnen auf Cuba gegen 1,400 Kilom.

Andorra (halbsouveräne Republik).

Die Republik besteht aus drei auf der Südseite der Pyrenäen gelegenen Thälern von etwa 500 Q.-Kilom. und 5,800—6,000 Menschen. Die Bevölkerung ordnet ihre Angelegenheiten selbst, durch einen von den 6 Gemeinden erwählten Rath von 24 Mitgliedern, doch ernennen der Bischof von Urgel (Spanien) und Frankreich durch den Präfecten der Ostpyrenäen, früher des Ariégedepart.) abwechselnd einen Viguier. In jedem Jahre bezahlt Andorra abwechselnd 960 Fr. an Frankreich, oder 460 Fr. an den Bischof von Urgel. Hauptnahrungsquellen der Einwohner: Schafzucht, Holzabsatz und etwas Eisenproduction.

Portugal (Königreich).*)

Seit 1835 ist das Festland in 17 Districte getheilt, wozu noch die Inseln mit 4 weiteren Districten, zus. 21, kommen. Da indess die alte Provinzialeintheilung die den natürlichen und historischen Verhältnissen am meisten entsprechende ist, und in Mitteleuropa fast allein beachtet wird, so bleiben wir bei dieser, jedoch unter Beifügung der Namen und Volkszahl der Districte. Eine Unterabtheilung weist 295 Bezirke auf. (Die Volkszahl nach der Aufnahme vom 1. Jan. 1878, die Arealangabe nach Strelbitsky, unter Abrundung der Decimalen.)

Provinzen (und Districte).

A. *Festland*:

	Q.-Kilom.	Bevölker.
1. Minho (m. d. Districten Vianna do Castello 201,390 Einw., Braga 319,464, Torto 461,881)	7,213	982,735
2. Tras os Montes (Distr. Villa Real 224,628, Bragança 168,651)	11,033	393,279
3. Beira Alta (Aveiro 257,049, Vizeu 371,571, Coimbra 292,037)	11,750	920,657
4. Beira Baixa (Guarda 228,494, Castello Branco 173,983)	12,141	402,477
5. Estremadura (Leiria 192,982, Santarem 220,881, Lisboa 498,059)	17,875	911,922
6. Alemtejo (Portalegre 101,126, Evora 106,858, Beja 142,119)	24,294	350,103
7. Algarve (Faro)	4,834	199,142
Zusammen	89,143	4'160,315

B. *Inseln*:

	Q.-Kilom.	Bevölker.
8. Azoren (Distr. Angra (Terceira), Horta (Fayal), Ponta Delgada (St. Michel)	2,388	259,800
9. Madeira und Porto Santo (Funchal)	815	130,584
Zusammen	3,203	390,384
Total	92,346	4'550,699

Von der Bevölkerung waren 2'175,829, männl., 2'374,870 weibl.

Confession: Die katholische, es soll heimliche Juden geben.

Auswanderungen: Fast ausschliessl. nach Brasilien; in den Jahren 1870—74 durchschnittlich 9,365.

Städte (1878):

				Auf den Inseln:
Lisboa (Lissabon) 187,404	Evora 13,046			
- m. Vorstädt.**) 246,343	Tavira 11,459			
Porto 105,838	Elvas 10,471		Funchal (Madeira) 19,752
Braga 19,755	Covilhã . . . 10,809		Ponta Delgada . 17,635
Setuval . . . 14,798	Povoa de Varzim 10,365		Angra (Terceira) 11,070
Loulé 14,448	Ovar 10,022		Horta 7,446
Coimbra . . . 13,369				

Finanzen. Seit langen Jahren reichen die Einkünfte nicht mehr zur Deckung der Bedürfnisse. Alle bisherigen Anstrengungen zur Herstellung des Gleichgewichts bewiesen sich unzulänglich. Die portugiesischen Staatsgläubiger sind längst in einen Fall wie die spanischen gebracht. Sie sahen sich dahin gedrängt, den Vorschlag zu acceptiren, die alten, auf 1000 Frcs. lautenden, aber seit 1836 unbezahlten Titres gegen neue,

---

*) Vergl. *Gerardo A. Pery, Geographia e Estadistica de Portugal e Colonias, Lisboa, 1875. — Populacão. Censo No. 1° de Janeiro 1878. Lisboa 1881.*
**) Belem 30,029, Olivaes 28,910.

30 Frcs. Zinsen verheisende Titres umzutauschen, denen man einen Werth von etwa 500 Frcs. beimisst. Nachdem dann die Regierung eben erst ein neues Anlehen abgeschlossen, kam sie, zufolge einer Mittheilung der »Times«, mit einer neuen, seltsamen Finanzoperation: sie nahm bei dem Comptoir d'Escompte in Paris eine neue Schuld von 25 Mill. Frcs. auf, unter der Bedingung, dass dieses Creditinstitut während der Dauer von zehn Jahren die Wechsel eines portugiesischen Finanzagenten bis zu obigem Betrage acceptirt. Die Regierung vergütet einen den Bankdisconto stets um 2 % übersteigenden Zinsfuss. Ueber ein Viertel des Betrages hat die portugiesische Regierung schon verfügt. Das Cityblatt knüpft an seine Mittheilung folgende Bemerkungen: Die Staatsschuld Portugals beträgt 82' £ (2,050'000,000 Frcs.), wonach auf jeden Einwohner 16 oder 17 £ (400 — 425 Frcs.) entfallen. Im Jahre 1878 hat die Regierung 2½ Mill. £, kürzlich 1 Mill. £ und jetzt wieder diese schwebende Schuld aufgenommen, die in ihrer Art einzig dasteht, da wohl selten noch ein Bankhaus sich auf zehn Jahre zu einer continuirlichen Wechseloperation verpflichtet hat. — Sodann machte die portugiesische Finanzagentur zu London Anfangs April 1882 bekannt: »Die portug. Cortes haben soeben einige von der Regierung vorgeschlagene Abänderungen, sowie eine Erhöhung der Zölle auf gewisse Consumartikel genehmigt, welche eine Zunahme der Einkünfte um 600 Mill. Réis (133,133 £) erzielen werden; weitere Maassregeln werden gegenwärtig erörtert, die eine weitere Vermehrung von 1000 Mill. Réis (222,222 £) zur Folge haben sollen. Der Rest der von der Regierung vorgeschlagenen Maassregeln wird die Tilgung der bestehenden Deficits zum Resultat haben.«

Das *Budget* für 1882/83 schloss, in Mil-Réis, so ab (über die Schreibweise s. unten, Münze):

E i n n a h m e n: Directe Steuern 6'066,630 (dabei 3'152,000 Grund-, 1'138,500 Gewerb-, 346,100 Mieth-, 171,600, Rentensteuer), Registrir- und Stempelgebühr 3'075,700, indirecte Abgaben 15'210,770 (dabei 7'300,500 Zölle, 3'431,000 Tabaksteuer), Domänen 2'578,234, andere Einnahmen 1'104,678, Anleiherest von 1878 1'618,000, zus. Einnahmen 29'654,012.

A u s g a b e n: Innere Schuld 7'137,866, äussere Schuld 5'951,455, zus. Schuld 13'089,321, Finanzministerium 5'763,870 (dabei Civilliste und Apanagen 571,000), Minist. des Innern 2'161,149, Cultus und Justiz 627,372, Kriegswesen 4'599,930, Marine und Colonieen 1'663,721, Aeusseres 308,486, öffentl. Arbeiten 2'727,084, zus. ordentl. Ausgaben 30'940,933, dazu ausserord. öffentl. Arbeiten 4'335,278. Total 35'276,211. Also trotz aller künstlichen Manipulationen wieder ein solches Deficit!

Das der Kammer vorgelegte Budget pr. 1883/84 lässt eine Besserung der finanziellen Situation hoffen. Die Einnahmen sind mit 31,2 Mill. Milréis, die Ausgaben mit 31,5 Mill. veranschlagt, so dass sich ein Deficit von 0,3 Mill. (gleich 1,3 Mill. Mrk.) ergeben würde. Die Einnahmen sind um 2,7 Mill. höher eingesetzt, was man mit höheren Erträgen der bestehenden, sowie durch Einführung neuer Steuern motivirt.

Es bestehen noch mancherlei besondere Budgets, namentlich für Dotation des Weltclerus, der Frauenklöster u. s. f.

Schuld, 30. Juni 1881: 1) Neue 430'879,399 (innere 3 % 232'929,349, äussere 197'950,050), 2) ältere, zu convertirende 1'927,399 (dabei 1'664,666 Papiergeld, der Rest vertagte Zahlungen von älteren Verpflichtungen).

Militär. Die Heerergänzung erfolgt durch Freiwillige, und bei bleibendem Bedarfe durch Aushebung. Dienstzeit 3 Jahre im activen Heere und 5 in der Reserve. Die nicht ausgehobene junge Mannschaft bildet 8 Jahre lang die zweite Reserve; sie erhält keine milit. Ausbildung, sondern liefert nur im Kriegsfalle die benöthigten Recruten. S t ä r k e (auf dem Papiere) 1,643 Officiere und 33,231 Mann auf dem Friedens-, 2,688 Officiere und 75,336 Mann auf dem Kriegsfusse. Die wirkliche Stärke beträgt indess nur 1,880 Officiere und 26,000 Mann. — F o r m a t i o n: Infanterie: 18 Regimenter zu 8 Compagnien im Frieden und zu 12 im Kriege, und 9 Jäger-Bataillone zu 8 Comp., dann 3 Jäger-Bataillone auf den Inseln zu 6 Comp. im Frieden und 8 im Krieg.
Cavallerie: 2 Lanciers- und 6 Jäger-Regimenter zu 6, im Kriege 8 Escadrons.
Artillerie: 2 Feld- und 2 Garnisons-, dann 1 Gebirgs-Feld-Regiment, 1 Bataillon Genie.
D a z u: 1,200 Mann Colonialtruppen.

Festungen (meist verfallen): Elvas, Jerumenha, Campo Mayor. Marvao, Peniche, Nonsando, Almeida, und die Forts von Lissabon mit dem einzigen Kriegshafen.

Flotte 1882: 31 Dampfer (worunter 1 Panzer-Corvette) von 4,817 Pferdekr. mit 94 Kanonen, und 16 Segelschiffe mit 44 Kanonen. Flottenmannschaft 1,880 activ.

Sociales. Auch hier waren Adel und Geistlichkeit im Besitze des Landes; $^2/_3$ desselben ist nicht angebaut. Nach Aufhebung der Mönchsklöster zufolge Gesetz vom 26. Mai 1834 gab es noch im Jahre 1856 120 Nonnenklöster mit 1,560 Nonnen etc., und einem Vermögen v. 7'205,651 Mil-Réis. Dagegen waren selbst 1874 nur 1,987 Volksschulen für Knaben und 458 für Mädchen vorhanden; von den für das Unterrichtswesen bestimmten 5'055,288 Fr. kamen nur 1'370,678 auf die Volksschulen. Im Allgemeinen ist eine sociale Umgestaltung im Gange durch Vernichtung der Majorate (Gesetz vom 19. Mai 1863), Einziehen der Klostergüter und Ablösung der Renten.

Weinproduction. Mit Reben sind 189,407 hecta. bepflanzt.

Die *Industrie* ist sehr beschränkt. Der Metallreichthum des Landes wurde vor 1852 fast gar nicht ausgebeutet; erst in den 3 Jahren 1872 bis 74 wurden 348 Concessionen nachgesucht und ertheilt, doch alsbald kamen viele Gruben und Hütten wieder zum Stillstande. Der Handel betrug 1882 24'₆₇ Mil-Réis Ein- und 17'₄₈ Ausfuhr. Die wichtigsten Verkehrsländer waren im Jahre 1880 (bei einer Gesammtsumme von 34'₉₃ Mil-Réis Ein- und 24'₇₂ Ausfuhr:

	Einfuhr	Ausfuhr		Einfuhr	Ausfuhr
Grossbritannien . .	15'₂₃	10'₇₈	Deutschland . . .	1'₈₀	1'₁₅
Frankreich	4'₁₄	1'₇₄	Vereinigte Staaten .	5'₃₀	0'₇₉
Spanien	2'₀₈	1'₇₈	Brasilien	2'₁₄	5'₈

Hafenverkehr, 1880 (die Ladungsfähigkeit in 1000 Kubikmeter).

	Eingelaufen				Ausgelaufen			
	Segler		Dampfer		Segler		Dampfer	
	Schiffe	Tragfäh.	Schiffe	Tragfäh.	Schiffe	Tragfäh.	Schiffe	Tragfäh.
Portugiesische	5,073	364	871	478	5,005	471	845	469
Fremde .	2,258	576	2,407	2,222	2,632	505	2.265	2,186
Zusammen	7,331	940	3,278	2,700	7,637	976	3,110	2,655

Die eigene Handelsflotte umfasste 1880 42 Dampfer von 12,212 Kubikmetern und 456 Segelschiffe langer Fahrt von 78,848 Kub.-Met.

Eisenbahnen, 1882. 1,680 Kilom. im Betrieb, im Bau und Project circa 300 Kilom. In den Colonieen circa 80 Kilom. im Betrieb.

Post, 1881. Gesammtverkehr 35'677,441 Sendungen (empfangen und abgesendet jedesmal gerechnet), davon im internen Verkehr 14'$_{60}$ Briefe, 9'$_{41}$ Zeitungen, 3'$_{78}$ andere Drucksachen, 1'$_{44}$ amtliche Correspondenz.

Telegraphen, 1880. Linien 4,369, Drahtlänge 10,889 Kilom. Zahl der bezahlten Depeschen 633,219.

Münze, Maasse, Gewicht. Der Mil.-Réis (1,000 Réis) = 4 Mark 45 Pf.; der Conto de Réis ist eine Million Réis; der Crusado 480 Réis. Grössere Summen werden gewöhnlich in Contos berechnet, und etwas eigenthümlich geschrieben, z. B. 29,654 : 012 U 567 Réis bedeutet 29,654 Contos, 012 Mil-R. 567 Réis. — Der *palmo de craveiro* = 22 Centimeter; die *pé* (Fuss) = 1½ *palmo* (in 12 *pollegadas* getheilt) = 33 Ctm. Die *milha* (Meile) hat 9,389½ *palmos* = 2,065,$_{65}$ Met. — Der Morgen *(geira)* = 58,$_{56}$ Aren. — Getreidemaass: der *moio* zu 15 *fangas*, die *fanga* = 55,$_{36}$ Liter. — Flüssigkeitsmaass: die *almuda* oder *almade* = 16,$_{74}$ lit. Weinmass: die *pipa* zu 26 almudas = 435,$_{24}$ lit. Eine uns vorliegende portugiesische Notiz berechnet jedoch die Wein-Pipe von Porto zu 534, die Pipe von Lissabon für alle Flüssigkeiten zu 504 lit. — Das Pfund *(arratel)* = 0,$_{459}$ Kgr. — 1860 ward das metrische System eingeführt, scheint jedoch noch nicht allgemein in Anwendung.

Auswärtige Besitzungen.

	Q.-Kilom.	Bevölker.
A. In *Afrika:* Cap-Verdische Inseln (9 bewohnt, 5 unbewohnt), ebenso Madeira und Porto Santo; s. oben .	3,850	99,317
In Senegambien (Bissão, Cacheo etc. (1873)	70	9,282
Inseln S. Thomé und Principe (1878)	1,120	25,431
Angola mit Ambriz, Benguela, Mossamedes[1]) . . .	800,000	700,000
Mozambique und Zubehör (Sofala, Cabo Delgado etc.) .	900,000	300,000
B. 1) In *Indien:* Goa, Salcete, Bardez etc. (1864) . . .	3,300	445,000
Damao, Diu (1875)	100	53,000
2) *Oceanien* und *China:* Macao (1871)	12	72,000
Inseln Timor (nördl. Theil), Flores u. Kambing etwa	16,000	300,000
Zusammen ungefähr	1'725,000	2'000,000

Diese Schätzung dürfte, sowol was Areal als was Bevölkerung betrifft, bedeutend zu hoch sein, obwohl andere Angaben noch viel grössere Ziffern bringen (z. B. gegen 2 Mill. Q.-Kil. und 3'880,000 Menschen, ja bis zu 11 Millionen). So berechnete 1860 der Gouverneur von Delli, *Alfonso de Castro*, die Bevölkerung des portugiesischen Theiles von Timor nur zu 180,000, die der ganzen Insel zu 300,000 Menschen, während officiell 850,000 angenommen waren. Im Jahre 1875 ward ein Gesetz erlassen, zur Aufhebung des »Restes der Sclaverei in den portugiesischen Colonieen.« Die befreiten Sclaven sollten darnach bis 1878 unter Vormundschaft der Regierung verbleiben.

Die Einnahmen sämmtlicher Colonieen wurden in den Budgets für 1882/83 auf 2'388,445, die Ausgaben zu 2'579,146 ordentliche und 290,670 ausserordentliche veranschlagt.

---

1) Einzelne portugiesische Angaben schätzen das Areal auf 825,000 Q.-Kil., die Volkszahl willkürlich auf 2 Millionen, andere sogar auf 9 Millionen.

Griechenland (Königreich).

Nach der Vergrösserung in Folge der Grossmächteconvention vom
24. Mai 1881 umfasst dasselbe: 1) das frühere Rumelien mit 19,856
Q.-Kil., 2) Morea mit 22,201 und 3) die Inseln (Euböa, Kykladen und
die Ionischen Inseln mit 9,263 [dies nach Strelbitsky], 4) dazu die
neuen Abtretungen der Türkei, berechnet zu 13,369, zusammen 64,688
Q.-Kilom. Die *Volkszahl* auf dem früheren Gebiete betrug bei der Aufnahme von 1879 1'679,775, die in dem neu erworbenen Lande ward
bei der Zählung zu 299,953 ermittelt. zusammen also 1'979,728 oder
rund 2 Millionen.

Nationalitäten. Auf dem alten Gebiete lebten zur Zeit der Zählung,
ausser 67,941 Individuen, nur solche, welche griechisch sprachen; jene
waren 37,598 Arnauten (Albanesen) 1,217 Macedonier und 29,126 Andere. Der Staatsangehörigkeit nach waren 19,958 Fremde, davon 15,051
Türken, 2,099 Engländer, 1,539 Italiener, 526 Deutsche, 415 Franzosen, 141 Russen, 24 Amerikaner.

Confessionen. Auf dem frühern Gebiete zählte man (1870) 1'441,810
orthodoxe Griechen, 12,585 andere Christen, 2,582 Juden, 917 Anhänger anderer Secten.

Städte (1879). Athen 66,834, Patras 25,494, Piräus 21,055,
Hermupolis (auf Syra) 21,245, Korfu 16,515, Zante 16,250. Tripolis
10,057, Pyrgos 8,788, Argostoli (a. Kephalonia) 7,871, Messolunghi
6,324, Nauplia 4,598, Sparta 3,595. Theben 3,509; (neu erworben
1881): Larissa 13,169, Volo 7,316, Trikala 5,563, Arta 4,990.

Finanzen. Seit dem Bestehen des Staates befinden sich die Finanzen
in schlimmer Situation; auch der Anschluss der Ionischen Inseln, die
gleichfalls in wenig befriedigenden Verhältnissen standen, brachte keine
Besserung. Es kam die Zeit der türkischen Beutetheilung. Griechenland liess sich zwar abhalten, an dem grossen Kampfe Theil zu nehmen.
gegen die ihm von Seiten einiger Grossmächte gewordene Verheissung,
gleichwol vergrössert zu werden, doch musste es schliesslich, um seine
Ansprüche zur Geltung zu bringen, verhältnissmässig grosse militärische
Anstrengungen machen, welche naturgemäss bedeutende finanzielle Opfer
kosteten. Wie in dieser Beziehung die Dinge um das Jahr 1880/81 sich
gestalteten, zeigt namentlich ein Bericht des britischen Legationsraths
Mounsey zu Athen an seine Regierung, dem wir die wichtigsten Daten entnehmen: Das Originalbudget für 1880 war ursprünglich mit
1'668,500 £. Einnahme und 1'880,500 £ Ausgabe (d. h. der entsprechenden Drachmenzahl) abgeschlossen. Im Laufe des Jahres 1880 bewilligten die gesetzlichen Gewalten weitere ansehnliche Beträge, um
Landheer und Flotte auf den Kriegsfuss zu bringen, wodurch das Aus-
gabebudget auf 3'753,000 £ stieg, ohne Zunahme der Einnahmen. Für
1881 sah man im Budget bereits ein noch grösseres Deficit vorher. da
sich die Ziffern folgendermassen stellten:

	1881 Lstr.	1880 Lstr.
Ausgabe	4'434,100	3'753,000
Einnahme . . .	1'751,800	1'668,500
Deficit	2'682,300	2'084,500

Wie sich aus diesen Zahlen ergibt, ward angenommen, dass die Einnahme pro 1881 diejenige des Vorjahres um 83,300 £ übersteigen werde. Die Zölle zeigen eine Mehreinnahme um fast 61,000 £, welches abgeschätzte Plus jedoch darauf zurückzuführen ist, dass diese Zölle in neuen anstatt in alten Drachmen eingehen, eine Veränderung, die gleichbedeutend mit einer Erhöhung der Zölle um 12 % ist. Diesem Plus ist aber eine mehr als ausgleichende Verminderung der Grundsteuer und der Einnahme aus dem Stempelgefälle gegenüberzustellen; die beiden Quellen, aus denen die Zunahme der Einkünfte hauptsächlich resultirt, sind einerseits der Verkauf von Staatsländereien, welcher nach der Schätzung 19,200 £ mehr als im Jahre 1880 ergeben dürfte, und andererseits die Einnahme aus nunmehr eingegangenen Beträgen, die eine Zunahme um 60,700 £ ergeben. Diese eingegangenen Beträge sind einfach Steuerrückstände und hinsichtlich derselben gibt M o u n s e y eine Tabelle, aus welcher hervorgeht, dass nahezu zwei Drittel der Deficits in den Budgets Griechenlands während der letzten 17 Jahre auf solche Steuerrückstände zurückzuführen sind, Rückstände, die in sehr namhaftem Umfange aus einem mangelhaften und laxen System der Besteuerung resultiren. Während des erwähnten Zeitraumes hat das durchschnittliche jährliche Deficit 142,124 £ und der Durchschnittsbetrag der Steuerrückstände 88,124 £ betragen, und nach der Ansicht des Finanzministers sind es gerade die gutsituirten Leute, welche sich mit ihren Steuern im Rückstande befinden. Die Zunahme der Ausgabe für das Jahr 1881 resultirt fast allein aus der Mehraufwendung für die Armee (ein Mehr von 609,000 £), und aus den Zinsen für die interne Schuld, welche 242,820 £ höher sind. Diese letzterwähnte aus dem Schuldverhältnisse resultirende Mehrbelastung ist die Folge der während der letzten beiden Jahre aufgenommenen Anleihen, durch welche das Kapital der Staatsschuld wie folgt angewachsen ist:

	Staatsschuld December 1879	11'557,277 £
–	März 1881	17'514,546
	Zunahme	5'957,269

Diese Zunahme setzt sich zusammen aus der Anleihe zum Belaufe von 62 Millionen Drachmen, aufgenommen seitens der Nationalbank im Hinblick auf die Ausdehnung ihres Notenemissionsrechtes und aus der 1880 aufgenommenen Anleihe zum Betrage von 120 Millionen Francs.

Die Beschaffung der nöthigen Geldmittel war der griechischen Regierung längst wesentlich dadurch erschwert, dass derselben die europäischen Börsen in Folge ihrer Repudiation der alten Schuld verschlossen waren, weswegen die Deficite nur durch inländische Anlehen gedeckt werden konnten, die nicht wohlfeiler als zu 8 bis 9 % zu bekommen waren. So stieg denn diese innere Schuld, 1874 3'450,000 £ betragend, 1879 auf 4'520,000 £. Man musste sich endlich zu einer Abfindung mit den seit 50 Jahren ganz unbefriedigt gelassenen Gläubigern, den Besitzern der Obligationen von 1824 und 25, entschliessen; statt 8'150,000 £

und weiteren Zinsen seit 1873, liessen sich dieselben mit 1'200,000 abfinden. Unter der Bedingung wenigstens dieser Abfindungssumme gelang es 1880, ein Anlehen von 2'400,000 £ in Frankreich zu Stande zu bringen. Aus diplomatischen Rücksichten gestand man nun auch die Anerkennung der Forderung der Erben des bayerischen Königs Ludwig I. mit 3'751,792 Frcs. (zu Gunsten des bayerischen Prinzen Ludwig Ferdinand, zu. Aus Anlehen von 1879 sollte der Zwangscours des Papiergeldes bis 1. Jan. 1881 aufgehoben werden; das Geld ward indess anderweit verbraucht. Die kriegerischen Rüstungen allein hatten 1880 52 Mill. Frcs. erfordert. Für das von den drei »Schutzmächten« 1832 garantirte Anlehen von 60 Mill. Frcs. hatten diese zu sorgen; mit Zinsrückständen wurde der dafür 1881 schuldige Betrag zu 93'457,458 Frcs. berechnet.

In dem letzten, der griechischen Kammer vorgelegten Budgetentwurfe für 1883, sind die Einnahmen mit 73,₁ Mill. Frcs., die Ausgaben mit 72,₁ Mill. Frcs. vorgesehen, so dass man einen Ueberschuss von 1 Mill. Frcs. herauszurechnen vermochte. Derselbe ist jedoch lediglich auf Rechnung neu eingeführter Steuern, von denen 5,₅ Mill. allein auf den Tabak kommen, zu setzen, während die alten Steuern eine bedenkliche Abnahme zeigen. Ausserdem hat die Regierung noch für Verkäufe von Staats-Domänen 4,₈ Mill. eingestellt. (In deutschen Blättern finden wir die Notiz, der Finanzminister habe am 2. April 1883 der Kammer den Budgetentwurf für das neue Finanzjahr vorgelegt, abschliessend mit 72'133,610 Drachmen Einnahme und 72'011,648 Bedarf.)

Nach der Aufstellung von 1881 hatte damals die äussere *Schuld* 320'215,175, die innere 170'192,133, beide zusammen 490'407,309 Frcs. betragen. Was mittlerweile erforderlich geworden, ist uns nicht bekannt, nur ist es Thatsache, dass die griechischen Kammern im März 1883 zur Aufnahme einer Geldanleihe von 10 Millionen bei den griechischen Banken ermächtigten.

Militär. Allgemeine Wehrpflicht vom 20. bis 30. Jahre; davon 3 Jahre in der activen Armee, 7 in deren Reserve; dann 10 Jahre in der Landwehr und weitere 10 Jahre in deren Reserve.

Anfangs 1878 stellte man die ganze bewaffnete Macht auf den Kriegsfuss; auch die Landwehr (Nationalgarde) ward aufgeboten; die Leute zwischen 30 und 35 Jahren für den mobilen Dienst, die zwischen 35 und 40 J. für den Städte- und Garnisonsdienst. So hoffte man im Ganzen 110,000 Mann unter die Waffen zu bringen (der Kriegsminister redete sogar für den äussersten Fall von 200,000). Ein königliches Decret vom 8. Januar 1881 verfügte die Aufstellung von 82,077 Mann, ein Decret vom 31. August desselben Jahres reducirte dann die Ziffer auf 27,500, doch unter Beibehaltung der mittlerweile neu geschaffenen Cadres. Die Formation ist:

    40 Bataillone Infanterie (worunter 9 Bat. Jäger) zu 450 Mann.
    15 Escadrons Cavallerie zu 540 Pferden.
    4 Abtheilungen Artillerie (2 Feld-, 2 Gebirgsartillerie) zusammen mit 16 Batterien, jede mit 6 Kanonen.
    3 Bataillone Genie.

Festungen. Missolunghi, Nauplia, Navarin, Tripolizza, Akrokorinth, Akropolis von Athen, Chalkis, Lamia, Vonitza, Rhion, Monembasia.

Marine. Alle wehrfähigen jungen Männer der Seegemeinden sind zum Marinedienste verpflichtet, und werden, wenn die Zahl der Freiwilligen nicht ausreicht, nach dem Loose aufgeboten. — Schiffsbestand 15 Kriegsfahrzeuge mit 68 Kanonen, 9,562 Tonnen, 6,730 Pferdekraft und 1,480 Mann, dabei 2 Panzerfregatten. Die Marinedepots befinden sich zu Poros, das Arsenal im Piräus ist unbedeutend.

Sociales. *Unterrichtswesen.* Nach einem uns vorliegenden Berichte hat dasselbe bereits eine ansehnlichen Aufschwung erlangt. Im Jahre 1835 gab es kaum 170 Elementarschulen mit etwa 7,000 Schülern: 1882 sollen beide Ziffern auf 1,194 und 79,114 gestiegen sein. Der Aufwand für die Elementarschulen wird zu 1'390,000 Mark berechnet, wozu der Staat 152,000 beiträgt, während die Gemeinden den Rest decken. Secundar- (hellenische) Schulen (mit [Neu- in Verbindung mit Alt-]Griechisch, Latein etc.) gibt es 136 mit 280 Lehrern und 7,646 Schülern, Gymnasien 16, mit 120 Lehrern, 2,460 Zöglingen. Der Unterricht ist, wie in den Elementarschulen, unentgeldlich. Die Staatscasse verwendet für die hellenischen Schulen 420,000, für die Gymnasien 360,000 Mark. Die 1841 gegründete Universität zählt 1,250 Studenten. Dieselbe hat eine Einnahme von etwa 200,000 Mark; aller Unterricht ist auch hier frei.

Bodenbenutzung. Die Traubenproduction nimmt auch in der Neuzeit wieder die wichtigste Stelle ein. Zu Anfang des Jahrhunderts sollen blos 70,000 Stremmata (7000 ha.) mit Reben bepflanzt gewesen sein, 1880 dagegen 1,3 Mill. Am bedeutendsten sind die Pflanzungen in Attika, Elis, Santorin, auf Sta. Maura und Kephalonia. Die Korinthe wird auf Zante, bei Korinth, Elis und Patras am meisten cultivirt; sie wächst auf kleinen Stauden und ist zum Frischverspeisen nicht geeignet. Die Gesammtproduction betrug 1880 195 Mill. Pfund. Die Weinproduction wird jährlich auf 100—150 Mill. Oka, im Werthe von 30—50 Mill. Drachmen berechnet. Der Weinexport, der 1876 noch nicht 4,2 Mill. Oka betrug, hat in den letzten Jahren, besonders nach Frankreich, sehr zugenommen. (Nach dem deutschen Handelsarchiv.) — Ueber *Handel* und Schiffsverkehr liegen nur veraltete Angaben vor.

Eisenbahn. Im Betriebe zur Zeit nur die kleine Strecke zwischen Athen und dem Piräus, 12 Kil. Weitere Routen sind in Ausführung begriffen. — *Kanal.* Die Durchstechung der Landenge von Korinth befindet sich in Ausführung. Die Gesammtlänge des Kanals beträgt nur 6 Kilom.: er erhält eine Breite von 72 und eine Tiefe von 26 Fuss.

Post, 1880. 143 Bureaux; beförderte Briefe und Postkarten 3'528,754, Zeitungen 1'206,936, Waarenproben und Drucksachen 63,224, zusammen 5'098,914 Sendungen.

Telegraphen, 1880. Länge 3,573, Drahtlänge 4,580 Kilom., Depeschen 397,272.

Münze, Maasse, Gewicht. Das Gesetz vom 21. November 1869 verfügte die Einführung des Franken-Münzfusses; aber erst im November 1882 begann die Regierung die Durchführung, und zwar binnen 5 Tagen, vom 1. (13.) November an. Der noch immer andauernde Papier-Zwangscours hatte den Werth des 20-Francsstücks, der in alten Drachmen 22,40 betrug, bis auf 25 Francs hinaufgeschraubt. Die alte Drachme ward nun zu 89 Centimes gewerthet. Der Franc heisst wie früher Drachme, getheilt in 100 Lepta. Die Einführung des französisch-metrischen Maasses und Gewichts ist schon seit 1836 gesetzlich angeordnet.

Rumänien (Königreich).

Dieses Land, dass sich am 10./22. Mai 1877 als Fürstenthum unabhängig erklärte, und vom Berliner Congress am 1./13. Juli 1878 dafür anerkannt ward, nahm unterm 14./26. März 1881 den Titel eines Königreichs an. Das Areal wird (einschl. der Dobrudscha) officiell zu 127,564, vom Perthes'schen Institut zu 129,947, von Strelbitsky zu 131,409,₁ Q.-Kilom. berechnet; wir können rund 1,300 Q.-Myriam. annehmen. Volkszählung hat — bei anderen als den jetzigen Grenzen — eine einzige, im Jahre 1859/60 stattgefunden, welche 4'424,961 Menschen ergab, während die Regierung dermalen 5'376,000 annimmt.

Nationalitäten. Man schätzt hier 4½ Mill. Rumänen (deren Gesammtzahl zu etwa 10 Mill. angenommen wird), 400,000 Juden, 200,000 Zigeuner, 85,000 Slaven, 35,000 Deutsche, 30,000 Ungarn.

Confessionen. Auch hier nur Schätzungen: über 4½ Mill. griech. Katholiken, etwa 150,000 römische Katholiken, 15.000 Protestanten, 8,000 Armenier, 6,000 Lipovaner, 400,000 (vielfach verhasste und verfolgte) Juden, ein paar tausend Mohammedaner.

Städte. Bukarest 210.000, Jassy 90,000, Galatz 80,000, Botoschani 40,000, Ploēsti 33,000, Braīla 28,300, Berlad 26,600, Kraiova 22,800. Giurgewo 20,800, Fokschani 20,300, Piatra 20,000Einw. (Gerade bei den grösseren dieser Orte liegen nur unsichere Schätzungen, bei den kleineren wenigstens (nicht sehr verlässige) Aufnahmen zu Grunde.)

Finanzen. Dieselben befanden sich seit Gründung des Staates in starker Zerrüttung. Von 1860—64 kam ein constitutionell abgeschlossenes Budget überhaupt nicht zu Stande, an dessen Stelle traten Ordonnanzen. Es erfolgte der russisch-türkische Krieg, an dem sich Rumänien auf Drängen Russlands schliesslich direct betheiligte. Derselbe kostete dem Lande nach officieller Berechnung 48'285,704 Lëi (Franken), doch soll diese ganze Summe durch Gewinn der Eisenbahn an Truppen- und Munitionstransporten gedeckt worden sein. Im Uebrigen musste Rumänien sein werthvolles Bessarabisches Gebiet an Russland zurückgeben. wofür es nur durch Ueberlassung der wenig werthvollen Dobrudscha entschädigt ward. Im Jahre 1880 ging man an Neuordnung der Finanzen. Der Finanzminister präliminirte die Einnahmen auf 124'045,575, die Ausgaben dagegen auf 127'715,878 Lëi. Zu den ersteren lieferte das Mutterland Rumänien 121'793,120, die Dobrudscha aber 2'252,455. während die Verwaltung dieser letztgenannten Provinz 2'480,620 kostete. Deficit folglich 3'670,303 Lëi.

Das Budget für das Finanzjahr vom 1. April 1882 bis dahin 1883 schloss in Einnahme und Ausgabe conform ab mit 122'627,044 Lëi. Zu den Einnahmen trugen bei: die directen Steuern 25'190,000, die indirecten 51'836,000, der Zehnte für Erhebung der directen Steuern 2'519,000. Von den Ausgaben erforderten: die Staatsschuld 45'458,431. das Kriegswesen 26'454,838, Cultus und Unterricht 11'331,890, die öffentlichen Arbeiten 8'705,212. — Pro 1883/84 ergibt sich für die Staatsschuld ein um 3 Millionen höherer Bedarf als im Vorjahre, nämlich 48'347.188 — Andeutung, dass auch im Vorjahre das Gleichgewicht nicht hergestellt war. Damals ward die Capitalsumme der Schuld, nach Abrechnung der bezahlten Annuitäten, auf 593'191,006 Lei berechnet, wovon 245'767,200 von Deficiten der Verwaltung und 347'423,806 von öffentlichen Arbeiten herrührten. Folgendes die Hauptpositionen des Budgets für 1883/84 (Lei):

Einnahmen:		Ausgaben:	
Directe Steuern . . .	24'100,000	Verzinsung der Staats-	
Indirecte Steuern . . .	54'210,000	Schulden	48'347,188
Ertrag der Staatsgüter .	20'380,832	Ministerien des Krieges	29'351,458
Einkünfte der Ministerien		der Finanzen . .	13'207,597
des Innern	4'800,000	des Cultus	11'634,676
der Finanzen . . .	2'988,400	des Innern . . .	9'855,488
der öffentl. Arbeiten	7'660,709	der öffentl. Arbeiten	5'398,463
des Cultus	81,000	der Justiz	4'318,826
der Justiz	1,200	des Aeussern . . .	1'617,924
des Aeussern . . .	155,000	den Ministerrath .	62,960
des Krieges . . .	783,000	Fonds der ausserordent-	
Verschiedene Einkünfte.	8'487,803	lichen u. Supplement-	
Ueberschüsse aus d. Bud-		Credite	1'244,954
getjahre 1881—1882 .	1'391,590	Summa:	125'039,535
Summa:	125'039,535		

Im Jahre 1882 ward die Emission einer neuen Anlehe von 134 Millionen beschlossen, wovon 34 Mill. für den Ankauf der Küstendsche Eisenbahn, 100 Mill. für Erbauung neuer Bahnlinien bestimmt. Ein Consortium: Rothschild, *Banque de Roumanie* etc., übernahm im October jenes Jahres davon 50 Mill.

Militär. Die Armee besteht: 1) aus dem stehenden Heere mit seiner Reserve; 2) aus den Territorialtruppen, nemlich den Dorobanzen und Grenzern; dies das active Heer; 3) der Miliz, gediente und nicht gediente Männer bis zum 36. Jahre einbegreifend; 4) Nationalgarde, Städtebürger von da bis zum 50. Altersjahre; 5) Landsturm, die Landbevölkerung bis zu diesem Alter. Alle Rumänen vom 20. bis 46. Jahre sind dienstpflichtig. Das Loos entscheidet über den Dienst im Heer oder in der Miliz. Dienstzeit: im Heere 3 Jahre, dann 5 in dessen Reserve, Territorialtruppen 6 Jahre und 2 Jahre Reserve, bei der Cavallerie (Kalaraschi) jedoch 5 und 3 Jahre, in der Miliz 2 Jahre und 4 Jahre Reserve. Die Armee umfasst:

    a. das stehende Heer:
Infanterie: 8 Regimenter zu 2 Bataill. à 4 Comp. und 4 Jäger-Bataillone;
Cavallerie: 2 Regim. Husaren zu 4 Feld-Escadr., 1 Regim. Gensdarmen in der Dobrudscha;
Artillerie: 5 Feld-Regim. von 6 Batterien zu 6 Kan.;
Genie: 2 Bataillone, ausserdem je eine Mineur-, Telegraphisten- und Pontonier-Compagnie;
Gendarmerie (für das eigentliche Rumänien)· 1 Regim.;
Dazu Sanitätswesen und Verwaltung. Zus. (Friedensfuss) 1,200 Offic., 18,532 M.
    b. Territorialarmee: 30 Reg. Infant., 11 Reg. Cavall., 14 Batt. Artill.
    c. Miliz: 30 Bataill. Infant., 30 Escadr. Cavall.
    Marine. 4 Kriegsdampfer, 14 Schaluppen etc.

Sociales. *Handel*. Nach einer vom rumänischen Finanzminister veröffentlichten Tabelle gestaltete sich der Ein- und Ausfuhrhandel Rumäniens seit 1871 wie folgt:

17*

	Einfuhr	Ausfuhr
1871	Fr. 82'927,500	177'682,500
1872	109'327,500	166'557,500
1874	97'892,500	157'570,000
1875	122'795,000	134'715,000
1876	101'062,500	144'962,500
1877	165'932,500	225'300,000
1878	335'550,000	141'084,500
1879	254'482,500	238'650,000
1880	255'337,500	218'920,000
1881	274'757,455	206'518,317

Während des Jahres 1880 vertheilten sich Aus- und Einfuhr auf die
einzelnen Länder:

	Einfuhr	Ausfuhr
Oesterreich-Ungarn . . . Fr.	126'402,500	82'960,000
England	58'360,000	56'415,000
Deutschland	23'930,000	—
Frankreich	18'380,000	27'757,000
Türkei	—	23'090,000

Wir glauben jedoch nicht, und zwar aus verschiedenen Gründen,
dass obige Ziffern auf Genauigkeit Anspruch machen können.

Eisenbahnen, 1882. 1,430 Kilom.

Post, 1881. Bureauzahl 200 (im J. 1875 waren officiell 236 angegeben!), Zahl der Sendungen 12'504,199, wovon 6'873,317 Privat- und
1'361,722 amtliche Briefe, 3'668,619 Drucksachen; ausserdem 415,469
Packete.

Telegraphen, 1881. 102 Staats- und 110 Eisenbahnbureaux; 5,310
Kil. Linien, 8,671 Kil. Drahtlänge; 1'150,188 Depeschen.

Münze, Maasse, Gewicht. Von der alten Münze waren 67 Moldau-Walachi-
sche Piaster = 1 £; 13 Piaster 20 Para = 1 Fünffrankenthaler, 10 Piaster 20
Para = 1 Silberrubel, der Piaster also etwa 37 Cent. 1861 ward eine neue Lan-
desmünze geschaffen, »Romana«, seitdem »Lëu« genannt (Mehrzahl Lëi), genau
dem franz. Franken gleich, mit der Unterabtheilung in 100 Bani. — Der Pogon
(Flächenmaass) = 11,$_{79}$ Q.-Meter. Hohlmaasse: Vedra, in der Walachei = 12,$_{88}$.
in der Moldau 15,$_2$ Liter. Oka, dort 1,$_{28}$, hier 1,$_{32}$ Lit. Man hat auch die Benennung »Liter«, allein in der Walachei umfasst derselbe nur 0,$_{32}$, in der Moldau 0,$_{38}$
franz. Lit. — Gewicht: Oka, in der Walachei 1,$_{27186}$. in der Moldau 1,$_{291}$ Klgr.
Das metr. Maass bricht sich übrigens immer mehr Bahn.

Serbien (Königreich).

Das früher unter der Suzeränität der Pforte gestandene Land ward
unterm 18. Juli 1878 durch den Berliner Congress als unabhängiges
Fürstenthum anerkannt, erklärte sich dann aber unterm 6. März 1882 als
Königreich. (Starke innere Wirren, Staatsstreiche etc.) Das Areal des
in 4 Kreise eingetheilten Landes wird zu 486 Q.-Myriam. berechnet;
eine (nicht sehr genaue) sogenannte Zählung vom 31. Dec. 1878 ergab
eine Volksmenge von 1'669,337, während man für 1882 1'760,000 entzifferte. (Die Berechnung von 1880 865,422 männl., 834,789 weibl.
Einw.) Die Bewegung der Bevölkerung soll 1881 gewesen sein: 21,023
Heirathen, 80,707 Geburten, 43,871 Sterbfälle.

Nationalitäten im frühern Umfange Serbiens. 1866 (neuere Angaben fehlen): 1'058.189 Serben. 127,545 Walachen, 24,607 Zigeuner, 2.589 Deutsche, 3,256 von andern Nationalitäten. — Den *Confessionen* nach: 1'340,291 griechische Katholiken, 4,161 römische, 463 Protestanten, 2,049 Juden und 6.306 Mohammedaner.

Städte, 1878. Belgrad 26,970 ohne Garnison, 1881 etwa 30.000: im neuen Gebiet: Nisch 12.801 (1882 angeblich gegen 20,000). Leskowatz 9,788, Wranja 8,291, Pirot 8,185.

Finanzen. Ende 1878 wurde Säcularisirung der Kirchengüter und Verwendung des auf eine Mill. veranschlagten Ertrags derselben zu Schulzwecken beschlossen, gleichzeitig aber auch Erhöhung der Civilliste des Fürsten um 200,000 Dinars (Franken). — Das *Budget* für 1881/82 schloss in Einnahme mit 32'635,000 und in Ausgabe mit 32'616,192. *Bei den Einnahmen:* Personalst. 10'750,000, Zölle 4'2, Tabakaccise 900,000, Getränkaccise 800,000, Gerichtssporteln 1'5, Ertrag der Staatsgüter 1'770.000, Steuerzuschläge zur Tilgung der Staatsschuld 2'575,000, Ueberschüsse aus frühern Jahren 2'. ausserord. Einn. 1'. durchlauf. Posten 2'. Bei den Ausgaben: Civilliste 1'2, Schuld 7'409,937. Kriegswesen 8'933,595. öffentl. Arbeiten 2'408,820. Cultus und Unterricht 2'636,389. — Im März 1883 votirte die Kammer 15 (statt geforderten 30) Millionen für Befestigungsarbeiten. Indem der Minister für die geringere Summe stimmte, erklärte er übrigens, es sei die Bewilligung von je 15 Mill. während wenigstens 10 Jahren nöthig, um das Land in Vertheidigungsstand zu setzen.

Schuld. Bis zum Ausbruch des Krieges war Serbien schuldenfrei. Der Krieg führte zu neuen Auflagen, Anlehen zu hohen Zinsen, Zwangsanlehen an Geld und Leistungen in natura, endlich Entschädigungspflicht an die Türkei, die jedoch bis jetzt noch nie erfüllt wurde. Die Schuld beträgt im Ganzen mehr als 100 Mill. Dinare.

Militär. Die bewaffnete Macht besteht nach dem Statut von 1862 aus dem stehenden Heere (*stojeca vojska*) und der Nationalarmee (*narodna vojska*). Die Nationalarmee ist darnach ein wahres Volksheer; die stehende Armee soll im Frieden nur zur Ausbildung der Nationalarmee und zur Beschaffung der Cadres dienen. Dreijährige, thatsächlich gewöhnlich nur zweijährige Dienstpflicht vom 20. Jahre an im stehenden Heere; dann 27jährige in der Landwehr bis zum 50. Altersjahre. Die erste Classe der Landwehr soll jährlich zu 25tägigen Lagerübungen einberufen werden. Die stehenden Truppen sollten nicht über 4,200 Mann betragen, sind jedoch nach dem Kriege auf 8,800 Mann emporgebracht, eingetheilt in 10 Bataill. Infanterie, 4 Escadr. Cavallerie, 4 Reg. Artillerie, 2 Bataill. Genie etc. Für den Kriegsfall sollen 50,000 verfügbar sein. Die Nationalarmee des 1. Aufgebots, 125,000 M. umfassend. ist in 4 Armeecorps eingetheilt, umfassend in Kriegszeiten 220 Bataill. Infant., 32 Escadr. Cavall., 32 Feldbatterien zu 4 Geschützen, 4 Festungsbatterien. Die Organisation der Nationalarmee 2. Aufgebots soll die gleiche wie die des 1. Aufgebots sein, ist jedoch noch nicht hergestellt.

Handel. Neuere Notizen als von 1875 liegen nicht vor: ebensowenig über Postbetrieb.

Telegraph, 1881. Bureaux 67, Linien 2,190 Kilom., Drahtlänge 3,136 Kilom. Depeschen 247,598.

Münze, Maasse. Seit Jan. 1879 ist das franz. Münzsystem adoptirt, und demzufolge nicht mehr nach Ducaten, sondern nach Dinars (Franken) gerechnet. Getreidemaass noch immer nach Oka = 1,28 Kilogr.

Europäische Donau-Commission.

In Folge des Pariser Friedensvertrags vom 30. März 1856 wurde, als gemeinsame Commission der 7 Vertragsmächte, diese Commission eingesetzt, mit souveräner Gewalt über die Stromstrecke von Isaktscha abwärts. Sie übt die Polizei, erlässt Reglements, erhebt Abgaben und nimmt event. auch Anlehen auf behufs Verwendung für die Flussschifffahrt. Indem die Pontusconferenz unterm 13. März 1871 die Neutralisirung des Schwarzen Meeres aufhob, bestimmte sie zugleich die Fortdauer der Commission auf 12 Jahre. Die Berliner Congressacte vom 13. Juli 1878 verfügte, im Interesse der Freiheit der Schifffahrt auf der Donau, dass alle Befestigungen vom Eisernen Thore bis zur Mündung des Stromes geschleift werden müssen, und dass kein Kriegsschiff diese Strecke befahren dürfe; die Europ. Donaucomm., bei welcher auch Rumänien und Serbien vertreten, bleibt in ihren Befugnissen, die auf die Strecke bis Galatz ausgedehnt werden: ein Jahr vor Ablauf der angesetzten Frist haben sich die Mächte über Verlängerung oder Abänderung der Vollmacht zu verständigen; die Comm. habe Reglements über Schifffahrt und Flusspolizei auch für die Strecke vom Eisernen Thore bis Galatz auszuarbeiten: die Ausführung der Arbeiten zur Beseitigung der Schifffahrtshindernisse am Eisernen Thore und den Stromschnellen ist Oesterreich-Ungarn anvertraut; zur Kostendeckung ist dasselbe ermächtigt, zeitweilig eine Abgabe zu erheben. Eine Erneuerung und Ausdehnung der früheren Verträge auf 12 Jahre hat 1883 stattgefunden. — Die Zahl der Schiffe, welche die Sulinamündung im J. 1881 befuhr, betrug 1,711 mit 793,454 Tonnen, worunter 523 englische Fahrzeuge. (Von der Gesammtheit waren 770 Schiffe Dampfer, worunter 516 englische, mit 494,666 Tons, während auf alle andern Dampfer nicht mehr als 156,350 Tons kamen.) Die zweite Stelle nimmt die griechische, die dritte die österreich-ungarische (mit Dampfern die zweite), die vierte die französische Flagge ein.

Montenegro (Fürstenthum).

Officiell wurde das Areal dem Goth. Kalender zu 8,433 Q.-Kilom. angegeben; das Perthes'sche Institut berechnete 9,030, Strelbitsky 9,400,3. Volkszahl zu 236,000 officiell geschätzt, jedoch ohne dass eine Zählung vorgenommen worden wäre. — *Confessionen*: Die Masse bekennt sich zum orthodoxen Griechenthum, nur 4,000 Katholiken und ebensoviel Mohammedaner sollen nach officieller Schätzung vorhanden sein. — *Städte*: Cetinje mit etwa 2,000 Menschen, Hauptstadt, Podgoritza 4,000, Dulcigno 3,000.

Finanzen. Es fehlt eine auch nur annähernd verlässige Angabe; man weiss insbesondere nicht, welche Zuschüsse der Fürst aus Russland erhält, und wie viel ihm früher, wenigstens zeitweise, aus Oesterreich ebenfalls zuflossen. Eine Notiz schätzt die Einnahme des Landes auf 445,000 Gulden österr., die des Fürsten auf 9,000 Ducaten; zu jener Summe sollen die directen Steuern 125,000, die Klöster 20,000, das Salzmonopol 200,000 und die Tabaks- und Branntweinsteuer 100,000 fl. liefern. Eine *Staatsschuld* entstand im letzten Kriege, deren Betrag unbekannt ist; auch soll Montenegro einen Antheil an der türkischen Schuld für das abgetretene Land übernehmen. Ein neues Darlehen von 4 Mill. Gulden soll Montenegro etwa im März 1883 von Russland für Erbauung strategischer Strassen erhalten haben.

Militär. Die ganze waffenfähige männliche Bevölkerung ist dienstpflichtig und militärisch organisirt, namentlich in Compagnieen und Bataillone eingetheilt. Stehende Truppen gibt es nicht, wenn man nicht 100 Mann Leibwache des Fürsten dafür ansehen will.

Der Betrag des *Handels* wird zu 2 Mill. österr. Gulden angegeben, was bedeutend zu viel sein dürfte. — Länge der *Telegraphenlinien* 444 Kilom., Bureauzahl 11, ebenso wie die *Post* durch Oesterreich besorgt.

Münze, Maasse und *Gewicht* meist österreichisch.

- -

Türkisches Reich (Sultanat).

Arealberechnungen einer-, Bevölkerungsschätzungen anderseits, führen ungefähr zu folgenden Resultaten.

A. Besitzungen in Europa:

	Q.-Myriam.	Bevölkerung
Unmittelbare	1,654	4'500,000 *)
Autonome Provinz Ost-Rumelien	359	816,000
Tributäres Fürstenthum Bulgarien	640	2'000,000
Bosnien etc. *pro memoria*, s. Oesterreich S. 84.		
Zusammen rund	2,653	7'316,000

B. In Asien:

Unmittelbare (dabei in Arabien angebl. 5'5 Menschen)	18,890	16'000,000
Tributäres Fürstenthum Samos	4,7	39,100
Insel Cypern *pro memoria*, s. Grossbritannien S. 160.		
Zusammen rund	18,895	16'000,000

C. In Afrika:

Schutzstaat Aegypten rund	29,800	16'400,000
Beylik Tripolis	10,000	1'000,000
- Tunis *pro memoria*, s. Frankreich S. 114.		
Zusammen rund	40,000	17'400,000

*) Nach den Berliner Congressbeschlüssen soll auch die Insel Kandia (Kreta) eine gewisse Autonomie erhalten, wozu aber bis jetzt jedes Moment der Verwirklichung fehlt. Diese Insel soll 229,000 Menschen, worunter 136,000 Christen und 93,000 Mohammedaner umfassen, gehört jedoch zur Zeit noch zu den unmittelbaren Besitzungen.

	Q.-Myriam.	Bevölkerung
Total: Unmittelbare Besitzungen	20,545	20'500,000
Mittelbare -	41,000	20'255,000
	61,545	40'750,000

ungerechnet Bosnien und Herzegowina (s. S. 84 bei Oesterreich-Ung.),
Cypern (s. S. 160 bei Grossbritannien) und Tunis (s. S. 114 bei Frankreich), aber auch ohne Berücksichtigung der Unsicherheit so vieler Besitze, namentlich im Innern Afrikas.

Nationalitäten und Confessionen. Bei dem gewaltigen Völkergemenge
sind auch nur annähernde Schätzungen kaum irgendwie zulässig. In den
europäischen Gebietstheilen mag man 3 Mill. Mohammedaner, jedoch
weitaus nicht alle osmanischen Stammes, annehmen, dann etwa 1 Mill.
Helleno-Pelasger, 2 Mill. Slaven, weiter Rumänen, Juden, Zigeuner. In
den asiatischen Gebieten zeigt sich das Völkergemenge weit geringer.
Hier rechnet man ungefähr 10 Mill. Ottomanen und Mohammedaner.
1 Mill. Griechen, 2 Mill. Armenier, 1 Mill. Araber, ebenso viel Kurden.
Noch unsicherer sind die Verhältnisse in den afrikanischen Landestheilen.

Städte. Constantinopel scheint von etwa 600,000 Menschen bewohnt
zu sein; früher nahm man über 1 Mill. an, während Einzelne auf 3—
400,000 herabgingen; die Einwohnerzahl von Saloniki scheint 60—
80,000, die von Adrianopel 60,000, Philippopel 24,000 zu sein.

Finanzen. Seit 1863 wird ein Budget veröffentlicht, das man Anfangs
mit einem Ueberschuss abschliessen liess, von dem man aber bald erkannte, dass dasselbe jedes reellen Werthes entbehrte; dann gab man
Deficite zu. Die letzte bekannt gewordene Aufstellung für das Jahr 1296
der Hedschra (13. März 1880 bis 12. März 1881) entzifferte 1,615'584,000
Piaster Einnahme und 1,914'876,359 Bedarf, folglich 299'292,359 Piaster
Deficit. Unter den Einnahmen erscheinen 271' directe und 1,041'993,000
indirecte Steuern, 113'872,000 Tribute (70'5 aus Aegypten, 24' aus Ost-
rumelien etc.); unter den Ausgaben: 491'324,348 öffentliche Schuld.
86'497,324 Civilliste und Apanagen, Kriegswesen 536'304,944. Marine
81'154,650, Artillerie 86'144,487, dazu ausserordentliche Ausgaben
210'951,243 Piaster.

Im März 1883 erhielt man aus Constantinopel folgende Notiz: Die
Finanzcommission unter dem Vorsitze Agoz Effendis, des Ministers der
Civilliste, eines früher im Dienste der Ottomanischen Bank gestandenen
Armeniers, hat von höchster Seite die Ordre erhalten, im Laufe von
3 Wochen seit der ersten Sitzung ihre Aufgabe zu beenden. Das ist aber
leichter beordert, als geschehen. Ein Budget für das am 1./13. d. M.
beginnende Finanzjahr in der Weise herzustellen, dass Einnahmen und
Ausgaben sich ausgleichen, ist im türkischen Reiche keine Kleinigkeit.
Die Arbeiten der letzten Finanzcommission ergaben für das zu Ende
gehende Jahr ein Deficit von 5 Millionen Pfund, wodurch die damals auf
25 Mill. veranschlagte schwebende Schuld heute mindestens die Summe
von 30 Mill. Pfund erreicht haben muss. Auch ist seither nicht das Geringste geschehen, weder auf dem Wege der Erhöhung der Einnahmen,
noch auf demjenigen der Herabsetzung der Ausgaben. Es ist demnach
unfassbar, wie die genannte Commission hier eine Budget-Balancirung

herausrechnen kann, welche nicht später durch die Thatsachen dementirt würde. Von den Einnahmen des türkischen Reiches, etwa 15 Mill., bleiben nach Abzug der für den Dienst der Staatsschuld, für die Civilliste, die Gehälter der Prinzen und dergleichen unreducirbaren Beträge mehr, kaum 10 Mill. für die verschiedenen Administrationen übrig. Das Kriegsministerium allein beansprucht davon $9\frac{1}{2}$ Mill.

Der uns vorliegende neueste officielle Ausweis der März-Einnahmen für Rechnung der Bondholders enthält die definitive Abrechnung für das erste Verwaltungsjahr, welches 14 Monate, die Zeit vom 1./13. Januar 1882 bis 28. Februar/12. März 1883, umfasst. In dieser Periode wurden ausgegeben für Zinsen per 1./13. Septbr. 1882 1'173,873 türk. Pfund, per 1./13. März 1883 880,405, für Amortisation 150,000, zusammen 2'204,278 türk. Pfund, während die Netto-Einnahmen nur 2'125,098 betrugen. Die fehlenden 79,180 wurden auf Rückstands-Conto verbucht. Was den Ausweis für den Monat März anlangt, so wurden in diesem Monat für Tabak 7'$_{32}$ Piaster (Februar 5'$_{33}$), für Salz 3'$_{18}$ (Febr. 2'$_{40}$), insgesammt 14'$_{16}$ Piaster brutto (Febr. 10'$_{55}$) eingenommen. Nach Abzug der Spesen bleiben 13'$_{32}$ Piaster oder 129,361 türk. Pfund (Febr. 91,112 türk. Pfund). Der Tribut aus Bulgarien brachte 2,470 türk. Pfund, aus Rumelien kamen 1.507. Die Netto-Einnahme des März beträgt insgesammt 133.505 türk. Pfund. Der Betrag ist bei der Banque Ottomane deponirt.

Schulden. Bis zum Krimkrieg war die Pforte frei von Staatsschulden, von 1854 an häufte man solche in enormster Weise, wobei man die Zinsen immer aus neuen Anlehen bezahlte. Dies ging bis zum J. 1875. Von da an hörte die Zinszahlung um so mehr auf, als bald auch der russische Krieg dazu kam. Im Berliner Friedensvertrag musste sich die Pforte verpflichten, die Kriegsentschädigung an Russland in Annuitäten von je 437,500 £ abzutragen, und zu diesem Behufe die Schafsteuer von Aleppo und die Zehnten der Vilajets Konija, Kastamuni, Adana und Siwas zu verpfänden. Endlich musste auch ein Schritt zur Bereinigung der alten Schuld geschehen. Unterm 23. Oct. 1880 forderte die Pforte die Besitzer der betr. Schuldtitres auf, Delegirte nach Constantinopel zur Herbeiführung eines Uebereinkommens mit der Regierung zu senden. Der Versuch gelang in der Weise, dass die Gläubiger, welche mit Zinsen 252'801,885 £ zu fordern hatten, sich eine Reducirung auf 106'437,234 £ gefallen liessen; die Pforte verpfändete die Einnahme von verschiedenen Monopolen (Tabak und Salz), Auflagen und Zehnten vom 13. (1.) Jan. 1882 an, die sie einem *conseil d'administration de la dette publique ottomane* zur Verwaltung überliess, so dass $^4/_5$ zur Verzinsung und $^1/_5$ zur Tilgung verwendet werden sollen; nur die von Serbien, Montenegro, Bulgarien und Griechenland zu leistenden Entschädigungen sind ausschliesslich zur Amortisation bestimmt. Ausserdem ist der ägyptische Tribut für gewisse jener älteren Darlehen verpfändet. Weitere Bestimmungen knüpfen sich daran. Da auf die Erträge von 1880 zurückgegriffen ward, so erlangte die Verwaltung pro 1880 170'213,183 und pro 1881 184'732,854 Piaster, wozu der Tabak in jedem Jahre über 87' lieferte. — Nun haben aber Serbien, Montenegro, Bulgarien und Griechenland noch keinerlei Zahlung auf die von ihnen zu leistenden türkischen Schuldantheile, welche den

Bondholders zufliessen sollen, gewährt. Ostrumelien hat ausserdem ausdrücklich Herabsetzung seines jährl. Tributs von 240,000 auf 180,000 £
verlangt, weil es ein Mehr nicht aufbringen könne. Der Verwaltungsrath
der Bondholders ermangelte nicht, dagegen zu protestiren. Aus einer
Mittheilung des Verwaltungsraths vom März 1883 ergibt sich, dass Bulgarien endlich 166,548 Piaster oder 1,631 türk. Pfund bezahlt hat, und
dass die Administration vom 1. Jan. 1882 bis 31. Jan. 1883 im Ganzen
1'456,242 £ bezog, wovon 393,333 £ auf die privilegirte und 920,869
auf die consolidirte Schuld überwiesen, 140,804 bei der Banque Ottomane deponirt und 1,236 £ in der Administrationscasse damals verwahrt
waren.

Militär. Grundsätzlich besteht seit 1869 allgemeine Wehrpflicht,
doch gilt dieselbe eigentlich nur den Mohammedanern, während die
Christen sich um 3,000 Piaster loskaufen können und eigentlich loskaufen sollten. Die Bedrängniss im letzten Russenkriege drängte indess
dazu, auch die Christen persönlich heranzuziehen, freilich mit geringem
Erfolge. Im Mai 1880 ward eine Reorganisation angeordnet, durch welche
man sich dem europäischen Wehrsysteme noch mehr als bis dahin
nähert. Die Zeit der Dienstpflichtigkeit ist auf 20 Jahre bestimmt, davon
bei der Infanterie 3, bei den andern Waffen 4 Jahre in der activen Armee
(Nizam), dann 3 resp. 2 in jeder der beiden Reserven (Redif, Landwehr),
der Rest im Landsturm (Mustahafiz). Das Land wird in 7 Militärbezirke
(Ordus) getheilt, von denen die 6 ersten je 1 actives und 1 Armeecorps
der Landwehr ersten und 1 zweiten Aufgebots stellen, im ganzen also
18 Armeecorps. Der 7. Ordu (Yemen) stellt nur das Nizamcorps zum
Localdienste. Im Ganzen erhält man dadurch 155 Regim. Infanterie
(617 Bataill., worunter 432 active), 38 Bataill. Jäger, 115 Regim. (543
Schwadronen) Cavallerie (wovon 432 active), 18 Regim. (72 Bataill.)
Feldartill. mit 216 Feld- und 36 Gebirgsbatterien. Im Frieden sind nur
die Stäbe der Landwehr vollständig; die Cadres der activen Armee haben
nur 300 Mann Infant., 100 Pferde und 4 Geschütze pr. Batterie. Noch
schwächer sind die Cadres der Redifs, theilweise gar nicht vollständig
organisirt. Der dermalige Stand der Nizams wird zu 225 Infant.- und 4
Jäger-Bataill., 166 Schwadronen, 92 Feld- und 33 Gebirgs-Batterieen,
dann 9 Milizbataill. angegeben, in der Stärke von 10,500 Officieren und
150,000 Soldaten.

Die *Flotte* war beim Ausbruch des letzten Krieges eine der bedeutendsten in Europa, hat aber durch Ungeschicklichkeit und später Verkauf aus Geldnoth schwere Verluste erlitten, so dass sie einer neuen
Organisation bedürfte, wenn die Geldmittel vorhanden wären.

Sociales. Nach einer 1880 veröffentlichten officiellen Zusammenstellung des türkischen Pressbureaus vom J. 1878 erschienen damals in
Constantinopel 72 Zeitungen und Zeitschriften, wovon 30 täglich; den
Sprachen nach 16 türkisch, 2 arabisch, 20 französisch, 12 griechisch, 13
armenisch, 4 bulgarisch, 2 spanisch-jüdisch, je 1 persisch, italienisch
und englisch.

Handel. Der erst 1883 bekannt gewordene officielle Almanach des
Osmanischen Reiches enthält, nach den Büchern der Generaldirection für

das Jahr 1296 (1880/81), eine allgemeine Uebersicht der Ein- und Ausfuhr der Türkei. Danach belief sich der Gesammtwerth der Waaren-Ausfuhr auf 746'240,000 Piaster (etwa 124'373,000 Mark), derjenige der Waaren-Einfuhr auf 1,680'279,000 P. (etwa 280'047,000 Mk.), also mehr als das Doppelte der Ausfuhr. Diese Ziffern vertheilen sich wie folgt auf nachstehende Staaten (in 1000) :

	Ausfuhr		Einfuhr	
	Piaster	Mark	Piaster	Mark
Amerika	10'552	1'759	23'101	3'850
Belgien	—	—	10'614	1'769
Deutschland	231	39	2'815	469
England	275'104	45'851	840'318	140'053
Frankreich	290'205	48'367	269'816	44'970
Griechenland	25'554	4'259	39'500	6'583
Holland	6'647	1'108	1'783	297
Italien	10'420	1'736	50'706	8'451
Oesterreich-Ungarn .	86'361	14'393	250'283	41'714
Persien	677	113	48'196	8'033
Russland	40'484	6'747	141'796	23'633
Schweiz	—	—	1'349	225
Spanien	5	1	—	—
Total	746,240	124'373	1,680'279	280'047

Gewährt diese Tabelle wegen der Unzuverlässigkeit türkischer Statistiken im Allgemeinen und des auf osmanischem Territorium bekanntlich in sehr ausgedehntem Maasse betriebenen Schmuggelhandels auch nur ein oberflächliches Bild des türkischen Handelsverkehrs, lehrreich ist sie immerhin insofern, als sie angibt, dass von den ausgeführten Waaren über 2/3 auf England und Frankreich und von den eingeführten etwa die Hälfte auf England allein entfallen. Was speciell, Deutschland betrifft, so ist klar, dass die angegebenen Ziffern bei Weitem nicht den wirklichen Verkehr mit der Türkei zum Ausdruck bringen, da die betr. Güter in erster Linie nach fremdländischen Häfen, besonders Triest, befördert werden und daher unter denjenigen Staaten figuriren, zu denen diese Häfen gehören. Eine ähnliche Bemerkung ist namentlich auch hinsichtlich der Schweiz zu machen.

Eisenbahnen in Europa 1880 1,432, in Asien 274 Kilom.

Ueber *Post* und *Telegraph* sind nur veraltete Angaben aus dem vorigen Jahrzehnt vorhanden.

Münze, Maasse, Gewicht. Gerechnet wird nach Piastern, von den Türken *Grusp* genannt; 1 deutsche Mark ist ungefähr 5¼ Piastern gleich, 110 Piaster 1 türk. Pfund Sterling. Längemaass die *Dràa, Pik*, Elle, bei Seide und Tüchern 68,54 Centim., die *Endaseh* für alle übrigen Fabricate 65,25 Centim. Getreidemaass: der *Fortin* von 4 *Kilós* à 35,27 Liter. Flüssigkeitsmaass: die *Alma* oder *Almud* zu 5,2047 lit. Gewicht: die *Oka* zu 1,2785 klgr. Vom 13. März 1871 ist das Decimalsystem in Maass und Gewicht eingeführt; der Meter heisst *Zirai acharia*, 10 Quadratmeter *Murabba*, der Liter *Culthek*, das Gramm *Dirkem acharia*.

Mittelbare Besitzungen der Pforte.

Bulgarien (tributäres Fürstenthum).

Das Areal ist officiell zu 63,865 Q.-Kilom. berechnet, eine Volkszählung vom 1./13. Januar 1881 *) ergab 1'998,983 Einwohner, wovon 1'023,730 männlich (davon Militär 16,625), weiblich 975,253, Zahl der bewohnten Häuser 339,870, Haushaltungen 349,905. — *Nationalitäten*: angeblich 66,7 % Bulgaren, 30,6 Türken, 1,3 Rumänen, 0,5 Griechen. 0,5 Juden, 0,3 Deutsche, 0,1 andere Nationalitäten **). Eine andere Schätzung nahm an: 600,000 Bulgaren, 170,000 Türken (unter denen starke Auswanderung herrscht), 30,000 Griechen. Doch war diese Schätzung, wie die Zählung zeigte, viel zu gering. *Confessionen*: 68,8 % Christen, fast sämmtlich griechisch-orthodox, 30,7 Mohammedaner, 0,5 % Juden.

Städte. Sophia 20,541, Rustschuk 26,867, Varna 24,649, Schumla 22,921, Widdin 13,602, Tirnowa 11,500, Swischtow 11,438, Plewna 11,129, Rasgrad 11,034, Wratza 10,924, Silistria 10,651, Samakow 10,109, Eski Dschumaja 10,038 Einw. — Zahl der Gemeinden 1,387.

Finanzen. Ordnung in den Finanzen fehlt noch. Der Tribut an die Pforte ist zu 240,000 türkische Pfund Sterling jährlich festgesetzt, wird aber für unerschwinglich gehalten, um so mehr, als auch Antheil an der türkischen Staatsschuld mit übernommen werden soll.

Militär. Allgemeine Dienstpflichtigkeit vom 20. Jahre an, während 12 Jahre, wovon nominell 4 (der Kosten wegen factisch nur 2) im Activheere, 4 in der Reserve, 4 in der Landwehr. Formation: 24 Bataillone Infanterie, 1 Regiment Cavallerie, 2 Regimenter Artillerie mit 9 Batterien und 80 Kanonen, Pioniere etc. Friedensetat 16,500, Kriegsstärke mit Reserve, aber ohne die noch nicht organisirte Landwehr, angeblich 80,000.

Eisenbahn im Betriebe 224 Kilom. *Post* 1881: 42 Bureaux, befördert 1'160,930 Briefe und Postkarten, 17,588 Zeitungen. *Telegraph*: 2.408 Kil. Linien, 3,500 Kil. Drähte, Bureaux 47, Depeschen 279,635. Einnahme 167,381, Ausgaben 264,500 österreich. Gulden.

Ost-Rumelien (autonome Provinz).

Areal etwa 35,900 Q.-Kilom. Bevölkerung nach officieller Angabe von 1880 815,513, wovon 573,231 Bulgaren, 174,759 Türken, 42,516 Griechen, 19,524 Zigeuner, 4,177 Juden, 1,306 Armenier. Dabei sind die mohammedanischen Pomaken, die allerdings von slavischen Bulgaren abstammen, diesen zugezählt. — Nähere Angaben fehlen.

---

*) *Statistique de la Principauté de Boulgarie. Résultats préliminaires du Recensement de la Populaion du 1/13 Janvier 1881. Sophia 1881* (Bulgarisch, mit französischen Ueberschriften).

**) Die Zahl der Bulgaren wird im Ganzen so geschätzt: 1'200,000 in Bulgarien, 600,000 in Macedonien, 700,000 in Ost-Rumelien und Thrazien, einschliesslich Constantinopel 200,000. Total 2'700,000, was jedoch um eine ½ Million zu hoch sein dürfte.

Insel Samos (tributäres Fürstenthum).

Areal etwa 470 Q.-Kil., Bevölkerung 39,100, bis auf etwa 5—600 Fremde sämmtl. orthodoxe Griechen. — *Budget* für 1882/83 3'304,584 Piaster Einnahme, 3'700,949 Ausgabe, wobei 400,000 Piaster Tribut an die Pforte und 150,000 Civilliste. — *Staatsschuld* ist nicht vorhanden. — *Handel* 1881 auf 15,₉ Aus- und 17,₇ Einfuhr geschätzt. *Handelsmarine* 335 Schiffe von 7,605 Tonnen. — *Schifffahrt* 1881. 145 Dampfer von 83,212 Tonnen und 3,829 Segelschiffe von 48,585. — *Post* 1881 27,623 Briefe, 15,632 Zeitungsblätter. — *Telegraphie* 3,264 Depeschen.

Aegypten (halbselbständiges Vicekönigthum). *)

Aegypten hatte begonnen, in die Reihe der Staaten mit einer Statistik sich einzureihen. Mehemed Ali hatte bereits (December 1846) eine *Volkszählung* vornehmen lassen. Dieselbe ergab 4'463,244 Menschen. Neue Zählungen fanden nicht statt, doch unterliess man nicht, von da an bis 1878, die Einwohnerzahl nach Massgabe der aufgezeichneten Geburten und Sterbfälle zu berechnen, und so gelangte man bis 31. December 1878 zur Ziffer von 5'517,627 Einwohnern (im eigentlichen Aegypten). Indess war es einleuchtend, dass jener erste, nothwendig höchst unzureichende Versuch nicht genügte, und so brachte es denn der zum Vorstande des statistischen Bureaus ernannte Herr Friedrich Amici aus Bologna, als Amici-Bey, dahin, dass das Ministerium und schliesslich der Chidiv (Khediv) selbst, sich entschlossen, für den 3. Mai 1882 eine neue, möglichst passende Volkszählung im eigentlichen Aegypten anzubefehlen. Ob noch die wirkliche Zählung ausgeführt werden konnte, wissen wir nicht; möglich, dass es geschehen ist; verarbeitet scheinen aber die Erhebungen nicht geworden zu sein, und von Amici-Bey fehlen uns alle neue Nachrichten, auch der Director des statistischen Bureaus in Rom, sein Landsmann, Professor Bodio, konnte uns nichts über ihn mittheilen.

Dies vorausgesendet, theilen wir mit, was wir unter solchen Verhältnissen angeben können.

Das Areal des eigentlichen Aegypten ward von dem ägyptischen Generalstabe zu 1'021,354 Q.-Kilom. berechnet, dann die Bevölkerung, auf der früheren, unsichern Grundlage zu 5'517,627 angenommen. Das

---

*) *Annali di Statistica*, Serie 2ᵃ, *vol. 9. Roma 1879. Notizie intorno al movimento della popolazione dell' Egitto.* (Arbeit des officiellen statistischen Bureaus in Rom, unter Leitung des Directors Prof. F. Bodio). — Die folgenden Arbeiten sind in Kairo ausgeführt unter dem (ägyptischen) *Ministère de l'Intérieur; Direction générale de la Statistique (F. Amici-Bei) in Cairo: Bulletin trimestriel de la Navigation par le Canal de Suez* (wir besitzen die Hefte des Anfangs des 3. Jahrgangs, bis März 1882). — *Bulletin trimestriel du Commerce extérieur de l'Egipte. — Décret, Réglement et Instructions relatives au Recensement général de la Population de l'Egipte, du 3 mai 1881. Le Caire, imprimerie nationale de Boulaq, 1881,* endlich, was den Schlussstein zur Zählungsvorbereitung bilden sollte: *Dictionnaire des Villes, Villages, Hameaux etc. de l'Egipte. Le Caire* (wie oben) *1882.*

Land ist in 11 Gouvernements (*Mohafzas*) und 14 Provinzen (*Mondiriehs*) eingetheilt; von den letzteren gehören 7 zu Nieder-, 3 Mittel- und zu 4 zu Oberägypten. Von der Gesammtsumme kamen nur 176,546 Q.-Kilom. und 569,115 Menschen auf die Gouvernements und 844,808 Q.-Kilom. und 4'948,512 Einw. auf die Provinzen. Unter der Bevölkerung befanden sich an Fremden: 29,963 Griechen. 14.524 Italiener, 14,310 Franzosen, 3.795 Engländer, 2,480 Oesterr.-Ungarn, 1,003 Spanier, 879 Deutsche, 752 Perser, 358 Russen, 139 Amerikaner, 127 Belgier. 119 Holländer, 74 Dänen, 50 Brasilianer, 44 Schweden und Norweger. 36 Portugiesen.

Die *Bevölkerungsbewegung* ward 1877 so angegeben: 173,529 Geburten, 138,668 Todesfälle; — von 1846—77 zusammen: 4'655,988 Geburten, 3'631,605 Todesfälle. Die Ein- und Auswanderungen haben hier nicht die anderwärtige Bedeutung.

Städte, 1877. Kairo 327,462, Alexandria 165,752. Damiette 32,730. Rosette 16,243, Suez 11,327, Suakin 4,600, Port Said 3,854 (1881 13,294), Massana 2,744, El Arisch 2,506, Ismaïlia 1,897. Weiter werden, wegen ihrer späteren Bedeutung aufgeführt: Tanta mit angeblich 60,000, Zagazig mit 38—40,000 Syut mit 27,470, Damansur 25,000. Mansura 16,170 Einwohnern.

Ausserdem wussten die Chidivs. seit Mehemed Ali's Zeiten, ihre Besitzungen im Süden gewaltig zu erweitern, und Behm und Wagner glauben dieselben, meist unter Bezugnahme auf Munzinger, so berechnen zu können: Areal 1'965,560 Q.-Kilom. und 10'800,000 Menschen. Zahlen, die uns, abgesehen von der gewaltigen Unsicherheit der Besitzungen an sich, auch sonst viel zu wenig sichern Boden bieten. Dabei heisst es:

Kordofan 108,280 Q.-Kilom., circa	278,740	Menschen
Dar For 451,984 Q.-Kilom., circa	4'000,000	-
Andere Länder des Sudan und Aequatorialprovinzen	6'500,000	-
Dies gäbe mit Aegypten 2'987,000 circa	16'400,000	-

Finanzen. Bekanntlich hat der vorige Chidiv in einer Weise gewirthschaftet, welche sich in gleicher Art nicht fortsetzen liess. Endlich kam das Liquidationsgesetz vom 17. Juli 1880, unter Mitwirkung von England, Frankreich, Deutschland, Oesterreich-Ungarn und Italien, zu Stande, und gleichzeitig kam man zur Einsetzung einer Commission. zunächst für Abfindung der schwebenden Schuld. Die Gläubiger erhielten 30 % baar und 70 % in Titres der privilegirten Schuld. Die früheren Anlehen, zusammen etwa 73½ Mill. £, wurden in eine unificirte Schuld verwandelt, unter Herabsetzung des Zinsfusses auf 4 %. Das neu aufgestellte Budget für 1882 verzeichnete 8.42 Mill. ägyptische Pf. Einnahme und 8.31 Bedarf, wovon 3.70 auf die Staatsschuld fielen. Bestimmt ward noch, dass ein inländisches Zwangsanlehen, das sogenannte Makubaleh-Anlehen, durch 50 Annuitäten à 150,000 £ zu tilgen sei. Die europäische Verwaltung der ihr zugewiesenen Einnahmequellen unterliegt einer internationalen Commission. Es wurden ihr die Einnahmen aus den Steuern von 4 Provinzen (*provinces affectées*), aus Eisenbahnen. Zöllen. Tabaksteuern. Telegraphen und dem Hafen von Alexandria über-

tragen. Die Gesammtschuld ward dabei zu 97˙566,070 £. festgestellt.
— Die Entwicklung begann in erfreulicher Weise. Es kamen der Verwaltung 1880 3˙903,472 und 1881 4˙140,246 £ zu, so dass sie im letzteren Jahre nicht blos die Zinsen decken, sondern noch weiter 810,000 £
(20¼ Mill. Frcs.) durch börsenmässigen Rückkauf von Schuldscheinen
amortisiren konnte. Es entstand 1882 die natürlich höchst schädliche
Militärrevolte des Arabi-Pascha. Aber man brauchte den Muth nicht zu
verlieren. Trotz der neuen Geldbedürfnisse für Verwüstung Alexandrias
und anderer Orte, und trotz der Kosten der englischen Occupation zeigte
sich die Möglichkeit einer Wiederherstellung der Ordnung. Das für
1883 verfasste Budget schloss folgendermassen ab:

Einnahme:		Ausgabe:	
Directe Steuern	5˙567,684	Aegyptischer Tribut . .	678,397
Indirecte Steuern . .	1˙851,294	Oeffentliche Schuld . . .	3˙748,164
Eisenbahnen, Hafen etc. .	1˙193,545	Verwaltung	4˙155,357
Verschiedenes	389,104	Zusammen	8˙581,918
Zusammen	9˙001,627	Ueberschuss	222,709
Ab Uneinbringliches . .	200,000		
Zusammen	8˙804,627	Zusammen	8˙804,627

Der Bericht des Ministerpräsidenten bemerkte dabei, dass, während
sonst jedes Jahr Ueberschüsse zu liefern pflegte, durch welche das ausserordentliche Budget des folgenden Jahres gedeckt werden konnte, für
1882 ein Deficit zu constatiren ist. In Folge dessen mussten für 1883
ausnahmsweise gewisse dringende Ausgaben in Betreff des Sudan, des
Harar, des Rothen Meeres und für öffentliche Arbeiten, welche in normalen Jahren im ausserordentlichen Budget figuriren, diesmal in das ordentliche Budget aufgenommen werden. Durch diese Massregel werden
auch noch die verfügbaren Hülfsquellen des ausserordentlichen Budgets
für 1884 um eben diesen Betrag herabgemindert, so dass die Regierung
noch eine gewisse Zeit hindurch zu exceptioneller Sparsamkeit genöthigt
sein werde.

Die Times theilte alsbald mit, dass die Steuereinkünfte um 58,000 £
höher angesetzt seien als im Vorjahre; es seien mitunter grosse Erspar-
nisse angeordnet, so 104,000 £ am ordentlichen Heeresetat, 90,000 an
der Finanzverwaltung; dagegen seien für die kriegerischen Ereignisse
107,000, und für die Eisenbahnen 74,000 £ mehr als gewöhnlich ausgeworfen. Für die unificirte Schuld waren im März 1883 bereits 920,000,
und für die privilegirte 230,000 £ eingegangen, und schon hatten 300,000
von der unificirten zurückgekauft werden können, so dass sich das um-
laufende Schuldcapital auf 96˙726,000 £ reducirt hatte*). So die Times.

Staatsschuld. Das Wesentlichste über dieselbe ist oben bereits mitgetheilt: Weniges bleibt hinzuzufügen. Die Zinsen der unificirten Schuld
sind durch die Zölle, durch die Abgabe für importirten Tabak und durch
die reinen Revenuen der Provinzen Garbieh, Menoufieh-Behera und Siout,
nach Abzug von 7 % für die Sammlung der Einnahmen, garantirt. Dieselben umfassen alle bestehenden und zu schaffenden Zölle und Abgaben,
mit Ausnahme der Abgaben vom Salz und einheimischen Tabak. Nach

---

*) Die Angabe des Goth. Hofkalenders von 97˙161,220 £ Schuld am 1. Jan.
1882 war, wie oben gesagt, bereits antiquirt, die Ziffer ansehnlich verringert.

den Erfahrungen der letzten Jahre hat diese Fundirung reichlich genügt.
um das Zinsen-Erforderniss zu bedecken; es erübrigte ein Plus, mit welchem theils für die Verzinsung der Eisenbahn-Prioritätenschuld, theils
für die Amortisirung vorgesorgt wurde. Um die Zinsen der Daira-Sanieh-
Schuld zu begleichen, wurden die dem vorigen Vicekönig und Mitgliedern
seiner Familie gehörigen Privatgüter Daira-Sanieh und Khassa für Staatseigenthum erklärt und ausschliesslich für den Dienst dieser Schuld bestimmt. Doch wurden nicht die Landgüter selbst, sondern nur ihr Erträgniss verpfändet. Die Ausdehnung dieser Güter beträgt im Ganzen
503,018 Acres. Das Erträgniss derselben hat bisher nicht hingereicht,
um die garantirten 4 % aufzubringen, so dass der Rest von den ägyptischen Staatsfinanzen zu leisten war. Bei richtiger Bewirthschaftung und
Entwicklung der reichen Naturkraft des guten Bodens kann jedoch der
Ertrag mehr ausmachen, so dass die Möglichkeit eintritt, die seinerzeit
offen gehalten wurde, diese Schuld mit 5 % zu verzinsen. Mehr als 5 %
darf die Verzinsung nicht betragen, der Ueberschuss ist für die Amortisation bestimmt. Die beiden anderen ägyptischen Schuldcategorieen sind
5proc. Die Prioritätenschuld wird durch die Einnahmen der Staatsbahnen, Telegraphen und des Hafens von Alexandrien verzinst, und der
Staatsschatz hat für den Rest aufzukommen, der eventuell durch die erwähnten Einkünfte nicht gedeckt sein sollte. Die Staatsdomänen-Anleihe
ist durch die Erträgnisse von Staatsdomänen garantirt, welche letztere
selbst verpfändet sind und bis zur Tilgung des Anlehens nicht verkauft
werden können.

In der ersten Hälfte des Jahres 1883 wird die Aufnahme einer weiteren 5proc. Anleihe von 5 Mill. £ beabsichtigt, gedeckt durch die Einkünfte der noch nicht verpfändeten reichen Provinz Charkieh (mit dem
bedeutenden Handelsplatze Zagazig, und zu tilgen durch 63jährige
Annuitäten. Vom Ertrage sollen 3 Mill. zu Entschädigungen dienen und
1¹/₂ zur Deckung der englischen Occupationskosten verwendet werden
(dies setzt einen Erlös von 90 % voraus).

Militär. Die Stärke desselben ward vor dem Aufstande zu 17,700
Mann regulärer Truppen und 7 berittenen Corps je zu 4,000 irregulären
angegeben. Auf die Niederlage der Ersteren erfolgte die Auflösung dieser
Truppenverbände. Nach Sir Evelyn Wood's Entwurf zur Reorganisation
der ägyptischen Armee soll dieselbe aus 6,000 Mann bestehen, darunter
8 Bataillone zu je 560 M. Infanterie, 500 M. Cavallerie, 500 M. Artill.
Die Gemeinen werden alle Aegypter sein, desgleichen die Officiere bis
zum Hauptmannsrange. Die Hälfte der Regimenter wird ägyptische
Oberofficiere und die andere Hälfte je einen englischen Oberstlieutenant
und einen englischen Major haben. Die Artillerie wird 4 englische Officiere haben, die Cavallerie 2, die Infanterie 8, mit 4 Reserveofficieren.
Die aus Eingeborenen bestehende Hälfte wird unter einem eingeborenen
Brigadier stehen und die aus Engländern bestehende Hälfte unter einem
englischen Brigadier, welcher der Zweitcommandirende sein wird. Die
Gesammtzahl der englischen Officiere soll 25 nicht übersteigen. Die
Kenntniss der französischen Sprache und eine Bereitwilligkeit, Arabisch
zu studiren, werden unerlässlich sein. Der Sold der gemeinen Soldaten
wird 2¹/₂ d. per Tag betragen.

Was von der einst ansehnlichen Marine noch vorhanden, besteht aus kaum irgendwie dienstfähigen Schiffen, so dass eine Kriegsmarine kaum mehr vorhanden ist.

Handel. Neuere Angaben fehlen. Von 1882 liegen nur Nachweise vom 1. und 2. Quartal vor. Im vorhergehenden Jahre (1881) hatte das statist. Bureau die Einfuhr zu 693'745,000, die Ausfuhr zu 1,298'250,000 ägypt. Piaster berechnet, und von diesen Summen kamen auf England allein 361'740,000 und 823'459,000 Piaster, auf Frankreich 113'945,000 und 115'486,000.

Ueber die Ausfuhr ägyptischer Baumwolle liegt folgende Notiz für die Campagne vom 1. Sept. 1882 bis 30. April 1883 vor: Total-Ausfuhr 305,864 Ballen (1881/82: 418,903), wovon 225,469 (1881/82: 243,229) allein nach Liverpool gingen, 13,606 (1881/82: 80,209) nach Russland, 13,143: (15,886) nach Dünkirchen, 9,694: (24,798) Marseille, 23,679: (22,903) Italien, 17,412: (22,935) Oesterreich, 2,861: (8,943) nach Spanien.

Eisenbahnen, 1880. 1,518 Kilom., beförderte Passagiere 3'093,840.

Post, interner Verkehr 1880: 2'250,000 Privat-, 566,000 amtliche Briefe, Zeitungen etc. 1', nichtperiod. Drucksachen 556,000, Postmandate 38,125, Werth 39'608,000 Piaster, Baar- und Werthsendungen 32,500, Werth 1,107 Mill. Piaster (besondere Genauigkeit ist bei diesen Aufzeichnungen nicht anzunehmen).

Suez-Canal. Dieser Canal, dessen Herstellung am 22. April 1859 begonnen wurde, ist seit 17. Nov. 1869 eröffnet. Seine Länge beträgt 162 Klm., die Breite am Wasserspiegel 58—100, an der Sohle 22 Met.; das Fahrwasser soll 8 Met. Tiefe haben. Die Kosten des Canalbaues sammt Einrichtung betrugen bis Ende 1878 479'175,683 Fr., aufgebracht durch 200 Mill. in Actien, 84' Betheiligung des Chidiv, 100' Prioritätsanlehen und 30' verschiedene Erlöse; sodann nachträglich 12' Anlehen zu 8 %. Im J. 1870 ergab sich ein Deficit von 9'589,015 Fr., 1871 ein solches von 2'642,504. Das J. 1872 war das erste, welches einen Ueberschuss gewährte, der seitdem permanent gestiegen ist. Die Ergebnisse des Verkehrs waren:

	Schiffe	Tonnengehalt	Einnahme
1870	486	435,911 brutto	5'139,000 Frcs.
71	765	761,467	8'994,000
72	1,082	1'439,169	16'407,000
73	1,173	2'085,072	22'897,000
74	1,264	2'423,672	24'659,000
75	1,494	2'940,708	28'886,000
76	1,457	3'072,107	29'975,000
77	1,663	3'418,949	32'774,000
78	1,593	3'291,535	31'099,000
79	1,477	3'236,942	29'686,000
80	2,026	4'344,519	39'841,000
81	2,727	5'794,407	51'275,000
82	....	7'122,123	63'409,593

Von den Schiffen waren 1881 2,251 britische, nur 476 fuhren unter anderer Flagge. Die Dividende betrug 1882 16,24 % gegen 13,70 % im Vorjahr. Die Herstellung eines zweiten Canals steht bereits in Aussicht.

Münze: Aegyptisches Pfund = 20,8 Reichsmark; ägypt. Piaster à 40 Paras = 1 8 Reichspfennig.

Tripolis (Beylik oder Vilajet).

Mit Fessan und Barka (wovon das letztere übrigens in der Neuzeit wieder als selbständiges Vilajet von Tripolis getrennt worden) umfasst das Gebiet, bei unsichern Landgrenzen, etwa 1 Mill. Q.-Kilom. und etwa 1 Mill. Menschen, wovon gegen 600,000 auf das eigentliche Tripolis kommen mögen. Stadt Tripolis mit etwa 25—30,000 Einw. — Die Einkünfte werden auf 7—8 Mill. Frcs., die bewaffnete Macht auf 2,500 M. geschätzt.

Handel. Ein Bericht im Reichsanzeiger vom Jan. 1883 schätzt den Import europäischer Waaren auf 11—12 Mill. Frcs. Davon enfallen ca. 9 Mill. auf England; es folgt dann Deutschland mit 800,000, Oesterreich und Frankreich mit je 500,000, die Schweiz mit 3—400,000, Italien mit 200,000 und Belgien mit 100,000 Frcs.

Vierte Abtheilung.

Amerika und die übrigen Erdtheile.

Vereinigte Staaten von Nordamerika.

(Föderativ-Republik.)

Die Vereinigten Staaten waren bei der Zählung vom 1. Juni 1880 zu einem Reiche von nicht weniger als 50½ Mill. Menschen auf 93,314 Q.-Myriameter herangewachsen. H. Gannett hatte nämlich das Areal zu 3'602,990 engl. Q.-Miles (9'331,360 Q.-Kil.)[*] berechnet und die Zählung hatte die obige Menge ergeben. Bei der ersten Zählung 1790 waren es erst 3'929,827 gewesen, 1870 aber 38'925,598; statt der 13 ursprünglichen Staaten waren deren jetzt 38, 1 District und 8 Territorien vorhanden, nämlich (den Ursprung der Namen dieser Staaten s. 7. Auflage):

I. *Neu-England-Staaten.*

Staaten	Q.-miles	Q.-Kilom.	Bevölkerung 1880		
			männl.	weibl.	zusammen
1. Massachusetts . .	8,315	21,535	858,440	924,645	1'783,085
2. Maine	33,040	85,570	324,058	324,878	648,936
3. Connecticut . .	4,990	12,924	305,782	316,918	622,700
4. Vermont	9,565	24,772	166,887	165,399	332,286
5. New Hampshire. .	9,305	24,099	170,526	176,465	346,991
6. Rhode Island . .	1,250	3,237	133,030	143,501	276,531
Zusammen I.	66,465	172,137	1'958,723	2'051,806	4'010,529

II. *Mittlere Staaten.*

7. New York	49,170	127,345	2'505,322	2'577,549	5'082,871
8. Pennsylvania . . .	45,215	117,102	2'136,655	2'146,236	4'282,891
9. New Jersey . . .	7,815	20,240	559,922	571,194	1'131,116
10. Maryland . . .	12,210	31,623	462,187	472,756	934,943
11. West Virginia . .	24,780	64,178	314,495	303,962	618,457
12. Delaware . . .	2,050	5,309	74,108	72,500	146,608
District Columbia .	70	181	83,578	94,046	177,624
Zusammen II.	141,310	365,978	6'136,267	6'238,243	12'374,510

III. *Südöstliche Staaten.*

13. Virginia	42,450	109,942	745,589	766,976	1'512,565
14. Georgia	59,475	154,034	762,981	779,199	1'542,180
15. North Carolina . .	52,250	135,322	687,908	711,842	1'399,750
16. South Carolina . .	30,570	79,173	490,408	505,169	995,577
17. Florida	58,680	151,975	136,444	133,049	269,493
Zusammen III.	243,425	630,446	2'823,330	2'896,235	5'719,565

[*] Zu 2,589945 Q.-Kil. = 1 engl. Meile. Die Aufstellung auf Grundlage von Behm und Wagner.

IV. *Südliche Staaten.*

Staaten	Q.-miles	Q.-Kilom.	Bevölkerung 1880		
			männl.	weibl.	zusammen
18. Kentucky	40,400	104,632	832,590	816,100	1'648,690
19. Tennessee	42,050	109,905	769,277	773,082	1'542,359
20. Alabama	52,250	135,322	622,629	639,876	1'262,505
21. Mississippi . . .	46,810	121,232	567,177	564,420	1'131,597
22. Texas	265,780	688,343	837,840	753,909	1'591,749
23. Louisiana . . .	48,720	126,180	468,754	471,192	939,946
24. Arkansas . . .	53,850	139,466	416,279	386,246	802,525
Zusammen IV.	549,860	1'424,080	4'514,546	4'404,625	8'919,371

V. *Innere Staaten.*

Staaten	Q.-miles	Q.-Kilom.	männl.	weibl.	zusammen
25. Ohio	41,060	106,341	1'613,936	1'584,126	3'198,062
26. Illinois	56,650	146,717	1'586,523	1'491,348	3'077,871
27. Missouri	69,415	179,778	1'127,187	1'041,193	2'168,390
28. Indiana	36,350	94,143	1'010,361	967,940	1'978,301
29. Iowa	56,025	145,099	848,136	776,479	1'624,615
30. Michigan	58,915	152,584	862,355	774,582	1'636,937
31. Wisconsin . . .	56,040	145,137	680,069	635,428	1'315,497
32. Minnesota . . .	83,365	215,907	419,149	361,624	780,773
33. Kansas	82,080	212,578	536,667	459,429	996,096
34. Nebrasca . . .	76,855	199,046	249,241	203,161	452,402
35. Colorado . . .	103,925	269,154	129,131	65,196	194,327
Zusammen V.	720,680	1'866,484	9'062,755	8'360,506	17'423,261

VI. *Pacific-Staaten.*

Staaten	Q.-miles	Q.-Kilom.	männl.	weibl.	zusammen
36. Californien . . .	158,360	410,135	518,176	346,518	864,694
37. Oregon	96,030	248,707	103,381	71,387	174,768
38. Nevada	110,700	286,701	42,019	20,247	62,266
Zusammen VI.	365,090	945,543	663,576	438,152	1'101,728

Organisirte Territorien.

Territorien	Q.-miles	Q.-Kilom.	männl.	weibl.	zusammen
1. New Mexico . . .	122,580	317,469	64,496	55,069	119,565
2. Arizona	113,020	292,709	28,202	12,238	40,440
3. Utah	84,970	220,063	74,509	69,454	143,963
4. Washington . .	69,180	179,169	45,973	29,143	75,116
5. Idaho	84,800	219,623	21,818	10,792	32,610
6. Montana	146,080	378,331	28,177	10,982	39,159
7. Dakota	149,100	386,153	82,296	52,881	135,177
8. Wyoming . . .	97,890	253,525	14,152	6,637	20,789
Zusammen Territorien	867,620	2'247,042	359,623	247,196	606,819
Total, organisirte Vereinigte Staaten . . .	2'954,450	7'651,710	25'518,820	24'636,963	50'155,783

Nicht organisirte Territorien.

Territorien	Q.-miles	Q.-Kilom.			zusammen
Indian Territory . . .	64,690	167,540			76,895
Nicht organis. Gebiet .	5,740	14,866			—
Indianer	—	—			179,232
Territorium Alaska . .	577,390	1'495,380			30,156
Delaware-Bai	620	1.606			—
Raritan-Bai und untere New York-Bai . . .	100	259			—
Gesammtsumme	3'602,990	9'331,360			50'442,066

Nach dem Census ergab die Zählung von 1880 u. a., dass in den Ver. Staaten damals lebten: 43'475,840 Eingeborene, 6'679,943 im Ausland Geborene, dann 43'402,970 Weisse und 6'580,793 Neger. 105,465 Chinesen, 148 Japaner und 66,407 sog. civilisirte, nicht in Reservationen oder Stämmen lebende Indianer, während deren Gesammtzahl zu 256,127 angegeben wird. (Behm und Wagner bemerken, die verschiedenen Combinationen mit den Indianern scheinen keine Abnahme ihrer Anzahl anzudeuten. Ein auch nur einigermassen Aufschluss über ihre Ab- und Zunahme gewährende Arbeit fehlt durchaus.)

Einwanderung. Die Angaben stimmen nicht überein. Wir stellen gegenüber: I. eine (angebliche) Berechnung des statistischen Einwanderer-Bureaus zu Washington, II. eine andere des *Quarterly report of the Chief of the Bureau of Statistics*, 1881—82:

	I.	II.		I.	II.
1871	321,350	346,938	1877	141,857	130,526
72	404,806	437,750	78	138,469	153,207
73	459,803	422,545	79	177,826	250,565
74	313,339	260,814	80	457,257	593,703
75	227,498	191,231	81	669,431	720,045
76	169,986	157,440			

Wir bemerken, dass die vorzugsweise verlässige »Statistik des Hamburgischen Staates 1882« die zweite, höhere Ziffernreihe adoptirt hat, in welcher eine Einwanderung aus Britisch-Nordamerika nach der Union 1860 von 139,761 und 1881 von 95,188 erscheint. Von den Einwanderern kamen nach der Liste II. in den 11 Jahren 1871—1881 im Ganzen aus:

Grossbritannien	1'154,395	Belgien	9,217
Deutschland	1'007,272	Schweiz	43,350
Oesterreich-Ungarn	111,226	Frankreich	78,954
Schweden-Norwegen	309,347	Italien	80,976
Dänemark	43,528	Russland	69,954
Niederlande	28,048	Uebriges Europa	11,040

Dies ergibt für:

Gesammt-Europa	2'947,307	Britisch-Nordamerika	525,400
Ferner: Asien	143,842	Uebrige Länder	48,215
		Total	3'664,764

Die Rückwanderungen aus den Vereinigten Staaten sind in den *Quarterly reports* für die 10 Jahre 1871—80 auf 550,345 Personen geschätzt, davon kommen auf 1875 92,754, 1876 63,613, 1877 71,903, 1878 64,555, 1879 42,001, 1880 31,799.

Was die Einwanderungen im J. 1882 anbelangt, so berechnet eine uns vorliegende Notiz dieselbe auf 789,003 (es ist hier allenthalben das Fiscaljahr gerechnet, je vom 1. Juli an). Die Nationalitäten in obiger Berechnung werden so angegeben: aus Deutschland 249,505 (gegen 210,485 im vorhergehenden Fiscaljahre), Dominion Canada 98,308, England und Wales 85,175, Irland 76,432, Schweden 64,607, Norwegen 29,100, Schottland 18,937, Oesterreich 16,770, China 39,579, alle andern nicht besonders aufgeführten Länder 110,590. — Der New Yorker »Sun« vom Febr. 1883 fügt noch bei: Die Einwanderer des vorigen Jahres hätten an Ueberfahrtskosten 2¹/₂ Mill. Dollars bezahlt und 9 Mill. baar mitgebracht. Eine grosse Zahl derselben, nämlich 143,132, blieb im Staate New York; doch ist dabei zu berücksichtigen, dass viele derselben sich nur kurze Zeit in New York aufhalten und dann in das Innere reisen. Nach dem Süden begaben sich mehr Einwanderer als in irgend einem frühern Jahre, und zwar nach Illinois 43,443, Michigan 17,088, Pennsylvanien 36,475, Wisconsin 15,701, Ohio 19,107. Minne-

sota 15,048, Iowa 12,526, Nevada 11,567, Missouri 7,226, Indiana
5,325, Nebraska 4,124 u. s. w.

Die Anzahl der Deutschen in den Ver. Staaten, welche man mitunter bis zu 7 oder 8 Millionen emporzuschrauben sucht, ist weitaus
nicht so hoch, schon aus dem einfachen Grunde, weil die heranwachsen-
den Geschlechter fast ausnahmslos es zweckmässig finden, wesentlich und
mindestens vorzüglich als Amerikaner heranzuwachsen. Der kenntniss-
volle Prof. Ratzel schätzt die wirkliche Summe der Deutschen in dem
transatlantischen Lande auf etwa 4 Millionen, und er fügt sehr richtig
bei, sie würden sich nicht erhalten können, ohne die unausgesetzten
Nachschübe aus Deutschland.

Auf die Frage, in welchen Staaten und Gebieten die Deutschen die
Mehrheit bilden, antwortet der Census: in den Staaten Illinois mit
235,786, Ohio mit 192,597, Wisconsin 184,328, Missouri 106,800,
Iowa 88,268, Indiana 80,756, Minnesota 66,592, Maryland 45,481,
Nebraska 31,125, Kentucky 30,413, Kansas 28,034, Louisana 17,475,
West Virginia 7,029, Arkansas 3,620, Alabama 3,238, Georgia 2,956,
South Carolina 2,846, North Carolina 950. — Den zweitstärksten Be-
standtheil der fremdgeborenen Masse bilden die Deutschen in New York
mit 355,913, Pennsylvania mit 166,426, Michigan 89,085, New Jersey
64,235, Texas 35,347, Connecticut 15,627, District Columbia 5,055,
Oregon 5,084, Tennessee 3,983, Virginia 3,759, Mississippi 2,556. —
Die Irländer sind unter den Fremdgeborenen die Mehrheit in Delaware,
District Columbia, Massachusets, New Jersey, Rhode Island, Connecticut,
Georgia, Mississippi, Montana, New York (499,445!), Pennsylvania,
Tennessee, Virginia und Wyoming. — Die Chinesen bilden die Mehrheit
unter den Fremdgeborenen in Californien, Nevada, Idaho, Arizona und
Washington Territorium. — Die Canadier desgleichen in New Hampshire,
Michigan und Vermont. — Die Mexikaner desgleichen in New Mexico,
Texas und Arizona. — Die Norweger in Dakota und die West-Indier,
resp. Cubaner in Florida.

Confessionen. Man hat die confessionelle Scheidung der Bevölkerung
im Ganzen statistisch noch nicht erhoben. Während ganze Massen der
Bevölkerung sich vom Confessionalismus vollständig losgesagt haben,
treiben sich Andere im krassesten Aberglauben, der verächtlichsten Heu-
chelei und Frömmelei umher. Man zählt etwa hundert Secten. So entschieden viele aus Europa eingewanderte Katholiken factisch aufgehört
haben, dieser Kirche anzugehören, so hat doch keine der Kirchen mehr
Proselyten gemacht als diese. Im J. 1789 ward zu Baltimore das erste
römisch-katholische Bisthum gegründet, — nach *Sadlier's Catholic Directory for 1850* hätte damals die kathol. Bevölkerung 6'143,222 Individuen
betragen, mit 6,408 Kirchen, 12 Erz- und 55 Bischöfen, 5,989 Priestern
und 1,136 Studirenden in Seminarien, sowie 2,246 Parochialschulen und
405,234 Schüler.

Was die Juden betrifft, so brachte die *Union of American Hebrew
Congregation* schon 1878 die Mittheilung, es beständen Gemeinden in
278 Orten; sie besässen 5'648,730 $ an Eigenthum, davon seien
1'860,030 $ beweglich.

Städte. Bei der officiellen Volkszählung in den Ver. Staaten von 1810 hatte das Land noch keine Stadt von 100,000 Einw. (Philadelphia 96,691 und New York 96,377), 1850 zählte man 6 von mehr als 100,000 (dabei New York mit 515,507 und Philadelphia 408,762); 1870 9 über 100,000, dabei New York 942,292. Diesmal, 1880, erscheint New York mit 1'206,590, oder, wenn man die umliegenden, selbständigen (zum Theil auch nunmehr incorporirten) Orte einrechnet, mit 1'942,123. Die übrigen Städte folgen sich ihrer Bevölkerung nach so (wir fügen, um einzelnen Verwechslungen vorzubeugen, der Namenangabe je die Bezeichnung des betr. Staates bei):

Philadelphia	846,984	Charleston (S. C.)	49,999	Bridgeport(Conn.)	29,148
Brooklyn (Pa.)	566,689	Fall River (Mass.)	49,006	Elizabeth (N. J.)	28,229
Chicago (Ill.)	503,304	Minneapolis(Minn.)	46,887	Erie (Pa.)	27,730
Boston (Mass.)	362,535	Scranton (Pa.)	45,850	Salem (Mass.)	27,598
St. Louis (Mo.)	350,522	Nashville (Tenn.)	43,461	Quincy (Ill.)	27,275
Baltimore (Mo.)	332,190	Reading (Pa.)	43,280	Fort Wayne (Ind.)	26,880
Cincinnati (O.)	255,708	Hartford (Conn.)	42,553	NewBedford(Mass.)	26,875
S.Francisco(Cal.)	233,956	Wilmington (Del.)	42,499	Terre Haute (Ind.)	26,040
New Orleans(La.)	216,140	Camden (N. J.)	41,658	Lancaster (Pa.)	25,769
Cleveland (O.)	160,142	St. Paul (Minn.)	41,498	Somerville (Mass.)	24,985
Pittsburg (Pa.)	156,381	Lawrence (Mass.)	39,178	Wikesbarre (Pa.)	23,339
Buffalo (N. Y.)	155,137	Dayton (O.)	38,677	Augusta (Geo.)	23,023
Washingt.(Distr.)	147,307	Lynn (Mass.)	38,284	Des Moines (Jo.)	22,408
Newark (N. J.)	136,400	Atlanta (Ga.)	37,421	Dubuque (Jo.)	22,254
Louisville (Ky.)	123,645	Denver (Col.)	35,630	Galveston (Tex.)	22,253
Jersey City(N. I.)	120,728	Oakland (Cal.)	34,556	Watervliet (N. Y.)	22,220
Detroit (Mich.)	116,342	Utika (N. Y.)	33,913	Norfolk (Vir.)	21,966
Milwaukee(Wisc.)	115,578	Portland (Me)	33,810	Auburn (N. Y.)	21,924
Providence (R.I.)	104,850	Memphis (Tenn.)	33,593	Holyoke (Mass.)	21,851
Albany (N. Y.)	90,903	Springfield(Mass.)	33,340	Davenport (Jo.)	21,834
Rochester (N. Y.)	89,363	Manchester (N.H.)	32,630	Chelsea (Mass.)	21,785
Allegheny (Pa.)	78,681	St. Joseph (Mo.)	32,484	Petersburgh (Vir.)	21,656
Indianopolis(Ind.)	75,074	Grand Rapids		Palmyra (N. Y.)	21,493
Richmond (Va.)	63,803	(Mich.)	32,015	Sacramento City	
New Haven(Conn.)	62,882	Wheeling (W. Va.)	31,266	Cal.)	21,420
Lowell (Mass.)	59,485	Mobile (Ala.)	31,205	Taunton (Mass.)	21,213
Worcester (Mass.)	58,295	Hoboken (N. I.)	30,999	Norwich (Conn.)	21,141
Troy (N. Y.)	56,747	Harrisburgh (Pa.)	30,762	Oswego (N. Y.)	21,117
Kansas City (Mo.)	55,813	Savannah (Ga.)	30,681	Salt Lake City	
Cambridge (Mass.)	52,740	Omaha (Neb.)	30,518	(Utah)	20,768
Syracuse (N. Y.)	51,791	Trenton (N. J.)	29,910	Springfield (O.)	20,729
Columbus (O.)	51,665	Covington (Ky.)	29,720	Bay City (Mich.)	20,693
Paterson (N. J.)	50,887	Peoria (Ill.)	29,315	San Antonio (Tex.)	20,561
Toledo (O.)	50,143	Evansville (Ind.)	29,280	New Port (Ky.)	20,433

Wir nehmen an, dass diese Liste, so weit es sich um Städte von wenigstens 50,000 Einw. handelt, vollständig ist, dagegen halten wir sie hinsichtlich kleinerer Orte, bes. von 20-, 30- und 40,000 Menschen, für lückenhaft. Wie dem sei, so weist sie uns bereits 20 Grossstädte von mehr als 100,000 Einw. auf, worunter einen Millionenplatz, einen weitern, der es in diesem Augenblick wahrscheinlich bereits geworden, 2 von mehr als einer halben Million; zwischen 50- und 100,000 Einw. haben 15 Plätze, zwischen 40- und 50,000 10, zwischen 25- und 40,000 konnten wir bereits 41 aufzählen, zwischen 20- und 25,000 etliche 30, ohne vollständig zu sein.

Finanzen. Als die gewaltige Rebellion der Sclavenstaaten im J. 1861 ausbrach, schreckte man in den Ver. Staaten auch vor den furchtbarsten Anstrengungen zur Wiederherstellung der Einheit nicht zurück. Das Budget für 1860/61 zu 68'₃₆ Mill. Doll. normirt, ward in wenigen Jahren (1864/65) bis zu nahezu 1,900 Mill. emporgebracht. Schneller als in irgend einem Staate der Welt kehrte man aber zu normalen Verhältnissen zurück, was nur bei dem Milizsysteme möglich war. Schon 1868/69 war der Bedarf auf 584,₇, 1872/73 auf 290,₃ Mill. herabgebracht. Der Rechnungsabschluss für 1880/81 (vom 1. Juli an) ergab eine Einnahme von 360'782,293 $, und 260'712,888 Bedarf, so dass ein Ueberschuss von 100'069,405 $ verblieb, der wie gewöhnlich zur Schuldentilgung verwendet wurde. Das *Budget* für 1881/82 erschien in folgender einfacher Form:

Einnahme.		Ausgabe.	
Zölle	195'000,000	Civildienst, einschl. Erhebungskosten der Einnahmen, öffentl. Arbeiten, Aeusseres	67'563,484
Innere Steuern	130'000,000		
Verkauf von Ländereien	1'000,000		
Abgabe der Nationalbanken	7'124,000		
Rückerstattungen von d. Pacificbahn und vom Amortisations-Fond	4'000,000	Indianer	4'858,867
		Pensionen	50'000,000
		Kriegswesen	30'240,790
Strafen etc.	1'150,000	Marine	15'022,331
Consulatsgebühren, Licenzen, sonst. Gebühren	2'350,000	Bedarf des Distr. Columbia	3'352,000
		Zinsen der Staatsschuld	88'877,410
Münze	3'000,000	Zusammen	259'914,882
Aus dem Distr. Columbia	1'676,000	Uebersch. der Einnahmen	90'085,118
Verschiedene Einnahmen	4'700,000		
Zusammen	350'000,000		

Staatsschuld. Dieselbe hatte am 31. Aug. 1865 mit 2,756'431,571 $ Capital und 147'425,197 $ Zins ihren höchsten Stand erreicht. Am 1. Oct. 1881 betrug dieselbe:

a. Zins tragende Schuld: 6proc., in 3¹/₂% convertirte Schuld	178'055,150
5proc., bis zur Concurrenz von 400'869,950 in 3¹/₂% convert.	411'699,300
4¹/₂%	250'000,000
4%	738'710,850
Convertirungscertificate	636,950
Fonds der Marinepensionen	14'000,000
Total Capital	1,593'102,250
Rückständige Zinsen	14'075,389
b. Verfallenes Capital (jetzt ohne weitere Verzinsung)	10'039,595
Von früher verfallene Zinsen	764,590
Zusammen	10'804,185
c. Unverzinsliche Schuld: Staatsbillette (Papiergeld)	346'741,056
Depotcertificate	8'315,000
Certificate in Gold und Silber	69'398,830
Scheidemünze in Papier 15'474,440, wovon noch etwa vorhanden sein dürften	7'098,506
Zusammen Capital	431'553,392
Unerhobene Zinsen von der Pacific-Eisenbahn	7,256
Schwebende Schuld, Capital	2,034'695,237
Zinsen	14'847,235
Total	2,049'542,472

Zieht man davon 250'686,547 $ ab, die sich baar im Staatsschatze befinden, so stellt sich der Netto-Schuldbetrag auf 1,798'855,925 Doll.

Einzelnstaats-, Grafschafts-, Gemeinde- u. a. öffentliche Schulden. Um einen vollständigen Ueberblick über die ganze Belastung der Union zu bekommen, sind die oben bezeichneten Verpflichtungen hier beizufügen. Eine officiöse Zusammenstellung eines Hrn. Porter vom Censusbureau gibt in dieser Beziehung folgende ungefähre Zusammenstellung:

Schulden der Einzelstaaten *)	. . . . . .	260'377,310 $
- - Grafschaften	. . . . . .	125'452,100
- - städtischen Circonscriptionen	.	30'190,861
- - Schulbezirke	. . . . . .	17'493,110
- - Städte von mehr als 7,500 Einw.		710'535,924
- - übrigen Gemeinden	. . . .	56'310,209
	Zusammen	1,200'359,514 $

Porter, die jetzigen Verhältnisse mit denen von 1870 vergleichend, hat gefunden, dass die Schulden der Staaten sich seitdem um 25 % vermindert haben, ebenso die der Grafschaften um 8 %, dass dagegen jene der Gemeinden sich verdoppelten. In beiden ersteren Beziehungen hat man in den meisten Staaten das Bedürfniss gefühlt, in den Constitutionen selbst unbedingt beschränkende Vorschriften gegen das unverständige Schuldenanhäufen aufzunehmen. Es steht zu hoffen, dass Aehnliches auch in den Gemeinden geschehen wird; da und dort sind bereits Anfänge gemacht.

Erst im J. 1880 konnte der Finanzminister eine genaue und vollständige Aufstellung der Kosten des Bürgerkrieges liefern. Die Totalsumme belief sich vom 1. Juli 1861 bis 30. Juni 1870 auf 6,796'792,509 Dollar brutto; davon 6,187'243,385, welche direct durch den Krieg veranlasst wurden (dabei 1,764'256,198 Zinsen der öffentlichen Schuld, Pensionen 407'429,193). — Am Schlusse des Bürgerkriegs waren die Südstaaten mit 273'205,185 $ Schulden belastet, wovon sie 159'237,942 durch Repudiation abschüttelten. Am 18. Dec. 1878 war es zum ersten Male seit 1862, dass in New York Gold auf den Paricours wieder herabgedrückt wurde. Und hier dürfte es von Interesse sein, den höchsten Preis, welchen das Goldagio in jedem Jahre des Secessionskriegs erreichte, zu notiren:

1862	134	1866	167³/₄	1870	123¹/₂	1874	114³/₈
1863	152¹/₂	1867	145⁵/₈	1871	115³/₈	1875	117⁵/₈
1864	285	1868	150	1872	115³/₈	1676	115
1865	233³/₄	1869	162¹/₂	1573	119¹/₂	1877	107¹/₈

Die günstige finanzielle Situation der Ver. Staaten hat, trotz der erwachten Neigung zum Schutzzollsystem, im Beginne des Jahres 1883 zur Herabsetzung der Tarifbill um ungefähr 41¹/₂ Mill. Doll. geführt. Mit Ausnahme der Abgaben auf Whisky, Bier und auf die Notencirculation der Banken, sind alle Inland-Steuern abgeschafft, wogegen allerdings die Zölle von Luxusgegenständen zum Theil erhöht wurden. Dagegen nimmt man an, die Zölle auf Wollewaaren seien um 35—40 % vermindert, auf Seidenwaaren und Bücher um 10 %. Bei den Berathungen im Repräsentantenhause am 3. März 1883 hob der Präsident der Finanzcommission, **Kelly**, hervor, die Verminderung der Staatseinnahme durch die vorgeschlagene Bill dürfte sich auf 67 Mill. Doll. pro Jahr belaufen. Das

---

*) Eine andere Aufstellung berechnet 281'111,000 $.

Mitglied Carlisle sprach von 65 Mill. Verlust an innern Einnahmen und 5 Mill. an Zöllen *).

Ein grosser Theil der Schulden ist durch Zinsgarantieen für Eisenbahnen etc. veranlasst worden. Unerwähnt darf nicht bleiben, dass auch einige der Nordstaaten zu verschiedenen Zeiten die Erfüllung ihrer finanziellen Verpflichtungen ganz oder theilweise verweigert (repudiirt) haben, so noch Jan. 1874 der Staat Louisiana durch willkürliche Reducirung seiner auf 24'283,856 $ angewachsenen Schuld um 40 %.

Militär. A. *Landmacht.* In den Zeiten des Friedens bestimmt der Congress die Zahl der Truppen von zwei zu zwei Jahren. Sie werden geworben, mit 30 bis zu 200 $ Handgeld. Die Capitulationszeit ist gewöhnlich 5 Jahre (in Kriegszeiten weniger). Nach deren Ablauf erhält der Wiedereintretende, ausser dem neuen Handgelde, Anspruch auf eine Zulage, und nach der Verabschiedung 180 Acres Land. In Kriegszeiten müssen, um die nöthigen Soldaten zu erhalten, selbstverständlich grössere Zugeständnisse gemacht werden. Indess erhält der Angeworbene schon in gewöhnlichen Zeiten, ausser dem Handgelde: Kost, Kleidung und monatlich 7, nach zwei Monaten 10 $ Sold. Für im Dienste invalid Gewordene wird reichlich gesorgt. Unter den Soldaten befinden sich viele Eingewanderte. Reichen in Kriegszeiten die Werbungen nicht, so erfolgen Aushebungen, denen jeder gesunde Mann vom 18.—45. Jahre unterliegt. Alsbald nach Beendigung des Bürgerkriegs ward die Armee — von einer Million Streiter — auf etwa 50,000 M. herabgebracht.

Die zu 25.000 M. normirte Truppenzahl war 1880/81 folg. formirt:

	Offic.	Mann
10 Reg. Cavallerie (wor. 2 aus Negern gebildet) zu 12 Schwadr.	430	8,500
5 - Artillerie zu 12 Batterien	280	2,600
25 - Infant. (dabei 2 Reg. Neger) à 10 Comp.	875	12,100
1 Bataill. Genie à 4 Comp.	16	200
Officiere, Militärbeamte und Ingenieure	554	2,100
Zusammen	2,155	25,500

Der Kriegsminister in Washington hat vor einiger Zeit die Zahl der zur nicht organisirten Miliz gehörenden Personen, die zum Kriegsdienst herangezogen werden können, zu 6'797,006 M. angegeben. Die gegenwärtig organisirten Milizen bestehen aus 6,583 Officieren und 81,031 Unterofficieren und Soldaten. Die Nordstaaten hatten vom 15. Apr. 1861 bis zum Ende des Bürgerkriegs 2'678,967 Soldaten (blos sog. »Freiwillige«) gestellt.

Festungen. Bis zum Beginne des Bürgerkriegs waren deren eigentlich keine vorhanden, nur hatte man die grossen Hafenplätze durch Forts gedeckt, so New York, Boston, New Orleans, Charleston. Auch gegen die Indianer sind an manchen Puncten Forts errichtet. Dagegen befestigten die Südstaatlichen sogleich nach dem Beginne des Aufstandes eine Reihe von Plätzen, vor allen Richmond.

---

*) In der Zeit, in der wir schreiben (Anfangs April) kennen wir die definitiven Congressbeschlüsse noch nicht vollständig und genau; manche Angaben stehen unter sich selbst nicht ganz in Einklang.

Kriegsflotte. Im J. 1881*) zählte die Flotte:

24 Panzerschiffe	mit	74 Kanonen
59 Schraubendampfer . . .	-	707 -
7 Raddampfer	-	47 -
22 Segelschiffe	-	210 -
2 Torpedoschiffe	-	1 -
24 Schleppschiffe	-	14 -
139 Fahrzeuge	mit	1,053 Kanonen

Davon 57 im wirklichen Dienste.

Die »New Yorker Handelszeitung« von Ende 1880 gab die Zahl der Kriegsschiffe zu 141, die für den Zolldienst zu 37, für Leuchthausdienst zu 27, für den Küstenvermessungsdienst zu 25, zus. 230 an. Von den Kriegsschiffen seien 13 ersten Ranges, wovon 6 auf den Schiffsbauwerften oder abgetakelt, von den 20 zweiten Ranges seien 7 im Bau oder abgetakelt oder in Reparatur; dasselbe sei der Fall mit 12 von den 27 dritter Classe, mit 4 von 22 hölzernen Segelschiffen und mit 6 von 24 eisengepanzerten Fahrzeugen.

Der neuesten Auflage der amerikanischen »Navy List« (April 1883) zufolge besteht die Kriegsflotte der Ver. Staaten aus 40 hölzernen Schiffen und 13 für den activen Dienst ausgerüsteten Monitors; ausserdem gibt es ein Dutzend Dampfer und Segelschiffe, die jedoch für eine unverzügliche Verwendung nicht geeignet sind. Der »Tennessee«, eine hölzerne Fregatte, das Flaggenschiff des Admirals, welcher das atlantische Geschwader befehligt, ist das einzige Schiff erster Classe. Die übrigen Schiffe besitzen eine Tragfähigkeit von weniger als 200 Tonnen und gehören der vierten Classe an. Das Officiercorps der amerikanischen Marine umfasst einen Admiral, einen Viceadmiral, zehn Contre-Admiräle, 24 Commodore, 49 Capitäne, 90 Commandanten, 80 Lieutenant-Commandanten und 277 Lieutenants. Der neueste Zuwachs der amerikanischen Flotte ist der Monitor Ferror, der im März 1883 vom Stapel lief und 800,000 $ gekostet hat. Das Fahrzeug ist 250 Fuss lang, 56 Fuss breit und die Thürme sind mit Stahlkanonen armirt. Der Admiralsrath hat auch den Bau mehrer Kreuzer angeordnet, die eine Tragfähigkeit von 2,750 bis 4,300 Tonnen haben, 270 Fuss lang und 42 Fuss breit sein und jeder mit neun 6zölligen Kanonen armirt werden sollen.

Sociales. a. Geistige Bildung. *Schulwesen.* Aus dem Berichte der obersten Schulbehörde (*Commission of Education*) für 1880 entnehmen wir Folgendes: Der Schulbesuch erreichte die Höhe von 15'351,875, wovon 9'680,403 auf die öffentlichen Schulen entfallen; der Durchschnittsbesuch pro Tag betrug 5'744,188, doch fehlen noch in diesen Ziffern die Angaben aus vier Staaten. In den Territorien mit Ausnahme Idaho's und Wyoming's stellte sich im selben Jahre der Schulbesuch auf 184,405 oder durchschnittlich pro Tag auf 61,154. Der Staat Massachusetts weist den höchsten, Louisiana auffallenderweise den niedrigsten Procentsatz auf. In den öffentlichen Schulen der Staaten unterrichteten während dieses Zeitraumes 280,034, in denen der Territorien 2,610 Lehrer. Der monatl. Durchschnittsgehalt variirte zwischen 25,14 $ in South Carolina und

---

*) Die Liste stammt in Wirklichkeit schon von 1879 her.

101,47 in Nevada für Lehrer und zwischen 17,44 in Vermont und 77 $ in Nevada für Lehrerinnen. In den grösseren Städten des Landes ist der Gehalt selbstverständlich ein beträchtlich höherer. Ebenso übersteigt die Zahl der Lehrerinnen diejenige der Lehrer. In 35 Staaten und 8 Territorien betrug nämlich die Zahl der letzteren 116,012, diejenige der ersteren dagegen 157,657. Aus 21 Staaten und 4 Territorien vorliegende Berichte gaben die Zahl der in Privatschulen unterrichteten Kinder auf 561,209 resp. 6,921 an. Die Einnahmen der Schulen sämmtlicher Staaten und Territorien bezifferten sich auf 83'940,293 $, die Ausgaben auf 83'032,838, wovon 55'158,289 auf Lehrergehalte entfallen. Der Gesammtwerth des Schuleigenthums von 31 Staaten und 7 Territorien betrug 180'069,417 $. Das von den Staaten und Territorien seit dem J. 1785 bis 30. Juni 1880 zu öffentlichen Schulzwecken hergegebene Land bedeckt ein Areal von 78'659,439 Acres. — Dem höheren Schulwesen dienen nicht weniger als 364 Universitäten und Colleges (die letzteren ungefähr dem Range unserer Gymnasien entsprechend) mit 4,160 Docenten und 59,594 Studenten. Die Gymnasialbibliotheken enthalten 2'342,766 Bände. *Female Colleges*, unseren höheren Töchterschulen gleichkommend, gab es in der Union im J. 1880 227 mit 2,106 Lehrern und 25,780 Schülerinnen, von denen sich 2,200 einem speciellen Cursus zur Ausbildung als Lehrerinnen unterzogen und 204 für die Universitäten graduirten; 251,595 Bände füllten die Bibliotheken jener *Female Colleges*. Ausserdem befanden sich noch 8,662; Schülerinnen in verschiedenen höheren Privattöchterschulen.

Im Jahre 1882 hatte das Comité des deutsch-amerikanischen Lehrertages ermittelt, dass in 1,105 Städten deutscher Schulunterricht ertheilt wird; in 208 öffentlichen Schulen ist derselbe obligatorisch mit 918 Lehrkräften und 109,712 Schülern; in 47 Städten wird deutsch von 164 Lehrkräften an 7,222 Kinder in Privatschulen gelehrt, endlich in Kirchenschulen von 850 Orten von 2,273 Lehrkräften an 158,041 Schüler.

Tagesliteratur. Im Juni 1881 zählte das als sehr verlässig betrachtete *News paper Directory* 9,723 in den Vereinigten Staaten erscheinende periodische Schriften, davon 843 Tagesblätter und 58 3mal wöchentlich erscheinende Journale, 7,500 Wochenblätter, 166 14tägig erscheinende Zeitungen, dazu 1101 Monats- und 55 Vierteljahrshefte. Die grösste Anzahl periodischer Zeitschriften erschien im Staate New York mit 113 Tages-, 804 Wochenblättern und 322 anderen Publicationen. Hierauf folgte Pennsylvanien mit 87 Tages- und 748 anderen Publicationen, Illinois mit 67 und 765 anderen, Ohio mit 48 und 705 etc. etc. Sprachlich zerfällt die oben angegebene Anzahl von Zeitungen in 9,165 englische, 445 deutsche, 30 französische, 27 skandinavische, 24 spanische, 9 holländische, 9 böhmische, 4 italienische, 4 walisische, 2 polnische, 2 hebräische, 1 portugiesische und 1 cherokesische. Die stärkste Vertretung der deutschen Journale zeigt der Staat Pennsylvanien mit 66, dann New York mit 65, Illinois 56, Ohio 46, Wisconsin 38 und Missouri mit 20. New Yorker »Sun«, »Herald«, »News«, und »Staatszeitung«, der »Philadelphia Ledger« und der »Boston Herald« werden täglich in mehr als 100,000 Exemplaren verkauft.

b. Materielle Verhältnisse. Bekanntlich pflegt man in den Vereinigten Staaten mit jeder Volkszählung eine Reihe anderweiter statistischer Erhebungen zu verbinden. Bis jetzt indess sind die Materialen, so weit uns bekannt, nur theilweise verarbeitet. Wir sind dadurch zunächst noch ausser Stande, mehr als eine beschränkte Reihe dahin gehöriger Daten mitzutheilen.

Vor Allem verdient hier das *Heimstättegesetz* Erwähnung. Der Einwanderer muss vor der Besitzergreifung von Grund und Boden eidlich versichern, 21 Jahre alt und Oberhaupt seiner Familie zu sein, dann 5 oder 10 $ Kosten zahlen, je nachdem er 80 oder 160 Acres Land beansprucht. Nach 5 Jahren muss er durch 2 Zeugen nachweisen, dass er resp. sein Erblasser während dieser 5 Jahre seinen dauernden Wohnsitz auf dem betreffenden Lande gehabt, dasselbe ununterbrochen bebaut und keinen Theil einer andern Person überlassen habe. Darauf Ausstellung eines Besitztitels.

Viehstand Amerika's gegenüber Europa (nach einer Aufstellung des *Agricultural Bureau*):

	Ver. Staaten.	Europa.
Pferde	10'833,700	31'573,663
Maulesel	1'714,100	4'136,831
Rinder	33'234,500	89'678,248
Schafe	88'126,800	194'026,136
Schweine	34'766,100	42'686,493

Aus dieser Liste geht der grosse Reichthum der Vereinigten Staaten im Verhältniss zu Europa hervor. In den Vereinigten Staaten kommen auf hundert Einwohner 21 Pferde, 3 Maulesel, 66 Rinder, 76 Schafe und 69 Schweine. In Europa aber kommen auf hundert Personen nur 10 Pferde, 1 Maulesel, 27 Rinder, 65 Schafe und 14 Schweine.

Hieraus ist erkenntlich, dass die Viehzucht im Allgemeinen zwei- bis dreimal blühender in den Vereinigten Staaten ist, als in Europa im Ganzen. Die Schweinezucht allein fünfmal bedeutender. Nur in der Schafzucht hat Amerika vor Europa nicht viel voraus, ist aber auf dem besten Wege, dasselbe auch darin bald weit zu überflügeln.

Getreideernte. Dieselbe ward für 1880 zu 1,717 Mill. Bushels berechnet, für 1881 nur zu 1,275', also 442' Bushels weniger (geringste Production seit 1874). Eine neuere Schätzung vom landwirthschaftlichen Bureau in Washington bringt folgende Vergleichung (Bushels):

	1882:	1881:
Mais	1,635'000,000	1,194'000,000
Weizen	510'000,000	380'000,000
Hafer	470'000,000	416'000,000
Gerste	45'000,000	41'000,000
Roggen	20'000,000	20'700,000

Was den Geldwerth des in jedem Jahre geernteten **Weizens** betrifft, so lautet eine vorliegende Schätzung:

1873	$281,_2$ Mill. $	1878	$420,_1$ Mill. $
74	$308,_1$	79	$448,_8$
75	$292,_1$	80	$498,_5$
76	$289,_4$	81	$380,_3$
77	$364,_2$	82	450—500

Weinbau. Laut Ausweis des Agriculturdepartements waren im Jahre 1880 181,583 Acres mit Reben bepflanzt, die einen Ertrag von 23'453,827 Gallonen lieferten, im Geldwerthe von 13'426,174 $. Californiens Production erscheint dabei mit nahezu $2/3$.

Montanindustrie. Die Vereinigten Staaten erfreuen sich eines ungeheuern Reichthums an Bergproducten. Wir brauchen hier nur an Steinkohlen und Eisen, Petroleum und Gold zu erinnern. Es liegt darin eine grosse Bürgschaft für ein auch ferneres gewaltiges Aufblühen des Staates.

a. Edelmetallproduction. Nach dem Deutschen Handelsblatt betrug

	1880:81	1881,82	
die Goldproduction . .	36'5	31'5	Mill. $
die Silberproduction . .	42'1	44'75	- -
Dabei sei noch bemerkt: es betrug			
die Gold-Einfuhr . .	100'0	35'0	- -
die Gold-Ausfuhr . .	2'6	32'5	- -
die Silber-Einfuhr . .	10'5	7'5	- -
die Silber-Ausfuhr . .	17'8	16'0	- -

Die Firma *Wells-Fargo Express Comp.* berechnete die Production so:
1878 Gesammtedelmetall 78' $, 1879 nur 71', davon 33' Gold, 38' Silber,
1881 - 76'947,515, näml. 31'869,686 Gold, 45'077,829 $ Silber.

b. Anthracitkohlen. In Pennsylvanien allein waren 1881 273 Kohlenminen in Bearbeitung, gegen 225 in 1870; das gewonnene Product war von 15'596,257 auf 27'433,329 Tonnen gestiegen. Der Preis (1870 allerdings Papier) war von 2 $ 49 auf 1,47 gefallen.

c. Eisen. 1855/57 betrug die eigene Erzeugung nur 715,337, 1874/77 dagegen 2'213,728 Tonnen. 1870 zählte man nur 808 Hochöfen und Walzwerke mit 121'772,000 $ Anlagecapital und 3'655,000 Tonnen Production. 1880 dagegen gab es 1,005 Hochöfen und Walzwerke mit 230'971,600 $ Anlagecapital und 7'265.000 Tonnen Production, wozu Pennsylvanien allein 40 % lieferte. Das Jahr 1880 galt als das blühendste. Die 8 Hauptartikel in der Eisenbranche waren:

Roheisen	4'295,414
Walzeisen excl. Schienen .	1'838,906
Bessemerstahlschienen . .	954,460
Siemensstahlschienen . .	13,615
Eisenschienen	493,762
Tiegelgussingots	72,424
Siemensingots	112,593
Bessemerstahlingots . .	1'203,173

Offenbar ist dabei Eisen in 2 verschiedenen Stufen der Bearbeitung doppelt gezählt.

Aber 1881 überstieg seinen Vorgänger: Nach dem Berichte der amerikanischen *Iron and Steel Association* lieferte dieses Jahr: Roheisen 4'641,564 Tonnen, Walzeisen (ohne Schienen) 1'330,302, Bessemerstahlschienen 488,581 und mit den anderen Schienen zusammen 1'778,912 etc.

d. Petroleum. Im J. 1879 stieg die Production fast auf 20 Mill. Fass = 5 Mill. mehr als je. Durchschnittspreis 94$3/8$ cents per Fass, während er im billig geltenden Oeljahre 1874 noch zu 1 $ 34 notirt war. Die Production seit Entdeckung der Oelquellen (1861) ward zu circa 133

Mill. Fass mit etwa 341 Mill. $ Erlös geschätzt. Nach einer genauen Zusammenstellung in dem Handelsbericht von Gehe und Comp., Sept. 1880, hatte sich die Production (je 30. Juni) 1864 auf 23'210,369 Gallonen bis 1879 auf 378'310,010 gehoben (incl. Schmieröl und Rückstände). Schon im December 1878 hatte die *Revue pratique du Commerce et de l'Industrie* geschrieben: 1861, 2 Jahre nach der Entdeckung der Petroleum-Quellen durch den Obersten Drake, betrug die Ausfuhr 27,000 Barils im Werthe von 1 Million Dollars, 1877 wurden 14½ Mill. Barils exportirt, die einen Werth von 62 Millionen Dollars (mehr als 300 Mill. Frcs.) repräsentirten. Als Ausfuhrartikel nimmt das Petroleum in den Vereinigten Staaten augenblicklich die vierte Stelle ein; zuerst kommt die Baumwolle, deren für mehr als eine Milliarde Frcs. ausgeführt wird, dann folgt Getreide- und Mehl-Export im Werthe von 800 Mill. Frcs., dann Schweinefleisch für 400 Mill. und endlich Petroleum für 300 Mill. Frcs. In einem Zeitraume von 16 Jahren, von 1861 bis 1877, hat die Petroleum-Ausfuhr im Ganzen 2 Milliarden und 200 Millionen Francs eingebracht.

e. Quecksilber. Die Production in Californien betrug 1878 63,880, 1879 73,684, 1880 59,926, 1881 60,851, 1882 50,820 Flaschen.

Baumwolleproduction.

	Ballen	wiegend Mill. Pfd. netto	angebaut Acres	per Acre Pfd.
1869—70	3'122,000	1,374	7'933,000	173
1870—71	4'352,000	1,924	9'985,000	192½
1871—72	2'974,000	1,317	8'911,000	148
1872—73	3'931,000	1,746	9'560,000	182½
1873—74	4'170,000	1,850	10'816,000	171
1874—75	3'833,000	1,680	10'982,000	153½
1875—76	4'669,000	2,059	11'635,000	177
1876—77	4'485,000	1,972	11'500,000	171½
1877—78	4'811,000	2,148	12'500,000	172
1878—79	5'073,000	2,268	13'500,000	168
1879—80	5'757,000	2,615	14'500,000	180½

Durchschnitt 172 Pfd.

Fabrikindustrie. Ein Bulletin des Censusbureau der Vereinigten Staaten theilt folgende Thatsachen mit: Die Gesammtzahl der unter den Begriff »Fabrik« fallenden Etablissements wird, mit Ausschluss der Gasfabriken, auf 253,852 angegeben. Das darin angelegte Capital betrug 2,790'272,605 $. Beschäftigt waren 2'025,535 Männer, 531,639 Frauen, 181,921 Kinder, welche zusammen 947'953,795 $ Lohn erhielten. Der Werth des verarbeiteten Materials betrug 2,396'823,549 $, der Werth des Productes 5,369'579,191 $. Die grösste Zahl der Etablissements hat der Staat New York aufzuweisen. Er steht mit 42,739 Betrieben an der Spitze. Es folgen dann Pennsylvanien mit 31,232, Ohio mit 20,699 Betrieben. Im Westen und Süden nimmt die Zahl der Betriebe ab. Ueberraschend ist das Wachsen der Industrie in den westlichen Staaten. Die in den Fabriken arbeitenden Kinder vertheilen sich sehr ungleich auf die einzelnen Staaten. Obenan steht Pennsylvanien mit 29,667 Kindern: New York folgt mit 29,529 Kindern. Im Westen und Südwesten ist eine grosse Anzahl von jugendlichen Arbeitern zu bemerken. In Illinois kommen auf 136,000 Erwachsene fast 9,000 Kinder, und

Missouri hat auf 59,600 Erwachsene 4,300 Kinder. Der Durchschnitts-
lohn in den Vereinigten Staaten betrug 310 $. Aus dem Bulletin geht
hervor, dass der Staat New York unter allen Industriestaaten eine Stellung erreicht hat, welche kaum mehr überflügelt werden dürfte. Derselbe repräsentirt mehr als ein Sechstel des gesammten, in der Industrie
angelegten Capitals und producirt nahe doppelt so viel als Massachusetts
und das Vierfache des Products von New Jersey.

Eine andere Aufstellung gibt nähere Aufschlüsse über die Verhältnisse in den 20 bedeutendsten Industriestädten (hier ist der Begriff
»Fabrik« ein engerer). Obenan steht New York mit 11,162 Fabriken und
einem Capitale von 164'917,856 $; es folgen: Philadelphia 8,377 mit
170'495,191 $, Brooklyn 5,089 mit 56'621,399, Boston 3,521 mit
42'750,134, Chicago und St. Louis stehen gewissermassen in der
Mitte mit 3,479 Fabriken und 64'177,335, respective St. Louis mit
2,886 Fabriken und 45'385,785. San Francisco zählt 2,860 mit
29'417,246, Milwaukee 821 und 13'811,405 New Orleans 906 Fabriken mit 8'401,390 $. Was die einzelnen Industriezweige an-
langt, so ist der Hauptplatz für Eisen Pittsburg, für Möbel Chicago mit 5,813 Arbeitern in dieser Branche. Cincinnati hat in der
gleichen Branche 3,746 Arbeiter. Die Mehlindustrie blüht wie nirgends
in St. Louis. Cigarren werden am reichlichsten in New York fabricirt.
das denn auch das Eldorado der deutschen Cigarrenarbeiter ist, die drü-
ben vorzüglich verdienen. Es beschäftigt in 761 Fabriken 16,988 Arbeiter. Den letzteren droht übrigens immer noch die Masseneinwanderung
chinesischer Cigarrenarbeiter, die bei ihrer unglaublichen Genügsamkeit
halb so billig und noch billiger arbeiten, als die deutschen.

Handel. In dem mit dem 30. Juni 1881/82 abgelaufenen Fiscaljahre betrug der Gesammtwerth der Ein- und Ausfuhr von Waaren und
Contanten 1,549'582,211 $ gegen 1,656'572,919 $ im vorhergehenden
Jahre. Die Ausfuhr heimischer Erzeugnisse erreichte einen Werth von
733'073,937 $, gegen 883'925,947 $. Der Werth der Waareneinfuhr
betrug 724'623,317, gegen 642'664,628 $. Die Ausfuhr von Gold und
Silber in Barren und klingender Münze stellte sich auf 49'412,567 gegen
19'406,847 $, und die Einfuhr auf 42'472,390 gegen 110'575,497 $.

Für das Jahr 1880/81 ward der Verkehr nach Waarengattungen so
ausgeschieden (in Millionen Dollars):

	Einfuhr	Ausfuhr
Getreide	11,5	271,4
Getränke	9,5	3,6
Colonialwaaren	174,1	4,8
Tabak, Früchte, Kräuter . . .	6,3	20,9
Sämereien	16,5	6,0
Thiere u. thierische Nahrungsmittel	10,2	167,2
I. Kategorie, Nahrungsmittel	228,1	473,9
Brennstoffe	2,0	2,8
Erze, Steine, Erden	3,8	0,3
Rohe und halbrohe Metalle . . .	42,7	2,8
Haare, Häute, Leder	47,6	13,8
Spinnstoffe	30,9	247,7
Holz	4,1	14,6
II. Kategorie, Rohproducte	131,1	282,0

	Einfuhr	Ausfuhr
Töpfer- und Glaswaaren	12,5	0,0
Maschinen, Metall- und Kurzwaaren .	28,8	23,5
Leder- und Gummiwaaren	4,9	1,9
Garn, Gewebe, Seilerwaaren, Confections	123,7	16,0
Papier und Papierwaaren	1,8	1,3
Holz- und Strohwaaren	10,4	4,5
Schmuck, Kunstwerke	19,0	1,7
Bücher	3,0	0,7
III. Kategorie, Fabricate	204,1	50,5
Dünger und Abfälle	0,6	6,0
Droguen, chemische Producte, Farben .	47,5	8,4
Harze, Fette, Oele	6,2	54,0
Andere Waaren	25,1	8,2
IV. Kategorie, verschiedene Waaren	79,4	77,5
Zusammen: A. Waaren	642,7	883,9
B. Edelmetalle	110,9	14,2
Total	753,6	898,1

. Uebersicht des Handels in der Neuzeit, in Mill. Dollars abgerundet, wobei jedoch das Goldagio bis 1879 zu berücksichtigen.

	Einfuhr			Ausfuhr einheimischer Producte				Ausfuhr fremder Waaren	Ausfuhr fremder Edelmet.
	Edelmetalle	Waaren	Zusammen	Edelmet.	Waaren	declar. Werth	wirkl. Werth		
1870	26,4	436,0	462,4	43,9	455,2	499,1	420,5	16,2	14,3
78	29,8	437,1	466,9	27,0	695,8	722,8	707,7	14,2	6,7
79	20,3	445,8	466,1	17,6	699,5	717,1	715,9	12,1	7,4
80	93,0	668,0	761,0	9,3	823,9	833,1	833,2	11,7	7,8
81	110,6	642,7	753,3	14,2	883,9	898,1	898,1	18,5	5,2

Verkehrsländer, 1880/81 (vom 1. Juli an) in Millionen Dollars.

	Einfuhr	Ausfuhr		Einfuhr	Ausfuhr
Grosbritannien	217'84	485'60	Brit. Nordamerika	40'56	36'63
Frankreich . .	88'03	89'85	Cuba, Portorico . .	68'84	12'79
Deutschland . .	84'49	69'19	Brit. Westind., Guiana, Honduras . .	9'64	10'29
Belgien . . .	12'63	35'68	Haïti, St. Domingo .	6'24	5'24
Niederlande . .	5'90	25'79	Mexico	17'65	9'20
Schwed.-Norwegen	0'95	3'41	Centralamerika . .	3'40	1'69
Dänemark u. Dän. Westindien . .	1'03	7'11	Columbia	6'52	5'39
Russland . . .	2'89	16'02	Brasilien	52'78	9'14
Spanien . . .	5'93	12'54	Argentina, Venezuela etc.	16'73	6'82
Portugal und Besitzungen . .	1'01	4'82	Chile und Peru . .	2'22	1'69
Italien	11'84	8'09	Franz. Amerika . .	2'49	1'90
Oesterreich-Ungarn	1'42	2'25	Niederländ. Amerika	3'12	1'17
Griechenland, Türkei etc. . . .	2'13	1'04	2. Amerika . .	229'99	101'94
1. Europa .	435'89	762'89	China, Japan . . .	39'98	13'64
			Brit. Ostindien, Australien	20'22	7'40
			Niederl. Ostindien .	7'25	1'73
			Sandwich-Inseln . .	5'59	2'90
			Brit. Colon. im Mittelmeer u. Afrika .	1'40	5'20
			Alle andern Länder .	12'64	2'37
			3. Andere Erdtheile	87'37	33'33
			Total	753'24	898'15

Handelsflotte, 30. Juni 1881.

Dampfer	4,860 von	1'264,998 Tons
Segelschiffe	16,760 von	2'350,393 -
Barken	1,118 von	325,364 -
Canalboote	1,327 von	116,979 -
Zusammen	24,065	4'057,734 -
Schiffe langer Fahrt} registr.{	2,193 von	1'297,035 Tons
Wallfischfänger ' } Schiffe {	173 von	38,551 -
Küstenfahrzeuge . . .	19,579 von	2'646,011 -
Kabeljaufänger	2,120 von	76,137 -
Zusammen	24,065	4'057,734 -

Den Gewässern nach vertheilt sich die Flotte folgendermassen:

	Dampfer	Tons	Segler	Tons	Canalboote	Tons	Total	Tons
Atl. Ocean	2,364	644,000	14,576	1'885,000	1,336	185,000	18,276	2'714,000
Mississippi	1,191	247,000	7		233	147,000	1,431	394,000
Landseen	988	260,000	1,417	306,000	802	97,000	3,207	663,000
Stiller Ocean	317	114,000	760	159,000	74	13,000	1,151	286,000
	4,860	1'265,000	16,760	2'350,000	2,445	442,000	24,065	4'057,000

Ende 1880 hatte die New Yorker Handelszeitung über die amerikanische Handelsmarine unter anderm berichtet: »Dieselbe besteht aus: 16,080 Kauffahrtei-Segel-, 4,626 Kauffahrtei-Dampf- und 235 ungetakelten Schiffen, zusammen 23,058 (20,941?), von denen 3,785 als Seeschiffe classificirt sind.«

Eisenbahnen [*]). Die Vereinigten Staaten zeichnen sich, trotz der Dünne ihrer Bevölkerung, durch die Menge ihrer Schienenwege aus. Man staunt über die Rapidität der Vermehrung dieses in der Anlage so kostspieligen Communicationsmittels; aber gerade der Mangel an gewöhnlichen Strassen erklärt es, dass man hier sogleich zum vollkommensten Verkehrswege sich wendete. Im Jahre 1830 hatte man erst 23 englische miles Schienen, 1840 bereits 2,818 miles, 1850 9,021, 1860 aber 30,635; 1870 war die Ziffer auf 52,914, 1880 auf 93,671 gestiegen (grösste Jahreszunahme 7,174 miles); Ende 1882 standen 104,813 engl. Meilen im Betriebe (168,945 Kilom.), und mit den noch nicht eröffneten Linien besass man sogar schon Mitte 1882 110,770 miles (178,229 Klm.) Die verschiedenen Gesellschaften besassen zusammen 20,000 Locomotiven und 648,000 Güterwagen. Ende 1881 (bei 94,486 miles im Betriebe) berechnete man bei Actien- und Obligationencapital zu 5,010'389,579 $; die Einnahme betrug brutto 725'325,119 und netto nach Abzug der Betriebsausgabe, 276'654,119; Dividenden wurden 93'344,200 $ vertheilt. Die Zahl der Unglücksfälle ward angegeben:

		Unfälle		Tödtungen	Verletzungen
1879 bei 86,497 miles,	910	dabei	185	600
1880 bei 93,671	-	1,078	-	315	1,152
1881 bei 94,486	-	1,458	-	414	1,597

Post, 1880/1881. Bureaux 44,512, abgesendete Inlandsbriefe 1,046'107,348, Auslandsbriefe 43'632,547, eingeschriebene Briefe und Packete 8'338,919, unbestellbare Sendungen 3'323,621, Geldanweisungen 7'663,232 im Betrage von 105'075,769 $. Einnahme 1880/1881

---

[*]) Besonders reiches Material findet sich in *Poor's Railroad Manual* (neuesten Jahrgang für *1882*).

36'765,397, Kosten 39'592,566 $. Dem vorjährigen Berichte des Ge-
neralpostmeisters entnehmen wir noch einige Notizen: Die Totalkosten
des Postdienstes für das am 30. Juni 1880 beendigte Fiscaljahr betrugen
22'296,269 $. Die Eisenbahn-Postlinien wurden während des
Jahres um 5,329 Meilen mit einem Kostenaufwand von 971,681 $ ver-
mehrt; der Dampfboot-Postverkehr um 2,080 Meilen mit einem
Kostenaufwande von 132,833 $ verlängert; die »Star«-Routen um 19,768
Meilen mit einem Kostenaufwande von 919,669 $ erweitert. Im Ganzen
wurden die Post-Routen um 27,117 M. mit Mehraufwand v. 2'024,183 $
verlängert. Hierbei sind jedoch die Gehälter der in Folge der Ausdehnung des Postdienstes neu angestellten Beamten etc. nicht mit einbegriffen; dieselben repräsentiren eine Summe von 259,214 $, wodurch sich
der Gesammtbetrag der Mehrausgaben auf 2'283,397 $ stellt. Am Schlusse
des beendigten Fiscaljahres war in den Verein. Staaten bei 104 Postämtern das freie Ablieferungssystem eingeführt. Die Gesammtzahl der
bei diesen Postämtern angestellten Briefträger war 2,688, und zwar
kamen von dieser Zahl auf New York 470. Philadelphia 300, Chicago
187, Boston 186, St. Louis 117 und Brooklyn 110. Die Totalzahl der
durch diese 104 Postämter vermittelten Poststücke betrug 932'121,843,
eine Zunahme von 122'267,778 im Vergleich mit dem am 30. Juni 1879
beendigten Fiscaljahre. Die durch das freie Ablieferungssystem erwachsenen Kosten beliefen sich, einschliesslich der Bezahlung von Special-
Agenten, auf 2'363,693 $, und die für den Localverkehr vereinnahmten
Porto-Gebühren bezifferten sich total auf 3'068,797 $. Nur in 4 Post-
ämtern von jenen 104 machte sich das freie Ablieferungssystem bezahlt,
nämlich in New York, Philadelphia, Boston und Hartford, in welchen
Städten die Porto-Einnahmen aus dem Localverkehr die Kosten der freien
Ablieferung übersteigen.

Telegraphen. Genauere Nachweise fehlen. Man schätzte 1881:
Linienlänge auf 120,000 engl. Meilen = etwa 193,000 Kilom., ohne
die Telegraphen der Eisenbahnen, der Regierung und der Privaten. Te-
lephonlinien etwa 80,000 engl. Meilen = fast 100,000 Kilom.

Banken. Dem Berichte des *Comptrollers of the Currency* vom Schlusse
des Jahres 1878 entnehmen wir einige Notizen. Zunächst gibt dieser
Bericht folgende Uebersicht sämmtlicher Banken und Bankiers der Ver.
Staaten:

	Anzahl	Capital	Depositen
Unter den Gesetzen der Einzelstaaten organisirte Banken (Staatsbanken)	893	124'347,282 $	229'482,625 $
Sparbanken mit Actien-Capital . .	23	3'237,342	26'179,968
Sparbanken ohne Actien-Capital . .	668	—	803'299,345
Privat-Bankiers	2,856	77'798,228	183'832,965
Zusammen	4,440	205'380,000	1,242'794,000
Nationalbanken	2,056	470'390,000	677'160,000
Total	6,496	675'770,000	1,919'954,000

Die Gesammtzahl der Nationalbanken, die seit der Errichtung des
National-Bank-Systems vom 25. Februar 1863 bis zum 1. November
1878 organisirt wurden, ist 2,400. Davon liquidirten 273 freiwillig und
74 wurden Curatoren übergeben. Während des Jahres 1878 sind 28
Banken mit einem Capital von 2'775,000 $ organisirt worden, an welche
1'598,800 $ Nationalbanknoten emittirt wurden. Innerhalb derselben

Zeit haben 15 Banken fallirt, die ein Gesammtcapital von 2'712,500 $ hatten, und 41 Banken mit 5'200,000 $ Gesammtcapital haben sich freiwillig vom Geschäft zurückgezogen. Auf die Behauptung, die Nationalbanken besässen ein Ausbeutungsmonopol, ist einfach zu erwidern, dass, wäre dies der Fall, keine der anderen Banken zögern würde, sich als Nationalbank zu organisiren, was ja unter gewissen Bedingungen freisteht. In Wirklichkeit beträgt der Reingewinn der Nationalbanken an Noten nur 8'961,569 $ per Jahr oder weniger als 2$^{1}/_{2}$ % des Actiencapitals. Dagegen hat der Staat seit dem Beginn des Systems bis jetzt an Steuern von den Nationalbanken erhoben: Von der Circulation 39'775,817, von Depositen 40'328,256, vom Capital 5'929,481, zusammen 86'033,554 $.

Das *New Yorker Clearing House* hat, laut einem Berichte vom Oct. 1882, während des jüngst verflossenen Jahres 48,147'846,406 $ Transactionen besorgt. Das Total seit Eröffnung des *Clearing House* — 11. October 1853 — belief sich auf 673,399'401,683 Mill.

Fallimente in den Vereinigten Staaten während der jüngsten Jahre, nach Aufstellung von D u n & C o m p. in New York:

Jahr	Zahl	Verbindlichkeiten
1875	7,740	201,$_{00}$ in Mill. $
1876	9,082	191,$_{12}$
1877	8,872	190,$_{67}$
1878	10,478	234,$_{38}$
1879	6,658	98,$_{15}$
1880	4,736	65,$_{75}$
1881	5,582	81,$_{10}$
1882	6,738	101,$_{65}$

Eine andere Version in der *Times* ergibt: 1881 5,929 Fallimente mit 76'094,667 $ Verbindlichkeiten, und 1882 7,574 Fallimente mit 93'599,936 $ Passiven.

Münze, Maasse. Das früheste Münzgesetz vom 2. April 1792 bestimmte den Dollar, gleich dem damaligen spanisch. Piaster, zu 371$^{1}/_{4}$ Troy-Grän (24,$_{058}$ Grammen) fein Silber, als Münzeinheit; dabei sollten 10-Dollarstücke in Gold ausgeprägt werden, wobei der Werth zum Silber 15 : 1 angenommen ward. Das Münzgesetz vom 31. Juli 1834 behielt zwar den bisherigen Silberdollar bei, setzte aber den Gehalt des 10-$Stücks von 247$^{1}/_{2}$ auf 232 Grän herab (von 16,$_{0877}$ auf 15,$_{0344}$ gr.) wonach sich gegen Silber eine Werthrelation von 16,$_{00215}$: 1 ergab. Unter diesen Verhältnissen, und bei der gewaltigen Goldproduction Amerikas, ward die Goldwährung allein herrschend. Ein Gesetz vom 24. Febr. 1853 ordnete dann auch an, dass die Theilstücke des Dollar geringhaltiger ausgeprägt würden, Niemand aber zur Annahme von mehr als 5 $ in dieser geringern Münze verpflichtet sei. Es kam die Zeit des Papiergeldes (der *Green-backs*). Als man sich jedoch der Periode einer Wiederherstellung der Hartgeldzahlung näherte, setzten die Silberminenbesitzer 1878 durch, dass, unter Werthverringerung des Silberdollars, die Doppelwährung decretirt ward. Nach früheren Bestimmungen ist die Metallwährung mit Neujahr 1879 wieder in Kraft getreten. — Die M a a s s e sind meistens die englischen. Der *Acre* sind 40,$_{4671}$ Aren, die Hectare also 2,$_{47}$ Acres. 640 Acres sind eine amerikanische Quadratmeile. Die amerikanische Längenmeile 1,609 Meter = 0,$_{217}$ geographische Meile. (Die geographische Quadrat-Meile = 21,$_{20}$ englisch.) — Der Centner wird zu 112 Pfund gerechnet. Das Pfund = 0,$_{454}$ Kilogramm. Der Fuss (*foot*) = 30$^{1}/_{2}$ Centim. Der *Yard* = 0.$_{914}$ Meter.

Mexico (Republik).

Auf einem zu etwa 19,450 Q.-Myriameter berechneten Raume (die Angaben, welche selbst Behm mittheilt, schwanken zwischen 1'921,241 und 2'001,715 Quadr.-Kilom.) sollen in den (ursprünglich 19, nun nach verschiedenen Scheidungen 27) verbündeten Staaten *) 9'787,629 Menschen wohnen (doch ermangelt die Angabe der Genauigkeit).

Den *Nationalitäten* nach sind die Einwohner entweder europäischer Abkunft, W e i s s e (getheilt in wirkliche Europäer höchstens 40,000, Creolen etwa 300,000, und Chapetones, Mischlinge von Europäern und Indianern, ungefähr 800,000), oder F a r b i g e, Mestizos (aus weiterer Racenvermischung entstanden) gegen 1½—2 Mill., oder I n d i a n e r, ungefähr 3½—4, nach anderer Schätzung 5 Mill., oder N e g e r, nur ungefähr 10,000. W a p p ä u s nahm an: 1'004,000 Weisse, 1'190,000 Mischlinge, 4'800,000 Indianer, 6,000 Neger. Die Indianer haben sich unterworfen (*Indios fideles*), oder sind noch frei und ungetauft (*Indios bravos*). Sonst trifft man fast nur Katholiken, obgleich andere Culten gestattet sind.

Städte. Nach Behm und Wagner, vielmehr den Angaben *Emiliano Bustó's* in der *Estadistica de la República Mexicana, 1880,* hatten die Hauptstädte der Provinzen 1877 — 80, folgende Einwohnerzahl:

Aguas calientes	31,872	Guanajusto . .	56,112	Querétaro. . . .	27,560
Campeche . . .	15,190	Jalapa(Vera Cruz)	12,400	Saltillo	11,340
Chihuahua. . .	12,116	La Paz	2,396	San Cristóbal . .	8,500
Chilpancingo .	3,600	Mérida	32,000	San Juan Bautista	6,800
Ciudad Victoria	7,800	Mexico	241,110	San Luis Potosí	34,300
Colima	23,572	Monterey	15,300	Tlascala	4,300
Cuernavaca . .	16,320	Morelia	20,400	Toluca	12,300
Culiacan . . .	7,878	Oaxaca	26,228	Ures	9,700
Durango. . . .	27,119	Pachuca	12,500	Zacatecas	32,000
Guadalajara . .	78,600	Puebla	64,588		

Finanzen. Dieselben sind stark zerrüttet, wie dies nach dem Napoleonischen Einfalle ohnehin vorerst nicht anders sein konnte. Budgets mit Ausgleichsziffern werden zwar aufgestellt, sind aber factisch werthlos. Das für 1882/83 schliesst mit 27'100,000 $ Einnahme und 27'011,507 Bedarf ab. Unter den Einnahmen sind als die bedeutendsten vorgesehen: Zölle 15', Stempel 4', Accise 2', Tabak etc. 2'; unter den Ausgaben erscheinen: Krieg und Marine 8'514,478, Inneres 3'235,118, öffentliche Arbeiten 7'551,683. — Einnahme und Ausgabe der Einzelstaaten sind gleichmässig zu 7½ Mill. $ veranschlagt. — Die *Staatsschuld* wird zu 144'953,785 $ angegeben, wovon 104'712,570 äussere und 40'241,215

---

*) Yucatan, Campeche, Tabasco, Veracruz, Taumaulipas, Chiapas, Oajaca, Guerréro, Michoacan, Jalisco, Colima, Sinalóa, Sonora, Puebla, Tlascala, Mexico, Querétaro, Guanajuáto, Aguas calientes, Zacatécas, San Luis Potosí, Nuevo Leon, Coahuíla, Durango, Chihuáhua, Hidalgo, Morelos; dazu noch District Mexico und Territorium Californien.

innere Schuld. Die franz. Schuld wird vollständig repudiirt. — Der jetzige Präsident der Republik, Gonzales, sucht ein Arrangement mit den Bondholders zu erwirken, und hat bereits die Ermächtigung zur Aufnahme eines Anlehens von 3 Mill. (£ oder $?) 5procentig, garantirt durch die Zollerträgnisse, erhalten.

Militär. Etwa 22,000 Mann (20 Bataillone Infanterie, 14 Regim. Cavallerie, 6 Brigaden Artillerie). — *Marine.* 4 Kanonierboote.

Sociales. Das Eigenthum des angebauten Bodens befindet sich in den Händen der überhaupt herrschenden Weissen. Der Clerus besass übermässige Reichthümer. Man schätzte dieselben auf 400 Mill. Piaster. Die Finanznoth zwang auch hier zur theilweisen Einziehung der Geistlichengüter. Es sollten deren vor einigen Jahren noch für 250—300 Mill. Piaster vorhanden sein (nach Don *Miguel Lordo*).

Handel. Die Ausfuhr wurde 1879/80 zu 32,$_{66}$ Mill. berechnet, wovon 13,$_{41}$ auf die Ver. Staaten, 11,$_{03}$ auf England, 5,$_{20}$ auf Frankreich kamen. Eine Notiz führt für 1877/78 nur 28'777,508 $ Ausfuhr auf. Die Häfen von Vera Cruz und Mazatlan besassen $3/4$ des Aussenverkehrs. Der Hafenverkehr wird zu 647 ein- und 947 ausgelaufenen Schiffen angegeben, wovon 183 und 95 auf Vera Cruz kamen.

Eisenbahnen. Ende 1882 sollen nach einer officiellen Angabe 2,305 miles, nach einer andern 2,636 Kilom. im Betriebe gestanden sein.

Post, 1881. 873 Bureaux: 1879/80 befördert: 4'406,410 Briefe, mit Drucksachen 7'154,923 Stück.

Telegraphen, 1881. 17,061 Kilom. Linien, Depeschen (1880) 744,917.

Gold- und Silberausbeute. Mexico hat, zufolge der Nachweisungen *Tejada's,* vom Jahre 1690 bis einschliesslich 1852 nicht weniger als für 2,734'704,897 Piaster an edlen Metallen zum Ausprägen geliefert, wovon nur 82'119,162 Piaster Gold. Für die Zeit von der Eroberung bis 1690 nimmt *Tejada* eine Silberausbeute an von 827$^{1}/_2$ Mill. Piaster, so dass Mexico im Ganzen an 3,562$^{1}/_2$ Mill. Piaster an edlen Metallen lieferte, wovon höchstens 100 Mill. auf das Gold kommen. (Californien und Australien zusammen lieferten seitdem in e i n e m Jahre mehr Gold, als Mexico in 330 Jahren.)

Münze. Piaster (*Pesos*) = Dollars (die verbreitetste Münze in der Welt), Werth 4 Mark 29 Pf. = 5 Fr. 35 Cent. — **Maasse** etc. wie in Spanien.

Staaten von Centralamerika (5 Republiken).

Sie befinden sich in ziemlich wenig befriedigenden und wirren Verhältnissen; auch über ihre statistischen Zustände sind die Angaben nur wenig feststehend; aus den mannichfach mehr oder minder unsichern Angaben entnehmen wir folgende Notizen als beiläufig die wahrscheinlichsten, wobei wir vorzugsweise Behm und Wagner zu Grunde legen:

	Q.-Kilom.	Bevölkerung	Hauptstädte	Einwohner
Guatemala . . .	121,100[1]	1'252,500	Guatemala	55,728
Salvador . . .	19,700	554,800[2]	San Salvador	14,059
Nicaragua . . .	133,800[3]	300,000	Managua	12,000
Honduras . . .	120,500[4]	350,000	Tegucigalpa	12,000
Costa-Rica[5] . .	51,800	185,000	San José	12,000
Zus. etwa	445,900	2'642,000		

Bei der Bevölkerung von Costa-Rica sind 5,000 civilisirte Indianer,
1.200 Neger und 600 Chinesen mit aufgeführt.

Finanzen, Budgets, in Dollars:

	Einnahme	Ausgabe	Schuld
Guatemala (1881) . .	7'479,719	7'479,719	7'139,169
Salvador (1881) . .	3'952,000	3'827,000	2'234,629
Nicaragua (1880) . .	3'720,681	3'507,174	1'346,609
Honduras (1881/82) .	861,970	759,930	1'578,609
Costa-Rica[6] (1881/82)	3'164,051	3'164,051	?

Von den 3 letztgenannten Staaten ist erwiesen, dass ihre Einkünfte hinter
dem Bedarfe weit zurückbleiben. Nach Auflösung der Centralamerika verbin-
denden Conföderation war ein in London 1825 aufgenommenes 6 % Anlehen von
163,000 ℒ auf die einzelnen Staaten zu repartiren. Honduras übernahm davon ⅙ = 27,200 ℒ, war aber bis 1867 nie im Stande, die jährlich schuldige
Zins- und Tilgungsquote von nur 1,632 ℒ aufzubringen. Um zu einem neuen
Anlehen zu gelangen, ward nun mit den Gläubigern ein Accord dahin abgeschlossen, dass sie statt der fälligen 90,000 ℒ nur 55,000 in neuen 5 % Papieren
erhielten. Darauf ward unter den schwindelhaftesten Vorspiegelungen 1867 zu
London ein 10procentiges Anlehen von 1 Mill. ℒ im Course von 80 % emittirt,
im nächsten J. ein weiteres 6 % Anlehen zu Paris von 62'252,700 Fr. (2'490,108 ℒ)
à 75 %, und endlich 1870 ein drittes 10 % Anlehen von 2½ ℒ zu London à 80 %.
Die jeweils verfallenen Zinsen wurden aus den Erträgnissen der neuen Anlehen
gedeckt, — so lange man deren noch erhielt. Der Staat erlangte von diesen 3
Schuldaufnahmen, zusammen nominell 5'990,108 ℒ, nicht mehr als 689,745, wofür eine Eisenbahnstrecke von 53 englischen Meilen hergestellt ist; der ganze
übrige Betrag ging in Schwindeleien auf. Natürlich werden längst keine Zinsen
mehr bezahlt; nominell sind nun die 250,000 (höchstens 300,000) Indianer
und Neger mit einer Schuldenmasse belastet, welche Lowe für Mitte 1875 bereits auf 6'527,393 ℒ berechnete, wozu nun weiter die seitdem verfallenen Zinsen kommen.

Ganz in ähnlicher schwindelhafter Weise ward 1871 ein 6 % Anlehen von
1 Mill. ℒ für Costa Rica, durchschnittlich à 73 %, in London aufgenommen,
dem im nächsten Jahre ein weiteres 7procentiges von 2'400,000 à 82 % folgte,
wovon jedoch nur 1'460,100 untergebracht werden konnten. Für Zins und Tilgung wurde von Costa-Rica selbst nie die kleinste Zahlung geleistet; nur hatte
man, um Vertrauen zum zweiten Anlehen zu erwecken, Anfangs aus dem Ertrage
desselben die damals verfallenen ersten Raten gedeckt (wie aus Lowe's Parla-
mentsbericht zu ersehen). Ausserdem hat der Staat eine Reihe weiterer Schulden, während die (jedenfalls weit überschätzten) Activa keinenfalls in nennens-
werthem Betrage flüssig zu machen sind.

1) Nach dem *Annuaire de l'Economie politique et de la Statistique de Garnier
et Block*, *1882*, nur 72,000 Q.-Kilom. Ein Census ward 1880 nur unvollständig
vorgenommen.

2) Eine angebliche Zählung von 1878 hatte 482,422 ergeben; andere Angaben schwanken zwischen 430 und 755,000.

3) Das *Annuaire* rechnet 150,650 Q.-Kilom. und, nach Zählung von 1865
264,000 Einw. Die alte Hauptstadt Leon hatte 34,000 Einwohner.

4) *Annuaire*: 121,382 Q.-Kil. und gegen 400,000 Einwohner, Hauptstadt
Comayaga, etwa 25,000.

5) *Annuaire* 55,393 Q.-Kil. und 175,000 Einwohner.

6) 1880 ergab der Abschluss ein Deficit von 658,318 $. Was die Schuld be-
trifft, so werden 6'258,629 $ Passiva und 10'918,062 Activa aufgeführt, während
uns sämmtliche obige Aufstellungen sehr fraglich erscheinen.

Truppen, blos für den Polizeidienst; Guatemala soll 2,200 Mann unterhalten; im Uebrigen Milizen, doch nirgends gehörig organisirt.

Handel (in 1000 Dollars) :

	Einfuhr	Ausfuhr	Schiffe	Tonnen	
			eingelaufen		
Guatemala (1881) .	3'665	4'094	206	219,233	
Salvador (1881) . .	2'705	4'902	334	413,989	Ausgelaufen
Nicaragua (1880) .	1'470	2'057	?	?	beiläufig
Honduras	?	1'805	?	?	ebensoviel.
Costa-Rica (1880) .	2'670	3'525	336	24,695	

Eisenbahnen. In Costa-Rica 170 Kilom. im Betriebe, in Guatemala 22, in Honduras 60, in Salvador ?.

Zwischen dem Freistaate Honduras und den Verein. Staaten von Columbia ist am 10. April 1882 eine allgemein beachtenswerthe »Convention über Aufrechterhaltung des Friedens« zum Abschlusse gekommen, ähnlich einer zuvor am 24. Dec. 1881 zwischen Salvador und Columbia vereinbarten. Die contrahirenden Staaten verpflichten sich förmlich und für ewige Zeiten, alle Streitigkeit, die sich zwischen ihnen erheben sollten, durch Schiedsrichterspruch erledigen zu lassen, ferner dahin zu streben, »mit den übrigen amerikanischen Nationen bei erster Gelegenheit gleiche Conventionen abzuschliessen.«

Vereinigte Staaten von Columbia
(Föderativ-Republik, früher genannt Neu-Granada).

Das Areal wird zu beiläufig 8,300 Quadr.-Myriameter, die Volkszahl auf Grundlage einer »berichtigten« Zählung von 1870 zu 3 Millionen Menschen angenommen, einschliesslich 5,000 wilde Indianer. Wichtigste Städte: Panamá 18,378 Einwohner, Sta. Fé de Bogotá 40,883, Socorro 16,000. Medellin angeblich 20,000, Ibague 10,346, Popayan 8,485.

Finanzen. Die Rechnung für das Fiscaljahr vom 1. Sept. 1879 bis dahin 1880 ergab: Einnahme 5'651,905 Dollars, Ausgabe 5'773,575, Deficit 121,670. Das Budget für 1881/82 führt auf: Einn. 5'917,000, Bedarf 9'529,547, Deficit 3'612,547 $. Die Schuld wird für Ende August 1880 zu 19'956,778 $ angegeben, wobei die consolidirte äussere Schuld mit 9'570,500, das Uebrige innere Schuld. Es ist kaum zu begreifen, dass die Columbische Regierung, mit wenigen Ausnahmen Eigenthümerin der so werthvollen Chinawälder, so viel wie nichts thut, dieselben zu conserviren.

Militär. Im Frieden sollen 3,000 Mann stehend erhalten werden; im Uebrigen besteht eine so viel wie nicht organisirte Miliz. Kriegsmarine fehlt.

Handel. Die Einfuhr wird für 1880/81 zu 12,07, die Ausfuhr zu 15,83 Mill. Doll. berechnet. Hauptausfuhrartikel: für 3'23 Chinarinde, 3'05 Kaffee, 1'28 Blättertabake, 3'29 Edelmetalle. *Schiffsverkehr* 1880/81 1,119 Segel- und 524 Dampfschiffe, erstere von 79,600, letztere von 661,500 Tonnen.

Eisenbahnen. 121 Kilom., wobei die über die Landenge von Panamá mit 75 Kilom.

Post, 1879/80 463,832 Briefe, 413,350 Drucksachen. *Telegraphen*, 1879/80: Linienlänge 2,960 Kilom., Depeschen 150,204.

Grösseres Leben wird in diesen Gegenden erwachen, wenn Lesseps' grossartiges Project eines Kanals von Colon nach Panamá zur Verwirklichung gelangt sein wird. Die Arbeiten sind begonnen und ein Capital von 300 Mill. Frcs. ist subscribirt; die Gesammtkosten sind zu 600 Mill. Frcs. veranschlagt; die Länge dieser Wasserstrasse, welche in der Ebene eine Breite von 50, im Gebirge von 28 Meter und an den tiefsten Durchstichpunkten von 87 M. erhalten soll, würde eine Länge von 73 Kilom. bekommen.

Münze. Der alte *Peso fuerte* ist durch Gesetz von 1857 beseitigt und dafür das französische Münzsystem eingeführt. Der Piaster ist dem 5-Francsstück, der Real 50 Centimes gleich. Die Goldmünze Condor = 10 Pesos; die Unze 20 Pesos = 100 Francs.

Venezuela (Republik).

Das Areal ist zu etwa 11,376 Quadrat-Myriameter berechnet, die Bevölkerung nach Zählung vom 27.—29. April 1881 zu 2'075,245 ermittelt (1'005,518 männlich, 1'069,727 weiblich). Eintheilung nach der Constitution von 1881 in 1 Bundesdistrict, 8 Grossstaaten, 1 Colonie und 5 Territorien. Die *Tierra caliente* (heisse Region) bis zu etwa 700 Meter Meereshöhe und 25° C. durchschnittlicher Wärme; die *Tierra templada* bis 2,000 Meter Höhe und 18°, die *Tierra fria* (kalte Region) von da an; Schneegrenze 4,100—4,500 Meter. — Unter der Bevölkerung nach früheren Schätzungen 298,000 Weisse, 500,000 Mischlinge, unter denen Mulatten und Zambos vorherrschen; etwa 180,000 Creolen, 48,000 ehemalige Sclaven (die Sclaverei ist seit 1854 aufgehoben), 160,000 bekehrte, 14,000 unterworfene und 52,000 unabhängige Indianer. Fremde 34,916, worunter 11,544 Spanier, 1,171 Deutsche, 4,041 Engländer, 3,237 Italiener, 3,206 Holländer, 2,186 Franzosen. — *Städte:* Carácas 55,638, Valencia 36,145, Barquisimeto 28,918, Maracaïbo 22,224, Carúpano 12,389, Cumaná 12,057, Puerto Cabello 10,145 Einw.

Finanzen. Das Budget für 1882/83 führt als Einnahme 22'021,667 Bolivares (davon 19'425,000 aus Zöllen) und weiter 3'933,333 als Einkünfte der Einzelstaaten auf, dann als Bedarf zusammen 25'955,000, nämlich 4'195,800 Schuld, 12'285,000 für allgemeine Verwaltung, 1'010,100 fremde Reclamationen, 4'530,767 öffentliche Arbeiten und 3'933,333 Antheil an Salzsteuer und Transitzoll an die Enzelstaaten. — *Staatsschuld* am 30. Juni 1881 323'779,722 Bolivares, wovon 45'376,064 innere und 278'403,659 äussere Schuld.

Militär 2,200 Mann. *Marine* 4 kleine Fahrzeuge mit 8 Geschützen, worunter 2 Dampfer.

Handel, 1880. Ausfuhr aus La Guayra allein 155,178 metr. Cntr., werth 19'403,077 Bolivares. Hafenverkehr daselbst 249 Schiffe, wobei 196 Dampfer.

Eisenbahn 113 Kilom. — *Telegraphen* 540 Kilom.

Münzen: Bolivares = Franken.

Ecuador (Republik).

6,430 Q.-Myriameter umfassend, mit einer officiell auf 946,033 geschätzten Bevölkerung, ungerechnet die wilden Indianer. Früher nahm man an: 600,000 Nachkommen von Europäern, 400,000 Indianer, bei letzteren 200,000 wilde, 36,000 Mischlinge, 8,000 Neger. Eintheilung in 11 Provinzen. Villavicencio (*Geografia de la Republica del Ecuador* berechnet 4,933 Q.-Myriam. Umfang. Hauptstadt Quito 23,000, Stadt Guyaquil 20,000 Einwohner.

Finanzen. Die Einkünfte sollen gegen 3'700,000 Pesos betragen, wovon $1^1/_2$ Mill. Zölle zu Guyaquil. — Schuld $16^1/_2$ Mill. Pesos, nämlich englische Anleihe von 1877 1'824,000 £, innere $7^1/_4$ Mill. Pesos.

Militär. 1,500, mit der verfügbaren Miliz angeblich gegen 5,000 M. *Marine* 3 kleine Dampfer.

Handel 1879, Ausfuhr $8^1/_2$ Mill., Einfuhr $7^1/_2$ Mill. Pesos. Im Jahre 1879 aber hatte man eine unerhört reiche Cacaoernte von 229,482 Cntr. Während der Ernteerlös des Vorjahres nur 2'200,000 Pesos gewesen war, stieg der nunmehrige auf 16'732,000. Dazu für 690,000 Cascarille (Chinin) und für 1 Mill. (?) Tagua oder vegetabilisches Elfenbein. So nach dem amtl. veröffentlichten franz. Consularberichte. (*Annuaire de l'Économie politique.*) Stimmt indess nicht mit obigen Ziffern der Ein- und Ausfuhr.

Schiffsverkehr von Guyaquil 1879 226 Schiffe (wobei 115 Dampfer von 216,056 Tonnen.

Eisenbahn 122 Kilom.

Münze. Der Silber-Peso oder Dollar zu 5 Frcs.

—

Peru (Republik).

Der Umfang ward vor dem Kriege mit Chile zu etwa 12,000 Q.-Myriam., die Volkszahl zu 3 Mill. angenommen, nämlich gezählt 1876 2'699,945, dazu gegen 350,000 uncivilisirte Indianer. Eintheilung in 21 Provinzen. Der Friede mit Chile ist inzwischen (Mai 1883) unter verhältnissmässig günstigen Bedingungen abgeschlossen worden, die zwar eine Gebietsverminderung bedingen, die definitive Entscheidung aber auf 10 Jahre hinausschieben und schliesslich (S. 300) der Selbstbestimmung der in Frage kommenden Bevölkerung anheimgeben. Details darüber s. u. Chile (S. 300). *Städte:* Lima 101,488, Callao 33,502, Arequipa 29,237, Cuzco 18,370, Iquique 11,717 Einw. — *Confessionen* 1876: 2'644,055 Katholiken, 5,087 Protestanten, 498 Juden, 27,073 anderer Confession, 22,393 ohne Angabe. — *Nationalitäten:* 18,082 Europäer, darunter 6,990 Italiener, 2,647 Franzosen, 1,699 Spanier, 1,672 Deutsche etc. 50,032 Asiaten, 20 Afrikaner.

Finanzen, in vollständiger Unordnung, besonders seit dem Kriege mit Chile. Letztes Budget von 1875/76: Einnahme 65'566,140 Soles. Ausgabe 73'600,000, Deficit 8'033,860. Schuld, Januar 1876 (vor dem Kriege) 213'882,688 Soles.

Militär, vor dem Kriege: 8 Bataillone Infanterie, 3 Regimenter Cavallerie, 2 Regim. Artillerie, zusammen 470 Officiere, 4,200 Mann.

ausserdem 5.000 Gendarmen. Die Kraft sollte in der Miliz liegen; diese war aber nur auf dem Papiere organisirt. Sie bestand aus 3.870 (!) Officieren und 16.000 (auf dem Papiere 24,000) Mann. — Die Marine umfasste 18 Kriegsschiffe von 3,396 Pferdekräften. Aber davon waren nur 4 Panzerfahrzeuge und 2 Corvetten brauchbar, und von ihnen gingen die bedeutendsten an die Chilenen verloren.

Handel. Nur veraltete Daten sind vorhanden, vom Jahre 1877: Einfuhr 24,₁₅. Ausfuhr 31.₆₃ Mill. Soles, ohne 279,984 Tonnen Guano, werth 8,₀₅ Mill. und salpetersaure Soda 4¹/₂' Cntr. (für 1879 wurden nur 2' angegeben.

Schiffsverkehr, 1877:
Eingelaufen . 9,176 Schiffe (dabei 5,503 Dampfer), von 7'210,383 Tonnen.
Ausgelaufen . 8,696 Schiffe (dabei 6,267 Dampfer), von 7'034,353 Tonnen.
Eigene Handelsflotte (1876) 147 Fahrzeuge v. 49,860 Tonnen, wobei 8 Dampfer.
Eisenbahn, 1878, 2.510 Kilom., wovon 1,920 Staatsbahn.
Post, 1878, 4'805,031 Briefe, wovon 2'051,202 überseeische.
Telegraphen, 1878, 34 Bureaux, 110,669 Depeschen.
Münze. Der silberne 5 Francsthaler, unter dem Namen *Sol*, ist Münzeinheit; es werden auch Goldstücke geprägt im französischen Münzfusse.

Bolivia (Republik).

Das Areal wird dermalen zu nahezu 13,000 Quadr.-Myriameter, die Bevölkerung zu 2'300,000 Menschen angenommen. Hauptstadt Sucre, nach einer Angabe mit 12,000, nach einer andern mit 23,200 Einwohnern, Potosí mit angeblich 11,000, La Paz 26,000 (?), Cochabamba 14,700 Einwohner.

Finanzen, Budget für 1880/81. Einnahmen 3'465.790, Ausgaben 4'799,225 Boliviens, davon 2'871,959 für Kriegswesen. Staatsschuld 1881 2'125,448 Boliviens.

Militär. Höchstens 2,000 Mann, darunter aber eine Unzahl von, besonders höhern, Officieren.

Handel, 1878. Einfuhr gegen 1 Million £, Ausfuhr angeblich 1'129,400 £. Französische Quellen reden von 7—8 Mill. Boliviens Einfuhr. Die Ausfuhr besteht wesentlich aus Guano, Kupfer, Chinin und Zinn.

Eisenbahn etwa 50 Kilom. — *Telegraph* etwa 300 Kilom.

Münze: Der silberne 5 Francsthaler als Bolivian, unterabgetheilt in 100 Centimes, gleich also 500 franz. Centimes.

Chile (Republik).

Unterm 23. Juli 1881 ist ein Vertrag mit der Argentinischen Republik zu Stande gekommen, durch welchen Theile von Patagonien und des Feuerlandes an Chile überlassen werden, geschätzt auf etwa 2.150 Quadr.-Myriameter, jedoch grossentheils ohne Bevölkerung. Im Ganzen nahm man das Areal nun zu 5,370 Quadrat-Myriameter, die Volkszahl für 1. Januar 1880 zu 2'183,434 an, unter Zugrundlegung einer Zählung vom 19. April 1875. Wie es sich jedoch mit dieser angeblichen Zählung von Anfang an verhielt, lässt sich aus der Thatsache entnehmen, dass das statistische Bureau von Chile den wirklich gezählten Menschen noch 10 % als »übergangen« beirechnete, dann weiter etwa 50,000 Indianer. Die städtische Bevölkerung wird zu 725,490, die ländliche zu 1'033,997, — dann die männliche zu 1,089,400, die weibliche zu 1'094,034 angenommen.

Im Januar 1883 ist die Expedition nach Araukanien und die Besitzergreifung des ganzen Landstrichs, der bisher Süd-Chile, die Provinzen Valdivia und Lanquihua von der Hauptmasse der Republik trennte, zum Vollzug gebracht worden. Im Mai 1883 wurde der Friede mit Peru zum Abschlusse gebracht unter folg. Hauptbedingungen: Peru tritt an Chile das Gebiet von Tarapaca auf 10 Jahre ab, mit den Städten Tacna und Arica. Aber erst nach 10 Jahren wird eine Volksabstimmung definitiv entscheiden, welchem Staate das Gebiet angehören soll, oder vielmehr angehören will; eine nicht genug zu preisende Neuerung im Völkerrechte, beruhend auf dem Princip, dass nicht das Ergebniss des Krieges, also der rohen Gewalt, sondern das Selbstbestimmungsrecht der Völker schliesslich massgebend sein soll. Derjenige Staat, an dem sich die Bevölkerung des Gebietes definitiv anschliesst, hat dann dem andern Staate die Summe von 10 Mill. Dollars zu bezahlen.

Trotz aller vorhandenen Mängel ist Chile der cultivirteste der südamerikanischen Staaten. Bei der Aufnahme von 1875 waren 26,635 Einwohner nicht im Lande geboren, sondern 7,183 aus Argentinien, 4,675 aus Deutschland, 4,267 aus Grossbritannien, 3,314 aus Frankreich, 1,983 aus Italien, 1,223 aus Spanien, 931 den Vereinigten Staaten, 831 Peru, 383 Oesterreich, 319 Portugal etc. Es soll angeblich nur etwa 200,000 Weisse geben, 1/4 Mill. Neger, die übrigen Mischlinge, getaufte und ungetaufte Indianer.

Städte, 1875. Santiago 129,807 Einw., mit Vorstädten 150,367. Valparaiso 97,737, Chillan 19,044, Concepcion 18,277, Talca 17,496. (Valdivia 3,872).

Finanzen. Der Krieg hat dieselben zerrüttet. Um sich Geld zu verschaffen, gab man den Banknoten Zwangscours. Im September 1878 ward, in Aenderung des betreffenden Gesetzes, den Banken die uneinlösbare Emission von 15 Mill. Pesos gestattet, wogegen dieselben Werthe in gleichem Betrage in Gold oder Silber oder in Staats- und Municipalschuldtiteln als Pfand zu hinterlegen hätten; ausserdem müssten die Banken vom 30. Juli 1879 an 5 % ihrer Emissionen baar erlegen, resp. ihre hinterlegten Sicherheiten gegen baar eintauschen; vom 1. Mai 1880 sei die Baarzahlung wieder einzuführen. Die Abrechnung des Staates pro 1879 ergab 33'154,901 Pesos Einnahme (wahrscheinlich mit Einrechnung der neuen Schulden) und 28'624,593 Ausgabe; für 1880 stellte man 1 Mill. Deficit bei 15,6 Mill. Einnahme in Aussicht. Ein Gesetz vom 10. Januar 1880 ermächtigte zur Ausgabe von 4 Mill. Pesos neuen Papiergeldes (zusammen 16 Mill.) und 2 Mill. neuer Anlehen für Kriegszwecke. Das Budget für 1882 schloss ab mit 24'310,000 Papier-Pesos Einnahme und 25'572,858 Pesos Bedarf; zur Einnahme erwartete man, dass die Zölle 15 Mill. liefern würden, während für das gewöhnliche Kriegswesen (mit Marine) 5'985,211 angesetzt waren.

Der Schuldenstand war am 1. Jan. 1882:

Innere Schuld . . . . 33'374,686 Pesos Papier
Aeussere - . . . . 34'870,000 - -
Papiergeld zur Deckung der Kriegskosten 26'000,000 - -

Gesammtbetrag 94'244,606 Pesos Papier.

Eine spätere Notiz berechnete die Kosten des Krieges bis Ende April
1882 auf 59'667,271 Pesos fuertes, gedeckt durch Emission von 28 Mill.
Staatsschuldscheinen. Prägung von 1'620,262 Pesos Scheidemünze, und
Verkauf von Guano und Salpeter für 27'358,473 Pesos. Da Alles nicht
reichte, verlangte die Executive Ermächtigung zur Ausgabe neuer 68 Mill.
Staatsschuldscheine.

Nach der letzten Denkschrift des Finanzministeriums an den chile-
nischen Congress betrugen, zufolge der Nordd. Allgem. Zeitung in 1881
die Einnahmen 154$^1/_2$ Mill. deutsche Mark, die Ausgaben 140 Mill. M.,
so dass ein Ueberschuss von 14$^1/_2$ Mill. M. verblieben sein würde. Die
Regierung soll, wie eine Correspondenz der gedachten Zeitung behauptet, bemüht sein, denselben ganz auf die Zahlung der öffentlichen Schuld
und auf die Einziehung des Papiergeldes (wovon 112 Mill. M. existiren'
zu verwenden. Vom 1. November 1881 bis 1. December 1882 seien
denn auch angeblich Schulden in Höhe von 37 Mill. M. getilgt, welche
jährlich an Zinsen und Amortisation 2'600,000 M. erforderten. Durch
die bessere Finanzlage sollen die Quaiarbeiten in Valparaiso, die Damm-
werke in Telcahuano, der Bau von Eisenbahnen, deren heutige Ausdehnung 2,500 Kil. beträgt, und die Legung von Telegraphenlinien, deren
Netz jetzt 11,000 Kil. umfasst, gefördert werden.

Militär, 1881. Regelmässige Truppen : 10 Bataillone Infanterie,
3 Regimenter Cavallerie, 2 Regim. Artillerie, zusammen 12,436 Mann,
dabei aber eine Unzahl Officiere (900—1000). Nationlgarde geschätzt
auf 20,000 Mann. — *Marine* : 2 Panzerfregatten, 1 Monitor, 2 Corvetten,
2 Kanonenboote, 6 Dampfer etc. Eine andere Schiffsliste führt auf : 2 gepanzerte Fregatten von 19 Kanonen, 4 Corvetten, 1 Galiote, 1 Dampfer,
3 Pontons 12 Transportschiffe, zusammen 55 Fahrzeuge von 55 Kanon.,
1,320 Marineleuten und 1,200 Mann Equipage. Die bedeutendsten Fahrzeuge der Peruaner sind den Chilenen in die Hände gefallen.

Handel, 1880. Einfuhr 29'716,000, Ausfuhr 51'648,000 Pesos. —
Von den Häfen nimmt Valparaiso mit einer Einfuhr von 20'778,533
die erste Stelle ein.

Schifffahrt. Angekommen 1,337 Schiffe von 1'180,844 Tonnen,
abgegangen 1,264 Fahrzeuge von 1'218,144 Tonnen, ungerechnet 4,663
und 4,649 Küstenfahrer von 2'839,689 und 2'767,222 Tonnen. —
Handelsflotte. 74 Schiffe von 21,673 Tonnen, dabei 18 Dampfer von
4,785 Tonnen.

Eisenbahnen, 1883 angeblich 2,500 Klm., wovon 951 Staatsbahnen.

Telegraphen, 1883 Zahl der Bureaux 118, Linienlänge angeblich
11,000 Kilom., abgesendete Depeschen 258,364.

Post, 1880 8'708,934 Briefe, 10'487,709 Zeitungen und andere
Drucksachen etc., zusammen Alles 19'675,101 Sendungen.

Münze. Früher chilenische Silber-Pesos à 5 Franken, jetzt Papier-Pesos
à 4 Franken.

Argentinische Republik.*)

Die neue Territorialabgränzung zwischen Argentinien und Chile ist vorhin erwähnt. Das Areal des Ersteren lässt sich dermalen auf 28,360 Quadr.-Myriameter, die Volkszahl Ende 1880 (officiell) zu 2'540,000 schätzen. Dabei nimmt der portug. Generalconsul, was Nationalitäten betrifft, an: Argentiner 2'121,000, Italiener 154,000, Spanier und Basken 73,200, Franzosen und Basken 69,400, Briten und Irländer 23,000, Uruguiten 18,300, Chilenen 13,800, Schweizer 12,100, Deutsche 10,000, Bolivianer 7,500, Brasilianer 7,200, Paraguiten 4,600, Portugiesen 4,000, Asiaten, Afrikaner, Oceanier 3,400, Russen, deutsche Mennoniten und Polen 3,200, Oesterreicher, Welsch-Tiroler etc. 2,300, Nordamerikaner 2,100, Andere 10,900. Die Einwanderung hat in der letzten Zeit bedeutend zugenommen: 1877 28,798, 1878 35,876, 1879 50,205, 1880 41,615, 1881 47,489. Im J. 1882/83 trafen 36 Dampfer mit angeblich 80,000 Einwanderern im Lande ein. Allerdings fehlte es auch nicht an zahlreichen Auswanderungen: 1875 21,578, 1876 13,475. 1877 12,630, 1878 14,660, 1879 23,696, 1880 25,311.

Grössere *Städte:* Buenos Ayres 1869 177,767, 1882 angeblich 289,925 (bei der Immigration das italienische Element vorzugsweise vorherrschend, unter den Einwanderern 1881 20,506 Italiener), Córdoba (1869) 28,523, Tucuman 17,438, Salta 11.716, Corientes 11,218, Santa Fé 10.670.

Das Land ist in 14 Staaten getheilt, mit Unrecht Provinzen genannt. — Die Europäer und deren Nachkommen bilden fast ausschliesslich die Städtebevölkerung. Auf dem Lande leben beinahe nur Indianer und Mischlinge; sie sind meistens bekehrt; unabhängige Indianer schätzt man 80,000. Die Neger geniessen seit 1817 in der That, und seit 1853 auch dem Gesetze nach die Freiheit. Dem Geschlechte nach zählte man bei der Aufnahme von 1869 897,780 männliche, 845,572 weibliche Einwohner. — Von der Gesammtbevölkerung sollen 360,683 lesen, und davon 312,011 auch schreiben können (was jedoch um etwa ¹/₃ zu hoch geschätzt sein soll). — Officielle S p r a c h e ist die spanische. Die Eingeborenen jedoch reden drei verschiedene Hauptsprachen. Die Bevölkerung bekennt sich fast durchgehends zum katholischen Cultus; doch ist jede Religion geduldet und es gibt namentlich zwei protestantische Colonistengemeinden.

Finanzen, 1880. Abrechnung, Einnahme brutto 22'739,098, netto 17'921,223; Ausgaben, ordentliche 19'612,644, verfallene rückständige Zahlungen 7'314,130, zusammen 26'926,774 Pesos fuertes. — Budget für 1882: Einnahme 25'631,000 (dabei Ein- und Ausfuhrzölle allein 19'985,000), Bedarf 28'155,242 (dabei Militär 4'853,001. Marine 1'744,736, Schuld 10'624,678. — Capital der Staatsschuld 1. Januar 1881) 83'528,809 Pesos.

*) Ueber Verkehr liefert ausführliche Notizen die *Estadística del Comercio exterior y de la Navigation interior y exterior de la República Argentina. 1881.*

Jeder der 14 Staaten hat ein eigenes, selbständiges Budget, das bedeutendste das vorzugsweise wichtige Buenos Ayres: 167'785,865 Pesos moneda corriente (25 = 5 Frcs. 25 Cent.) Einnahme, 177'828,177 Bedarf, 544'935,677 Pesos moneda corr. Schulden.

Militär. Die Stärke des Landheeres ist zu 7,362 Mann normirt, wovon 860 Officiere. Die Nationalgarde steht mit 297,384 Mann auf dem Papier, ohne wirklichen Werth. — *Marine:* 27 Schiffe von 88 Kanonen und 12,000 Tonnen.

Sociales. *Ackerbaucolonieen.* Nach F o r d gab es deren 1866 10, mit 1,394 Familien und 7,550 Personen. Am Wichtigsten sind die von Schweizern und Deutschen gebildeten Ansiedelungen, während eine Waliser Colonie in dem fernen Patagonien wenig Aussicht auf Gedeihen zu haben scheint. — *Heerdenreichthum.* Einen besondern Reichthum besitzen die Argentinischen Staaten an wilden Rindviehheerden. Eine, allerdings ziemlich unsichere, officiöse Aufstellung von 1877 ergibt in

	Buenos-Ayres	d. and. Staaten		Buenos-Ayres	d. and. Staaten
Pferde . .	1'534,687	2'381,119	Schafe . .	45'511,368	11'989,893
Esel . .	6,025	384,252	Schweine .	228,074	115,082
Rindvieh .	5'116,092	8'221,770	Ziegen . .	5,023	23'812,609

Mineralreichthum. Derselbe scheint sehr gross. Es wird Silber und Gold gewonnen ; am Wichtigsten ist aber die Kupferausbeute. Den Gesammtwerth der Minenproduction schätzt M o u s s y (etwas hoch) zu 7—8 Mill. Frcs. Nach R i c k a r d (*Informe sobre los distritos minerales, minas y establecimientos de la República Argentina*) waren 1863 2,687 Menschen beim Bergbau beschäftigt, ein Capital von 1'431,325 Pesos in der Montanindustrie angelegt, und im bezeichneten Jahre eine Ausbeute erlangt von 105 Kilogr. Gold, 12,000 Kilogr. Silber, 13,829 Centner Kupfer, 20,000 Cntr. Blei.

Handel, 1881. Einfuhr 52'548,000. Ausfuhr 56'069,000 Pesos fuertes.

Schiffsverkehr.

	Segler	von Tonnen	Dampfer	von Tonnen
Eingelaufen . .	3,397	413,419	2,558	905,381
Ausgelaufen . .	2,489	321,168	2,311	845,068

Eisenbahnen, Mitte 1882 2,607 Kilom.

Post, 1880: Briefe 7'063,687, Packete und Drucksachen 2'815,721.

Telegraphen: 11,760 Kilom. Linien, 20,085 Kilom. Drähte, 322 Bureaux, Depeschen (1880) 290,900.

Münze: *Pesos fuertes* zu 5 Frcs. 40 Cent., verschieden von den *Pesos moneda corriente* (eigentlich Baargeld, factisch Papier 25 Pesos mon. corr. nur 5 Frcs. 40 Cent.)

--- --- ---

Paraguay (Republik).

Areal etwa 2,380 Q.-Myriam. Während eine Volkszählung 1857 1'337,431 Individuen ergeben haben sollte (ungefähr $\frac{1}{10}$ Weisse, $\frac{6}{10}$ Creolen, $\frac{2}{10}$ Neger, $\frac{1}{10}$ Mischlinge), fanden sich bei der Aufnahme vom 1. Januar 1873 nur noch 221,079 Einwohner, nemlich 86,079 Kinder, dann 106,254 Frauen und blos 28,746 Männer über 15 Jahre ; so

furchtbar zerstörend hatte der Krieg von 1865—70 mit Brasilien und den
übrigen Nachbarstaaten gewirkt; 1876 soll die Volkszahl wieder auf
293,844 gestiegen sein. Stadt Asuncion hatte noch etwa 19,463 Einwohner. Die Finanzen sind vollständig zerrüttet. Der Bedarf war für
1882 zu 313,429 Pesos fuertes veranschlagt, jedoch ohne innere und
äussere Schuld, Truppen etc. Die Kriegskosten, welche an die Sieger
bezahlt werden sollen, werden nie bezahlt. Nur die innere Schuld ward
durch Verkauf von Staatsländereien und Eisenbahn, sowie durch Steuer-
erhöhung theilweis abgetragen. (Nach dem Friedensvertrage vom 20.
Juni 1870 soll Paraguay 200 Mill. Pesos an Brasilien, 35 Mill. an Argentina und 1 Mill. an Uruguay bezahlen.) In den Jahren 1871 und 72
wurden in London unter den ärgsten Schwindeleien zwei 8 % Anlehen
von zusammen 3 Mill. £ unter Verpfändung der öffentlichen Ländereien
und der Erträgnisse aus den Bergwerken und Theepflanzungen contrahirt,
vorzugsweise zu Eisenbahn- und Strassenbauten bestimmt. Während der
Emissionscours 80 und 85 betrug, wurde den Emittenten auch noch 12
und 16 % Provision zugesichert. Diese wussten die Angelegenheit jedoch
derart zu behandeln, dass der Staat so viel wie nichts, die Gläubiger
aber nur 3 halbjährige Zinsraten ausbezahlt bekamen. 1876 wurde ein
Uebereinkommen mit den englischen Interessenten dahin abgeschlossen,
die verfallenen Zinsen zu capitalisiren und den Zinsfuss herabzusetzen,
die Bondsbesitzer sollten eine Bank gründen, mit dem Rechte des Ver-
kaufs von Staatsländereien, der Exploitation der Yerbawälder etc., hätten dafür aber der Regierung jährlich 90,000 £ zu bezahlen, und die
Amortisirung der über 2 Mill. Pesos betragenden älteren inländischen
Schuld zu besorgen. Der Vertrag wurde jedoch nicht erfüllt. Das Papiergeld hat Zwangscours. Die Truppen sind wegen Geldmangel entlassen,
nominell ist eine Miliz eingeführt.

Handel, 1881. Einfuhr 1'278,000, Ausfuhr 1'812,000 Pesos fuertes, Zolleinnahme 413,000 Pesos.

Eisenbahn, 72 Kilom. — *Post*, 1881 130,113 Sendungen. — *Telegraph* nur neben der Bahnlinie. — *Münzen*, die Pesos fuertes (5 Francsthaler).

Uruguay (Republik).

Die »*República oriental del Uruguay*« (wol auch nach der Hauptstadt *Montevideo* genannt) umfasst nach officieller Angabe 186,920 Q.-
Kilometer und 1880 438,245 Einwohner, wovon 73,353 (1879) in der
Stadt Montevideo. Unter der Bevölkerung werden 298,023 Eingeborene
und 140,222 Fremde aufgeführt, dabei 39,780 Spanier, 36,303 Italiener, 20,178 Brasilianer, 15,546 Argentiner, 14,375 Franzosen, 2,772
Engländer, 2,125 Deutsche und 9,143 Andere. Die Einwanderung,
1873 24,339, ging 1875 auf 5,298 zurück, betrug 1880 9,208 und 1881
8,336, dagegen gab es seit 1877 jährlich regelmässig über 6,000 bis
7,000 Rückwanderer.

Finanzen. Das Budget für 1882 ist zu 8,₃ Mill. Pesos nacionales in Einnahme und Ausgabe veranschlagt; erstere meistens von Zöllen herrührend. Die Staatsschuld wurde am 1. Jan. 1880 zu 47'861,042 Pesos nacionales, wovon 17'048,350 auswärtige Schuld, angegeben; ausser der gewöhnlichen inneren von 30'812,692 noch 3'495,506 Pesos Papiergeld.

Militär. Angeblich etwas über 2,000 Mann; dann nominell gegen 20,000 Nationalgarden.

Handel, 1880. Einfuhr 19'478,000, Ausfuhr 19'752,000 Pesos (hauptsächlich Häute und Felle, dann Wolle). *Schiffsverkehr* 1881, eingelaufen 726 Segel- und 444 Dampfschiffe von 311,648 und 592,037 Tonnen, ausgelaufen 540 Segler und 428 Dampfer von 260,030 und 572,848 Tonnen. Der Hafen von Montevideo allein wies 1881 an Küsten- und Flussschiffen 2,960 ein- und 3,194 ausgelaufene Fahrzeuge nach.

Eisenbahnen 376 Kilom. — *Telegraphen* 1,213 Kilom. — *Post* 1880, gewöhnliche Briefe 938,402, Drucksachen 1'216,398.

Münze, Pesos nacionales à 5 Francs 40 Cent. normalmässig, thatsächlich 5 Francs.

Brasilien (Kaiserthum).*)

Nach Umfang und sonstigen Elementen der Kraft nimmt Brasilien unter den Staaten Südamerikas entschieden die erste Stelle ein. A r e a l etwa 83,372 Q.-Myriam. Das für die Wiener Ausstellung bearbeitete offic. Werk berechnete noch das Areal, masslos übertrieben, zu 12'634,447 Q.-Kilom., die Ausgabe für die Ausstellung in Philadelphia begnügt sich mit 8'337,218 Q.-Kilom. Die 1872 ausgeführte erste V o l k s z ä h l u n g ergab, 1 Million wilde Indianer eingerechnet, 11'108,291 Menschen, worunter 1'510,806 getaufte Sclaven. Später beschränkte man sich, einschliesslich ca. 177,813 in nicht gezählten Gemeinden, auf 8'419,672 Freie und obigen Sclaven, auf 10'108,291 Menschen, also ohne Indianer.

E i n t h e i l u n g des Reiches in 20 (21) Provinzen, die einen bedeutenden Grad von Selbständigkeit besitzen.

Provinzen	Areal	Bevölkerung Dec. 1872		
		Freie	Sclaven	Zusammen
Amazonas	1'897,020	56,631	979	57,610
Pará	1'149,712	247,779	27,458	275,237
Maranhão	459,884	284,101	74,939	359,040
Piauhy	301,797	178,427	23,795	202,222
Ceará	104,250	689,773	31,913	721,686
Rio Grande do Norte .	57,485	220,959	13,020	233,979
Parahyba	74,731	354,700	21,526	376,226
Pernambuco	128,395	752,511	89,028	841,539
Alagôas	58,491	312,268	35,741	348,009

*) Vergleiche von einheimischen Schriften: »Das Kaiserreich Brasilien auf der Weltausstellung von 1876 in Philadelphia«, Rio de Janeiro; und »*Quadros geraes de população do imperio do Brasil a que se soroceden em 1⁰ de Agosto de 1872; Rio de Janeiro, 1876.*« Neuere Werke hierüber sind uns nicht bekannt.

Sergipe	39,090	153,620	22,623	176,243
Bahia	426,427	1'211,792	167,824	1'379,616
Espirito-Santo . . .	44,839	59,478	22,659	82,137
Rio de Janeiro . . .	68,982	490,087	292,637	782,724
Municipio Neutro der				
Hauptstadt . . .	1,394	226,033	48,939	274,972
São Paulo	290,876	680,742	156,612	837,354
Paraná	221,319	116,162	10,560	126,722
Santa Catharina . .	74,156	144,818	14,984	159,802
Rio Grande do Sul .	236,553	367,022	67,791	434,813
Minas-Geraes . . .	574,855	1'669,276	370,459	2'039,735
Matto-Grosso . . .	1'379,651	53,750	6,667	60,417
Goyaz	747,311	149,743	10,652	160,395
Dazu : nicht gezählt ca.	—	—	—	177,813
wilde Indianer ca.	—	—	—	1'000,000
Gesammtzahl	8'337,218	9'419,672	1'510,806	11'108,291

Nach dem Geschlechte waren von den 9'930,478 speciell gezählten Bewohnern:

männlich   4'318,699 Freie, 805,170 Sclaven, zus. 5'123,869
weiblich   4'100,973 Freie, 705,636 Sclaven, zus. 4'806,609.

Herrschende Kirche die katholische, der auch alle Sclaven zugezählt
sind ; nur 27,766 freie Akatholiken. — *Nationalitäten:* 8'176,191 freie
Brasilianer und 243,481 Fremde, darunter 121,246 Portugiesen, 45,829
Deutsche, 44,580 Afrikaner, 6,108 Franzosen. Von den Sclaven waren
138,560 in Afrika geboren. Man zählte: 3'787,289 Weisse, 3'801,782
Mulatten (wovon 477,504 Sclaven), 1'954,452 Neger, und 386,955
Kupferfarbige (getaufte Indianer). — *Einwanderung.* Im Jahrzehnt 1864
—73 sind 103,754 Ausländer angekommen, dagegen aber 56,240 wieder
abgereist. Von den 47,514 in Brasilien Verbliebenen sind 34,126 Portugiesen, 5,049 Italiener, 2,266 Briten, 1,682 Franzosen, 1,504 Spanier,
1,382 Nordamerikaner, 1,162 Deutsche etc. — Zahl der *Häuser* 1'330,210,
der Haushaltungen 1'332,274. — *Städte*, Ende 1871: Rio de Janeiro
228,743, mit 8 Vorstädten 274,972, Bahia (San Salvador) 128,929,
Recife (Pernambuco) 116,671, Maranhão 31,604 Einwohner. Geschätzt
werden : Belem 35,000, São Paulo, Pará und Porto Alegre je 25,000,
San Pedro 18,000, Ceará 16,000, Párahyba 15,000.

Historische Notiz. 1808 flüchtete die portugiesische Königsfamilie
nach Brasilien, 1815 ward diese Colonie zu einem »Königreich« erklärt.
Nachdem der Hof 1820 nach Europa zurückgekehrt, erfolgte 1822 der
Zusammentritt einer Nationalversammlung, 1. Aug. Erklärung der Trennung von Portugal, 12. October Erhebung des Kronprinzen zum K a i s e r
des selbständigen Reiches Brasilien. Verfassung vom 11. Dec. 1823.

Finanzen. Das Budget für 1878/79 schloss ab mit 116,46 Millionen
Mil-Réis Einnahmen (worunter 77,45 Mill. aus Zöllen, nur 3,18 Mill. aus
directen Steuern) , und 181,49 Mill. Bedarf (davon 800 Contos [1,6 Mill.
deutsche Mark] Civilliste, mit Apanagen 1'171,151 Mil-Réis, 14'606,530
Land- und 9'415,759 Seemacht), die Staatsschuld, welche schon 1874/75
28½ Mill. erfordert hatte, verschlang bereits 36'869,342 Mil-Réis.
Der grösste Aufwand aber 41'408,527 Mil-Réis wurde zur Bekämpfung
der Hungersnoth in Ceará gemacht. Das Budget für 1882/1883 entrollt
folgendes Bild (in Milréis):

Einnahme, allgemeine, ordentliche und ausserordentliche   123'283,000
Rente zur Sclavenemancipation . . . . .   1'200,000
Von den Depositen . . . .   3'000,000
Zusammen . . . .   127'483,000
Bedarf, angepasst diesen Einnahmen . . . .   127'334,119

Die Staatsschuld ward pro 31. März 1882 zu 818'574,811 Mil-Réis aufgeführt, wovon 1) äussere mit 5 % in Gold verzinslich 141'072,000; 2) innere, consolidirte, zu 6, 5 und 4 % in Papier 337'513,500, und in Gold 71'218,500; 3) alles Uebrige schwebende Schulden verschiedener Art, nämlich alte Schulden vor 1827 143,022, Depositen und Vermögen von Waisen 51'622,116, Schatzscheine 28'894,700, Staatspapiergeld 188,110,973. — Activa waren vorhanden: Steuerrückstände 13,$_4$, Forderungen an Eisenbahnen 13,$_2$, Forderungen an die La Platastaaten 16,$_0$, Kriegskostenentschädigung, geschuldet von Paraguay (mit schlechter Zahlungsaussicht). Augenscheinlich befinden sich die Brasilianischen Finanzen in misslichen Verhältnissen.

Militär. Da man durch Werbung mit Handgeld und Landverleihung nicht Soldaten genug bekam, und auch das eingeführte Pressen eine Menge von Desertionen hervorrief, so ward 1875 allg. Wehrpflicht proclamirt, doch unter Zulassen von Stellvertretern. In der Thronrede vom 1. Febr. 1877 wird erklärt, die Durchführung des Recrutirungsgesetzes sei auf Schwierigkeiten gestossen; das System des Losens habe sich nicht bewährt, doch hätten sich zum ersten Male die Cadres durch zahlreiche Freiwillige gestärkt. Dienstzeit 6 J. activ, 3 J. Reserve. Die Friedensstärke ist zu 13,000, die Kriegsstärke zu 32,000 Mann normirt, erste jedoch nicht vollständig vorhanden. Formationsmässig bestehen 21 Bat. Infanterie, 5 Reg. Cavallerie und 3 Reg. Artillerie. Auf dem Papiere hatte man früher auch 741,782 Mann Nationalgarden; dieselben sind jedoch aufgelöst und sollen erst neu organisairt werden; vorerst hat man nicht einmal Waffen. — 1866 (Kriegszeit) ward die Stärke des Heeres zu 74,300 Mann angegeben, wovon 48,450 im Felde. Der Krieg gegen Paraguay kostete viele Menschenleben. Nach einem Berichte des Kriegsministers vom Mai 1870 wurden 83,000 M. in das Feld gesendet, wovon 37,000 umkamen oder verschollen, und 23,200 dienstunfähig wurden. — Die *Marine* besteht 1882 aus 10 Panzerschiffen und 29 nicht gepanzerten Dampfern, zus. mit 8,660 Pferdekräften; dann 3 Segelschiffen, — total 42, mit 166 Kanonen und (auf dem Papier) 3,567 Seeleuten.

Sociales. Nach kaiserl. Decret vom Mai 1867 soll die Sclaverei allmählig aufgehoben und die Massnahme bis zum J. 1900 vollständig durchgeführt sein. Laut Gesetz vom 28. Sept. 1871 wird ferner Niemand mehr in Brasilien als Sclave geboren. Die Sclaven des Staates wurden freigegeben, doch sollten sie 5 Jahre unter Aufsicht der Regierung bleiben; für die im Privateigenthum Befindlichen wurde ein Emancipationsfond gebildet, in der Absicht, alljährlich nach bestimmten Normen eine Anzahl der Unglücklichen frei zu kaufen. Das Ergebniss der, nun vor 12 Jahren decretirten Emancipation ist ein wenig befriedigendes. Die »Allgem. Deutsche Ztg.« von 1882 schrieb: »Blos etwa 11,000 Individuen ist der Emancipationsfond zu gut gekommen, und sie bilden etwa $^7/_{10}$ % der vorhandenen Sclavenwelt. Was aus den in Verwilderung heranwachsen-

20 *

den »frei geborenen« Kindern werden soll, lässt sich kaum absehen.« Nur
durch die That von Privaten sind etwa 40,000 Sclaven frei gelassen.

Literatur. 1879 erschienen 273 Zeitungen, worunter 51 Tagesblätter, aber sie sämmtlich setzten nur 413,000 Nummern ab.

Handel. Im J. 1879/80 (neueste Notiz) betrug die Einfuhr 173,612,
die Ausfuhr 222,352 Contos; von der Ausfuhr kamen 126,260 Contos
auf Kaffee, dessen Cultur gewaltig ausgedehnt worden ist[*]).

Schifffahrtsbewegung (1879/80):

	Eingelaufen		Ausgelaufen	
	Schiffe von	Tonnen	Schiffe von	Tonnen
Seeschiffe . . .	3,380	2'397,526	2,897	2'046,579
Küstenfahrzeuge	6,719	1'953,489	6,536	2'178,499
Zusammen	10,099	4'351,015	9,433	4'225,078

Eisenbahnen, neueste Angabe von 1879: 3,058 Kilom.

Telegraphen, 1881 etwa 7,500 Kilom.

Post, 1881. Bureaux 1,551, beförderte Briefe 19'948,282.

Münze etc. Das *Mil-Réis* (1,000 Réis [Reïs]) in Silber gleich 4 M. 52 Pf.;
in Papier ist der Werth sehr schwankend; er beträgt durchschnittlich kaum die
Hälfte der Nominalsumme. Thatsächlich wird aber nach Papier gerechnet, so
namentlich beim Budget. Der *Conto de Réis* = 1,000 Mil-Réis oder 1 Million
Réis. Grössere Summen werden gewöhnlich in Contos berechnet, und in etwas
eigenthümlicher Weise geschrieben, z. B.: »20,039:858 U 567 Réis« betrugen die
Staatseinkünfte von 1838, d. h. 20,039 Contos, 858 Mil-Réis und 567 Réis, oder
auch so: 20.039,858♯567. Der Annäherung an das Thalerverhältniss wegen blieben wir bei der Berechnung nach Mil-Réis. — P f u n d = 459 Gramm, *Arrobe* =
32 Pfund = 14,69 Klgr., Centner = 4 Arroben. — F l ü s s i g k e i t s m a a s s e :
die *Almude* = 16 Liter, die *Pipe* = 25 Almudes = 1,007 hl. — L ä n g e n m a a s s e :
die *Vara* = 1,11 Meter, *Braça* = 2,2 M. etc.

Haiti und San Domingo (Republiken).

Der Umfang der ganzen Insel wird zu 77,250 Q.-Kilom. berechnet,
ihre Bevölkerung auf etwa 890,000 geschätzt, worunter 400,000 Neger,
fast ebensoviel Mulatten und 30,000 Weisse. Auf Haïti (im Westen,
ehemals französisch) rechnet man 23,910 Q.-Kilom. mit 550,000 Bew.
(Stadt Port-au-Prince gegen 30,000); hier herrschen die Schwarzen (³/₄
der Bev., ¹/₄ Mulatten) und hier bestand bis zum Jan. 1859 das Carri-
caturkaiserthum Soulouque's. Auf San Domingo (im Osten, vormals

---

[*]) Nach einer Notiz wird der Kaffee in Brasilien schon seit 1722 als Han-
delsartikel benutzt. Die Ausfuhr wird dort für das J. 1780 auf 14 Mill. Pfund
besiffert, während im gleichen Jahre aus Cuba 25 Mill. Pfund Kaffee exportirt
wurden. Gegen Ende des vorigen Jahrhunderts wurden in Brasilien bedeutende
Bodenflächen, welche bis dahin als Zuckerplantagen, sowie anderen minder
lohnenden Bodenerzeugnissen dienten, der Kaffee-Cultur zugewendet, wodurch
sich die Ausfuhr von dort im J. 1830 auf 27,985 Tons steigerte und 1840 bereits
48,432, 1850 98,907, 1860 143,671 Tons erreichte. In den darauf folgenden Jahren
machte sich zwar eine Abnahme der Ausfuhr geltend, die jedoch in den letzten
Jahren wieder erhebliche Zunahme aufweist. Der stärkere Anbau von Kaffee
wird vom J. 1860 datirt.

spanisch), kommen etwa 53,340 Q.-Kilom., und eine Bev.. welche vor 50 Jahren nur 70,000 betragen haben, nun aber auf etwa 300,000 gestiegen sein soll, unter dem Vorherrschen der Weissen, mit afrikanischer Beimischung (Mulatten). (Stadt San Domingo, 16,000 Einw.)

In den beiden Staaten befinden sich die **Finanzen** im kläglichsten Zustande. Zölle bilden die wichtigste Einnahmequelle; auf Haïti sollen sie etwa 4, auf San Domingo ungefähr $1\frac{1}{2}$ Mill. Pesos fuertes ertragen. Haïti sollte (laut Vertrag von 1825) an Frankreich 150 Mill. Fr. Entschädigung bezahlen; obwol aber diese Summe 1838 auf 60 Mill. herabgesetzt wurde, war der Staat doch ausser Stande, seine Verbindlichkeit vollständig zu erfüllen; ebensowenig die für ein 1825 zu Paris aufgenommenes Anlehen von 12,7 Mill. Fr. So erscheint noch im Ganzen eine Schuld von 12'507,884 Pesos fuertes. Man suchte sich durch massenhafte Papiergeldausgabe zu helfen; einschl. der falschen Scheine circulirten Anfang 1870 für etwa 800 Mill. Gourdes. Durch förmliches Gesetz vom 19. Sept. 1876 wurden alle Zahlungen für die von der frühern Regierung eingegangenen Schulden eingestellt. Die Forderungen der französischen Colonisten und der eben bemerkten Darleiher belaufen sich wenigstens auf 36 Mill. Fr.

Für San Domingo wurden 1869 und 70 in schwindelhafter Weise Anlehen im Nominalbetrage von 757,700 £ zu London abgeschlossen; der Staat sollte dafür binnen 25 Jahren 1'472,500 £ zurückbezahlen; aus den vom Verkauf dieser Papiere eingehenden Geldern bezogen die Gläubiger Anfangs 74,462 £ Zins, der Staat selbst aber bekam für die ganze Summe nicht mehr als 38,000 £, worauf im Juli 1870 eine (erst im Sept. 1872 zu London bekannt gewordene) Repudiation der ganzen Schuld erfolgte. Die innere Schuld wird zu 2 Mill. Pesos angegeben, wovon jährlich 15 % durch die Zölle abgetragen werden sollen.

Militär. Auf Haïti angeblich 6,800 M.; 2 Schiffe sollen erst erbaut werden.

Der franz. Theil der Insel machte sich 1791, der span. (erst 1795 an Frankreich abgetreten) später unabhängig. Seitdem häuften sich Revolutionen; Vereinigung und Trennung beider Inseltheile; Republik und Monarchie, 1861 auch Wiederbesitznahme San Domingos durch die Spanier, dann deren Vertreibung.

Der Werth der *Ausfuhr* Haïtis ward 1881 zu 6'240,000, jener der *Einfuhr* zu 7'283,000 Pesos fuertes berechnet. (Im J. 1789 betrug die Ausfuhr 205, 1801 65, 1824 $22\frac{1}{2}$, 1829 nur noch 4 Mill. Fr.) — Die Einfuhr San Domingos ward 1881 zu 1'763.000, die Ausfuhr zu 1'691,000 Pesos fuertes angegeben.

Schiffsverkehr 1881. Haïti eingelaufen 792, ausgelaufen 768 Schiffe von 695,194 und 686,821 Tonnen. Von San Domingo, dem Hafen, sind 169 Schiffe mit 79,114 Tonnen als eingelaufen notirt; von den 4 übrigen Häfen fehlen die Anzeigen.

Maasse und **Gewichte.** Die alten französischen, resp. spanischen, für Flüssigkeiten das engl. Wein-Gallon. Münze der Peso fuerte oder Dollar.

Die übrigen Erdtheile.

Die Colonieen, welche verschiedene europäische Mächte in den andern Erdtheilen besitzen, haben wir bei den betreffenden Staaten erwähnt. Von einer Statistik der übrigen Länder in den drei Erdtheilen Asien, Afrika und Australasien kann, mit Ausnahme weniger Gebiete, kaum die Rede sein. Bei der hohen Wichtigkeit mehrerer dieser Länder wollen wir es gleichwol versuchen, wenigstens einige Notizen, die freilich in den meisten Fällen blos Schätzungen oder Andeutungen sind, zusammen zu stellen.

Asien.

Japan.*)

Land und Leute. In unglaublich kurzer Zeit, nämlich seit 1872, wo die erste Volkszählung angeordnet ward, ist es der japanesischen Regierung durch Wiederholung der Aufnahme gelungen, zunächst in dieser Beziehung eine geordnete Statistik herzustellen. Bevölkerung nach dem officiellen Stande vom 1. Jan. 1880:

	Q.-Kilom.	Bevölkerung
Honda (Nippon)	224,731	27'242,847
Kiuschiu	38,735	5'212,997
Shikoku	18,222	2'618,142
Iki und andere kleinere Inseln	2,595	377,271
Jeso und Kurilen	93,252	163,355
Riukiu	4,828	310,545
Bonin-Inseln	84	156
Zusammen	382,447	35'925,313

Von der Bevölkerung 18'210,500 männlich, 17'714,813 weiblich. Bei der Zählung von 1874 waren 7'128,581 Häuser vorhanden. Die Zahl der Ainos (Eingeborenen) auf Jeso wird officiell zu 17,000 geschätzt. Zahl der Ausländer: Europäer und Amerikaner 2,398, der Chinesen 3,649.

Am 1. Jan. 1881 wurde die Bevölkerung zu 36'357,212 gezählt, dabei: Kaiser und nächste Angehörige 5, weiter 34 Mitglieder der kaiserl. Familie, 3,146 Angehörige des hohen Adels (Kwazoku, wahrscheinlich die nun unterworfenen Lehnfürsten, Daimios), 1'933,882 gewöhnliche Adelige (Shizoku), 34'415,392 Heimin, 4,753 unbekannten Standes.

Grössere Städte.

Tokio, 1879	811,510	Kanazawa (Kaga)	108,263
Ozaka (Settsu) 1881 . . .	291,086	Hiroshima (Aki)	75.760
Kioto (Yamashiro)	229,810	Yokohama (Musashi) 1879 .	67.499
Kagoshima (Satsuma) etwa .	150,000	Wakayama 1880	60.492
Nagoya (Owari) 1880 . . .	114,978		

*) Zu vergl.: »*Notes sur l'empire de Japon et sur sa participation à l'exposition universelle de Vienne. Yokohama.*« »Die Japanische Staatsschuld.« Zwei Vorträge, gehalten von P. Mayet, Okurasho Komon (Rathgeber des kaiserlichen Japanischen Finanzministeriums). Yokohama 1879.

Finanzen. Es liegt in der Natur der Dinge, dass ein Volk, welches in gleichsam allen Beziehungen eine so gewaltige Umgestaltung erfährt, wie das japanesische, — welches den gewaltigen Uebergang durchzumachen hat von absoluter Abgeschlossenheit von allen andern Völkern zu einer ihm durchaus fremden Cultur — vielfach unangenehm aufgerüttelt wird, und dass dasselbe insbesondere mit schweren finanziellen Verlegenheiten zu kämpfen bekommt. So finden wir denn auch, dass Japan im Jahre 1878/79 mit einer in- und ausländischen Schuld von 375'250,356 Yen belastet war, und in weiten Kreisen machte sich die Ansicht geltend, dass sich der Staat stets von einer in die andere neue Schuld stürzen werde, und das Gleichgewicht so wenig, wie gewisse amerikanische Staaten je wieder herstellen könne. Dem trat Mayet in dem in der Anmerkung erwähnten Vortrag entgegen, indem er zunächst die, meist unabwendbare, dann aber auch unbedenkliche Veranlassung der Schuld nachwies. An altem Papiergeld und sonstigen Schulden der Daimios waren 71'079,349 Yen auf das neue Regime übergegangen. Dann mussten die Dotationen oder Familienpensionen der Kriegerkaste, des hohen Adels und der Sintopriester abgelöst werden. Diese Ablösung, welche 201'511,687 Yen erforderte, war eine Erleichterung des Staates, da die früheren Jahreslasten sich relativ bedeutend höher beliefen. Durch den Adel wurden der Regierung an Kriegsausgaben (Expeditionen nach Formosa und Korea und Aufstandsverluste) 49'279,199 Yen aufgenöthigt, weiter 5'509,050 für Eisenbahnen und 12$\frac{1}{2}$ Mill. für industrielle Anlehen verausgabt, und überdies 51'266,981 so verwendet, dass sie als Reservefond dienen sollen. Weiter ward versichert, es seien Anordnungen getroffen, die höchstverzinslichen Schulden durch weniger kostende abzutragen. Dass man diesen letzteren Versicherungen und Versprechungen mit Misstrauen entgegentrat, war natürlich. Nun begegnen wir aber folgender neuen Aufstellung des Schuldenstandes pro 1. Juli 1882, die, wenn sie wirklich richtig ist, ein entschieden günstiges Resultat in Aussicht stellt: 1) Innere Schuld: zu 4 % 10'953,400, zu 5 % 46'412,405, zu 6 % 42'498,115, zu 7 % 108'235,145, zu 8 % 8'764,125, zu 10 % 9'185,111, zus. 226'048,301 Yen. Dazu unverzinslich 8'774,560 und Papiergeld 105'639,228 ; — 2) äussere 7 % Schuld 9'309,088, Total 349'771,177 Yen. Sodann wurden Activa von 70'506,426 hervorgehoben, sodass die wirkliche Schuld bereits auf 279'264,751 Yen herabgebracht sei. Lassen wir nun auch dahin gestellt, welchen Werth diese Activa in Wirklichkeit besitzen, so beweisen die übrigen Ziffern immerhin eine Minderung der Schuld von beiläufig 25$\frac{1}{2}$ Mill. Yen in so kurzer Zeit.

Auch das Budget für 1882/83 (vom 1. Juli beginnend) widerspricht dem nicht. Die E i n n a h m e n sind zu 66'814,122 Yen angesetzt, wobei 61'618,900 Steuern, Zölle, Accise etc., 2'001,166 Netto-Ertrag von Bergwerken, Eisenbahnen, Telegraphen, 371,454 aus Domänen, endlich 2'822,602 ausserordentl. Einnahmen, wobei 495,338 Rückerstattungen. A u s g a b e n : Schuld 23'293,204 (Zinsen 15'055,592, Amortisation 8'237,612), Civilliste und Apanagen 1'398,785, Pensionen 449,279, Kriegswesen 8'605,872, Marine 3'161,692, mit dem übrigen ordentl. Bedarfe zus. 56'673,655; dann ausserordentl. Ausgaben 10'140,467 (beiläufig die Hälfte für Förderung der Nationalindustrie), total 66'814,122 Y., wobei Posten von 1$\frac{1}{2}$' für unvorhergesehene Ausgaben.

Militär. Da die gesammte neue Ordnung der Dinge auf dem gewalt-
samen Sturze der bis dahin bestandenen Seogun-, vielmehr der Daimios-
oder Feudaladelsherrschaft beruhte (1867 und 1873), so ergab sich von
selbst die Nothwendigkeit, ganz besonders auch die Macht der Samuraï
oder Kriegerkaste zu brechen. Daher denn namentlich Einführung des
Princips der allgemeinen Wehrpflicht (Edict des Mikado vom 5. Nov.
1875); eigentlich möglichste Nachahmung des preussischen Systems.
Um nun aber dabei die volksthümlichen Gewohnheiten nicht allzustark
zu verletzen, gewährte man überaus zahlreiche Befreiungen und gestattete
man den Loskauf um 270 Yen (Dollars). Vom 20. Altersjahre an unterliegt indess (nominell) der Japanese einer 3jährigen (Garde 3½jährigen)
Dienstzeit im activen Heere, dann treten diese Leute in eine 3- (Garde
2½-) jährige Reserve, hierauf 4 Jahre lang Landwehrdienst, mit jährlichen Uebungen, endlich Landsturm aller Männer, welche nicht bei
Linie oder Landwehr verwendet sind, vom 17. bis 40. Jahre. Da man
nicht alle jungen Männer factisch in die Activarmee einreihen kann, so
ist Losen eingeführt. Auf diese Weise ist man 1880 zu folgender Formation gelangt: 46 Batail. Infanterie, 30 Escadr. Cavallerie, 20 Batter.
Feld- und 9 Compagn. schwere Küstenartillerie, 10 Comp. Ingenieure,
Train etc., — zus., und eingerechnet 18,500 Gendarmen, 61,700 Mann.
Seitdem erfährt man, dass der Mikado die Errichtung von 12 neuen
Bataillonen Infanterie zu 640 Mann und die Verstärkung der übrigen
Waffengattungen verfügt habe, wodurch eine Vermehrung des Heeres
um 10,000 Mann bewirkt würde. (Auch hier findet der Militarismus nur
in den Kosten eine Grenze.) Erwähnt sei noch, dass die Regierung bei
der Satsuma-Rebellion (1877), einschliesslich der Armeefuhrleute
123,891 M. auf die Beine brachte. — Die *Flotte* wird zu 31 Fahrzeugen
mit 196 Geschützen und 3,400 oder 4,000 M. Bemannung angegeben.

Der *Handelsverkehr* war:

1877	Einfuhr 25'900,541,	Ausfuhr 22'866,708 Yen
1878	- 33'334,392	- 26'259,419 -
1879	- 32'631,000	- 28'364,000 -

Dazu lieferte Yokahama 1879 zur Einfuhr 23'326,000, zur Ausfuhr
18'880,000 Yen, Edelmetalle ungerechnet. — Der *Schiffsverkehr* betrug
1879: 992 angekommene Schiffe von 1'101,502 Tonnen (davon 337 Sch.
und 434,047 T. in Yokohama). Von der Gesammtsumme dieser Schiffe
fuhren 408 unter britischer, 153 unter amerikanischer, 89 unter deutscher,
29 unter französischer Flagge.

Eisenbahnen. 1881 im Betrieb ca. 58 engl. Meil. = ca. 99 Kilom.
1879/80 Einnahme: 428,018 ₰ für Personen, 53,533 ₰ für Güter.
1880/81 - 502,047 - - 58,182 - - -
Telegraphen (1882) 6,325 Klm. Linien, 15,039 Klm. Drahtlänge.

Post, Mitte 1880: 4,377 Anstalten, befördert 1879/80 34'627,343
Briefe, 17'345,212 Postkarten, 14'256,795 Zeitungen.

Münze. Der Yen (Dollar).

China.

Das Areal des eigentlichen China wird zu 40,247 Q.-Myriameter
angenommen. Was die Volkszahl anbelangt, so sprach man vor Jahren

von einer 1852 vorgenommenen Aufnahme, welche 536˙909,300 Menschen
ergeben habe. Näheres konnten wir darüber überhaupt nicht das Geringste erfahren, und wir bezweifelten stets die Richtigkeit der ganzen
Angabe, unter Hinweis auf die, wenigstens nicht ganz in der Luft schwebende Aufnahme von 1812, mit dem Resultate von angeblich 360'279,597
Einwohnern. Ein Correspondent der »Times« hat mittlerweile die Ansicht
begründet, China, »kaum viel grösser als Indien, werde nach den Verheerungen der letzten Aufstände (und nach denen der Hungersnoth,
fügten wir bei) auch schwerlich, wenn überhaupt, eine zahlreichere Bevölkerung besitzen, als Hindostan«. Heute sind auch Behm und Wagner,
obwol sonst geneigt in derartigen Fällen eine möglichst hohe Bevölkerungsziffer anzunehmen, dahin gebracht, für das eigentliche China doch
nicht mehr als »die Zahlen von 1812, aber abgerundet zu 350 Millionen«
einzustellen. Andere hatten beiden Verfassern, der Eine nur 300, der
Zweite sogar nur 250 Mill. als Wahrscheinlichkeitsziffern genannt. Es
mag dies zu gering sein, aber immerhin scheint uns, dass man der »Ziffer
von 1812« eine Bedeutung beilegt, die sie in Wirklichkeit nicht besass,
und im Hinblick auf die verschiedenen neuen Mittheilungen und auf die
Ergebnisse der Zählung in Hindostan, möchten wir die Zahl von 300 bis
höchstens 350 Mill. als die relativ Glaubwürdigere annehmen, — ein
neues Zeichen, dass wir mit Recht jenem Satze widersprachen: wo man
zu nähern Aufnahmen komme, zeige es sich, dass die Volkszahl früher
zu niedrig angenommen worden sei.

Was die unterworfenen Länder anbelangt, so rechnet Behm (von
uns abgerundet) auf

	Q.-Myriam.	Mill. Bew.
die Mandschurei	9,639	12
Mongolei	33,773	2
Tibet	16,879	6
Tschungarei	3,833	0,6
Ost-Turkistan	11,187	0,58
den Vasallenstaat Korea . .	2,368	8,5
Zusammen	77,678	29,68
Gesammtreich	117,925	379,70

Korea ist aber thatsächlich kein chinesischer Vasallenstaat mehr,
leistet in keiner Beziehung mehr Vasallendienste; fällt also wol hinweg*).
Danach kommen wir zu folgendem Ergebnisse:

Eigentliches China 40,247 Q.-Myriam., 300—350 Millionen Menschen
Unterworfene Länder 75,310   -   20   -   -

Zusammen, rund 115,550 Q.-Myriam., 320—370 (350) Mill. Menschen.

Finanzen. Glaubwürdige Notizen fehlen. Eine Schätzung vom J.
1875 nimmt, einschliesslich des Werthes der Naturalabgaben, 79½ Mill.
Taëls an. Bekannt sind die Erträgnisse an Zöllen in den den Fremden
geöffneten 16 Häfen. Im Jahre 1881 lieferten sie 14'685,162 Taëls.
Im Jahre 1874 nahm die chinesische Regierung im Auslande ein erstes
Anlehen von 627,675 £ mit 8procentiger Verzinsung unter Verpfändung
der Zollertrāgnisse auf. Im December 1877 ward dann zu London der
Prospect zu einer neuen 8 % Anleihe im Betrage von 1'604,275 £, tilg-

---

*) Auch über Anam beansprucht China die Suzeränität, jedoch ohne Anerkennung zu finden.

bar in 7 Jahren, ausgegeben, scheint aber nicht untergebracht worden zu sein. Wie viel inländische Schulden vorhanden, ist nicht bekannt.

Militär. Eine Reorganisation hat begonnen, wonach 3 Activarmeen hergestellt werden sollen, zusammen etwa 90,000 Mann stark. Daneben zwei weitere Armeen, etwa je in gleicher Stärke, eine zum Schutze Pekings, die andere zu dem der Küsten. Dies ergäbe im Ganzen höchstens 300,000 Mann. Thatsächlich ist nun freilich das alte Heerwesen aufgelöst, das neue aber noch nicht gebildet. — Eine *Flotte* ist vorhanden, nach Angabe von Europäern 56 Schiffe von 283 Kanonen mit 5,800 — 6,000 Mann.

Handel. Dessen Betrag wird in Mill. Haikuan Taëls so angegeben:

	1870	1876	1881
Netto-Import	63,7	70,3	91,9
- Export	55,3	80,8	71,5
Gesammtumsatz	119,0	151,1	163,4

Im Jahre 1881 ward die Einfuhr zu 91'910,877, die Ausfuhr zu 71'472,974 Taëls berechnet. Die Hauptverkehrsländer waren (Millionen Taëls):

	Einfuhr	Ausfuhr		Einfuhr	Ausfuhr
Grossbritannien	23'74	22'73	Japan	3'78	1'76
Hongkong	31'19	17'65	Europ. Continent		
Ostindien	26'82	0'49	(ohne Russland)	2'47	9'81
Straits etc.	1'79	3'47	Russland (Odessa)	—	1'03
Vereinigte Staaten	3'20	10'22	Russland (Kiachta)	0'11	3'53

Die »Times« veröffentlicht eine Tabelle über den Gesammtwerth des fremden Handels mit China (Import und Export) im J. 1881. Darnach kommen auf Grossbritannien 123'700,250 Haikuan Taëls oder 75,72 %, Frankreich 17'623,843 (10,79 %), Japan 6'874,479 (4,21 %), Deutschland 5'728,904 (3,51 %), Russland 3'800,013 (2,32 %), China 2'380,167 (1.46 %), Amerika 2'247,342 (1,37 %), andere Staaten 1'008,853 (0,62 %). Bei dem Küstenhandel ist das Verhältniss anderes, an demselben ist England mit 53,43 %, China mit 40,70 %, Deutschland mit 3,47 und Amerika mit 1,09 % betheiligt, während die Dänen 0,55, die Spanier 0,35 und die Franzosen gar nur 0,23 % aufzuweisen haben. Repräsentirt also schon der englische Waarenumsatz mit China einen bedeutenden Werth, so kommt dazu noch, dass der grösste Theil der Einnahmen Indiens aus Abgaben für den Opium-Export nach China fliesst.

Von den wichtigsten Handelsartikeln führen wir, auf Grundlage einer Aufstellung des Goth. Almanachs, an (1880):

Einfuhr (netto)		Ausfuhr	
Opium	37'59	Schwarzer Thee	26'20
Baumwollwaaren	26'05	Grüner Thee	5'11
Wollenwaaren	5'65	Ziegel-Thee	1'47
Metalle	4'83	Seide und Seidewaaren	26'87

Dem Bericht über den Handels- und Schiffsverkehr in den dem Auslande geöffneten Häfen China's während des Jahres 1879 entnehmen wir nach dem »Deutschen Handelsarchiv«, noch folgende, Deutschland betreffende Daten. Der Bericht führt aus: Die besseren Ernten in China und das wiederauflebende Geschäft in Europa und Amerika haben in erster Linie die Veranlassung zum Aufschwung gegeben. Der Gesammtverkehr in allen geöffneten Häfen, Ein- und Ausfuhr und Küstenhandel inbegriffen, hat in 1879 gegen das Jahr 1878 einen Mehrbetrag von 17'577,305 Taëls ergeben, ein Resultat, an welchem fremde Einfuhren mit über 11½ Millionen betheiligt gewesen sind, während die Ausfuhr chinesischer Landesproducte ein Mehr von 6½ Mill. nachweist. Es sind in diese Häfen ein- und ausgelaufen in 1879: 14,509 Dampfschiffe mit 12'260,132 Tonnen (darunter 231 deutsche Dampfer mit 186,798 Tonnen) und 6,900 Segelschiffe mit 1'667,089 Tonnen (davon deutsche 1,676 Schiffe mit 534,218 Tonnen), in Summa Schiffe 21,409 mit 13'927,221 T. Die deutsche Flagge betheiligte sich daher an Schiffszahl mit $8'_{90}$ %, an Tonnengehalt mit $5'_{17}$ % am gesammten Schiffsverkehr. Der Bericht constatirt jedoch, dass der Verkehr der deutschen Schiffe in den chinesischen Häfen im J. 1879 gegen 1878 bedeutend abgenommen hat. Im Jahre 1879 kamen auf 14,509 Dampfschiffe nur 231 deutsche, auf 6,900 Segelschiffe nur 1,676 deutsche, was gegen 1878 279 unter 14,200 Dampfern, bezw. 1,719 unter 6,728 Segelschiffen, einen sehr bedeutenden Rückgang zeigt.

In den beiden nächstfolgenden Jahren war der Schiffsverkehr in den geöffneten chinesichen Hafen:

	1880		1881	
	Schiffe	Tonnen	Schiffe	Tonnen
britische . . .	12,397	9'606,156	13,416	10'332,248
deutsche . . .	1,501	632,044	1,632	728,027
amerikanische .	1,070	287,369	870	224,730
französische . .	128	150,207	103	135,734
japanesische . .	201	167,902	227	185,892
chinesische . .	5,335	4'699,255	6,297	4'767,183
sonstige . . .	2,338	331,419	642	266,464
Zusammen	22,970	15'874,352	23,187	16'640,278
Hiervon: Dampfer	17,300	14'572,718	18,170	15'350,954
Segler	5,670	1'301,634	5,017	1'289,324

Verkehrsmittel. Die von Engländern erbaute, 13 Kilom. lange Eisenbahn von Schanghaï nach Woosung musste bekanntlich, der herrschenden, am Hergebrachten klebenden Vorurtheile wegen, alsbald zerstört werden. Ein *Telegraphennetz* ist nicht vorhanden, nur haben fremde Gesellschaften an den Küsten einige unbedeutende unterseeische Leitungen hergestellt. Auch die *Post* entspricht keineswegs unsern Anforderungen.

Von Bedeutung für die Zukunft des Landes ist die von Richthofen ermittelte Thatsache, dass China einen gewaltigen Reichthum von Kohlen und Eisen besitzt.

Münze. Der Haïkuan Taïl; 100 derselben gleich $111_{,4}$ Shanghaï Taëls = à $6_{,02}$ deutsche Mark.

Siam.

Etwa 7,300 Q.-Myriam. und 5 — 6 Millionen Menschen, wovon etwa 2 Mill. Siamesen, 1 Mill. Chinesen, 1 Mill. Malaien, 2 Mill. Laotse. *Confession:* Buddhismus vorwaltend. Hauptstadt Bangkok mit angeblich 400,000 Einwohnern, wovon fast die Hälfte Chinesen. Einkünfte geschätzt auf nur 4 Mill. Dollars, grösstentheils durch Kopfsteuer aufgebracht. *Handel* (meist in den Händen der Chinesen): 1880 für $6_{,3}$ Mill.

Dollars Ein-, 9,7 Mill. Ausfuhr, unter der letzten 1881 3'670,773 Piculs (à 66,7 Kilogr.) Reis, 27,153 Piculs Zucker, 17,680 Pfeffer, 16,237 Häute. — *Handelsflotte:* 60 Schiffe europäischer Art von 22,713 Tonnen, worunter 2 Dampfer. — *Hafenverkehr* von Bangkok 1881: ausgelaufen 524 Schiffe von 223,131 Tonnen.

Anam (Kaiserreich).

Gross ungefähr 4,400 Q.-Myriameter, mit etwa 20 Mill. Menschen, wovon ungefähr 14 Mill. in dem von Frankreich als Schutzstaat beanspruchten Tonkin. Hauptstadt Hué mit 50,000 (oder 100,000?) Einw.. Hanoi (Kescho), mit angeblich etwa 250,000. — *Landmacht* vielleicht 100,000 M. *Marine*: 7 Corvetten und einige hundert kleine Dschunken und einige von Frankreich abgelassene alte Fahrzeuge.

Persien (Schachat).*)

Areal etwa 16,500 Q.-Myriameter, Bevölkerung nach der Schätzung des Gen. Hotum Schindler etwa 7'600,000 (nach M o u n s a y höchstens 5 Mill.). *Confessionen* (nach Schindler) angeblich 6'860,000 Schiiten. 700,000 Sunniten, nur noch 6—8,000 Parsen (in Yezd), 19,000 Juden. 43,000 Armenier, 23,000 Nestorianer und Chaldäer, nur etwa 150 Europäer. *Städte:* Teheran 200,000 (?) Einw., Tabris (Haupthandelsplatz angeblich 160,000, Ispahan 60,000, Meshed 60,000, Kerman 50,000. Rescht 45,000, Jezd 40,000, Schiras 30,000, Buschir 25,000, Asterabad 10—15,000.

Finanzen. Für 1876 wurden die Einkünfte in Gold und Naturalien zu 41 Mill. Frcs. berechnet, wovon 31 Mill. directe Steuern und 5 Mill. aus Zöllen. Die Ausgaben wurden zu 40 Mill. angegeben, es unterliegt jedoch kaum einem Zweifel, dass im günstigsten Falle von den Einnahmen nichts übrig blieb. Das Militär, hiess es, habe 16'960,000 Fr. gekostet, der Hof 7'680,000, die Geistlichkeit 6 Mill. etc. — Bis zu Staatsschulden hat es Persien noch nicht gebracht.

Militär. Wiederholt haben Versuche stattgefunden, die Truppen durch europäische Officiere organisiren zu lassen. Man zählt nun auf:

77 Bataillone Infanterie zu 6 — 800 Mann,

97 (irreguläre) Reiterregimenter, angebl. bis zu 30,000 M. zu bringen.

20 Regimenter Artillerie, zusammen 5,000 M. mit 200 (meist schlechten, alten) Kanonen.

Viele Einrichtungen bestehen nur dem Namen nach. Die *Miliz* hat kaum mehr den Werth, den sie vor Jahrhunderten besass. *Flotte* nicht vorhanden.

Handel, geschätzt: 64 Mill. Frcs. Ein - und 38 Mill. Ausfuhr.

Eisenbahnen fehlen noch zur Zeit. *Telegraphen:* 5,800 Klm. Linien *Post* etwa 430,000 beförderte Briefe.

Münzen: Tomans, zu etwa 9 deutsche Reichsmark.

---

*) Vergl. »Persien, Bericht von *Dr. J. E. Polak*, kaiserl. Ausstellungscommissär«, in dem »Offic. Ausstellungsberichte der Generaldirection der Weltausstellung«. Wien 1872.

Von allen übrigen Ländern Asiens, soweit sie nicht europäische Besitzungen sind (siehe Ostindien bei Grossbritannien, asiatisches Russland und asiatische Türkei bei Russland und Türkei, dann indische Inseln bei den Niederlanden und Spanien etc.) kann höchstens die Arealgrösse berechnet werden. Ueber Bevölkerung, Kriegsmacht und Handel liessen sich nur völlig haltlose Schätzungen aufstellen, ohne allen praktischen Werth.

Afrika.

Oranje-Republik.

Die Republik am Oranjefluss (Batavisch-Afrikanische Maatschappij), von holländischen Boern gegründet, die 1835 und 36 vom Cap wegzogen und deren Unabhängigkeit durch Vertrag vom 23. Febr. 1854 von England anerkannt wurde; — dem Umfange nach etwa 1,100 Q.-Myriam. und laut Census vom 31. März 1880 mit 61,022 Europäern und deren Nachkommen und 72,496 Eingeborenen, zusammen 133,518 Menschen. Den Confessionen nach scheiden sich die Weissen in 51,716 Holländische Reformirte, 1,321 Angehörige der Engl. Hochkirche, 514 Wesleyaner, 282 Lutheraner, 340 Römischen Katholiken, 67 Juden, die Uebrigen ohne Angabe. Hauptort Bloemfontein, 2,567 Einwohner. Die Einnahme für das (mit dem 1. April beginnende) Rechnungsjahr 1881/82 betrug 211,852, die Ausgabe 193,210 £. Der Staat ist schuldenfrei. Die Einfuhr ward 1881 zu 4'001,658, die Ausfuhr zu 2'583,738 £ berechnet, unter letzterer besonders Wolle; auch wurden in der Neuzeit Diamanten gefunden.

Der Hauptort Bloemfontein hat sich sehr vergrössert. Die Schulen gelten als musterhaft. Die neuen Diamantenfelder versprechen grossen Gewinn. Kein stehendes Heer, nur Miliz.

Münze: Das Pfund Sterling.

Transvaal-Staat (Republik).

Grösse etwa 2,850 Q.-Myriam. Bevölkerung etwa 42,000 Weisse und (laut Census von 1879) 774,930 Neger, somit zus. etwa 816,000. Das Land hatte sich 1852 selbständig erklärt, war 1858 der britischen Herrschaft unterworfen, führte 1881 einen Aufstand aus und gelangte in Folge siegreichen Widerstandes zur Anerkennung seiner Unabhängigkeit in allen inneren Angelegenheiten, nur in den äusseren England als Suzerän anerkennend. — Militär nur Miliz.

Einnahme und Ausgaben etwas über 30,000 £. Schuld, in Folge des Unabhängigkeitskrieges (1882) 563,686 £, nur zu 3$\frac{1}{2}$ % verzinslich, soll innerhalb 25 Jahren getilgt werden, wie überhaupt alle Einrichtungen in Neuherstellung begriffen sind.

Zanzibar (Sultanat),

(arabisch Sendschibar = Land der Schwarzen), nach dem Innern ohne feste Grenze, etwa 40 Q.-Myriam. gross, vielleicht mit 2—300,000 Einwohnern, Negern. Stadt Zanzibar, auf 80,000 Einwohner geschätzt. Einkünfte hauptsächlich aus den Zöllen fliessend und zu etwa 2 Millionen Francs verpachtet. — *Militär* eine Leibwache von 2 Bataillonen. — *Handel*, etwa 700,000 £ Ein- und 850,000 Ausfuhr. — *Schiffsverkehr* 1881 84 Handelsschiffe.

Liberia (Republik freier Neger).

1821 von den Nordamerikanern (unter *Monroe's* Präsidentschaft) gegründete Colonie freigelassener oder angesiedelter freier Schwarzen. Areal etwa 370 Q.-Myriam. Bevölkerung etwa 20,000 civilisirte eingewanderte und angeblich 1 Million eingeborene Neger. Hauptort Monrovia mit etwa 3,000 Einwohnern.

Die Finanzen befinden sich in schlechten Zuständen. Die letzten Notizen über Einnahmen und Ausgaben sind von 1875, ein Etat von 111,000 $, dann Notiz von einer 1871 zu London zu 85 % aufgenommenen 7procentigen Anleihe von 500,000 $, von der wir nur erfuhren, dass nicht einmal die Zinsen bezahlt wurden.

Australasien.

Hawaiische (Sandwich-)Inseln (Königreich).

8 grössere Inseln mit beiläufig 170 Q.-Myriam. (wovon 114 auf die Hauptinsel kommen) und (27. Dec. 1878) 57,985 Einw. (wovon 44,088 Eingeborene, im J. 1872 noch 49,044), darunter 1,276 Amerikaner, 883 Engländer, 436 Portugiesen, 272 Deutsche, 81 Franzosen, 666 andere Weisse, und 947 im Lande geborene Kinder von Ausländern, weiter 5,916 Chinesen und 3,420 Mischlinge. Die Zahl der Eingeborenen ist in steter Verminderung begriffen. Zur Zeit Cook's ward dieselbe auf 400,000 geschätzt, 1823 auf 150,000. Aufnahmen ergaben: 1832 130,313, 1836 108,579, 1849 82,203, 1853 71,019, 1860 67,084, 1865 62,959 (einschl. 4,194 Fremde). Hauptstadt Honolulu (1878) 14,114 Einw.

Finanzen. *Budget* für 1880/82: Einnahme 1'780,080 $, Bedarf 2'196,007. — *Schuld* 299,200 $, zu 7, 9 und 12 %.

Handel. Einfuhr (1881) 4'548,000, Ausfuhr 6'855,000 $. Eingelaufen 258 Handelsschiffe von 159,350 Tonnen, und 19 Walfischfänger. — *Handelsflotte*. 60 registrirte Fahrzeuge, worunter 9 Dampfer.

Eisenbahn, 50 Kilom. — *Telegraph*, etwa 50 Kilom. — *Post*, beförderte Briefe 1880/81 280,876 Stück. Die Amerikaner sind vor

Nachträge und Ergänzungen.

Deutschland im Allgemeinen.

Land und Leute (S. 1—5). Es ist allgemein angenommen. dass die Bevölkerung Deutschlands in beständiger. ungemein starker Zunahme begriffen sei. Nur ganz besonders unheilvolle Ausnahmszustände, wie Krieg oder auch das Wüthen der Reaction in den 1850er Jahren, führten da und dort zu entgegengesetzten Resultaten. Man musste deswegen nicht wenig erstaunen, als man vernahm, eine der Unfallversicherungscommission des Reichstags Ende April 1883 vorgelegte vorläufige Uebersicht der Hauptergebnisse der Berufsstatistik ergebe, dass die Gesammtbevölkerung, gegenüber der Zählung vom 1. Dec. 1880, um 20,154 Köpfe abgenommen habe, was sich daraus erkläre, dass über 250,000 Personen ausgewandert, die Zahl der lebend Geborenen im J. 1880 um 48,000, im J. 1851 aber sogar um mehr als 250,000 hinter dem Durchschnitte zurückgeblieben sei, und dass die Bevölkerung im Sommer mehr fluctuire wie im Winter. Von der gezählten Bevölkerung von 45'213,907 Köpfen enfallen (mit den nicht erwerbsthätigen Angehörigen) auf Land- und Forstwirthschaft 19'223.246, auf Bergbau, Industrie und Bauwesen 16'054,299, auf Handel und Verkehr 4'529,783, auf Staats- und Gemeindedienst 2'223,134, verschiedene Lohnarbeiter 938,943, ohne Beruf oder Angabe desselben 2'245,252 Personen. Die Gesammtziffer der deutschen Bevölkerung weise nur noch eine Zahl von 45'213,907 (45'214,657) Menschen nach, statt 45'234,061 im J. 1880.

Wie angegeben handelt es sich hier um ein blos vorläufiges Rechnungsergebniss. Immerhin aber ist der Fall ein so ernster, dass er sofort alle Aufmerksamkeit verdient. Zunächst zeigt die, S. 4 unseres Buches mitgetheilte Uebersicht der Bevölkerungsbewegung eine Vermindeung sowol der Heirathen als der Geburten, und eine Vermehrung der Todesfälle. Die Liste wird ergänzt durch folgende, vom J. 1881 gelieferte Daten: Heirathen 338,909 = 7,$_{46}$ auf 1,000 Einw., Geburten 1'748,686 = 38,$_{48}$, Sterbfälle 1'222,928 = 26,$_{91}$, sonach im Ganzen zwar neue Verschlimmerung, doch im Ganzen immerhin mit 525,758 Mehrgeburten (siehe: Statist. Jahrbuch des deutschen Reichs, 4. Jahrgang, S. 16). Die genauen Ziffern von 1882 fehlen noch.

Kommt nun die Frage der deutschen Auswanderung. Die deutsche Reichsstatistik berechnet dieselbe nunmehr für 1881 zu 210,547, wovon 206,189 nach den Verein. Staaten zogen, 2,102 nach Brasilien, 286 nach Britisch-Nordamerika, 876 nach andern Theilen Amerikas. 745 nach Australien, 314 nach Afrika, 35 nach Asien. Auch hier fehlen (insbes. im Statist. Jahrbuche für das Reich, 1883) die nähern Ergebnisse aus 1882. Dagegen findet man in der »Statist. Corresp.« eine interessante Zusammenstellung der deutschen Auswanderung nach den überseeischen Ländern in den Jahren 1871 bis 1882. In dem nunmehr zwölfjährigen Zeitraume, auf welchen sich die amtlichen Nachweise hierüber erstrecken, ist über eine Million deutscher Auswanderer zu verzeichnen gewesen. Hierbei darf nicht ausser Acht gelassen werden, dass

für den Südwesten Deutschlands, insbesondere Elsass-Lothringen, Baden,
Württemberg und die Rheinlande, die Auswandererbewegung nur unvoll-
kommen zu ermitteln ist, da sich viele Personen in französischen oder
belgischen Hafenplätzen, namentlich Havre, Marseille und Rotterdam
einschiffen, von welchen nur unregelmässige Nachweise zu erlangen sind.
Wenn nun auch im Jahre 1882 die Auswanderung geringer war, als die
besonders hohe des Vorjahres — es wurden 1882 als ausgewandert nachgewiesen 193,687 Personen gegen 210,547 im Jahre 1881 —, so ist doch
ein erhebliches Nachlassen der Auswanderung noch nicht bemerkbar.
Wie die Nachweise ergeben, wandten sich die Auswanderer bis auf eine
verhältnissmässig geringe Anzahl hauptsächlich nach den Ver. Staaten von
Nordamerika, welche letzteren innerhalb der vorbezeichneten zwölfjährigen Periode unter je 1000 Auswanderern von 952 als Reiseziel gewählt
wurden. Soweit sich durch die ermittelten Zahlen nachweisen lässt, wanderten in den zwölf Jahren von 1871 bis einschl. 1882 999,385 Personen
aus dem Deutschen Reiche aus und zwar 485,415 über Bremen, 426,019
über Hamburg, 6,151 über Stettin und 81,800 über Antwerpen. Hierzu
treten ferner 30,494 Personen, die nachweisbar in Havre zur Einschiffung
gelangten. In den einzelnen Jahren dieses Zeitraums verliessen ihre
deutsche Heimath (nach den neuesten officiellen Aufstellungen):

1871	75,912 Personen		1877	21,964 Personen	
1872	125,650	-	1878	24,217	-
1873	103,638	-	1879	33,327	-
1874	45,112	-	1880	106,190	-
1875	30,773	-	1881	210,547	-
1876	28,368	-	1882	193,687	-

Von der Gesammsumme dieser 999,385 Auswanderer gingen 951,704
nach den Ver. Staaten von Nordamerika, 24,292 nach Brasilien, 11,712
nach Australien, 6,207 nach verschiedenen nicht näher nachgewiesenen
Theilen Amerikas, 1,970 nach Britisch-Nordamerika, 1,927 nach Afrika,
864 nach Westindien, 356 nach Asien und 353 nach Mexico und Centralamerika.

Im Ganzen glauben wir annehmen zu dürfen, dass die neue, so unangenehm überraschende Erscheinung, obwol sie zum ernsten Nachdenken
über manche unserer Zustände auffordert (z. B. Wirthschaftspolitik, Mili-
tärpräsenz etc.), gleichwol nur eine momentane sei und keineswegs eine
Entvölkerung besorgen lässt. Wir glauben vielmehr annehmen zu dürfen
(und eine spätere Volkszählung wird die Richtigkeit unserer Annahme
beweisen), dass die Menschenzahl in Deutschland heute schon grösser ist
als bei der Aufnahme von 1880.

In Uebereinstimmung mit dem Vorbemerkten sind die Ergebnisse der
Volksbewegung in dem Jahrzehnt 1872 bis 1881 (vergl. »Statist. Jahrbuch für das deutsche Reich«, 1883). In diesem Zeitraume sind zusammen 5'434,423 Menschen mehr geboren als gestorben, während die Auswanderung allerdings ebenfalls 729,786 betrug. Kein grösserer europäischer Staat erfreut sich eines gleich günstigen Resultates. Die Zahl der
Eheschliessungen ist von 1872 bis 1879 beständig gesunken von 423,900
im J. 1872 auf 335,113 im J. 1879 und hob sich sehr langsam im J.
1880 auf 337,342 und 1881 auf 338,900. Dagegen fanden im J. 1876

noch 366,912 Eheschliessungen statt. Man sieht aus diesen Zahlen, dass die Leichtigkeit des Erwerbes und der Begründung eines Haushaltes in dem Zeitraume von 1872 bis 1876 in Deutschland um Vieles grösser war, als in der Zeit von 1877 bis 1881. Von 100 Geborenen waren in Deutschland im ganzen Jahrzehnt durchschnittlich 8—9 unehelich und 3—4 todtgeboren. Die Zahl der unehelichen Geburten ist von 1875 bis 1881 wieder etwas gestiegen, von 8,65 auf 9,06 von 100 Geborenen, dagegen ist die Zahl der Todtgeborenen gefallen von 1875 bis 1881 von 4,12 auf 3,80 von 100 Geborenen. Das Verhältniss der Knabengeburten zu den Mädchengeburten ist nahezu constant geblieben, es kamen 1872: 106,2 und 1881: 105,6 Knabengeburten auf je 100 Mädchengeburten. Nach den Monaten kamen in 10jährigem Durchschnitt die meisten Eheschliessungen auf den November und die wenigsten auf den März, die meisten Geburten auf Februar und September und die wenigsten auf Juni und Juli, die meisten Sterbefälle auf die Monate März und Februar, die wenigsten auf October.

Die Zahl der unehelich Geborenen betrug 1881:

in Preussen	7,82%	in Anhalt	9,55%
Bayern	13,48	Schwarzb.-Sondershausen	8,96
Sachsen	12,85	- Rudolstadt	10,70
Württemberg	8,88	Waldeck	8,28
Baden	7,75	Reuss ältere Linie	8,59
Hessen	7,42	- jüngere Linie	10,90
Mecklenburg-Schwerin	13,11	Schaumburg-Lippe	4,13
Sachsen-Weimar	9,82	Lippe	5,57
Mecklenburg-Strelitz	14,95	Lübeck	8,85
Oldenburg	5,06	Bremen	5,00
Braunschweig	10,02	Hamburg	9,60
Sachsen-Meiningen	11,46	Elsass-Lothringen	7,77
- Altenburg	10,90	Deutsches Reich	9,06%
- Coburg-Gotha	9,87		

Confessionen (vergl. S. 3) (1880). Die mittlerweile officiell veröffentlichte Uebersicht gewährt folgende Resultate:

	Evangelische	Katholiken	Sonstige Christen	Israeliten	And. und ohne Ang.
Preussen	17'627,658	9'204,930	59,199	363,790	23,534
Bayern	1'477,320	3'748,032	5,870	53,526	30
Sachsen	2'845,622	73,009	7,317	6,518	339
Württemberg	1'361,559	590,183	5,945	13,331	100
Baden	546,777	992,938	3,135	27,278	126
Hessen	635,474	269,384	4,192	26,746	544
Mecklenburg-Schwerin	571,361	2,524	208	2,580	382
Sachsen-Weimar	297,687	10,214	428	1,248	—
Mecklenburg-Strelitz	99,517	294	—	458	—
Oldenburg	260,416	74,254	1,154	1,654	—
Braunschweig	337,744	9,624	607	1,389	4
Sachsen-Meiningen	302,968	2,273	207	1,627	—
- Altenburg	154,182	740	81	33	—
- Coburg-Gotha	191,997	2,042	127	490	60
Anhalt	226,241	4,541	—	1,752	58
Schwarzb.-Sondershausen	70,450	412	33	212	—
- Rudolstadt	79,798	397	51	45	5
Waldeck	53,995	1,576	67	854	30
Reuss ältere Linie	50,158	449	115	60	—
- jüngere Linie	100,526	441	294	69	—
Schaumburg-Lippe	34,519	521	22	295	17
Lippe	115,544	3,628	35	1,030	9

	Evangelische	Katholiken	Sonstige Christen	Israeliten	And. od. ohne Ang.
Lübeck	62,092	807	98	560	14
Bremen	149.883	5,574	496	766	4
Hamburg	419 937	12,035	967	16,024	4,906
Elsass-Lothringen . . .	305,167	1'218,468	3.246	39.278	511
Zusammen	28'318,592	16'229,290	93,894	561,612	30,673

Dies ergibt in ganz Deutschland: 62.60 % »Evangelische«, 35,54 Katholiken, 0,21 andere Christen, 1,24 Israeliten und 0,07 »Andere« und ohne Angabe.

Finanzen (S. 5—6). Der neu erschienene 4. Jahrgang des »Statist. Jahrbuchs« bringt nicht nur eine bis 1883 fortgeführte, sondern auch in den Einzelheiten berichtigte Uebersicht der Reichsausgaben und -Einnahmen. Darnach stellen sich die Ziffern (für 1882/83 auf Grundlage des Reichshaushaltsetats und dem Nachtragsetat) folgendermassen (Mk.):

	fortdauernde	einmalige	zusammen
1879/80	416'902,673	133'362,078	550'264,751
1880/81	463'259,391	86'806,305	550'065,696
1881/82	513'989,222	98'516.118	612'505,340
1882/83	531'829,228	66'846,011	598'675,239

Dabei erscheinen Reichsheer und Marine mit folgenden Summen:

	Reichsheer		Marine	
	fortdauernd	einmalig	fortdauernd	einmalig
1879/80	315'232,956	46'152,564	23'460,190	20'204,545
1880/81	327'065,942	42'931,116	24'736,784	14'990,939
1881/82	343'913,336	52'179,275	26'810,912	11'192,914
1882/83	342'493,525	28'033,931	27'565,856	8'728,800

Nun vergleiche man zunächst die fortdauernden Gesammtausgaben des Jahres 1872, damals betragend 338'414,861 Mark, mit den 531'829,228 des Jahres 1882/83. Die in den oben speciell hervorgehobenen Ausgabejahren erflossenen Einnahmen stellten sich so:

1879/80	1880/81	1881/82	1882/83
584'083,249	530'387,458	634'041,017	588'116,889

Von den einzelnen Hauptpositionen stellten sich, nach den neuen Rectificationen, folgendermassen:

	Zölle und Verbrauchssteuern	Ausserordentl. Zuschüsse	Matricular- beiträge
1879/80	274'931,788	134'368,078	89'445,950
1880/81	286'480,035	76'855,225	61'670,950
1881/82	353'837,371	76'017,049	103'288,523
1882/83	339'098,280	49'945,288	103'789,369

Von den einzelnen Zollerträgnissen führen wir, nach der vorliegenden officiellen Aufstellung, folgende an, 1881 (laut Statist. Jahrb. 1883 S. 78).

	Zollertrag	vom Gesammtzoll	auf den Kopf
Getreide, Hülsenfrüchte, Malz	16'575,000	8,6 %	36,5 Pfge.
Roheisen	2'504,000	1,3 -	5,5 -
Bau- und Nutzholz	2'766,000	1,4 -	6,1 -
Baumwollengarn	3'896,000	2,1 -	8,6 -

Tabak, 1881/82: angebaut 27,248 hctar, Steuertrag 11'643,700, (pr. Tonne lufttrockener Blätter 189,9 M.), Abgabe von Surrogaten 15,300, Zoll von eingeführtem Tabak 25'043.500, ab Steuererlasse und Rückvergütungen für ausgeführte Tabake 36,900 M.; Reinertrag der Tabakabgaben 36'665,600 M., auf den Kopf der Bevölkerung 81 Pfge.

Salz ertrug 1881/82 41'257,900 M., auf den Kopf 92 Pfge.

Zucker im näml. Jahre: Versteuerte Rüben 6,271'948,000 Kgr., Brutto-Steuer 100'351,200 M., dazu Eingangszölle 1'518,000, ab Rückvergütungen 43'412,600, Nettoertrag 58'456,600 M., pr. Kopf 1,30 M. . . . .

Branntwein ertrug im Reichssteuergebiete Steuer und Zoll, netto 48'510,100 M., auf den Kopf 1,₃₄ M.

Bier, 1881/82 : im Reichssteuergebiete netto 18'923,200 M., auf den Kopf 55 Pfge., vom Hectol. 0,₆₂ M. ; — in Bayern, Kalenderj. 1881 brutto 31'731,300, pr. hl. 2,₅₇ M. ; — Württemberg 1881/82 brutto 7'490,800, pr. hl. 2,₃₁ M. ; Baden 1881 brutto 3'604,300. pr. hl. 3,₂₀ M. ; — Elsass-Lothringen 1881/82 brutto 2'077,100, pr. hl. 2,₂₁ M.

Der deutsche Reichshaushaltsetat für 1883/84. Derselbe ist in seinen Hauptpositionen folgendermassen festgesetzt :

Fortdauernde Ausgaben.

	Mark
Reichstag 407,670, Reichskanzlei und Kanzlei 126,970 = . .	534,640
Auswärt. Amt (wobei Gesandtschaften u. Consulate 5'219,800)	6'825,415
Reichsamt des Innern	2'871,588
Verwaltg. des Reichsheeres (dabei: Geldverpflegung 98'016,672, Naturalverpfleg 78'222,455, Garnisonsbauwesen 33'484,262, Militär-Verwaltung von Bayern 43'015,870)	339'851,764
Marineverwaltung (dabei: Werftbetrieb 10'193,693)	26'587,067
Reichs-Justizamt (dabei Reichsgericht 1'276,667)	1'783,567
Reichsschatzamt	94'471,548
Reichs-Eisenbahnamt	310,365
Reichs-Schuld (Verwaltung 52,500, Verzinsung 14'₆)	14'652,500
Rechnungshof	529'073
Allgemeiner Pensionsfonds	19'539,443
Reichs-Invalidenfonds	29'340,315
Summe der dauernden Ausgaben	537'297,305

Dazu: **Einmalige Ausgaben** (dabei: Post u. Telegraphie 3'011,710, Reichsheer 28'006,654, Marine 13'693,825, Schatzamt 4'878,200) . . . . 53'259,329

Gesammtausgaben 590'556,634

Einnahmen.

I. Zölle und Verbrauchsteuern, a. an denen alle Bundesstaaten Theil nehmen: Zölle 191'361,200, Tabaksteuer 13'650,590, Rübensteuer 44'443,780, Salzsteuer 36'908,950;
   b. Einnahmen an welchen Bayern, Württemberg und Baden keinen Antheil haben: Branntweinsteuer 35'704,940;
   c. Einnahmen an denen Bayern, Württemberg, Baden und Elsass-Lothr. keinen Theil haben: Braust. 15'452,440;
   Aversa von den ausserhalb der Zollgrenze liegenden Bundesgebiete: an denen sämmtl. Bundesgebiete Theil nehmen 6'127,610, an denen die sub b. nicht betheiligt 948,540, an denen die sub c. nicht betheiligt 429,340, zus. Einn. I. 345'047,390

II.	Reichsstempelabgaben (wobei statist. Gebühr brutto 550,000)	19'850,080
III.	Post und Telegraphenverw., brutto 153'805,020, Ueberschuss	23'867,023
IV.	Reichsdruckerei, brutto 3'575,320, netto	1'041,040
V.	Eisenbahnverwaltung 44'413,700, netto	15'985,600
VI.	Bankwesen	1'685,850
VII.	Verschiedene Verwaltungs-Einnahmen	6'720,709
VIII.	Aus dem Reichs-Invalidenfonds	29'340,315
IX.	Ueberschüsse aus frühern Jahren	14'743,764
X.	Zinsen aus belegten Reichsgeldern	2'358,982
XI.	Ausserordentl. Zuschüsse: aus dem Reichsfestungsbaufonds 9'₆, aus der Anleihe 28'387,079	37'987,079
XII.	Matricularbeiträge	91'888,802
	Total-Einnahmen	590'556,634

Zu erwähnen ist hier noch, dass durch das Reichshaushalts-Gesetz der Reichskanzler ermächtigt ist, »zur vorübergehenden Verstärkung des ordentlichen Betriebsfonds der Reichshauptcasse nach Bedarf, jedoch nicht über den Betrag von 70 Mill. M. hinaus, Schatzanweisungen auszugeben.«

21*

Die Matricularbeiträge pro 1883/84 sind so repartirt:

1.	Preussen	44'364,651	15.	Anhalt	391,212
2.	Bayern	19'745,750	16.	Schw.-Sondershausen .	114,815
3.	Sachsen	4'927,219	17.	- Rudolstadt . .	128,614
4.	Württemberg . . .	7'315,651	18.	Waldeck	88,853
5.	Baden	4'807,914	19.	Reuss ältere Linie .	84,633
6.	Hessen	1'524,294	20.	- jüngere Linie .	171,588
7.	Mecklenburg-Schwerin	918,300	21.	Schaumburg-Lippe .	58,071
8.	Sachsen-Weimar . .	501,735	22.	Lippe	197,787
9.	Mecklenburg-Strelitz .	160,770	23.	Lübeck	110,111
10.	Oldenburg	546,999	24.	Bremen	267,321
11.	Braunschweig . . .	572,354	25.	Hamburg	524,826
12.	Sachsen-Meiningen .	338,772	26.	Elsass-Lothringen . .	3'153,942
13.	- Altenburg .	253,151		Zusammen	91'888,602
14.	- Coburg-Gotha	319,179			

Seitdem ist dem Reichstage auch der Etat für 1884/85 vorgelegt worden, im Wesentlichen auf folgender Grundlage: Der Etat schliesst in Einnahme und Ausgabe mit der Summe von 601'256,660 M. Die fortdauernden Ausgaben betragen 551'511,504, die einmaligen 49'745,156. Gegen das Vorj. sind die fortdauernden Ausgaben um 14'214,199 höher, die einmaligen Ausgaben um 3'514,173 niedriger normirt, die Gesammtausgaben demnach um 10'700,026 höher. Zur Balancirung der Einnahmen mit den Ausgaben sind an Matricularbeiträgen 103'593,340 M. eingestellt, 11'704,538 mehr als im Vorjahre. Unter den Einnahmen sind höher veranschlagt die Zölle und Verbrauchssteuern um 6'405,450, die Reichsstempelabgaben um 109,200, die Einnahmen der Post- und Telegraphenverwaltung um 1'845,170, die der Eisenbahnverwaltung um 705,000, aus dem Bankwesen um 825,450, niedriger dagegen die Einnahmen der Reichsdruckerei um 35,500, die aus dem Reichs-Invalidenfonds um 675,195, aus Ueberschüssen aus früheren Jahren 7'918,764, aus Zinsen der belegten Reichsgelder 491,796 und aus ausserordentlichen Zuschüssen um 1'306,345 M. Von den fortdauernden Ausgaben sind die für das Reichsheer um 4'072,344, die der Marineverwaltung um 2'321,329, die des Reichsschatzamts um 6'533,860, die der Reichsschuld um 1'300,000, die des Allgemeinen Pensionsfonds um 620,961 M. gewachsen, die des Reichs-Invalidenfonds um 675,195 M. gefallen. Von den einmaligen Ausgaben betragen die des Reichsamts des Innern 1'053,835, der Post- und Telegraphenverwaltung 565,615, der Verwaltung des Reichsamts 1'056,102 mehr, des Auswärtigen Amts 118,800, der Marineverwaltung 3'495,925, der Reichsjustizverwaltung 530,000, des Reichsschatzamts 425,000, der Eisenbahnverwaltung 1'620,000 M. weniger. Von der Wiederholung solcher Forderungen, deren Ablehnung bei Berathung des Etats für 1883/84 als eine, nach der Absicht des Reichstags, nicht blos zeitweilige anzusehen war, sei Abstand genommen.

Reichsschulden. Während das statist. Jahrbuch für 1880 deren im Ganzen 387'526,600 M. angab, führt dasselbe für 1881 auf:

Verzinsliche Schuldverschreibungen	267'810,500 M.
Unverzinsliche -	40'000,000 -
Reichscassenscheine (unverzinslich)	155'819,000 -
Zusammen	463'629,500 M.
Dazu Zinsrückstände	140,000 M.

Weiter ist zu bemerken, dass das Gesetz vom 2. März 1883 den Reichskanzler ermächtigt, zur Bestreitung einmaliger Ausgaben:

a. für das Reichsheer . . . .   10'823,254 M.
b. - die Marine . . . . .   11'693,825 -
c. - die Eisenbahnverwaltung   1'870.000 -
Zusammen   24'387,079 M.

durch ein Anlehen flüssig zu machen.

Militär (S. 7—8). Die Etatsstärke ist für das Etatsjahr so festgestellt:

	Mann
Infanterie (Linie) 290,313, Jäger 11,624, Landwehr-Bezirkscommandos 5,093, zusammen	307,030
Cavallerie (mit 62,550 Pferden)	68,047
Artillerie a. Feld- 36,982 (16,591 Pferde), b. Fuss- 17,174, zus.	54,156
Pioniere etc.	11,332
Train (mit 2,457 Pferden)	5,168
Besondere Formationen	1,310
Nicht regimentirte Officiere etc.	2,196
Total (wobei 18,118 Officiere, im Ganzen mit 81,598 Dienstpferden)	449,239

Wir haben im Texte S. 8 hervorgehoben, dass nunmehr auch die gesammte bayer. Armee mit Mauser- statt der Werdergewehre bewaffnet, und somit die Einheit im deutschen Heere (mit bedeutenden Kosten) hergestellt sei; sofort ist aber die Idee einer nochmaligen Umänderung durch Einführung des Repetirgewehrs aufgetaucht.

Zu erwähnen ist hier folgende Notiz, deren Quelle uns jedoch unbekannt ist: Die Selbstmorde im deutschen Heere nehmen stetig zu. 1879 betrug deren Zahl 195 oder $0_{,60}$ pr. Tausend, 1880 250 oder $0_{,76}$. 1881 362 oder $0_{,79}$ pr. Tausend. Der Charge nach gehörten in den beiden letzten Jahren zu den Selbstmördern: 18 Feldwebel, 40 Sergeanten, 69 Unterofficiere, 356 Gemeine. Der Zeit nach kam der Selbstmord am meisten vor im Juni und Mai (66 und 64), am seltensten im October (19). Die meisten Selbstmorde zählt das 11. Armeecorps (Hessen-Nassau mit Mainz, welches ein grosses Contingent stellte), am günstigsten waren die Verhältnisse beim 7. (westfälischen) und 10. (hannover'schen) Armeecorps.

Marine, Etatsstärke 1883/84. Officiere 573, mit Aerzten und Zahlmeistern 684. 1 Seebataillon 1,047 Mann, 2 Matrosendivisionen von je 5 Abthlgn. 7,221, 2 Werftdivisionen von je 2 Abthlgn. 2,554, 1 Schiffsjungenabtheilung 412, Artilleriedepot 53, Torpedodepot 33, zusammen 11,320, oder mit Officieren, oben 684, total 12,004.

Es werden folgende Fahrzeuge aufgeführt:

Schlachtschiffe:	7 Panzer-Fregatten von	85	Kanonen
	5 Panzer-Korvetten	32	-
Kreuzer:	12 Gedeckte Korvetten	195	-
	10 Glattdeck-Korvetten	96	-
	4 Kanonenboote (Albatross-Classe)	18	-
	5 - 1. Classe . . .	19	-
Küstenvertheidiger:	1 Panzerfahrzeug von	4	-
	13 Panzer-Kanonenboote	13	-
	11 Torpedoboote	—	
	4 Minenleger	—	
	2 Kanonenboote 2. Classe . . .	4	-
Avisos:	8	20	-

```
Transportschiffe:  2 . . . . . . . . . .  — Kanonen
   Schulschiffe:  1 Artillerie-Schiff .  . . . .  23  -
                  1 Segelfregatte . . .  . . .  10  -
                  2 Gedeckte Korvetten  . . 18  -
                  2 Glattdeck-Korvetten  . . 17  -
                  2 Tender für Artill.-Schiffe  4  -
                  3 Segelbriggs . . . . . . 18  -
       Zusammen  95 Schiffe mit  . . . . . . 576 Kanonen.
```

Diese Schiffe haben 163,260 Pferdekräfte. Deplacement in Tonnen 183,627. Besatzungsetat 16,546. — Ausserdem 19 Dampfer zum Hafendienst mit 4,075 Pferdekräften. Total 114 Fahrzeuge.

Sociale Verhältnisse. Die Hauptergebnisse der Berufsstatistik (zu S. 9 folg.). Dieselben sind schon vorn erwähnt. Wir haben auch gleich Anfangs Zweifel über ihre unbedingte Verlässigkeit geäussert, was natürlich doppelt von den der nähern Controle noch unterliegenden ersten Mittheilungen gilt. Gleichwol bilden sie für jetzt jedenfalls den relativ besten Anhaltspunct. So entnehmen wir denn aus dieser vorläufigen und summarischen Uebersicht der Hauptergebnisse der Berufszählung vom 5. Juni 1882 Folgendes. Die Statistik ist in sechs resp. sieben Berufsabtheilungen eingetheilt, welche umfassen: A. 1) Landwirthschaft, Thierzucht und Gärtnerei: 2) Forstwirthschaft, Jagd und Fischerei; B. Bergbau und Hüttenwesen, Industrie und Bauwesen; C. Handel und Verkehr; D. Lohnarbeit wechselnder Art und häusliche Dienstleistungen; E. Staats-, Gemeinde- und Kirchendienst, auch sogen. freie Berufsarten (NB. die beim Forst- und Jagdwesen, Bergbau, Hütten- und Salinenwesen, sowie bei anderen Gewerben angestellten Beamten sind dem betreffenden Gewerbe zugezählt); schliesslich F. die Personen ohne Beruf und Berufsangabe. Von der (weder der ortsanwesenden noch der Wohnbevölkerung genau entsprechenden) Gesammt-Berufsbevölkerung von 45'213,907 Personen, welche die Statistik nachweist, sind in allen vorgenannten Berufsarten zusammen: Erwerbsthätige bezw. Selbständige 18'977,751; Dienende für häusliche Dienste, im Haushalt ihrer Herrschaft lebend, 1'324,814; Angehörige, welche überhaupt nicht oder nur nebensächlich erwerbsfähig sind, 24'911,342 Personen. Die 18'977,751 Erwerbsthätigen bezw. Selbständigen (ohne die Dienenden für häusliche Zwecke, welche im Sinne der Berufsstatistik nicht als Erwerbsthätige gelten), also der eigentliche productive Theil der Gesammtbevölkerung, vertheilen sich auf die einzelnen Berufsabtheilungen folgendermassen:

A. I. Landwirthschaft, Thierzucht und Gärtnerei 8'119,613, davon sind Selbständige i. e. S. 2'269,268, selbständige Landwirthe, zugleich landwirthschaftliche Tagelöhner 865,333, Verwaltungs- etc. Personal 49,711, sonstige Gehilfen 3'560,738, Tagelöhner i. e. S. 1'374,563.

II. Forstwirthschaft, Jagd und Fischerei 115,979, davon Selbständige etc. 18,871, Verwaltungs- etc. Personal 16,931, sonstige Gehilfen und Arbeiter 80,177.

In Land- und Forstwirthschaft etc. zusammen sind demnach 8'235,592 Erwerbsthätige, davon Selbständige 3'153,472, Verwaltungs- etc. Personal 66,642, sonstige Gehilfen und Arbeiter 5'015,478 Personen.

B. Bergbau und Hüttenwesen, Industrie und Bauwesen 6'396,514 Erwerbsthätige, davon Selbständige etc. 2'200,952, Verwaltungs- etc. Personal 99,104, sonstige Gehilfen und Arbeiter 4'096,458.

C. Handel und Verkehr 1'570,129 Erwerbsthätige, davon Selbständige etc.
701,442, Verwaltungs- etc. Personal 141,559, sonstige Gehülfen und Arbeiter
727,128.

D. Lohnarbeit wechselnder Art und häusliche Dienstleistung (excl. der im
Haushalt ihrer Herrschaft lebenden Dienenden) 397,481 Erwerbsthätige.

E. Staats-, Gemeinde- und Kirchendienst, auch sogen. freie Berufsarten
(mit Ausnahme der bei den betreffenden Gewerben mitgezählten Beamten)
1'031,122 Erwerbsthätige.

F. Ohne Beruf und ohne Berufsangabe sind 1'346,913 selbständige erwerbsthätige Personen angeführt.

Von den Erwerbsthätigen etc.

	sind ohne Nebenerwerb	haben Nebenerwerb
A. I. Landwirthschaft etc. . . .	7'515,031	604,582
II. Forstwirthschaft etc. . .	48.078	67,901
B. Bergbau, Industrie etc. . . .	4'703,496	1'693,018
C. Handel und Verkehr	1'172,183	397,946
D. Lohnarbeit wechselnder Art . .	341,523	55.958
E. Staats- etc. Dienst, freie Berufe	858,894	142,225
F. Ohne Beruf und Berufsangabe .	1'167,208	179,705

Im Ganzen sind von den Erwerbsthätigen etc. 15'836,413 ohne
Nebenerwerb und 3'141,338 haben Nebenerwerb. Von den letzteren,
also den erwerbsthätigen Personen mit Nebenerwerb, sind nebensächlich
erwerbsthätig in der Land- und Forstwirthschaft etc. und zwar selbständig Landwirthschaft treibend 2'068,896, in anderer Weise 361,181, im
Bergbau, der Industrie etc. 456,208, in Handel und Verkehr 360,012,
in Lohnarbeit wechselnder Art 12,928, in Staats- etc. Dienst und freien
Berufsarten 85,768. Die Gesammtzahl der Berufe, Haupt- und Neben-
berufe, also der verschiedenen bezw. von verschiedenen Personen ausge-
übten Erwerbsthätigkeiten, beträgt in den Berufsabtheilungen A bis E
21'888,480, davon entfallen auf die Landwirthschaft, Thierzucht und
Gärtnerei 11'273,881, Forstwirthschaft etc., Jagd und Fischerei 151,843,
auf Bergbau, Hüttenwesen, Industrie und Bauwesen 6'923,685, auf
Handel und Verkehr 1'999,485, auf Lohnarbeit wechselnder Art 414,565,
auf Staats- etc. Dienst und freie Berufsarten 1'125,021.

Universitäten (zu S. 9). Aus Münster (Westfalen) erhalten wir
eine Reclamation: die dortige Academie sei nicht blos eine theologische,
sondern eine theologische und philosophische, wobei die letztere
Facultät präponderire. Zahl der Studenten: Theologen 108, Philosophen
196, ordentl. Professoren dort 3, hier 14, ausserordentl. 1 und 7 etc. Wir
ermangeln nicht, dies dem gestellten Ersuchen gemäss mitzutheilen.[1]

Literatur (zu S. 10). Das Schulz'sche Adressbuch für 1883 führt
im deutschen Buchhandel 6,008 Firmen auf (gegen 5,856 im Vorjahr).
Davon beschäftigen sich 1,358 ausschliesslich mit dem Verlags-Buch-
handel, 213 nur mit dem Verlags-Kunsthandel, 145 nur mit dem Verlags-
Musikalienhandel, 107 ebenso mit dem Sortiments-Kunsthandel, 178 nur
mit dem Sortiments-Musikalienhandel, 143 nur mit dem Antiquariats-
handel, und 3,709 (gegen 3,599 im J. 1882) mit dem Sortiments-Buch-,
Antiquar-, Colportage-, Kunst-, Musikalien-, Landkarten-, Papier- und
Schreibmaterialienhandel; doch befinden sich unter den letzteren viele,
die ebenfalls Verlag besitzen. Von den auswärtigen Handlungen lassen
1,445 (1882: 1,364) ihren Verlag in Leipzig ausliefern; nur noch 451
Sortimentshandlungen nehmen Neuigkeiten unverlangt an, wogegen 3,688

ihren Bedarf davon selbst wählen. Das gesammte Commissionsgeschäft
vertheilt sich unter 7 Hauptplätze mit 260 Commissionären, wovon zunächst auf die Metropole des Buchhandels, Leipzig 139 mit 5,442 (1882:
5,317) Committenten, sodann auf Berlin 39 mit 289, Stuttgart 15 mit
458, Wien 35 mit 544, Prag 16 mit 108, Budapest 11 mit 123 und auf
Zürich 5 Commissionäre mit 98 Committenten entfallen. An neuen
Etablissements sind im letzten Jahre 353 (96 weniger als im Vorjahr)
erstanden, wogegen die Zahl der erloschenen Firmen sich auf 181 beläuft. Von den obengenannten 6,008, incl. 126 Filialen : 6,134 Firmen,
welche sich auf 1,414 Städte vertheilen, kommen 4,685 (in 1,012 Städten)
auf das Deutsche Reich, 9 auf Luxemburg, 667 (in 209 St.) auf Oesterreich, 673 (in 152 St.) auf die übrigen europäischen Staaten, 88 (in
29 St.) auf Amerika, 5 (in Alexandrien, Capetown, Kairo) auf Afrika,
4 (in Jedo, Smyrna, Soerabaya, Tiflis) auf Asien, und endlich 3 (in
Adelaide, Melbourne, Tanunda) auf Australien.

Materielle Verhältnisse. Neue Verbrauchsrechnungen, 1881/82 (zu
Seite 11). Tons. Wir geben die Ziffern nach dem Statist. Jahrbuch, doch
scheinen uns verschiedene Ziffern nicht genau richtig, ohne dass wir den
Grund des Irrthums ermitteln könnten.

	Production	Einfuhr	Ausfuhr	Verbrauch	pr. Kopf
Tabak	49,052	27,213	2,807	73,458 Kilgr.	1,6 Kilgr.
Zucker	599,722	5,841	317,582	287,981 Tons	6,4 -

Salz. Absatz der deutschen Productionsstätten im Zollgebiet 598,379 Tonnen, nach dem Auslande 144,751. Einfuhr 36,074. Verbrauch zu Speisezwecken
343,718 Tons, pr. Kopf 7,6 Kilgr., dazu steuerfreies Salz zusammen 634,792 T.;
Total pr. Kopf 14,0 Kilgr.

Bier. Production 39'036,000 Hectol., Einfuhr 122,000, Ausfuhr 1'256,000,
Verbrauch 37'902,000, pr. Kopf 84,3 Lit. (Die einzelnen Steuergebiete siehe
S. 323).

Verbrauch verschiedener Producte der Montanindustrie, 1881.

Roheisen	2'834,991 T.,	pr. Kopf 63,0	Kilgr.
Kupfer	19,106	- - 0,42	-
Zinn	4,980	- - 0,11	-
Zink	49,754	- - 1,11	-
Blei	42,588	- - 0,95	-

Steinkohlen. Production 48'688,161 Tons, Einfuhr 1'953,132, Ausfuhr
7'458.247, Verbrauch 43'183,046, pr. Kopf 960 Kilgr.

Braunkohlen. Production 12'852,324, Einfuhr 3'064,080, Ausfuhr 23,570,
Verbrauch 15'892,834, pr. Kopf 353 Kilgr.

Verbrauch exclusiv ausländischer Erzeugnisse, 1881.

	Tons	pr. Kopf		Tons	pr. Kopf
Kaffee	104,115	2,32 Kgr.	Rohe Baumwolle .	139,268	3,10 Kgr.
Gewürze	4,460	0,10	Jute	18,400	0,41
Cacao	2,457	0,05	Palm- und Cocos-		
Thee	1,447	0,03	nüsse	48,645	1,08
Reis	81,397	1,80	Farbhölzer . . .	39,388	0,88
Frische Südfrüchte	8,832	0,19	Indigo	1,094	0,02
Mandeln, Korin-			Chilisalpeter . .	89,033	1,99
then, Feigen .	19,331	0,43	Petroleum . . .	291,148	6,47
Häringe	853,264	2,85 *)			

(Vergl. namentlich die Consumtion in England S. 132 folg.)

---

*) Diese 2,85 sind indess, obwol dem amtl. Statist. Jahrbuch entnommen,
sicher unrichtig, der Tonnenzahl nach müssten es 18,88 Kgr. pro Kopf sein.

Hauptlandwirthschafts-Producte, 1881 (zu S. 11 u. 12).

	Erntefläche	Ertrag, Tons	pr. Hect.
Roggen	5'913,485 ha.	5'448,404	0,92 t.
Weizen	1'817,407	2'059,139	1,13
Spelz	377,945	449,023	1,19
Gerste	1'633,278	2'076,160	1,27
Kartoffeln. . . .	2'767,538	25'491,022	9,21
Hafer	3'744,635	3'759,789	1,00
Wiesenheu . . .	5'911,737	17'140,545	2,00

Tabakbau, 1881/82.

	Pflanzer-zahl	Areal Hect.	Ertrag Tons	pr. Hect.[*]	in 1000 M.	pr. Hect.	Mittler Preis[**]
Preussen . .	140,395	6,997	15,218	2,18	9,571	1,368 M.	629
Bayern . . .	27,506	6,456	13,231	2,05	8,423	1,305	637
Sachsen . .	194	3	3	1,23	2	667	548
Württemberg	3,883	302	652	2,16	454	1,503	697
Baden . . .	44,496	8,459	19,541	2,31	14,192	1,678	726
Hessen . . .	4,668	1,161	2,483	2,14	1,907	1,642	768
Mecklenburg .	1,064	189	355	1,88	199	1,053	560
Thüringen . .	1,188	132	498	3,70	274	2,076	551
Oldenburg . .	1	00	00	00	00	1,111(?)	600(?)
Braunschweig.	800	74	168	2,26	92	1,243	544
Anhalt . . .	964	209	470	2,24	280	1,340	597
Elsass-Lothr. .	21,461	3,262	8,734	2,68	6,073	1,862	695
Zus. Deutschl.	246,620	27,244	61,353	2,25	41,467	1,522	676

Zuckerproduction. Das December-Heft des Jahrgangs 1882 der Statistik des Deutschen Reichs enthält die Ergebnisse des Campagne-jahres 1881/82 (1. August 1881 bis 31. Juli 1882) bezüglich der Pro-duction und Besteuerung des inländischen Rübenzuckers, sowie der Ein-fuhr und Ausfuhr von Zucker im deutschen Zollgebiet. Aus den ver-öffentlichten Uebersichten, denen einige die Ergebnisse der letzten 11 Campagnejahre vergleichende Tabellen angeschlossen sind, ist kurz zu entnehmen, dass 1881/82 343 Rübenzuckerfabriken im Betriebe waren, gegen 333 in der Vorcampagne und 329 im Durchschnitte der Campag-nen von 1871/72 bis 1881/82. An Rüben wurden von diesen 343 Fabriken verarbeitet 62'719,479 Doppelcentner (Tonnen) und hieraus gewonnen 5'997,223 Doppelcentner Rohzucker aller Producte, worunter jedoch nicht lediglich die unmittelbar aus dem Safte der verarbeiteten Rüben gewonnenen, sondern auch diejenigen Zuckermengen enthalten sind, welche von den gedachten Rübenzuckerfabriken durch Entzuckerung der Melasse erzielt wurden. In der Vorcampagne waren aus 63'222,030 Tons Rüben 5'559,151 Tons Zucker dargestellt worden, also aus einer grösseren Rübenmenge geringere Zuckermengen. Die Differenz erklärt sich im Wesentlichen aus dem Umstande, dass die Rübenernte des Jah-res 1881 quantitativ weniger ergiebig, qualitativ aber besser war, als die des Vorjahres. Zur Darstellung von 1 Kilgr. Rohzucker sind an Rü-ben erforderlich gewesen in der Campagne 1881/82 10,46 Kilgr., in der Vorcampagne 11,37 Kilgr. und im Durchschnitte der letzten 11 Cam-pagnen 11,47 Kilgr. Von den oben erwähnten Rübenzuckerfabriken ha-ben 1881/82 187, also mehr als die Hälfte, ihre eigene Melasse ganz oder zum Theil und theilweise auch noch zugekaufte Melasse entzuckert,

[*] In getrockneten Blättern.
[**] pr. Tonne getrocknete Blätter.

und zwar 134 mittelst des Osmoseverfahrens, 44 mittelst des Elutions-, 4 mittelst des Substitutions-, 3 des Fällungs- und 2 des Strontianitverfahrens. Eingeführt wurden in das Zollgebiet im Campagnejahre 1881/82 58,408 Tons (Doppelcntr.) Rohzucker (unter Einrechnung auch der übrigen Zuckergattungen), welche nach bestimmten Verhältnissen auf Rohzucker reducirt sind) gegen 63,357 T. Rohzucker im Vorjahre, ausgeführt 3'175,818 Tons Rohzucker gegen 2'863,180 im Vorjahre, und unter Zusammenrechnung der Production und der Einfuhr und Abzug der Ausfuhr verblieben für den inländischen Consum 1881/82 2'879,813 Tons Rohzucker oder 6,4 Kilgr. auf den Kopf der Bevölkerung gegen 2'774,582 Tons oder 6,5 Kilgr. auf den Kopf im Durchschnitt der 11 Campagnejahre 1871/72 bis 1881/82. Unter Zusammenrechnung der Steuer für den inländischen Zucker und des Eingangszolls für den eingeführten Zucker und unter Abzug der für ausgeführten Zucker bezahlten Ausfuhrvergütungen verblieben als Nettoabgabenertrag für das letzte Campagnejahr 58'456,658 Mark oder 1,29 M. auf den Kopf der jeweiligen Bevölkerung gegen 52'883,898 M. oder 1,24 M. auf den Kopf im Durschnitt der letzten 11 Campagnejahre.

Montanindustrie. Das Februarheft 1883 der vom kaiserlichen statistischen Amte herausgegebenen Statistik des deutschen Reichs veröffentlicht das vorläufige Ergebniss der montanstatistischen Erhebungen im Jahre 1882. Die Nachweisungen, welche auf Menge und Werth der erzeugten Montanproducte unter Vergleichung mit der entsprechenden Production des Vorjahres sich erstrecken, haben nur einen provisorischen Charakter, da über den Betrieb mehrerer montanistischer Werke Berichte noch ausstehen; doch ist die Production der Bergwerke und Salinen schon ziemlich vollständig angegeben. Die Vergleichung der für das Jahr 1882 nachgewiesenen Zahlen mit den entsprechenden Zahlen des Vorjahres ergibt, dass dieselbe bezüglich der wichtigeren Montanerzeugnisse, welche schon in den Jahren 1880 und 1881 gegen die betreffenden Vorjahre in erheblich grösserer Menge producirt worden waren, im Jahre 1882 abermals eine weitere nicht unbedeutende Steigerung erfahren hat. Im Einzelnen stellte sich:

	Der Gesammtproduction				Der Durchschnittspreis einer Tonne zu 1000 Kilogr. in Mark	
	Menge in Mill. Kilogr.		Werth in Mill. Mark			
	1882	1881	1882	1881	1882	1881
bei Steinkohlen .	52,095	48,677	268,1	252,2	5,15	5,18
- Braunkohlen .	13,238	12,818	36,0	38,0	2,72	2,97
- Steinsalz .	322	312	2,1	2,0	6,54	6,29
- Kalisalzen . .	1,205	906	11,7	9,4	9,71	10,35
- Eisenerzen . .	8,150	7,473	38,7	35,9	4,74	4,80
- Zinkerzen . .	695	660	11,9	9,8	17,15	14,55
- Bleierzen . .	178	165	20,5	19,2	115,58	116,77
- Kupfererzen .	567	524	14,7	14,3	25,98	27,36
- Kochsalz . .	456	454	12,4	12,3	27,16	27,04
- Chlorkalium .	148	113	19,9	14,1	134,36	124,50
- Roheisen . .	3,325	2,858	191,4	159,3	57,58	55,76
- Zink	109	101	34,8	30,1	316,39	299,15
- Blei	93	87	25,2	24,0	272,04	277,04
- Kupfer . . .	20	15	28,1	19,5	1,403,27	1,316,39
	Kilogr.	Kilogr.			eines Kilogr.	
- Silber . . .	208,598	186,990	32,8	28,5	157,00	152,49
- Gold	376	381	1,1	1,1	2,795,18	2,791,52

Salz. Die Erzeugung von Salzen aus wässeriger Lösung betrug 1881:

457,000 Tonnen Kochsalz, Geldwerth 12'303,000 M.
113,200 - Chlorkalium - 14'090,000
122,800 - andere Salze - 7'174,000
Zus. 693,000 Tonnen 33'567,000

Als Hüttenproducte werden pro 1881 aufgeführt in 1000 Tonnen und mit beigefügtem Geldwerthe in 1000 M.:

	1000 Tons	1000 Mark		1000 Tons	1000 Mark
Roheisen . . .	2,914'	163'975	Gold, Klgr. . .	381	1'063
Zink	105'5	31'654	Zinn, Tons . .	106,4	243
Blei	91'2	25'238	Sonst. Metalle .	0,4	1'858
Kupfer . . .	15,0	19'903	And. Hüttenpr.	277	18'171
Silber, Tons . .	187	28'514			

Die Gesammtsumme aller Hüttenproducte wird mit 3'404,300 Tonnen aufgeführt, im Werthe von 290'619,000 M. — Bei »Roheisen« sind: 2'862,700 Tonnen Masseln zu 158'142,000 M. und 34,600 T. Gusswaaren erster Schmelze zu 4'877,000 M.

Eisenbahnen (S. 16). In dem Werke: »Die historische Entwicklung des deutschen und deutsch-österr. Eisenbahnnetzes, vom J. 1838 bis 1881, herausgegeben vom königl. preuss. statist. Bureau, bearbeitet von Ernst Kühn«, finden sich aufgeführt pro Ende 1882: 25,996,2 Kilom. deutsche (darunter 14,825,6 preussische), Staatsbahnen; 2,606,5 deutsche (2,394,7 preussische) Privatbahnen unter Staats- und 6,483,8 (3,935,8) unter eigener Verwaltung, Total 35,086,5 Kil. (21,156,1 preuss.). Nicht genau damit übereinstimmend sind dann folgende Angaben desselben Werkes. Ende 1882 besass Preussen 20,536,7 Kil. Eisenbahnen, Bayern 4,905,6, Sachsen 2,073,6, Württemberg 1,447,8, Baden 1,322,4, Hessen 843,3, Elsass-Lothringen 1,244,4, zusammen 34,962,0 (Oldenburg, Hansestädte etc. ?).

Aus einer grösseren Mittheilung des »Reichsanzeigers« über die Zugverspätungen auf den deutschen Eisenbahnen entnehmen wir folgende Notizen: Die Gesammtzahl aller beförderten Züge betrug im Jahre 1882 nicht weniger als 3'339,175, somit im Durchschnitt täglich 9,148, nämlich: Schnellzüge im Ganzen 152,945 (täglich 419), Personenzüge 1'122,904 (täglich 3,076), gemischte Züge 642,111 (1,759), Güterzüge 1'021,356 (2,798). Daneben: ausserfahrplanmässige Züge für Personen: 28,923 (täglich 79) und für Güter 370,936 (tägl. 1,016). Die Gesammtsumme aller verspäteten Züge, ungerechnet die für Güter, belief sich im Jahre 1882 auf 22,773 = 1,19 % aller Züge.

Handel (S. 18—21). Ueber die definitiven Hauptergebnisse der Statistik der Waaren-Einfuhr und Ausfuhr für das Jahr 1882 enthält das Märzheft zur Statistik des Deutschen Reichs nähere Mittheilung, indem es die Mengen der in den freien Verkehr des Zollgebiets eingeführten und der aus demselben ausgeführten Waaren nach der Reihenfolge des statistischen Waarenverzeichnisses angibt, und diese Mengen sowohl unter sich, wie auch mit den entsprechenden Ergebnissen des Vorjahres vergleicht. Dabei ist der Zollsatz für die einzelnen Waarengattungen verzeichnet, und bei den zollpflichtigen Artikeln der Zollertrag berechnet. Der Gesammt-Zollertrag berechnete

sich hiernach auf rund 202'800,000 M. gegen 192'400,000 im Vorjahre
und 166'600,000 im Jahre 1880. Auf einzelne Gruppen und Gattungen
von Waaren entfallen die nachstehenden Zollbeträge (+ = mehr, — =
weniger als im Vorjahre): auf rohen Kaffee 42'848,952 M. (+ 1'188,629);
Tabak und Tabakfabrikate 26'436,791 (+ 5'077,607), (darunter auf
Rohtabak 24'554,974 (+ 7'068,219); ferner auf Petroleum 20'550,498
Mark (— 1'342,074); Getreide, Hülsenfrüchte und Malz 19'028,695 M.
(+ 2'453,454), darunter auf Weizen 6'253,776, Roggen 6'429,676,
Hafer 2'776,315 und Gerste 1'880,048; ferner auf Wein in Fässern und
Flaschen 12'689,448 (+1'942,808); frische und getrocknete Südfrüchte
5'939,646 (+ 56,046); Baumwollengarn 4'494,524 (+ 498,488); Vieh
aller Art 4'095,522 (— 344,586), darunter auf Schweine 2'919,213;
ferner auf Kochsalz 3'699,113 (+114,678); Reis 3'263,236 (+145,624);
fettes Oel aller Art in Fässern und Flaschen 2'937,634 (+ 54,616);
Roheisen 2'830,006 (+ 383,545); Bau- und Nutzholz 2'784,852
(—31,010); gesalzene Häringe 2'625,393 (—61,722); Gewürze aller Art
2'590,950 (+373,503); Schmalz von Schweinen und Gänsen 2'589,040
(— 1'265,640); Branntwein aller Art 2'154,576 (+ 41,593); unbe-
druckte wollene Tuch- und Zeugwaaren 1'860,169 (— 732,176), Wol-
lengarn 1'817,914 (— 18,552); Mühlenfabrikate und Bäckerwaaren
1'799,559 (— 91,097); Thee 1'446,000 (— 16,700); Leinwand, Zwill-
lich und Drillich 1'263,169 (— 10,680); Zeugwaaren von reiner Seide
1'231,200 (— 73,800); Zucker 1'211,600 (+ 56,340) Mark.

Post, Ende 1881 (zu S. 18).*) Ergebnisse in den 3 Postgebieten
a. Reichspost, b. bayerische, c. württembergische, d. zusammen:

	a. Reich	b. Bayern	c. Württemb.	d. Total
Postanstalten	9,143	1,410	535	11.088
Portoeinnahme in 1000 Mark . .	111'649	10'160	5'893	127'702
Eingegangene Briefe in 1000 Stück	788'143	78'066	38'899	905'108
Packete ohne Werth in 1000 Stück	58'898	8'920	3'852	71'670
Eins. mit Werthang. in 1000 Stück	8'387	8'763	746	17'896
Betrag in 1000 Mark	10,406'467	1,014'001	398'608	11,819'076
Eingeg. Postnachnahmesendungen in 1000 Stück	6'478	1'076	443	7'997
Betrag in 1000 Mark	49'243	8'837	2'562	60'642
Eingeg. Postauftragbriefe, Zahl .	3'542,152	310,086	129,530	3'981,768
Betrag in 1000 Mark	342'710	28'086	13'085	383'881
Eingeg. Postanweisungen, 1000 St.	42'879	4'188	2'237	49'304
Betrag in 1000 Mark	2,503'005	236'141	111'343	2,850'489
Aufgeg. Postanweisgn., 1000 Stück	42'409	4'538	1'997	48'944
Postreisende	2'402,139	627,551	469,003	3'498,693

Telegraphenanstalten, Ende 1881 *):

	a. Reich	b. Bayern	c. Württemb.	d. Total
Zahl der Anstalten	8,696	1,130	406	10,232
Länge der Linien, Kilm. . . .	61,656	8,172	2,749	72,577
Länge der Drähte, Kil.	218,089	35,436	7,265	260,790
Eingeg. Telegr., ohne den Transit	12'583,839	1'259,653	496,224	14'339,716
Telegr.-Gebühren, Mark . .	17'137,999	1'043,644	395,361	18'577,004

Auf je 100 Einwohner des betreffenden Post- resp. Reichsgebiets
entfallen :

	a. Reich	b. Bayern	c. Württemb.	d. Total
Portoeinnahmen, M.	293	191	298	281
Eingegangene Briefe	2,066	1,470	1,967	1,992
Eingeg. Packete, ohne Werthangabe .	154	168	195	158

*) Statist. Jahrb. 1883.

	a. Reich	b. Bayern	c. Württemb.	d. Total
Eingeg. Sendungen mit Werthangabe .	22	165	38	39
Betrag. M.	27,274	19,100	20,152	26,009
Werth der eingeg. Postnachnahme, M. .	129	166	130	133
Werth der eingeg. Postauftragbriefe, M.	899	529	662	845
Werth der eingeg. Postanweisungen, M.	6,560	4,448	5,932	6,286
Telegrammgebühren, M.	45	20	20	41
Zahl der eingegangenen Telegramme .	33	24	25	32

Seeschifffahrt, 1. Januar 1882*) (etwas abweichend von den vorjährigen Angaben) :

	Segelschiffe			Dampfschiffe			Zusammen		
	Segler	Tons netto	Beman-nung	Dampfer	Tonnen	Mann	Zusam-men	Tonnen	Mann
	4,051	942,759	29,593	458	251,648	9,516	4,509	1'194,407	39,109
Dav. Ostseegeb.	1,599	363,340	13,046	224	64,156	2,575	1,823	427,496	15,621
- Nordseeg.	2,452	579,419	16,547	234	187,492	6,941	2,686	766,911	23,488
Nach Staaten:									
Preussen	2,752	405,803	15,868	203	54,745	2,239	2,955	460,548	18,107
M. Schwerin	342	101,267	3,479	11	4,685	139	353	105,952	3,618
Oldenburg .	343	73,375	2,159	2	546	20	345	73,921	2,179
Lübeck . .	14	3,025	107	29	7,303	353	43	10,328	460
Bremen . .	258	219,485	4,104	69	66,697	2,773	327	280,182	6,877
Hamburg .	342	139,804	3,876	144	123,672	3,992	486	263,476	7,868

Grösse der Schiffe:

	Segler	Tons netto	Beman-nung	Dampfer	Tonnen	Mann	Zusam-men	Tonnen	Mann
unter 50 Tons	1,276	38,134	2,973	102	2,640	449	1,378	40,774	3,422
50 — 100 -	603	42,455	2,527	45	3,110	326	648	45,565	2,853
100 — 200 -	546	80,550	3,683	42	6,087	432	588	86,637	4,115
200 — 300 -	518	128,828	4,759	30	7,532	411	548	136,360	5,170
300 — 400 -	389	134,437	4,301	22	7,719	319	411	142,156	4,620
400 — 500 -	241	107,513	3,119	29	12,411	444	270	119,924	3,563
500 — 600 -	111	60,441	1,563	35	19,389	631	146	79,830	2,194
600 — 800 -	125	85,656	1,985	38	27,038	783	163	112,694	2,768
800 — 1000 -	101	90,277	1,772	21	18,725	492	122	109,002	2,264
1000 — 1400 -	122	143,296	2,453	42	49,930	1,276	164	193,226	3,729
1400 — 2000 -	17	26,671	396	38	65,423	2,565	55	92,094	2,961
2000 u. mehr -	2	4,501	62	14	31,644	1,388	16	36,145	1,450

Der Seeverkehr in den deutschen Hafenplätzen war 1881

	Angekommen				Abgegangen			
	Mit Ladung		leer		Mit Ladung		leer	
	Schiffe	Tons	Schiffe	Tons	Schiffe	Tons	Schiffe	Tons
Gesammtsee-verkehr	42,130	6'955,349	9,101	677,982	37,360	5'510,229	14,051	2'266,459
Davon:								
Seeverkehr zw.deutschen Häfen	23,381	966,061	6,282	289,654	21,916	948,548	7,395	309,521
zw.deutschen u.ausserdeutsch-europ. Häfen	16,800	4'273,199	2,818	387,922	14,064	3'331,390	6,555	1'877,720
zw.deutschen u.aussereuro-päisch.Häfen	1,949	1'716,089	1	406	1,380	1'230,291	101	79,218

Nach den Flaggen waren 1881

	Mit Ladung		leer		Mit Ladung		leer	
Deutsche Schiffe . . .	30,326	3'309,569	7,103	362,999	28,204	3'024,545	9,084	709,021
Fremde Schiffe . . .	11,804	3'645,780	1,998	314,983	9,156	2'485,684	4,967	1'557,438

---

*) Statistisches Jahrbuch des deutschen Reiches, 1883.

Verkehr der wichtigsten Hafenplätze 1881:

	Angekommen			Abgegangen		
	belad. Schiffe	Tons	leere Schiffe	belad. Sch.	Tons	leere Schiffe
Königsberg .	1,078	214,800	5	1,467	293.764	43
Stettin . . .	2,663	645,255	177	2,655	533.366	386
Lübeck . . .	1,949	299,025	161	1,445	210,444	665
Kiel	2,898	330,688	143	2,069	226,369	1,012
Flensburg . .	1,432	111,482	104	731	32,431	524
Altona . . .	442	84,524	89	415	22,106	85
Hamburg . .	5,113	2'622,700	334	4,347	2'143,243	1,234
Harburg . .	408	38,661	8	236	15,879	24
Bremerhaven	1,124	806,923	221	1,232	673,396	340
Bremen . . .	834	54,011	84	695	49,691	238
Wilhelmshaven	820	19,846	15	94	2,910	674

Preussen (S. 26—32).

Materielle Verhältnisse.   Nach den vorläufigen Ergebnissen der Viehzählung vom 10. Januar 1883 betrug im preussischen Staatsgebiet, verglichen mit den Ergebnissen des Jahres 1873, die Zahl der Pferde 2'403,289 (gegen 2'271,330 im Jahre 1873, also ist eine Zunahme von 131,959 Pferden vorhanden); die Zahl der Maulthiere betrug 572 (gegen 934 in 1873, Abnahme 362); Zahl der Esel 6,313 (gegen 8,784 in 1873, also Abnahme 2,471); Rinder 8'735,596 (gegen 8'639,514, Zunahme 96,082); Schafe 14'716,732 (gegen 19'666,794, Abnahme 4'950,062); Schweine 5'801,784 (gegen 4'295,926, Zunahme 1'505.858); Ziegen 1'672,370 (gegen 1'481,461, Zunahme 190,909); Bienenstöcke 1'232,231 (gegen 1'459,055, Abnahme 226,824). Während hiernach die Zahl der Pferde und Rinder ziemlich gleich blieb, ist die Zahl der Schafe sehr erheblich zurückgegangen, die Zahl der Schweine und Ziegen dagegen nicht unwesentlich gestiegen. Was die bedeutende Abnahme der Schafzucht betrifft, so liegen aus den verschiedensten Landestheilen Mittheilungen vor, dass dieselbe leider keine vorübergehende Erscheinung sei, sondern auf die mehr und mehr ungenügende Rentabilität der Wollproduction zurückzuführen sei.

Einer in der »Zeitschrift für das Berg-, Hütten- und Salinenwesen im preussischen Staate« veröffentlichten Uebersicht über die Knappschaftsvereine in Preussen entnehmen wir folgende Daten: Es bestanden im Jahre 1881 83 Knappschaftsvereine gegen 84 im Vorjahre; dieselben umfassten 2,196 (1882 2,186) Berg-, Hütten- und Salzwerke. Die Zahl der auf den Vereinswerken beschäftigten Knappschaftsgenossen belief sich durchschnittlich auf 281,008 gegen 267,267 im Jahre 1880. also 5,14 % mehr als im Vorjahre. Invalide wurden im Jahre 1881 2,674 Genossen, d. h. 9,52 per Mille gegen 8,94 im J. 1880. Durch Verunglückung bei der Arbeit kamen 611 Mitglieder (2,17 per Mille gegen 2,15 im Vorjahre) ums Leben. Unterstützt wurden von den Vereinen am Jahresschluss 1881 86,524 Personen, nämlich 20,951 Invaliden, 24,040 Wittwen und 41,833 Waisen. Das durchschnittliche Lebensalter betrug im Jahre 1881 beim Eintritt der Ganzinvalidität 48,31 Jahre gegen 47,1. Das Durchschnittsalter beim Eintritt der Halbinvalidität wird auf 46,9 Jahre gegen 49,7 angegeben. Bei den einzelnen Vereinen schwankt das durchschnittliche Alter beim Beginn der Ganzinvalidität beträchtlich, so bei den Steinkohlenbergwerken zwischen 57,9 und 44,7 Jahren. Was die Vermögenslage der Knappschaftsvereine betrifft, so betrug das schuldenfreie Vermögen Ende 1880 21'479,404 Mark, 1881 aber 22'400,861 Mark, also 4,29 % mehr. Die Einnahmen mit 14'048,488 M. überstiegen die des Vorjahres um 7,17 %, doch betrugen auch die Ausgaben mit 13'152,992 M. 4,15 % mehr als im Vorjahre. Von den Ausgaben entfielen 27,21 % auf Gesundheitspflege, 63,04 % auf laufende Unterstützungen, 1,30 % auf Begräbnissbeihülfen, 2,79 % auf Schulunterricht, 3,45 % auf Verwaltungsaufwand und 2,21 % auf sonstige Ausgaben. Bemerkenswerth ist, dass die Kosten der Gesundheitspflege von 1872 bis 1881 von 36,4 auf 27,2 % gefallen, die der laufenden Unterstützungen dagegen von 47,4 auf 63 % (von 3'647,121 M. auf 8'291,577 M.) gestiegen sind. Auf je einen der im Durchschnitt bei den Vereinswerken beschäftigten Knappschaftsgenossen entfielen an Einnahmen 49,90 M., darunter 23,91 M. Mitgliedsbeitrag. Die Ausgaben betrugen pro Kopf 46,81 M. Die Einnahmen sind seit dem Vorjahre pro Kopf um 95 Pfennige gestiegen, die Ausgaben um 44 Pfg. gesunken. Das schuldenfreie Vermögen der Vereine beträgt Ende 1881 für jeden Genossen 135,08 M., d. i. 2,79 M., mehr als Ende 1880.

Staatshaushalts-Etat für 1883/84. Derselbe schliesst in Einnahme und Ausgabe ab mit der Ziffer 1,083'057,883 M., und zwar zerfallen die Ausgaben in 1.039'859,694 fortdauernde und 43'198.159 einmalige. Dabei bestimmt das Gesetz vom 27. März 1883 noch: »Zur Bereitstellung des Geldbetrags, welcher zur Ergänzung der Einnahmen in dem Staatshaushalts-Etat für das Jahr vom 1. April 1883/84 erforderlich, und unter Cap. 24, Tit. 19 der Einnahme in den Etat der allgemeinen Finanzverwaltung in der Höhe von 23'248,000 M. in Ansatz gebracht ist, ist eine Anleihe durch Veräusserung des entsprechenden Betrages Schuldverschreibung aufzunehmen.«

Budget für 1883/84:

Einnahmen.

	Mark
I. *Finanzministerium:* 1) Domänen 28'982.760, 2) Forsten 52'371,500, ab Krondotation 7'719,296, bleiben	73'634,964
Centralverwaltung der Domänen und Forsten	9,440
3) Verkäufe von Domänen und Ablösungen von Rechten .	3'200,000
Summe I.	76'844,404
4) Directe Steuern . . . . . . :	145'718,000
5) Indirecte Steuern	95'756,000
6) Lotterie	4'043,300
7) Seehandlungsinstitut	3'000,000
8) Münze in Berlin	221,760
Probiranstalt in Frankfurt	3,880
Summe II.	248'742,940
II. *Ministerium für öffentl. Arbeiten:*	
9) Verwaltung für Berg-, Hütten- und Salinenwesen . .	96'476.617
10) Eisenbahndirection zu Berlin	71'350,000
11) – – Bromberg	47'350,000
12) – – Hannover	68'830,000
13) – – Frankfurt a. M.	31'550,000
14) – – Magdeburg	54'280,000
15) – – Köln (linksrheinisch)	63'320,000

Mark

16) Eisenbahndirection zu Köln (rechtsrheinisch) . . .	70'550,000
17) - - Elberfeld	61'700,000
18) - - Erfurt	39'570,000
19) Main-Neckar-Eisenbahn	401,146
19a) Wilhelmshaven-Oldenburger-Eisenbahn	265,658
20) Privateisenbahnen, an welchen der Staat betheiligt . .	5'423,807
21) Sonstige Einnahmen	131,650

Summe III.   611'198,878

Dotationen : 22) Hauptverwltg. der Staatsschulden 120,850,
23a) Herrenhaus 2,110, 23b) Haus der Abgeordneten 3,720 =   126,680
24) Allgemeine Finanzverwaltung . . . . 123'150,799

III. *Staatsministerium (Verschiedenes)*	753,500
VI. *Ministerium der auswärt. Angelegenheiten*	8,070
V. *Finanzministerium*	2'108,469
VI. *Ministerium für öffentl. Arbeiten (Bauverwaltung)* . . .	1'064,255
VII. - - *Handel und Gewerbe*	321,900
VIII. *Justizministerium*	7'319,800
IX. *Ministerium des Innern*	4'320,841
X. - *für Landwirthschaft, Domänen und Forsten* .	4'245,520
XI. *Minist. der geistl., Unterrichts- u. Medicinalangelegenheiten*	2'850,042
XII. *Kriegsministerium*	1,755

Summe der Einnahmen   1,083'057,883

Dauernde Ausgaben.

A. Betriebs-, Erhebungs- und Verwaltungskosten.

I. *Finanzministerium* : Domänen 6'780,060, Forsten 30'464,500
Centralverwaltg. der Domänen u. Forsten 422,690, directe
Steuern 10'261,463, indirecte Steuern 28'607,300, Lotterie
89,700, Münze 222,730 . . . .   76'848,443

II. *Minist. für öffentl. Arbeiten* : Berg-, Hütten- und Salinenwesen 81'278,625, Eisenbahnen 384'576,286 . . . . .   465'854,911

Summe A. Betriebsausgaben   542'703,354

B. Dotationen.

Zuschuss zur Krondotation   4'500,000
Oeffentliche Schuld, davon Verzinsung 108'609,513,$_{25}$, Tilgung
19'335,978, Kosten der unverzinslichen Schuld 300, Renten
1'384,264, Verwaltung 573,444,$_{75}$ . . . .   129'903,500
Landtag . . . .   1'373,480

Summe B. Dotationen   135'776,980

Beiträge zu den Ausgaben des deutschen Reichs 45'263,131,
Apanagen etc. 67'749,467 . . . .   113'012,598

C. Staatsverwaltung.

I. *Staatsminist.* (Bureau 298,880, Archive 316,844, Ordens-
commission 208,120, geh. Civilcabinet 122,680, Oberrech-
nungskammer 729,828, Prüfungscomm. für höhere Verwal-
tungsbeamte 6,300, Disciplinarhof 10,770, Gerichtshof für
Competenzconflicte 8,400, Gesetzsammlungsamt 172,600,
Deutscher Reichs- und preuss. Staats-Anzeiger 442,350,
Landesvermessung 800,000) . . . .   3'116,772

II. *Minist. für auswärt. Angelegenh.* (dav. 410,700 Gesandtsch.)   502,100

III. *Finanzminist.* (Ministerium 1'068,850, Ober-Präsidien und
Regierungen 12'191,500, Rentenbanken 613,751, Wittwen-
und Waisenverpflegungsanstalten 5'249,887, für den Thier-
garten 144,680, Wartegelder, Pensionen und Unterstützgn.
18'340,018, Allgem. Fonds 2'840,000) . . . .   40'448,686

IV. *Minist. für öffentl. Arbeiten* (Ministerium 706,720, Bauver-
waltung 16'573,483, vermischte Ausgaben 172,620 . . .   17'452,823

V. *Minist. für Handel und Gewerbe* (Ministerium 219,210,   **Mark**
Handels- und Gewerbe-Verwaltung 963,278, Navigations-
schulen, wissenschaftl. u. gemeinnützige Zwecke 339,034,
vermischte Ausgaben 20,650) . . . .   1'542,172
VI. *Justizministerium* . . . .   80'159,800
VII. *Minist. des Innern* (dabei Statist. Bureau 381,710, Standes-
ämter 389,661, Gendarmerie 9'188,760,₉₄, Gefängnisse
9'341,858,₂₅, Wohlthätigkeit 1'151,486,₆₀) . . . . . .   41'236,021
VIII. *Minist. für Landwirthschaft, Domänen und Forsten.* . .   11'712,577
IX. *Minist. der geistl., Unterrichts- und Medicinalangelegenh.*
(dabei Ministerium 923,415, Cultus: evangel. 2'336,727,₁₇,
kathol. 2'582,003,₀₄, wovon Bisthümer 1'254,260,₆₅), Universitäten 6'129,936,₃₈, Gymnasien 4'681,211,₄₆, Elementarunterricht 20'795,692,₆₄, Kunst und Wissenschaft 2'782,434,
Cultus und Unterricht gemischt 6'725,155,₇₉, Medicinalw.
1'431,926,₆₄, etc.) . . . .   52'088,239
X. *Kriegsminist.* (für die Verwalt. des Zeughauses in Berlin)   107,572
Betrag der dauernden Ausgaben (wobei 10'111,069,₈₆ als
künftig wegfallend bezeichnet sind) . . . . 1,039'859,694

Einmalige und ausserordentliche Ausgaben.
I. *Staatsminist.* 7,200; II. *Finanzminist.* 834,400; III. *Minist.
für öffentl. Arbeiten* (Bergwesen 556,000, Eisenb. 9'493,000,
Bauwesen 12'828,000) 22'877,000; IV. *Minist. für Handel
u. Gewerbe* 175,660; V. *Justizminist.* 3'242,800; VI. *Minist.
des Innern* 686,515; VII. *Minist. für Landwirthschaft, Domänen und Forsten* 6'968,178; VIII. *Minist. für geistl. etc.
Angelegenh.* 8'406,436 . . . .   43'199,189
             Gesammtbedarf 1,083'057,883

Bayern (S. 51—56).

Bevölkerung. Auch in Bayern hat die Berufszählung eine Minderung der Bevölkerung ergeben, nämlich blos 5'261,592 statt (1880)
5'284,778, sonach 23,186 weniger (vergl. jedoch S. 319 flg.).

Auswanderungen, 1882: 17,640 Personen, davon 10,480
männlich, 7,160 weiblich; hiervon 17,439 nach den Verein. Staaten,
122 nach Brasilien, 12 nach Britisch-Nordamerika, 24 nach Chile, 9
nach Afrika, 13 nach Australien.

Zahl der Feuerwehren in Bayern, Apr. 1882: Freiwillige 4,488,
der Pflicht-Feuerwehren 2,532, zusammen in 7,317 Gemeinden.

Vorläufige Ergebnisse der **Viehzählung** vom 10. Jan. 1882, verglichen mit dem definitiven Ergebnisse der Zählung vom 10. Jan. 1873:

	Pferde	Maulthiere	Esel	Rindvieh	Schafe	Schweine	Ziegen
1883	362,088	84	148	3'024,926	1'178,194	1'091,333	219,584
1873	350,908	66	168	3'066,263	1'342,190	872,098	193,881

Bierstatistik. Die Zahl der an Braunbier-Erzeugung in München
betheiligten Brauereien ist in den letzten 3 Jahren fortdauernd grösser geworden.
Sie war 1879 noch 28, 1880 bereits 31 und 1881 36. Die Gesammtmenge des von
diesen Brauereien verausgabten Malzes berechnet sich für 1879 auf 619,076,
1880 auf 593,968 und 1881 auf 671,769 Hectoliter, so dass der im Jahre 1880
wahrgenommene mässige Rückgang schon 1881 wieder reichlich aufgewogen
wurde. Zu anderen Zwecken als zur Braunbierbereitung wurde in den 3 Berichtsjahren Malz in folgenden Hectoliter-Summen verwendet: 1879 6,349, 1880 8,728
und 1881 10,329. Es ist insbesondere die Weissbierbrauerei, welche den Ausschlag gibt und in den letzten 2 Berichtsjahren sehr fühlbar die Menge ihrer Erzeugnisse vermehrte. Der Münchener Verbrauch an Braunbier ergibt folgende

Ziffern: 1879 1'013,981 Hectol., 1880 926,676 und 1881 994,251. Demnach hätte der eigene Verbrauch der Stadt in den beiden letzten Jahren jenen des Jahres 1879 nicht mehr erreicht, obschon zwischen dem Verbrauche der Jahre 1879 und 1881 ein empfindlicher Unterschied nicht besteht. Immerhin würde sich der oft besprochene Kopftheil der Münchener Bevölkerung für 1881 auf 432 Liter im Jahre stellen, der Gesammtwerth des hier verbrauchten Bieres — wenn man nur einen durchschnittlichen Verkaufswerth von 25 M. annimmt, auf 24'856,275 M., so dass täglich durchschnittlich mindestens für 68,099 M. Bier in München selbst getrunken wurde. — Nach einer von der Generaldirection der Zölle und indirecten Steuern veröffentlichten Statistik über die Bierproduction in ganz Bayern in 1882 ist indess die Production an Braun- wie an Weissbier im Jahre 1882 gegen 1881 ziemlich erheblich zurückgeblieben. Es wurde erzeugt: Braunbier 11'861,782 Hectol. (gegen 12'079,215 1881); Weissbier 245,778 Hectol. (gegen 257,782 1881). Dementsprechend betrug der Gesammtmalzverbrauch der bayerischen Brauereien 5'242,824 Hectol. gegen 5'342,734 1881 und die Gesammteinnahmen an Braumalz-Aufschlag 31'436,141 M. gegen 32'340,413 im Vorjahr. Die Bierausfuhr war dagegen 1882 grösser als 1881, nämlich 985,830 hl. 1882 gegen 887,946 1881; die bedeutendste Ausfuhr weisen die Münchener Brauereien auf (232,068 Hectol.), dann folgen der Reihe nach Bayreuth, Nürnberg, Fürth. Die Malzaufschlagsrückvergütung betrug 1882: 2'580,548 M., 242,124 mehr als 1881. Die Biereinfuhr nach Bayern hat sich 1882 gegen 1881 verringert; dieselbe betrug aus den Staaten des deutschen Zollgebietes mit Entrichtung der Uebergangssteuer 323,339 Hectol., d. i. 159,467 weniger als 1881; aus dem Zollauslande mit Zollentrichtung 216,105 Kgr., d. i. 59,788 weniger als 1881. Danach hat sich also die einheimische Production ebenso wie die Einfuhr vermindert, die Ausfuhr aber vermehrt.

   Actiengesellschaften in Bayern. Ein vom bayerischen statistischen Bureau veröffentlichtes Verzeichniss der in Bayern bestehenden Actiengesellschaften weist eine Gesammtzahl von 184 solcher Unternehmungen auf, von welchen auf die Regierungsbezirke Oberbayern 40, Niederbayern 8, Pfalz 48, Oberpfalz 4, Oberfranken 15, Mittelfranken 17, Unterfranken 14, Schwaben 38 kommen. Von den einzelnen Städten beherbergen München 32, Augsburg 24, Kaiserslautern 13, Ludwigshafen 9, Nürnberg 8, Passau 6, Aschaffenburg und Frankenthal je 5, Regensburg, Bayreuth, Hof, Kempten, Schweinfurt, Landau, Lambrecht je 4, Würzburg, Bamberg, Ansbach, Neustadt a. d. H. je 3, Fürth, Erlangen, Zweibrücken, Freising, Neu-Ulm, Kissingen je 2 Actiengesellschaften. Die übrigen vertheilen sich derart, dass auf einen Domicilort nirgends mehr als eine Gesellschaft kommt. Nach den Zwecken der Unternehmungen geschieden, finden sich 34 Spinnereien und Webereien etc., 23 Gasgesellschaften, 19 Brauereien, 11 Banken, 8 Zeitungen und Druckereien etc. Es gibt 34 Gesellschaften, bei denen das Actiencapital die Summe von 100,000 M. nicht erreicht, 56 mit einem Capital von 100,- bis 399,000 M., 30 mit 400,- bis 699,000 M., 15 mit 700,- bis 999,000 M., zusammen 135 Gesellschaften, deren Actiencapital die Summe von einer Million nicht erreicht, und nur 48 mit mehr als einer Million. Die letzteren theilen sich in 17 Gesellschaften mit einer Million (bis 1'999,999 M. einschliesslich), 9 mit zwei, 10 mit drei, 3 mit vier, 2 mit neun Millionen und je 1 mit 15, 18, 19, 20, 24, 34 und 36 Mill. Die Zahl der gegründeten, aber entweder gar nicht ins Leben getretenen oder wieder aufgelösten Gesellschaften beträgt 91, darunter zwei Banken mit einem Capital von 1 resp. 18 Mill. M. (dieselben traten gar nicht ins Leben). Liquidirt haben 25 Gesellschaften, Concurs eröffnet wurde über 17. Unter den liquidirten Unternehmungen befanden sich 5 Banken.

· Württemberg (S. 56—59).

Staatschuld. Die Gesammtsumme derselben beläuft sich pro 1. April 1883 auf 423'$_{93}$ Mill. M., pro 1. April 1884 auf 421'$_{57}$ Mill. Davon entfallen auf die gewöhnliche Staatsschuld 1883 49'$_{88}$, 1884 49'$_{21}$ Mill., auf die Eisenbahnschuld 1883 374'$_{05}$, 1884 372'$_{36}$ Mill. Ausser Tilgung sind davon nach Gesetz vom 20. März 1881 zunächst 189'$_{02}$ Mill., ferner die Anleihen von 1876 20'$_{09}$ und 20 Mill. (Beginn der Tilgung 1887/88), Anleihe von 1878 25 Mill. (Beginn der Tilgung 1890/91), Anleihe von 1879 15 Mill. (Beginn der Tilgung 1891/92), zusammen 80'$_{09}$ Mill. M. Der Tilgung durch vertragsmässige Verloosung unterliegen 145'$_{05}$ resp. 142'$_{69}$ Mill., wofür zusammen 3'$_{44}$ Mill. erforderlich sind. Dabei ist zu bemerken, dass die Tilgungsrate für die Eisenbahnanlehen in den letzten zwei Jahren durch neue Schuldaufnahmen wieder gedeckt wurde, und dass das gleiche Verfahren auch für 1883/85 in Vorschlag gebracht ist. Die Finanzcommission beantragt bei der Kammer, zu genehmigen: pro 1883/84 für Verzinsung 17'$_{40}$ Mill., für Tilgung 2'$_{36}$ Mill., für Einlösungskosten 0'$_{02}$ Mill., zusammen 19'$_{78}$ Mill. M.; pro 1884/85 für Verzinsung 17'$_{50}$ Mill., für Tilgung 2'$_{45}$ Mill., für Einlösungskosten 0'$_{02}$ Mill., zusammen 19'$_{97}$ Mill. M. Von der Gesammtschuld sind zu verzinsen:

	Pro 1883—84	Pro 1884—85
Mit 5%	447,942,$_{86}$ M.	447,942,$_{86}$ M.
- 4¹/₂%	99'387,306,$_{37}$ -	99'234,181,$_{37}$ -
- 4%	304'884,272,$_{66}$ -	304'047,340,$_{62}$ -
- 3¹/₂%	19'212,185,$_{87}$ -	17'844,571,$_{56}$ -
Zusammen	423'931,707,$_{76}$ M.	421'574,036,$_{33}$ M.

(Als Erforderniss zur Deckung der Tilgungsquote der Eisenbahnschuld waren schon 1882/83 rund verblieben 1'551,000. Zu diesem Behufe war im Febr. 1883 ein Eisenbahn-Anlehen in diesem Betrage genehmigt worden.)

Baden (S. 59—62).

Eisenbahn. Im J. 1881 stieg das gesammte Anlagecapital auf 400'459,673 M. Personen wurden 10'878,110 befördert, Güter 1'993,045 Tonnen, ungerechnet 26,259 T. Gepäck, Expressgut, Milch. Gesammteinnahme 30'844,382 M., Gesammtausgabe 17'549,259 M., Ueberschuss 13'295,123; reine Rente (da blos 397'092,625 im Durchschnitt in Jahresrechnung kommen) 3,$_{35}$%. (Das schlimme Jahr 1882 mit seinen Unglücksfällen wird erst 1883 zur Verrechnung gelangen.)

Hessen (S. 62 u. 63).

Die Zahl der Auswanderer betrug 1882 3,430 Personen, 2,081 männliche und 1,349 weibliche.

Oesterreich-Ungarn (S. 67—85).

Staatsbudget für die im Reichsrath vertretenen Länder pro 1883. [*)

Der Haushalts–Etat für das Jahr 1883 konnte erst unterm 19. April des betr. Jahres, nachdem sonach 3$^1/_2$ Monate abgelaufen waren, promulgirt werden. Seine Hauptpositionen sind folgende:

Erforderniss (Staatsausgaben). Gulden:

Cap. 1. Hofstaat 4'650,000 ; Cap. 2. K. Cabinetscanslei 70,515 =	4'720,515
- 3. Reichsrath 1'071,035; Cap. 4. Reichsgericht 22,000; Cap. 5. Ministerrath 1'008,154 = ...	2'101,189
- 6. Beitrag su den gemeinsamen Angelegenh. (dabei Truppen in Bosnien 6'165,768, Nachtragscredit 2'046,450) . . .	90'350,927
- 7. Ministerium des Innern	17'996,803
- 8. - für Landesvertheidigung (dabei Landwehr 3'795,700, Gensdarmerie 4'433,600)	8'807,865
- 9. Minist. für Cultus und Unterricht: Ministerium 1'262,121, Cultus 4'991,670, Unterricht 12'207,654 = ...	18'461,445
- 10. Finanzministerium (dabei Finanz-[Zoll-]Wache 5'$_2$, Steuerämter 3'918,800)	16'300,300
- 11. Allgem. Cassenverwaltung	1'973,765
- 12. Betriebs-, Einhebungs- und Verwaltungskosten der Staatseinnahmen ; directe Steuern	463,000
- 13. Zoll (dabei Verzehrungssteuer-Restitutionen 26') . . .	27'893,340
- 14. Verzehrungssteuer (dabei Gefällsrückgaben 5'411,000, an Ungarn, Ersatz für Verzehrungssteuer 6'848,620) . . .	12'482,940
- 15. Salz, Kosten der Herstellung und des Verkaufs	3'017,000
- 16. Tabak, - - - - - -	24'061,300
- 17. Stempel 370,000 ; Cap. 18. Taxen 623,000 = ...	993,000
- 19. Lotto	12'459,000
- 20. Mauthen (Brückenzölle) 26,000; Cap. 21. Punzirung 69,000; Cap. 22. Besond. Abgaben für gebrannte geistige Getränke 15,000 = ...	110,000
- 23. Dikasterialgebäude 138,813; Cap. 24. Fiscalitäten 4,000; Cap. 25. Staatsdruckerei 1'067,700; Cap. 26. Remanenten von verkauftem Staatseigenthum 1,100; Cap. 27. Münzwesen 320,300 = ...	1'531,913
- 28. Handelsministerium: Eigentl. Staatsaufwand 2'413,260, Post und Telegraphie 19'527,400, Staatseisenb. 1'651,570, Staatseisenbahnbau 20' (nämlich Arlberg- 11', Galizische Transvers.-Bahn 9'), Betrieb der Elisabeth- und der unter Staatsbetrieb stehenden Bahnen 18'042,283 = ...	61'934,513
- 29. Ackerbau-Ministerium	3'259,247
- 30. Forst-, Domänen- und Montanwesen	8'460,100
- 31. Ministerium der Justiz	20'898,441
- 32. Oberster Rechnungshof	157,000
- 33. Pensionsetat	15'144,900
- 34. An Landesfonds und Gemeinden	242,000
- 35. Subventionen und Dotationen (Lloyd und Eisenbahnen) .	13'748,090
- 36. An einige Grundentlastungsfonds	3'230,000
- 37. Staatsschuld	120'240,703
- 38. Verwaltung der Staatsschuld	920,540
Zusammen (einschl. 32'350,118 und weiter 26'836,759 ausserordentlichen Ausgaben)	491'959,836

*) (Amtliche) Wiener Zeitung vom 19. April 1883.

Bedeckung (Einnahmen). Gulden:

Ministerrath	685,780
Ministerium des Innern	1'022,632
– für Landesvertheidigung	217,413
– – Cultus und Unterricht (dabei: Cultus 3'863,758, Unterricht 1'337,040)	5'218,498
Ministerium der Finanzen	1'800,502
Allgemeine Cassenverwaltung	2'833,276
Directe Steuern (Grundst. 33', Gebäudest. 25'205,000 und 1's, Erwerbst. 9's, Einkommenst. 23', Executionsgeb. 0,5, Verzugszinsen von Steuern 0'4)	92'905,000
Zoll	42'764,196
Verzehrungssteuer (dabei: Bierst. 22'2, Zucker 37'209,000)	55'358,600
Salz	19'682,000
Tabak	67'800,000
Stempel 17'1, Taxen 32'8 ━	49'900,000
Lotto	20'223,000
Mauthen 2'413,000, Punzirung 210,000 ━	2'623,000
Besond. Abgabe, betr. Handel mit gebrannten geist. Getränken	1'005,000
Einnahmen vom Staatseigenthum	1'718,044
Handelsministerium (dabei: Post-, Telegraphen- und Eisenbahn-Betrieb)	43'200,710
Ackerbauministerium	638,810
Forst- und Domänenwesen	10'135,711
Ministerium der Justiz	662,326
Pensionsetat	56,790
Subventionen und Dotationen	275,313
Staatsschuld (dabei: Erlös von Obligationen 11'725,088)	11'755,088
Verwaltung der Schuld	12,700
Einnahme aus der Veräusserung unbewegl. Staatseigenthums	.149,500
Rückzahlung auf den Bauvorschuss der Buschtěhrader Bahn	1'121,482
Gesammtbedeckung (ordentl. 444'308,363, ausserord. 19'457,008)	463'765,371
Deficit	28'194,465

Zur theilweisen Deckung desselben soll ein neues Anlehen von 16' fl., eventuell eine schwebende Schuld aufgenommen, und es sollen die zurückzahlbaren Capitalien durch neue Schuldaufnahmen gedeckt werden.

Ein Gesetz vom 19. Mai 1883 eröffnet für dieses Jahr Nachtragscredite, und zwar 1'869,000 fl., für das Ministerium der Finanzen (dabei 500,000 unverzinsliche Vorschüsse für Wassergenossenschaften und Gemeinden in Tirol) und 1'857,000 fl. für das Ackerbauministerium zum Schutz gegen Ueberschwemmungen und zur Wiederherstellung der Wasserschäden.

Ungarn (zu S. 73—75).

Staatsvoranschlag für das Jahr 1883*) (Gulden).

A. Ordentliche Ausgaben.

1) Kosten des königlichen Hofstaats	4'650,000
2) Cabinetscanzlei	70,515
3) Reichstag	1'229,683
4) Antheil an den gemeinsamen Ausgaben von Oesterr.-Ungarn **)	28'604,290
5) Pensionen der von 1849—1867 factisch bestandenen Central-regierung	108,160

---

*) Landesgesetz-Sammlung für das Jahr 1883. Herausgeg. vom kgl. ungar. Ministerium des Innern. Budapest.

**) Diese (ungarische) Ziffer stimmt nicht mit der oben S. 73 mitgetheilten officiellen österreichischen Aufstellung.

6) Pensionen (neuere)	4'415,367
7) Staatsschuld (dabei: übernommen laut Gesetz v. 1867 30'316,700, Grundentlastung und Ablösungen 16'981,174, Weinzehntablösung 2'372,370, Ablösung von Rottgründen etc. 150,900, alles Uebrige gewöhnliche neuere Schulden, zum Theil für Eisenb.)	109'003,366
8) Vorschüsse auf Grund von Eisenbahn-Garantieen	10'770,463
9) Erfordernisse der innern Verwaltung in Croatien und Slavonien	5'842,346
10) Fiume	85,090
11) Staatsrechnungshof	109,123
12) Ministerrathspräsidium	301,300
13) Ministerium am allerhöchsten Hoflager	54,336
14) Minister für Croatien, Slavonien und Dalmatien	37,080
15) Ministerium des Innern	8'909,657
16) Finanzministerium (dabei: Zoll- und Steuerwache 2'¼, Tabakkauf und Fabrikation 21'003,966, Lotto 1'789,488, Salzgefälle 2'514,016, Staatsgüter 1'592,302, Bergwerk 3'598,839, Hüttenwesen 3'954,109, Münze 4'887,002, Eisenwerke 3'127,656, Salzproduction 1'077,996)	54'229,279
17) Ministerium für öffentl. Arbeiten und Communicationen (dabei: Postwesen 6'056,500, Telegr. 1'902,260, Eisenbahnbetrieb 12'⅔)	29'506,994
18) Ministerium für Ackerbau, Industrie u. Handel (dabei: Staatsforsten 4'085,250, Pferdezucht 2'670,149)	8'978,486
19) Ministerium für Cultus und Unterricht (dabei: Lehranstalten 3'933,603)	4'978,979
20) Justizministerium (dabei: Strafanstalten 625,820)	10'425,445
21) Landesvertheidigungsministerium	6'940,200
Summe der ordentlichen Ausgaben	289'250,189

B. Transitorische Ausgaben und Investitionen.

1) Transitorische Ausgaben (dabei: Landesvertheidigg. 406,650)	6'578,873
2) Investitionen	21'971,855

C. Ausserordentliche gemeinsame Ausgaben.

(dabei: Antheil am Bedarfe der in Bosnien etc. stehenden Truppen 2'822,232)	5'590,235
Total der Ausgaben	323'391.152

A. Ordentliche Einnahmen.

1) Staatsschulden (aus Veräusserungen, Anlehen etc.)	14'918,975
2) Fiume 100; 3) Staatsrechnungshof 1,770; 4) Pässe 300 . . .	2,170
5) Minist. des Innern (dabei: Pauschale für die hauptstädtische Polizei 417,863)	787,183

6) Finanzminist. a. Directe Steuern*): 1) Grundst. 38'031,000, 2) Hausst. 8'761,000, 3) Erwerbst. 17'636,000, 4) Steuer der zur Rechnungslegung verpflichteten Unternehmungen und Vereine 2'782,400, 5) Bergwerkst. 90,000, 6) Capitalzinsen und Rentenst. 3'806,000, 7) Einkommenst. 183,000, 8) Mahlst. 40,000, 9) Handels-, Gewerbe- und Schutztaxen 325,000, 10) Eisenbahn- und Dampfschiff-Transportst. 3'⅛, 11) Gewinnst. 240,000, 12) Steuer auf Jagdgewehre 451,000, 13) Militärbefreiungstaxe 3'376,000, 14) allgem. Einkommensteuer-Zuschlag 9'759,000 (bis daher 89'080,400); 15) Verzugzinsen 1'477,000, 16) Steuereintreibungsgebühr 457,000, etc. b. Verzehrungssteuern: 17) von Branntwein 7'160,000, 18) von Wein 3'₄₅, 19) Fleisch 2'₄₉, 20) Bier 0'₉₄, 21) Zuckerfabrikation 1'654,873 (b. zusammen 15'734,873); 22) Zucker-, Kaffee- und Bierconsum 2'¼, 23) Steuer von Mineralöl 156,000, 24) der auf Ungarn entfallende Theil der Verzehrungssteuervergütungen für Bier und Zucker lt. Gesetz von 1878 7'013,114, 25) ungar. Antheil des Agiogewinns am Grenzzoll 0'₅₉, 26) Pauschale für Auslagen beim Grenzzoll 456,400,

---

*) Bei den 6 ersten Positionen sammt Grundentlastungszuschlag.

27) Stempel 9'427,320, 28) Gebühren 14'₃₅, 29) Taxen 0,₆₄,
30) Punzirung 21,773, 31) Strassen-, Brücken- und Hafenmauth
in Croatien 26,473, 32) Tabakgefälle 38'863,464, 33) Lotto
3'472,468, 34) Salz 14'276,308, 35) Processkosten 20,000,
36) Staatsgüter 4'₁, 37) Montandirection 49,629, 38) Metall- und
Opalbergwerke 3'495,551, 39) Metallhüttenwesen 3'954,109,
40) Münzwesen 4'926,528, 41) Eisenwerke 3'165,440, 42) Zsil-
völgyer Steinkohlenbergwerke 35,153, 43) Salzerzeugung
1'077,996, 44) andere Bergwerks-Einkünfte 2,410, 45) Staats-
druckerei 0'₈₅, 46) Staatsgebäude 32,182, 47) Staatsbrücken in
Budapest 174,409, 48) Reinertägniss d. Staatsbahnen 8'775,000,
49 u. 50) Verschiedene Einnahmen 818,860 = ... 229'559,889

7) Ministerium für öffentl. Arbeiten und Communicationen (dabei: Post 7'606,500, Telegr. 1'777,600, aus den Einnahmen der
Staatsbahnen zur Deckung der Betriebsauslage 12'₃) . . . . 25'696,948

8) Ministerium für Ackerbau, Industrie u. Handel (dabei: Staatsforsten 6'027,381, Gestüte etc. 2'101,919) . . . . 9'090,660

9) Ministerium für Cultus und Unterricht 489,558
10) Justizministerium 498,688
11) Ministerium für Landesvertheidigung 201,763

Summe der ordentlichen Einnahmen 281'245,734

B. Interims-Einnahmen
(dabei: Staatsgüterverkauf 5', neues Anlehen von nominell 28'
mit partiellem Ertrag 8', Creditoperationen etc.) . . . . . 20'297,111

Total-Einnahmen 301'542,845

Da hiernach ein Deficit von 21'848,307 Gulden verbleibt, so wurde
der Finanzminister zu einer Creditoperation bis zu 19'848,307 fl. ermächtigt; wegen des weitern Abganges von 2 Mill. wird ein besonderes
Gesetz verfügen. — Damit die bestimmten Staatseinnahmen flüssig gemacht werden können, werden die Einkommensteuerzuschläge zu 3½%
von den directen und Verzehrungssteuern, Gefällen, Taxen, Gebühren,
Einkommen etc. für 1883 erhoben.

Gesammtübersicht. Beseitigt man die doppelt aufgeführten
Summen (nämlich im gemeinsamen Reichsetat und in den Sonderetats
beider Staaten), so entziffert sich ein Gesammtbedarf von rund 900
Mill. fl. Dann erfordern (direct und indirect, ordentl. und ausserordentl.)
der Hof gegen 20', das Militär 400', die Schuld mit den verdeckten
Posten (Finanzoperationen) 425'. Das Jahresdeficit ist in den beiden
Budgets (abgesehen von jenen verdeckten Posten) zu 50'042,772 fl. verzeichnet, also, den Gulden nur zu 1 Mk. 70 Pfge. gerechnet, zu rund
85 Mill. Mark.

Staatsschuld. Dieselbe zerfällt in folgende 3 Theile:
1) gemeinsame Schuld beider Staaten,
2) Schuld der im Reichsrath vertretenen Länder, und
3) des Ungarischen Staates.

Die beiden erstgenannten Theile stehen unter österreichischer Verwaltung; Ungarn bezahlt dazu nur den im J. 1867 übernommenen Jahres-
beitrag von 30'316,700 fl. Nun ist kürzlich der betr. »Ausweis über den
Stand der allgemeinen Staatsschuld mit Ende des zweiten Semesters (Dec.)
1882, verfasst von der Staatsschulden-Control-Commission des Reichs-
rathes« amtlich veröffentlicht worden. Für Jeden, welcher nicht ohnehin
mit den Einzelnheiten vertraut ist, muss es schwer fallen, sich in diesen
höchst complicirten Verhältnissen zurecht zu finden. Hier eine, einen
Ueberblick erleichternde Zusammenstellung:

I. a. *Allgemeine Staatsschuld.* Ohne Capitalsrückzahlung.

	Capital	Zinsbedarf	
Aeltere consolidirte Schuld (in Wiener Währung) in			
Noten verzinslich	568,562 fl.	25,715,60 fl.	Gegen Juni 1882 unverändert.
Neuere consolidirte Convert.-Schuld, in Noten .	1,359'114,405 -	57'081,658 -	mehr 180,599 fl.
— in Silber .	996'292,624 -	41'844,290 -	51,336 -
	Total 2,355'407,029 fl.	98'925,948 fl.	Total mehr 231,935 fl.
Gegen Rückzahlung.			
In Noten .	262'882,989 fl.	9'216,292 fl.	Gegen Juni 1882 weniger 3'978,190 fl.
In Silber .	45'954,866 -	2'527,517 -	319,845 -
Unerhobene Capitalien .	3'641,463 fl.	106,649 fl.	
In Conv.-Münze, Noten und Silber	Total 308'837,854 fl.	Zinshaftung darauf 117'743,809 fl.	Total weniger 4'298,035 fl.
Gesammtsumme der consolidirten Staatsschuld .	2,665'454,948 fl.		Verminderung 3'981,111 fl.
b. *Schwebende Schuld.*			
In Noten verzinslich .	62'332,809 fl.	2'169,762 fl.	Zuwachs 84,989 fl.
a. und b. zusammen	2,730'837,757 fl.		Verminderung seit Juni 1882 38'345,964 fl.
c. *Entschädigungsrenten* abzüglich Steuer .	498,666 fl.	Capitalanschlag 12'239,435 fl.	Weniger 42'327,075 fl. (Capitalanschlag)
d. *Zahlung an Bayern*) jährlich .	87,500 fl.	1'750,000 fl.	Weniger gegen Juni 1882 463 fl. 9,265 fl.
a., b., c. und d. zusammen	2,744'827,192 fl.		Weniger 42'336,340 fl.
II. *Gemeinsame schwebende Staatsschuld.*			
Staatsnoten in Umlauf .	351'493,795 fl.		Gegen Juni 1882 mehr 38'305,995 fl.
III. (Speciell) *Oesterreichische Staatsschuld.*			
Consolidirte ohne Capitalrückzahlung. 5% Notenrente .	104'953,200 fl.	Zinsbedarf 5'247,660 fl.	Gegen Juni 1882 unverändert.
4% Goldrente.	340'850,200 -	13'634,008 -	
gegen Capitalrückzahlung in Noten und	103'730,473 -	1'206,760 -	-
Silber (incl. Schuld an die Oesterr.-ungar. Bank)	1'482,293 -	70,500 -	-
	Total 551'016,166 fl.	20'158,928 fl.	
Schwebende Schuld.			
Garant. Grundentl.-Schulden C.-M. 147'458,040 fl. Noten 154'830,942 fl.	154'830,942 fl.		-
Galizische Landesschuld .	20 -		weniger 73,485 fl.
	Total 705'847,128 fl.		Gegen Juni 1882 weniger 3'800,790 fl.

*) Laut Münchener Tractats vom 14. April 1810, jährl. Entschädigung von 100,000 fl. rhein. für den Main- und Tauberkreis.

Ungarische Schuld. In Folge der neueren Creditoperationen und der damit zusammenhängenden formalen Umgestaltungen, sowie der neueren Deficite sind wir ausser Stande, eine genaue Uebersicht mitzutheilen. Am 1. Jan. 1880 ward die Schuld so berechnet:

Gewöhnliche directe Anlehen, zusammen .	752'506,825 fl.
Grundentlastungsschuld	229'496,276 -
Schuld für Ablösung des Weinbergzehnts .	19'327,255 -
Zusammen	1,001'330,356 fl.

Dazu den (oben bereits verrechneten) Antheil an der gemeinsamen Schuld.

Die Gesammtsumme der auf beiden Staaten lastenden Schulden steigt sonach jedenfalls auf mehr als 4,800 Mill. Gulden oder (den Gulden hier nur zu 1 Mk. 70 Pfge. gerechnet) auf etwa 8,200 Mill. deutsche Mark.

Militär (S. 76). Aus Wien, 2. Mai, wird berichtet: Das Abgeordnetenhaus hat das neue Landwehrgesetz in Verhandlung gezogen. Die wesentlichsten Aenderungen sind die folgenden drei grundsätzlichen Bestimmungen: 1) Die Normirung des Minimalstandes der Landwehr (130,000 Mann ausser Tirol-Vorarlberg), 2) die Ueberweisung der Landwehr im Detail von der Legislative an die Executive, 3) Ermöglichung der Bildung von Landwehr-Cavallerie-Cadres. Die wenigen Paragraphen des bisherigen Landwehrgesetzes, welche Fragen der innern Organisation der Landwehr den gesetzgebenden Körpern zuweisen, wurden in den neuen Entwurf nicht aufgenommen, um den Oberbefehl zu einem einheitlichen, die Leitung in Details selbständiger zu machen. Der wesentlichste Punct der Neuorganisation betrifft die Landwehr-Cavallerie. Ausser den Tiroler Landesschützen zu Pferd und den berittenen Dalmatinischen Landwehrschützen existirt nämlich kein Cadre für die 25 auf dem Papiere vorhandenen Landwehr-Cavallerie-Escadronen. Was für einen Werth diese 10,000 weder in ihrer Reserve- noch Landwehrdienstzeit jemals einberufenen Cavalleristen im Kriegsfalle haben, lässt sich leicht beurtheilen. Es sollen jetzt im Frieden 6 Cadres aufgestellt werden, um eine brauchbare Landwehrreiterei für den Krieg vorzubereiten. Die Pferde würden eine einmalige mehrmonatliche Dressur durchzumachen haben, worauf sie leihweise und nach einer bestimmten Zeit an Private ins Eigenthum übergeben werden würden. Alle Jahre wären diese Pferde eine kurze Zeit einzuüben. Um mit möglichst geringen Geldforderungen hervorzutreten, will man übrigens vor der Hand nicht alle sechs systemisirten Cadres aufstellen, sondern nur drei mit der Hälfte des Normalstandes an Mann und Pferden, was eine Jahresausgabe von 146,700 fl. erfordern würde, während das Erforderniss für alle sechs Cadres 552,500 fl. betrüge. Alles zusammen würde die Neuorganisation einen Mehraufwand von jährlich 1 Mill. Gulden erheischen. Die Annahme der Vorlage ist erfolgt.

Frankreich.

Finanzen (S. 92—96). Der Finanzminister brachte schon am 12. März 1883 den Budgetentwurf für 1884 in die Kammer. Er stellte eine neue Anleihe von circa 313 Mill. Francs in Aussicht, wenn die

öffentlichen Bauten in dem begonnenen Tempo fortgesetzt werden sollten. Das ordentliche Budget (das ausserordentliche kann erst später,
wenn die Unterhandlungen mit den grossen Bahncompagnien weiter
vorangeschritten sind, festgestellt werden) setzt die Einnahmen auf
3,103'700,843, und die Ausgaben auf 3,103'414,193 Fr. an, so dass
ein knapper Ueberschuss von 259,650 Fr. disponibel bliebe. Verglichen
mit dem jetzigen Budget wurde das neue um ca. 59 Millionen erhöht.
Minister T i r a r d erklärte dabei: »Es ist unerlässlich, dass die Kammern
sich fernerhin nicht, wie seit einigen Jahren, zu Ausgaben hinreissen
lassen und überhaupt keine Anordnungen treffen, welche neue Budget-
lasten nach sich ziehen. Zweifellos ist manche Verbesserung in den
Dienstzweigen der verschiedenen Ministerien nothwendig, viele nützliche
Arbeiten bleiben unausgeführt, und ebenso würde sicherlich die Inter-
vention des Staates in Angelegenheiten der öffentlichen Wohlthätigkeit
und Versorgung erwünscht sein. Allein die erste den öffentlichen Gewalten sich aufdrängende Pflicht ist, die Staatsausgaben den Einnahmen
unterzuordnen. Die während mehrerer aufeinander folgenden Jahren dem
Lande erwachsenen ungeheuren Mehreinnahmen über die Voranschläge
haben nur allzu sehr die doppelte Strömung begünstigt, welche uns fort-
riss: einerseits zu den Steuerentlastungen, andererseits zur Erhöhung
der Ausgaben, die zwar gewiss nicht unberechtigt waren, die man aber
vielleicht weniger eilig hätte aufeinander folgen lassen sollen. Voriges
Jahr erhielten wir einen Fingerzeig, von welchem wir zu unserem Nutzen
Notiz nehmen müssen. Die Steuern und indirecten Einkommen, welche
im Jahre 1881 eine Mehreinnahme von 106'754,000 Fr. verglichen mit
1880 abwarfen, zeigen gegen 1881 einen Ueberschuss von nur 4'024,000
Fr. Wir glauben uns indess zu der Annahme berechtigt, dass dies
nur ein vorübergehender Zustand ist, und dass unsere Einnahme bald
wieder in's Steigen gelangen wird, wie dies auch schon der Steuerertrag
der ersten zwei Monate des laufenden Jahres vermuthen lässt. Nichts-
destoweniger ist es nothwendig, diesem unerwarteten Umschwunge, welcher in der zweiten Hälfte des Jahres 1882 eintrat, Rechnung zu tragen.
Wir haben also das vorliegende Budget im Sinne einer strengen Sparsamkeit vorbereitet. Die von uns zugelassenen Crediterhöhungen sind mit
der grössten Sorgfalt geprüft worden; alle diejenigen, welche für uns
nicht den Charakter einer unabwendbaren Nothwendigkeit trugen, haben
wir entschieden zurückgewiesen.«

Die Hauptziffern sind in dem neuen Budgetentwurfe für 1883. dem
definitiven Budget für 1882 gegenüber (wie es scheint rectificirt), so aufgestellt:

I. Einnahmen (ordentliche) in Millionen Francs:

	1883	gegen Budget 1882
Directe Steuern	410	+ 1,7
Domänen	56	—
Indirecte Steuern	2,432	+ 214,3
Diverse Einnahmen	132	+ 9,0
Verwendung früherer Ueberschüsse	—	51
	3,030	+ 174

II. Ausgaben (ordentliche) in Millionen Francs :

	1883	gegen	Budget 1882
Oeffentliche Schuld, Dotationen .	1,320	+	48,0
Justiz - und Cultusministerium . .	89		—
Auswärtiges	14	+	0,6
Inneres	70	—	2,6
Finanz	20		—
Post und Telegraphen	12	+	10
Krieg	587	+	16
Marine	253	+	56
Unterricht, schöne Künste . . .	134	+	11
Handel	23	+	3
Landwirthschaft	24	+	8
Bauten	140	+	7
Regie, Betriebs- und Erhebungs- kosten	321	+	17
Ausfälle und Rückzahlungen . . .	21		—
	3,028	+	174

Von Einzelnheiten der Finanzverwaltung bemerken wir noch: Der Verkauf des Tabaks in Frankreich hat nach dem officiellen Ausweis für das Jahr 1882 wiederum eine Zunahme erfahren. Es wurden verkauft für 57'758,948 Franken Cigarren, 16'767,318 Fr. Cigarretten, 76'229,507 Fr. Schnupftabak, 164'939,180 Fr. Rauchtabak, 8'627,617 besserer, 5'765,870 schlechterer Kautabak, 23'209,577 Tabak zu herabgesetzten Preisen, im Ganzen 355'339,019 Fr. Dies gibt per Kopf der Bevölkerung 941 Gramm Tabak zum Werthe von 9,43 Fr. 1881 betrug der Consum pro Kopf 925 Gramm, 1880 907 und 1875 855 Gramm zum Werthe von 8,59 Fr.

Die schwebende Schuld. Dieselbe findet sich im Exposé des Finanzministers vom 1. Januar 1882 bereits so angegeben:

Cautionen, Depots, Contocorrent-Forderungen, Diverse 1,131 Mill. Fr.
Bons du Trésor . . . . 56 - -
Bons de Liquidation . . . . 692 - -
Total 1,879 Mill. Fr.

Dabei spielen die Sparcassengelder eine überwiegende Rolle. Die Sparcassen werden nämlich in Frankreich als staatliche Institution behandelt und durch die *Caisse des dépôts et consignations* verwaltet. Die Einlagen beliefen sich am Neujahr 1882 auf 1,426 Mill. Davon waren 917 Mill. in Staatspapieren angelegt, der Rest von 509 Mill. aber bildeten einen Theil der schwebenden Schuld. Dieses Verhältniss hat der Staatscasse wiederholt, namentlich nach der Februarrevolution 1848, schwere Verlegenheiten bereitet, da der Staat gleichsam jederzeit Rückzahlung leisten soll. Um diesem Missstande zu begegnen, wurde der Finanzminister durch Decret vom 14. März 1883 ermächtigt, zur Consolidirung der schwebenden Schuld bis zur Maximalhöhe von 1,200 Mill. Fr. amortisable 3 % Renten auszugeben.

Geistige Bildung (zu S. 101). Nach dem neuesten *»Annuaire des Journaux à Paris«* beträgt die Zahl der in der Hauptstadt täglich und periodisch erscheinenden Zeitungen und Journale 1,291. Es mag interessant sein, festzustellen, welcher Antheil davon auf die einzelnen Gebiete der Kunst, der Wissenschaft, des öffentlichen Lebens etc. entfällt. Zunächst die periodischen Druckschriften: Hier stehen die finanziellen und nationalökonomischen in einer Anzahl von 240 obenan. Religiöse gibt es 59,

juristische 110, geographische und geschichtliche 22, belletristische (Witz-
blätter eingeschlossen) 128, belehrende 38, literarische, philologische und
bibliographische zusammen 62', schöne Künste 11, photographische 3,
Architektur 9, Archäologie 3, Musik 15, .Theater 15, Mode 73, tech-
nische 138, medicinische 92, andere Wissenschaften 51, Kriegskunst und
Schifffahrt 24, Landwirthschaft 28, Pferdezucht (Sport) 18, ferner 23 den
mannigfachsten Interessen gewidmete. Täglich zu Paris erscheinende
Zeitungen gibt es 67. Zu bemerken .mag noch sein, dass der jetzige
Ausweis, verglichen mit demjenigen früherer Jahre, eine Zunahme der
Finanz- und Industriezeitschriften ergibt.

   Weinproduction (S. 103). Der Antwerpener »*Précurseur*« enthält eine Statistik der Ein- und Ausfuhr von Wein in Frankreich,
welche zu der Frage: »Was ist jetzt französischer Wein?« Anregung
gibt. Im J. 1873 betrug hiernach die Ausfuhr 263'336,000 und die Einfuhr 24'705,000 Fr.; im J. 1882 war die Ausfuhr 234'374,000 und die
Einfuhr 305'599,000 Fr., also die Einfuhr grösser als die Ausfuhr. Noch
im J. 1879 war die Einfuhr 92'244,000, stieg im folgenden Jahre auf
281'154,000 und erreichte ihr Maximum im J. 1881 mit 305'599,000 Fr.

   Auswärtige Besitzungen. Tonkin (zu S. 117). Frankreich verlangt
von dem Beherrscher Tonkin's förmliche Unterwerfung unter das französische Protectorat, beiläufig ebenso, wie der Bey von Tunis ein solches
anerkennen musste. A. R. Colquhoun, der kürzlich ein Buch über
seine Landreise von Canton nach Mandalay veröffentlicht hat, und seinen
Landsleuten, den Engländern, empfiehlt, auf dem Wege, den er gemacht, eine Eisenbahn zu bauen, um den Franzosen in der Erschliessung
des südlichen China's zuvorzukommen, macht in der »Times« über den
Handel Tonkin's folgende Mittheilungen: Im Jahre 1880 betrug in
Haïphong die Ausfuhr 7½, die Einfuhr 5½, die gesammte Handelsbewegung also 13 Mill., darunter sind nur declarirte Werthe begriffen,
mit den nicht declarirten steigt die Bilanz auf 20 Mill. Der Schiffsverkehr zählte 255 grosse Schiffe von 114,200 Tonnen, und 205 chinesische
Dschunken von 9,620, zusammen 460 Schiffe mit 123,820 Tonnen. Von
den Schiffen trugen 35 % die englische, 23 % die chinesische und 20 %
die amerikanische Flagge.

   Auf Seite 115 wolle man als Umfang von Franz. Guiana einsetzen:
7,200 Q.-Kilom. *), der Gesammtumfang der französischen Colonieen
steigt darnach auf ca. 45,000 Q.-Kilom. und mit den neuerdings in
Anspruch genommenen Gebieten auf gegen 330,000 Q.-Kilom.

Grossbritannien (S. 118—161).

   Städte. Ueber das Wachsthum London's gibt ein neulich
veröffentlichter Bericht des hauptstädtischen Bauamtes Aufschluss. Während der letzten 25 Jahre (1856—1882) vermehrte sich die Länge der
Strassen im Weichbilde der Stadt von 925½ auf 1,607⅝ engl. Meilen;
die Zahl der Häuser stieg von 258,000 auf 420,000. Die Kosten für

---

   *) So nach *Annuaire de l'économie politique et de la statistique* 89 année p. 482.
Es ist dies der Umfang des wirklich occupirten Gebietes. Bei der Unsicherheit
der inneren Grenzen kann es nicht erstaunen, dass von anderer Seite als Umfang
des ganzen Gebietes 1,200 Q.-Myriam. angegeben werden.

Canalbauten, Pflasterungen etc. in den 38 Pfarrbezirken, in welche London eingetheilt ist, betrugen während der erwähnten Periode 11'513,565 £, und ausserdem für 920 Meilen Sammelcanäle 2'310,890 £. Zur Strassenbeleuchtung wurden 26,444 neue Gaslaternen errichtet.

Das britische Budget für 1883/84 (zu S. 123). In der Unterhaussitzung vom 5. April 1883 brachte der Schatzkanzler Childers seinen Finanzgesetzentwurf ein. Wir entnehmen daraus nachstehende Einzelheiten: Die Einnahmen waren für das verflossene Jahr mit 84'935,000 £. veranschlagt und ergaben 89'004,000, oder nach Abschlag des zur Deckung der ägyptischen Expedition im Laufe des Jahres ausgeschriebenen Einkommensteuerzuschlags von 1'₃, einen reinen Ueberschuss von 2'569,000 £. Eine Abnahme weisen nur die Zölle und die Getränkesteuer (Spirituosen und Bier) nach, die seit 1876 um volle 5 Millionen gesunken sind. Wenn dadurch auch die Lage des Finanzministers erschwert werde, so freue es ihn doch, diese, die zunehmende Mässigkeit beweisende Thatsache constatiren zu können. Ausser den im vorjährigen Budget vorgesehenen Ausgaben wurden aus den Einnahmen auch die gesammten Kosten des Krieges in Aegypten bestritten (3,896,000 £), so dass sich die Totalausgabe auf 88'906,000 £ stellte. Den Einnahmen gegenübergehalten verblieb demnach mit Jahresschluss ein Ueberschuss von 98,000 £. — Bei seinem Amtsantritte übernahm das gegenwärtige Cabinet von seinen Vorgängern eine Kriegsschuld von 10 Mill. £. Indien wurde weiter eine Entschädigung von 5' £ für die durch die Kriege in Afghanistan verursachten Auslagen zuerkannt. Von diesen 15' wurden von der gegenwärtigen Regierung bereits 11'₃ £ abgezahlt, die ganzen Kosten der ägyptischen Expedition bestritten und die Staatsschuld um mehr als 20 Millionen (im Jahre 1882—83 um 7'₁ £) vermindert. In diesem Jahre soll die Staatsschuld, die am 31. März d. J. 756'344,000 £ betrug, um weitere 800,000 £ vermindert werden. Durch Herbeiziehung der Fonds der Post-Sparbanken und der gerichtlich deponirten Capitalien zum Behufe des Umtausches der fällig werdenden Annuitäten glaubt Childers, dass es ihm möglich werden wird, die Nationalschuld in einer Weise zu vermindern, die für die nächsten zwanzig Jahre mit mindestens 172 Mill. veranschlagt werden kann. — Die Ausgaben für 1883/84 werden wie nachstehend in Vorschlag gebracht: Staatsschuld (Zinsen und Amortisation) 31'319,000 £; Armee 15'670,000; Beitrag für Indien 1'730,000; Marine 10'757,000; Civilverwaltung 17'253,000; Zoll-, Post-Telegraphendienst etc. 9'060,000, zusammen 85'789,000 £. Dem Vorjahre gegenüber weist somit das Ausgabenbudget eine Verminderung von 4'150,000 £ nach. Die Vermehrung der Ausgaben für Armee und Marine, 26'427,000 £ gegen 26'250,000 erklärt sich aus den vermehrten Schiffsbauten und Neuanschaffungen, welche unter der vorigen Regierung arg vernachlässigt worden seien. Die Einnahmen werden beziffert: Zölle 19'750,000; Getränkesteuer 26'900,000; Stempel 11'510,000; Grundsteuer 1'040,000; Haus- und Gebäudesteuer 1'785,000; Einkommensteuer (6½ d. im Pfund) 12'400,000; Postgefälle 7'₄; Telegraphen 175,000 (?); Kronländereien 380,000, Interessen von Vorschüssen 1'185,000; Verschiedenes 4'280,000; zus. 88'460,000 £. Es ergibt sich somit in den Einnahmen ein Ueberschuss von 2'691,000 £. Dieses gün-

stige Ergebniss ermöglicht es, die folgenden Vorschläge zu machen: Die
Einkommensteuer soll um $1\frac{1}{2}$ Pence im Pfunde herabgesetzt werden
und würde demnach für 1883/84 nur 5 Pence betragen; die Fabrikat-
steuer von Silberwaaren könne momentan der bedeutenden Steuersätze
wegen, die zu zahlen wären, nicht aufgehoben werden; importirte Silberwaaren können dagegen hinfort, bis zur Erhebung des Eingangszolles, in
den Zollniederlagen deponirt bleiben und haben erst beim erfolgten Verkaufe die vorschriftsmässige Abgabe zu zahlen.   Dem in der Resolution
des Hauses über die Einführung des ermässigten Telegraphentarifs be-
kundeten Wunsche entsprechend, sollen weiter 170,000 £ reservirt werden, um schon in diesem Jahre den neuen Tarif zur Einführung zu bringen.   Die Eisenbahn-Passagiersteuer soll dort, wo der billige Tarif (1
Penny per Meile) besteht, aufgehoben werden, um den Eisenbahnen die
Möglichkeit zu bieten, mit den Omnibussen und Pferdebahnen zu concurriren; dagegen wird von den Eisenbahn-Verwaltungen verlangt werden, dass sie die Fahrpreise herabsetzen und billige Arbeiterzüge verkeh-
ren lassen.   Diese vorgeschlagenen Aenderungen werden 2'451,000 £ in
Anspruch nehmen; es verbleiben demnach von dem ausgewiesenen Ueberschusse 240,000 £ zur Verfügung der Regierung, welche für unvorhergesehene Fälle reservirt werden sollen.

Wohlthätigkeitsgesellschaften.   Nach dem letzten »Co-
operative Wholesale Societys Annual Almanac and Diary« gibt es in England
990 Cooperativ-Gesellschaften mit 599,879 Mitgliedern und einem
Capital von 6'319,870 £.   Der Gesammtumsatz betrug im Jahre 1882
24'246,652 £, der Reingewinn im Jahre 1881 1'897,620 £, wovon
14,474 £ zu Unterrichtszwecken verwandt wurden.

Der 15. Jahrescongress der Genossenschafts-Vereine von
Grossbritannien und Irland wurde am Pfingstmontag 1883 in Edinburg eröffnet.   Ungefähr 300 Delegirte waren anwesend.   Der Präsident des Con-
gresses, Parlamentsmitglied W. E. Baxster, hielt eine Ansprache, in welcher er sich über den riesigen Fortschritt des Genossenschaftswesens in
England seit dessen Gründung verbreitete.   Im abgelaufenen Jahre bezifferte sich der Umsatz von 782 Detailverschleissvereinen in England auf
13'864,498 £ und der Engrosumsatz auf 3'574,095 £.   In Schottland
betrug der Detailumsatz 3'280,644, der Engrosumsatz 986,446 £.   In
den letzten 10 Jahren wurde bei einem Umsatz von 169 Millionen ein
Nutzen von nahezu 14 Millionen £ erzielt.   Während den letzten 20
Jahren stellte sich der Durchschnittsnutzen auf nicht weniger als 29 %,
während in Schottland der Reinertrag noch grösser war.

Eisenbahnunfälle (S. 144).   Durch Eisenbahnunfälle wurden
in England im abgelaufenen Jahre 1,121 Personen getödtet und 4,601
verletzt (im J. vorher 1,096 resp. 4,571).   Die Zahl der getödteten Passagiere betrug 127 und die der verletzten 1,739 (gegen 108 Todte und
1,860 Verletzte im Jahre 1881).

Englische Actien-Gesellschaften.   In England gibt es,
einem amtlichen Ausweise zufolge (ausschliesslich der nicht registrirten
und der privilegirten Banken) 8,835 Bankvereine und Actiengesellschaften mit einem Gesammtcapital von 467'249,074 £.   Unter dieser Anzahl
befinden sich 165 Banken mit einem Capital von 57'186,496.£.

Capital der privilegirten und nicht registrirten Banken beziffert sich auf 22'009,334 £.

Clearing house (S. 145). In dem mit 30. April 1883 beendigten Rechnungsjahre hat die Anstalt nur für 6,189'146,000 £ Geschäfte erledigt, d. h. für 193'505,000 £ weniger als im Vorjahre.

Colonien. Canada (S. 146). Nach einer Zusammenstellung der Regierung von Canada befinden sich in diesem Lande noch 105,000 Indianer. Von diesen leben 81,633 auf reservirtem Gebiete (67,500 Acres), welches sie in erfolgreicher Weise bebauen. Die Regierung hat Modell-Farmen aufgeführt und die Indianer haben von denselben bereits viel gelernt. (Was in Canada möglich ist, sollte doch auch in den Vereinigten Staaten zu erreichen sein.)

Russland (S. 162—183).

Finanzen. (S. 166 folg.) Neue (officiöse und officielle) Publicationen bemühen sich, den Finanzzustand möglichst günstig darzustellen, lassen aber bei all' dem keinen Zweifel, dass uns nirgends eine Möglichkeit klarer Einsichtnahme geboten wird. So hebt (April 1883) die Frankfurter Zeitung sehr richtig Folgendes hervor: »Die Angaben, welche das Telegraphenbureau dieser Tage über den 1882er Abschluss des russischen Staatshaushaltes veröffentlichte, scheinen den provisorischen Aufstellungen entnommen zu sein, die wir in der »St. Petersburger Zeitung« veröffentlicht finden; diese Aufstellungen sind aber, wie wir schon gelegentlich früherer Monatspublicationen ausführten, von Vollständigkeit und Klarheit sehr weit entfernt. Es sind darin als »budgetmässige Einkünfte« für 1882 669,$_{34}$ Mill. Rubel verzeichnet, d. i. 42 Mill. mehr, als eine Vergleichsziffer für 1881 ergibt; allein weder für 1882 noch für 1881 sind definitive Ziffern gegeben. Die für 1882 angegebene Ziffer umfasst nicht die in 1882 erhobenen, aber erst in 1883 bei der Reichsbank eingelaufenen Einkünfte, wohl aber die aus 1881 stammenden und erst in 1882 zur Reichsbank gelangten Beträge; es bleibt also offene Frage, wie weit diese Ziffern einander compensiren werden, und ferner wie die für 1881 angegebene Einnahmeziffer ermittelt ist; in der vorliegenden Vergleichung figurirt sie mit nur 627,$_5$ Mill., während sie im definitiven Abschlusse 651,$_6$ Mill. betrug. Sehen wir von diesen Vorfragen ab, so finden wir das provisorische Mehr von 42 Mill. zusammengesetzt aus 5,$_7$ Mill. Plus aus Vorjahren, 33,$_2$ Mill. Plus der Getränke-, Tabak- und Zucker-Accise, 7,$_2$ Mill. Plus der Zölle etc. Dagegen resultiren bei den directen Steuern 3,$_5$ Mill. Minus, Handelspatente 2,$_8$ Mill. Minus, Einkünfte aus Eisenbahn-Obligationen 2,$_1$ Mill. Minus etc. Ueber die Ausgaben ist nur gesagt, dass dieselben 588,$_4$ Mill. betrugen, d. i. 26,$_7$ Mill. weniger als in 1881, wo sie sich auf 615,$_{06}$ Mill. belaufen hatten; hierin ist aber das Erforderniss der auswärtigen Anleihen nicht inbegriffen. Einschliesslich dieser hatten die 1881er Ausgaben 732,$_{41}$ Millionen betragen.«

Sonach ist nichts zweifellos und klar, als dass dem Publicum jede klare Einsicht versagt ist. Wird man aber einen solchen Zustand forterhalten, wenn Alles günstig ist und man nicht Grund hat, die Unklarheit fort zu erhalten?

Gelegentlich der Krönung des Zaaren hat derselbe eine Reihe von

Steuerresten erlassen. Eine russische Zeitung berechnet deren Gesammtbetrag auf 46 Mill. Rubel, nämlich 21 Mill. rückständige Loskaufsgel-
der, 14' rückständigen Obrok (Leibeigenschaftsabgabe), und 13' rückständige Kopfsteuer. Aber es wird nicht gesagt, wie dieser Ausfall in
dem ohnehin überbürdeten Budget gedeckt werden kann.

Eisenbahnen, (S. 182), sind die Worte »abgesehen von Russland«, als nicht hierher gehörend, zu streichen.

Italien (S. 184—200).

Finanzen. (S. 189 folg.) In der Abgeordnetensitzung vom 8. April
1883 trug Minister Magliani sein Finanzexposé vor, worin er sagte: Der
Ueberschuss von 1882, zu 1'490,000 Lire veranschlagt, ergab 6'627,910.
Wenn nicht die Ueberschwemmungen gewesen wären, die über 30 Millionen Schaden brachten, bliebe ein Ueberschuss von 36 Millionen. Für
1883 ist ein Ueberschuss von 3 Millionen vorgesehen. In 1884 wird die
Abschaffung der Mahlsteuer die Einnahmen um 52 Millionen verringern.
Der Minister gibt jedoch andere Zweige an, welche eine gleiche Summe
ergeben sollen. Die Militärtaxe wurde kaum erwähnt, aber das Zoll-
tarifgesetz betont, dessen Durchführung 9 Mill. in 1884 ergeben soll.
Hervorgehoben wird die Nothwendigkeit, die Ausgaben einzuschränken
und das Staatsschuldenbuch zu schliessen.

Ein anderer Bericht über den ministeriellen Vortrag besagt: der im
Budget mit 7 Millionen vorgesehene Ueberschuss der Einnahmen über die
Ausgaben erreichte 12 Millionen, und würde 40' betragen haben ohne die
durch die Ueberschwemmungen in Venetien verursachten unvorherge-
sehenen Ausgaben. Der Ueberschuss der Einnahmen gegenüber dem
Voranschlage betrug 24 Mill. und an Ersparnissen wurden 12 Mill. mehr
erzielt als angenommen war. Die Regierung war in der Lage, von der
ihr bereits bewilligten Emission von 96 Mill. Rente Abstand zu nehmen.
Die fortschreitende Besserung der finanziellen Lage ist dem wirthschaftlichen Aufschwunge der Nation zuzuschreiben. Die Handelsbewegung
vermehrte sich in 10 Jahren um 500 Mill. Der Minderbetrag der Einfuhr
gegenüber der Ausfuhr ging in dem gleichen Zeitraume von 223 auf 76
Millionen zurück. Der Finanzminister spricht die Hoffnung aus, es
werde gelingen, die nationale Arbeit einer weiteren Entwickelung ent-
gegenzuführen, ohne in protectionistische Ausschreitungen zu verfallen.
Das Budget für 1883 werde mit einem Ueberschusse abschliessen, ohne
dass die Regierung zu den ihr von dem Parlament bewilligten ausserordentlichen Hülfsmitteln zu greifen genöthigt sein werde. Der Finanzminister erwähnt der unmittelbar bevorstehenden Einziehung des Papiergeldes und bemerkt, dieselbe werde sich ohne irgend welche Störung
vollziehen. Er legt hiernächst den Bericht über die Resultate der Gold-
anleihe vor und gibt, übergehend auf das Budget pro 1884, eine Aufzählung der zur Compensation der vollständigen Aufhebung der Mahlsteuer vorbereiteten Hülfsmittel. Er stellt das dringende Ansuchen an
das Parlament, die Revision des Zolltarifs zu genehmigen. Damit werde
das Gleichgewicht im Budget ohne Inanspruchnahme der bewilligten ausserordentlichen Hülfsmittel erhalten bleiben. Er betont wiederholt die
Nothwendigkeit, das Gleichgewicht zwischen den Ausgaben und den

effectiven Einkünften im Budget zu erhalten; man müsse die erlangten Resultate festigen, in der Steuerreform fortfahren, und den Credit sowie die Finanzkraft des Staates stärken und erweitern. Der Minister schliesst mit folgenden Worten: Italien hat es verstanden, sich die Achtung und das Vertrauen der civilisirten Welt auch auf dem finanziellen Gebiete zu erwerben; es wird sich dieselben in stets gesteigertem Maasse zu bewahren wissen.

Analphabeten (S.196).*) Auf je 100 Einwohner von mehr als 6 Jahren kamen bei der Zählung von 1880 im ganzen Königreiche durchschnittlich 61,94; in den einzelnen grösseren Landestheilen stellte sich das Verhältniss aber so:

Piemont	32,27	Marken	74,05
Lombardei	37,00	Campanien	75,22
Ligurien	44,50	Sardinien	79,79
Venetien	54,11	Puglien	80,10
Rom	58,16	Abruzzen und Molise	80,61
Toscana	61,92	Sicilien	81,18
Emilia	63,53	Calabrien	84,07
Umbrien	73,72	Basilicata	85,19

Nach »Regionen« geschieden ergaben sich auf 100 Einwohner:

	ohne Alters-unterschied	über 6 Jahre	1870 ohne Altersunterschied
Oberitalien	49,40	40,66	57,36
Mittelitalien	69,20	64,60	75,45
Süditalien	82,30	79,48	85,61
Die Inseln	83,72	80,19	87,39

Eisenbahnen, (S. 198). Nach einem ministeriellen Berichte hatten die italienischen Bahnen am 31. Decbr. 1882 9,251 Kilom. Länge. Ihr Bruttoertrag war 189'566,525 Lire = pr. Kilom. 20,491.

Belgien (S. 212—218).

Aus dem vom Ministerium des Innern veröffentlichten statistischen Jahrbuche von 1882 entnehmen wir folgende amtliche Angaben: Zu Anfang des vorigen Jahres hatte Belgien eine Bevölkerung von 5'585,846 Einwohnern (Schätzung, vielmehr Berechnung, je 190 auf dem Quadrat-Kilometer). Die Zahl der 1882 eingeschriebenen Kammerwähler belief sich auf 120,955 (21,7 auf tausend Einwohner), die der Provinzwähler auf 170,103, die der Gemeindewähler auf 389,846. Von 49,391 jungen Leuten, die sich im vorigen Jahre zum Militärdienst hatten stellen müssen, konnten 7,713 (15,62 %) weder lesen noch schreiben, 1,564 (3,17 %) nur lesen, 22,941 (46,45 %) lesen und schreiben; 16,385 (33,17 %) hatten eine höhere Ausbildung; von 788 (1,59 %) blieb der Bildungsgrad unbekannt. Klöster gab es (1880) in Belgien 1,559 (und zwar 1,346 für Frauen und 213 für Männer) mit 25,362 Insassen (und zwar 3,042 in Belgien und 1,078 im Auslande geborenen Mönchen und 17,996 belgischen und 3,246 ausländischen Nonnen). Im Jahre 1846 bestanden nur 779 Klöster, 1856 dann 993; 1866 bereits 1,322. Von den jetzt be-

*) Censimento della Popolazione. Proporzione degli Analfabeti. Bolletino No. 7 (3 maggio 1883). Roma.

stehenden 1,559 widmen sich 269 der Krankenpflege, 799 dem Unter-richtswesen, 138 der kirchlichen Beschaulichkeit, die übrigen dem drei-fachen Zwecke zugleich. Ostflandern zählt die meisten (6,066), Luxem-burg die wenigsten (477) Klosterbewohner.

Finanzen. Unterm 12. April 1883 genehmigte die Repräsentanten-kammer ein Anlehegesetz in der Höhe von 56 Millionen Francs.

Schweden (zu S. 233 flg.).

Staatsschuld. Nach dem Hauptbuch-Abschluss des schwedischen Reichsschulden-Comptoirs beliefen sich die Staatsschulden am 31. Dec. 1882 auf 228'951,420 Kronen.

Aegypten.

Die Zählung von 1881 ergab 6'798,230 Einw. (3'393,918 männl., 3'404,312 weibl.). Städte: Kairo 368,108, Alexandrien mit Vorstädten 208,775, Damiette 34,046, Tantah 33,725, Mansurah 26,784, Zagazig 19,046, Port Said 16,560, Suez 10,913.

Vereinigte Staaten (S. 280—287).

Finanzen. Aus Philadelphia, 2. Mai 1883, wird der »Times« tele-graphirt: »Die Veränderungen in der Besteuerung, insbesondere die Herabsetzung der Tabakssteuer, liessen die amerikanischen Staats-Ein-künfte im April um mehrere Millionen Dollars abnehmen, während die Pensionszahlung die Ausgaben vermehrten. Infolge dessen überstiegen die Ausgaben im April die Einkünfte um 400,000 Dollars. Dies ist seit geraumer Zeit der erste Monat, welcher eine ungünstige Bilanz aufweist. Es wurden kaum irgend welche Tabaksteuern entrichtet, da die Reduction am 1. Mai in Kraft treten soll. Der verfügbare Baarbestand im Schatz-amte beziffert sich auf 135 Mill. Dollars und hat sich im April um 5 Mill. Doll. vermindert. Einlösungen von Bonds für Tilgungszwecke können demnach nicht erwartet werden. Im Schatzamte befinden sich 188 Mill. Doll. in Gold und 106 Mill. in Bland'schen Silberdollars. Die Einkünfte in den abgelaufenen zehn Monaten des Fiscaljahres betrugen 328'590,757 Doll., die Ausgaben 225'121,566. Im Vergleiche mit dem entsprechen-den Zeitraume des Vorjahres haben die Einkünfte um 5 Mill. Doll. abge-nommen, die Ausgaben sind um 9 Mill. gewachsen, während der Ueber-schuss sich um 14 Mill. verminderte.«

Sociales. Bekanntlich pflegt man in der Union mit den gewöhn-lichen Volkszählungen auch eingehende Erhebungen über die industriel-len und überhaupt die wirthschaftlichen Verhältnisse zu verbinden. Dies ist auch 1880 geschehen, und der Secretair des Innern hat eine Zusam-menstellung bearbeitet, der wir die folgenden Notizen, auf Grundlage der Veröffentlichung des Deutschen Handels-Blattes, entnehmen:

	1850	1860	1870	1880
Anzahl der Fabri-ken	123,025	140,433	252,148	253,852
Zahl der dabei be-schäftigten Ar-beiter . . .	957,059	1'311,246	2'053,996	2'738,895

Grösse d.dazu ver- wandten Capita-	1850	1860	1870	1880
lien	2,133'980,000	5,639'420,000	8,472'840,000	11,160'900,000 M.
Löhne während d. betreff. Jahres .	947'020,000	1,515'520,000	3,102'340,000	3,791'820,000 -
Materialwerth, d. verbr. wurde .	2,220'500,000	4,126'420,000	9,953'700,000	13,587'300,000 -
Werth der Fabri- cate	4,076'420,000	7,543'440,000	16,929'300,000	21,478'320,000 -

Es ist hierbei darauf aufmerksam zu machen, dass die vorstehenden Zahlen vom Jahre 1870 in dem damaligen minderwerthigen Papiergelde wiedergegeben sind, während für die Angaben des Jahres 1880 wieder die Goldvaluta eingetreten ist. Da sich die Entwerthung des Papiergeldes im Jahre 1870 auf ca. 25,3 % belaufen hat, so müssen behufs richtiger Würdigung der Zahlenverhältnisse die Aufstellungen von 1870 um ein Viertel reducirt werden, um sie mit den Gesammtzahlen von 1880 auf gleiche Grundlage zu bringen. Beachtenswerth ist ausserdem, dass, während in dem Jahrzehnt 1870 bis 1880 die Production in der Union erheblich gestiegen ist, die Anzahl der Fabrik-Etablissements gleichwohl sich in kaum nennenswerther Weise vermehrt hat. Die Ursache ist augenscheinlich in der stetig zunehmenden Tendenz auf möglichste Concentrirung von Arbeit und Capital zu erblicken. Geht man auf die Details näher ein, so findet man zunächst in den Stahl- und Eisen-Industrien, mit Einschluss der Hochöfen, Schmiedewerkstätten, Walzmühlen und Stahlwerken jeder Art, im Ganzen ein Capital von nahezu 924 Millionen Mark im Jahre 1880 aufgewendet. Dabei betrug die Zahl der Fabrikanlagen der vorgenannten Art 1,005 Etablissements, und es wurden in ihnen 140,978 Personen durchschnittlich das Jahr über beschäftigt, an welche der gesammte Lohnbetrag von 222 Mill. Mark ausgezahlt wurde. Endlich belief sich der Gesammtwerth der darin fertiggestellten Fabricate auf 1,156' Mark. Von Baumwollen-Fabriken waren im Ganzen 756 im Betriebe. Dieselben besassen nach ungefährem Ueberschlage 10'653,435 Spindeln und 225,759 Webstühle. Das gesammte, in diesen Betriebszweig gesteckte Capital betrug 833' M. und es beschäftigte derselbe zus. 174,659 Personen, darunter 84,539 Frauen über 15 J., sowie 15,042 junge männliche Leute unter 16 und 13,213 junge Mädchen unter 15 Jahren. Das Gesammtquantum von Baumwolle, das während des Jahres 1880 verarbeitet wurde, ergab 1'570,314 Ballen im Gewichte von 750'343,981 engl. Pfund mit einem Geldwerthe von zus. 348' M. Ausserdem wurden dazu aber auch noch andere Rohmaterialien im Geldwerthe von 61' M. verbraucht und es wurden aus diesem gesammten Material Baumwollenwaaren im Gesammtgewichte von 607'264,241 engl. Pfund fertig gestellt, die auf den Geldwerth von 768' M. berechnet werden. An Löhnen wurden in 1880 bei diesem Industriezweige 168' M. bezahlt. An das eben aufgeführte Baumwollengeschäft reiht sich in Bezug auf die Höhe der darauf verwendeten Capitalien demnächst das Holzgeschäft, welches im J. 1880 25,708 Etablissements beschäftigte und einen Capitalaufwand von 725' M. in Anspruch nahm. An Arbeiterpersonal ergab dasselbe 147,956 Mannschaften, deren Löhne 127' M. erreichten. Die nächste Stelle in Bezug auf die Bedeutung und den Um-

fang der nordamerikanischen Industrie nimmt die Mehl- und Graupen-
fabrication ein, welche 24,338 Mühlenetablissements im Jahre 1880 in
Thätigkeit erhielt. Diese Etablissements beanspruchten einen Capitalaufwand von 709' M. und beschäftigten 58,407 Personen, deren Löhne
sich für dieses Jahr auf 70' M. beliefen. Der Geldwerth für das gesammte Mahlmaterial (305 Mill. Bushel Weizen und 235 Mill. Bushel
anderes Getreide) wird auf 766' M. berechnet, woraus fertiges Mehl im
Gesammtgeldwerthe von 2,021 Mill. M. hergestellt worden ist. Bei der
Wollenwaarenindustrie waren in 1880 im Ganzen 1,990 Fabriken beschäftigt, welche 5,961 Krempelmaschinen mit einem täglichen Verar-
beitungsvermögen von 764,000 engl. Pf. Wolle repräsentirten, dazu
noch 35,634 Webstühle, 379 Wollstrickmaschinen, 348 Nähmaschinen
und 1'756,746 Spindeln. Das gesammte im Jahre 1880 in der Wollin-
dustrie angelegte Capital wird auf 384' M. berechnet und es beschäftigte
dieselbe 86,504 Personen, welche im J. 1880 103' M. an Lohn erhalten
haben. Der Geldwerth der verarbeiteten Materialien wurde auf 403'
und der daraus fertiggestellten Fabricate auf 642' M. abgeschätzt. Sodann
wird die Jahresproduction an Wollengarnen ihrem Geldwerthe nach auf
134' M. berechnet. Rohmaterial wurde für 88' M. verarbeitet. Beschäftigt waren in 76 Fabriken 18,803 Arbeiter, welche 23' M. Lohn
erhielten. Im Lederwaarengeschäft mit Einschluss der Schuh- und Stie-
felfabrication fanden 180,000 Personen Beschäftigung, deren Verdienst
sich auf 227' M. belief. 24,000 Fabriken stellten für 1,638 Mill. Mark
Erzeugnisse her. Zum Schlusse möge zu besserer Beurtheilung der nordamerikanischen modernen industriellen Betriebsamkeit die nachfolgende
vergleichende Uebersicht der gesammten Dampf- und Wasserkraft, welche in den beiden Jahresabschnitten 1870 und 1880 für den Maschinen-
betrieb in den einzelnen Fabrikszweigen verbraucht worden ist, dienen.
Es betrug:

Industrie.	1880			1870			
	Ges. Dampf- und Wasser- kraft.	Gesammt- zahl der Ar- beiter.	Gesammt- kraft der verwandb. Hände.	Ges. Dampf- und Wasser- kraft.	Gesammt- zahl der Ar- beiter.	Gesammt- kraft der verwandb. Hände.	Procentsatz der Zunahme in der Ge- sammtkraft im J. 1880.
Baumwollenwaaren	275,504	185,672	1,49	146,040	135,519	1,08	88,65
Mehl- u. Graupen- produkte	771,201	58,472	13,20	576,686	58,448	9,87	33,73
Eisen und Stahl . .	397,247	140,978	2,82	170,675	77,555	2,20	132,75
Holz, gesägtes . .	821,928	147,956	5,56	641,665	149,997	4,28	28,09
Papier	123,912	24,422	5,67	53,218	17,910	2,97	132,84
Seiden, Seidenwaa- waaren	8,910	31,337	0,28	1,911	6,699	0,29	361,02
Wollenwaaren . . .	106,507	86,504	1,23	85,101	77,870	1,09	25,15
Wollen-Garn-Waa- ren	16,437	18,803	0,87	8,016	12,920	0,62	105,05
	Pferde- kräfte		Pferde- kräfte	Pferde- kräfte		Pferde- kräfte	

Druckfehler.

S. 240 Z. 21 v. u. muss es heissen: wovon 495,625 auf das Festland und 4,917,4
auf die Balearen kommen, hierzu noch die Canarien mit 7,624 Q.-Kilom., Gesammtumfang daher 508.067 Q.-Kilom.

Fünfte Abtheilung.

Allgemeine Uebersichten.

I. Land und Leute.

A. Staaten Europa's.

Grösse in Quadrat-Myriametern, Bevölkerung auf Grund der letzten
Zählungen geschätzt in runden Summen.

Staaten	Quadrat-Myriam.	Bevölkerung		
		Letzte Zählung	Schätzung 1883 (Mitte)	Auf d. Q.-Myr. 1883
Deutschland *)	5,405	(1880) 45'234,061	45'500,000	8,418
Oesterreich-Ungarn	6,240	(1880) 37'839,392	38'000,000	6,090
Frankreich	5,266	(1881) 37'672,048	37'600,000	7,151
Grossbritannien (mit Malta etc.)	3,150	(1881) 35'246,562	35'400,000	11,238
Russland (europäisches) . . .	53,730	(1870) 75'000,000	80'000,000	1,469
Italien	2,885	(1880) 28'951,374	29'000,000	10,052
Schweiz	414	(1880) 2'846,102	2'850,000	6,884
Liechtenstein	1,5	(1880) 9,124	9,100	6,067
Belgien	295	(1880) 5'519,844	5'530,000	18,746
Niederlande	330	(1879) 4'012,693	4'100,000	12,424
Luxemburg	26	(1880) 209,570	210,000	8,077
Dänemark (mit Island u. Faröer)	1,446	(1880) 2'052,707	2'070,000	1,432
Schweden	4,505	(1880) 4'565,668	4'600,000	1,021
Norwegen	3,254	(1875) 1'806,900	1'850,000	569
Spanien	5'051	(1877) 16'623,384	16'700,000	3,287
Portugal	923	(1878) 4'550,699	4'600,000	4,984
Griechenland	647	(1881) 1'979,728	2'000,000	3,091
Rumänien	1,300	(1882) 5'376,000	5'376,000	4,135
Serbien	486	(1878) 1'670,000	1'760,000	3,621
Montenegro	90	(1880) 236,000	236,000	2,622
Türkei (europäische, sammt mittelbaren Gebieten)	2,653	(1882) 7'300,000	7'300,000	2,752
Gesammt-Europa (rund)	98,150	318'702,000	324'900,000	3,310

Von dem Gesammtumfange Europa's nimmt Russland weit über
die Hälfte, beinahe ⁵/₉ hinweg. Es übertrifft Oesterreich-Ungarn, den
nächstgrössten Staat, beinahe um das 9-, dann Deutschland, Frankreich
und Spanien, die nahezu gleichen Umfang besitzen, beiläufig um das
10fache. Auch der Volkszahl nach behauptet Russland mit 75-80 Mill.
Menschen die erste Stelle, hat indess hierin doch nicht das gleiche Uebergewicht, immerhin aber fast ¹/₄ der europäischen Gesammtmenschenzahl.

---

*) Die verschiedenen deutschen Staaten siehe S. 1.

Deutschland, mit über 45 Mill. Einw., zählt ungefähr um $^3/_7$ weniger als Russland. Dann kommen in der Reihenfolge: Oesterreich-Ungarn mit etwa 38, Frankreich mit nahe an 38, und Grossbritannien mit fast $35^1/_2$ Mill. Der Unterschied dieser vier Staaten ist somit der Volkszahl nach kein sehr grosser. Wollte man die Bevölkerung der Colonieen mit ein-rechnen, was jedoch nur in sehr beschränktem Maasse zulässig ist, so würde Grossbritannien alle andern europ. Staaten, sogar Russland nicht ausgenommen, an Volkszahl weit übertreffen, und selbst Frankreich würde seine Stelle vollberechtigt neben Deutschland einnehmen (vergl. unten, Colonieen, S. 364).

Die Vergleichungen der Dichtigkeit der Bevölkerung, wie sie sich aus solchen allgemeinen Berechnungen ganzer Länder ergeben, sind stets mit Berücksichtigung des Umstandes zu verwenden, dass die Ver-theilung in den einzelnen Gebieten eine sehr ungleiche ist, und dass sich z. B. im südlichen Norwegen und Schweden das Verhältniss ganz anders gestaltet als in den nördlichen Landschaften, oder selbst als im Durch-schnitt dieser Gesammtstaaten. Bei Darstellung der betreffenden Staaten ist hierauf Rücksicht genommen; hier genüge die einfache Hinweisung auf die Specialbeschreibungen.

B. Staaten Amerika's.

	Areal Q.-Myriam.	Bevölkerung		
		Zählung 1880	Schätzung 1883	Auf d. Q.-Myr. 1883
Dominion of Canada	84,122	4'531,599	4'540,000	54
Vereinigte Staaten Nordamerika's . .	93,314	50'442,060	52'600,000	564
Mexico	19,450		9'800,000	504
Central-Amerika (5 Staaten)	4,459		2'642,000	593
Columbia, Venezuela, Ecuador (3 St.) .	26,100		6'020,000	231
Peru, Chile, Bolivia (3 Staaten) . . .	30,400		7'500,000	247
Argent. Staaten, Paraguay, Uruguay (3 St.)	32,600		4'320,000	133
Brasilien	83,370		11'100,000	133
Haïti und St. Domingo (2 Staaten) . .	772		900,000	1,166
Hiezu: sonstige europäische Besitzungen	6,600		4'250,000	644
- Grönland	21,000		10,000	—
- Canadische Seen	2,390		—	—
Gesammt-Amerika ungefähr	405,000		103'700,000	256

In Amerika gibt es nicht, wie in Europa, an Machtelementen sich sehr nahe stehende Reiche: dort behaupten nach Umfang und Volkszahl die Vereinigten Staaten die Präponderanz. Selbst das dem Areale nach verhältnissmässig nur wenig zurückstehende Brasilien bleibt an Volkszahl und noch mehr an Bedeutung hinter der Union weit zurück. Die Ver. Staaten umfassen nahezu $^1/_4$ des Gebiets und beiläufig die Hälfte der Menschenzahl von ganz Amerika, und diese Bevölkerung der Union übertrifft an Bildung, Unternehmungsgeist und schöpferischer Kraft jede andere des Erdtheils. Verglichen mit der Einwohnerzahl der europäischen Staaten, hat die Union das deutsche Reich bereits entschieden überholt.

C. Die übrigen Erdtheile.

Was die Verhältnisse der engl. Colonieen in Australasien betrifft, so nehmen wir deren Umfang (nach den S. 152 aufgeführten Detailangaben,

zu beiläufig 79,900 Q.-Myriam., und die Bev. zu 2'850,000 Menschen
an. Dagegen fehlen feste Anhaltspuncte zur Herstellung ähnlicher Uebersichten bezüglich der zahllosen sonstigen Inseln Oceaniens, sowie der
beiden andern Erdtheile Asien und besonders Afrika. In A s i e n sind
zwei Länder von sehr starker Bev.: C h i n a, dessen Einwohnerzahl (obwol selbst zu 537 Mill. angegeben, sogar ungerechnet die Schutzländer)
wir mit diesen Ländern auf 350 Mill. schätzen, und O s t i n d i e n, sammt
der Indo-Chinesischen Halbinsel und den Inseln, mit etwa 300 Mill.
J a p a n hat etwa 36 Mill. In der asiat. Türkei dürften ungefähr 16, in
Persien nur 7—8 Mill. leben. Alle andern Länder sind sehr gering bevölkert; die Einwohnerzahl des asiatischen Russland mit seinen 163,000
Q.-Myriam. beläuft sich auf nur etwa 15 Mill. Dazu das unabhängige
Centralasien, Arabien, Afghanistan etc. mit etwa 10 Mill., so gelangen
wir zur Ziffer von 734'; nehmen wir rund 740—750 Mill. an. — Ganz
unsicher ist die Menschenzahl A f r i k a's. Obwol das Innere dieses Erdtheils keineswegs wesentlich blos eine menschenleere Wüste ist, dürften
die auf mehr als 200 Mill. steigenden Schätzungen doch bedeutend zu
hoch sein. Wo Cultur und Industrie so sehr fehlen, gebricht es einer,
wenn auch noch so elend lebenden Bevölkerung an den zum Entstehen
und zur Erhaltung unentbehrlichen Existenzmitteln. Diese Ansicht dürfte
um so berechtigter erscheinen, als alle Gebiete Afrika's, über welche wir
verlässige Kunde besitzen, entschieden gering bevölkert sind. Ja man
möchte sagen, diese Bev. erweise sich gerade in d e m Maasse als eine
geringere, in welchem die Verlässigkeit der Angaben steigt. Wir verweisen in erster Linie auf das Capland, — die britischen Gebiete und
die der holländischen Bauernrepublik, — wo auf beinahe 7,000 Quadr.-
Myriam. etwa 1'900,000 Menschen leben, und auf Algerien, dessen eingeborene Bev. rund zu wenig mehr als 3 Mill. angenommen wird. Wir
verweisen in zweiter Linie auf Aegypten und die Berberesken, die, trotz
ihrer günstigen Lage am Mittelmeer (und das erste überdies trotz des
befruchtenden Nilstroms) nur eine sehr geringe Menschenzahl umfassen.
(Aegypten noch nicht 7 Mill. auf etwa 10,200 Q.-Myriam., die Berberesken
und Marokko etwa 9 Mill. auf fast 20,000 Q.-Myriam.). Sonach glauben
wir für ganz Afrika nicht mehr als höchstens 120 Mill. annehmen zu
dürfen. Dies vorausgesendet (und insbesondere die hohe Ziffer der chinesischen Angabe reducirt) lassen sich für die verschiedenen Erdtheile, in
mehr oder minder begründeter, theilweise aber allerdings ganz unsicherer
Schätzung, etwa folgende Zahlen annehmen:

D. Gesammtüberblick der Grösse und Bevölkerung der Erde.

	Q.-Myriam.	Menschenzahl	Auf 1 Q.-Myr.
Europa	95,150	325 Mill.	3,310
Amerika	405,000	104 -	256
Asien	445,800	745 -	1,671
Afrika	298,200	120 -	402
Australien und Oceanien	88,000	3½ -	40
Gesammtsumme rund	1'335,000	1,300 Mill.	974

Nach der vorstehenden Zusammenstellung ergibt sich eine Gesammtsumme von 1,300 Millionen Menschen. Sagen wir, unter Berücksichtigung

der mannichfachen Unsicherheiten in den Schätzungen, die Zahl aller auf der Erde dermalen lebenden Menschen dürfte sich auf 1,300—1,350 Millionen belaufen. Diese Annahme ist um ca. 100 Millionen niedriger, als die von *Behm* und *Wagner* (»Die Bevölkerung der Erde«, abschliessend mit der Ziffer 1,433'887,500 (früher selbst 1,439'145,300). Bei den grossen und von uns besonders geschätzten Verdiensten beider Männer um möglichste Richtigstellung der Volkszahl scheint es geboten, unsere Abweichung wenigstens noch etwas näher zu begründen, als es ohnehin bereits geschehen ist, um so mehr, als im Publicum dermalen unverkennbar eine Neigung herrscht, in derartigen Dingen stets die höchsten Ziffern auch für die richtigsten zu halten, — eine Tendenz, welche in der Wahrnehmung theilweise ihre Erklärung findet, dass in den Culturländern jede neue Zählung eine Vermehrung der Bevölkerung nachweist; gern überträgt man diesen Eindruck auch auf die Länder ohne höhere Cultur und Industrie, wo, bei steigender Berührung mit Europäern, eher das Gegentheil stattfindet, wie dies wenigstens theilweise (bei den Eingeborenen von Amerika und Australien) sogar positiv nachgewiesen werden kann.

Vor Allem darf die scheinbar minutiöse Genauigkeit der *Wagner*'schen Ziffer nicht als Beweis der Verlässigkeit gelten. Sie ist nur die calculatorische Nachweisung der Rechnungsergebnisse aus den hier mit einbegriffenen hochcultivirten Ländern. Wo es an verlässigen Anhaltspuncten fehlt, um die Gesammtziffer auch nur auf Millionen zu bestimmen, da kann selbstverständlich von einer Genauigkeit bis auf Tausende oder gar Hunderte herab keine Rede sein.

Es hat nun seine Richtigkeit, dass man die Bevölkerung von China und Ostindien früher viel zu gering schätzte. Allein abgesehen von diesen Ländern des östlichen und südöstlichen Asiens, wo eine, wenn auch von der unsrigen höchst verschiedene, doch immerhin höhere Cultur sich während Jahrtausenden entfaltet hatte, — ist die von *Wappäus* ausgesprochene, von *H. Wagner* aber bestrittene Ansicht gleichwol richtig: dass die Schätzungen der Gesammtbevölkerung m ä s s i g e r sein müssen in dem Grade, in welchem die Kenntniss der fremden Erdtheile z u g e n o m m e n hat. Wir erinnern daran, dass die allgemeinen Schilderungen von dem Menschenreichthum Amerika's und Australiens in früheren Zeiten verleiteten, die Bevölkerung des ersten nicht blos (wie *Wagner* selbst anführt) zu 200, sondern sogar zu 350, die des letzten zu weit über 100 Millionen anzunehmen.

Von den 5 Erdtheilen sind 3, über deren Volksmenge eine wesentliche Meinungsverschiedenheit kaum bestehen kann : Europa, Amerika und Australasien. Denn wenn auch die Bevölkerung der Inseln des letztern sehr wenig genau bekannt ist, so ist dieselbe doch viel zu unbedeutend, um von entscheidendem Einflusse zu sein. (Bezüglich Australasiens hat Behm selbst seine vor wenigen Jahren aufgestellte Bevölkerungsberechnung von 4'748,600 erst auf 4'411,300 und nunmehr auf 4'232,000 herabgemindert.) Bei Asien liegt die Schwierigkeit wesentlich nur in e i n e m Lande : China. Auch hier haben Behm und Wagner selbst die Nothwendigkeit der Verminderung ihrer ursprünglichen Ziffer von 434'650,000 auf 371 Millionen, sonach um fast 64 Millionen erkannt. Dass dieses Land dicht bevölkert, ist nirgends bestritten; nur über die, jedenfalls enorme Menge der Millionen gehen die Schätzungen auseinander. Bleibt somit blos e i n Erdtheil, wegen dessen es fast an jedem festen Anhaltspuncte zur Urtheilsbegründung fehlt: Afrika. Allerdings kann man gegen unsere Annahme von 120 Mill. Menschen einwenden, dass dies eine willkürliche, aus der Luft gegriffene Schätzung sei. Wir selbst gestehen dies bereitwilligst zu. Aber — verhält es sich mit den 205'823,260 von Wagner wesentlich anders? Zwar unterscheidet er zwischen den einzelnen Ländern und citirt die mit grossem Fleiss gesammelten Meinungsäusserungen der dort reisenden Europäer, die übrigens gleichfalls nichts weniger als übereinstimmen. Dabei möge jedoch nicht vergessen werden, dass solche Schätzungen selbst in unbedingt zugänglichen und von zahllosen Reisenden besuchten Ländern, sich, wenn später wirkliche Zählungen erfolgten, beinahe niemals auch nur annähernd richtig erwiesen haben. In derartigen Gebieten, wo, wie in einem Theile des äquatorialen Afrika, nicht einmal das Kameel einheimisch ist, ja mitunter (Golf von Benin und Binfra) selbst das Maulthier nicht existirt, wo die Eingeborenen ihren Lastträgerdienst selbst versehen müssen, da fehlen nun eben unerlässliche Vorbedingungen zum Entstehen und zur Ernährung grosser Volksmengen *). So lange daher nicht irgend welche positive Haltepuncte angegeben werden können für eine so grosse Bevölkerung, wie Wagner dieselbe in Afrika unterstellt, halten wir unsere niedrigere Schätzung nach der Gesammtheit der bekannten Verhältnisse für wahrscheinlicher.

Es ist sehr richtig, wenn jener mit Recht geachtete Verfasser bemerkt: »Nur scheinbar wechseln hohe und niedere Schätzungen der Bevölkerung der Erde regellos ab. In Wirklichkeit beherrscht eine Idee eine ganze Periode.« Die, die jetzige Periode beherrschende Idee gibt sich aber, wie bereits oben angedeutet, gerade in der Neigung kund, im Falle der Ungewissheit stets die höchste Ziffer für die glaubwürdigere zu nehmen. Ein nicht sehr ferne liegender Erklärungsgrund für diese Neigung findet sich, wie schon gesagt, in der permanenten Bevölkerungszunahme der Culturländer. Liegen verschiedene Angaben vor, so gelten in der Regel die niedrigeren kurzweg als »veraltet«, auch wenn sie die neueren sind, und wenn es sich weder um Culturländer, noch um Zählungen überhaupt, sondern um möglichste Richtigstellung von blossen Schätzungen handelt. Gerade dieser Neigung gegenüber dürfte sich Vorsicht empfehlen.

---

*) Es möge hier beispielsweise noch erwähnt sein, dass Nachtigall (Sahará und Sudán, Berlin 1879), die sesshafte Bevölkerung von Fezzán zu nur 33,000 Menschen, und zwar im äussersten Falle, mit den nomadisirenden Stämmen, zu $\frac{1}{4}$ — $\frac{1}{3}$ mehr, annimmt; wobei er für Fezzán mehr als ein Drittel des Gesammtflächeninhalts von Tripolitanien rechnet (letzteren zu 200,000 Q.-Kil.). Ebenso erzählt Dr. Oskar Lenz, der am 5. April 1882 zu Frankfurt (Geogr. Ver.) einen Vortrag hielt über seine »Reise durch Timbuktu«, dass, nachdem er die Steinwüste der Sahara beschritten, es dann 31 Tage lang durch eine absolute Oede ging, ohne dass man einen Menschen zu Gesicht bekam. Nachdem die Karawane die Wüste endlich verlassen, kam man nach der Stadt Arauan, in trostloser Einöde inmitten der Sanddünen gelegen, wo weit und breit kein Grashalm spriesst.

Confessionen in Europa. *)

	Katholiken	Protest.	Griechen	And. Christ.	Juden	Moham.
Deutschland . .	16'200,000	28'300,000	3,000	90,000	562,000	100
Oesterr.-Ungarn	28'500,000	3'700,000	3'500,000	100,000	1'650,000	300
Frankreich . .	37'000,000	600,000	. . . .	50,000	60,000	3,500
Grossbritannien	5'500,000	23'500,000	. . . .	6'000,000	50,000	. . . .
Russland, europ.	8'000,000	4'000,000	63'000,000	550,000	2'500,000	2'000,000
Italien . . .	28'600,000	60,000	. . . .	50,000	50,000	—
Schweiz . . .	1'160,000	1'670,000	. . . .	10,000	7,400	—
Belgien . . .	5'500,000	15,000	. . . .	500	3,000	—
Niederlande . .	1'450,000	2'500,000	. . . .	15,000	82,000	—
Luxemburg . .	207,800	900	. . . .	40	780	—
Dänemark . .	3,000	1'953,000	. . . .	9,400	4,000	—
Schweden . .	600	4'560,000	. . . .	3,800	1,900	—
Norwegen . .	600	1'808,000	. . . .	5,400	50	—
Spanien . . .	16'600,000	—	. . . .	. . . .	. . . .	—
Portugal . . .	4'500,000	—	. . . .		. . . .	—
Griechenland .	25,000	1,000	1'700,000	2,500	2,500	1,000
Rumänien . .	150,000	15,000	4'700,000	14,000	400,000	5,000
Serbien . .	5,000	500	1'600,000	?	2,000	6,300
Montenegro . .	4,000	?	228,000	?	?	4,000
Türkei, europ. .	200,000	?	3'500,000	300,000	70,000	3,000,000
Zusammen	153'800,000	72'680,000	78'230,000	7'200,000	5'450,000	6'500,000

Den Katholiken sind hier die u n i r t e n Griechen beigezählt. — Heiden
rechnet *Buschen* 200,000 im europäischen Russland.

Hiernach bekennt sich nahezu die Hälfte der Bevölkerung Europas
(47½ %) zur katholischen, nicht ganz je ¼ zur griechischen (24 %)
und zur protestantischen Kirche (22½ %); Muhammedaner sind etwas
über 2 %, Juden etwas über 1⅔ %, die übrigen Christen erscheinen
mit wenig über 2¼ %, während die Heiden einen verschwindenden
Bruchtheil bilden. In Amerika wird man etwa 50 Mill. Katholiken und

---

*) Die Aufstellung ist nicht ohne eine besondere Schwierigkeit durchzuführen. Was ist jeder der verschiedenen Spalten einzuverleiben? Wir rechnen zu
den »Protestanten« oder »Evangelischen« (wie namentlich in Preussen die officielle
Bezeichnung lautet): die Lutheraner und Reformirten oder Calvinisten, ferner
die Angehörigen der aus beiden hervorgegangenen »Unionen«, namentlich in
Preussen, Baden, Hessen, der Pfalz etc.; wir rechnen ferner hierher die Landeskirchen von Schweden, Norwegen und Dänemark; der ziemlich allgemein verbreiteten Anschauung gemäss begreifen wir endlich unter der bezeichneten Rubrik auch die englische Hoch- und die Schottische Episcopalkirche, obwol deren Zusammengehörigkeit mit den früher genannten logisch und historisch bestritten werden könnte. Dagegen haben wir die zahllosen Dissentersecten in
England ebenso, wie die wenig zahlreichen Mennoniten, Herrnhuter, Irwingianer etc. in Deutschland u. s. f. davon getrennt. Allerdings basiren die letzten
ihren Cultus ebenfalls auf das »Evangelium«; das Nämliche thun aber ausnahmslos alle christlichen Kirchen und Secten, die römischen Katholiken nicht minder als die orthodoxen Griechen. Zu den Katholiken haben wir auch die griechischen und armenischen Katholiken gezählt. Zu den »andern Christen« rechneten wir, ausser den vorhin Bezeichneten, auch die orthodoxen Armenier. —
Die griechische Kirche ist übrigens nichts weniger als frei von Spaltungen; zu
einer statistischen Ausscheidung fehlt indess jedes ausreichende Material. Selbst
die katholische Kirche scheidet sich in einen lateinischen, einen griechisch-unirten, armenischen und orthodoxen Ritus, und dazu ist in der jüngsten Zeit weiter
der Altkatholicismus gekommen. Die obigen Zahlen sind im Ganzen etwas zu
klein, da wir nach der Methode verfuhren, in Zweifelfällen lieber hinter der
Wirklichkeit zu bleiben, als mit übertriebenen Ziffern zu paradiren.

**) Das Verhältniss in den einzelnen deutschen Ländern siehe Seite 2.

ebensoviel Protestanten annehmen können (von den Indianern sind viele nicht getauft).

Die gesammte Menschenzahl dürfte sich nach Confessionen etwa so vertheilen:

Christen:		Nichtchristen:	
Katholiken	215 Mill.	Muhammedaner *) . . .	120 Mill.
Protestanten	122 -	Juden	8 -
Griechen	80 -	Sogen. Heiden**) . .	800 -
Andere Christen . . .	8 -	Näml.: Brahmanen .	128 -
Zusammen etwa	425 Mill.	Buddhisten	483 -
		Fetischanbeter . . .	189 -
		Zusammen etwa	930 Mill.

Von sämmtlichen Menschen bekennt sich sonach weitaus nicht einmal die Hälfte zum Christenthum. In diesem selbst bilden die Katholiken etwa die Hälfte, während sie von der Gesammtmasse der Menschen blos etwa den sechsten Theil ausmachen (ungefähr 16 %). — Von den nichtchristlichen Glaubensbekenntnissen zählt der Buddhismus weitaus die meisten Bekenner, wol über 350 Mill., vielleicht mehr als alle christlichen Confessionen zusammen, und doppelt so viel als die katholische Kirche.

Die drei Hauptvölkerstämme in Europa.

I. Germanen.		II. Romanen:		III. Slaven:	
a. *Deutsche* in·	Mill.				Mill.
Deutschland . .	41,7	a. *Franzosen* in:	Mill.	a. *Russen* . . .	65,0
Oesterreich-Ungarn	9,8	Frankreich . . .	37,0	b. *Polen* und *Litthauer* in Russl.	7,0
Schweiz	2,0	Belgien	2,4	c. *Slaven* in:	
Russland und Polen	1,5	Schweiz	0,8	Oesterreich-Ungarn	18,0
Holland	4,0	Zerstreut . . .	0,8	Preussen und Sachsen	3,5
Belgien	3,0	Zus. Franzosen	41,0	den Unterdonauländern u. der Türkei	6,0
Zerstreut	0,8	b. *Italiener* . .	28,7	Zus. Slaven	99,5
Zus. Deutsche	62,8	c. *Hispano-Portugiesen* . .	20,5		
b. *Briten* . . .	30,0	Zus. Romanen	90,2		
c. *Skandinavier* .	8,4				
Zus. Germanen	101,2				

Die drei Hauptvölkerstämme in Europa sind sonach fast in gleicher Zahl vertreten, wobei jedoch die Germanen und, ihnen nahe kommend, die Slaven einiges Uebergewicht besitzen. Würde man die sogenannten Ostromanen den Westromanen beirechnen, so rivalisirten die Romanen um nahezu die erste Stelle.

Als gewöhnlichstes Kennzeichen einer Nationalität wird die Sprache angenommen. Im Allgemeinen ist dieses Kennzeichen auch das relativ richtigste. Indess reicht es für sich allein keineswegs aus. Einzelne Individuen, welche unter eine andere Nation versetzt werden, nehmen häufig, ihre Nachkommen aber beinahe unvermeidlich, die Sprache der neuen Heimath an. Das Gleiche gilt allmählig von ganzen Gruppen Eingewanderter (die Nachkommen der Deutschen in Paris reden französisch, die Nachkommen der nach Deutschland geflüchteten Hugenotten sprechen deutsch, obwol sie es zum Theil längere Zeit vortheilhaft fanden, ihre Muttersprache beizubehalten; auch die in Amerika geborenen Kinder,

---

*) Davon fast 41 Mill. im Britischen Indien.
**) Nach der *Calcutta Revue*; nach unserer Schätzung nur etwa 740—750'.

besonders aber die Enkel von Deutschen, sprechen in der Regel englisch).
Bruchstücke und Trümmer ganzer Nationen wurden dahin gebracht, die
Sprache des Landes anzunehmen, in das sie eingewandert sind. So reden
die Juden in Deutschland und Polen deutsch, obwol sie die semitische
Abstammung schon in den äusseren Zügen entschieden bewahrt haben,
und obwol sie den Stammeseigenthümlichkeiten nach den Germanen und
Romanen, wenngleich deren Sprachen redend, weniger nahe stehen als
die Angehörigen dieser Rassen — Germanen und Romanen — unter sich.
In solchen Fällen zeigt es sich, dass die Sprache nicht auf die Abstammung, sondern auf die Erziehung und Umgebung hinweist. Die Sprache
ist aber namentlich dann nicht ein Kennzeichen der Nationalität, wenn
dieselbe den Voreltern eines Volkes durch ein weit verbreitetes Eroberer-
reich eingepflanzt wurde. Wir halten daher die sogenannten Romanen
in den Donaufürstenthümern, in Oesterreich (Rumänien), der Türkei etc.,
nicht für wirklich s t a m m v e r w a n d t mit den Franzosen, Spaniern etc.,
obwol auch ihre Sprache theilweise lateinischen Ursprungs ist. Es ist
dies blos die Nachwirkung einer sogen. »Weltherrschaft«, die sich von
Portugal bis tief in das innere Asien und Afrika ausbreitete, ihre Cultur
nach den Donauländern wie nach Iberien verpflanzte, damit aber den Eingeborenen an der unteren Donau keineswegs ihre Nationalität rauben und
dafür die lateinische verleihen konnte*).

Unter den S p r a c h e n der Culturvölker ist übrigens die englische am verbreitetsten: sie wird von etwa 80 Mill. Menschen als Muttersprache geredet; die
deutsche von ungefähr 58—60, die französische von 45—50, die spanische von
35—40, die italien. von 28 Mill.; ausserdem die russische von etwa 55—60 Mill.
[Als viel zu hoch geschätzt sehen wir es an, wenn *Brunnhofer* eine Verbreitung
des Deutschen über 75', des Englischen über 90', des Spanischen über 54' annimmt; auf das Hindustani rechnet derselbe 100', auf das Chinesische 300 Mill.)

Auswärtige Besitzungen europäischer Staaten.

	Q.-Myriam.	Menschen		Q.-Myriam.	Menschen
Grossbritannien	220,400	268'000,000	Portugal . . .	17,200	2'000,000
Russland . .	163,000	15'000,000	Dänemark (Grön-		
Türkei . . .	58,000	33'000,000	land)	880	55,000
Niederlande .	17,800	26'100,000	Italien	6	600
Frankreich . .	6,700	24'000,000**)	Zus. etwa	487,000	376'000,000
Spanien . .	3,300	8'200,000			

Obwol während des letzten Jahrhunderts nicht blos die Vereinigten
Staaten, sondern auch die ungeheuren Gebiete, welche auf dem übrigen
Festlande von Amerika dem Scepter Spaniens und Portugals gehorchten,
die europäische Herrschaft abgeschüttelt haben, ergibt sich sonach dermalen ein Colonialbesitz der europäischen Mächte, welcher der Menschenzahl nach der unseres Erdtheils gleichkommt, dem Areale nach aber fast
das Fünffache des europäischen beträgt.

---

*) Man rechnet solcher »Romanen« 9-10 Mill., wodurch die obige Gesammt-
zahl der Romanen auf etwa 100 Mill. vergrössert würde. Davon kommen ungefähr 4'300,000 auf Rumänien, 3'050,000 auf Oesterreich, etwa 1 Mill. auf Russland (Bessarabien), ½ Mill. auf die Türkei (besonders Bulgarien) und 130,000
auf Serbien.

**) Dabei sind übrigens die Gebiete einbegriffen, welche in der neuern Zeit
von Frankreich in Anspruch genommen werden, deren Unterwerfung jedoch
keineswegs festgestellt ist.

Die grossen Städte in Europa (nach den neuesten Zählungen, rund).

I. Classe, mit mehr als einer Million Einwohner. 4 Städte: London mit 3'832,000, Paris 2'269,000, Berlin 1'122,000, Wien 1'103,000.

II. Classe mit mehr als einer halben Mill. 6 Städte: St. Petersburg 877,000, Constantinopel 650,000, Moskau 612,000, Liverpool 552,000, Glasgow (1871) 548,000, Manchester 538,000.

III. Classe mit 200—500,000 (nach Tausenden). In Deutschland 4 Städte: Hamburg 410, Breslau 273, München 230, Dresden 220. — Oesterreich-Ungarn 2 St.: Budapest 360, Prag (mit Vorst.) 218. — Frankreich 3: Lyon 376, Marseille 360, Bordeaux 221. — Grossbritannien 5: Birmingham 400, Leeds 309, Dublin (1871) 295, Sheffield 284, Bristol 206. — Russland 1: Warschau 339. — Italien 5: Neapel 494, Mailand 321, Rom 300, Turin 252, Palermo 242. — Belgien 1: Brüssel (mit Vorst.) 395. — Niederlande 1: Amsterdam 316. — Dänemark 1: Kopenhagen (mit Vorst.) 273. — Spanien 2: Madrid 397, Barcelona 249. — Portugal 1: Lissabon 246. — Rumänien 1: Bukarest 221.

IV. Classe mit 100—200,000. In Deutschland 9 Städte: Leipzig 149, Köln 144, Königsberg 141, Frankfurt a. M. 136, Hannover 123, mit Linden 145, Stuttgart 117, Bremen 112, Danzig 109, Strassburg 104. — Oesterr.-Ungarn 2: Triest (mit Vororten) 133, Lemberg 109. — Frankreich 6: Lille 178, Toulouse 140, Nantes 124, St. Etienne 123, Rouen 106, Havre 105. — Grossbritannien 17: Edinburgh (mit Leith, 1871) 197, Stoke upon Trent 192, Nottingham 186, Bradford 183, Belfast 174, Kingston upon Hull 154, Hull 153, Newcastle upon Tyne 145, West Ham 128, Portsmouth 127, Leicester 122, Dundee (1871) 119, Oldham 111, Sunderland 116, Brighton 107, Bolton 105, Blackburn 104. — Russland 7: Odessa 193, Riga 168, Cherson 128, Kiew 127, Kischenew 112, Tiflis 104, Charkow 101. — Italien 6: Genua 179, Florenz 169, Venedig 132, Messina 126, Bologna 123, Catania 100. — Belgien 3: Antwerpen 169, Gent 131, Lüttich 123. — Niederlande 2: Rotterdam 150, 's Gravenhage 114. — Schweden 1: Stockholm 168. — Norwegen 1: Kristiania 122. — Spanien 3: Valencia 144, Sevilla 134, Malaga 114. — Portugal 1: Porto 105.

Fügen wir noch die Mittelstädte hinzu, nämlich jene mit 50—100,000 Einw. als Classe V, mit 40—50,000 als Classe VI und mit 25—40,000 als Classe VII, so erhalten wir nach den einzelnen Ländern folgende, indess nicht ganz vollständige Uebersicht:

Classen:	I.	II.	III.	IV.	Zus.	V.	VI.	VII.	Zus.
Deutschland . .	1	—	4	9	14	27	6	39	72
Oesterreich-Ungarn	1	—	2	2	5	7	4	19	30
Frankreich . . .	1	—	3	6	10	19	9	29	57
Grossbritannien *)	1	3	5	17	26	24(?)	18	35	77
Russland . . .	—	2	1	7	10	14	9	57	80
Italien	—	—	5	6	11	14	7	49	70
Schweiz	—	—	—	—	—	3	1	1	5
Belgien	—	—	1	3	4	—	5	9	14
Niederlande . .	—	—	1	2	3	1	3	7	11
Dänemark . . .	—	—	1	—	1	—	—	2	2
Schweden . . .	—	—	—	1	1	1	—	2	3
Norwegen . . .	—	—	—	1	1	—	—	1	1
Spanien	—	—	2	3	5	9	3	14	26
Portugal . . .	—	—	1	1	2	—	—	—	—
Griechenland . .	—	—	—	—	—	1	—	1	2
Rumänien . . .	—	—	1	—	1	2	1	3	6
Serbien	—	—	—	—	—	1	—	1	1
Türkei	—	1	—	—	1	2	—	—	2
Zusammen	**4**	**6**	**27**	**58**	**95**	**124**	**66**	**209**	**459**

*) Die uns zur Zeit vorliegende Liste der Städte in Grossbritannien nach der Zählung von 1880 ist mangelhaft und ungenau.

Grossbritannien — insbesondere England — ist sonach weitaus am reichsten sowol an Gross- als an Mittelstädten — 26 der ersten, 77 der letzteren —, und es bleibt dieses Verhältniss, gleichviel ob wir blos die absolute Zahl der Städte, oder die relative Zahl nach der Bevölkerung des ganzen Staates ins Auge fassen. An Grossstädten kommen dann : Deutschland mit 14, Italien mit 11, Frankreich und Russland mit je 10. An Mittelstädten hat Deutschland besonders durch die jüngsten Eroberungen ein Uebergewicht über Frankreich erlangt; es besitzt deren 72, Frankreich nur noch 57, während Italien mit der relativ grossen Anzahl von 70 erscheint, wovon jedoch ein Theil nur scheinbar in diese Kategorie gehört (vergl. S. 186—189); Russland weist 80 Mittelstädte auf; Oesterreich erscheint blos mit 5 der ersten und 30 der zweiten und diese Zahl verdankt es zum Theil der eigenthümlichen Gemeindeabgrenzung ungarischer Orte; die Zahl der Städte mit agglomerirter Bevölkerung dürfte merklich kleiner sein. Spanien zählt nicht mehr als 5 Gross- und 26 Mittelstädte, ist sonach arm an städtischer Bevölkerung.

II. Finanzen.[*]

Jährlicher Bedarf der europäischen Staaten (in Mill. Mark)[**].

Indem wir es versuchen, nachstehend eine allgemeine Uebersicht der Einnahmen und Ausgaben der europäischen Staaten zu geben, müssen wir einige Bemerkungen voraussenden. Vor Allem bekennen wir, dass die unten folgenden Ziffern (ebenso wie alle ähnlichen) besten Falles blos als bedingt und nur annähernd richtig angesehen werden dürfen und dass insbesondere Vergleichungen der verschiedenen Staaten gegen einander schwerlich irgendwo unbedingt zulässig sind. Die ganze Aufstellung ist durch mancherlei Verhältnisse in hohem Grade erschwert. Wir legen so viel möglich die neuesten Budget- und Abrechnungsergebnisse zu Grunde, sofern die Ergebnisse nicht durch aussergewöhnliche Vorkommnisse gestört erscheinen. Nun sollte man glauben, zur weiteren Berechnung bedürfe es nichts weiter, als einer einfachen Reduction der verschiedenen Landesmünzen in die unserige. Doch da geräth man in allen Ländern mit Papierwährung sofort auf eine neue Schwierigkeit. Wie hoch soll der russ. Rubel, der österr. Gulden gerechnet werden? Unmöglich kann man über solche Differenzen hinweggehen. Gerade da stösst man auf schwere Complicationen. Wird auch die Mehrzahl der Einnahmen und Ausgaben in Papier bezahlt, wonach sich — jedoch auch dies nur bis zu einem gewissen Grade — eine Reduction des Papiers auf seinen Wechselcourswerth rechtfertigen liesse, so müssen hinwieder sehr ansehnliche Posten

---

[*] Eine besondere Erwähnung verdient hier die kleine aber vielfach anregende Schrift *Giulio Salvatore del Vecchio's*: »*Statistica e Finanze. Propulsione al Corso di Statistica nella R. Università di Bologna (anno 1882/83)*«. *Bologna, Nicolo Zanichelli.*

[**] Einige Kleinstaaten sind hier und in der Folge, wo es sich doch nur um Schätzungen grösserer Zahlen handelt, als irrelevant übergangen.

sowol der Abgaben an den Staat, als der Zahlungen desselben als Schuld-
ner, in Metall entrichtet werden, z. B. Zölle nicht blos in Silber, sondern
in Gold, ebenso Verzinsung und Tilgung der auswärtigen Schulden in
Edelmetall. (Wir reducirten den Rubel durchschnittlich auf etwa $2^1/_2$
Mark, was freilich heute als etwas hoch gegriffen scheinen mag, bei den
zu Grunde gelegten normalen Verhältnissen aber noch entschieden zu
niedrig sein würde). Weitere Schwierigkeiten ergeben sich, wenn man
die einzelnen Positionen der verschiedenen Staaten nach den officiellen
Budgets mit einander vergleichen will. So hört man z. B. häufig die
Ziffer des franz. Militäraufwandes (Land- und Seemacht) dem deutschen
gegenüber citiren. Prüft man indess die betr. Etats im Einzelnen, so
drängt sich sofort die Wahrnehmung auf, dass das Armee- und Marinebudget Frankreichs mit Ausgaben belastet ist, die im deutschen an den
entsprechenden Stellen nicht vorkommen. So umfasst dort das Budget der
Landmacht 40'580,000 Frcs. Kosten der Gensdarmerie, das der Marine
32'288,951 Frcs. Aufwand für die Colonieen (vergl. S. 93), während in
Deutschland weder die eine noch die andere Position die Reichscasse belastet, die Gensdarmerie vielmehr unter den Ausgaben der Civilverwaltung
der Einzelstaaten zu suchen ist und Colonieen überhaupt nicht vorhanden
sind. Diese Beispiele, deren Zahl sich sehr vermehren liesse, werden genügen, von Folgerungen abzuhalten, welche sich aus unbedingten Gegen-
überstellungen der officiellen Ziffern nur scheinbar rechtfertigen lassen.
Dazu kommt in nicht wenigen Staaten (z. B. Russland, selbst Oesterreich)
die Unsicherheit der ganzen Aufstellung und Berechnung, so dass man
es in Wirklichkeit mit nichts mehr als reinen Schätzungen zu thun hat
(Mill. Mark):

	Einkünfte		Bedarf	Davon erfordern		
	brutto	netto	netto	Hof	Militär	Schuld
Deutschland (Reich und Einzelstaaten)*) . .	2,000	1,600	1,600	37	440	190
Oesterreich - Ungarn**) .	1,400	1,300	1,400	20	400	425
Frankreich	2,900	2,436	2,436	—	600	850
Grossbritannien . . .	2,150	2,000	2,000	13	730	725
Russland	1,600	1,460	1,910	28	636	500
Italien	1,600	1,025	1,025	11,2	222	451
Schweiz (Bund) . . .	38,4	16,2	16,2	—	12,6	1,5
Belgien	250	238	262	2,8	37,8	63,2
Niederlande\ Luxemburg /	190	170	200	1,8	60	49,3
Dänemark	6	5,5	5,5	0,18	0,32	0,6
Schweden	100	88	88	2,1	30,8	11
Norwegen	55	50	50	0,6	13	7
Spanien	630	500	560	8	162	220
Portugal.	135	120	155	2,0	27	58
Griechenland	70	60	72	1,5	12	24
Rumänien	100	80	100	1,2	24	42
Serbien	28	20	30	1	8	6
Montenegro	1	0,0	1	0,1	—	—
Türkei	450	360	600	25	120	300
Zusammen ungefähr	14,000	11,500	12,500	150	3,500	3,900

*) Einzelnheiten in den früheren Ausgaben.
**) Einschliesslich der durch die Occupation Bosniens etc. verursachten
Ausgaben.

Somit gelangt man beiläufig zu folgenden Schätzungen (denn um Genaueres kann es sich nicht handeln) : Unter mehr oder minder normalen Verhältnissen betragen die Roheinnahmen 14,000 Mill. M., die wirklichen Reineinnahmen 11.500, der Netto-Bedarf ist mindestens 12,500. Deficit 1,000 Mill. M. Von der Reineinnahme erfordern :

die Höfe beiläufig	150 Mill.	=	1,2 %
das Militär (Land.- und Seemacht)	3,500	-	= 28
die Staatsschulden	3,900	-	= 31,2
Zusammen die 3 Posten	7,550 Mill.	=	60,4 %
Bleiben für alle andern Bedürfnisse nur	4,950 Mill.	=	39,6 %

Dies das Ergebniss ungeachtet der allenthalben stattgehabten, mitunter gewaltigen Vermehrung der Auflagen, und ohne Rücksicht auf das thatsächliche Verhältniss, dass die für die Civilverwaltung übrig bleibende Summe auch in Frieden fortwährend durch sogenannte »ausserordentliche Bedürfnisse des Heeres« geschmälert — oder die Schuldenmasse vermehrt wird.

Uebersicht der europäischen Staatsschulden.

	Mill. M.	Auf den Kopf		Mill. M.	Auf den Kopf
Frankreich . . .	16,260	430 M.	Rumänien	500(?)	93 M.
Grossbritannien .	15,261	431 -	Griechenland . .	400	200 -
Russland	14,000	175 -	Schweden	260	57 -
Italien	8,370	289 -	Norwegen	110	59 -
Oesterreich-Ungarn	8,200	218 -	Dänemark	190	92 -
Spanien	8,000	479 -	Serbien	85	48 -
Türkei	5,000(?)	685 -	Schweiz	30	11 -
Deutschland *)	4,350	96 -	Luxemburg . . .	10	48 -
Niederlande . .	1,756	428 -	Montenegro . . .	2	8 -
Portugal . . .	1,900	413 -	Zus. über	85,844	264 M.
Belgien . . .	1,160	210 -			

Eine nähere Betrachtung der vorstehenden Liste wird sofort zu der Ueberzeugung führen, dass die blosse Kenntniss des absoluten Betrags der Staatschuld auf den Kopf der Bevölkerung einen ausreichenden Maassstab zur Beurtheilung der Grösse der Last nicht bildet. Von gleich entscheidender Bedeutung sind : einerseits die Grösse des Nationalvermögens und Nationaleinkommeus, anderseits die Art der Verwendung der geliehenen Summen.

Die Staatsschulden sind in der Neuzeit zu einer früher nie gekannten Höhe emporgetrieben worden (blos in den 18 Jahren von 1865 bis 1883 hat sich unsere Liste wieder von 52,535 auf 85,844 Mill. M. vergrössert. Sofern die neuen Anlehen zu productiven Zwecken, insbesondere Eisenbahnbauten dienten, ist die Schuldvermehrung in der Regel nützlich, vorausgesetzt, dass es sich nicht um Linien handelt, denen die Elemente zu entsprechender Alimentation des Bahnbetriebes fehlen in welchem Falle eine entsprechende Vermehrung des Nationalvermögens keineswegs stattfindet). Anders, wenn die Anlehen zur Deckung von Ausgaben im laufenden Dienste, besonders zur Unterhaltung enormer stehender Heere verwendet werden, oder Folge von Kriegen sind.

---

*) Reich 533, Einzelstaaten 3,800.

Allerdings hat sich das Nationalvermögen seit Beendigung der alt-
napoleonischen Kriege in Folge der industriellen Thätigkeit sehr vermehrt. Ausserdem ist der Geldwerth in Folge der ungeheuern Goldfunde
wesentlich gesunken. Gleichwol hat auch die Zahlungsfähigkeit der
Staaten ihre Grenze. Die frühere Staatsschulden-Geschichte weiss von
gar vielen offenen und verdeckten Staatsbankerotten. Auch der Neuzeit
sind Nichterfüllungen finanzieller Verpflichtungen keineswegs fremd, so
bis zur jüngsten Zeit in Griechenland, dann in Spanien, der Türkei und
den meisten Staaten Amerika's*. In einigen europäischen Staaten lässt
sich überdies nicht mehr absehen, wie eine Deckung des enorm gesteigerten Bedarfs für Staatsschuld auf die Dauer ermöglicht werden könne.
Selbst von England wissen wir, dass die Anstrengungen in den Napoleonischen Kriegen mit jenen Schuldvermehrungen eine wahre finanzielle
Erschöpfung des Volkes zur Folge hatten, so dass dessen Consumtionsfähigkeit drei Jahrzehnte nach Wiederherstellung des Friedens noch nicht
die geringste Zunahme erkennen liess (vergl. S. 132). Würde sich Jedermann klar machen, was die Kriege an Menschenleben und Geld ver-
schlingen, und welche Vergeudung des Nationalvermögens in beiden
Beziehungen sie in sich schliessen, so würde der Gedanke, Streitigkeiten
der Staaten durch Völker-Schiedsgerichte entscheiden zu lassen, nirgends
mehr als Utopie belächelt werden. Der Krimkrieg allein hat Europa
6,000 Mill. M. gekostet, wovon 4,200 Mill. M. durch Anlehen aufgebracht wurden**). Der Krieg von 1870 und 1871 kostete Frankreich
blos an Geld funfzehn Milliarden Capital und vermehrte die Lasten des
Volkes alljährlich um 632 Mill. Fr. (vergl. S. 96 u. 97)***). Der Geld-

---

*) Im Jahre 1874 wurde in London eine Liste der Staaten angefertigt, welche
in England Anlehen aufgenommen und dann ihre Verpflichtungen nicht erfüllt
hatten. Hier eine gedrängte Zusammenstellung, die rückständigen Zinsen bis
Anfang 1874 berechnet, Alles in £:

	Capital	Rückst. Zinsen		Capital	Rückst. Zinsen
Türkei . .	197'390,245	11'423,593	Ecuador . .	1'824,000	164,160
Peru . .	32'953,000	2'638,599	Griechenland	2'400,000	6'192,000
Mexico .	27'905,800	9'358,580	Guatemala .	542,200	51,374
Venezuela	6'616,800	2'817,862	Liberia . .	100,000	21,000
Virginien .	5'521,320	698,732	Louisiana .	4'487,000	916,000
Honduras	5'398,570	2'010,619	Paraguay .	1'505,400	331,188
Costa-Rica	3'304,000	471,972	San Domingo	714,300	192,861
Bolivia . .	1'654,000	198,480	Uruguay . .	3'164,800	189,888
Alabama .	1'444,000	462,080	Zus.	296'925,435	38'168,988

**) Wir veranschlagen die Kosten dieses Krieges nach möglichst genauen
Detailrechnungen so: England 1,560 Mill. M., Frankreich 1,857 (wovon 1,680
durch Anlehen aufgebracht), Türkei 150, Sardinien 48, Russland (mindestens)
1,650, Oesterreich (für Rüstungen) 444, übrige Staaten 90 Mill. — Der Menschenverlust, soweit derselbe constatirt vorliegt, war: Briten 33,637, Franzosen 100,464, Sardinier 2,532. Rechnen wir dazu 50,000 Türken und 200,000
Russen, so ergibt sich ein unmittelbarer Verlust von 386,000 Soldaten, —
jungen Männern in den besten Lebensjahren. Ausserdem wurden gegen 60,000
Kranke und Verwundete fortgeschafft, von denen gleichfalls der grösste Theil
starb. Auf der Krim wurden nach einer englischen Berechnung 324,800 Lei-
chen beerdigt, davon 210,000 in der Umgegend von Sebastopol.

***) Die unmittelbaren Menschenverluste der Deutschen sind zu 44,890 con-
statirt, die der Franzosen zu 162,206. Wie viele sind ausserdem zu Krüppeln
geworden, wie Viele, die dem Anscheine nach gesund nach der Heimath zurück-

aufwand Russlands für den letzten Türkenkrieg beläuft sich auf ungefähr
eine Milliarde Rubel. Die Donaustaaten und die Türkei büssten wohl
ebensoviel, oder, unter Berücksichtigung der Verwüstungen und Nieder-
brennungen, wohl noch mehr ein. Welche Theorieen im Uebrigen aber
auch erdacht werden mögen, immer wird die mit der Schuldvermehrung
zu unproductiven Zwecken gleichen Schritt haltende Abgabenvermeh-
rung in nackter Wirklichkeit beweisen: *dass die Staatsschulden mittelbar
zugleich Schulden jedes einzelnen Einwohners eines Landes, Schulden jeder
Familie sind, Schulden, welche jedes Grundstück, jedes Geschäft, jedes
Vermögen belasten.*

Historische Notiz. Bei der leider nur allzugrossen Wichtigkeit, welche das Staatsschuldenwesen in der Neuzeit erlangt hat, reihen wir der
Aufstellung des jetzigen Betrags folgende historische Notiz an. Es betrugen die Staatsschulden Europas in den unten bezeichneten Perioden,
so weit wir ermitteln konnten (Mill. Mark):

	1788/89	1818/20	1865	1883
Frankreich	1,500 *)	1,680	11,120	16,260
Grossbritannien	4,800	16,900	16,170	15,261
Russland	600	2,400 *)	4,160	14,000
Oesterreich-Ungarn	690 *)	1,800	6,190	8,400
Preussen . . . . . (Schatz)	(100)	480	2,565	4,350
Kleinere deutsche Staaten . .	150	540		
Niederlande	1,500	2,700	1,740	1,756
Belgien	—	—	500	1,160

gekehrt, sind seitdem an den Folgen des Krieges gestorben oder haben einen
siechen Körper davon getragen? Und welches waren die unmittelbaren und mittelbaren Menschenverluste bei der Civilbevölkerung? Was den letzten türkischen Krieg anbelangt, so fehlen zwar Anhaltspunkte zur Detailberechnung.
leider wird man aber nicht zu hoch schätzen, wenn man die Gesammtzahl der
Gefallenen, der aus Mangel und Elend umgekommenen und der geradezu gemor-
deten Menschen zu 2—300,000 annimmt. Ja diese enorme Summe dürfte noch
bedeutend zu gering sein. Geht doch eine Schätzung des Verlustes der Russen
allein auf 200,000 Mann und 1,500 Millionen Rubel. Eine der Wirkungen des
Krieges zeigt sich jedesmal durch eine Verminderung der Einwohner männlichen, gegenüber denen weiblichen Geschlechts. In Oesterreich hatte der
Unterschied bei der Zählung von 1857 nur noch 171,388 Individuen betragen; er
war bei der von 1869 auf 522,213 angewachsen (Unterschied 350,825), also um
eine viel gewaltigere Zahl, als die Verlustlisten aus dem Felde angaben (11,000
an Wunden und mindestens ebensoviel an Krankheiten Gestorbene). Im Jahre
1880 zeigte sich sogar eine Differenz von 741,082. Im Gebiete des deutschen
Zollvereins hatte die Aufnahme im December 1864 einen Unterschied von 313,393
Individuen ergeben; die von 1867, nach dem Kriege von 1866, zeigte eine solche
von 471,855, und im December 1871, nach dem siegreichen Feldzuge, war die
Ziffer auf 755,875 angewachsen. Hier (wie oben in Oesterreich) ergab die nachfolgende Aufnahme von 1880 sogar eine noch grössere relative Männerverringe-
rung, nämlich die ungeheure Summe von 863,196, was wenigstens zum Theil
als Nachwirkung der Kriege zu erachten sein dürfte. — In Frankreich zählte
man nach den grossen Kriegen unter dem alten Napoleon bei der Aufnahme von
1821 868,325 weibliche Einwohner mehr als männliche. Die Ziffer verminderte
sich bei jeder folgenden Zählung bis 1851, wo sie nur noch 193,242 betrug. Der
Krimkrieg brachte sie 1856 wieder auf 299,024; darauf neues Sinken, so dass
das Mehr der Frauen 1866 sich bis zu 38,876 verringert hatte. Nach den Kämpfen
von 1870 und 71 war sie neuerdings auf 137,899 gestiegen. (Die Resultate der
Aufnahme von 1880 sind uns noch nicht bekannt.)

*) Nach den mit Sternchen bezeichneten Perioden fanden Staatsbankerotte
statt (in Frankreich, Russland, Oesterreich und Dänemark).

	1786/89	1816,20	1865	1882
Italien	240	900	3,600	8,370
Spanien	600	2,250	4,200	8,000
Portugal	60	240	800	1,900
Dänemark	45 *,	108	190	190
Norwegen	—	45	38	110
Schweden	18	24	90	260
Griechenland	—		145	400
Rumänien	keine	keine	4	585
Serbien	keine	keine		
Türkei	keine	keine	960	5,000
Schweiz	keine	keine	3	37
Zusammen (rund) . .	10,200	30,100	52,475	86,039

Dudley Baxter berechnete die Staatsschulden der ganzen Welt für 1848 auf 1,700' £, für 1873 auf 4,680' £, somit durchschnittlich jährliche Zunahme 20' £ = 400' Mark.

III. Stehende Heere der europäischen Staaten.

Abgesehen von allen besondern Anstrengungen im Falle wirklicher Kriege, haben die s t e h e n d e n H e e r e auch im F r i e d e n beiläufig nachbemerkten F o r m a t i o n s s t a n d *):

Deutschland . . .	445,000	Dänemark	35,000
Oesterreich-Ungarn . . .	400,000	Schweden	41,000
Grossbritannien (mit Indien)	254,000	Norwegen	19,000
Frankreich mit (Algerien u. Gendarmerie)	499,000	Spanien	125,000
Russland	840,000	Portugal	28,000
Italien	480,000	Griechenland	30,000
Schweiz	—	Rumänien, Serbien . . .	50,000
Belgien	44,000	Türkei	160,000
Holland	35,000	Zusammen gegen	3'500,000

Rechnen wir dazu die Kriegsmarinen mit 280 — 300,000 Mann, so übersteigt die Zahl derjenigen Männer, deren freiwillig gewählter oder aufgezwungener Beruf während des kräftigsten Alters das K r i e g s g e w e r b e ist, sehr bedeutend die enorme Summe von drei Millionen siebenmalhunderttausend Menschen. Wenige kleine Staaten in Europa unterhalten k e i n e stehenden Truppen; zunächst die S c h w e i z, welche, ungeachtet ihrer geringen Volkszahl, im Falle des Bedarfs in kürzester Frist ein geübtes M i l i z h e e r von mehr als 200,000 Mann zu ihrer Vertheidigung aufzustellen vermag. Sodann M o n t e n e g r o und im Wesentlichen auch S e r b i e n, welche beide den jüngsten Türkenkriege eine weit grössere Streitmacht entwickelten, als, ihrer Volkszahl nach, beim Systeme des stehenden Heerwesens möglich gewesen wäre. Wie dem sei: jene $3^3/_4$ Millionen Männer werden beständig bei den Fahnen gehalten.

In welcher ungeheuren Ausdehnung die Militärmassen während der jüngst verflossenen Decennien vergrössert wurden, zeigt unter andern eine

---

*) Officiere, Mannschaft, Nichtcombattanten; dann relativer Antheil (nach der Zeit) an den nur zu kürzeren Uebungen Einberufenen etc. Vorübergehende Beurlaubungen ändern nichts; der Lebensberuf der Eingereiheten bleibt, sie dürfen keinen andern Lebensberuf auswählen und ausüben.

in der Zeitschrift des Preuss. Statist. Bureaus 1873 veröffentlichte grössere Abhandlung von Frhrn. v. *Fircks*, worin die Mannschaftszahlen von 1859 und 1874 einander gegenübergestellt sind. Wir beschränken uns, daraus folgende gedrängte Zusammenstellung anzufertigen:

	1859		1874	
	Gesammt-masse	dav. Offensiv-armee	Gesammt-masse	dav. Offensiv-armee
Deutschland	836,800	483,700	1'261,160	710,130
Oesterreich-Ungarn . . .	634,400	443,800	856,980	452,450
Russland, europäisches . .	1'134,200	604,100	1'401,510	665,890
Russland, asiatisches . . .	89,950	75,650	118,300	97,550
Frankreich	640,500	438,000	977,600	525,700
Italien	317,650	156,450	605,200	322,000
Belgien	80,250	53,800	93,590	59,140
Niederlande	58,550	42,200	64,320	32,430
Grossbritannien	245,800	77,300	478,820	71,860
Dänemark	57,550	38,450	48,700	30,500
Schweden u. Norwegen . .	134,900	46,300	204,510	54,910
Zusammen	4'230,550	2'459,750	6'110,690	3'012,560

Wir haben Seite 368 die Kosten des Heerwesens der sämmtlichen europäischen Staaten im Frieden zu ungefähr 3,000 Mill. M. veranschlagt, ungerechnet die so häufig auch während des Friedens geltend gemachten sogenannten »ausserordentlichen Bedürfnisse«. Dazu kommt aber noch das volkswirthschaftliche Opfer. Nimmt man an, dass jeder von jenen $3^3/_4$ Millionen kräftigster Männer täglich nur zwei Reichsmark verdienen könnte (eine Ziffer, welche jedenfalls für die gebildeteren jungen Männer, einschliesslich der geschickteren blosen Arbeiter, entschieden zu gering ist), so ergibt sich, dass den europäischen Ländern mit der Arbeit jener Leute t ä g l i c h eine Production im Werthe von m i n d e - s t e n s s i e b e n Millionen M. entzogen wird. Zieht man dabei noch die Einbusse der Arbeitskraft von mindestens 400,000 Cavallerie- und Artilleriepferden in Betracht, so wird der Gesammtverlust jährlich (bei 300 Arbeitstagen) jedenfalls über 3,000 Millionen M. zu veranschlagen sein. Dazu der directe Armeebedarf.

Hieran reihen sich, als Folgen des stehenden Heerwesens, massenhafte heimliche Auswanderungen der kräftigsten jungen Männer, Selbstverstümmelungen und eine gegen das natürliche Verhältniss enorm gesteigerte Sterblichkeit der Einkasernirten *).

Die Kriegsmarine.

Bei den Umgestaltungen, welche das Kriegsmarinewesen in der Neuzeit nicht nur erfahren hat, sondern denen es noch unausgesetzt un-

---

*) Wir unterlassen jede weitere Ausführung. Wohin die jetzt fast allgemein adoptirte „militärische Selection« — welche die Gründung von Familien nur den Schwächlingen und Krüppeln unbedingt frei lässt — ein Volk im Laufe der Zeit führen muss, hat nicht nur *Liebig* im 32. seiner »Chemischen Briefe« angedeutet, sondern auch ganz besonders und mit grösster Schärfe *Häckel* (»Natürliche Schöpfungsgeschichte«, Seite 153 und 154 der 2. Aufl.) gezeigt. (Vergl. ferner die Broschüre: »*Die Nachtheile des stehenden Heerwesens und die Nothwendigkeit der Ausbildung eines Volkswehrsystems. Von G. F. Kolb. Vortrag, in Druck gegeben auf Veranlassen des volkswirthschaftlichen Vereins für Süddeutschland. Leipzig 1862. Arthur Felix.*«)

terliegt, ist die Herstellung einer zu Vergleichungen geeigneten Uebersicht des Standes der Seemacht aller Staaten nahezu unmöglich. Wir
geben nachstehend eine, auf Grund einer englischen Mittheilung angefertigte Liste, welche, wenn auch in Einzelheiten ohne Zweifel der Be-
richtigung bedürftig, gleichwohl im Allgemeinen ein ziemlich richtiges
Bild gewähren dürfte; sie wurde im April 1878 aufgestellt.

	Schiffe				
	activ	Reserve	Matrosen	Seesoldaten	Officiere
England	162	350	60,000	15,000	3,326
Frankreich	115(1)	78	48,000	16,000	1,800
Deutschland	61	48	8,000		500
Russland	158(2)	..	6,000		2,000 (3)
Oesterreich	68	..	7,000		500
Italien	65(4)	..	12,000	3,000	540
Türkei (5)	57	28	36,000		1,000
Spanien	128(2)	..	21,000		. . . .
Griechenland . . .	21	..	7,000		. . . .
Dänemark	33	..	10,000		. . . .
Holland	87	..	12,000		. . . .
Zusammen	955	504	261,000		

Nach den »Neuen Militärischen Blättern« betrug 1875 die Gesammtzahl der Kriegsschiffe in Europa 2,039, worunter 209 gepanzerte, mit
280,000 M. und 15,000 Geschützen.

Stellen wir die bei den einzelnen Staaten aufgeführten, allerdings
meist etwas unsichern Angaben zusammen:

	Schiffe			
	Schiffe	Panzer	Reserve	Mannschaft
Grossbritannien	253	dav. 74	227	100,000
Frankreich	174	– 59	104	60,000
Deutschland	150	– 30	. . .	20,000
Oesterreich-Ungarn	57	– 11	. . .	15,000
Russland	200	– 31	173	30,000
Italien	72	– 18	. . .	20,000
Niederlande	122	– 19	. . .	10,000
Spanien	132	– 5	11	25,000
Portugal	47	– 1	. . .	1,900
Dänemark	66	– 9	. . .	1,150
Schweden	54	– —	. . .	5,000
Norwegen	88(?)	– —	. . .	2,000
Griechenland	15	– 2	. . .	1,500
Türkei	?	– ?	. . .	?
Zusammen	1,430	257	515	292,000

Die hier aufgeführten Schiffe sind, abgesehen vom Grössenunter-
schied, höchst ungleichen Werthes, wie überhaupt in jedem Lande nach
anderen Normen geschätzt wird. Es darf sonach kein besonderes Gewicht
auf die Ziffern gelegt werden.

---

(1) Dabei 3 Monstre-Panzerschiffe.   (2) Meist kleine Fahrzeuge.   (3) Blos
etwa 1/3 dient wirklich auf den Schiffen.   (4) Dabei die beiden grössten Panzerschiffe, welche überhaupt existiren sollen, mit 8 Kanonen von 100 Tonnen.
(5) Beim Kriegsausbruche.

IV. Industrie und Verkehrsverhältnisse. *)
Dermaliger Welthandel.

Vor Allem müssen wir wieder, wie in früheren Jahren, mit dem Bekenntniss der Unzuverlässigkeit der officiellen Handelsstatistiken beginnen. Man sollte annehmen, kaum irgend ein Theil der Statistik überhaupt werde so richtige Ziffern geben, als der über Ein- und Ausfuhr der verschiedenen Länder, wenigstens soweit es die Quantitäten (wenn auch nicht die Werthe) betrifft: und doch ist kaum irgend ein Theil der Statistik so unzuverlässig wie der über den internationalen Handelsverkehr, und zwar nicht blos wegen des Schleichhandels, sondern ebensosehr in Fällen, bei denen jeder Grund des Schmuggels hinwegfällt. Wir haben bereits längst specielle Beweise dafür, namentlich in der 7. Aufl. S. 788 flg. geliefert; hier wird es genügen, auf diesen enormen Missstand rückhaltslos aufmerksam zu machen; die Erscheinung ist weder local (vereinzelt), noch der Zeit nach vorübergehend.

Wenn nun schon die Quantitäten vielfach auch nicht einmal annähernd richtig ermittelt sind, so reihen sich daran die viel grösseren Schwierigkeiten der Feststellung des Werthes der Waaren, wobei der Eigennutz häufig in der masslosesten Weise und mit allem Raffinement einwirkt.

Nach diesem offenen Bekenntniss ist es selbstverständlich, dass, wenn wir in Berücksichtigung der hohen Wichtigkeit der Sache hier wieder eine Zusammenstellung des internationalen Handelsverkehrs (Ein-, Aus- und Durchfuhr zusammengerechnet) möglichst auf Grundlage der officiellen Tafeln, als der in der Regel alleinigen Quelle, versuchen, dies nur mit allem aus dem Gesagten sich ergebenden Vorbehalte geschieht.

Geldwerth des Generalhandels in Millionen Mark:

Grossbritannien (1881)	13,882	China	850
Deutschland (1881)	9,227	Holländisches Ostindien	620(?)
Frankreich (1880)	8,580	Straits Settlements	600
Vereinigte Staaten	4,250	Britisch Afrika	600
Belgien (1879)	3,600	Chile, Peru, Venezuela etc.	580
Russland (Rub. à 2½ Mk.)(1880)	2,855	Argentinische Staaten etc.	425
Italien (1881)	2,524	Türkei (1881)	420
Holland	2,500	Aegypten (1881)	410
Englisches Ostindien	2,500	Britisch Mittel-Südamerika	400
Oesterreich-Ungarn (1881)	2,320	Rumänien	400
Australasien	1,880	Antillen	350
Brasilien	1,600	Algerien	350
Skandinavien (1880)	1,330	Portugal	240
Schweiz	1,200	Franz. Colonieen	235
Britisches Nordamerika	900	Ceylon	200
Spanien (1881)	880	Japan	200

*) »Frühere Jahrhunderte haben ihre Regesten fast ausschliessend mit der Darstellung religiöser und politischer Daten ausgefüllt; der Pflege des Culturmomentes, der Fortschritte wirthschaftlicher Art gedachten sie höchstens nebenher und zufällig. Unsere Zeit hat die Rollen gewechselt; nur (?) die letzten Resultate der staatlichen Entwicklung werden heute in das Buch der Weltgeschichte eingetragen. Desto grössere Aufmerksamkeit wendet man den Errungenschaften des Geistes, den civilisatorischen Bestrebungen und allen jenen Merkmalen zu, welche einen sicheren Schluss auf die Phasen der volkswirthschaftlichen Weiterbildung gestatten.«   Dr. *Fr. X. Neumann.*

Griechenland	150(?)	Tripolis	15
Mexico	175	Tunis	6(?)
Persien	112	Montenegro	3
Columbia-Staaten	112	Spanische Colonieen	?
Serbien	65(?)	Portugiesische Colonieen	?
Centralamerika	23		

Dies ergibt zusammen 68 Milliarden. Der in dieser Angelegenheit besonders verdiente Dr. *Fr. Xav. Neumann* nahm für 1879 58,523,₆ Mill. Mk. an, mit folgender Betheiligung der einzelnen Erdtheile:

	Einfuhr	Ausfuhr
Europa	23,355,₆	17,082,₃
Amerika	4,137,₂	5,714,₄
Asien	2,268,₆	2,773,₉
Australasien	971,₁(?)	849,₄(?)
Afrika	686,₇	678,₄
Zusammen	31,425,₂	27,098,₄ *)

Selbstverständlich handelt es sich hier nur um Schätzungen, welche unmöglich eine besondere Richtigkeit beanspruchen können. Nun ist aber die obige Summe vor Allem auf die Hälfte zu reduciren, da dieselben Waaren stets mindestens zweimal angerechnet sind, bei der Ausfuhr des einen, und ebenso bei der Einfuhr des andern Landes. Allein auch diese Hälfte ist noch zu hoch, weil eine Menge von Waaren nicht unmittelbar vom Absendungs- nach dem Bestimmungsorte gelangt, sondern zuvor andere Länder passirt (transitirt), und dort ebenfalls unter der »Durchfuhr« erscheint. Ja in einigen Staaten, wie Frankreich und Belgien, werden die transitirenden Waaren sogar doppelt gerechnet: beim Ein- und dann wieder beim Ausgange. Der Verkehr ist also in Wirklichkeit weit weniger gross, als er auf dem Papiere scheint. Wenn sich nun aber der internationale Handel ungleich kleiner erweist, so umfasst hinwieder der wirkliche Gesammtverkehr viel colossalere Werthe, als alle obigen Ziffern erkennen lassen. Weit grösser als der Handel mit entfernten Nationen ist in der Regel der Verkehr, den jedes Volk im eigenen Lande führt: der Handel unter seinen Angehörigen. Darüber mangeln aber meistens genügende statistische Aufzeichnungen. Ein sehr schätzbares und mehr als gewöhnlich verlässiges Material zur Berechnung werden die Güterbeförderungslisten der Eisenbahnen liefern, sobald deren Verwaltungen die Waarengattungen nach gleichmässigen Normen scheiden; dabei muss dann allerdings (was nichts weniger als leicht) Vorsorge getroffen werden, dass jede Waarensendung nur einmal, und nicht so oft gerechnet wird, als sie von dem Gebiete einer Eisenbahnverwaltung auf das einer andern übergeht. Im Uebrigen ist es nicht zu verwundern, wenn der internationale Handel in Folge der Verkehrserleichterungen wenigstens relativ stärker zugenommen hat, als der Binnenverkehr.

Prüft man die Ziffern nach den einzelnen Ländern, so wird es auffallen, dass in der Regel überall der Werth der Einfuhr grösser erscheint, als der der Ausfuhr. Es ist der sprechendste Beweis gegen die Theorie

---

*) Hier wollen wir nicht versäumen, besonders aufmerksam zu machen auf die so eben erschienene, in mehrfacher Beziehung höchst interessante Schrift von *F. X. von Neumann-Spallart*: »Ostasien im Welthandel der letzten Jahre. (Separat-Abdruck aus der österr. Monatsschrift für den Orient)«. Der Einfluss Ostasiens auch auf die Wirthschaftsverhältnisse Europas ist gewaltiger, als man bei uns anzunehmen pflegt, und hier in ausgezeichneter Klarheit dargelegt.

der »Handelsbilanz« sammt deren herkömmlichen, geradezu unheilvollen Consequenzen. Und dies erscheint sehr natürlich. Die Waaren haben bei ihrer Ausfuhr aus einem Lande einen geringeren Geldwerth, als nach ihrer Einfuhr im andern, — sonst würde man sie dort nicht exportirt, hier nicht importirt, und dabei die Arbeit und Kosten der Ueberführung daran gewendet haben. Die gewaltigsten Handelsstaaten der Erde, England und Nordamerika, geben die sprechendsten und augenscheinlichsten Beweise. Aber verhältnissmässig nicht weniger spricht Deutschland dafür. Von allen europäischen Ländern hat dasselbe an dem ungeheuern materiellen Aufschwunge, der sich seit dem Beginne des Zeitalters des Dampfes vollzog, und der an Bedeutung und Umfang in der ganzen bisherigen Culturgeschichte nicht seines Gleichen findet, verhältnissmässig den grössten und intensivsten Antheil. In keinem andern Culturstaate war das mittelalterliche, auf Zunftwesen und Zopfthum basirte System der localen Abschliessung bis zur Mitte des jetzigen Jahrhunderts so starr erhalten, wie in vielen Gebieten Deutschlands. Als Ergebniss stellte sich aber ein: Mangel an grossartigem materiellem Aufschwung, Mangel an Wohlstand, Verkümmern und Versiechen. Erst als diese Wahrnehmungen endlich doch durchdrangen, begann unser Vaterland auch industriell und commerciell grossartig sich zu erheben. Man vergleiche die entsprechenden Zustände und Leistungen Deutschlands zu Anfang der 1850er Jahre mit den jetzigen. Und doch sucht man, nachdem einige unliebsame Störungen erfolgt, sein Heil in einem Restauriren jener veralteten Einrichtungen, die so lange den Aufschwung überhaupt verhindert hatten.

In welchem Maasse sich der Aussenhandel binnen der jüngsten 20 Jahre überhaupt, und in welchem Maasse sich derselbe in den wichtigsten einzelnen Ländern gehoben, zeigt folgende von *Neumann-Spallart* berechnete Tabelle.

Der gesammte Aussenhandel (in Mill. Mk.):

	1860	1865	1872	1873	1874	1875	1876	1877	1878	1879	1880
Grossbritannien	7,510	9,798	13,386	13,646	13,355	13,111	12,639	12,935	12,285	12,235	13,853
Deutschland	2,173	2,212	5,903	6,746	6,133	6,139	6,519	6,705	6,639	6,714	5,976
Frankreich	3,339	4,584	5,865	5,874	5,775	5,927	6,051	5,685	5,885	6,261	6,646
V. St. v. Nordamerika	2,834	2,161	4,667	5,138	5,060	4,898	4,401	4,569	4,875	5,327	6,603
Russland	1,050	1,273	2,454	2,590	2,905	2,940	2,826	2,734	3,908	3,914	(?)3,600
Oesterreich-Ungarn	952	1,203	2,261	2,013	2,261	2,200	2,259	2,444	2,414	2,453	2,301
Niederlande	1,350	1,597	1,575	2,034	2,005	2,138	2,119	2,197	2,335	2,428	(?)2,550
Belgien	780	1,066	1,863	2,065	1,925	1,927	2,010	2,000	2,068	2,173	(?)2,225
Britisch-Ostindien	1,044	1,922	1,879	1,714	1,731	1,819	1,903	1,846	2,049	2,123	2,501
Italien	1,126	1,221	1,863	1,936	1,832	1,818	2,005	1,572	1,693	1,890	1,885
China	(?)600	731	556	816	756	820	906	844	527	588	912

Diese Werthziffern zeigen die Summe der Ein- und Ausfuhr von Waaren; bei Deutschland ist auch der Handel mit Edelmetallen in diese Summe mit einbezogen. Im Jahre 1881 betrug der gesammte deutsche Waaren-Aussenhandel 6,030 Mill. M., wovon 2,990 Mill. M. auf die Einfuhr und 3,040 Mill. M. auf die Ausfuhr entfallen. (Hier die Ausfuhr ausnahmsweise grösser als die Einfuhr.)

Im grossen Ganzen übereinstimmend mit diesen Ziffern und dieselben bestätigend, sind die folgenden Hauptergebnisse der Berechnung des Engländers *M. G. Mulhall* in Beziehung auf die Zunahme des gesammten internationalen Handels seit 1860. Er fand, der jährliche Durchschnitt des Geldwerthes der exportirten Erzeugnisse aller Nationen habe in Millionen Pfd. Sterling betragen:

	1861—70	1871—80	1880
In Grossbritannien	166	220	223
In den britischen Colonieen . .	107	140	168
Im gesammten englischen Reiche	273	360	391
Auf dem europäischen Festlande	369	561	666
In den Vereinigten Staaten . .	36	112	167
In den übrigen Ländern . . .	101	122	131
Zusammen	779	1,155	1,355

In dieser Zusammenstellung ist das australische oder amerikanische Gold oder Silber sowie alles Edelmetall in Barren ausgeschlossen; es sind einfach nur die zwischen den Nationen ausgetauschten Handelswaaren aufgeführt. Das Jahrzehnt 1871—1880 weist dabei eine Zunahme von 48 % in den Werthen des Exports aller Völker gegenüber den zehn Jahren von 1861—1870 nach; die wirkliche Vermehrung in Bezug auf Gewicht und Umfang beträgt 80 %, obschon die progressive Vermehrung der Bevölkerung in diesem Zeitraum nur 11 % betragen hat. Die Vereinigten Staaten allein haben im letzten Jahrzehnt ihren Export mehr als verdreifacht, es muss dabei aber in Betracht genommen werden, dass dieselben in den sechziger Jahren ihren Bürgerkrieg durchmachten, ferner dass seit 1861 aus Europa $5^1/_4$ Millionen Auswanderer dorthin gewandert sind, und dass auf diese Weise die Productivkraft Nordamerikas sich verdoppelt hat. Sobald die aufgeführten Exporte ihre verschiedenen Bestimmungsorte erreicht hatten, verwandelten sie sich natürlich hier in Importe von erheblich höherem Werthe, wobei die Differenz nahezu 13 % für die Jahre 1861—1870, ferner 14 % für die nächsten 10 Jahre und etwas unter 13 % für das Jahr 1880 ausmacht[*]).

Die Handelsflotten (Seeschiffe).

(Nach einer Aufstellung von *Francis Cobb* von der *Globe Marine Insurance Company* von 1879, womit jedoch unsere Notizen bei den einzelnen Staaten zu vergleichen.)

Segelschiffe.	Schiffe	Tonnen	Dampfer.	Schiffe	Tonnen
England	20,265	5'807,365	England	3,299	3'362,992
Vereinigte Staaten **)	7,288	2'390,521	Vereinigte Staaten	605	789,728
Norwegen . . .	4,749	1'410,903	Frankreich . . .	314	334,334
Italien	4,601	1'292,076	Deutschland . .	226	226,688
Deutschland . .	3,456	875,995	Spanien	230	176,250
Frankreich . . .	3,858	725,048	Niederlande . .	126	134,600
Spanien . . .	2,915	557,320	Russland . . .	151	105,962
Griechenland . .	2,121	426,905	Italien	114	97,582
Niederlande . .	1,432	399,993	Schweden . . .	219	88,660
Schweden . . .	2,121	399,125	Oesterreich . .	78	81,269
Russland . . .	1,785	391,952	Dänemark . . .	87	60,697
Oesterreich . . .	983	338,684	Südamerika . . .	81	59,623
Dänemark . . .	1,348	188,953	Norwegen . . .	122	55,874
Portugal . . .	456	107,016	Belgien . . .	35	40,700

[*]) Wir wollen nicht versäumen, bei dieser Gelegenheit auch auf die in solchen und ähnlichen Dingen vielfach höchst interessanten Nachweise und Bemerkungen aufmerksam zu machen, welche sich fast regelmässig in dem (halbjährlichen) »Handelsbericht von *Gehe u. Comp.* in Dresden« finden. Man begegnet einer Fülle von Wahrnehmungen und Erfahrungen, wie man hier, in diesem einfachen Gewande, nicht erwarten konnte.

[**]) Der Stand vor dem Kriege mit den Südstaaten war ein weit höherer; 1861 rechnete man angeblich 38,000 Schiffe von 5'540,000 Tonnen.

	Schiffe	Tonnen			Schiffe	Tonnen
Südamerika . .	273	95,459		Türkei u. Aegypten	30	20,264
Mittelamerika . .	153	57,944		Portugal	26	22,277
Türkei	305	48,289		Asien	11	10,677
Belgien	54	23,344		Griechenland . .	11	7,133
Asien	42	16,019		Mittelamerika . .	6	3,132
Liberia	3	454		Zusammen	5,771	5'678,642
Zusammen	58,208	15'553,368				

Von entscheidender Wichtigkeit in dieser Liste ist nicht sowol die
Schiffs-, als vielmehr die Tonnenzahl, und dabei speciell die Zunahme der
Dampfer, während die Segelschifffahrt in entschiedener Abnahme begriffen
ist. Jede Tonne Tragfähigkeit der Dampfer kommt vier Tonnen der Segel-
fahrzeuge gleich, da jene vier Fahrten vollbringen, bis diese eine. Wie
man sieht, besitzt Grossbritannien in seiner Handelsflotte eine grössere
Anzahl Dampfschiffe, als alle übrigen Staaten, auch Nordamerika einbegriffen. Die Summe der britischen Dampfer war Mitte 1880 bereits auf
3,787 Fahrzeuge mit 4'265,619 Tonnen gestiegen*).

Eisenbahnen in Europa, Anfang 1883, in Kilom.:

Deutschland . . .	35,878 Klm.		Luxemburg	360 Klm.
Oesterreich-Ungarn . .	20,005 –		Dänemark	1,696 –
Frankreich	28,966 –		Schweden	6,215 –
Grossbritannien u. Irland	29,257 –		Norwegen	1,550 –
Russland	23,740 –		Spanien	7,848 –
Italien	6,893 –		Portugal	1,680 –
Schweiz	2,668 –		Griechenland	12 –
Belgien	4,182 –		Rumänien	1,430 –
Niederlande . . .	2,011 –		Türkei	1,432 –

Die Gesammtsumme der Eisenbahnen beträgt an Neujahr 1883:

In Europa	. . .	175,000
- Amerika	. . .	150,000
- Asien etwa	. .	17,400
- Afrika	- . .	4,800
- Australien	. .	8,200
Zusammen		385,000

Amerika besitzt gegenwärtig bereits nicht blos eine grössere Eisen-
bahnlänge als Europa, sondern die Vereinigten Staaten allein stehen
diesem schon beiläufig gleich, wenn sie anders dasselbe mittlerweile nicht
schon überschritten haben. Berechnungen über die relativen Verhältnisse
in den einzelnen Ländern, über Fahrgeschwindigkeit u. s. f. sind in den
früheren Ausgaben mitgetheilt. Hier mögen nur noch ein paar neuere
Notizen erwähnt sein. Zwischen Paris und Marseille — 862 Kilom. —
fahren die sogen. Blitzzüge in 15 Stunden 21 Min., oder, nach Abzug
der Aufenthalte, worunter 2 von je ½ Stunde, in 13 Stunden = 66 Kil.
in der Stunde.**) — Die Zahl der Locomotiven auf der ganzen Erde wird

---

*) Die transatlantische Dampfschifffahrt hat 1838 begonnen.
**) In Frankreich wurden auf den Hauptstrassen früher in der Stunde zurück-
gelegt: zu Ende des 17. Jahrh. 2,2 Klm., zu Ende des 18. Jahrh. 3,4, 1814 4,3,
1830 6,5, 1847 9,5. Auf den besten Routen erreichte die Schnelligkeit zuletzt
12 Klm. = 1,6 geogr. Meile.
Ein geistvoller Techniker bemerkt: Die Locomotive gestattet, Lasten von
200 Tonnen (4,000 Zollcentr.) mit einem Kostenaufwande für Feuerungsmaterial
zu befördern, der noch nicht so viel Werth hat als das Futter, welches ein Pack-
pferd bei einer Belastung von 3 Cntr. auf dieselbe Entfernung verbraucht.

zu 50,000 angenommen, wovon die Vereinigten Staaten 14,233 besitzen sollen, England 10,932, Deutschland 5,927, Frankreich 4,933, Oesterreich-Ungarn 2,875, Russland 2,684, Ostindien 1,323 und Italien 1,172.

Die höchsten Erhebungen von Bahnen über den Meeresspiegel sind:

Apenninenbahn 617 Met.	Gotthardtunnel 1,154 Mt.	North Pacific 1,652 Met.
Schwarzwald - 850 -	Brennerbahn 1,367 -	Central - 2,140 -
Semmering - 890 -	Montcenis-	Union - 2,513 -
Kaukasus - 875 -	tunnel . . 1,328 -	Andes-Bahn 4,769 -

Tunnels: Gotthardtunnel, Länge 14,920 Met., Baubeginn Sept. 1672, Beginn der Bohrung April 1873, Durchbruch 19. Febr. 1880*/. Montcenistunnel, Länge 12.233¼Meter.

Unfälle. Nach einer Berechnung der »Times« von Oct. 1881 kam vom J. 1835 —1859 in Frankreich ein getödteter Passagier auf 1'955,555 und ein verletzter Passagier auf je 496,551 Passagiere; in England ein Todter auf je 5'256,290 und ein Verletzter auf je 311,345; in Belgien endlich ein Todter auf je 8'861,804 und ein Verletzter auf je 2'000,000. In der folgenden Periode, nämlich in den Jahren 1859—1869 ist eine wesentliche Besserung zu verzeichnen: In Frankreich zählte man einen Todten auf je 13'323,014 und einen Verletzten auf je 673,927; in England einen Todten auf je 15'229,073 und einen Verletzten auf je 407,260; in Belgien endlich einen Todten auf je 13'000,000 und einen Verwundeten auf je 1'793,108. Was die letzten Zeitperioden betrifft, so zeigte sich in Frankreich eine Tendenz zur Verminderung der Unfallsrate, in England dagegen eine Tendenz der Zunahme derselben; Frankreich zeigte in den Jahren 1872—1879 einen Todten auf je 27'879,000; England auf je 13'423,000; Belgien auf je 25'289,421. Die wiederholt beobachtete Thatsache, dass Unfälle sich nichts weniger als gleichmässig über bestimmte Perioden vertheilen, finden wir auch hier wieder besonders hervorgehoben; es wird erwähnt, dass die 6 grossen Eisenbahngesellschaften Frankreichs, also die Nord-, die Ost- und die Westbahn, die Paris-Lyon-Mittelmeerbahn, die Orléans- und die Südbahn, in den Jahren 1868—1877 im Ganzen 773 Eisenbahnunfälle zu verzeichnen hatten, bei welchen insgesammt 218 Personen getödtet und 2,158 verwundet wurden; die Ungleichmässigkeit war hierbei jedoch eine so starke, dass im Jahre 1871 nicht weniger als 155 Unfälle stattfanden, während sich im Jahre 1873 nicht ein einziger ereignet hat, welcher die Tödtung oder Verletzung eines Passagiers zur Folge gehabt hätte.

Telegraphen.

Nach den Ermittelungen des internationalen Bureaus der Telegraphenverwaltungen war der Stand in den einzelnen europäischen Ländern Ende 1881 folgender: Telegraphenanstalten in Deutschland 10,308, Frankreich 5,885, Grossbritannien 5,600, Russland 2,731, Oesterreich 2,604, Italien 2,470, Schweiz 1,139, Ungarn 1,069, Belgien 827, Schweden 788, Niederlande 418, Spanien 385, Dänemark 287, Norwegen 260, Rumänien 206, Portugal 202, Griechenland 100, Bosnien 69, Luxemburg 64, Serbien 60, Bulgarien 37. — Die Länge der Leitungen betrug in: Deutschland 280,636 Kilom., Russland 223,838, Frankreich 211,607, Grossbritannien 197,715, Oesterreich 92,572, Italien 89,150, Ungarn 54,852, Spanien 40,742, Schweden 29,879, Belgien 27,922,

---

*) Die Vollendung geschah 1881, bei einer Verspätung von 1¼ J., mit einem Kostenaufwande von nahezu 60 Mill. Frcs. Im Tunnel waren durchschnittlich täglich 2,347 Mann beschäftigt in 3 Arbeitsschichten von je 8 Stunden. Während des gesammten Bahnbaues wurden direct durch Unfall 310 Todesfälle und 877 körperliche Verletzungen herbeigeführt. Die Baukosten des grossen Tunnels betrugen pr. laufenden Meter 1,250 Frcs. Die ganze Bahn begreift, ausser dem grossen, noch 51 weitere Tunnels, letztere zus. 24,2 Kilom. lang.

Schweiz 16,155, Norwegen 15,601, Niederlande 14,133, Portugal 10,964¹
Rumänien 8,662, Dänemark 8,550, Griechenland 5,654, Bulgarien
3,400, Bosnien 3,180, Serbien 3,135, Luxemburg 536 Kilom. — Auch
in Bezug auf die Länge der unterirdischen Leitungen ist Deutschland allen anderen Staaten weit voraus. Es beträgt dieselbe in Deutschland 37,604 Klm., Grossbritannien 17,700, Frankreich 11,656, Niederlande 591, Oesterreich 511, Schweiz 327, Russland 250, Belgien 232.
Dänemark 79, Rumänien 56 Klm. — Unterseeische Kabel des Welt-
meeres gab es 1880 585, mit Kabellänge von 69,500 Seemeilen, Drahtlänge 76,800 (1 Seemeile = 1,855,₁₁ Met.), im Besitze von 20 Staats-
verwaltungen und 22 Privatgesellschaften, von denen 16 in London
domiciliren.

In der »*Statistique générale de la Télégraphie, dressée d'après les docu-
ments officiels par le bureau international des administrations télégraphiques,
année 1880, Berne*« finden wir weiter folgende Berechnung. Auf je
10,000 Einw. gab es 1880 Telegramme:

Grossbritannien und Irland	8,040	Schweden	1,875
Schweiz	7,516	Oesterreich	1,844
Niederlande	5,884	Bosnien und Herzegowina	1,540
Frankreich	4,684	Rumänien	1,498
Belgien	4,604	Ungarn	1,373
Norwegen	3,521	Spanien	1,085
Dänemark	3,154	Serbien	1,057
Deutsches Reich	2,925	Portugal	1,038
Luxemburg	2,350	Bulgarien	857
Italien	2,166	Russland	804
Griechenland	1,925	Durchschnitt	2,792

Der Weltpostverein,

durch den Berner Vertrag vom 9. Oct. 1874 begründet, später wiederholt durch neue Beitritte erweitert, umfasste 1882 809,298 Q.-Myriam.
und 800'828,937 Menschen. Schon im J. 1879 hatte das internationale
Centralbureau folgende colossalen Zahlen constatirt: Es wurden befördert
rund 8,280 Millionen Briefsendungen, darunter 4,900 Mill. Briefe und
Postkarten, oder täglich mehr als 13 Mill., das Uebrige Drucksachen.
Waarenproben, Geschäftspapiere und Zeitungen. Auf Europa, den
kleinsten Erdtheil, entfallen die meisten Sendungen, 5,624 Mill., dann
folgen Amerika mit 2,366 Mill., Asien mit 205', Australien mit 73'
und zuletzt Afrika mit nur 12 Mill. Sendungen. Im Durchschnitt entfallen
auf jeden Menschen (die Bevölkerung der Erde zu 1,400 Mill. Menschen
gerechnet, was indess zu viel ist, siehe S. 359) 5,₉ Sendungen, und zwar
3,₅ Briefe und Postkarten und 2,₄ Drucksachen u. s. w. Deutschland
nimmt mit seinen 1,200 Mill. Sendungen einen der ersten Plätze ein:
es wird nur übertroffen von England mit 1,587 Mill. Stück. Bezüglich
der Postkarten behauptet Deutschland mit 123 Mill. sogar den ersten
Platz. England folgt erst mit 114'; auch mit 4 Mill. Postreisenden und
63'₆ Postpacketen steht Deutschland obenan: endlich hat Deutschland
die meisten Briefkästen, nämlich damals schon 55,030 (Ende 1881 schon
59,791) Stück aufgestellt. 28,₂ Briefsendungen kamen durchschnittlich
auf jeden Deutschen, und zwar 15,₉ Briefe und Postkarten und 12,₁

Drucksachen u. s. w. Die Engländer (36,₃ . die Schweizer (23,₂ und die Niederländer (16,‚ übertreffen uns noch bezüglich der Briefe und Postkarten. Am wenigsten correspondiren die Serben. Türken und Bulgaren, auf diese entfällt durchschnittlich nicht einmal eine Sendung pr. Kopf.

Ausbeute von Bergproducten.

a. Edelmetalle. Die Goldausbeute begann in Californien 1848, in Australien 1851. Eine neue Berechnung des Ertrages derselben liegt aus dem Anfange des Jahres 1883 vor von dem Münzdirector der Vereinigten Staaten, Burchard, gleichzeitig eine Schätzung vom Professor Soetbeer, sonach von zwei hervorragenden Autoritäten. Darnach ist folgende Tabelle aufgestellt:

Jahr Durchschnitt	Gold			Silber		
	nach Soetbeer		nach Burchard	nach Soetbeer		nach Burchard
	Gewicht Kilgr.	Werth Mill. M.	Mill. M.	Gewicht Kilgr.	Werth Mill. M.	Mill. M.
1851—1870	195,150	544,5	—	1'057,835	150,4	—
1871—1875	170,675	476,2	—	1'969,425	354,5	—
1876	171,453	479,1	—	2'364,724	425,6	—
1877	182,835	510,1	476,6	2'427,650	437,0	360,4
1878	183,656	512,4	500,0	2'602,552	468,5	358,5
1879	159,500	445,0	457,0	2'556,933	460,2	403,9
1880	160,000	446,4	447,0	2'400,000	432,0	397,1
1881	(162,000)	(452,0)	452,6	2'500,000	450,0	410,2

Die gesammten monetaren Geldvorräthe, welche Burchard tabellarisch nachweist, umfassen bei ihm auch Indien. Dieses Land wird aber, wie Soetbeer mit Recht bemerkt, besser ausser Ansatz gelassen, weil die dort übliche Thesaurirung jeden Versuch einer Schätzung höchst erschwert; so ist z. B. Soetbeer der Ansicht, dass die Angabe des Secretärs der Regierung von Indien der Wirklichkeit nahekommt, welche den wirklichen Münzumlauf Indiens mit nur 50—60 Mill. £ veranschlagt, d. i. nur etwa ein Viertel so hoch als Burchard. Ohne Indien also ist der monetare Geldvorrath gegenwärtig zu schätzen auf 14,085,₄ Mill. M. Gold, 4,904,₈ Mill. M. Silbercourant, 1,839,₆ Mill. M. Silberscheidemünze, so dass an gemünztem Silber im Ganzen 6,744,₂ Mill. M. vorhanden sein würden. d. h. einschliesslich der bei jedem Währungssystem unentbehrlichen Scheidemünze weniger als die Hälfte des gemünzten Goldvorrathes.

Es sei hier nur noch eine Tabelle hinzugefügt, in welcher Soetbeer Gold-, Silber- und Papiergeld der wichtigsten Länder auf den Kopf der Bevölkerung nach Mark berechnet:

Länder	Gold	Silber	Gold und Silber	Ungedecktes Papiergeld	Metallgeld und Papiergeld
Vereinigte Staaten . . .	47	17	64	36	100
Grossbritannien	71	11	82	6	88
Frankreich	99	70	169	11	180
Belgien	78	45	123	35	158
Italien	21	10	31	18	49
Schweiz	30	22	52	13	65
Deutschland	36	20,5	56,5	7	63,5
Niederlande	30	58	88	35	123
Schweden und Norwegen .	14	3	17	12	29
Dänemark	20	9	29	23	52

Länder	Gold	Silber	Gold und Silber	Ungedecktes Papiergeld	Metallgeld und Papiergeld
Spanien	33	17	50	9	59
Russland	5	—	5	21	26
Oesterreich-Ungarn . . .	4	6	10	25	25

Das Kilogramm reines Gold wird in Frankreich zu 3,444 Fr. 44 Cent., das Kilgr. reines Silber in 5-Francsthalern zu 222 Fr. 22 Cent. ausgemünzt, oder: das Kilgr. $^9/_{10}$ fein zu 3,100, das Kilgr. Silber $^9/_{10}$ fein zu 200 Fr. (kleinere Münzen als 5-Francsthaler werden in der Neuzeit wie Scheidemünze mit stärkerer Legirung, nämlich nur noch mit einem Feingehalte von $^{835}/_{1000}$ hergestellt). In Deutschland wird nach dem Reichsgesetze vom 1. December 1871, welches die Einführung der Goldwährung bestimmt, das Pfund Gold fein mit Beigabe von $^1/_{10}$ Kupferlegirung, zu 139$^1/_2$ Zehn-Markstück ausgeprägt (im Werthe von 3$^1/_3$ bisherigen Vereinsthalern). Nach der auf dem Princip der Silberwährung beruhenden früheren Münzconvention wurde das Zollpfund feines Silber ausgeprägt zu 30 Thalern, oder 45 österreich. oder 52$^1/_2$ rhein. Gulden.

b. **Unedle Metalle und Mineralien.** Stahlproduction der Erde. Nach einer kürzlich in »La Houille« veröffentlichten Statistik hat England gegenwärtig 23 Stahlwerke mit 115 Convertern und einer jährlichen Productionsfähigkeit von 1'460,000 Tonnen. Belgien ferner besitzt 4 Stahlwerke mit 18 Convertern und einer jährlichen Productionsfähigkeit von 380,000 T. Oesterreich-Ungarn 14 Werke mit 36 Conv. und 632,000 T. Productionsfähigkeit, Deutschland 23 Stahlwerke mit 80 Convertern und 1'300,000 T. Productionsfähigkeit, Russland 5 W., 10 Conv.. 100,000 T., Schweden 35 Conv. mit 80,000 T.; endlich die Vereinigten Staaten von Nordamerika 34 Conv. mit 1'500,000 T. Productionsfähigkeit pro Jahr. Diese Statistik betrifft die gewöhnliche Bessemermethode. Was das Thomas-Gilchrist'sche Entphosphorungsverfahren angeht, so wurden im October 1882 nach dieser Methode in Deutschland von acht Firmen 25,170 T. Stahl erzeugt, in England dagegen producirte die einzige das Verfahren anwendende Firma Bolckow, Vaughan und Comp. 2,500 T. In Belgien ferner producirte eine Firma 1,687 T.; in Russland ebenfalls eine Firma 1,270 T., in Frankreich endlich ebenfalls ein Werk 1,240 T., ausserdem noch Werke in Luxemburg. Es wurden sonach im October 1882 auf 15 Werken im Ganzen 46,537 T. Stahl nach dem basischen Verfahren erzeugt. Letztere Zahl ist jedenfalls ein Beweis dafür, dass das Entphosphorungsverfahren noch lange nicht diejenige Ausdehnung gewonnen hat, welche man ihr vor einigen Jahren prognosticiren zu müssen glaubte.

Quecksilber. Gehe (Bericht v. April 1882) gibt die Production folgendermassen an (Flaschen):

	1881	1880	1879	1878	1877	1876	1875
Spanien . . .	44,989	45,322	42,672	41,413	41,900	41,900	44,000
Italien	3,741	2,459	3,212	3,322			
Oesterreich . .	12,600	12,600	14,000	12,000	13,000	12,500	12,500
Californien . .	53,000	59,926	73,684	63,880	79,396	75,074	50,250
Zus.	114,330	120,307	133,568	120,615	134,296	129,474	106,750

Kohlenproduction. Nach einer Berechnung des *Foreign Office of the Consular Reports* Englands betrug die Production der Steinkohlen schon im Jahre 1879 in:

Grossbritannien	133'720,393 Tonnen
Vereinigte Staaten Nordamerika's	60'850,000 -
Deutschland	42'031,726 -
Frankreich	17'104,845 -
Belgien	15'447,292 -
Oesterreich-Ungarn	5'378,604 -
Summa	274'532,860 Tonnen
aller übrigen Länder nach dem Durchschnitt der letzten Jahre etwa	10'000,000 Tonnen

Somit fällt also fast die Hälfte der ganzen Kohlenproduction der Welt auf England. Bei Calculirung der jetzigen billigen Preise repräsentirt also die Kohlenproduction der Erde jährlich 1½ bis 2 Milliarden Mark und beschäftigt der Kohlenbergbau etwa 1 Million Arbeiter, resp. ernährt etwa 4 Millionen Menschen.

Petroleum. Schon die alten Griechen kannten und benutzten in beschränkter Weise das Petroleum. Aber erst im Jahre 1859 erschloss E. L. Drake bei der Stadt Titusville in Pennsylvanien die erste künstliche Oelquelle und seitdem sind in einem dortigen Landstriche an die 70,000 Bohrlöcher von zusammen mehr als 200 deutschen Meilen Länge gebohrt worden. Die Bohrlöcher erreichen meistens Tiefen von 1,000 bis 1,500 Fuss. Die Gesammtproduction des nordamerikanischen Petroleums im Jahre 1880 betrug 20'100,903 Barrels à 163½ Liter. Röhrenleitungen von über 3000 engl. Meilen Länge führen das Oel. 12,000 Dampfmaschinen sind bei der Gewinnung thätig. Die Bohrlöcher liefern theils das Oel durch beständigen Ausfluss, theils durch Pumpwerke. Die meisten Petroleumarten müssen erst gereinigt werden. Der Werth des Petroleums hängt zumeist von seinem specifischen Gewichte ab. Den Reinertrag der nordamerikanischen Production schätzt man heute auf 170 Millionen Mark pro Jahr, woran die deutsche Einfuhr mit 70 Millionen participirt. Dies übertrifft bei weitem die Erträgnisse aller Gold- und Silberbergwerke des ungeheuren Landes. Die Petroleum-Industrie zeigt, was die unternehmende Thatkraft eines Volkes aus einer Erfindung machen kann. Sie zauberte Fabriken, Städte und Eisenbahnen aus der Erde, nahm hunderttausend Hände in Dienst, förderte den Handel und die Schiffahrt, bereicherte die Wissenschaft und schuf neue Producte und zahlreiche Nebenindustrie.

Sonstige besonders wichtige Natur- und Industrieproducte.

1) Getreide. Der unermüdliche Beobachter und Rechner Professor v. Neumann-Spallart hat in seinen »Uebersichten der Weltwirthschaft«, Jahrgang 1880, folgende Berechnung der europäischen Getreideproduction in Mill. Hectoliter gegeben:

	Jahr	Weizen u. Spelz	Roggen	Gerste	Hafer	Mais	Buchweizen und Gerste
Russland	1879	60,4	199,8	44,4	189,8	?	58,9
Deutsches Reich . .	1879	35,9	76,4	32,6	94,2	?	2,6
Frankreich	1879	82,1	19,2	16,2	74,3	7,0	13,7
Oesterreich-Ungarn .	1879	31,2	31,5	22,8	44,5	30,2	7,7
Grossbritannien u. Irland	1879	19,6	?0,6 ?34,0	?62,0		(?)	?
Italien	1876	51,8	9,6		8,2	31,1	5,6
Spanien	?	61,1	11,6	27,8	4,5	13,2	?

	Jahr	Weizen u. Spelz	Roggen	Gerste	Hafer	Mais	Buchweizen und Gerste
Untere Donauländer .	1876	25,8	5,5	16,1	3,5	31,1	1,1
Dänemark	1879	1,7	4,9	7,1	10,2	—	0,2
Schweden	1879	1,2	6,8	5,1	15,6	—	1,9
Belgien	1878	5,2	5,6	1,3	8,3	?	?
Niederlande . . .	1878	2,0	3,5	1,4	4,0	?	1,2
Portugal	1877	2,7	2,2	· 0,1	0,4	6,2	?
Norwegen	1875	0,1	0,4	1,6	3,2	—	0,7
Griechenland . . .	1875	1,6	0,0	0,8	0,0	1,1	0,6
Zusammen . . .		385,3	372,8	216,1	521,7	120,8	94,2

In den aussereurop. Staaten gestaltet sich das Ergebniss wie folgt:

	Jahr	Weizen u. Spelz	Roggen	Gerste	Hafer	Mais	Buchweizen und Gerste
Ver. Staaten von Nord-amerika	1879	169,4	7,9	13,4	124,9	541,3	4,8
Britisch-Ostindien *).	1877	105,0	?	?	?	?	?
Canada	1875	13,2	2,5	?	18,7	1,2	?
Australasien . 1878—1879		9,4	—	0,6	4,3	2,2	?
Aegypten	1879	7,5	—	0,9	—	4,6	?
Chile	1879	14,1		20,8	—		?
Algier	1877	4,9	0,0	7,7	0,7	0,1	0,5
Japan	1874	4,0	—	10,0	—	—	?12,0
Zusammen . . .		327,5	10,4	41,4(?)	148,6	549,4	17,3
Totale in den europäischen u. aussereuropäischen Ländern .		712,8	383,2	257,5	670,3	670,2	111,5

2) **Baumwolle.** Von allen Agriculturproducten findet die Baumwolle
nach dem Getreide die ausgedehnteste Benutzung. Der Verbrauch derselben in Indien und China — diesen Ländern, welche beiläufig die
Hälfte der gesammten Menschenzahl umfassen, und deren Bevölkerung
sich zum Theil ausschliesslich in Baumwolle kleidet — lässt sich kaum
annähernd schätzen. Ist aber die Baumwollbekleidung im Orient seit
uralten Zeiten eingebürgert, so gewann sie dagegen in Europa nur langsam Boden. Unsere Voreltern pflegten sich in Flachs und Schafwolle zu
kleiden, die beiden Webstoffe des Nordens; Seide wurde nur als kostbare
Verzierung verwendet. Erst im 16. Jahrh. tritt bei uns die Baumwolle
auf, von Italien kommend, wo Venedig der Stapelplatz des Rohmaterials
und die oberitalienischen Städte Sitze bedeutender Fabrication wurden.
Gleichwohl ging der jetzige colossale Baumwolleverbrauch in Europa nicht
von Asien, sondern — in entgegengesetzter Richtung — von Amerika aus.

Die gesammte Baumwolleproduction auf der ganzen Erde (Vereinigte
Staaten, Indien, China, Aegypten, Centralasien, Levante, Brasilien,
Westindien etc.) wird für normale Jahre rund auf 45 Mill. Zollcentner
geschätzt. Davon werden durch die einheimischen Bevölkerungen der
Productionsländer etwa 20 Mill. mit der Hand versponnen, während gegen 25' in die Verarbeitung der europäischen und nordamerikanischen Ma-
schinenspinnereien übergehen. Die Vereinigten Staaten verbrauchen für
Hand- und Maschinenspinnerei zusammen etwa 5 Mill. Centner. Vor
dem amerikanischen Bürgerkriege stammten wenigstens zwei Drittheile
der in den europäischen Verkehr gebrachten Rohbaumwolle aus Nordamerika, mit einem Geldwerthe, welcher dem der californischen und
australischen Goldausbeute mindestens gleich kam. Dieser Bürgerkrieg

---

*) Nach »Ostasien im Welthandel« betrug die Weizenausfuhr Ostindiens
1881 82 19'863,520 Ctr., werth 86'041 Mill. Rupien, und 1872/83 14'151,765 Ctr.,
werth 60'713 Mill. Rupien.

brachte eine ungeheure Störung hervor. Natürlich litten unter derselben nicht blos die Productionsländer, sondern ebenso alle diejenigen Länder, in denen die Baumwollefabrication Wichtigkeit besass, besonders England. Der Baumwolleanbau ward nun in verschiedenen Gebieten in früher nicht geahnter Ausdehnung betrieben, namentlich in Ostindien und Aegypten. In diesen Ländern ist dadurch ein Zufluss von Metallgeld veranlasst worden, der zu einer Art socialer Revolution führte.

Anlässlich der Eröffnung der schweizerischen Landesausstellung in Zürich, 1883, hat die Firma Geilinger und Blum in Winterthur eine interessante Zusammenstellung der wichtigsten Daten der Baumwoll-Statistik veröffentlicht. Danach betrug die Totalversorgung mit Baumwolle in den Vereinigten Staaten, England und dem Continent im J. 1842/43 2'894,000 Ballen, und stieg bis zum Jahre 1881/82 auf 8'043,000 Ballen, nachdem im vorhergehenden Jahre die grösste Versorgung mit 8'454,000 Ballen stattgefunden hatte. Von den Productionsländern participirten die Vereinigten Staaten an obiger Versorgung im J. 1842/43 mit 2'394,000, 1881/82 mit 5'435,000 Ballen. Die grösste amerikanische Ernte ergab das Jahr 1880/81 mit 6'580,000 Ballen, während der europäische Import amerikanischer Baumwolle in dem Kriegsjahre 1861/62 mit der winzigen Ziffer von 44 Ballen aufgeführt wird. Die Baumwoll-Ausfuhr Aegyptens stieg von 944 Cantars (1 Cantar = 44$\frac{1}{2}$ Kg.) im Jahre 1821/22, auf 2'826,036 im J. 1881/82. Ferner wurden von indischer Baumwolle im J. 1865 1'537,878 Ballen, in den Jahren 1878 und 1879 nur 856,000 resp. 931,000 Ballen und 1882 1'741,839 nach Europa verschifft. Das mit Baumwolle bepflanzte Terrain der Vereinigten Staaten wird für das Jahr 1880/81 mit 15,951, für 1881/82 mit 16,711 und für 1882/83 mit 16,277 Acres beziffert. Der Durchschnittsertrag per Acre wird für 1880/81 auf 201 Pfund und für 1881/82 auf 155 berechnet. Die Ablieferungen von Baumwolle an den Consum betrugen 1842/43 in den Vereinigten Staaten, England und dem Continent zusammen 2'514,000 Ballen, während das Jahr 1881/82 die vorher nicht erreichte Ziffer von 8'338,000 aufweist. Die Zahl der Spindeln wird für den ganzen Erdball mit 76'685,000 und deren Durchschnittsverbrauch an Baumwolle auf 49 Pfd. engl. per Jahr, somit auf 9'396,000 Ballen (à 400 Pfd. englisch) angegeben. Die Spindelzahl Englands wird nach den neuesten Schätzungen auf 41 Millionen beziffert, während der Continent zusammen nahezu 22 Mill., die Vereinigten Staaten von Nordamerika 11,3 Mill., Südamerika 800,000 und Indien 1,6 Mill. Spindeln besitzen. Von den einzelnen Ländern des Continents zeigen Frankreich mit 5 Mill. und Deutschland mit 4,9 Mill. bezüglich der Zahl der Spindeln zwar nur wenig Unterschied, der sich jedoch in dem Jahresverbrauch von Baumwolle in erheblichem Maasse geltend macht, indem der Verbrauch Deutschlands auf 58 Pfund, dagegen jener Frankreichs nur auf 48 Pfund per Spindel berechnet wird. Der weitaus höchste Jahresverbrauch per Spindel wird für Indien mit 102 Pfd. angegeben, dem alsdann Schweden und Norwegen mit 84, Italien mit 70 Pfd. Jahresverbrauch per Spindel sich anreihen. Die niedrigste Verbrauchsziffer von 26 Pfd. per Spindel zeigt die Schweiz, während England mit 35$\frac{1}{2}$ Pfund die nächste Stelle einnimmt. Bezüglich der stattgehabten Preisfluctuationen entnehmen wir den ausführlicheren Angaben des citirten Werkchens, dass die Preise amerikanischer Baumwolle (middling Orleans) in dem Zeitraume von 1842—1882 zwischen $3^1/_2$ und $31^3/_4$ pence variirten. Der niedrigste Preisstand wird für das Jahr 1848 angegeben, der höchste dagegen während des amerikanischen Krieges im Jahre 1863 erreicht. Der Durchschnittspreis der letzten 5 Jahre stellt sich auf $6,_{11}$ d. Die Notirungen ägyptischer Baumwolle erfuhren in dem Zeitraume von 1823—1882 zwar nicht gleich grosse, doch immerhin sehr ansehnliche Schwankungen. Die Durchschnittspreise der Saison variirten zwischen $5^7/_6$ d. (1843/44) und $27^3/_8$ d. (1864/65), während der Durchschnittspreis der letzten 5 Jahre sich in Liverpool auf $7,_{44}$ d. stellte.

3) **Wolle.** Die europäische Production reicht längst nicht mehr für den Bedarf. Der Weltmarkt für Wolle ist Liverpool. Nach dem »Deutschen Handelsarchiv« erreichte die Einfuhr von Colonialwolle in England im Jahre 1880 eine vorher noch nicht gekannte Höhe. Dieselbe betrug 1'057,259 Ballen im Werthe von 539'407,950 Frcs. gegen 1879 mehr 53,624 Ballen im Werthe von 36'710,375 Frcs. Von Australien allein gelangten 863,801 Ballen, und vom Caplande 193,458 Ballen auf die englischen Märkte. Dieses Gesammtquantum von mehr als $1^1/_2$ Million Ballen zeigte eine ungemein grosse Vermehrung gegenüber der Einfuhr aus den nämlichen Erzeugungsländern im Jahre 1860, welche nicht über 240,000 Ballen betrug, und derjenigen des Jahres 1870, welche 680,000 Ballen ausmachte. Die Zunahme war für die letzten 10 Jahre 35 %, und für die vergangenen zwanzig Jahre $77,_2$ %; die Einfuhr roher Wolle jeder Herkunft ergab für das Jahr 1880 219 Millionen Kilogramm im Werthe von 604 Mill. Franken, welche Summe sich auf die verschiedenen Productionsländer folgendermassen vertheilt: Australien 136 Mill. kg., werth 458' Fr., Capland 23' kg., 81' Fr., Europa 24' kg., 62' Fr., Ostindien 13' kg., 28' Fr., verschiedene Länder 11' kg., 25' Fr. Die Ausfuhr von Wolle aus Grossbritannien erreichte im Jahre 1880 einen Werth von 300' Fr.; es gingen nämlich nach: Frankreich und Belgien 71' kg., 240' Fr., Deutschland 19' kg., 74' Fr., den Vereinigten Staaten 14' kg., 32' Fr., nach verschiedenen anderen Ländern 4 Mill. kg. im Werthe von 13 Mill. Fr. *)

Vor 44 Jahren betrug die Wollschur in den Vereinigten Staaten 42 Mill. Pfd. und vor 20 Jahren 60' Pfd. Der Krieg steigerte die Anforderungen, und das Land war im Stande der Nachfrage zu entsprechen, so dass die Wollproduction sich 1866 auf 147' Pfd. steigerte; 10 Jahre später betrug sie 208' Pfd. Aber nicht nur das Product wurde in so merkwürdigen Proportionen gesteigert, auch die Güte des Artikels hat zugenommen. Im Jahre 1809 rechnete man, dass ein amerikanisches Schaf $9^1/_3$ % seines Gewichtes in ungewaschener Wolle ergab. Seitdem wurde die Zucht veredelt und jetzt beträgt das Product $27,_3$ %, veredelte Schafe geben jährlich 30—34 Pfd. Wolle.

4) **Rohseide.** Das franz. Syndicat der Seidenhändler bezifferte die Production folgendermassen:

---

*) Wir geben die vorstehenden Zahlen nach dem »Deutschen Handelsarchiv«, in Ermangelung verlässigerer Notizen, müssen aber bemerken, dass dieselben unter sich nicht stimmen und insbesondere vielfach zu niedrig zu sein scheinen.

1882	9'787,000 Klgr.		1877	8'390,000 Klgr.
1881	9'495,000 -		1876	6'023,000 -
1880	10'577,000 -		1875	9'671,000 -
1879	8'172,000 -		1874	10'074,000 -
1878	9'098,000 -		1873	8'603,000 -

Eine andere Schätzung hatte für 1879 ergeben:

Frankreich, einschliesslich Algier 376,460 kg., ganz Europa 1'746,460
Levante 640,000
Der übrige Orient . . . . 5'856,000

Zusammen 8'242,460
Vorjahr 9'100,370

Dabei (1878) erschienen Frankreich mit 608,000 kg., Corsica und Algier 1,370, Italien 2'666,000, Spanien 55,000, Türkei 149,000. Syrien 165,000, Griechenland 10,000, Georgien, Persien und Korassan 200,000, China (Ausfuhr von Shanghai) 3'025,000, (Ausfuhr von Canton) 938,000, Japan (Ausfuhr von Yokahama) 925,000, Ostindien (Ausfuhr von Calcutta) 358,000 kg.

5) **Zucker.** Man behauptet, der Zucker sei in Mitteleuropa durch die Kreuzfahrer allgemein bekannt geworden. Indess erreichte der Bedarf zu Anfang des vorigen Jahrhunderts in unserm ganzen Erdtheile wol kaum die Ziffer von einer Million Centner, während Grossbritannien allein dermalen mehr als zwanzigmal so viel consumirt. Die Zuckereinfuhr in Europa wird für das Jahr 1730 auf 2,4 Mill. Cntr. geschätzt, für das Jahr 1800 auf 6', für 1830 auf 10'8. Der Verbrauch stieg 1852 auf 17', wovon 3½' Rübenzucker, 1870 schon auf 40' Cntr.. wovon fast die Hälfte aus Rüben bereitet.

Was zunächst den Rohrzucker betrifft, so wird die Gesammtproduction, ungerechnet die in den ostasiatischen, australasischen und amerikanischen Ländern erzeugten und daselbst consumirten Quantitäten, auf etwa 35—36 Mill. Zollcentner geschätzt, wozu liefern:

1) Spanische Besitzungen:		3) Französische:	
Cuba und Puerto-Rico	14'000,000	Westindien	1'600,000
Manila	2'600,000	Réunion	700,000
2) Englische:		4) Holländische:	
Westindien	2'700,000	Java	2'600,000
Guyana	1'600,000	Antillen	500,000
Mauritius	2'400,000	5) Brasilien	1'800,000
		6) China	1'500,000
		7) Aegypten	980,000

Ausserdem erzeugen die Verein. Staaten, Canada und Australasien 2—3 Mill. Cntr. Ahorn- und etwa ebensoviel Palmenzucker.

Weit wichtiger als diese letzten ist die **Runkelrübenzucker**-Production geworden. Die neuesten Schätzungen des Licht'schen Berichtes veranschlagen die continentale Rübenzucker-Production so (Cntr.):

	1880/81	1881/82	1882/83
Deutsches Reich	11'384,463	12'115,508	16'000,000
Frankreich	6'672,280	7'865,350	8'400,000
Oesterreich-Ungarn . . .	9'961,637	8'220,400	9'500,900
Russland und Polen . .	5'000,000	5'400,000	5'600,000
Belgien	1'372,520	1'462,720	1'600.000
Holland und andere Länder	600,000	600,000	700,000
Zusammen	34'990,900	35'664,008	41'800,000

25 *

6) **Kaffee**. Nach einem Aufsatze des französ. Geschäftsträgers in Centralamerika, Dabry de Thiersant, ist dieses wichtige und vielfach wohlthätige Product im Jahre 1285 durch einen Derwisch Hadschi Omar, der sich auf einen Berg in Yemen geflüchtet, entdeckt worden. Indess währte es zwei Jahrhunderte, bis die Cultur der Pflanze zur Entwicklung gelangte; doch soll die von Yemen ausgeführte Quantität alsdann auf etwa 5 Mill. Klgr. angewachsen sein. Der Verbrauch wächst bekanntlich ununterbrochen in ganz Europa,[*] namentlich aber auch in den Verein. Staaten. Was die Ausbreitung des Getränkes in dem bisherigen Umfange ermöglichte, war wesentlich die Entwicklung des Anbaues in Brasilien: 1870/71 noch auf 2'752,881 Säcke zu 60 Klgr. beschränkt, war die Ziffer 1880/81 bereits auf 4'749,354 Säcke gestiegen (286'961,240 Klgr.); nur hegen Manche Zweifel, ob die weitere Ausbreitung auch nach Aufhebung der Sclaverei fortdauern werde. Brasilien allein exportirte schon 1879 273,000 Tonnen, abgesehen von einem auf 60,000 T. geschätzten eigenen Verbrauche.

Nach Brasilien ist Niederländisch-Indien das am meisten Kaffee erzeugende Land. Es war im J. 1690, dass es Van Horn, nicht ohne Mühe gelang, Samen aus Arabien zu verschaffen. Im J. 1877 hob sich die Ausfuhr aus Java auf 72'606,200 Klgr., sank im nächsten Jahre auf 56'706,900. um 1879/80 wieder auf 77'505,388 sich empor zu schwingen. Seit 1876 haust indess daselbst verheerend die *Hemileya vastrix*. — In Englisch-Ostindien, Ceylon, Singapore etc. hat der Anbau in den letzten 25 Jahren einen Aufschwung bis zu mehr als 65 Mill. Klgr. erlangt. (Seitdem etwas Rückgang.) Fast überall, auch auf dem Cap und Port Natal, ist die Anbauweise bedeutend verbessert worden.

Die Production von Havana ist sehr zurückgegangen, auch auf Porto-Rico. Die Philippinen dagegen lieferten 1879 4$^1/_2$ Mill. Klgr., meist nach Spanien.

Ein kaffeereiches Land ist Haïti, doch nur mit 25 Mill. Klgr. Ausfuhr. Auf Jamaica sank in Folge Aufhebung der Sclaverei der Export auf 9—10 Mill. Columbia lieferte 1878/79 7'615,000 Klgr.

Auf Martinique, wo die Pflanzung 1720 begann, und auf Guadeloupe, dann auf Guiana, schadete die Aufhebung der Sclaverei der Production ebenfalls.

In Centralamerika soll die Production 1855—78 von 3$^1/_2$ auf 32$^1/_2$ Mill. Klgr. gestiegen sein.

---

[*] Der Kaffeegenuss in Europa ist zuerst in Venedig um das Jahr 1615 constatirt, sodann in Marseille 1654; drei Jahre später erhielt man zu Paris Kunde davon durch den Reisenden *Thévenot*; von 1669 an wurde das Kaffeetrinken daselbst zur Modesache, nachdem der türkische Gesandte das Getränk seinen Gästen hatte vorsetzen lassen; das erste Kaffeehaus wurde in der franz. Hauptstadt 1672 errichtet. — Nicht viel älter ist der Theegenuss (s. unten) in Europa. In China und Japan zwar kam er schon im 5. Jahrh. vor, und um das Jahr 600 ward dort bereits eine Steuer davon erhoben. Nach Europa gelangte der Thee, als die an einen Khan gesendete russische Gesandtschaft unter *Starkow* mit einem Geschenke von 200 Packeten Thee (zu $^5/_4$ Pfund russ.) für den Zaaren zurückkehrte. Von Moskau, wo der Theegenuss Anklang fand, verbreitete sich derselbe weiter nach Westen.

In den Gegenden von Mozambique, dann auf den Cap-Verde-Inseln, in Nieder-Guinea, Zanzibar und Liberia gedieh der Anbau ebenfalls.

Die 4 grossen Kaffeeproductionsländer sind Brasilien, Java, Sumatra und Ceylon, ganz besonders das erstgenannte. Das berühmte Mokka soll nur noch 8—9,000 Cntr. jährlich produciren. P. Smith berechnete die gesammte Kaffeeernte für 1855 bereits auf 330'165,000 Klgr., für 1865 auf 421'950,000 und für 1876—79 durchschnittl. auf 490'640,000 Klgr. Ein Hr. van der Bergh schätzte den jährl. Verbrauch in einem holländ. Handelsblatte folgendermassen (pr. Kopf) :

Norwegen	3,96 Klgr.	Oesterreich	1 Klgr.
Schweden	2,77 -	Italien	0,47 -
Dänemark	2,57 -	Spanien	0,16 -
Russland	0,106 -	Portugal	0,345 -
England	0,45 -	Griechenland	0,75 -
Niederlande	8,12 -	Vereinigte Staaten	3,75 -
Belgien	4,14 -	Canada	0,26 -
Deutschland	2,39 -	Capcolonie	3.50 -
Schweiz	3,02 -	Natal	2 -
Frankreich	1,38 -		

7) **Thee.** Ausser China und Japan kommt in der jüngsten Zeit auch Ostindien als Exportland in Betracht. England importirte schon 1877/78 157 Mill. Pfund aus China und Japan und 33 Mill. aus Indien. Wieviel die Ausfuhr aus den oben genannten Ländern nach Nordamerika und Russland (Landweg) betrug, ist uns nicht bekannt. v. Neumann-Spallart hat indess in überraschender Weise gezeigt, dass der Theeexport aus China und Japan abgenommen, dagegen der aus Britisch-Ostindien gewaltig gestiegen ist (1880/81 46'413,510 auf 57'766,235 Pfd. 1882/83; Erlös im ersten Jahre 30,5 Mill. Rupien, im letzten 37,0.

8) **Wein.** Die Verheerungen der Phylloxera haben die Schätzungen der Production sehr erschwert. Früher nahm man für ganz Europa durchschnittlich etwa 86 Mill. Hectol. an. Was zunächst Frankreich, das wichtigste Weinland betrifft, so hob sich die Production 1881 zwar wieder auf 34,14 Mill. Hectol., blieb damit aber um 15' hl. hinter einer sonstigen Mittelernte zurück (s. S. 103). Italien erzeugte 1882 gegen 32' hl. Die Production Oesterreich-Ungarns ward früher durchschnittl. zu 18' hl. veranschlagt. Spanien, das (ebenso wie Italien) 1882 eine ausgezeichnete Weinernte hatte, konnte 1'940,000 hl. exportiren (s. S. 247, wobei zu ergänzen: 625,145 hl. nach Frankreich). Die durchschnittl. Production Deutschlands nehmen wir zu 3,7 Mill. hl. an; die Portugals zu 3,5, der Schweiz zu 1, die Griechenlands zu 0,3, die Südrusslands zu 0,1 Mill. hl.

9) **Hopfen.** Wir besitzen keine neuere Berechnung als die folgende von 1879:

	Areal	Durchschnittl. Production	Inländische Consumtion
Deutschland	38,000 Hectar.	480,000 Cntr.	330,000 Cntr.
Grossbritannien	25,600 -	380,000 -	550,000 -
Oesterreich-Ungarn	8,000 -	90,000 -	110,000 -
Belgien	6,500 -	90,000 -	16,000 -
Frankreich	4,000 -	86,000 -	80,000 -
Uebriges Europa	600 -	8,000 -	40,000 -
Zus. Europa (rund)	83,000 Hectar.	1'130,000 Cntr.	1'130,000 Cntr.
Nordamerika	17,000 -	250,600 -	250,000 -
Australasien	500 -	6,000 -	..... -

10) **Bier.** Die Production hat neuerdings stark zugenommen. Eine neue Aufstellung (bezüglich der wir jedoch unsere Mittheilungen bei Deutschland und Oesterr.-Ungarn zu vergleichen bitten) entziffert rund 140 Mill. Hectol., nämlich in:

	Mill. Hectol.	Proc. der Ge- sammtproduction
Grossbritannien	49	35
Deutschland	38	27
Amerika	15	10,7
Oesterreich-Ungarn	12	8,6
Frankreich	8	5,7
Belgien	7,5	5,4
Europäisches Russland	4	2,9
Niederlande	2	1,4
Dänemark	2	1,4
Schweden	1,5	1,1

Auf diese Staaten entfallen somit 99¼ % der gesammten Bierproduction der Erde. Die Bierproduction Oesterreich-Ungarns betrug im Jahre 1881 11'985,807 Hectol., wovon 11'530,280 auf die westliche und 455,527 auf die östliche Reichshälfte entfielen. Die seitens der Staatsverwaltung eingehobene Steuer betrug in Oesterreich-Ungarn für das erwähnte Productions-Quantum von 11,99 Mill. Hectol. 22,18 Mill. Gulden, dagegen im deutschen Reiche für ein Productions-Quantum von 38,5 Mill. Hectol. (wovon 11,6 Mill. auf Bayern entfielen) 19 Mill. Mk. Der grösste Bierconsum per Kopf der Bevölkerung ist in Bayern und Württemberg, hieran reihen sich England, Belgien, Sachsen, Oesterreich, Amerika etc.

11) **Tabak.** Aus Oesterreich (daher unten die Berechnung in Gulden) kommt uns folgende Berechnung zu*): Als erster Productionsstaat des Tabaks steht Russland an der Spitze mit 71,900 Mill. Kilogr., während die Vereinigten Staaten 290 Mill., Oesterreich-Ungarn 61'751, Deutsches Reich 29'863 und Frankreich 15'371 Kilogr. aufweisen. Italien producirt 4', Niederlande 3', Rumänien 2', Belgien über 1',7 Schweiz 0,7, Serbien 0',5, Finnland 0',2, Schweden 0',145 und Dänemark 0',126 Klgr. Hierzu kommen noch als hochbedeutende aussereuropäische Productionsstaaten Ver. Staaten 600, in Mittel-Amerika: Cuba, dessen Production an eigenem Tabak wohl seit Jahren im Vergleiche mit seinem Exporte abgenommen hat: Portorico, San Domingo, die franz. und engl. Colonieen; dann in Südamerika: Columbia, Peru, die Argentinische Republik, Brasilien, Ecuador, Bolivia, Mexico und San Salvador mit (für Mittel- und Südamerika zusammen) rund 150 Mill. Kilogr. jährlicher Production; ferner in Asien: Japan, China, Ostindien, Persien und Syrien mit jährlich etwa 356' Kilogr.; endlich in Afrika: Algier und Aegypten mit zus. 25' Kilogr., welche mit den obigen Productionsziffern von 482'35 Kilogr. eine Totalerzeugung von mehr als 1,600 Mill. Kilogr. Tabak ergeben, wobei noch zu berücksichtigen ist, dass zum grössten Theil der eigene Consum der orientalischen, westindischen, süd- und mittelamerikanischen und afrikanischen Völkerschaften nicht in Anschlag gebracht ist. Was den

---

*) Die Liste bedarf jedoch einer strengen Revision. So betrug die Ernte in Deutschland 1881/82 nicht 29'863, sondern 61'353 T. in getrockneten Blättern.

Tabaksconsum anlangt, so beträgt der Werth der Exportmengen in den Verein. Staaten 56'$_{23}$ Mill. Gulden, Cuba 26'$_4$, Deutsches Reich 11', Brasilien 7'$_{735}$, Türkei 6', Oesterreich-Ungarn 5'$_{367}$, Columbia 4'$_{26}$, San Domingo 4', Portorico 3'$_6$, Philippinen 2'$_9$, Russland 2'$_{47}$, Britisch-Ostindien 0'$_{958}$, Japan 0'$_{496}$, Peru 0'$_{437}$, China 0'$_{323}$, San Salvador 0'$_{13}$, Argentinische Republik 0'$_{04}$, Bolivia 0'$_{033}$ und Ecuador 0'$_{005}$ Millionen Gulden.

12) **Papier.** Deutschland besass im Jahre 1878 540 Papierfabriken und producirte 3'600,000 Ctr. Papier; Grossbritannien (1877) 374 Fabr., 3'400,000 Ctr.; Vereinigte Staaten (1876) 567 Fabr., 3' Ctr.; Frankreich (1876) 500 Fabr., 2'$_{960}$ Ctr.; Oesterreich (1878) 144 Fabr., 1'$_{596}$ Ctr.; Italien (1877) 67 Fabr., 0'$_{96}$ Ctr.; Russland (1875) 150 Fabr., 0'$_{67}$ Ctr.; Belgien (1877) 19 Fabr., 0'$_{45}$ Ctr.; Schweden-Norwegen (1876) 20 Fabr., 0'$_{27}$ Ctr.; Ungarn (1878) 28 Fabr., 0'$_{265}$ Ctr.; Spanien (1877) 17 Fabr., 0'$_{26}$ Ctr.; Holland (1876) 10 Fabr., 0'$_{144}$ Ctr.; Portugal (1876) 16 Fabr., 0'$_{12}$ Ctr.; Dänemark (1875) 5 Fabr., 0'$_{72}$ Ctr.; Schweiz (1877) 30 Fabr., 20,000 Ctr.; Canada (1876) 2 Fabr., 10,000 Ctr.; Brasilien (1876) 1 Fabr., 3,000 Ctr.; Afrika 1 Fabr., 5,000 Ctr. Auf der ganzen Erde können rund 3,000 Papierfabriken angenommen werden, welche direct 250,000 Menschen und 100,000 bei den Vorarbeiten Beschäftigung geben. Pro Kopf der Bevölkerung entfällt ein jährlicher Papierverbrauch in Kilogr.: Nordamerika 8, Grossbritannien 6, Deutschland 5, Oesterreich 4, Frankreich 3$^1/_2$, Italien 1$^1/_2$, Spanien $^1/_2$ und Russland $^1/_4$. Die Verlässigkeit der Angaben vermögen wir übrigens nicht zu controliren: jedenfalls dürften dieselben einigen Anhaltspunct bieten.

Entwicklung der Industrie,
besonders vermittelst des Dampfes.

Die folgende kleine Tabelle gründet sich auf das Werk des vielverdienten, aber zuletzt, seiner Wahrung selbständiger Ansichten wegen unbequem gewordenen Statistikers Engel »Das Zeitalter des Dampfes«. Es wurden 1880 Dampfpferdekräfte gezählt:

| Länder | In der Industrie | Im Verkehr | | Zusammen |
		in Locomotiven	in Schiffsmaschinen (ohne Kriegsschiffe)	
Deutschland . . .	1'320,647	2'859,450	179,280	4'359,377
Oesterreich	157,279	989,922	127,875	1'275,076
Italien	54,231·	?	?	?
Schweiz	20,000	228,295	?	?
Belgien	?	?	?	569,139
Frankreich . . .	492,418	2'355,993	173,093	3'024,504
Grossbritannien . .	2'000,000	3'242,000	1'744,000	6'986,000
Vereinigte Staaten .	1'987,000	4'933,500	572,400	7'492,900

Deutschland nimmt also bei dieser statistischen Heerschau der industriellen Machtstellung in jeder Beziehung die dritte Stelle, gleich hinter Grossbritannien und den Vereinigten Staaten ein, während Frankreich im Allgemeinen weit zurücksteht. Es ist das ein erfreulicher Beweis für den grossartigen Aufschwung, den unsere aufstrebende junge Industrie schon genommen hat, und zugleich eine gewichtige Ermunterung für sie, in den Anstrengungen fortzufahren, diesen Platz nicht nur zu behaupten, sondern auch auszudehnen und zu befestigen.

Möge nicht ein verkehrtes wirthschaftliches System und schon ein fortwährendes Experimentiren ohne alle Beständigkeit die Resultate gefährden, welche der Fleiss und die Verständigkeit der Nation in Jahre dauerndem Ringen erlangt hat.

Abnahme der Analphabetenzahl.

Obwol wir bei den einzelnen Ländern im Wesentlichen eine Uebersicht des vorliegenden Materials mitgetheilt haben, soll doch, angesichts der Wichtigkeit der Angelegenheit, auch eine Zusammenstellung zum Schlusse nicht fehlen, deren Daten wir den neuen Bemühungen L. Bodio's in Rom verdanken im *Censimento della Popolazione*; *Proporzione degli Analfabeti Bolletino No. 7 (3 maggio 1883)*. Bei den 3 Zählungen von 1861, 1871 und 1881 gab es in Italien, nach dem Alter der Bevölkerung, Analphabeten auf je 100 Einw. :

	1861	1871	1881	Verminderung
Von 6 bis zu 20 Jahren . .	77,16	69,05	58,67	24 %
- 20 Jahren und darüber	73,50	68,64	63,45	14

Ungarn und Siebenbürgen:

	1869	1880	Verminderung
Gesammtbevölkerung	59,85	57,14	4,5 %
6 Jahre und darüber	51,49	48,75	5,3

Croatien, Slavonien, Militärgrenze:

Gesammtbevölkerung	79,14	78,21	1 %
6 Jahre und darüber	74,60	73,65	1

Serbien: Portugal:

Gesammtbevölkerung	1866	96,0	1878	79,07
-	1874	93,0		

Vereinigte Staaten von Nordamerika, Gesammtbevölkerung:

	1870		1880	
	Weisse	Schwarze	Weisse	Schwarze
Von 10 bis 15 Jahren .	13,05	72,92	11,87	66,23
- 15 - 21 - .	9,83	78,16	7,24	62,73
- 21 J. und darüber	8,96	84,89	9,85	73,13

Den Heirathsact konnten nicht unterschreiben in Italien auf 100 Eheschliessungen:

	1866	1881
Beide Brautleute . .	69,46	59,07
Von 100 Bräutigamen	59,96	48,24
- 100 Bräuten . .	78,97	69,90

In England:		Schottland:		Irland:	
	1855	1880	1855	1878	1870	1881
Beide Brautleute . .	35,40	16,29	17,15	10,66	41,85	28,36
Von 100 Bräutigamen .	29,50	14,00	11,40	6,87	37,20	26,05
- 100 Bräuten . .	41,20	18,59	22,90	14,45	46,50	30,66

Baden:			Frankreich:	
	1875	1880	1866	1879
Beide Brautleute . .	0,09	0,07	32,54	21,52
Von 100 Bräutigamen .	0,07	0,04	26,05	16,44
- 100 Bräuten . .	0,12	0,07	39,03	26,60

Analphabeten unter je 100 Conscribirten in:

Italien	1866	64,01	Belgien	1867	26,20
	1851	47,74		1851	17,44
Deutschland	1876	2,87	Niederlande	1863/67	17,74
	1882	1,54		1877	12,82
Preussen	1863	6,12	Schweiz	1875	4,00
	1882	2,34		1883	2,30
Bayern	1876	1,79	Oesterreich (Cisleith.)	1867	66,14
	1882	0,17		1881	38,90
Württemberg	1876	0,02	Ungarn	1867	77,90
	1882	0,00		1881	50,80
Elsass-Lothringen	1876	3,45	Schweden	1874	1,90
	1882	1,28		1851	0,40
Frankreich	1865	24,00	Dänemark	1881	0,85
	1879	14,89			

Sechste Abtheilung.

Allgemein menschliche Verhältnisse.[*]

In dieser Beziehung verweisen wir, um nicht jedesmal das Gleiche sagen zu müssen, zunächst auf die in den verschiedenen Auflagen des Handbuchs mitgetheilten Erörterungen. Verweilen müssen wir dagegen bei den neuen Berechnungen des unermüdlichen Directors des ital. statist. Bureaus, Herrn L. Bodio, der, auf Grundlage der ausgedehntesten Forschungen aus der Neuzeit — meistens die Jahre 1865—1880 in den verschiedenen Culturländern umfassend — bezüglich des Wechsels im Civilstande der Bevölkerung[**] nachbemerkte Jahresdurchschnitte fand, wobei wir uns auf Mittheilung der wichtigsten Momente beschränken, indem wir sonst für diese Angelegenheit allein einen dicken Band beanspruchen müssten. Wer solche umfassende Arbeit sucht, den müssen wir auf das 1882 in Rom erschienene Werk verweisen: *Movimento dello Stato Civile. Anno XIX. 1880. Confronti Internazionali per gli anni 1865—1880 (Introduzione CDV und Tavolo 437 pag.).*

---

[*] Es ist eine treffende Bemerkung des verdienten Dr. *Engel*: »Das durch die Individuen des Volks repräsentirte Capital ist bei weitem das beträchtlichste im Staate; und das in der lebenden Generation ruhende Erziehungscapital übersteigt weit die Summe aller übrigen Capitalien. Jede Verkümmerung der physischen Beschaffenheit der Bevölkerung, der hätte entgegengewirkt werden können, ist eine Verschwendung des edelsten Capitals, der Intelligenz und der physischen Kraft der Bevölkerung, und kommt einer absoluten Capitalsvergeudung gleich.«

Sehr wahr bemerkt auch *Wappäus* (»Allgem. Bevölkerungs-Statistik«): »Wie viel Hoffnungen, wie viel Glück werden begraben mit einem frühzeitigen Tode! Eine allmählige Annäherung an das Ideal (der grössten natürl. Lebensdauer) liegt nicht ausserhalb des Bereichs des menschlichen Strebens. Jeder wahre Fortschritt einer Nation in Sittlichkeit, Wissenschaft und Kunst bringt sie ihm näher, denn eine grosse Zahl der nicht natürlichen Todesursachen sind Wirkungen negativer Culturzustände.

Vergl. auch damit die S. 372, gelegentlich Berechnung der Grösse der stehenden Heere angerufenen Bemerkungen von *Häckel* u. *Liebig* über die Wirkungen des Militarismus auf Verschlimmerung der physischen Volkszustände.

[**] Prof. *Bodio* hat mit Grund bemerkt, dass der ziemlich allgemein eingeführte Ausdruck »Bevölkerungsbewegung« unrichtig ist, da bei demselben die Bewegung der Ein- und Auswanderungen meistens unberücksichtigt gelassen werden, indem man in der Regel nur den natürlichen Wechsel im Civilstand berücksichtigt.

Heirathen. Im Mittel der Jahre 1865—80 kamen durchschnittlich auf je 10,000 Einwohner deren 75 in Italien, 79 in Frankreich, 82 in England und Wales, 71 Schottland, 49 Irland, 87 Deutschland (81 Preussen, 87 Bayern, 93 Sachsen, 90 Thüringen, 85 Württemberg, 82 Baden, 74 Elsass-Lothringen), 85 das cisleithanische Oesterreich, 101 Ungarn, 104 Croatien und Slavonien, 75 die Schweiz, 73 Belgien, 81 Holland, 66 Schweden, 69 Norwegen, 78 Dänemark, 74 Spanien, 67 Rumänien, 61 Griechenland, 114 Serbien, 80 Finnland, 99 europäisches Russland, 79 Russisch-Polen, 90 Massachusetts, 84 Vermont, 84 Connecticut, 102 Rhode Island. Es dürfte dabei zu bemerken sein, dass die Standesbuchführung in Schottland, dann noch ungleich mehr in Irland, wo ohnehin die zahlreichen Auswanderungen einwirken, eine keineswegs sehr genaue ist. Ebenso machten sich in vielen Ländern im Laufe der betr. Jahre legislatorische und sonstige Aenderungen fühlbar, z. B. 1869 in Bayern, wo in Folge Aufhebung der Ehebeschränkungen die Zahl der Heirathen von 38,077 auf 59,726 stieg, während 1870 der Krieg die Ziffer sofort wieder auf 43,232 zurückwarf, indess Frankreich statt 303,482 Eheabschlüsse im J. 1869, deren 1870 nur noch 223,705 hatte, Ziffern, die auch auf den Durchschnitt der 16 Jahre nicht unbedeutend einwirkten. Ebenso anderwärts. Anormale Ehen, bei denen z. B. 25jährige Bräutigame und 60jährige (oder selbst noch ältere) Bräute vorkommen, lassen sich beiläufig überall auffinden. Ein Eingehen auf derartige Berechnungen würde uns indess viel zu weit führen. Aus Spanien und einigen andern Ländern waren die Civilstandsregister nicht aus allen Jahren zu erlangen.

Geburten auf je 10,000 Einw. (im Mittel der Jahre 1865—80): Italien 367, Frankreich 256, England und Wales 354, Schottland 350, Irland 265, Deutsches Reich 358 (Preussen 386, Bayern 395, Sachsen 421, Thüringen 364, Württemberg 431, Baden 382, Elsass-Lothringen 343), Cisleithanien 386, Ungarn 422, Croatien-Slavonien 445, Schweiz 306, Belgien 320, Holland 358, Schweden 303, Norwegen 305, Dänemark 312, Finnland 351, Spanien 360, Griechenland 385, Rumänien 305, Serbien 425, Europ. Russland 495, Russisch-Polen 423, Massachusets 262, Vermont 211, Connecticut 236, Rode Island 237.

Uneheliche Geburten auf 100 Geburten im gleichen Zeitraume : Italien $7_{,20}$, Frankreich $7_{,34}$, England $5_{,30}$, Schottland $9_{,15}$, Irland $2_{,64}$, Deutsches Reich $8_{,71}$ (Preussen $7_{,71}$, Bayern $15_{,79}$, Sachsen $13_{,31}$, Thüringen $10_{,54}$, Württemberg $10_{,96}$, Baden $10_{,05}$, Elsass-Lothringen $7_{,11}$), Oesterreich $13_{,48}$, Ungarn $7_{,20}$, Croatien-Slavonien $5_{,22}$, Schweiz $4_{,73}$, Belgien $7_{,15}$, Niederlande $3_{,42}$, Schweden $10_{,19}$, Norwegen $8_{,54}$, Dänemark $10_{,80}$, Finnland $7_{,74}$, Spanien $5_{,72}$, Griechenland $1_{,26}$, Rumänien $3_{,99}$, Serbien $0_{,47}$, Europ. Russland $2_{,87}$, Massachusets $1_{,24}$, Vermont $0_{,86}$, Connecticut $1_{.07}$, Rhode Island $0_{,00}$.

Auf 100 Mädchengeburten kommen Knabengeburten in: Italien 106, Frankreich 105, England 104, Schottland 106, Irland 106, Deutschland 105 (Preussen 105, Bayern 105, Sachsen 105, Thüringen 105, Württemberg 104, Baden 105, Elsass 106), Oesterreich 106, Ungarn 105, Croatien 105, Schweiz 105, Belgien 105, Niederlande 103, Schweden 105, Norwegen 105, Dänemark 105, Finnland 105, Spanien 107, Griechenland 111, Rumänien 110, Serbien 106, Russland 105,

Polen 101, Massachusets 106, Vermont 105, Connecticut 110, Rhode Island 105.

Todtgeburten auf je 10,000 Geburten: Italien 267, Frankreich 446, Deutsches Reich 394 (Preussen 408, Bayern 338, Sachsen 417, Thüringen 427, Württemberg 376, Baden 330, Elsass-Lothringen 436), Oesterreich 232, Ungarn 140, Croatien-Slavonien 110, Schweiz 432, Belgien 442, Niederlande 514, Schweden 312, Norwegen 361, Dänemark 343, Finnland 292, Spanien (?) 0,99, Rumänien 193, Massachusets 293, Vermont 283, Connecticut 221, Rhode Island 375. (Wie man sieht, ist die Liste nicht vollständig.)

Todesfälle auf 10,000 Einwohner: Italien 298, Frankreich 239, England 219, Schottland 218, Irland 176, Deutsches Reich 269 (Preussen 266, Bayern 307, Sachsen 288, Thüringen 246, Württemberg 318, Baden 273, Elsass-Lothringen 260), Oesterreich 313, Ungarn 378, Croatien 419, Schweiz 235, Belgien 230, Niederlande 245, Schweden 190, Norwegen 170, Dänemark 197, Finnland 272, Europ. Russland 367, Polen 271, Spanien 307, Griechenland 211, Rumänien 267, Serbien 324, Massachusets 199, Vermont 143, Connecticut 160, Rhode Isl. 163.

Mittlere Kindersterblichkeit.

	von 0—1 J.	1—2 J.	2—3 J.	3—4 J.	4—5 J.
Italien	21,35	8,30	3,95	2,32	1,67
Belgien	17,35	5,30	2,69	1,71	1,25
Oesterreich. . .	25,58	6,14	3,35	2,21	1,77
Croatien-Slav. .	24,06	7,28	4,35	2,80	2,01
England. . . .	15,11	5,02	2,26	1,45	1,04
Schottland . . .	12,36	5,26	2,59	1,76	1,30
Irland	9,63	3,13	1,80	1,19	0,99
Preussen . . .	20,32	5,22	3,57	1,62	1,03
Bayern	31,35	4,01	1,82	1,24	0,98
Sachsen	27,63	4,67	2,14	1,40	0,82
Thüringen . . .	22,03	4,33	2,02	1,37	1,05
Württemberg . .	31,71	3,13	1,93	1,68	0,98
Baden	26,81	3,67	1,75	1,25	0,90
Elsass-Lothringen	21,20	4,47	2,03	1,29	0,87
Schweiz	18,94	3,06	1,48	1,06	. . .
Schweden . . .	13,69	3,62	2,23	1,56	1,17
Norwegen . . .	10,74	3,36	1,83	1,35	1,02
Europ. Russland .	26,54	7,52	4,06	2,54	1,87
Massachusets . .	16,30	5,29	2,62	1,91	1,44
Vermont . . .	13,14	3,15	1,97	1,55	1,12

Auf 1,000 Bewohner kamen nach L. Bodio (meist in den Jahren 1865—1870, während sich die Ziffern seitdem mehrfach nicht unbedeutend änderten) in:

	Heirathen	Geburten[*]	Todesfälle[*]
Italien	7,3	37,0	29,9
Frankreich	8,0	25,8	24,0
England	8,2	35,6	22,0
Schottland	7,2	35,2	22,1
Irland	5,1	26,7	17,2
Deutschland . . .	9,0	39,4	27,1
Preussen	8,7	38,7	27,2
Bayern	8,9	39,4	30,9
Sachsen	9,3	41,7	28,7

*) Ohne Todtgeburten.

	Heirathen	Geburten*)	Todesfälle*)
Thüringen . . .	9,2	36,6	24,8
Württemberg . .	9,0	43,4	31,6
Baden	8,4	37,0	28,0
Oesterreich	8,6	38,8	31,3
Ungarn	10,3	41,8	38,0
Croatien-Slavonien .	10,3	44,1	43,7
Schweiz	7,6	30,8	23,8
Belgien	7,3	32,1	23,9
Holland	8,2	35,6	24,9
Schweden	6,6	30,4	19,2
Norwegen	7,0	30,5	17,3
Dänemark	7,9	31,0	19,6
Spanien	7,4	35,7	31,2
Rumänien	6,1	30,4	26,5
Griechenland . . .	6,3	28,8	20,9
Serbien	11,1	43,0	32,1
Finnland	8,1	34,7	29,0
Europ. Russland . .	9,9	49,5	36,7
Russ.-Polen	7,8	42,2	27,5

Der Ergänzung wegen lassen wir die schon früher mitgetheilten drei vorzugsweise beachtenswerthen Sterblichkeitslisten wieder folgen.

Sterblichkeitslisten nach den Beobachtungen an ganzen Völkerschaften.

	England, von Parr (Nr. 3) 1838-1854						Belgien, von Quetelet 1856						Sachsen von Heym 1840-49		
	Männer			Frauen			Männer			Frauen					
Alter	Lebende	Sterbende	Mittlere Lebensdauer	Lebende	Sterbende	Mittlere Lebensdauer	Lebende	Sterbende	Mittlere Lebensdauer	Lebende	Sterbende	Mittlere Lebensdauer	Lebende	Sterbende	Mittlere Lebensdauer
0	51,175	8372	39,91	45,525	6577	41,85	1000	162	37,42	1000	136	38,95			
1	42,803	2752	46,65	42,244	2616	47,31	838	56	43,56	861	58	44,01			
2	40,061	1422	45,93	39,632	1402	49,40	742	30	44,63	808	31	46,02			
3	38,629	921	49,61	38,230	924	50,20	752	18	46,44	777	21	46,94			
4	37,704	672	49,51	37,306	660	50,43	734	14	46,57	756	15	47,13			
5	37,036	504	49,71	36,646	487	50,33	720	10	46,47	741	11	47,07			
6	36,532	395	49,39	36,159	351	50,00	710	8	46,12	730	10	46,77			
7	36,137	331	45,92	35,778	325	49,53	702	7	45,63	720	8	46,41			
8	35,806	273	49,37	35,453	272	45,98	695	6	45,09	712	7	45,93			
9	35,533	210	47,74	35,181	233	35,35	689	5	44,48	705	6	45,38			
10	35,303	198	47,05	34,945	205	47,67	684	5	43,80	699	5	44,77			
11	35,105	178	46,31	34,743	186	46,05	679	4	43,12	694	4	44,00			
12	34,927	166	45,54	34,557	176	46,20	675	3	42,37	690	3	43,54			
13	34,761	164	44,78	34,381	175	45,44	672	3	41,56	687	3	42,52			
14	34,597	168	43,07	34,206	170	44,86	669	3	40,74	684	3	41,71			
15	34,429	178	43,15	34,027	189	43,90	666	3	39,92	681	3	40,89			
16	34,251	193	42,40	33,835	202	43,14	663	4	39,10	678	4	40,07			
17	34,059	211	41,64	33,636	221	42,40	659	5	38,33	674	5	39,30			
18	33,847	232	40,90	33,415	240	41,67	654	7	37,62	669	9	38,59			
19	33,615	254	40,17	33,175	261	40,97	647	7	37,03	660	10	38,11			
20	33,361	277	39,48	32,914	282	40,29	640	7	36,43	650	9	37,69	6,415	47	39,308
21	33,084	280	38,80	32,632	256	39,63	633	7	35,82	641	10	37,21	6,368	47	38,594
22	32,804	283	39,13	32,346	292	38,95	626	5	35,22	631	9	36,80	6,321	46	37,877
23	32,521	287	37,46	32,054	295	38,27	618	7	34,67	622	8	36,37	6,274	46	37,157
24	32,234	290	36,79	31,759	299	37,85	611	7	34,06	614	7	35,78	6,228	46	36,428
25	31,944	292	36,12	31,460	302	37,01	604	7	33,45	607	7	35,20	6,182	48	35,896
26	31,652	296	35,44	31,158	306	36,39	597	8	32,84	600	6	34,60	6,134	49	34,971
27	31,358	298	34,77	30,825	309	35,75	589	5	32,28	594	6	33,94	6,085	50	34,230
28	31,058	301	34,10	30,544	311	35,10	581	7	31,71	588	6	33,29	6,035	50	33,528
29	30,757	304	33,43	30,233	314	34,46	574	8	31,09	582	6	32,62	5,985	52	32,804
30	30,453	306	32,76	29,919	316	33,91	566	8	30,53	576	6	31,96	5,933	52	32,087
31	30,147	310	32,09	29,603	319	33,17	558	8	29,96	570	8	31,29	5,881	55	31,387
32	29,837	314	31,42	29,284	321	32,51	550	8	29,20	562	7	30,55	5,826	56	30,658
33	29,523	317	30,74	28,963	323	31,85	541	9	28,87	555	8	30,11	5,770	57	29,851
34	29,206	321	30,07	28,640	326	31,23	533	9	28,29	547	9	29,54	5,713	58	29,244
35	28,885	325	29,40	28,314	328	30,59	525	9	27,72	539	8	28,97	5,655	60	28,539

*) Ohne Todtgeburten.

| Alter | England, von Farr (No. 3) 1838—1854 | | | | | | Belgien, von Quetelet 1856 | | | | | | Sachsen von Heym 1840—49 | | |
| | Männer | | | Frauen | | | Männer | | | Frauen | | | | | |
	Lebende	Sterbende	Mittlere Lebensdauer	Lebende	Sterbende	Mittlere Lebensdauer	Lebende	Sterbende	Mittlere Lebensdauer	Lebende	Sterbende	Mittlere Lebensdauer	Lebende	Sterbende	Mittlere Lebensdauer
36	28,560	330	28,73	27,986	330	29,91	517	8	27,11	531	8	25,40	5,595	59	27,840
37	28,230	336	28,06	27,656	332	29,29	509	8	26,56	523	8	27,83	5,536	60	27,131
38	27,894	340	27,30	27,324	335	28,64	501	8	25,97	515	8	27,24	5,476	61	26,423
39	27,554	347	26,72	26,989	338	27,99	493	9	25,38	507	8	26,68	5,415	61	25,715
40	27,207	353	26,06	26,651	340	27,34	484	9	24,85	499	8	26,10	5,354	62	25,082
41	26,854	359	25,39	26,311	343	26,69	475	8	24,31	491	8	25,51	5,292	63	24,399
42	26,495	367	24,73	25,968	346	26,03	467	8	23,72	483	8	24,92	5,229	66	23,570
43	26,128	375	24,07	25,622	349	25,38	459	8	23,12	475	8	24,33	5,163	67	22,871
44	25,753	382	23,41	25,273	352	24,72	451	8	22,52	467	8	23,74	5,096	71	22,165
45	25,371	391	22,76	24,921	356	24,06	443	8	21,92	459	8	23,15	5,025	73	21,471
46	24,980	401	22,11	24,565	359	23,40	435	8	21,31	451	9	22,55	4,952	75	20,780
47	24,579	409	21,46	24,206	363	22,74	428	8	20,75	442	9	22,00	4,877	76	20,092
48	24,170	419	20,82	23,843	366	22,08	418	8	20,14	433	9	21,44	4,801	77	19,403
49	23,751	429	20,17	23,477	371	21,42	410	7	19,52	424	9	20,89	4,724	81	18,711
50	23,322	440	19,54	23,106	374	20,75	403	7	18,85	415	9	20,33	4,643	83	18,028
51	22,882	463	18,90	22,732	379	20,09	396	7	18,18	406	9	19,77	4,560	87	17,347
52	22,419	475	18,28	22,353	383	19,42	389	7	17,50	397	8	19,21	4,473	92	16,675
53	21,944	489	17,67	21,970	388	18,75	382	8	16,51	389	8	18,59	4,381	98	16,015
54	21,455	501	17,08	21,582	424	18,08	374	8	16,18	381	8	17,97	4,283	103	15,370
55	20,954	515	16,45	21,155	444	17,43	366	9	15,50	373	8	17,35	4,180	110	14,736
56	20,439	525	15,86	20,714	463	16,79	355	9	14,83	365	7	16,72	4,070	114	14,119
57	19,911	542	15,26	20,251	482	16,17	349	9	14,20	358	7	16,04	3,956	118	13,513
58	19,369	559	14,68	19,769	501	15,55	340	10	13,57	351	7	15,34	3,838	122	12,913
59	18,810	575	14,10	19,268	520	14,94	330	11	12,96	344	7	14,65	3,716	128	12,321
60	18,235	593	13,53	18,748	541	14,34	319	12	12,39	337	8	13,94	3,588	136	11,742
61	17,642	612	12,96	18,207	562	13,75	307	13	11,86	329	8	13,27	3,453	138	11,162
62	17,030	631	12,41	17,645	584	13,17	294	14	11,36	321	10	12,59	3,315	146	10,627
63	16,399	652	11,87	17,061	605	12,60	280	15	10,90	311	10	11,97	3,189	152	10,004
64	15,747	672	11,34	16,456	629	12,05	265	15	10,49	301	11	11,35	3,017	170	9,577
65	15,075	692	10,82	15,827	650	11,81	250	15	10,09	290	11	10,77	2,856	166	9,052
66	14,353	711	10,32	15,177	674	10,98	235	15	9,70	279	12	10,17	2,692	169	8,611
67	13,672	730	9,83	14,503	694	10,47	220	15	9,33	267	14	9,61	2,523	172	8,154
68	12,942	746	9,36	13,809	715	9,97	205	13	8,95	253	15	9,11	2,351	173	7,714
69	12,196	759	8,90	13,094	733	9,45	192	13	8,55	238	17	8,65	2,178	175	7,257
70	11,437	770	8,45	12,361	749	9,02	179	13	8,05	221	17	8,25	2,003	174	6,890
71	10,667	775	8,03	11,612	762	8,57	166	13	7,74	204	17	7,93	1,829	178	6,590
72	9,892	777	7,62	10,850	769	8,13	153	14	7,55	187	17	7,60	1,651	174	6,133
73	9,115	778	7,22	10,081	774	7,71	139	14	7,04	170	16	7,32	1,477	169	5,707
74	8,342	764	6,85	9,307	772	7,31	125	14	6,77	154	17	7,02	1,308	163	5,491
75	7,578	749	6,49	8,535	766	6,93	111	12	6,56	137	14	6,83	1,145	154	5,190
76	6,829	726	6,15	7,769	752	6,56	99	11	6,30	123	13	6,55	991	142	4,919
77	6,103	689	5,82	7,017	733	6,21	88	10	6,02	110	12	6,27	849	129	4,656
78	5,414	666	5,51	6,284	707	5,88	78	9	5,74	98	11	5,95	720	116	4,403
79	4,748	627	5,21	5,577	675	5,56	69	9	5,41	87	11	5,67	604	104	4,152
80	4,111	583	4,93	4,902	638	5,26	60	8	5,16	76	10	5,42	500	93	3,912
81	3,528	536	4,66	4,264	596	4,98	52	7	4,87	66	9	5,16	407	77	3,692
82	2,992	486	4,41	3,668	550	4,71	45	7	4,55	57	9	4,90	330	66	3,436
83	2,506	435	4,17	3,118	500	4,45	38	6	4,30	48	7	4,72	262	56	3,195
84	2,071	383	3,95	2,618	449	4,21	32	6	4,01	41	6	4,44	204	49	2,985
85	1,688	333	3,73	2,169	397	3,98	26	5	3,82	35	6	4,12	155	41	2,746
86	1,355	281	3,53	1,772	346	3,76	21	4	3,61	29	5	3,87	114	32	2,551
87	1,071	239	3,34	1,426	296	3,56	17	4	3,34	24	5	3,57	82	25	2,364
88	832	196	3,16	1,130	250	3,36	13	3	3,22	19	4	3,37	57	19	2,197
89	636	159	3,00	880	206	3,18	10	3	3,18	15	4	3,14	38	14	2,000
90	477	126	2,81	674	167	3,01	7	2	3,13	11	3	3,10	24	9	1,875
91	351	98	2,69	507	134	2,85	5	1	3,04	8	2	3,07	15	6	1,760
92	253	74	2,55	373	103	2,70	4	1	2,85	6	1	2,93	9	4	1,500
93	179	56	2,41	270	79	2,55	3	0,6	2,63	5	1,3	2,42	5	2	1,300
94	123	40	2,29	191	59	2,42	2,4	0,7	2,17	3,7	1,3	2,07	3	2	0,833
95	83	28	2,17	132	43	2,29	1,7	0,6	1,85	2,4	0,9	1,96	1	1	0,500
96	55	20	2,06	89	30	2,17	1,1	0,5	1,59	1,5	0,5	1,83			
97	35	13	1,95	59	21	2,06	0,6	0,2	1,50	1,0	0,4	1,50			
98	22	9	1,85	38	14	1,96	0,4	0,2	1,00	0,6	0,2	1,17			
99	13	5	1,76	24	9	1,86	0,2	0,2	0,50	0,4	0,1	0,50			
100	8	3	1,68	15	6	1,76									
101	5	2		9	4										
102	3	1		5	2										
103	2	1		3	1										
104				2	2										

Besonders zu erwähnen ist hier nochmals die **Kindersterblichkeit.** Dieselbe ist während des ersten Altersjahres überall gross, doch in sehr verschiedenem Verhältnisse. Nach der äusserst verdienstvollen Arbeit Dr. *Georg Mayr's* kamen auf je 100 Lebendgeborene im ersten Lebensjahre Sterbefälle: in Norwegen 1856—65 10,$_4$ %, Schottland 1855—64 11,$_9$, Oldenburg 1855—64 12,$_3$, Schleswig-Holstein und Lauenburg 1855—59 12,$_4$, Schweden 1861—67 13,$_5$, Dänemark 1850—54 13,$_6$, 1856—60 aber 14,$_4$, England 1838—54 14,$_9$ und 1851—60 15,$_4$, Belgien 1851—60 15,$_5$, Frankreich 1840—59 16,$_6$ und 1851—60 17,$_3$, Spanien 1858—68 18,$_6$, Siebenbürgen 1863—65 19,$_0$, Niederlande 1850—59 19,$_6$, Preussen 1859—64 20,$_4$, Italien 1863—68 22,$_8$, Ungarn 1864—65 24,$_7$, Oesterreich (Cisleithanien) 1856—65 25,$_1$, Croatien-Slavonien 1863—67 25,$_3$, Militärgrenze 1860—67 26,$_2$, Sachsen 1859—65 26,$_3$ %. Noch schlimmer stellt sich das Verhältniss in Süddeutschland: in Baden 1864—69 27,$_9$ %, Hohenzollern 1863—69 29,$_2$, Bayern 1827—69 30,$_7$, Württemberg 1858—66 35,$_4$, 1862—68 sogar 36,$_0$ %. Wie gross der Unterschied in den einzelnen Landestheilen ist, zeigt Bayern. Hier betrug in der Periode 1836—69 die durchschnittliche Kindersterblichkeit 28,$_5$ % ; in den einzelnen Regierungsbezirken war aber das Verhältniss folgendes: Schwaben 40,$_9$, Oberbayern 40,$_6$, Niederbayern 34,$_7$, Oberpfalz 33,$_1$, Mittelfranken 31,$_5$, Unterfranken 24,$_1$, Oberfranken 21,$_5$, Pfalz (wo indess eine etwas abweichende Normirung der Aufzeichnungen stattfand) nur 18,$_7$ %. Eine der oben erwähnten Abhandlung beigefügte Karte lässt, wie uns scheint, in der Stammesverschiedenheit sammt der damit zusammenhängenden Verschiedenartigkeit der Lebens- resp. Ernährungsweise ein Hauptmoment der grössern oder geringern Kindersterblichkeit vermuthen. Medicinalrath Dr. *Eschericht* glaubt den Grund in der Höhenlage der verschiedenen Landschaften und der dadurch bedingten grösseren oder geringeren Luftverdichtung gefunden zu haben, und seine neue Begründung des Themas dürfte zu einer neuen Untersuchung auffordern.

Obwol die Kindersterblichkeit in der ersten Zeit nach der Geburt am grössten ist, und sich dann fortwährend vermindert, dauert doch eine hohe Mortalität noch immer lange fort. *Körösi* hat folgende Zusammenstellung der Kindersterblichkeit, verglichen mit der Gesammtsterblichkeit, in einer Reihe grösserer Städte angefertigt, wobei jedoch zu bemerken, dass diese Ziffern schon darum nicht unbedingt massgebend sein können, weil sehr viele specielle Verhältnisse (Zuzug von Fremden etc.) bei jedem einzelnen Orte mit einwirken. Indess fand er, dass, nach Proc. der sämmtlichen Verstorbenen, auf Kinder bis zu 5 Jahren kamen: in

Städte	Jahr	Procente	Städte	Jahr	Procente
Turin	1872	29,$_{60}$	Bremen	1872	45,$_{59}$
Paris	1873	30,$_{56}$	Moskau	1872	46,$_{21}$
Frankfurt a. M.	1874	31,$_{87}$	Königsberg	1864	47,$_{35}$
St. Petersburg	1866—72	33,$_{19}$	Köln	1864	47,$_{36}$
Prag	1872	40,$_{09}$	Breslau	1864	48,$_{07}$
Lübeck	1872	40,$_{56}$	Pest	1872—73	49,$_{02}$
London	1874	40,$_{??}$	Palermo	1873	49,$_{03}$
Rom	1872		York	1872	49,$_{54}$
Hamburg	1873			1864	50,$_{22}$
Wien	1873			1874	50,$_{94}$
Leipzig	1874			1864	52,$_{85}$

Sterblichkeit ehelicher oder unehelicher Kinder*). Die ausgedehntesten neueren Untersuchungen verdankt man auch in dieser Beziehung Dr. *Engel.* In Preussen zählte man 1875 1'035,721 Lebend- und 47,002 Todtgeborene, zusammen also 1'082,723 Geburten. Von den Lebendgeborenen waren 959,300 ehelich, 76,421 unehelich, von den Todtgeborenen 41,380 bezw. 4,622. Die Sterblichkeit unter den Lebendgeborenen war nun folgende:

Alter	Eheliche Kinder			Uneheliche Kinder		
	Ueber-lebende	Gestorbene		Ueber-lebende	Gestorbene	
		über-haupt	pr. 1000 Ueberleb.		über-haupt	pr. 1000 Ueberleb.
0—1 Tag	959,300	7,207	7,513	76,421	925	12,104
1—2 -	952,093	4,769	5,009	75,496	576	7,629
2—3 -	947,324	3,150	3,325	74,920	434	5,793
3—4 -	944,174	2,172	2,300	74,486	289	3,879
4—5 -	942,002	1,839	1,952	74,197	299	4,029
5—6 -	940,163	2,326	2,474	73,898	298	4,032
6—7 -	937,837	2,685	2,863	73,600	372	5,054
7—8 -	935,152	2,577	2,756	73,228	354	4,834
8—9 -	932,575	2,219	2,379	72,874	302	4,144
9—10 -	930,356	1,835	1,972	72,572	270	3,720
10—11 -	928,521	1,901	2,047	72,302	260	3,500
11—12 -	926,620	1,845	1,991	72,042	246	3,414
12—13 -	924,775	1,997	2,051	71,796	313	4,359
13—14 -	922,878	1,904	2,063	71,483	334	4,672
14—15 -	920,974	2,356	2,558	71,149	336	4,782
1. Monat	959,300	61,944	64,572	76,421	9,079	118,802
1—2 -	897,356	22,418	24,982	67,342	4,324	64,209
2—3 -	874,938	18,183	20,798	63,018	3,438	54,556
3—4 -	856,745	15,283	17,858	59,580	2,703	45,367
4—5 -	841,462	12,499	14,854	56,877	2,037	35,813
5—6 -	828,963	11,254	13,577	54,840	1,649	30,869
6—7 -	817,709	10,425	12,749	53,191	1,377	25,883
7—8 -	807,284	9,397	11,640	51,814	1,105	21,327
8—9 -	797,887	8,521	10,679	50,709	947	18,675
9—10 -	789,366	8,275	10,483	49,762	768	15,343
10—11 -	781,091	7,281	9,322	48,994	620	12,645
11—12 -	773,810	6,895	8,915	48,374	580	11,990
I. Jahr	959,300	192,385	201,000	76,421	28,627	374,596

So stellt sich denn die Sterblichkeit der ehelichen zu den unehelichen Kindern schon am 1. Tage wie 100 : 161; dann treten in den nächsten 14 Tagen nur geringe Fluctuationen ein, so dass das Verhältniss nach 15 Tagen sich stellt 100 : 176. Doch die zweite Hälfte des 1. Monats bringt eine weitere Verschlimmerung: am 31. Tage stehen die Ziffern 100 : 220, wahrscheinlich daher rührend, dass schon nach Verlauf der beiden ersten Wochen viele uneheliche Kinder der mütterlichen

---

*) Bei den Geburten unterscheidet die Statistik zwischen ehelichen und unehelichen, — vernünftiger Weise nicht sowol um damit das Maass der Sittlichkeit oder Unsittlichkeit der Bevölkerung zu bezeichnen (denn die Masse der unehelichen Geburten ist gewöhnlich das Ergebniss fehlerhafter socialer Zustände, namentlich einer Erschwerung der Ansässigmachung und Verehelichung, z. B. in Folge der Heimathsrechts- und Militärverhältnisse), als vielmehr wegen der im Allgemeinen viel übleren Lebens- und Erziehungsbedingungen und der dadurch eben furchtbar gesteigerten Sterblichkeit der unehelichen Kinder.

Pflege entzogen und sogenannte Haltefrauen überlassen werden. Das Missverhältniss steigert sich Ende des dritten Monats auf 100 : 262. Von da an mindert es sich, und ist am Schlusse des 1. Alterjahres 100 : 186*).

Einwirkungen guter und schlimmer Jahre auf die Lebensverhält nisse. Wie gross diese Einwirkung ist, ergibt sich schon aus einer Prüfung der bei den einzelnen Ländern mitgetheilten Ziffern über Heirathen, Geburten und Sterbefälle. »Es klingt eben nicht poetisch, ist aber trotzdem wahr, dass die Menge der Ehen in jedem Jahre von den Kornpreisen abhängt. Je wohlfeiler das Brod, desto mehr Ehen, und umgekehrt.« Aber nicht nur dies, sondern auch auf die Lebensfähigkeit der Neugeborenen macht sich die Wohlfeilheit oder Theuerung der gewöhnlichsten Lebensmittel bemerkbar. Niedrige Getreidepreise wirken auch hier günstig : je billiger die Kornpreise, desto geringer ist die Zahl der Todtgeburten**). In gleicher Weise wirkt die nämliche Ursache auf das Gedeihen oder Verkümmern auch der Lebendgeborenen. Man kann bei jeder Truppenaushebung wahrnehmen, ob das Jahr, dem die Aufgebotenen (der Conception und Geburt nach) angehören eine reiche, mittlere oder schlechte Ernte geliefert hatte. Die Conscribirten aus Theuerungs- und Nothjahren bleiben nicht nur der Menge nach unter der Mittelzahl, sondern sie sind auch im Durchschnitt weniger kräftig und k l e i n e r, indem verhältnissmässig weit mehr von ihnen als sonst unter dem Normalmaasse bleiben. So bestätigt sich die Bemerkung des trefflichen *Quetelet* : »Es scheint, dass Nothjahre ihr Gepräge der menschlichen Gattung tief eindrücken, ganz so wie strenge Winter ihre Spur in dem Holzwuchse unserer Wälder zurückzulassen pflegen.« (Beweise in den früheren Auflagen.) — Sieht man blos die Ziffern an, so fehlt es allerdings auch nicht an einzelnen Ausnahmen, denn es wirken mitunter auch andere Ursachen ein, doch bleibt die Regel. — Bei dieser Gelegenheit wollen wir nicht ermangeln, auf die Abhandlung von *Dr. Bela Weiss*, Prof. an der Rechtsakademie zu Grosswardein »Der Einfluss von theueren und billigen Zeiten auf die Sterblichkeit« aufmerksam zu machen (abgedruckt in den Jenaer Jahrbüchern für Nationalökonomie und Statistik, 1880).

Sterblichkeit in den Städten gegenüber dem Lande. Man bemerkte bald eine grössere Sterblichkeit in den Städten als in den Landgemeinden. Während in ganz Frankreich von 1836—50 auf 42,90 Einwohner ein Sterbfall kam, traf in den 363 Hauptorten der Arrondissements einer schon auf 38,42 Einwohner. In E n g l a n d trafen im Durchschnitt der

---

*) *Engel* hat die Berechnung bis zum Ende des 5. Jahre der Kinder fortgesetzt, und ist dabei zu dem Ergebnisse gekommen, dass die überlebenden Unehelichen vom 3. Jahre an eine geringere Sterblichkeit haben sollen als die Ehelichen (im 3.—4. Jahre wäre die Proportion sogar 100 : 78). Dies ist jedoch, wie *Th. Petermann* bereits richtig bemerkte, eine Täuschung, indem sehr viele uneheliche Kinder mittlerweile l e g i t i m i r t wurden, wodurch die erste Classe mit Sterblingen zur Ungebühr belastet, die andere ebenso entlastet ist. Die ganze Rechnung lässt sich mit einiger Sicherheit wol nicht über das erste Jahr fortsetzen.

**) Es sei bei dieser Gelegenheit verwiesen auf das, ein bisher vernachlässigtes Gebiet behandelnde Schriftchen; »Statistik der Todtgeborenen, v. Dr. *Moritz Neefe*. Jena 1874.«

10 Jahre 1849—60 auf 100,000 Personen jährlich 2,246 Sterbefälle, in London allein aber war das Verhältniss 2,425. Fast man die 125 Districte zusammen, welche die grössten Städte enthalten, so war die Durchschnittszahl 2,563, dagegen in den mehr ländlichen Districten nur 1,970.

So leicht, wie es hiernach scheint, lässt sich indess das wahre Verhältniss keineswegs ermitteln. Bei allen derartigen Berechnungen blieb das ununterbrochene und schwer zu controlirende Ab- und Zuströmen der fremden Bevölkerung ausser Ansatz. Durch klinische Anstalten und auf andere Weise werden Schwangere von auswärts nach den Hauptorten gezogen. Hinwieder bringt man in manchen Ländern die Neugeborenen (also in der Periode der grössten Sterblichkeit) häufig nach dem Lande. Die höheren Schulen sowol, als die Gelegenheit des leichteren Verdienstes ziehen dann wieder nach der Stadt. Die gleiche Strömung wird durch Spitäler bewirkt, sowie auch wohlhabende Provinzialbewohner sich nach Beendigung eines thätigen Lebens hier niederzulassen pflegen *). Welcher Unterschied sich zwischen den von Reichen und den von Armen bewohnten Quartieren einer und derselben Stadt herausstellt, werden wir unten erwähnen. Hier sei nur kurz berührt, wie viel durch Herstellung guter Lüftung und Reinigung geschehen kann **).

Seit Anfang des J. 1877 veröffentlicht das kais. Gesundheitsamt in Berlin eine wöchentliche Uebersicht der Sterblichkeitsverhältnisse in den grösseren deutschen Städten, unter Berechnung, wie stark die Mortalität

---

*) Bei der Zählung von 1851 fand man zu London unter 1'394,963 Menschen über 20 Jahren, 749,853 ausserhalb der Hauptstadt Geborene. Die Zählung von 1871 ergab unter 3'254,260 Einwohnern jedes Alters, 1'198,684 anderwärts Geborene. — Von den 1'851,792 Individuen, welche 1872 die Bevölkerung der Arrondissements von Paris bildeten, waren nur 642,718 im Seinedepartement, 1'209,074 ausserhalb desselben geboren (1'072,873 in andern Departements Frankreichs, 136,201 im Auslande). — In Berlin war 1864 mehr als die Hälfte der Einwohner anderwärts geboren; man zählte nämlich nur 48,8 % in Berlin Geborene. Bei der Zählung von 1871 ergab sich, dass von den damaligen 169,693 Einwohnern Münchens nur 71,510 daselbst auch geboren waren.

**) In frühern Jahren war die Sterblichkeit zu Paris immer grösser als in den übrigen Städten Frankreichs; in der Neuzeit hat sich das Verhältniss geändert; ohne Zweifel haben die vielfachen baulichen und andern Umgestaltungen zur Erlangung hygieinisch besserer Zustände wesentlich beigetragen. Indess darf nicht verhehlt werden, dass man in den Centraldistricten von London, insbesondere durch die Canalisation, bessere Resultate erlangt zu haben vermeinte, als sich jetzt zeigen. Nach dem 39. *Annual Report of the Registrar General*, 1878, war in den bezeichneten Districten die mittlere Sterblichkeit in Jahrfünften auf je 1,000 Einwohner:

1840/44	1845/49	1850/54	1855/59	1860/64	1865/69	1870/74
24,6	25,6	24,3	24,1	26,4	26,5	25,1

Auch in den 2 Jahren 1875 und 76 stellte sich die Ziffer auf 25,1. Da die Canalisation 1860 begann, so erhält man für die Jahre vor deren Einführung eine Durchschnittssterblichkeit von 24,85 auf je 1,000 Einw., während die Sterblichkeit nach der Canalisation auf 25,77 stieg, welche jedenfalls zu erneuten Untersuchungen, insbesondere über die local zweckmässigste Art jener Canalisirung auffordert, ehe man Millionen dafür verwendet. In den äusseren Districten der brit. Hauptstadt hat sich die Sterblichkeit in der Neuzeit allerdings etwas vermindert; man sucht jedoch den Grund der Verbesserung darin, dass für die rasch zunehmende wohlhabendere Bevölkerung ganz neue Stadttheile mit gesunden Familienhäusern erbaut worden sind.

danach im Jahre sein würde. Diese Publicationen, so wie sie gegeben, und besonders wie sie in den Zeitungen ausgelegt werden, bringen aber in der Masse des Publikums völlig unrichtige Eindrücke hervor. Die gewöhnlichen Leser folgern nach diesen Ziffern kurzweg, in welchem Maasse diese oder jene Stadt gegenüber der andern »gesund« oder »ungesund« sei. Dies ist ein absolut falscher Schluss. Abgesehen davon, dass blosse Wochen- oder Monatsausweise an sich einen Maassstab im Grossen nie abgeben können, ja dass selbst die Resultate aus einzelnen Jahren dazu nicht ausreichen, müsste vor Allem die p r o c e n t a l e   B e s e t z u n g   d e r   v e r s c h i e d e n e n   A l t e r s c l a s s e n   der Einwohnerschaft ermittelt und speciell in Vergleich gezogen sein. Wo viele Kinder geboren werden oder vorhanden sind, wo Gebär- oder Findelhäuser existiren, wird die procentale Sterblichkeitsziffer auch unter sonst ganz gleichen Verhältnissen stets eine weit höhere sein, als wo solche Institute fehlen, oder die Geburtsziffer überhaupt auf einem niedrigen Procentsatze steht, weil die Sterblichkeit unter den Kindern naturgemäss eine weit höhere ist, als unter den Erwachsenen. Berücksichtigen wir z. B., dass in der relativ kinderarmen Stadt Frankfurt a. M. die dem Sterben sehr wenig ausgesetzte Altersperiode von 15—30 Jahren bei der vorletzten Zählung mit 412 pr. Mille besetzt war, wogegen wir diese Classe z. B. in der Gemeinde Laubach nur mit 244 pr. Mille aufgeführt finden; sehen wir in dem Jahresberichte des ärztlichen Vereins der genannten Stadt selbst von damals aufgezeichnet, dass daselbst auf 1,000 Einw. nicht mehr als 34,7 Geburten trafen, während deren in München auf die gleiche Grundzahl 43,4 kamen, — so ergibt sich von selbst eine der wichtigsten Ursachen der relativ geringern Mortalität in Frankfurt. Dazu tritt ein weiteres, wichtiges Moment: W o h l h a b e n h e i t   o d e r   A r m u t h. Wenn es nun in den Wochenberichten heisst: in der Stadt *A* beträgt die Sterblichkeit auf 1,000 Einw. nur 19—20 im Jahre, in der Stadt *B* dagegen 30 oder 35, so hat man den Unterschied allerdings nicht ausschliesslich, wol aber weit mehr in der Verschiedenheit der W o h l s t a n d s v e r h ä l t n i s s e   und in der günstigeren Besetzung der eine geringere Mortalität bedingenden A l t e r s c l a s s e n, als in der »Gesundheit« der örtlichen Lage, des Klimas, der Bodenbeschaffenheit u. s. f. zu suchen. Der mit schweren Nahrungssorgen ringende, einer ordentlichen Kost, Wohnung und Kleidung entbehrende Greis unterliegt auch in dem »gesunden« Frankfurt weit schlimmeren Mortalitätsverhältnissen, als der wohlhabende Bürgersmann von 30, 40 Jahren etwa in dem »ungesunden« Pest oder München. Jene Aufstellungen führen also sehr wesentlich zu absolut irrigen Meinungen im Volke, und da die gleichen täuschenden Angaben fortwährend ohne Erläuterungen dem Publikum vorgeführt werden, so glauben wir, diese Richtigstellung hier aufs Neue wiederholen zu sollen.

Einfluss von Wohlstand oder Armuth a u f   d i e   S t e r b l i c h k e i t. Auch dieses Verhältniss darf hier nicht unerwähnt bleiben, wenngleich eine Anzahl Wiederholungen sich dabei nicht vermeiden lässt. Schon nach *Casper*'s Untersuchungen leben von 1,000 zu gleicher Zeit geborenen Menschen:

	Wohlhabende	Arme				Wohlhabende	Arme
Nach 5 Jahren noch	943	655		nach 50 Jahren noch		557	283
- 10 - -	938	598		- 60 - -		398	172
- 20 - -	866	566		- 70 - -		235	65
- 30 - -	796	486		- 80 - -		57	9
- 40 - -	695	396					

Die durchschnittl. Lebensdauer stellte sich danach bei den Reichen auf 50, bei den Armen nur auf 32 Jahre. Der Zufall, der ein Kind auf dem weichen Polster der Reichen zur Welt kommen liess, gab ihm also ein Geschenk von vollen 18 Jahren Lebensdauer m e h r mit auf den Weg, als dem auf dem Strohlager der Bettlerin geborenen Kinde. Das Missverhältniss würde noch grösser sein, wenn sich die Reichen nicht häufig durch ein Uebermaass der Genüsse das Leben selbst verkürzten. *Villermé's* Beobachtungen stimmen damit überein[*]. Dabei darf nicht übersehen werden, welche bedeutende Annäherung der Ziffern dadurch bewirkt ist, dass nirgends b l o s Reiche, nirgends b l o s Arme wohnen; schon der p a r t i e l l e Unterschied erzeugt solche Abweichungen[**]. — Man kann gegen die Genauigkeit der einzelnen Zahlen wegen der B e r e c h n u n g s - w e i s e allerdings sehr begründete Einwendungen erheben, im grossen Ganzen dagegen sind die Resultate principiell nicht zu bekämpfen. — Einen höchst werthvollen Beitrag zur Frage hat *Körösi* geliefert (»die Sterblichkeit in der Stadt Pest in den Jahren 1872 und 1873«). Die Todtenbeschauer hatten zugleich Erhebungen über die äusseren Wohlstandsverhältnisse aller Verstorbenen vorzunehmen, welche Erhebungen durch das statist. Bureau der ungar. Hauptstadt ergänzt wurden. Es ergaben sich in beiden Jahren 14,801 Sterbfälle, davon 442 in der 1. Classe, Reiche; 2,973 in der 2., Bemittelte; 11,180 in der 3., Unbemittelte, und 206 in der 4., vollständig Nothleidende; die in den Armenanstalten Verstorbenen sind als 5. Cl. nur theilweise in Rechnung gezogen. Nun war das Durchschnittsalter: in der 1. Classe $35_{,28}$ Jahre, in der 2. Cl. $20_{,57}$, der 3. $13_{,23}$, in der 4. $11_{,35}$ Jahre. Was die einzelnen Krankheiten betrifft, so ergaben sich bez. Nerven-, Respirations-, Verdauungs- und constitutionellen Krankheiten keine bedeutende Verschiedenheit, wol aber bez. angeborener Lebensschwäche, Blattern, Diarrhöe, und Typhus nach der einen, und Marasmus nach der andern Seite.

---

[*] Nach *Villermé* kam in Paris in den Jahren 1822—26 ein Todesfall:
im II. Arrondiss. 1 auf 71 Lebende; mittlerer Miethpreis pr. Wohnung 605 Frcs.
- I. - 1 - 66 - - - - - 498 -
- IX. - 1 - 50 - - - - - 192 -
- XII. - 1 - 44 - - - - - 148 -

[**] Dr. *Schwabe*, Director des statist. Bureaus der Stadt Berlin, hat ermittelt, dass auf je 1,000 Geburten in den verschiedenen Stockwerken an Todtgeburten kommen: in der ersten Etage $20_{,5}$, der zweiten $21_{,2}$, der dritten $22_{,2}$, Parterre $22_{,3}$, in den Kellerwohnungen $24_{,5}$, im vierten Stock $27_{,8}$. Die relativ günstige Mortalitätsziffer in den Kellern gegenüber dem obersten Stockwerke rührt nur daher, dass eine Menge w o h l h a b e n d e r Schankwirthe, Wein- und Delicatessenverkäufer, feinerer Restaurateure etc. ebenfalls solche Räume bewohnt.

Es starben von je 100

	an Leb.-Schw.	Blatt.	Diarrh.	Typhus	Cholera	Maras.
Verstorbenen der I. und II. Cl.	6,01	4,82	4,84	3,71	7,23	4,44
- - III. -	8,56	5,86	9,71	2,40	9,40	1,91
- - IV. - V. -	—(1)	—(1)	—(1)	6,34	23,97	2,34(2)

Ein weiteres äusserst werthvolles Material findet sich in dem 8. Hefte der »Mittheilungen des statist. Bureaus der Stadt Leipzig, herausgeg. von *G. F. Knapp*« (1874). Es sind dort die einzelnen Strassen der Stadt nach der mittleren Dichtigkeit ihrer Bevölkerung in 3 Classen geschieden: 1) durchschnittlich mit höchstens 2 Bewohnern auf ein heizbares Zimmer, 2) mit 2—3, 3) mit mehr als 3 Bew. auf ein heizbares Zimmer. Sodann sind die Sterbfälle in diesen Strassen berechnet. Das Ergebniss ist im Grossen folgendes: auf je 1,000 Bew. starben:

1867 im Durchschn. 21; jedoch Classe I 18, Cl. II 21, Cl. III 26,
1868 - - 23; - - 18, - 25. - 32,
1871 - - 33; - - 14, - 34, - 56,
1872 - - 22; - - 19, - 22, - 33.

Der Classenunterschied blieb sich also relativ beiläufig gleich, auch in dem J. 1871, in welchem eine Pockenepidemie herrschte. — Vollkommen ähnliche Ergebnisse erhält man bei Ausscheidung der Gestorbenen nach Altersclassen. Im J. 1871 starben von den Kindern unter 1 Jahr durchschn. 44 %, in der ersten Wohnungsgruppe (höchstens 2 Bew. auf 1 heizbares Zimmer) jedoch nur 36, in der zweiten Gruppe (2—3 Bew.) 43, in der dritten dagegen die erschreckende Zahl von 69. Im J. 1872 war der Durchschnitt 33, in den 3 Classen aber 27, 33 und 50. Am stärksten macht sich die Ungunst der Wohnungsverhältnisse im Kindesalter geltend, sie hört jedoch auch in den spätern Jahren keineswegs auf.

Im 12. Hefte der näml. »Mitth. des statist. Bur. der Stadt Leipzig. herausgegeben von *Ernst Hasse*«, sind die Ergebnisse aus den beiden J. 1875 und 76 verarbeitet. Da ergab sich denn folgende Sterblichkeit: In Strassen mit einer mittleren Wohnungsdichtigkeit von höchstens 1 heizbares Zimmer auf jeden Bewohner starben von 100 Menschen 1,132, bei 1 bis 1½ Bew. starben 1,624, bei 1½ bis 2 Bew. 1,988, bei 2 bis 2½ 2,562, bei 2½ bis 3 2,739, bei mehr als 3 Bew. auf das Zimmer aber 3,361. Während also im Durchschnitt auf 10,000 Einw. jährlich 241 Todesfälle trafen, war die Zahl in den Strassen mit höchstens 1 Person pr. heizbares Zimmer nur 113, während sie bei 3 und mehr Personen bis auf 336, also das Dreifache stieg.

In Pest fand *Körösi* 1872 und 73, dass die Verstorbenen in den Wohnungen, in denen höchstens 1 Bew. auf 1 Zimmer kam, durchschn. ein Alter von 40,49 Jahren erreichten; bei 2 Bew. auf das Zimmer 28,92 J.; bei 3—5 Bew. nur 12,61; bei 6—10 Bew. 11,44; bei 11—15 10,72; bei mehr als 15 Bew. auf 1 Zimmer nur 6,17 Jahre. Der Gesammtalters-

---

(1) Da diese Kinderkrankeiten in den Spitälern seltener vorkommen, als in den Privatwohnungen, wurden sie übergangen. (2) Das häufigere Vorkommen des Marasmus in dieser, gegenüber der vorhergehenden Cl. erklärt sich dadurch, dass viele an Entkräftung leidende Unbemittelte zum Spital ihre Zuflucht nehmen

.durchschn. war 15,₃₄ J. (natürlich sind die Neugeborenen einbegriffen). Auf 100 an nichtcontagiösen Leiden Verstorbene entfallen an contagiösen Krankheiten Umgekommene: in Zimmern mit höchstens 2 Bew. = 20 %, in solchen mit 3—5 Pers. 29 %, mit 6—10 Pers. = 32 %, mit mehr als 10 Bew. 79 %. In den nicht überfüllten Wohnungen wurde daher nur ein Fünftel der Todesfälle durch contagiöse Krankheiten verursacht; in den am ärgsten überfüllten dagegen vier Fünftel.

Im Einklange mit diesen Resultaten hat Dr. *Albu* (Hygieinischtopographischer Atlas von Berlin, 1877) gefunden: in den wohlhabendsten Theilen der preuss. Hauptstadt, z. B. der Friedrichsstadt ausserhalb, ist eine 4mal geringere Bevölkerungsdichtigkeit, 10fache Wohlhabenheit, und eine halb so grosse Sterblichkeit, als im Stadttheil Wedding. In den Jahren 1869—73 traf dort nur $^1/_4$ der Pockensterbfälle (per 1,000) als hier; beim Scharlach war das Verhältniss $1^1/_2$fach; bei den Masern 2,₇fach, Bräune $4^1/_4$fach, Nervenfieber $1^1/_2$fach, Puerperalfieber $3^1/_4$fach, Abzehrung 4,₂fach, Durchfall und Brechdurchfall $5^1/_2$fach, bei acuten Lungenkrankheiten $1^1/_2$fach, bei Lungenschwindsucht $1^3/_4$fach.

Unter Berücksichtigung dieser Ergebnisse wird man die hygieinische Bedeutung der folgenden Daten würdigen, welche wir einer umfassenden Abhandlung in der »Statistik des Hamburgischen Staats, Heft IX, 1878« (nur etwas anders geordnet) entnehmen. In den nachbemerkten Grossstädten kam von 100 Einwohnern die unten angegebene Zahl auf die verschiedenen Stockwerke etc. :

Wohnungen	Berlin 1871	Hamburg 1875	Breslau 1875	Dresden 1875	Leipzig 1867	Frankfurt 1871	Wien 1869	Pest 1869
Keller . . .	10,₈	6,₂	4,₆	3,₂	1,₂	0,₁	0,₆	10,₃
Parterre . .	19,₅	33,₈	20,₆	19,₉	13,₉	14,₈	37,₃	63,₁
Entresol . .	0,₅	0,₁		0,₁	0,₄	0,₃	1,₀	0,₆
1. Etage . .	22,₇	20,₉	25,₉	23,₈	23,₈	29,₂	29,₃	14,₇
2. - . . .	21,₀	20,₀	23,₀	17,₉	26,₇	24,₅	18,₀	7,₉
3. - . . .	17,₆	13,₉	18,₁	12,₇	22,₆	13,₈	10,₂	2,₉
4. etc. Etage .	7,₉	5,₁	7,₈	6,₂	11,₄	1,₄	3,₂	0,₃
unter Dach .	. . .	. . .	. . .	16,₁	. . .	. . .	0,₄	0,₂

Ausserdem sind in Frankfurt 15,₉ % aufgeführt, als mehre Etagen, resp. ein ganzes Haus bewohnend.

Was die Zahl der heizbaren Ziffer betrifft, so bewohnten von je 100 Einwohnern in

Wohnungen m. folg. Zimmern.	Hamburg 1867	1875	Berlin 1871	Frankf. 1871	Wohnungen m. folg. Zimmern.	Hamburg 1867	1875	Berlin 1871	Frankf. 1871
0 . . .	42,₁	0,₇	1,₈	0,₁	4 . . .	7,₁	7,₈	5,₅	11,₆
1 . . .		35,₆	47,₁	21,₈	5—7 . .	8,₈	8,₆	6,₉	
2 . . .	23,₈	24,₇	24,₉	19,₀	8 u. mehr	5,₈	5,₃	2,₀	32,₄
3 . . .	12,₆	13,₈	11,₂	15,₁	ohne Angabe —		3,₅	—	

Es ist oben bereits auf die Wichtigkeit der Wohnungsverhältnisse in Beziehung auf die menschliche Gesundheit hingewiesen worden. Wir verdanken nunmehr Hrn. *Nessmann*, Vorstand des Statist. Bureaus der Steuerdeputation von Hamburg, der sich bekanntlich schon früher besondere Verdienste um diese Angelegenheit erworben hat, weiter folgende neue Berechnung. (Heft XI S. 31.) Es gab Wohnungen

in	unter der Erde	zu ebener Erde	in Stockwerken
Hamburg (1880) . . .	5,747 = 6,5 %	36,546 = 29,9 %	56,533 = 63,6 %
Berlin (1875)	21,639 10,2	33,276 15,6	157,639 74,2
Breslau (1875) . . .	2,611 4,9	10,766 20,2	39,955 74,9
Dresden (1875) . . .	1,650 3,6	7,936 18,2	33,654 77,9
Leipzig (1875)	?	?	?
Frankfurt a. M. (1875)	36 0,2	4,783 23,6	15,417 76,2
Chemnitz (1875) . . .	18 0,1	2,818 19,9	11,332 80,0
Prag (1880)	358 1,1	10,163 31,8	21,401 67,1
Wien (1869)	739 0,6	51,075 40,8	220,271 37,3
Budapest (1865) . . .	5,217 7,6	42,138 61,5	21,180 30,9

Von der Bevölkerung wohnten

in	unter der Erde	zu ebener Erde	in Stockwerken
Hamburg	24,891 = 6,1 %	141,001 = 34,7 %	240,965 = 59,2 %
Berlin	95,908 10,2	148,596 15,8	696,067 74,0
Breslau	10,607 4,6	47,070 20,5	171,536 74,9
Dresden	6,372 3,2	39,486 19,9	152,699 76,9
Leipzig	2,856 2,2	24,500 19,3	99,924 78,5
Frankfurt a. M. .	125 0,1	27,211 27,4	72,172 72,5
Chemnitz	121 0,2	14,541 21,8	52,032 78,0
Prag	?	?	?
Wien	3,333 0,5	220,271 37,3	367,468 62,2
Budapest	30,441 8,9	199,379 58,2	112,606 32,9

Obwol diese Zahlen in mehrfacher Beziehung nur ein unvollständiges Bild geben, und manche Bedenken erregen, so genügt doch ein Blick auf dieselben, um einen (allerdings nicht den einzigen) Erklärungsgrund der so sehr verschiedenen Sterblichkeitsziffer in den vorbemerkten Städten abzugeben, und davon abzuhalten, auf allgemeine Sterblichkeitsziffern hin kurzweg diesen oder jenen Ort an sich als »gesund« aufzusuchen, oder als »ungesund« zu fliehen. Auf Grundlage der mitgetheilten Daten lässt sich denn auch ermessen, welche Wirkung Mieth- und Häusersteuern in den grossen Städten in sanitärer Beziehung hervorbringen müssen. Man wendet Millionen auf für Canalisation, Herbeileiten gesunden Wassers, dann für Spitäler und Krankenhäuser, und vertheuert gleichzeitig die Wohnungen, denn schliesslich überwälzen die Hauseigenthümer, wenigstens theilweise, die Last doch auf die Miether, so dass diese gezwungen sind, sich in engern und schlechtern Räumlichkeiten zusammenzudrängen, als es der Fall sein würde ohne solche Belastung, die einen wahren Hohn bildet auf jene Anstrengungen zum Herbeiführen besserer Gesundheitszustände.

Ab- oder Zunahme der Lebensdauer. In früherer Zeit pflegte man, wol nicht ohne Einwirkung gewisser durch die Bibel empfangener Eindrücke, unbedingt anzunehmen, dass die Menschen vordem ein viel höheres Alter erreicht hätten, als jetzt. Die Grundlosigkeit dieser Unterstellung musste allmählig erkannt werden. Nun wurden aber die glänzendsten entgegengesetzten Berechnungen zum Beweise einer ungemein gesteigerten Lebensdauer aufgestellt. Schon *d'Ivernois* nannte dies »eine Lieblingsthese der Doctrinäre«. Es ist in der neuesten Zeit zur Evidenz dargethan, dass jene Berechnungen im Allgemeinen auf irrigen Grundlagen beruhen, dass somit ihre Resultate unhaltbar sind. Ein mathematischer Beweis für die behauptete Verlängerung des menschlichen Lebens lässt sich in Wirklichkeit zur Zeit nicht herstellen. Die von *Wappäus* hervorgehobenen Zweifel

fanden u. a. eine Bestätigung durch Dr. *Engel's* Arbeit über »das Durchschnittsalter der Gestorbenen oder die sogen. Mittlere Lebensdauer in
Preussen in der Zeit von 1816 bis 1860«. Das durchschn. Alter betrug
nach Jahren und nach Geschlechtern:

	Gestorbene		
	männliche	weibliche	zusammen
1816—20	26,41	28,80	27,57 Jahre
1821—30	27,19	29,66	28,39 -
1831—40	17,41	29,33	28,34 -
1841—50	26,21	28,30	27,23 -
1851—60	25,24	27,63	26,40 -

Da die Kinder im 1. Altersjahr einer besonders grossen Sterblichkeit ausgesetzt sind, so wurden eigene Listen blos für Diejenigen angefertigt, welche das 1. Lebensjahr zurückgelegt hatten. Resultat:

	Gestorbene über 1 Jahr alt		
	männliche	weibliche	zusammen
1816—20	36,65	37,67	37,14 Jahre
1821—30	38,01	38,76	38,37 -
1831—40	36,83	37,64	37,23 -
1841—50	35,85	36,89	36,37 -
1851—60	35,14	36,69	35,91 -

Dr. *Engel* bemerkt: »Diese Tabelle ist, weil eine Enttäuschung, gewiss für Viele eine Trauerbotschaft. Der Inhalt ist auch frappirend. Derselbe widerlegt, gestützt auf so grosse Zahlen wie sie für ähnliche Arbeiten noch niemals und nirgends verwendet wurden, die süsse Meinung,
dass die mit dem Durchschnittsalter der Gestorbenen identificirte mittlere
Lebensdauer stetig wachse oder gewachsen sei. Er erklärt alle gegen-
theiligen Behauptungen für irrig.« — *Engel* versuchte es selbst, die ge-
fundenen Resultate zu entkräften. Er berechnete das Alter der Lebenden.
Aber auch dieser Versuch scheiterte. Von je 100 Individuen der Bev.
kam nämlich auf nachstehende Alterclassen folgende Procentzahl:

Männliche Bevölkerung im Alter	1816	1840	1858
von 14 Jahren und weniger	17,87	17,44	17,44
- über 14—20 Jahren . . .	(?)	6,23	5,10
- - 20—25 -	2,58	4,64	4,38
- - 25—32 -	3,43	5,20	6,07
- - 32—39 -	3,67	4,33	4,90
- - 39—60 -	(?)	9,07	9,23
- - 60 -	3,33	2,99	2,73
Weibliche Bevölkerung			
von 14 Jahren und weniger	17,41	17,08	17,15
- über 14—60 Jahren . . .	29,84	29,91	29,96
- - 60 -	3,14	3,11	3,04

(Hier ist besonders auffallend der Rückschritt im Alter von mehr als 60 Jahren.)

Trotz des Uebereinstimmens dieser ungünstigen Ergebnisse hegt
Engel selbst Zweifel über die Richtigkeit der zur Anwendung gebrachten
Methoden. Und wirklich konnte das Moment gleicher oder ungleicher
Besetzung der verschiedenen Altersclassen in verschiedenen Epochen mit
dem vorliegenden statistischen Material nicht vollständig gewürdigt werden. Die Verminderung der mehr als 60jährigen Männer ist unzweifelhaft wesentlich den Kriegen zu Anfang des 19. Jahrhunderts beizumessen. Diese haben Lücken erzeugt in den Reihen derjenigen Männer
welche bei der Aufnahme von 1858 das 60ste Altersjahr ab......

haben könnten, und, da die Gefallenen zu den kräftigsten Jünglingen gehört, gewiss grossentheils dieses Alter auch überschritten haben würden. Unsere Bemerkung erhält ihre Bestätigung dadurch, dass die Zahl der mehr als 60jährigen Frauen wenigstens nur um $0,_{10}$ % abnahm, während die der Männer um das Sechsfache (um $0,_{60}$ %) sank. Ebenso bedingt ein stärkerer als der gewöhnliche Ueberschuss der Geburten über die Sterbfälle mit Nothwendigkeit eine stärkere Besetzung der jüngern Altersclassen in den Listen, somit ein Herabdrücken der durchschnittlichen Alterszahl aller Lebenden.

Marc d'Espine, der die Zunahme der Lebensdauer zu Genf seit dem Jahre 1561 rühmte, gelangte gleichwol schon 1847 zu der Bemerkung: »Das mittlere Alter scheint hier in den letzten 30 Jahren seinen Gipfelpunct erreicht zu haben, und weiterer Erhöhung nicht fähig zu sein. Die Lebenserwartung ist nach meiner Tabelle (Ergebnisse von 1838—45 im ganzen Cantone) $43,_{62}$ Jahre; nach *Heyer* (Stadt und Weichbild) war sie 1814—30 $47,_{21}$ Jahre; nach *Mallet* (Stadt allein) ergaben sich 1814—33 $45,_{09}$ Jahre.« Somit auch zu Genf ein Rückschlag in der letzten Periode.

Es muss hier wiederholt werden, dass mathematisch feststehende Resultate für die vergangene Zeit nicht zu erlangen sind. Unzweifelhaft hat indess während der letzten Jahrzehnte wenigstens k e i n b e d e u t e nd e r Fortschritt der menschlichen Lebensverlängerung stattgefunden; in Deutschland namentlich wirkten die zahlreichen Auswanderungen von jungen Männern auf die Ziffernergebnisse ein. Dennoch ist eine Verlängerung der Lebensdauer während der letztverflossenen zwei oder drei Jahrhunderte im höchsten Grade wahrscheinlich. Das freilich nur ungenügende Material deutet darauf, dass zwar das höchste Alter der Greise sich seit Jahrhunderten und Jahrtausenden ziemlich gleich blieb[*], dass dagegen die Zahl derjenigen Menschen, welche überhaupt ein höheres Alter erreichen, sich während der letzten Jahrhunderte vergrössert hat. Die Lebensverhältnisse auch der Minderbemittelten sind relativ besser geworden, und die Nutzanwendung davon ergibt sich von selbst, wenn wir berücksichtigen, in welchem Maasse schon einzelne gute oder schlimme Jahre auf die Lebensdauer einwirken. Dagegen ist die gehoffte grosse Lebensverlängerung in Folge der Kuhpockenimpfung bis heute wissenschaftlich nirgends dargethan, wie denn überhaupt eine Lebensverlängerung gerade seit den ersten Decennien des 19. Jahrhunderts entweder nicht stattgefunden, oder jedenfalls so wenig bedeutend ist, dass sie bis heute statistisch noch nicht erweisbar geworden.

Verheerungen der Cholera. Specielle Nachweise sind in der 8. Aufl. S. 499—501 gegeben. Zur Ergänzung fügen wir nur noch bei, dass nach den neuern Erhebungen (*Annali di Statistica, 1881, vol. 6*) in Italien diese Seuche hinwegraffte: 1865 12,901 Menschen, 1866 19,571 und 1867 128,075, zus. in 3 Jahren 160,547, oder auf je 1,000 Einw. $6,_3$.

---

[*] In Frankreich hat sich in den Jahren 1853—60 eine Verminderung in der Z a h l der Hundertjährigen, welche g e s t o r b e n sind, ergeben. Diese Zahl betrug: 1853 143, 1854 115, 1855 128, 1856 114, 1857 106, 1858 103, 1859 99, 1860 84. Natürlich entscheidet dieses Ergebniss nichts in der vorliegenden Frage.

Sterblichkeit nach Monaten. Die relativen Ziffern sind in der 8. Auflage S. 501 angegeben. Hier nur die Bemerkung: Durchgehends sind es die kalten Monate, welche eine übergrosse Menschenmenge hinwegraffen, ja in der Regel sind sie es allein, welche eine das jährliche Mittel übersteigende Anzahl Opfer fordern. Die heisse Jahreszeit vergrössert zwar ebenfalls die Sterblichkeit, doch nur wenig, blos ausnahmsweise bis zur Durchschnittszahl. Natürlich müssen die schädlichen Temperatureinflüsse in den meisten Fällen längere Zeit hindurch auf den Körper eingewirkt haben, ehe die Zerstörung erfolgt. Dies gilt namentlich von der Hitze. Die Kälte aber wirkt verderblich sowol alsbald nach ihrem Eintritt, als auch noch lange nachher. Allerdings stellt sich mit derselben gewöhnlich auch grösserer Mangel, Beschränkung des Arbeitsverdienstes bei steigendem Bedarf ein. Ein Paar helle, schneidend kalte Januaroder Februartage — dieses für so gesund gehaltene »reine, klare Wetter« — vernichten oft die Existenz von 1,000 und mehr Menschen über die gewöhnliche Sterbezahl in einer einzigen Stadt wie London im Laufe von nur einer Woche. Einmal veranlassen solche bedeutende Temperaturabfälle die Erkrankung (namentlich an Lungenentzündungen etc.) vieler bis dahin gesunder Leute; sodann raffen sie eine ungewöhnliche Menge aus der Zahl der ohnehin Kranken weg, in welcher Beziehung selbst alle Abschliessungsversuche sich als unzureichend oder in anderer Weise schädlich erweisen. Viele Menschen sind durch Alter, Entbehrung, chronische Leiden oder Schwäche so weit herabgebracht, dass eine, vielleicht nicht einmal starke, Verschlimmerung der Temperaturverhältnisse ausreicht, bei ihnen das zwischen der Vitalität und der Krankheit gerade noch schwankende Gleichgewicht zu zerstören und das Leben zu beendigen. So lange die Respirationsorgane nicht zu stark in Anspruch genommen werden, wiederstehen sie noch der Krankheit; eine geringe Vermehrung des ungünstigen Verhältnisses genügt, dem schlimmen Elemente das Uebergewicht zu verschaffen.

In England starben, nach dem *Registrar General*, im Jahre 1876 510,315 Menschen, also ca. 21,0 %/00. Dies war die geringste Proportionalzahl seit 1838, während sich 1849 das Maximum mit 25,1 eingestellt hatte. Dieses Ergebniss veranlasste Hrn. F. Williams zu einer schönen Studie über den Einfluss der Temperatur auf die Sterblichkeit. Die Differenz zwischen der mittleren Temperatur von 1875 und 76 war gering (9,6 und 10° Celsius). Allein im ersten dieser Jahre tobten in den 3 Monaten Februar, März und April die kalten Ostwinde an 32 Tagen, während sie 1876 nur an 13 Tagen herrschten. In Folge dessen hatte man 1875 weit mehr Todesfälle an Brustleiden, speciell an Influenza, dann bei Alten, wodurch die Mortalität auf 22,6 erhöht wurde.

Sterblichkeit in den verschiedenen Ständen. Die Ziffern darüber sind durchaus nicht unbedingt feststehend. Was wir beachtenswerth hielten, ist in den frühern Auflagen mitgetheilt.

Sterblichkeit im Militärstande. Deren Grösse in den verschiedenen Heeren ist in den frühern Ausgaben ziffernmässig möglichst genau bezeichnet, namentlich 8. Auflage S. 503—506. Hier zur Ergänzung nur noch Ergebnisse bei der Italienischen Armee. In dieser hatte man im Jahre 1876 2,139 Todesfälle, d. h. 11,$_{24}$ auf 1,000 Mann, dann 1877 2,040 oder 10,$_1$ pro 1,000. Doch lassen die Angaben offenbar an Genauigkeit Manches zu wünschen (siehe *Annali di Statistica 1878, serie 2, vol. II*).

Krankheiten, veranlasst oder befördert durch schlechte Schuleinrichtungen. In der 8. Auflage S. 516 sind einige Bemerkungen unseres verstorbenen Freundes *Dr. J. Wallach* von Frankfurt mitgetheilt. Mittlerweile hat auf dem Rheinischen Lehrertage 1880 Sanitätsrath *Dr. Strauss* einen beachtenswerthen Vortrag über die Gesundheitspflege in der Schule gehalten, in welchem er die gesundheitsschädlichen Wirkungen nachwies, welche eintreten, wenn den Schulhäusern eine gute Lage, Luft, Licht und Corridore fehlen, wenn per Kind nicht eine genügende Anzahl Quadratmeter Raum vorhanden ist, wenn Tische und Bänke nicht die dem Körper entsprechende Grösse und Weite haben, wenn den Bänken eine das Kreuz unterstützende Lehne fehlt, wenn der Schreibunterricht nicht zugleich eine Schreibgymnastik ist, wenn nicht zwischen je zwei Unterrichtsstunden eine Pause eintritt, wenn das Turnen nicht gleichberechtigter Unterricht ist, wenn die Hautpflege vernachlässigt, die Schule nicht täglich gereinigt und viel gelüftet wird, wenn die Kinder zu früh und zu lange Unterricht erhalten und wenn sie mit Schularbeiten überbürdet werden. Die Rückgratsverkrümmungen, Kurzsichtigkeit, Milz- und Leberleiden etc. hätten ihre Wurzel sehr häufig, wenn nicht meist in der Schule zu suchen. Eulenburg habe gefunden, dass von 300 Wirbelverkrümmungen 225, also 89 %, in der Schule entstanden waren, und aus den Untersuchungen des Professor Cohn in Breslau an 10,000 Kindern und den Untersuchungen anderer Aerzte in 31 Städten Deutschlands an mehr denn 20,000 Kindern hat sich ergeben, dass sich in Dorfschulen 0 %, in den städtischen Volksschulen 8 %, in den Mittelschulen 10 %, in den Realschulen 19 % und in den Gymnasien 26 % Kurzsichtige befanden — Grund genug, um zu fordern, dass Sachverständige eine sanitäre Controle über die Hygiene in der Schule führen.

Verbrauch der wichtigsten Nahrungsmittel. Den in den frühern Auflagen (namentlich der 8., S. 519 folg.) gemachten Angaben fügen wir noch folgende neuere Notizen bei.

In Berlin. Nach *Boeckh*, Director des städtischen statistischen Bureaus in Berlin, betrug die Consumtion (bis 1874 bestand noch die Mahl- und Schlachtsteuer) Kilogr. im Jahr pro Kopf:

	Getreide	Fleisch			Getreide	Fleisch
1867	160	47,$_{37}$		1873	156,$_5$	55,$_{11}$
1868	157,$_6$	45,$_{66}$		1874	141,$_3$	53,$_{97}$
1869	167,$_3$	46,$_{67}$		1875	157,$_4$	71,$_{00}$
1870	170,$_7$	50,$_{69}$		1876	169,$_3$	64,$_{35}$
1871	163,$_3$	51,$_{46}$		1577	203,$_9$	62,$_{62}$
1872	164,$_4$	55,$_{14}$				

In Bremen.

	1874	1875	1876	1877	1878
Fleisch (einschl. Geflügel) Kgr.	62,$_{73}$	58,$_{46}$	55,$_{73}$	55,$_{06}$	52,$_{98}$
Davon Rindfleisch . . . -	34,$_{55}$	34,$_{31}$	32,$_{12}$	30,$_{30}$	27,$_{61}$
Schweinefleisch . -	22,$_{16}$	17,$_{97}$	17,$_{95}$	19,$_{46}$	20,$_{38}$
Mehl und Brod . . . . -	114,$_{61}$	109,$_{76}$	116,$_{51}$	104,$_{70}$	108,$_{43}$
Butter . . . . . . -	13,$_{64}$	13,$_{76}$	14,$_{50}$	14,$_{41}$	14,$_{13}$
Wein (■■■■■■■■ein) Liter	9,$_{03}$	8,$_{10}$	7,$_{54}$	8,$_{02}$	7,$_{08}$
	3,$_{21}$	3,$_{34}$	3,$_{56}$	3,$_{53}$	3,$_{34}$

Im Königr. Sachsen betrug die Fleischconsumtion pr. Kopf, Pfund:

	Rind	Schwein	Zusammen
1836—45	14,3	17,8	32,1
1846—55	14,9	18,0	32,9
1856—65	18,4	25,6	44,0
1866—75	20,6	30,3	50,9

(Sollte die sprungweise Steigerung nach 1855 nicht zum Theil einer strengeren Controlle der Abgabepflichtigen beizumessen sein?) Was einzelne Städte betrifft, so wurde an den beiden Hauptfleischgattungen consumirt in:

	Dresden		Leipzig		Chemnitz		Andere Städte v. mehr als 3000 Einwohnern		Kleinere Orte		Gesammtstaat	
	Rind	Schwein	R.	Schw.	R.	Schw.	R.	Schw.	R.	Schw.	R.	Schw.
1867	44,7	30,4	66,0	59,5	42,2	31,9	25,6	28,0	11,8	24,6	18,1	26,8
1870	49,3	33,9	62,4	79,7	41,2	26,9	23,6	25,3	11,1	24,2	17,9	27,3
1874	57,4	45,4	62,8	96,4	43,7	37,3	30,1	33,8	15,4	31,7	23,0	35,9
1875	57,9	45,8	69,4	94,4	48,4	37,1	33,7	34,3	17,4	29,2	25,4	34,2

Bezüglich der übrigen consumirten Fleischgattungen fehlen nähere Angaben. Nur von Dresden liegen folgende Notizen aus dem Jahre 1873 vor: Schöpsenfleisch 12,37 Pf. pr. Einwohner, Kalb- 19,49, Ziegen- 0,084, Wildpret 3,46, Geflügel 4,79, Fische 1,55, eingeführtes Fleisch 27,94 Pfund.

Die Fleischpreise stellten sich zu Dresden auf Pfennige:

	Rind	Schweine	Schöpsen	Kalb?
1836	28	33	27	17
1845	30	34	29	17
1855	37	52	38	22
1865	42	55	40	28
1875	65	70	55	50

Die neuesten amtlichen Notizen aus dem Königr. Sachsen besagen: Im Jahre 1881 betrug die gesammte Fleischconsumtion 656,152 Centner Rind- und 1'069,671 Centner Schweinefleisch == pr. Kopf 21,9 und 35,7 Pfund.

In Frankreich, wo die Weinconsumtion wesentlich von der Höhe der localen Abgaben bedingt wird, rechnete man vor einigen Jahren selbst zu Paris, wo die Abgabe am höchsten, auf jeden Einwohner durchschnittlich nur 219 Liter, zu Bordeaux hingegen gegen 225, Marseille 233, Tours 243, Lyon 256, Chamberry und Saint-Etienne 296 Liter. Was das Fleisch anbelangt, so ist Paris nicht besser gestellt, denn es kommen auf jeden Bewohner durchschnittlich per Jahr nur 76 Kilo, während zu Lyon 84, zu Limoges 87, zu Saint-Lô 93, zu Versailles 97, zu Melun 106 Kilo per Einwohner verzehrt werden. Und dabei darf man nicht vergessen, dass die vielen reichen Leute und Fremden, welche in Paris verweilen, einen ganz aussergewöhnlich grossen Verbrauch in diesen beiden Nahrungsmitteln machen.

Anhang.

Zur Statistik der Selbstmorde.

Seit der treffliche Q u e t e l e t vor einem halben Jahrhundert mit vorurtheilsfreiem Geiste die Gesetzmässigkeit in den scheinbar willkürlichen menschlichen Handlungen nachgewiesen, wurde insbesondere auch die Statistik der Selbstmorde ganz anders als früher aufgefasst und gestaltete sich nun zu einem wichtigen Zweige philosophischer Forschungen. In Italien wurde neuerdings eine beachtenswerthe Schrift über diesen Gegenstand veröffentlicht: »*Il Suicido, Saggio di Statistica morale comparata del Prof. E. Morselli, Direttore del Manicomio provinciale di Macerata*« (gekrönt vom k. lombardischen Institut; ein Auszug daraus findet sich in den officiellen »*Annali di Statistica, Vol.* 11, 1880«). Der Verfasser hat nicht nur mit ausnehmendem Fleisse die Arbeiten seiner Vorgänger, namentlich des deutschen Prof. Wagner benützt und deren Zusammenstellungen bis zur neuesten Zeit fortgeführt, sondern auch die früheren Untersuchungen auf weitere Gebiete ausgedehnt.

Ehe wir jedoch auf den Inhalt seines Werkes näher eingehen, seien uns einige allgemeine Bemerkungen über verschiedene Punkte gestattet, die man mit der vorliegenden Frage meistens noch nicht in Zusammenhang gebracht hat, und welche auch unser Verfasser in dieser Richtung mehr oder weniger unberührt lässt.

Die sämmtlichen christlichen Kirchen verdammen nicht etwa bloss abstract den Selbstmord, sondern auch persönlich den Selbstmörder. Während er in unseren Augen unter allen Verhältnissen wesentlich als ein Unglücklicher erscheint, für den wir zunächst nur das Gefühl des Bedauerns und Mitleids haben, ist er nach der Anschauung der Priester ein Verbrecher, den nicht bloss in einer anderen Welt göttliche Strafe erwartet, sondern dem man wohl schon diesseits ein ehrliches Begräbniss, insbesondere die gewöhnlichen kirchlichen Ceremonien beim Leichenbegängniss, versagt.

Bei aller kirchlichen Gläubigkeit sträubte sich doch längst in zahllosen Fällen das Gefühl selbst der Frommen gegen ein solches, wenn auch vielleicht theologisch gerechtfertigtes, doch jedenfalls wenig humanes Vorangehen. Wo es sich thun liess, wurde Unzurechnungsfähigkeit des Thäters geltend gemacht, ja es kamen Manche zu der Anschauung: jeder Selbstmörder handle im Zustande der Geistesstörung, was natürlich jede Strafbarkeit ausschliesst.

Doch was sind Geistesstörungen und woher rühren sie? In alter Zeit machte man sich die Beantwortung leicht. Das »Besessenseein« genügte zur Erklärung: der Wahnsinnige musste von einem bösen Geiste, einem Teufel occupirt sein, den man mittelst Exorcismen aus dem menschlichen Körper heraustreiben konnte. Obwohl diese Anschauungsweise gerade zur Zeit der Abfassung des Neuen Testamentes vorzugsweise im Schwunge war, und insbesondere die Evangelien von derartigen Beispielen wimmeln, trägt man doch dermalen meistens Bedenken, die

Theorien aufs Neue zur Geltung bringen zu wollen. In einzelnen Fällen
freilich hört man auch in unserer Zeit noch immer davon, was dann
allerdings weder den Schullehrern noch den Priestern der betreffenden
Gegenden zum Ruhme angerechnet zu werden pflegt *).

Nach der unter der grossen Mehrzahl der Menschen noch fortwährend herrschenden Anschauung ist der menschliche Geist, die Seele, ein
vom Körper absolut verschiedenes, von diesem völlig trennbares Wesen.
während die neuern Physiologen in dem »Geiste« materialistisch ein Product der Nerventhätigkeit erblicken, das mit dem Tode von selbst erlischt.
So viel kann bereits als unbedingt feststehend angenommen werden, dass
der Wahnsinn stets das Ergebniss einer materiellen Störung des menschlichen Organismus ist, mag diese Störung unmittelbar durch einen orga-
nischen Fehler des Körpers, durch materielles Erkranken einzelner Bestandtheile desselben, oder mittelbar durch sog. psychische Eindrücke
als Ursachen materieller Veränderungen, namentlich im Gehirn, veranlasst sein.

Halten wir das fest, so werden wir zwar allerdings finden, dass nicht
wenige Selbstmorde im Zustande wirklicher Geistesstörung stattfinden.
Der Wahnsinnige oder der vom Typhusfieber Ergriffene, der sich zum
Fenster hinausstürzt, handelt sicherlich ohne Bewusstsein; wir werden aber
weiter finden, dass ein Zurückführen aller Selbstmorde auf einen Zustand
der Unzurechnungsfähigkeit durchaus unhaltbar ist. Wie viele Selbstmorde werden bei klarstem Verstande, in Folge genauer und richtiger
Würdigung der Situation vom Thäter vollbracht. Wer will (um nur ein
paar Beispiele aus der alten Geschichte anzuführen) einen Hannibal,
einen Cato von Utica für unzurechnungsfähig erklären, weil sie sorgten,
nicht lebend in die Hände ihrer Feinde zu fallen? Aus anderem Grunde
entschloss sich Cicero's Freund Atticus freiwillig in den Tod zu gehen:
ein unheilbares körperliches Leiden hatte ihn ergriffen; er wäre bei län-
gerem Leben nur sich selbst und seiner Umgebung zur Plage geworden.
Mögen theologisirende Kritiker die letzte That des Mannes nach Belieben
verdammen; er wie die vorhin genannten Helden thaten den entschei-
denden Schritt ebenso wie mit klarem Geiste auch mit dem vollen Be-
wusstseins des Vollbringens einer nichts weniger als moralisch verwerf-
lichen Handlung.

Im Allgemeinen mehren sich mit der weiteren Entwicklung der
Cultur, einerseits die sog. Geisteskrankheiten, andererseits die Selbstmorde. Bei rohen, ungebildeten Völkern, insbesondere solchen, welche
sich vermittelst eines äusserlichen, formalen Cultus mit ihrem Gotte ab-
zufinden glauben, gibt es um so weniger Selbstmorde, als solche Leute
auch von einem Tage zum andern ohne Sorgen um die Zukunft fortleben.
Die Cultur, so sehr sie den Menschen erhebt, hat auch allerdings ver-
derbliche Begleiterinnen. Sie weckt manche Leidenschaften, welche das
Nervensystem zerrütten, zu Ausschweifungen, zu Verbrechen führen.
Nicht selten greifen der leichtsinnige Hazardspieler und der mit der

---

*) Die Selbstmörder würden consequent handeln, wenn sie sich die Leichen-
begleitung durch einen Geistlichen selbst verbäten; Civilbeerdigung (oder Ver-
brennung) ist hier am Platze.

Todesstrafe bedrohte Raubmörder mit vollem Bewusstsein zur Pistole oder zum Strick. Niemand wird sie in eine Classe bringen mit Männern der vorhin bezeichneten Art — obwohl man auch ihnen das Prädicat »bedauernswerther Menschen« nicht bestreiten kann. Anders aber muss das Urtheil schon lauten, wenn Jemand ohne Selbstverschulden in materielle Noth und Elend geräth, aus denen nur der Tod Erlösung zu bringen verspricht. — Je gebildeter diese Unglücklichen, desto unverhüllter steht ihnen das steigende Elend vor Augen. Das Darben und Hungern der Familienangehörigen bringt manchen braven Menschen zur Verzweiflung! Je gebildeter, desto mehr empfindet er die Noth — die eigene, wie die der Seinigen. Grosse politische Bewegungen, wie die von 1830, 1848, auch 1870, sind regelmässig von einer Verminderung der Zahl der Selbstmorde begleitet. Ueberall erwachen die schönsten Hoffnungen. Brechen dann Reactionen herein, welche diese erweckten — ethischen oder materiellen — Hoffnungen vernichten, dann wächst die Menge der Selbstmorde, und zwar noch weit über das Maass der früheren Verminderungen hinaus. Ihre geradezu ungeheuere Vermehrung in der jüngsten Zeit steht nicht ausser Zusammenhang mit dem Hoffnungsschwindel vor einem Jahrzehnt und den sich daran knüpfenden Enttäuschungen! (Der grosse Krach in der ersten Hälfte der 1870er Jahre.)

Wir haben oben gesagt, je geringer die Verbreitung der Bildung, desto weniger Selbstmorde, insbesondere bei Leuten, welche einem äusserlichen, formalen Cultus huldigen. Entgegengesetzt ist es bei allen Culten, welche auf einem, den Menschen als absolut sündhaftes Wesen darstellenden, mystischen Glauben beruhen. Hier treibt die Schwärmerei, die fortgesetzte innere Peinigung, in zahllosen Fällen gerade hin zum (religiösen) Wahnsinn, und damit auch nur zu häufig zum Selbstmorde. Hat doch dieser religiöse Wahnsinn schon dahin geführt, dass die Unglücklichen im Martertode (es gab Fälle, in denen sie sich gegenseitig selbst kreuzigten!) ihr »Seelenheil« zu retten wähnten!

Diese allgemeinen, hier nur aphoristisch gegebenen Betrachtungen vorausgesendet, wenden wir uns zur Arbeit des Prof. Morselli. Sein Standpunkt ist, wie er in der Einleitung zu erkennen gibt, ein vorurtheilsloser und freier. Er hebt hervor: »Weder die antike Philosophie noch die Religionen wussten jemals den wahren socialen Charakter (des Selbstmords) zu begreifen. Anstatt die physio-psychologischen Ursachen zu untersuchen, beschränkten sich die Metaphysik und die Theologie, die Heilung in den kirchlichen Canones, in Moralpredigten und in Strenge der Gesetze zu suchen.« Morselli beschritt den statistischen Weg: er sammelte vor Allem möglichst zahlreiche Thatsachen, classificirte dieselben sorgsam, und zog dann aus den grossen gleichartigen Zahlen seine Schlüsse.

Die sehr sorgsamen und äusserst umfangreichen Zusammenstellungen der Selbstmorde in den einzelnen Ländern, je von 5 zu 5 Jahren — soweit das vorhandene Material zurückreicht — zeigen deutlich eine permanente Zunahme, und zwar, mit Ausnahme sehr weniger und und unbedeutender Schwankungen, von Periode zu Periode, in allen einzelnen Ländern. Es wundert uns dies nicht; es ist in erster Linie eine der (nicht erwünschten) Wirkungen der sich ausbreitenden Cultur, d. h. hier der Nerven überreizungen, auch Ausschweifungen, vor Allem aber der immer complicirteren Lebens- und Ernährungsverhältnisse, der steigenden Schwierigkeit des Lebensunterhaltes u. s. f. Aber noch Eines ist in Betracht zu ziehen: die Zahlen, wie die amtliche Statistik dieselben vorführt, haben nicht in gleichem Maasse Anspruch auf Verlässigkeit. Die Constatirung der Selbstmorde war wohl in allen Ländern früher eine weit geringere, als sie jetzt ist, und in Folge dessen unterliegt es für uns keinem Zweifel, dass die wirkliche Zunahme wenigstens nicht ganz so gross ist, wie diese Ziffern anzudeuten scheinen. — Wie dem sei; unser Verfasser berechnet die Zahl der Selbstmorde während des letzten Jahrfünfts von dem ihm Angaben vorlagen, nämlich aus den Jahren 1871 —75, je auf eine Million Einwohner, per Jahr folgendermassen: in Schweden 81, Norwegen 73, Dänemark 258, England-Wales 66, Irland 18, (das ältere) Preussen 134, Hannover 140, Mecklenburg 167, Nassau 157, Sachsen 299, Bayern 91, Württemberg 160, Baden 156, Belgien 68, Frankreich 150, Italien 35.

Welche Unterschiede! Und doch daneben welche Regelmässigkeit in den einzelnen Ländern. So betrug die Zahl in den älteren preussischen Provinzen durchschnittlich je von 5 zu 5 Jahren seit 1816/20: 74, 83, 89, 96, 103, 110, 99, 130, 123, 122, 142 und (1871/75) 134; in Sachsen von 1836/40 an: 158, 198, 199, 248, 245, 261, 297, 299; in Bayern 1841/45 55, 1846/56 73, 1856/65 80, 1866/70 91, dann 91; in Frankreich seit 1826/30 je im Jahrfünft: 54, 64, 76, 85, 97, 100, 110, 124, 135, 150. Aehnlich in allen einzelnen Ländern. Die Regelmässigkeit der Selbstmorde zeigte sich grösser, als selbst die der Geburten, Heirathen und Todesfälle. Was die Zunahme betrifft, so fällt die höchste Zahl überall in das letzte oder vorletzte Quinquennium, nur allein Norwegen ausgenommen, wo sie in die Periode 1851/55 trifft; hier scheint, wie der Verfasser bemerkt, die strengere Gesetzgebung gegen Trunkenheit, insbesondere den übermässigen Branntweingenuss, eine wohlthätige Wirkung hervorgebracht zu haben.

Unverkennbar wirken auf die Menge der Selbstmorde die mannichfaltigsten und verschiedenartigsten Momente ein. Morselli hat darum Untersuchungen nach den verschiedenen Richtungen angestellt. Allein gerade die Complicationen erschweren die Ermittelung der Grösse jedes einzelnen Factors ungemein, und bilden auch den Grund, aus welchem unsere Ansicht in einigen Puncten mit jenen des Verfassers nicht ganz übereinstimmt. Was zunächst das Klima betrifft, so ergeben die Zusammenstellungen weitaus die wenigsten Selbstmorde im Süden Europas; die meisten aber nicht im Norden, sondern im Centrum. Schon dieses Resultat lässt keinen Zweifel, dass das Klima nicht das Ausschlag gebende Moment ist. Allerdings zeigt eine beigegebene Karte von Italien, dass jene freiwilligen Selbsttödtungen relativ ungewöhnlich häufiger im Norden der Halbinsel vorkommen und sich fast ganz regelmässig nach Süden zu vermindern; aber — um nur Eines anzuführen — mit der Cultur, der Bildung, der Industrie, der Rührigkeit der Bevölkerung verhält es sich ebenso, und diesen Umständen muss sicherlich eine weit höhere Einwirkung beigemessen werden. Aehnlich ist es mit der Bodenbeschaffenheit: in Berggegenden wenig, in Ebenen, an Flüssen, viele Selbstmorde, aber auch dies entspricht den abweichenden Culturgraden, und eine Art Probe findet sich darin, dass Sumpf- wie Berggegenden in geringem Maasse von Selbstmorden heimgesucht scheinen, man also nicht sagen kann, dass die tiefe Lage dieselben befördere.

Von unverkennbar entscheidendem Einflusse sind die Jahreszeiten. Aber selbst Prof. Wagner konnte, indem er Wärme und Kälte als die entgegengesetzten Factoren annahm, seine Theorie mit den Thatsachen nicht in Einklang bringen. Wir haben (in den früheren Ausgaben des Handbuchs der Statistik) schon vor Jahrzehnten nachgewiesen, dass die Zahl der Selbstmorde in allen Ländern wächst — nicht mit der Zunahme der Wärme (sonst müsste es auch in den heissen Ländern die meisten Selbstmorde geben, was entschieden nicht der Fall), sondern mit dem Wachsen der Tage, und dass sie fällt mit dem Kürzerwerden derselben.

Alle seitherigen Ermittelungen haben die Richtigkeit dieser Theorie bestätigt. Auch die Zusammenstellungeu unseres Verfassers liefern den gleichen Beweis. Morselli hat die statistischen Ergebnisse aus 34 Perioden und aus den verschiedenen Ländern Europas zusammengestellt. Natürlich fehlt es nicht an einzelnen Schwankungen, diese aber sind am meisten da wahrnehmbar, wo die Zahlen am geringsten und somit am wenigsten bedeutungsvoll sind. Die Gesammtergebnisse gestalten sich aber so: unter 100 Fällen traf die grösste Zahl der Selbstmorde 88 Mal auf den Sommer, 9 Mal auf den Frühling, 3 Mal auf den Herbst; dagegen fand sich das Minimum 88 Mal im Winter, 12 Mal im Herbst. Noch deutlicher tritt das Verhältniss hervor, wenn man das Jahr, statt einfach nach den vier Jahreszeiten genauer nach Quartalen scheidet: jenes Maximum ergab sich 90 Mal im zweiten Quartale (1. April bis 30. Juni), 10 Mal im dritten Quartale (1. Juli bis 30. Sept). Eine Ausscheidung nach Monaten ergab auf 32 verschiedene statistische Perioden: Maximum 19 Mal im Juni (60 %), 8 im Mai (25 %), 5 im Juli (15 %); Minimum 19 Mal im December, 7 im Januar, 5 im November, 1 im October. Dabei verdient Erwähnung, dass die vom Verfasser gelieferten Zusammenstellungen sich über nicht weniger als circa 220,000 einzelne Fälle erstrecken. — Am meisten Abweichungen kommen in den grossen Städten vor: hier rivalisiren die guten und besonders schlimmen Begleiter der Cultur mit den Wirkungen der rohen Natur, und in nicht gerade wenigen Fällen zeigen sich die erstgenannten als die mächtigeren Factoren, ohne jedoch im Stande zu sein, die letzten ganz zu vernichten.

Was die meteorologischen Einwirkungen betrifft, so fehlt es an genügenden Erhebungen; die vorhandenen stehen unter sich nicht im Einklang. Im Allgemeinen scheint es, dass in den wärmeren Tagesstunden, entsprechend der barometrischen Pression, die Selbstmordzahl etwas steigt; dagegen scheint die Feuchtigkeit der Luft zu einer Verminderung zu führen. Der Stand des Mondes übt offenbar keinen so mächtigen Einfluss aus, wie man anzunehmen geneigt ist. Das, allerdings beschränkte Material, welches in dieser Beziehung vorliegt, lässt kaum irgend eine Einwirkung unsers Trabanten erkennen; kaum zeigen sich schwache Spuren einer Vermehrung in der zweiten und vierten Mondesphase.

Einige andere Erscheinungen mag man im ersten Augenblick als Spiele des Zufalls ansehen, während man bei näherer Betrachtung Wirkungen unserer socialen (geschäftlichen, dann der kirchlichen) Verhältnisse darin erkennen wird: die Selbstmorde sind relativ am häufigsten in der ersten Dekade der betreffenden Monate (auf die Wirkung übler Geschäftsabschlüsse in den Städten deutend), während sie, was Wochentage anbelangt, relativ an den Samstagen, Sonntagen und Freitagen etwas weniger oft vorkommen, als an den 4 übrigen Tagen. Den Stunden nach trifft die grösste Zahl auf die Zeit von 6 bis 12 Uhr Mittags; dann ergibt sich eine Verminderung nicht nur bis Mitternacht, sondern weiter bis zu den Stunden vor Sonnenaufgang (Minimum).

Von sehr grossem Einflusse sind auch hier die Rasseverschiedenheiten der Völker. Die germanischen Stämme liefern entschieden die meisten Selbstmorde, und die beiden Zweige: Deutsche und Scandinavier streiten dabei um den Vorrang, indess die in der bezeichneten Beziehung (mit Unrecht) verrufenen Engländer bedeutend hinter jenen zurückbleiben. Indessen muss, was Morselli unbekannt geblieben zu sein scheint, darauf hingewiesen werden, dass in England die Gesetzgebung, durch ihre störenden Erbschafts-Bestimmungen bezüglich der Hinterlassenschaft von Selbstmördern, nothwendig zur Verheimlichung der Fälle hindrängt. Nach den germanischen kommen die sogen. lateinischen oder vielmehr celto-romanischen Völker; in letzter Linie erscheinen die Slaven. Nach den Berechnungen unseres Verfassers auf Grundlage der neuesten Erhebungen liefert jede Million Einwohner jährlich folgende Anzahl Selbstmorde: Süd- und Mitteldeutschland 165, Norddeutschland 150, Scandinavien 128, celto-romanische Länder 116, die Anglo-Sachsen 70, Magyaren 52, Flamländer 50, Nordwest-Slaven 42. Finnen 40, übrige Celten 30, Südslaven und Slavonier 30, Italico-Romanen und Lateiner 27.

Am stärksten vertreten ist also Mitteleuropa, um welches sich nach allen Richtungen hin abnehmende Radien bilden. Aber gerade hier dürften die Culturverhältnisse eine mächtige Einwirkung äussern. Bei den Briten kommt auch noch die ursprüngliche Mischung der verhältnissmässig wenigen germanischen Eroberer mit den weit zahlreichern Celten in Betracht. Je reiner die germanische Rasse, desto mehr wächst die Neigung zum Selbstmorde, wobei wir jedoch, mehr als der Verfasser, stets wieder auf die Verschiedenheit der Culturstufe hinweisen müssen. Immerhin zeigen Scandinavien, Oesterreich-Ungarn, Preussen, Belgien, die Schweiz und Frankreich, dass die Zahlen in directem Verhältnisse stehen zum Grade der Ungemischtheit der Germanen. In den 18 Ländern von Oesterreich-Ungarn ergeben sich auf die Gebiete, in denen (der Muttersprache nach) mindestens 90 % Deutsche wohnen, auf die Million durchschnittlich 143 Selbstmorde; die andern Nationalitäten folgen sich in nachstehender Ordnung: Slaven, Ruthenen, Polen, Italiener, Slavonier, Juden, Magyaren, Bulgaren. Auch in Preussen kommen die wenigsten Fälle vor in den Provinzen Posen, Schlesien und Pommern.

Einen eigenen Abschnitt widmet Morselli den »Socialen Einflüssen«. Was zunächst die confessionellen· Verschiedenheiten betrifft, so genügt ein Blick auf die Ziffern in Italien, Spanien und Portugal, verglichen mit protestantischen Ländern, um zu zeigen, dass der Katholicismus weniger Unglückliche dieser Art aufweist. In ganz katholischen Ländern kommen durchschnittlich nur 58 Selbstmorde auf die Million Einwohner, in protestantischen 190, in griechischen 40. Aber auch in den Gebieten mit gemischter Bevölkerung ist die Scala: Protestanten, Katholiken, Juden, welche letzteren die geringste Neigung zur Existenzvernichtung kundgeben. (Der Verfasser nennt den Protestantismus *un culto eminemente mistico, che sviluppa le potenze riflessive della mente ed esagera la lotta interiore della coscienza* . . . .) Als unrichtig bezeichnet M. die Theorie Wagner's, dass die Häufung der Selbstmorde zusammenhänge mit der Minorität der Angehörigen eines Cultus in diesem oder jenem Lande, zumal die rechtliche Stellung nicht mehr vom Glaubensbekenntnisse abhängt.

Unter den socialen Einflüssen nimmt der Grad der Bildung und des Unterrichts eine hervorragende Stelle ein: je mehr des Lesens und Schreibens Kundige, desto mehr Selbstmorde in der Regel, dagegen aber auch — desto weniger Verbrechen gegen Personen. Der Verfasser gibt aus Italien folgende Berechnung, wobei je 10 Provinzen zu einer Gruppe vereinigt sind:

	auf 1000 Einwohner Analphabeten	auf 1 Mill. Einw. Selbstmorde	gegen Personen Verbrechen
1.	zwischen 423 und 564	37,82	9,92
2.	- 568 - 692	46,60	8,76
3.	- 708 - 755	43,85	13,92
4.	- 757 - 803	40,03	12,25
5.	- 807 - 861	26,45	18,87
6.	- 862 - 884	14,54	26,22
7.	- 885 - 927	12,50	23,30

Je mehr die wirthschaftlichen, insbesondere industriellen Verhältnisse entwickelt sind, desto mehr Selbstmorde. Dies begreift sich nach dem Gesagten ohne weiteren Nachweis.

In welchem Maasse die Dichtigkeit der Bevölkerung an sich einwirkt, lässt sich nicht bestimmen, da hier die allgemeinen ökonomischen Verhältnisse u. s. w. sich gewaltig geltend machen. Dass die Städtebevölkerung ein grösseres Contingent Selbstmörder liefert, als die Ackerbezirke, ist sehr begreiflich. Merkwürdig erscheint, dass der Einfluss von Paris sich auch noch auf neun agricole Departemente ausdehnt, während man bei anderen Hauptstädten eine gleiche Wirkung nicht wahrnimmt.

Dem Geschlechte nach kamen, nach den jüngsten Erhebungen, auf je 1000 Selbstmorde von Frauen, solche von nachstehender Anzahl von Männern:

Schweden . .	(1870—74)	3310	Sachsen. . .	(1871—76)	4181
Norwegen . .	(1866—73)	3237	Württemberg	(1872—75)	5211
Russland . .	(1875)	3878	Baden . . .	(1870—74)	5250
England . .	(1872—76)	2861	Hessen . . .	(1866—71)	4814
Niederlande .	(1869—72)	5250	Schweiz . .	(1876)	7197
Belgien . . .	(1870—76)	5480	Frankreich .	(1870—76)	3695
Preussen . ,	(1871—76)	4405	Oesterreich .	(1873—77)	4586
Bayern . . .	(1871—76)	4102	Italien . . .	(1872—77)	4000

27 *

Es ist schon früher bemerkt worden, dass die Neigung zum Selbstmorde nicht ab- sondern zunimmt mit dem Alter. Die Erscheinung ist
gleich in allen Ländern und bei beiden Geschlechtern und dauert bis in
die 70er Altersjahre, von wo im Allgemeinen eine schwache Verminderung eintritt. M. hat nach den neuesten Daten berechnet, dass je auf
eine Million Menschen in nachbemerkten Altersclassen folgende Anzahl
Selbstmorde kommt:

	Männer	Frauen
unter 16 Jahren	3,2	1,0
von 16—20 -	32,3	12,2
- 20—30 -	77,0	18,9
- 30—40 -	72,3	19,6
- 40—50 -	102,3	26,0
- 50—60 -	140,0	32,0
- 60—70 -	147,8	34,5
- 70—80 -	124,3	29,4
Darüber . . .	103,8	33,3
Total	803,0	207,4

Dem Civilstande nach liefern die Unverheiratheten entschieden mehr
Selbstmorde, als die Verheiratheten, doch wird ihre Zahl wieder übertroffen von den Verwittweten, und, wo das Institut des Scheidung besteht, nahezu erreicht von den Geschiedenen. Auf je 100 verheirathete
Selbstmörder kamen:

	Unverheirathete	Verwittwete	Geschiedene
in Italien. . . .	108	157	—
- Frankreich . .	112	196	—
- Württemberg .	143	156	139

Erwähnenswerth ist, dass die Neigung zum Selbstmord am wenigsten hervortritt bei Solchen, welche vom Unterhalt durch Andere leben,
dagegen, was sehr begreiflich, am häufigsten bei denen, welche eine Familie zu ernähren haben.

Die Ursachen des Selbstmordes sind an sich meist schwer zu ermitteln, zudem hat man sie in den verschiedenen Ländern so abweichend
qualificirt, dass zu allgemeinen statistischen Berechnungen keine genügenden Elemente vorliegen. Physische und moralische Leiden wirken
mächtig ein; die Einwirkungen derselben lassen sich so erklären, dass
sie eine Alteration im Gehirn hervorbringen. Nervenkrankheiten führen
relativ häufig zum Selbstmorde; übermässiger Branntweingenuss ebenfalls.

Im jugendlichen Alter wird ein freiwilliger Tod am häufigsten gesucht aus Liebeskummer, Eifersucht und unehelicher Schwangerschaft;
in etwas vorgerücktem Alter machen sich finanzielle Zerrüttungen und
geistige Störungen geltend; später physische Krankheiten und Lebens-
überdruss. Im Norden Europa's prädominirt der Alkoholismus, im Süden
die Noth und unglückliche Liebe.

Die Selbstmorde, der Zahl nach verschieden in den einzelnen Ländern, wiederholen sich in jedem einzelnen dieser Länder mit wunderbarer
Regelmässigkeit, und dies nicht nur der Gesammtziffer nach, sondern
ebenso was die Arten der Tödtung, die Waffen und Mittel anbelangt. Da
die Selbstmörder natürlich darauf ausgehen, ihre Absicht möglichst rasch
und schmerzlos zu verwirklichen, so werden nun in steigendem Maasse
die Eisenbahnen auch zu diesem Zwecke benutzt. In Italien — wohl in

sämmtlichen warmen, dagegen nicht in den kalten Ländern — kommt das Ertränken neben den Feuerwaffen vorzugsweise zur Anwendung; in Frankreich das Erhängen, das Ersäufen; in Preussen und Bayern waltet die Benutzung des Strickes vor. Diese letzte Tödtungsart gewinnt allenthalben an Ausbreitung; ebenso ist die Pariser Art des Erstickens durch Kohlendunst schon häufig in Oberitalien und scheint sich auch in Deutschland zu verbreiten. Anwendung von Giften bleibt nach Art und Zahl der Fälle constant in England, Württemberg und Wien. Das Erstechen wiederholt sich, auch den einzelnen Arten nach (Halsabschneiden, Stechen in die Brust, den Unterleib, dann Adernzerschneiden) in Preussen mit voller Regelmässigkeit. Das Ersäufen ist, wie schon angedeutet, selten im Norden, ausserdem ebenso in den slavischen Ländern, das Erhängen häufiger bei den Slaven und Germanen, als bei den Romanen: dies zeigt besonders die Statistik von Oesterreich-Ungarn. Was die übrigen Tödtungsweisen betrifft, so findet die Anwendung von Feuerwaffen vorzugsweise in den südlichen Ländern, wie Italien, statt, namentlich aber auch in der österreichischen Militärgrenze, am wenigsten in den nordischen Gegenden. An Tödtungen mit blanken Waffen steht England voran; Herabstürzen von Höhen kommt in Italien am häufigsten vor. — Die Angehörigen der verschiedenen Geschlechter pflegen auch verschiedene Tödtungsmittel anzuwenden. In Italien z. B. wählt die Hälfte der Frauen und ein Viertel der Männer das Ertränken; dagegen bedient sich ein Drittel der Männer und nur ein Dreissigstel der Frauen der Feuerwaffen. Die Nationalität zeigt auch hier Unterschiede: die Frauen slavischer und germanischer Rasse wählen häufig das Erhängen, während das Ersäufen bei den Slavinnen ganz verschwindet. Die italienischen und französischen Frauen benutzen oft den Kohlendampf, während die Engländerinnen, wie ihre Männer, vorzugsweise der blanken Waffen und noch mehr als die letzten des Giftes sich bedienen. Das Herabstürzen wird von Frauen mehr als von Männern gewählt, besonders in Italien, Frankreich und England.

Wir schliessen mit der Bemerkung, dass der Selbstmord dem Verfasser »ein legitimes und nothwendiges Ergebniss des Kampfes um's Dasein und der menschlichen Selection zu sein scheint, welche gemäss der Gesetze, der Evolution gebildeter Völker wirken.« — Jedenfalls ist hier Anregung zu weiteren Forschungen in Menge gegeben *).

Die Vermehrung und das Wachsen von Grossstädten in der Neuzeit.

Das Entstehen von Grossstädten pflegt im Allgemeinen die Entwickelung der Cultur zu begleiten: ihre Existenz kann in der Regel an sich schon als Beweis eines gewissen Grades geistiger und materieller

---

*) Zur Ergänzung unserer früheren Angaben über die Zahl der Selbstmorde noch folgende Notiz: In der Schweiz kamen in den drei Jahren 1876—78 zusammen 1,782 Selbstmorde vor. In England ergaben sich auf eine Mill. Einwohner:

1860—64	1865—69	1870—74	1875	1876
66,6	67,2	67,0		72,5

Blüthe eines Volkes angesehen werden.   Diese Wahrnehmung reicht bis
in das hohe Alterthum hinauf.   Die neuzeitlichen Entdeckungen der weit
ausgedehnten Ruinen von Babylon und Ninive würden allein schon ausreichen, die früher oftmals geäusserten Zweifel an der bedeutenden Entwickelung des babylonischen und assyrischen Volkes zu beseitigen, auch
wenn wir nicht durch das Enträthseln der Keilschrift anderweite unmittelbare Beweise bekommen hätten.   Eine ähnliche Bedeutung haben die
volkreichen Städte in China und Indien.   Ungeachtet der Kleinheit des
Gebietes von Attika glaubt man die Volkszahl Athens in seiner Glanz-
periode auf 180,000 Menschen schätzen zu dürfen, Karthago soll etwa
700,000 Einwohner umfasst haben; Alexandrien wol eine Million.   In
Rom stieg die Menschenmenge nach den gründlichen Untersuchungen
Castiglioni's *) auf mehr als zwei Millionen.   Auch im Mittelalter bildete
die Existenz vieler und grosser Städte ein Zeichen der intellectuellen und
materiellen Blüthe einer Nation.   Spanien, heute neben der Türkei das
ärmste europäische Land an Grossstädten, hatte deren zur Araberzeit eine
ganze Menge aufzuweisen.   Ebenso waren Italien, dann Belgien und
Holland äusserst reich daran.

Diese In den, dem unserigen unmittelbar vorangegangenen Jahrhunderten
ergab sich im Allgemeinen eine ziemliche Stagnation der Städte.   Um so
mehr ist seitdem eine geradezu charakteristische Zunahme eingetreten,
sowohl was die Zahl der Grossstädte, als was deren Wachsen anbelangt.
Die industrielle Entwickelung an sich, dann das Bedürfniss jedes In-
dustriezweiges, eine ganze Menge der verschiedenartigsten Hilfsmittel
stets in der nächsten Nähe zu haben, drängte von selbst nach Centrali-
sirung; die ungemeinen Fortschritte im Verkehrswesen, namentlich Dampfschifffahrt und Eisenbahnen, förderten dann diese Tendenz im gewaltigsten Umfange.

Eine gedrängte Zusammenstellung der Volkszahl der bedeutendsten
europäischen und amerikanischen Städte in früherer sowohl als in neuerer
Zeit dürfte nicht ohne Interesse sein **).   Es muss auffallen (entsprechend
obiger Andeutung), wie gering im Allgemeinen das Wachsen in den
unserer Zeit unmittelbar vorangegangenen Perioden war, gegenüber dem
rapiden Steigen, welches sich seit etwa 80, besonders aber seit 30 oder
40 Jahren eingestellt hat.

England, wo die Maschinenindustrie sich zuerst entwickelte (seit
der zweiten Hälfte des vorigen Jahrhunderts), und wo denn auch die
neuen Verkehrsmittel zuerst in Anwendung kamen, hatte auch früher als
alle übrigen europäischen Länder Grossstädte aufzuweisen, und darunter
die colossalsten von allen.   Indess besass es zu Anfang unseres Jahrhunderts nicht nur noch keinen Platz von vollständig einer Million Einwohner, sondern, ausser der Metropole, auch keinen von vollständig 100,000
Menschen.   London, dessen Bevölkerung im J. 1170 etwa 40,000, 1685
dagegen beiläufig 530,000 betragen haben soll und dessen Einwohnerzahl
1702 zu 674,000, 1760 aber auch nur zu 676,000 berechnet wurde,

---

*) In der »*Monographia della Città di Roma. Vol. II*, 1878.«
**) In runden Zahlen (Tausenden oder Hunderten).

wies bei der wirklichen Zählung vom J. 1801 958,000 auf. Die zweit-
grösste Stadt, Manchester, umfasste, mit Einrechnung von Salford erst
94,800, Liverpool, die dritte, nur 82,200. Im J. 1811 erscheint London mit 1'138,000, 1821 mit 1'378,000, dagegen 1841 schon mit nahezu
2 Mill. (1'948,000). Ein ganz anderes Bild als die erste wirkliche
Zählung ergab die fünfte nach einem halben Jahrhundert, 1851 ausgeführte: London umfasste 2$^1/_3$ Mill. (2'362,000) Menschen und von
den übrigen Plätzen hatten bereits 7 die Ziffer von 100,000 überschritten, wobei Manchester mit 401,000 und Liverpool mit 376,000 an
der Spitze erschienen. Die vorletzte Zählung (von 1871) ergab für die
Hauptstadt 3$^1/_4$ Mill. Einw. (3'254,000), während 12 andere Städte mit
100,000 bis 500,000 aufgeführt sind, an der Spitze Liverpool mit
493,000 und Manchester (sammt Salford) mit 475,000. Aber ein gewaltig erweitertes Bild lieferte die jüngste Zählung von 1881: England
(allein) wies folgende Grossstädte (von mehr als 100,000 Bew.) auf, allen
natürlich weit voran das gewaltige London mit 3'842,000 Menschen,
gleichsam die Bevölkerung eines ganzen Königreichs umfassend, dann
Liverpool mit 552,000 und Manchester (sammt Salford) gleichfalls mit
mehr als einer halben Mill., 537,700. Hierauf folgen der Reihe nach
Birmingham 400,700, Leeds 309,100, Sheffield 284,400, Bristol 206,500,
Stoke upon Trent 192,600, Bradford (York) 183,000, Hull 152,900,
Newcastle on Tyne 145,200, Portsmouth 127,900, Oldham 111,300.
Folgende Plätze sind erst im letzten Decennium zu den Grossstädten
(100,000) aufgestiegen: Nottingham 186,600, Kingston upon Hull
154,200, West Ham 128,700, Leicester 122,300, Sunderland 116,200,
Brighton 107,500, Bolton 105,400. Blackburn 104,000. Sonach kommen
auf das kleine England allein 21 Grossstädte. (Hiernach ist die Tabelle
S. 365 zu berichtigen.) — In Schottland hatte zu Anfang des Jahrhunderts noch kein Platz die Ziffer von 100,000 erreicht; 1851 zählte
Glasgow 329,000 und Edinburgh 191,000, während diese Ziffern 1871
auf 547,000 und 197,000 gestiegen waren, wenn bei dem fast still-
stehenden Edinburgh überhaupt von einem Steigen die Rede sein kann
(1801 erschien Glasgow erst mit 77,000, Edinburgh mit 81,400). Von
Schottland wie von Irland liegen genaue Zählungsresultate aus dem J.
1883 noch nicht vor; im Uebrigen hat man vom grünen Erin erst von
1841 an Erhebungen. Dublin, das damals 232,000 umfasste, hatte 1871
296,000; Belfast, erst seit 1851 mit 100,000 erscheinend, war auf
174,000 gewachsen. So zeigte denn ganz Grossbritannien 25 Städte von
mehr als 100,000 Menschen.

Im Beginn des 19. Jahrhunderts pflegte man neben und mit London
gewöhnlich sogleich Paris zu nennen. Dasselbe zählte 1801 nicht viel
über eine halbe Million Einwohner (552.000). Die Zählung von 1821
ergab 723,000; erst 1851 war die Million erreicht (1'053,000). Mit
Hilfe der Stadterweiterung stieg die Ziffer 1861 auf 1'696,000; 1872
nach der Belagerung waren es 1'851,000, 1876 aber 1'955,000; jetzt
ist die zweite Million ebenfalls und zwar ansehnlich, überschritten,
2'269,000. Ausserdem gab es im J. 1851 in Frankreich erst 4
Städte mit mehr als 100,000 Einw., nämlich Marseille mit 195,000
(1821 99,100), Lyon 177,000 (1821 129,000, Bordeaux 131,000 und

Rouen 100,000. 1866 umfassten diese 4 Plätze: 300,000, 324,000, 194,000 und 100,600; ausserdem waren gestiegen Lille (1856 mit 78,600) auf 154,700, Toulouse 126,900, Nantes auf 112,000. Bei der letzten Zählung von 1876 umfasste das verkleinerte Gebiet, ausser der Capitale, 2 Städte mit mehr als 300,000, 1 mit über 200,000 und 5 mit über 100,000; an der Spitze stehen Lyon 343,000, Marseille 319,000, Bordeaux 215,000; dann folgen: Lille 162,700, Toulouse 131,600, St. Etienne 126,000 (1801 erst 16,200, 1856 94,400), Nantes 122,200 und Rouen 105,000; am nächsten standen: Havre 92,000, Roubaix 83,600 und Reims 81,300. An Paris reihten sich 1881 an: Lyon mit 376,000, Marseille 360,000, Bordeaux 221,300, Lille 178,300, Toulouse 140,300, Nantes 124,300, St. Etienne 123,800, Rouen 105,900, Le Havre 105,800. Sonach hat Frankreich 10 Grossstädte.

Nächst London und Paris war zu Anfang des Jahrhunderts am meisten gefeiert die »Kaiserstadt« Wien. Im J. 1637 soll deren Einwohnerzahl erst etwa 60,000 betragen haben (damals umfasste Prag fast die dreifache Anzahl, man schätzte wenigstens 1590 160,000); 1754 wurden 175,000, 1772 193,000 gezählt, 1816 waren es 245,000, 1837 334,000, 1843 375,000, 1869 (ohne Vororte) 833,000; bei der Aufnahme von 1875 ergab sich die Zahl von 1'020,000, wovon 674,000 innerhalb des eigentlichen Gemeindesprengels, die übrigen in den anderen Theilen des städtischen Polizeibezirks. Bei der Aufnahme von 1881 erschien Wien mit 1'103;500, wovon 726,100 in der eigentlichen Stadt, 377,400 in den 35 Vororten. Im Uebrigen ist Oesterreich arm an Grossstädten. Das prächtig gelegene Prag zählte 1820 erst wieder 96,000, 1840 109,000, 1869 157,000, 1881 182,300, mit Vororten 218,000; Triest 1869 sammt Gebiet 123,000, wovon aber nur 70,000 in der eigentlichen Stadt, 1881 133,000 resp. 74,500; ausserdem sind hier noch zu erwähnen: Lemberg 1869 mit 87,000, 1881 109,700, Graz 1869 81,000 und 97,800, und Brünn 73,700 und 82,600. — In Ungarn ist Budapest (durch Vereinigung Pests mit Ofen und allseitigem Zuzug) zu einer Stadt von 360,500 Menschen herangewachsen (1875 295,000). (Pest zählte 1786 erst 19,600, 1813 36,000, 1833 63,000, 1855 112,000, 1870 200,000; Ofen 1870 54,000.) Alle andern Orte bleiben bedeutend unter 100,000, obwohl die Gemeindebezirke meist eine ungemeine Ausdehnung besitzen.

In der Neuzeit rivalisirte Berlin erfolgreich mit Wien*). Im J. 1645 soll es erst etwa 9,000 Einw. gehabt haben, 1688 gegen 20,000, 1712 65,000, 1770 133,000, 1800 172,000, 1820 201,000; 1840 waren es 328,000, 1849 423,900, 1858 458,000, 1871 826,000; 1875 wurden 967,000 gezählt, bei der Aufnahme von 1881 erschien es mit 1'122,200. Bemerkenswerth ist, hier wie in Wien, dass trotz des grossen »Krachs« die Einwohnerzahl fortwährend stieg, obwol sich zahllose »Gründer« und ähnliche Leute mit kleineren und überhaupt geringeren Wohnungen begnügen mussten, wonach, in Verbindung mit übermässigen Neubauten, die Miethpreise gewaltig sanken. — Breslau, der Bevölkerung nach die zweite Stadt in Preussen, hatte 1783 erst 51,000,

---

*) Bei Deutschland dehnen wir unsere Liste auch auf Mittelstädte aus.

1816 auch nicht mehr als 68,000, 1852 112,200, 1858 135,600, 1875 dagegen 239,000 und 1880 272,900 Einw. In Köln lebten im J. 1818 49,000, 1858 114,500, dann 1875 135,000 (mit Deutz 150,000), 1880 aber 144,300 Menschen, mit Deutz 160,700. Königsberg erschien schon 1783 mit einer Bevölkerungszahl von 62,600, stagnirte dann: 1818 63,200, hatte sich 1858 auf 87,000 gehoben, stieg 1875 auf 122,600, 1880 auf 140,600. Hannover war 1821 noch ein Städtchen von 27,500 Einw.; in Folge natürlichen Wachsens, dann aber auch wesentlich der Incorporirung angrenzender Orte, erschien es 1861 mit 71,200, 1875 mit 106,000, 1880 mit 122,800. Frankfurt a. M. zählte 1817 41,000 Menschen, 1864 78,200, 1875 103,000 und mit dem seitdem incorporirten Bornheim 113,000, 1880 aber 136,800. Danzig 1858 mit 76,700, war 1875 auf 98,000 und 1880 auf 108,500 gestiegen. Magdeburg, das sich von dem Unheil des 30jährigen Krieges so langsam erholte, dass es 1816 erst wieder 34,700 Menschen umfasste, erschien 1858 mit 88,000, 1880 mit 97,500 (Neustadt und Buckau eingerechnet waren es 1881 schon 137,100). Von den übrigen grösseren Städten in Preussen führen wir an: Altona 1860 45,500, 1875 84,000, 1880 91,000; Barmen 1858 44,700, 1875 86,500, 1880 95,900; — Düsseldorf 1858 38,700, 1875 80,600, 1880 95,400; — Elberfeld 1848 53,400, 1875 80,500, 1880 93,500, Elberfeld und Barmen 189,400; — Stettin hatte bei den zuletzt bezeichneten drei Aufnahmen: 58,000, 80,900, 91,700; — Aachen 57,100, 79,600, 85,500; — Crefeld 48,900, 62,900, 73,800; — Halle 42,900, 60,500, 71,400; — Posen 47,500, 60,000, 65,700; — Dortmund 23,300, 57,700, 66,500; — Essen 12,900, 54,000 und 66,500; — Kassel 36,800, 53,000 und 58,200; — Erfurt 35,400, 48,000 und 55,200; — Frankfurt a. O. 34,000, 47,000, 51,100; — Görlitz 27,900, 45,300, 50,300; — Wiesbaden 1814 4,600, 1855 16,000, 1861 11,100, 1875 43,600, 1880 50,200; — Kiel 1860 17,500, 1875 37,200, 1880 43,600; Flensburg 1860 19,700, 1875 26,400, 1880 30,900; — Hanau 1858 16,100, 1875 22,400, 1880 23,000.

Wir wenden uns von Preussen zu den diesem benachbarten Hansestädten. — Hamburg, nach Berlin die volkreichste Stadt im jetzigen Deutschland, erreichte schon 1801 mit seinen Vorstädten eine Einwohnerzahl von 105,000; 1861 waren es 198,000, 1875 348,000, 1880 (im städtisch bebauten Umfange) 410,100 (in der Stadt sammt Vorstädten 289,800). — Bremen, 1807 mit 36,000, 1812 nur noch mit 35,800 Menschen, zählte deren 1867 74,600, erreichte 1875 102,500, 1881 aber 112,400. — Relativ zurückgeblieben ist das einst berühmte Lübeck; es hatte sammt Vorstädten 1857 30,700 Einwohner, 1875 44,800, erscheint jedoch 1881 (mit Vorstädten) gehoben auf 51,000.

In grossem Aufschwung befindet sich der Volkszahl nach die Bevölkerung des städte- wie industriereichen Königreichs Sachsen. Dresden umfasste 1813 41,200 Menschen, 1834 (diesmal ohne Militär) 66,000, 1861 128,000, 1875 197,000, 1880 220,800. Leipzig 1819 mit 36,000, hatte 1834 44,800, 1861 78,500, 1875 127,000, 1880 149,000. Das gewerbfleissige Chemnitz, 1819 erst mit 10,800 Einwohnern, war 1834 auf 21,100 gestiegen, 1861 auf 45,400, und umfasste 1875 78,200,

1880 aber 95,100. Von den übrigen bedeutenderen sächsischen Städten hatten bei den Aufnahmen von 1858, 1875 und 1880: Zwickau 17,800, 31,500, 35,000; Plauen 14,800, 28,700, 35,000; Freiberg 15,700, 23,500, 25,400; Glauchau 14,300, 21,700, 21,300; Meerane 11,100, 21,300, 22,200; Zittau 12,100, 20,400, 22,400.

Von anderen Städten im mittleren Deutschland stellen wir gegenüber:

	1858	1875	1880
Weimar	13,800	17,500	19,900
Gotha	16,600	22,900	26,500
Altenburg	16,800	22,200	26,200
Coburg	10,700	14,500	15,800
Jena	6,900	9,000	10,300

	1858	1881
Schwerin	22,508	30,100
Rostock	25,600	36,900
Braunschweig . . .	40,600	75,000
Oldenburg.	9,900	20,500

In Bayern hat sich München, das lange stagnirte, in der neuen Zeit mächtig gehoben, so dass es entschieden die bedeutendste Stadt Süddeutschlands geworden ist. Im J. 1580 soll es bereits ungefähr 20,000 Einw. gehabt haben, wäre also grösser gewesen als das damalige Berlin, dagegen kleiner als Nürnberg und Augsburg; 1783 umfasste es aber erst 37,800, 1801 40,500 und 1818 53,600 Menschen; 1834 finden wir die Zahl auf 88,900 und 1852 auf 106,000 gestiegen. Vermittelst Incorporirung angrenzender Orte, neben der eigenen Zunahme, erhöhte sich die Ziffer 1864 auf 167,000, wobei jedoch alle den hier garnisonirenden Truppen zugetheilten, wenn auch im Urlaub befindlichen Soldaten als anwesend gerechnet waren; 1871, als diese Unrichtigkeit beseitigt wurde, ergaben sich denn auch erst 169,600, 1875 aber, einschliesslich des neu incorporirten Sendling, 198,800, 1880 fand sich eine Einwohnerzahl von 230,000. Das auch historisch interessante Nürnberg, welches im ersten Drittel des 17. Jahrhunderts etwa 90,000 Menschen umfasst haben dürfte, fand sich 1818 auf 26,800 herabgekommen; 1840 hatte es erst wieder 44,800, 1855 56,400, dagegen 1875 91,000 und 1880 99,500. Eine andere weiland berühmte freie Stadt, Augsburg, stand im J. 1818 beiläufig auf derselben Stufe wie Nürnberg, wenig höher, denn seine Bevölkerung bestand aus 29,800 Menschen; es hob sich gleichfalls, war aber 1840 mit 36,800 doch schon von jenem überflügelt, hatte 1855 40,700 Menschen, 1875 57,200, 1880 61,400, bleibt also hinter Nürnberg weit zurück. Von den anderen bayerischen Städten seien erwähnt: Würzburg 1855 36,000, 1875 44,900, 1880 51,000. Regensburg, das lange siechende, 1855 25,800, 1875 31,500, 1880 34,500. Bamberg 1855 23,500, 1875 29,600, 1880 ebenfalls nur 29,500 (sogar mit einer Verminderung von etwa 30 Köpfen). Ein anderes Bild bieten verschiedene sonstige Städte dar. Fürth, das 1855 erst 17,300 Einw. zählte, war 1875 auf 27,300, 1880 auf 31,000 gestiegen. Kaiserslautern hatte 1806 nicht mehr als 3,000, 1834 7,300, 1846 10,000, 1852 11,200, 1875 22,600 und 1880 26,300 Einw. Das zu Anfang der 1840er Jahre gegründete Ludwigshafen erschien 1861 noch mit nur 3,300 Menschen; 1875 hatte es 12,000, 1880 15,000. Hof 1858 12,000, 1875 18,200,

1880 20,900. Pirmasens 1802 3,900, 1834 5,600, 1875 10,100, 1880 12,000. Nicht ein gleich grosses Wachsen zeigen einige ältere Städte: Speyer 1823 7,600, 1834 9,200, 1875 14,300, 1880 15,500. — Landau 1834 6,000, 1871 6,900, 1875 7,500, 1880 8,700; — Zweibrücken 1834 6,900, 1871 8,400, 1875 9,200, 1880 10,300. — Bayreuth umfasste 1858 eine Bevölkerung von 17,800, 1875 29,100, 1880 22,000. — Landshut 1858 11,600, 1875 14,700, 1880 17,200. — Passau 1858 13,000, 1875 14,700, 1880 15,300.

In Württemberg hat Stuttgart einen grossen Aufschwung erlangt: Volkszahl 1814 (ohne Militär) 23,000, 1855 (mit Garnison) 46,500, 1867 75,800, 1871 91,600, 1875 107,200, 1880 117,300. — In den Jahren 1858, verglichen mit 1875 und 1880, zählten die alten Reichsstädte: Ulm 21,800, 30,000 und 32,600; — Heilbronn 14,000, 21,000 und 24,400; — Esslingen 14,700, 19,600 und 20,700; Reutlingen 13,000, 15,200, 16,500. Sodann Ludwigsburg 11,200, 14,700, 16,000; — Cannstadt 7,400, 15,000, 16,000.

Baden. Das erst zu Anfang des vorigen Jahrhunderts gegründete Karlsruhe (1719 mit 1,900 Menschen), umfasste 1810 10,600, 1858 25,700, 1871 36,500, 1875 42,900, 1880 49,200. — Mannheim 1729 mit 15,700 und 1766 mit 24,000 Einwohnern, sank nach Wegzug des kurpfälzischen Hofes auf 18,000 herab, hatte 1858 aber 26,900, 1871 39,600, 1875 46,400, 1880 53,400. — Heidelberg 1858 16,200, 1875 22,300, 1880 24,300. — Freiburg bei den eben erwähnten Zählungen 16,900, 30,600 und 36,300. — Pforzheim 13,800, 23,600 und 24,000; — Baden 7,700, 10,900, 11,900. — Bruchsal 7,800, 10,800, 11,300.

Hessen. In dem »goldenen Mainz« lebten 1816 25,200 Menschen, 1858 36,800, 1875 56,400, 1880 60,100 (ungerechnet Kastel mit 6,100). Die Hauptstadt Darmstadt war 1816 noch ein Ort mit nur 15,400 Einwohnern; 1855 finden wir es (mit Bessungen) auf 30,200 gestiegen, 1875 auf 43,700 und 1880 auf 48,100. — Das industrielle Offenbach war im ersten Jahrzehnt dieses Jahrhunderts noch ein Städtchen von 4—5,000 Menschen; 1861 hatte es sich bereits auf 16,600 emporgeschwungen, und erschien 1875 mit 25,900, 1880 mit 28,400. — Das alte Worms soll im Mittelalter eine Bev. von 60,000 Menschen umfasst haben; zu Anfang des gegenwärtigen Jahrhunderts nur noch 5,500, 1861 11,400, 1875 16,500, 1880 19,000. — Giessen 1861 9,200, 1875 13,800 1880 16,800.

In Elsass-Lothringen, wo nach der Annexion die Volkszahl sich sehr bedeutend verminderte, haben namentlich viele mittlere und kleine Städte gelitten. Strassburg dagegen behauptete sich nicht nur, sondern hob sich sehr ansehnlich, wozu allerdings die Verstärkung der Garnison beitrug. Wir finden folgende Zahlen: 1866 84,100, 1871 85,600, 1875 94,300, 1880 104,400. Was die übrigen Städte betrifft, so stellen wir die Erhebungsergebnisse von 1866 (letzte Periode des französischen Regimes) mit den neueren von 1871, 1875 und 1881 zusammen. Bei diesen hatten: Mülhausen 58,800, 52,900, 58,400 und 63,600 Einwohner. Metz 54,800, 51,300 (trotz der Garnisonsvermeh-

rung), 45,800 und 53,100. Noch mehr gingen verschiedene kleinere
Industrieorte zurück; so namentlich Bischweiler, das von 9,900 auf
9,200, 7,100 und 6,800 herabsank. Ebenso hatte Schlettstadt 1866
10,000, 1875 nur noch 9,000, 1881 8,900 Einwohner; Thann 1875 und
1881 7,500 statt 8,200; Gebweiler 11,600 und 12,400 statt 12,200;
Markirchen 11,600, 11,500 statt 12,400.

Fassen wir Gesammtdeutschland nach seinem jetzigen Gebietsumfang in's Auge. Dasselbe hatte zu Anfang des jetzigen Jahrhunderts
noch nicht eine Stadt von 200,000 und nur zwei Städte von mehr als
100,000 Einwohnern (Berlin und Hamburg); Mitte dieses Jahrhunderts
war eine Stadt, Berlin, auf etwas über 400,000 (1849 423,900) angewachsen, ausserdem gab es 5 Städte, deren Bevölkerung 100,000
(meist aber nur um Weniges) überstieg; selbst Hamburg erscheint nur
mit 161,400, dann kam München mit 132,000; Breslau hatte erst
112,000, Dresden 104,500, Köln kaum 100,000. Nach 1866 betrug
die Zahl der Städte, deren Bevölkerung 100,000 überschritt, erst 7,
wovon 1 über eine halbe Million hinausgewachsen war. Im Jahre 1875
finden wir noch keine Stadt mit vollständig 1 Mill., 1 näherte sich dieser
Zahl, 2 hatten 200—500,000, 9 100,000, zusammen 12 eigentliche
Grossstädte, während 1880 ausgewiesen wurden: 1 mit mehr als 1 Mill.
(Berlin), 4 mit mehr als 200,000, doch unter 500,000 (Hamburg, Breslau, München, Dresden), und 9 mit 100—200,000 (Leipzig, Köln,
Königsberg, Frankfurt, Hannover, Stuttgart, Bremen, Danzig und
Strassburg), zusammen also 14 Grossstädte; 7 weitere weisen mehr als
90,000 auf und dürften in Bälde jene Grenzmarke ebenfalls über-
schreiten (Nürnberg, Magdeburg, Barmen, Düsseldorf, Elberfeld, Stettin
und Altona).|

Die bedeutendsten Städte der Schweiz hatten bei den 3 Zählungen
von 1860. 1870 und 1880 folgende Einwohnerzahl: Genf 41,200,
46,700, 50,000, mit den Vorstädten aber 52,000, 68,000 und 68,300;
— Zürich 20,200, 21,200, 25,100, mit den Aussengemeinden 43,300.
56,700, 76,900; — Basel 38,300, 44,800, 61,400; — Bern 29,300.
36,000, 44,000; — Lausanne 20,500, 26,500, 30,100; — St. Gallen
14,600, 16,600, 21,400; Chaux de Fonds 16,800, 19,900 und 22,400;
— Luzern 11,500, 14,500, 17,800; — Winterthur 6,500 9,400,
13,600; — Schaffhausen 8,600, 10,300, 11,800.

Ueber die Bevölkerungsverhältnisse der italienischen Städte
besitzen wir meistens erst aus der neuesten Zeit zuverlässige Notizen.
Rom, dessen Einwohnerzahl in der glänzendsten Kaiser-Periode, wie
schon erwähnt, 2 Millionen überstieg, sank, als die Päpste in Avignon
residiren mussten, auf etwa 17,000 Menschen herab; unter Leo X. hob
es sich von etwa 40- auf 90,000; 1793 waren es 167,000, 1813 nur noch
117,800, 1830 147,200, 1847 180,000, 1871 244,400, 1881 275,600.
Die Zählungen von 1561 verglichen mit denen von 1674 ergaben für
Neapel 417,500, 448,300, 1881 481,400; Mailand (mit Corpi Santi
196,000, 231,000, 320,000; Palermo 194,400, 219,400, 241,600;
Turin 204,700, 212,600, 249,800; Genua 119,600, 161,600, 176,500.
Florenz 112,200, 167,000, 164,500; Messina 100,400, 111,800

126,400; Bologna 96,500, 115,900, 121,500; Livorno 91,400,
97,000, 96,900; Venedig hatte 1858 124,300, 1871 128,900, 1881
129,800. Im Jahre 1875 umfasste Italien 10 Städte von mehr als
100,000 Einw., 12 von 50—100,000, 26 von 30—50,000, 1881 aber
11 von mehr als 100,000.

Spanien, zur Maurenzeit voll blühender Städte, ist jetzt, nächst
Russland, in Europa am ärmsten an solchen; nur 5 haben mehr als
100,000 Einw.: Madrid (1877) 397,600, Barcelona 249,100, Valencia
143,800, Sevilla 133,900 und Malaga 115,800. Weiter sind zu bemerken: Murcia 91,800, Zaragossa 84,500, Granada 76,100, Cartagena
75,900, Cadix 65,000, Jerez de la Frontera 64,500, Palma (auf den
Balearen) mit 58,200, Lorca 52,900 und Valladolid 52,200. Von allen
übrigen Orten erhebt sich keiner auf 50,000; das einst so blühende Cordova ist auf 49,800, Toledo auf 21,100, Salamanca auf 18,000 herab-
gesunken. Frühere verlässige Angaben fehlen; unter den Mauren soll
Sevilla 400,000, Cordova 300,000, Toledo 200,000 Einw. gehabt haben.

In Portugal kommen nur Lissabon (1878) mit 187,400, mit
Vorst. 246,000, und Oporto mit 105,800 in Betracht. Alle anderen
Städte erreichen nicht einmal die Ziffer von 20,000.

Reich an ansehnlichen Städten sind seit Ende des Mittelalters Belgien und Holland. Im erstgenannten Lande hatten 1859, 1876 und
1880: Brüssel mit Vorstädten 262,600, 308,400, 395,000; Antwerpen 107,200, 150,600, 169,100, mit den im Festungsrayon inbegriffe-
nen Orten gegen 190,000; Gent 116,000, 127,600, 131,400; Lüttich
68,000, 115,800, 123,100. Von anderen Städten zählten 1859 gegen
1876: Brügge 51,200, 45,100 und 1880 44,500; Mecheln 31,500,
39,000, 42,300; Verviers 26,300, 37,800, 40,900; Löwen 31,600,
33,900, 35,800; Tournay 30,900, 32,100, 32,500; Namur 24,100,
25,100, 25,300; Mons 25,200, 24,300, 24,000; Ostende 15,700,
16,800, 19,300; Seraing hatte 1866 19,400, 1876 24,300, 1880
27,400. — Aus den Niederlanden sind anzuführen, 1859 und 1877
mit 1879 verglichen: Amsterdam 266,700, 296,000, 316,500; Rotterdam 112,700, 136,000, 150,300; Haag 84,600, 104,000, 114,900;
Utrecht 56,900, 66,100, 69,600; Leyden 37,500, 41,300, 41,300;
Groningen 37,700, 40,600, 43,200; Arnheim 27,800, 38,000, 41,300;
Haarlem 29,000, 34,600, 37,700; Mastricht 28,300, 29,000, 29,500.

In den Skandinavischen Ländern nehmen hervorragende Stellen
ein, in Dänemark: Kopenhagen, 1855 mit 143,600, 1870 mit 181,300
Frederiksborg eingerechnet 206,700) Einw., 1881 234,800, mit Vorst.
273,300; ausserdem nur Städte mit weniger als 20,000 Menschen. In
Schweden: Stockholm 1858 101,500, 1876 157,000, 1880 168,700;
Göteborg 30,500 und 68,700, 1880 76,400; Malmö (1855) 15,800,
(1876) 33,200, 1880 38,000. In Norwegen: Christiania 1855 38,900,
1875 76,300 und mit den 1878 incorporirten Vorstädten gegen 99,000;
Bergen 25,800, 33,800; Drontheim 16,000, 22,100.

Im Verhältniss zu seiner ungeheuern Ausdehnung ist Russland
das ärmste Land an Grossstädten. St. Petersburg, 1706 gegründet,
wächst allerdings gewaltig. Die Einwohnerzahl in verschiedenen Jahren
wird so angegeben: 1770 170,000, 1814 335,700, 1840 470,200, 1869

667,900, 1882 876,500. Moskau, dessen Volksmenge vor dem grossen Brande 252,600 gewesen sein soll, war 1816 erst wieder auf 166,500 gekommen; die Aufnahme von 1869 ergab 399,300, während pro 1871 auf einmal 601,900 aufgeführt werden, und 1875 611,900. Warschau, 1856 mit 156,000 aufgeführt, umfasste 1871 180,700 oder mit Einrechnung der Vorstädte 297,000, 1875 339,300. Odessa hatte 1803 erst 8,000, 1850 71,400, 1871 184,800, 1875 193,500 Einwohner. Die übrigen grösseren Städte hatten nach den (übrigens nicht sehr verlässigen) officiellen Angaben in den Jahren 1855 und 1875 folgende Bevölkerung: Kiew 55,600, 127,200; Kischenew 58,000, 102,400, 112,000; Riga 60,400, 99,900, 168,800; Kasan 57,200, 86,200, 94,100; Saratow 74,200, 85,200, 86,400: Nicolajew 45,000, 82,800, dieselbe Zahl; Charkow 32,300, 82,100, 101,000; Wilna 47,500, 64,200, 88,600; Tula 40,300, 57,300, dieselbe Zahl.

Griechenland. Athen hat sich von 31,100 Einwohnern im Jahre 1851, zwanzig Jahre später auf 44,500 gehoben, und zählte 1879 66,800. Patras umfasste 1871 eine Bevölkerung von 25,500, Hermopolis auf Syra 21,200, Piräus 21,000, Zanta 17,500.

Rumänien. Bukarest soll nach einer angeblichen Zählung von 1878 177,600 Menschen umfassen, 1881 angeblich 210,000: Galatz 80,000; Braila 28,200; Jassy schätzt man auf 90,000.

Serbien. Belgrad 1874 27,600, 1880 etwa 30,000.

Türkei. Die Menschenzahl in Konstantinopel wurde früher sehr überschätzt; heute nimmt man 600,000, höchstens 800,000 an. Die Schätzungen der Einwohnerzahl von Salonichi gehen auf 60—80,000, die von Adrianopel auf 60,000. In Bulgarien hat Sophia etwa 18,000, Tirnowa nur gegen 12,000 Einwohner.

Versuchen wir einen allgemeinen Ueberblick zu geben.

Zu Anfang des 19. Jahrhunderts gab es in Europa noch keine Stadt, deren Bevölkerung eine volle Million erreicht hätte; Orte von mehr als 100,000 Menschen gab es, so weit sich ermitteln lässt, höchstens 15. Um die Mitte des Jahrhunderts hatten zwei Städte über eine Mill. Einwohner, ausserdem 64 über 100,000. Beim Eintritt des letzten Viertels des Jahrhundert (1875) zählte man 4 Städte von mehr als 1 Mill., 6 von mindestens 500,000 und 64 weitere von mehr als 100,000 Menschen, zusammen also 74 eigentliche Grossstädte. Zu dieser Gesammtzahl stellte Grossbritannien 18, Deutschland 12, Italien 8, Frankreich 9, Russland 7, Oesterr.-Ungarn 4, Spanien 4, Belgien 4, die Niederlande 3, Dänemark, Schweden, Portugal, Rumänien und die Türkei je 1.

Die Verhältnisse Amerikas begünstigen ein noch weit rascheres Emporwachsen der Städte in den Verein. Staaten, als man in Europa wahrnehmen kann. Im J. 1810 besass die Union noch keinen Ort von 100,000 Einw.; Philadelphia, bis dahin die volkreichste Stadt, zählte 96,700; daneben erschien New York mit 96,400. Das letztere wies 1820 123,000, 1830, nach Eröffnung des Eriekanals, schon 203,000 auf; 1850 war eine halbe Million überschritten, und 1870 die Ziffer von 942,300, oder, wenn man die damit zusammenhängenden, jedoch eigene

Gemeinden bildende Orte wie Brooklyn etc. einrechnet, 1'441,000 erreicht; jetzt zählt das eigentliche New York 1'206,000. Auch Philadelphia hatte schon 1820 mehr als 100,000 Einw., 1850 408,000, 1870 aber 674,000; für 1880 wird die Summe zu 846,000 angegeben. Ausser diesen beiden standen 1850 noch 4 Plätze auf mehr als 100,000, 1860 im Ganzen 9, 1870 aber 14, 1880 nicht weniger als 20; davon, ausser New York und Philadelphia, 5 mit mehr als 300,000, 3 weitere mit mehr als 200,000. Brooklyn erschien 1870 mit 396,000, 1880 mit 566,800; St. Louis, 1820 mit 4,600, 1840 mit 16,500, 1850 mit 77,800, 1860 mit 162,000, hatte 1870 310,800, 1880 350,500; Chicago 1850 29,900, 1860 109,500, 1870 298,900, 1880 503,000. Stellen wir die Zählungsergebnisse von 1810, 1850, 1870 und 1880 einander gegenüber, so hatte bei diesen vier Aufnahmen: Baltimore 46,500, 169,054, 267,309 und 332,000; Boston 32,200, 136,800, 250,500, 362,000; Cincinnati 2,500, 114,400, 216,200, 255,700; New Orleans 17,200, 116,300, 191,400, 216,000. Die übrigen Grossstädte waren 1870 und 1880: San Francisco mit 149,400, 233,900; Buffalo 117,700, 155,000; Washington 109,200, 147,000; Newark 105,000, 136,000, Louisville 100,700, 112,000, 123,600; Cleveland 92,800, 157,000, 160,000; Pittsburg 86,000, 100,000, 156,000; Jersey City 82,500, 100,000, 120,000; Detroit 79,500, (1880) 116,000; Milwaukee 71,400, 1880 115,500; Providence 68,900, 104,000, 104,800; zusammen 20 Grossstädte.

Was die Städte in andern amerikanischen Ländern betrifft, so schätzt man die Einwohnerzahl von Mexico auf 230,000, Rio Janeiro hatte 1872 228,700 und mit den 8 Vorstadtgemeinden 275,000; Bahia 129,000 und Pernambuco (nun Recife) 116,000; Santiago in Chile (1875) 130,000, mit Vorstädten 150,000; Valparaiso 97,800; Lima in Peru 100,000; Buenos Ayres (1869) 177,800, 1882 angeblich 290,000. Im britischen Nordamerika erscheint Montreal mit 140,700.

In Australien waren die verhältnissmässig so neuen Städte Sidney und Melbourne 1874 auf 74,400 und 62,500, oder mit den Vorstädten bis zu 135,000 und 212,000 Einwohner angewachsen; 1881 hatte Melbourne 65,000, mit Vorst. 282,900, Sidney 103,300, mit Vorst. 224,000.

Nachdem die britische Regierung um die Mitte der 1870er Jahre das schwierige Werk einer Volkszählung durch ganz Britisch-Indien zu Ende gebracht, wissen wir, dass es in diesem Reiche 17 Städte von mehr als 100,000 Menschen gibt, 7 weitere von mehr als 80,000, 23 zwischen 50 und 80,000. Calcutta zählte 447,600, mit Vorstädten 794,600; Bombay 644,400 und Madras mit 36 anschliessenden Orten 397,500. — In Japan hatte Tokio (früher Jeddo geheissen) 1874 595,900 Einwohner, 10 Jahre früher angeblich 1½ Mill., Kioto (Miako) 238,600. — Ueber die Bevölkerung der chinesischen Städte fehlen noch verlässige Erhebungen; während Peking nach den Einen 1848 1'648,000 Menschen gezählt haben soll, reden Andere nur von einer halben Million. Gleich unsicher sind die anderthalb Millionen Cantons u. s. w. laut Nachträge.

Handbuch
der
vergleichenden Statistik
— der Völkerzustands- und Staatenkunde. —
Für den allgemeinen praktischen Gebrauch

von

G. Fr. Kolb,

ausserordentlichem Mitgliede der statistischen Central-Commission des Königreichs Bayern,
Ehrenmitgliede des Universitätsraths zu Charkow.

Achte, auf Grundlage der neuesten staatlichen Gestaltung bearbeitete Auflage.

1879. gr. 8. brosch. Preis 10 ℳ.

Die wichtigsten älteren
Staatsprozesse in England.

Beiträge zur Kenntniss des Rechtswesens,
der Geschichte und Socialverhältnisse in jenem Lande; zugleich
Lebens- und Charakterbilder hervorragender Staatsmänner.

Mit Parallelen
aus der neueren Justizgeschichte des Europäischen Festlandes.

Von

G. Fr. Kolb.

1861. 2 Bände. gr. 8. brosch. Preis 6 ℳ.

Die
Nachtheile des stehenden Heerwesens
und die
Nothwendigkeit der Ausbildung eines Volkswehrsystems

von

G. Fr. Kolb.

Vortrag, in Druck gegeben auf Veranlassen des Volkswirthschaftlichen Vereins
für Südwestdeutschland.

1862. gr. 8. brosch. Preis 60 ₰.

Verlag von **Arthur Felix** in Leipzig.

Zur Impffrage.

Unzulänglichkeit der bisherigen Ermittelungen

und

Verlangen nach Aufhebung des Impfzwanges.

Von

G. Fr. Kolb.

1877. 8. brosch. Preis 1 ℳ 30 ₰.

Mit dem Motto Depaul's, Directors der öffentl. Impfungen in Paris:

»Man darf vor der Enthüllung unliebsamer wissenschaftlicher Thatsachen nicht zurückschrecken; sie trägt dazu bei, Gegenmittel zu finden. Viel gefährlicher dagegen ist es, solche Fragen nicht von Grund aus zu prüfen, unter dem Vorwand, es könnten dadurch andere gemeinnützige Ideen und Einrichtungen in Misscredit kommen.«

Der

heutige Stand der Impffrage

in kurzen Umrissen.

Von

G. Fr. Kolb,

ausserordentlichem Mitgliede der statistischen Central-Commission des Königreichs Bayern, Ehrenmitgliede des Universitätsrathes zu Charkow.

1879. 8. brosch. Preis 60 ₰.

Geschichte

der

Steuern des britischen Reichs.

Ein finanzgeschichtlicher Versuch

von

W. Vocke,

Königl. Regierungsrath.

1866. gr. 8. brosch. Preis 14 ℳ.